Neue ökonomische Grundrisse

Begründet von

Rudolf Richter

Herausgegeben von

Jürgen Eichberger

Lutz Arnold

Makroökonomik

Eine Einführung in die Theorie der Güter-, Arbeits- und Finanzmärkte

4., überarbeitete Auflage

Mohr Siebeck

LUTZ ARNOLD, geboren 1971; 1996 Promotion, 2000 Habilitation an der Universität Dortmund; seit 2001 Professor für Theoretische VWL in Regensburg.

ISBN 978-3-16-151689-4

Die Deutsche Nationalbibliothek verzeichnet diese Publikation in der Deutschen Nationalbibliographie; detaillierte bibliographische Daten sind im Internet über *http://dnb.d-nb.de* abrufbar.

1. Auflage 2003
2. Auflage 2006 (überarbeitet)
3. Auflage 2009 (überarbeitet)
4. Auflage 2012 (überarbeitet)

Das Buch wurde von le-tex in Leipzig gesetzt, von Gulde-Druck in Tübingen auf alterungsbeständiges Werkdruckpapier gedruckt und gebunden.

Vorbemerkungen

Die Einführung in die Makroökonomik in diesem Buch verfolgt drei Ziele: Sie soll erstens thematisch umfassend und dabei zweitens rigoros in der Durchführung sein sowie drittens stets aktuellen Bezug zum Wirtschaftsleben haben.

– Die wichtigsten makroökonomischen Phänomene sind: ***Wachstum, Arbeitslosigkeit, Inflation, Konjunktur, außenwirtschaftliche Beziehungen*** sowie das Geschehen auf ***Finanzmärkten***, insbes. ***Finanzkrisen***. Diese Themen füllen die Wirtschaftsteile der großen Tageszeitungen und betreffen mehr oder weniger direkt unsere eigene persönliche wirtschaftliche Lage. Insbes. das Geschehen auf Finanzmärkten spielte in den vergangenen fünfzehn Jahren eine immer wichtigere Rolle: In den Vorbemerkungen zu den ersten beiden Auflagen verwies ich an dieser Stelle auf die Asien-Krise 1997–98 und das Platzen der IT-Bubble 2000, in der dritten Auflage auf die Finanz- und Wirtschaftskrise 2007–09, diesmal ist die Euro-Staatsschuldenkrise an der Reihe. Das vorliegende Buch ist in dem Sinne ***umfassend***, dass es all diese Themen abdeckt. Finanzmärkten werden dabei drei eigene Kapitel (VII–IX) mit zusammen über 100 Seiten und damit ein Drittel des laufenden Texts gewidmet. Was der *Economist* am 31. März 2010 über einführende Makroökonomik-Lehrbücher schrieb, gilt also für das vorliegende Buch nicht:

  „the crisis has also highlighted flaws in the existing macroeconomics curriculum. Greg Mankiw, a Harvard economist and the author of a best-selling textbook, points out that students can hardly be expected to make sense of the crisis if they know virtually nothing about things like the role of financial institutions. Yet if there is a 'financial system' in most introductory texts, Mr Blinder observes, it usually focuses on the demand and supply functions for money. 'The current curriculum fails to give students even imperfect answers' to their legitimate questions about recent economic events, he says.“

– Alle Theorien, die in diesem Buch behandelt werden, werden ***rigoros*** abgehandelt. Für jedes Modell werden transparent die Annahmen der Reihe nach aufgezählt und erläutert. Anschließend werden die Modellergebnisse lückenlos, Schritt für Schritt, aus den Annahmen hergeleitet. Man muss sich an keiner einzigen Stelle auf die Richtigkeit der Behauptung „Man kann zeigen, dass ...“ verlassen. Das steht nicht im Widerspruch zu dem Anspruch, eine umfassende Einführung in die Makroökonomik zu geben. Die Modelle zur Erklärung der o. g. zentralen makroökonomischen Phänomene sind in den letzten 30 Jahren in einem Maße gereift und auf das Wesentliche reduziert worden, dass eine formale Darstellung auf Anfängerniveau machbar ist, die uns direkt zu den zentralen „nobelpreisgekrönten" makroökonomischen Theorien führt, z. B. Robert Solows Wachstumstheorie, Milton Friedmans, Edmund Phelps' und Robert Lucas' Geld- und Inflationstheorie, Finn Kydlands und Edward Prescotts Unterscheidung von regelgebundener und aktiver Wirtschaftspolitik, Robert Mundells keynesianischer Konjunkturanalyse von Volkswirtschaften mit internationalem Warenhandel und Kapitalverkehr, Joseph Stiglitz' und Andrew Weiss' Theorie der asymmetrischen Information auf Kapitalmärkten etc. Meine persönliche Erfahrung ist, dass eine rigorose Darstellung das Verständnis einer Theorie nur beim ersten Hinsehen erschwert, bei näherem Hinsehen aber wesentlich erleichtert. Zu oft sitzt man über scheinbar einfachen Darstellungen und sinniert über die impliziten Annahmen nach, mit denen man die Lücken in der Argumentation auffüllen kann, auf die man bei einer nicht rigorosen Darstellung unweigerlich trifft; zu oft fragt man sich zu Recht, ob man eine Theorie nun verstanden hat oder doch nicht.

– Bei den behandelten Theorien wird stets der ***aktuelle Bezug zum Wirtschaftsgeschehen*** hergestellt. Dazu werden Zahlen und Beispiele genannt sowie – im Einklang mit der generellen Ausrichtung der „Neuen ökonomischen Grundrisse" – relevante wirtschaftliche ***Institutionen*** geschildert. Der Fokus bei den Beispielen und Institutionen liegt auf Deutschland bzw. dem Euroraum. Die Zahlen und Beispiele wurden für die vorliegende dritte Auflage ergänzt und aktualisiert und umfassen z. B. die europäische Staatsschuldenkrise, die Finanz- und Wirtschaftskrise 2007–09, die Hartz-Gesetzgebung, aktuelle Entwicklungen bei Mindestlöhnen, die Diskussion um Kombilohn-Modelle etc. Ein allgemeiner Hinweis hierzu: Wenn in diesem Buch statistische Untersuchungen zitiert werden, dann meist mit einer Schätzgleichung, die den Zusammenhang zwischen der untersuchten Variablen zusammenfasst. Wir befassen uns dabei nicht mit dem verwendeten Schätzverfahren, dem Erklärungsgehalt der Schätzung und der statistischen Signifikanz der Schätzer. Es kommt uns nur darauf an, mit der zitierten Schätzgleichung einen Eindruck davon zu vermitteln, wie der untersuchte Zusammenhang in der Praxis *quantitativ* aussieht.

Wir greifen auch die üblichen Anekdoten auf: was Homers Odyssee mit Zentralbanken zu tun hat; wie die ersten Papiergelder in China gleich zur ersten Inflation führten; wie in der holländischen Tulpenmanie des 17. Jahrhunderts Spekulanten ihre Häuser verspielten; wie Nikita Chruschtschow vor den Vereinten Nationen mit seinem Schuh aufs Rednerpult schlug; wie Arthur Laffer Ronald Reagans Steuerpläne mit einer Skizze auf einer Serviette motivierte; warum George Soros als „the man who broke the Bank of England" bekannt ist; wie Aktienportfolios mittels Dartswerfen zusammengestellt werden; etc. Weil sie so oft – und stets ohne Quelle – zitiert werden, hat man ohne Kenntnis dieser Anekdoten oft den Eindruck, über ein Thema nicht Bescheid zu wissen, auch wenn das nicht zutrifft.

Einige weitere Eigenheiten grenzen das Buch von der Literatur ab.

– Beginnend um die Jahrtausendwende, hat die Beschreibung von Zentralbankverhalten durch eine Zinsregel die jetzt 75 Jahre alte LM-Kurve zunehmend verdrängt

(s. z. B. ROMER [2000]). Keynesianische ***Makroökonomik ohne die LM-Kurve*** hat sich nicht nur als die bessere Beschreibung des Verhaltens von Zentralbanken erwiesen (ganz offensichtlich steuert die EZB die Leitzinsen und nicht die Geldmenge), sie ist zudem auch einfacher und vermeidet einige Missverständnisse, zu denen die LM-Darstellung einlädt (z. B. mit Blick auf den „Geldmarkt"). Daher ist der Konjunktur-Teil dieses Buchs (die Kapitel V und VI) um ein keynesianisches Makro-Modell ohne die LM-Kurve zentriert. Angesichts des anhaltenden Trends in diese Richtung findet sich das IS-LM-Modell in diesem Buch – anders als in den Vorauflagen – gar nicht mehr.

- Eine andere hervorragende Idee für die Lehre der Makroökonomik hatte Gregory Mankiw, als er Anfang der 1990er-Jahre die erste Auflage seines Makro-Texts (MANKIW [2006]) heraus brachte: Er beginnt die Analyse mit längerfristigen Phänomenen (Wachstum, strukturelle Arbeitslosigkeit etc.) und wendet sich dann erst den kurzfristigeren (konjunkturellen) Phänomenen zu. Das bedeutet, dass man mit den etwas schwierigeren Modellen beginnt. Dafür erleichtert es das Verständnis der Dinge, mit denen man sich beschäftigt, erheblich. Grob gesagt, klärt man so erst die Trends und dann die Zyklen um diese Trends. Das ist eingängiger, als sich zuerst mit Zyklen um Trends, die man noch nicht kennt, zu beschäftigen (wie es alte Lehrbücher und Neuauflagen davon oft tun). Bearbeitet man im vorliegenden Text in Kapitel II zu Wachstum zunächst nur die Abschnitte zu Produktions- und Konsumfunktion und holt den Rest des Kapitels nach der Lektüre von Kapitel VI nach, dann ergeben die Kapitel I–VI in etwa den Aufbau von MANKIWS (2006) Text.
- Eine weitere Besonderheit im Aufbau ist, dass wir die wichtigsten Ergebnisse der Geldtheorie – z. B. die gesamte Phillips-Kurven-Debatte inklusive der Zeitinkonsistenzproblematik und der Diskussion von Zentralbankunabhängigkeit – in Kapitel IV zu Geld und Inflation schon vor den keynesianischen Ansätzen zur Konjunkturerklärung behandeln. Auf diesem Weg vermeiden wir für Einsteiger oft verwirrende Unterscheidungen zwischen (wenn nicht sogar inkonsistente Handhabungen von) Preisänderungen und Inflationsänderungen.
- Zu jedem Kapitel gibt es rund zwanzig ***Übungsaufgaben***, die am Ende des Buchs einschließlich Lösungshinweisen gesammelt sind. Oft behandeln die Übungsaufgaben numerische Beispiele der im Text allgemein analysierten Modelle. Teilweise werden dabei die Modelle aus dem Text auch leicht variiert. Der Sinn und Zweck solcher Rechenaufgaben besteht darin, die/den Bearbeitende/n zu zwingen, den den Modellen zu Grunde liegenden Gedankengang nicht nur zu reproduzieren, sondern eigenständig nachzuvollziehen. Ein wichtiger Bearbeitungshinweis ist: Man sollte nicht die Zahlen aus den Aufgabenstellungen nach und nach in die Formeln aus dem Text einsetzen, sondern die Modellannahmen mit den vorgegebenen Zahlen formulieren und dann diese konkreten numerisch spezifizierten Modellannahmen umformen, bis man die Aufgabenstellung erfüllt hat.

Um das Buch komplett durchzuarbeiten, braucht man nach meiner Erfahrung drei Kurse mit je zwei Semesterwochenstunden Vorlesung und zwei Semesterwochenstunden vorlesungsbegleitenden Übungen. Ich behandele an der Universität Regensburg die Kapitel I–VI in zwei Kursen Makroökonomik 1 und Makroökonomik 2 in den ersten beiden Semestern der Bachelorstudiengänge VWL und BWL. Die Kapitel VII–IX sind die Grundlage für einen Kurs in Kapitalmarkttheorie in der zweiten Hälfte des Bachelorstudiums (für den auch gewisse Kenntnisse in Mikroökonomik hilfreich sind). Die Modelle in den einzelnen Kapiteln sind jeweils inhaltlich abgeschlossen, so dass man beliebige Kapitel prinzipiell in beliebiger Reihenfolge durcharbeiten könnte. Dann wären allerdings einige Interpretationen nicht verständlich, und viele Querverweise liefen „ins Leere". Während man, wie gesagt, den größten Teil von Kapitel II zunächst überspringen kann und die Finanzmarkt-Kapitel VII–IX recht unabhängig vom restlichen Text lesen kann, sollte man daher die Kapitel III–VI in dieser Reihenfolge durcharbeiten. Die Anhänge kann man auslassen, ohne irgendetwas zu verpassen, was man später bräuchte (abgesehen von einer etwas technischen Angelegenheit in Anhang VII.A.1).

Auf meiner Website (www.tvwl.de) steht unter der Rubrik „Makroökonomik" ein ***kompletter Foliensatz*** zum Download zur Verfügung. Darüber hinaus findet sich dort unter der Rubrik „Lehre" auf den Seiten zu den o. g. drei Kursen eine Vielzahl alter ***Klausuren***.

Ein Hinweis zur Zitierweise: Ist eine Referenz mit zwei durch einen Schrägstrich getrennten Jahresangaben versehen, dann gibt die erste Jahreszahl das Erscheinungsjahr der Erstausgabe an und die zweite das Erscheinungsjahr der zitierten Ausgabe an.

Beim Schreiben dieses Buches habe ich in vielerlei Hinsicht von den Ratschlägen und Hinweisen von und Diskussionen mit Kolleginnen und Kollegen profitiert, im Einzelnen: Eva Ackstaller, Hans-Jürgen Ahrns, Volker Arnold, Andreas Babl, Elke Baumann, Thomas Beißinger, Peter Bernholz, Benedikt Booker, Christian Dreger, Michael Frenkel, Wolfgang Glöckler, Andreas Gontermann, Johannes Hartl, Malte Hübner, Andreas Irmen, Jürgen Jerger, Wolfgang Kornprobst, Johannes Ludsteck, Marina Markheim, Wolfgang Meister, Ulrike Neyer, Wolfgang Nierhaus, Wolfgang Ochel, Gwen Pelka, Johannes Reeder, Rudolf Richter, Oke Röhe, Hannes Schellhorn, Franz Seitz, Susanne Steger, Marcel Thum, Stefanie Trepl, Wolfgang Wiegard, Carmen Wieslhuber und Andreas Worms sowie zwei anonymen Gutachtern, die vor der Veröffentlichung der ersten Auflage Verbesserungsvorschläge machten. Mein Dank gilt auch den Studentinnen und Studenten in Dortmund, Dresden und Regensburg, die meine Mitarbeiterinnen und Mitarbeiter und mich in Vorlesungen zu Makroökonomik, Kapitalmarkttheorie, Konjunktur und Wachstum, Arbeitslosigkeit und internationalen Finanzmärkten mit ihren Fragen und Bemerkungen auf die „Knackpunkte" der Argumentation aufmerksam machten. Für alle verbleibenden Fehler bleibe ich selbstverständlich allein verantwortlich.

Regensburg, Januar 2012 Lutz Arnold

Inhalt

Kapitel I

Einleitung

„Hm! Die Nationalökonomen! [...] Die klugen Nationalökonomen! Einer ist immer dümmer als der andere; keiner von ihnen sieht weiter, als seine eigene dumme Nase reicht! Ein Esel steigt aufs Katheder und setzt sich eine Brille auf! ... So ein Narrenvolk!“
Konstantin Fjodorowitsch Kostanschoglo in GOGOL *(1842/2003, 436)*

I.1 Wozu Makroökonomik?

Die Makroökonomik beantwortet grundlegende Fragen wie: Warum gibt es in den heutigen Industrienationen seit 200 Jahren Wachstum? Warum sind in Deutschland so viele Menschen arbeitslos? Wie kam es in Deutschland zur Hyperinflation 1923? Warum ist die Inflation heute unter Kontrolle? Warum war das Wachstum nie stetig, sondern immer von konjunkturellen Schwankungen gekennzeichnet? Welche Konjunkturpolitik sollte die Regierung machen? Welche Rolle spielen außenwirtschaftliche Beziehungen dabei? Wie kommt es zu Krisen wie der weltweiten Finanz- und Wirtschaftskrise 2007–09? Formaler gesagt, Untersuchungsgegenstand der Makroökonomik sind volkswirtschaftliche Aggregate wie das Bruttoinlandsprodukt (BIP, Plural: BIPs, englisch: Gross domestic product, GDP) (daraus abgeleitet: das Wachstum), die gesamtwirtschaftliche Beschäftigung (daraus abgeleitet: die Arbeitslosigkeit), der Außenhandel (daraus abgeleitet: die Leistungsbilanz), das aggregierte Preisniveau (daraus abgeleitet: Inflation), Zinsen und internationale Finanzkapitalströme – die Größen, von denen auf Seite 1 des Wirtschaftsteils der großen Zeitungen die Rede ist. Makroökonomische Theorien erklären die Bestimmung dieser Größen durch die Interaktion von Konsumenten, Firmen, Staat und Ausland auf Märkten unter gewissen institutionellen Rahmenbedingungen.

Ein Kurs in Makroökonomik ist damit für den Bearbeitenden in zweifacher Hinsicht von Nutzen. Erstens vermittelt die Makroökonomik ein *Verständnis* davon, wie sich die Makro-Größen bestimmen, von denen im Wirtschaftsteil der Zeitungen die Rede ist. Für volkswirtschaftlich Interessierte ist das spannend. Für angehende Kaufleute, die in ihrem Bachelorstudium BWL einen Makro-Kurs besuchen müssen, ist das notwendig, damit sie zu einer eigenständigen Beurteilung des gesamtwirtschaftlichen Umfelds „ihrer“ Firma fähig sind – das ist der Grund dafür, dass die VWL in so gut wie jedem BWL-Curriculum auftaucht. (Mit der getrennten Nennung von VWL-Interessierten und BWL-Studierenden soll nicht gesagt sein, dass die Schnittmenge dieser beiden Gruppen leer ist.) Zweitens: Der Staat – Gebietskörperschaften, Zentralbank, Behörden etc. – ist ein wichtiger Akteur in der Makroökonomie. Das zweite Ziel der makroökonomischen Analyse ist es dementsprechend herauszuarbeiten, wie der Staat die wirtschaftlichen *Institutionen ausgestalten* sollte und mit welchen *Maßnahmen* er im Rahmen der geschaffenen Institutionen im Interesse der Bürger gestaltend in das Wirtschaftsgeschehen eingreifen sollte.

Damit wir diese Fragen substanziell beantworten können, brauchen wir zunächst ein solides Verständnis der Begriffe und einen Eindruck von den Größenordnungen, um die es geht. Wir werden daher in diesem Kapitel die wichtigsten makroökonomischen Aggregate betrachten, mit besonderem Augenmerk auf BIPs. Abschnitt I.2 klärt die verschiedenen gebräuchlichen BIP-Begriffe und präsentiert die aktuellen Zahlen für Deutschland. Abschnitt I.3 erläutert die Verwendung des BIPs und die BIP-Verteilung auf die Bezieher unterschiedlicher Einkommensarten. Abschnitt I.4 liefert internationale BIP-Vergleiche. Abschnitt I.5 erläutert, wie Makro-Größen wie das BIP in diesem Buch mit Hilfe von Modellen untersucht werden und wie sich die Makroökonomik dabei von der Mikroökonomik abgrenzt.

I.2 BIP und Inflation

Das vorrangige Ziel, in dessen Dienst die Wirtschaft steht, ist die Bereitstellung von Gütern und Dienstleistungen für die Bürger. Die wichtigsten makroökonomischen Variablen sind daher solche, die angeben, wie gut es um die Versorgung der Bürger mit Gütern und Dienstleistungen bestellt ist. Dabei ist die Kerngröße das BIP. Grob gesagt (wir werden das in Kürze präzisieren), ist das BIP ein Maß dafür, wie viel die inländische Wirtschaft in einem vorgegebenen Zeitraum, z. B. einem Jahr, produziert. Weil das BIP und weitere, damit in Zusammenhang stehende Makro-Größen so wichtige Maßzahlen für das Funktionieren der Volkswirtschaft sind, unterhalten Länder Behörden, die im Rahmen der ***Volkswirtschaftlichen Gesamtrechnung (VGR)*** damit befasst sind, diese Zahlen zu erheben (in Deutschland: das Statistische Bundesamt). Das ist angesichts der Komplexität großer arbeitsteiliger Ökonomien eine überaus aufwändige Aufgabe. In diesem und dem folgenden Abschnitt werden zuerst die der BIP-Berechnung zugrunde liegenden Prinzipien erläutert und anschließend aktuelle Zahlen für Deutschland vorgestellt.

Man unterscheidet für den Zeitraum t generell zwei BIPs: das nominale BIP Y_t^n und das reale BIP Y_t. Das nominale BIP gibt den (Markt-) Wert der produzierten Güter an. Das reale BIP soll dagegen Aufschluss darüber geben, wie viel produziert wurde. Das reale BIP ist daher die zentrale Größe, nach der wir suchen.

Um uns den Problemen bei der Ermittlung des realen BIPs zu nähern, stellen wir uns zunächst eine sehr einfache Marktwirtschaft vor, in der nur ein Gut produziert wird und der Produktionsprozess nur eine Fertigungsstufe umfasst, Vorleistungen also weder aus dem Inland noch aus dem Ausland bezogen werden. Die in einem Jahr t produzierte Menge dieses einen Gutes wird y_t genannt und sein Marktpreis p_t. Das nominale BIP, der Wert der hergestellten Gütermengen, ist dann

$$Y_t^n \equiv p_t y_t .$$

Das nominale BIP kann offensichtlich, ohne dass mehr produziert wird, dadurch steigen, dass das Gut teurer wird. Also müssen wir Preisanstiege aus dem nominalen BIP herausrechnen, um das reale BIP – als ein Maß dafür, wie viel produziert wurde – zu ermitteln. Ein Weg, das zu erreichen, besteht darin, dass man bei der Berechnung des realen BIPs die Produktionsmenge in t mit dem Vorjahrespreis p_{t-1} bewertet:

$$Y_t \equiv p_{t-1} y_t .$$

Definieren wir weiter das reale BIP-Wachstum als den prozentualen Wert, um den das reale BIP höher ist als das nominale BIP des Vorjahres:

$$g_{Y,t} \equiv \frac{Y_t - Y_{t-1}^n}{Y_{t-1}^n} = \frac{p_{t-1} y_t - p_{t-1} y_{t-1}}{p_{t-1} y_{t-1}} = \frac{y_t - y_{t-1}}{y_{t-1}}.$$

Dann gilt: Nur Mengenanstiege, nicht Preisanstiege, verursachen reales BIP-Wachstum. Deshalb ist dies eine brauchbare Definition, um zu messen, um wie viel die Produktion steigt. (Das gleiche Ergebnis hätte sich natürlich ergeben, wenn wir das reale BIP in t als die Produktionsmenge y_t und das reale BIP-Wachstum als den prozentualen Anstieg hiervon definiert hätten. Der Vorteil des hier gewählten etwas umständlicheren Verfahrens ist, dass der Mehr-Güter-Fall unten eine Verallgemeinerung davon ist.)

Die „Differenz" zwischen dem Anstieg des nominalen BIPs und dem realen BIP-Wachstum spiegelt den Preisanstieg wider. Betrachten wir das etwas genauer. Aus den Definitionen von Y_t^n und Y_t folgt:

$$\frac{Y_t^n}{Y_{t-1}^n} = \frac{p_t y_t}{p_{t-1} y_{t-1}} = \frac{p_t}{p_{t-1}} \frac{p_{t-1} y_t}{p_{t-1} y_{t-1}}.$$

Die Wachstumsrate des nominalen BIPs ist

$$g_{Y^n,t} = \frac{Y_t^n - Y_{t-1}^n}{Y_{t-1}^n}.$$

Daraus folgt, dass der Bruch am Anfang der Gleichungskette in der voran gehenden Formel als $1 + g_{Y^n,t}$ geschrieben werden kann. Die Inflationsrate $g_{P,t} = (p_t - p_{t-1})/p_{t-1}$ ist der prozentuale Anstieg des Preisniveaus, so dass der vorletzte Term in der Gleichungskette als $p_t/p_{t-1} = 1 + g_{P,t}$ geschrieben werden kann. Schließlich gilt gemäß der Definition des realen BIP-Wachstums

$$g_{Y,t} \equiv \frac{p_{t-1} y_t - p_{t-1} y_{t-1}}{p_{t-1} y_{t-1}} = \frac{p_{t-1} y_t}{p_{t-1} y_{t-1}} - 1,$$

also $(p_{t-1} y_t)/(p_{t-1} y_{t-1}) = 1 + g_{Y,t}$. Damit folgt:

$$1 + g_{Y^n,t} = (1 + g_{P,t})(1 + g_{Y,t}).$$

Die rechte Seite dieser Gleichung lässt sich ausmultipliziert als $1 + g_{P,t} + g_{Y,t} + g_{P,t} g_{Y,t}$ schreiben oder näherungsweise als $1 + g_{P,t} + g_{Y,t}$. Die Vernachlässigung des Produkts $g_{P,t} g_{Y,t}$ fällt dabei wenig ins Gewicht, wenn die beiden Veränderungsraten klein sind (hierauf kommen wir in Abschnitt II.2 genauer zu sprechen). Für übliche Werte im Bereich bis je 3% ist der gemachte Fehler nicht größer als 3%·3% = 0,09%-Punkte (0,03 · 0,03 = 0,0009). Näherungsweise gilt also:

$$g_{Y^n,t} \approx g_{P,t} + g_{Y,t}.$$

D. h.: Das nominale BIP-Wachstum ist näherungsweise die Summe von Inflationsrate und realem BIP-Wachstum, bzw. der Preisanstieg ist der Teil des nominalen BIP-Wachstums, der nicht auf reales BIP-Wachstum entfällt.

Bisher haben wir nur Änderungen zwischen zwei aufeinander folgenden Perioden betrachtet. Um längerfristige Vergleiche anstellen zu können, werden weiter auseinander liegende Werte durch so genannte Verkettung vergleichbar gemacht. Betrachten wir zunächst wieder das reale BIP. Der BIP-Kettenindex wird wie folgt gebildet. Zunächst wird er für ein Basisjahr auf 100 normiert. Dann wird er fortgeschrieben, indem er jedes Jahr um den Prozentbetrag in Höhe des realen BIP-Wachstums erhöht wird. Werte von 100 im Basisjahr 2005 und 102,70 im Jahr 2009 und reales BIP-Wachstum von $g_{Y,2010} = 3{,}7\%$ und $g_{Y,2011} = 3{,}0\%$ in den beiden Folgejahren beispielsweise ergeben Kettenindizes von $(102{,}70 \cdot 1{,}037 =)$ 106,49 für 2010 und $(106{,}49 \cdot 1{,}030 =)$ 109,65 für 2011. Am 2011er-Wert kann man ablesen, dass das reale BIP, gemessen am Kettenindex, 9,65% höher ist als im Basisjahr 2005. Die analog ermittelte Reihe für die Preise nennt man den BIP-Deflator. Der BIP-Deflator wird im Basisjahr auf 100 normiert und dann mit prozentualen Anstiegen in Höhe des Preisanstiegs fortgeschrieben. Mit einem Wert von 104,60 im Jahr 2010 und einem Preisanstieg von (3,8% nominalem BIP-Wachstum abzüglich 3,0% realem BIP-Wachstum, also) 0,8% ergibt sich ein Wert von $(104{,}60 \cdot 1{,}008 =)$ 105,43 für 2011.

Verallgemeinern wir nun diese Überlegungen für die Ein-Gut-Ökonomie auf eine Volkswirtschaft, in der viele verschiedene Güter und Dienstleistungen produziert werden. Im Folgenden reden wir oft der Kürze halber nur von Gütern, wenn Güter und Dienstleistungen gemeint sind. Wir bleiben vorerst dabei, dass der Produktionsprozess keine Vorleistungen gebraucht, also nur eine Fertigungsstufe umfasst. Wir gehen davon aus, dass die einzelnen Güter in einer beliebigen Reihenfolge durchnummeriert sind. Wenn wir eine Aussage treffen, die allgemein für alle oder mehrere Güter gilt, dann sprechen wir von „Gut i“. Für jedes Gut i gibt $y_{i,t}$ die im Betrachtungszeitraum t produzierte Menge und $p_{i,t}$ den zugehörigen Marktpreis an. Wenn wir also s.B. sagen, dass „$p_{i,t}$ steigt für alle i“, dann bedeutet das, dass der Preis jedes einzelnen Gutes steigt.

Die Definition von Y_t^n aus der Ein-Gut-Ökonomie ist ohne Weiteres übertragbar. Das nominale BIP, der Wert der hergestellten Gütermengen, lässt sich berechnen, indem man zunächst für jedes Gut i den Produktionswert $p_{i,t} y_{i,t}$ ausrechnet und anschließend diese Produktionswerte über alle Güter und Dienstleistungen i aufsummiert:

$$Y_t^n \equiv \sum_i p_{i,t} y_{i,t} .$$

Was die Frage nach der Versorgung der Ökonomie mit Gütern angeht, stehen wir mit dieser Y_t^n-Definition aber vor dem gleichen Problem wie oben in der Ein-Gut-Ökonomie. Anstiege von Y_t^n müssen nicht aus höheren Produktionsmengen resultieren, sie können auch die Folge von Preissteigerungen sein. Wir können hier aber den gleichen Ausweg wählen wie in der Ein-Gut-Ökonomie und bei der Ermittlung des realen BIPs die aktuellen Produktionsmengen $y_{i,t}$ nicht mit den laufenden Preisen $p_{i,t}$ bewerten, sondern mit den Preisen des jeweiligen Vorjahrs $p_{i,t-1}$, im Jahr

2011 also mit den Preisen aus 2010, im Jahr 2012 mit den Preisen aus 2011 usw.:

$$Y_t \equiv \sum_i p_{i,t-1} y_{i,t}.$$

Weil die Preise dabei gegenüber dem Vorjahr konstant gehalten werden, kann das reale BIP Y_t bei gleichbleibenden Produktionsmengen $y_{i,t}$ nicht höher sein als das nominale Vorjahres-BIP.

Zwei Bemerkungen hierzu. 1. Alternativ zu den jeweiligen Vorjahrespreisen könnte man bei der Berechnung des realen BIPs die Preise eines fest gehaltenen Basisjahrs verwenden. Das wurde in Deutschland bis zur VGR-Revision vom April 2005, mit der die Umstellung auf die Vorjahrespreisbasis vollzogen wurde, so gehandhabt (zuletzt mit dem Basisjahr 1995). Die Umstellung auf die Vorjahrespreisbasis hat den Vorteil, dass nun das reale BIP immer mit einer jeweils aktuelleren Preisbasis berechnet wird. 2. In der Ein-Gut-Ökonomie hätten wir, wie oben bemerkt, das reale BIP, ganz ohne Preise heranzuziehen, als Produktions*menge* des einen Guts definieren können. Man hätte so den gleichen Ausdruck für die Wachstumsrate des realen BIPs erhalten: $g_{Y,t} \equiv (y_t - y_{t-1})/y_{t-1}$. Dieses Verfahren ließe sich aber unmöglich auf die jetzt betrachtete Mehr-Güter-Ökonomie übertragen! Weil man Äpfel und Birnen nicht addieren kann, muss man zunächst anhand von Preisen – ob nun Vorjahrespreisen oder Preisen eines fest gehaltenen Basisjahrs – Euro-Werte bilden, die man dann aufaddieren kann.

Mit diesen Definitionen von nominalem und realem BIP kann man nun weiterarbeiten wie in der Ein-Gut-Ökonomie. Wie dort ist die Wachstumsrate des nominalen BIPs als

$$g_{Y^n,t} = \frac{Y_t^n - Y_{t-1}^n}{Y_{t-1}^n}$$

definiert und die reale BIP-Wachstumsrate als Prozentbetrag, um den das reale BIP das nominale Vorjahres-BIP übersteigt:

$$g_{Y,t} = \frac{Y_t - Y_{t-1}^n}{Y_{t-1}^n}$$

(also wieder *nicht* als prozentualer Anstieg der realen BIPs). Die Inflationsrate $g_{P,t}$ wird wie in der Ein-Gut-Ökonomie durch die Gleichung

$$1 + g_{Y^n,t} = (1 + g_{P,t})(1 + g_{Y,t})$$

berechnet. D. h.: Der Preisanstieg ist der Teil des nominalen BIP-Wachstums, der nicht auf reales BIP-Wachstum entfällt, und näherungsweise gilt

$$g_{Y^n,t} \approx g_{P,t} + g_{Y,t}.$$

Mehrjährige Entwicklungen von realem BIP und Preisen werden, wie oben gesagt, mit Hilfe von Kettenindizes angegeben. Der Wert des BIP-Kettenindex wird für ein gegebenes Basisjahr auf 100 normiert und dann mit der realen BIP-Wachstumsrate $g_{Y,t}$ fortgeschrieben. Analog wird der BIP-Deflator im Basisjahr auf 100 normiert und anschließend mit der Inflationsrate $g_{P,t}$ fortgeschrieben. Vor dem Hintergrund dieses Vorgehens und in Abgrenzung von anderen Maßen für Preisanstiege (zu denen wir später kommen) wird die so definierte Inflationsrate $g_{P,t}$ auch als Inflation gemessen am BIP-Deflator oder kurz als Inflationsrate (BIP-Deflator) bezeichnet.

Um bei den gebräuchlichen BIP-Definitionen aus der VGR anzugelangen, müssen wir schließlich dem Umstand Rechnung tragen, dass der Produktionsprozess – vom Rohstoff zum marktfähigen Produkt – i. d. R. mehrere, oft zahlreiche, Fertigungsstufen in In- und Ausland umfasst, Firmen also Vorleistungen aus In- und Ausland beziehen. Das macht die Ermittlung des BIPs deutlich komplizierter als oben skizziert. Da das BIP nämlich ein brauchbares Maß für die Güterproduktion für den Endverbrauch sein soll, dürfen nicht einfach alle Produktionswerte aus allen Unternehmen aufaddiert werden (wie es die Formulierung „Wert aller erzeugten Güter und Dienstleistungen" andeutet), denn das würde erhebliche Doppelzählungen beinhalten: Im Zuge der Herstellung eines Produkts würde nicht nur der schließlich am Markt für das fertige Produkt erzielte Erlös gezählt, sondern darüber hinaus auch jedes Mal der Preis des unfertigen Produkts, wenn es in seiner Wertschöpfungskette vom Zulieferer zum Abnehmer wechselt. Damit derartige Doppelzählungen vermieden werden, erhebt die VGR auf jeder Fertigungsstufe nicht den Wert des halb fertigen Produkts, sondern nur den Wert*anstieg*, der auf dieser Fertigungsstufe hinzu gekommen ist, die so genannte ***Wertschöpfung***. Um das BIP zu ermitteln, werden also von allen Unternehmen die jeweiligen Produktionswerte und Vorleistungen erhoben und zur Wertschöpfung saldiert, und aus der Summation dieser Wertschöpfungen ergibt sich das BIP. Würden alle erbrachten Vorleistungen von Inländern erbracht, so entspräche die Summe der Wertschöpfungen gerade dem Wert aller für den Endverbrauch erzeugten Güter und Dienstleistungen. Vorleistungen würden nicht doppelt gezählt, weil sie beim Erzeuger positiv in dessen Produktionswert und Wertschöpfung eingehen, bei der Ermittlung der Wertschöpfung des Abnehmers aber als Vorleistung wieder herausgerechnet werden (s. Übungsaufgabe I.1). Das gilt allerdings nicht für im Ausland erbrachte Vorleistungen: Sie werden beim inländischen Abnehmer aus der Wertschöpfung herausgerechnet, tauchen aber, da sie nicht im Inland erbracht werden, richtigerweise nirgends mit positivem Vorzeichen auf. So erhält man die „offiziellen" BIP-Definitionen aus der VGR:

Nominales BIP: Wert der im Inland innerhalb eines festgelegten Zeitraums hergestellten Güter und Dienstleistungen zu aktuellen Preisen abzüglich des Werts importierter Vorleistungen.

Reales BIP: Wert der im Inland innerhalb eines festgelegten Zeitraums hergestellten Güter und Dienstleistungen zu Vorjahrespreisen abzüglich des Werts importierter Vorleistungen.

Reales BIP-Wachstum: Prozentbetrag, um den das reale BIP über dem nominalen Vorjahres-BIP liegt.

Inflationsrate (BIP-Deflator): nominales BIP-Wachstum abzüglich reales BIP-Wachstum.

Kasten I.1: BIP

Deutsches BIP 2001–2011[a]

Jahr	nom. BIP (Mrd. €)	nom. BIP-Wachstum	reales BIP-Wachstum	Preis-anstieg	Ketten-index	BIP-Deflator
2001	2.101,90	2,7%	1,5%	1,1%	98,54	95,39
2002	2.132,20	1,4%	0,0%	1,4%	98,55	96,48
2003	2.147,50	0,7%	−0,4%	1,1%	98,18	97,86
2004	2.195,70	2,2%	1,2%	1,1%	99,32	98,93
2005	2.224,40	1,3%	0,7%	0,6%	100,00	100,00
2006	2.313,90	4,0%	3,7%	0,3%	103,70	100,32
2007	2.428,50	5,0%	3,3%	1,7%	107,09	102,01
2008	2.473,80	1,9%	1,1%	0,8%	108,25	102,81
2009	2.374,50	−4,0%	−5,1%	1,1%	102,70	103,95
2010	2.476,80	4,3%	3,7%	0,6%	106,49	104,60
2011	2.570,80	3,8%	3,0%	0,8%	109,65	105,43

[a]Quellen: www.destatis.de, www.sachverstaendigenrat-wirtschaft.de.

In Deutschland werden die BIP-Berechnungen vom Statistischen Bundesamt in Wiesbaden vorgenommen. Historische und aktuelle Zahlen sind auf den Websites des Statistischen Bundesamts (www.destatis.de) und des Sachverständigenrats zur Begutachtung der gesamtwirtschaftlichen Entwicklung (SVR) (www.sachverstaendigenrat-wirtschaft.de) frei verfügbar. Seit 1998 richtet sich das Statistische Bundesamt dabei nach den (seit April 1999 verbindlichen) Maßgaben des Europäischen Systems Volkswirtschaftlicher Gesamtrechnungen (ESVG), mit denen die nationalen Vorgehensweisen in der EU an die international üblichen Regeln des System of National Accounts (SNA) angepasst wurden. Insbes. kommt das Statistische Bundesamt dabei seit 2005 der Verpflichtung nach, die Preisbereinigung mittels Verkettung vorzunehmen. Mit der VGR-Revision vom September 2011 wurde die europaweite Vereinheitlichung der Klassifikation von Wirtschaftszweigen (nach der statistischen Systematik der Wirtschaftszweige in der Europäischen Gemeinschaft, NACE Rev. 2) und der Zuordnung von Gütern zu Wirtschaftszweigen (nach der Statistischen Güterklassifikation in Verbindung mit den Wirtschaftszweigen in der Europäischen Wirtschaftsgemeinschaft, CPA) umgesetzt. Zudem wird seitdem das Jahr 2005 als Referenzjahr mit einem Wert von 100 für die Kettenindizes verwendet. Die Entwicklung von nominalem BIP und realem BIP, von deren Wachstumsraten und der Inflationsrate (BIP-Deflator) sowie von BIP-Kettenindex und BIP-Deflator für die Jahre 2001–2011 ist in der oben stehenden Tabelle zusammengefasst. Im Jahr 2011 betrug das nominale BIP € 2.570,00 Mrd. Der Produktionswert (die zugehörige Umsatzgröße) ist ungefähr das Zweifache. Darin nicht berücksichtigt ist naturgemäß die Wertschöpfung durch Schwarzarbeit, die sich Schätzungen zufolge in Deutschland auf zwischen 4% (laut der dänischen Rockwool-Stiftung) und 16% (nach SCHNEIDER [2002, 12]) des offiziell ausgewiesenen BIPs beläuft. Knapp 70% des BIPs wurden im Dienstleistungssektor erwirtschaftet, knapp 30% im Produzierenden Gewerbe und ca. 1% in Land- und Forstwirtschaft und Fischerei. Die durchschnittlich $(2.570{,}00/2.101{,}90)^{1/10} - 1 =)$ 2,0% jährliches Wachstum des nominalen BIPs in Deutschland zwischen 2001 und 2011 lassen sich aufspalten in einen Anstieg des Kettenindex (d. h. reales Wachstum) von durchschnittlich $((109{,}65/98{,}54)^{1/10} - 1 =)$ 1,1% und durchschnittlich $((105{,}43/95{,}39)^{1/10} - 1 =)$ 1,0% Inflation gemessen am BIP-Deflator. In den USA betrug im Jahr 2011 das nominale BIP $ 15.230,0 Mrd.

Die so von der VGR ermittelte reale BIP-Wachstumsrate ist die Zahl, die gemeint ist, wenn in den Nachrichten vom „Wachstum der deutschen Volkswirtschaft" die Rede ist (z. B. 3,0% im Jahr 2011). Kasten I.1 liefert Informationen über nominales und reales BIP in Deutschland. Im Jahr 2011 betrug das nominale BIP € 2.570 Mrd. Hieraus ergibt sich als eine nützliche Faustregel, die zur Einschätzung von Größenordnungen in der wirtschaftspolitischen Diskussion (z. B. mit Hinblick auf den Umfang eines Konjunkturprogramms oder einer Steuersenkung) nützlich ist, dass 1% des BIPs ca. € 26 Mrd. sind. In den USA betrug das nominale BIP 2011 $ 15.230 Mrd., 1% davon also gut $ 150 Mrd. Es ist offensichtlich, dass das BIP als eine Wertschöpfungsgröße nicht sinnvoll mit Umsatzgrößen verglichen werden kann, was nicht bedeutet, dass das nicht trotzdem geschähe (s. Kasten I.2).

Kasten I.2: BIP und Unternehmensumsätze

Firmenumsätze und BIPs 2000 (Mrd. $)[a]

Rang	Land bzw. Unternehmen	BIP bzw. Umsatz
1	USA	9.883
2	Japan	4.677
3	Deutschland	1.870
44	Wal-Mart	68
48	Exxon	53
53	GM	46
55	Ford	45
56	Mitsubishi	44
99	Slowakei	19
100	Hitachi	19

[a]Quelle: De Grauwe und Camerman (2002, Tabelle 2, 6).

Um die Macht von Großkonzernen in der Politik zu demonstrieren, werden teils deren Umsätze mit nationalen BIPs vergleichen. Von der bekannten Globalisierungskritikerin Naomi Klein stammt der Hinweis, dass von den 100 größten Ökonomien der Welt 51 Unternehmen gewesen seien (gemessen an ihrem Umsatz) und nur 49 Nationen (gemessen am BIP, s. Klein [2002]). De Grauwe und Camerman (2002) bestätigen diese Zahlen mit Daten aus dem Jahr 2000 (s. die Tabelle). Dass Großunternehmen mit ihren Lobbies einen spürbaren Einfluss auf den politischen Prozess haben, steht außer Zweifel. Ebenso klar ist aber, dass sich das sicherlich nicht an einem Vergleich von Konzernumsätzen mit nationalen BIPs festmachen lässt, denn dabei werden Umsatzgrößen (Äpfel) mit Wertschöpfungsgrößen (Birnen) vergleichen. Das wird auch an einem anderen Vergleich klar, dem von Exporten (einer anderen Umsatzgröße) und BIP: Der „Anteil" der Exporte am BIP von Hongkong, Luxemburg und Singapur betrug im Jahr 2010 respektive 223%, 165% und 211%. Weil man ein Gut in seiner Fertigungskette mehrfach handeln kann, kann der Wert dieser Handelstransaktionen den Wert des fertigen Produkts übersteigen – und die Exporte eines Landes sein BIP.

Aus Zeitreihen für nominales und reales BIP werden der Kettenindex für das reale BIP und der BIP-Deflator so gebildet wie oben ausgeführt. Das Basisjahr ist dabei derzeit 2005.

BIP-Kettenindex: (= 100 im Jahr 2005) Vorjahreswert · (1 + reales BIP-Wachstum).

BIP-Deflator: (= 100 im Jahr 2005) Vorjahreswert · (1 + Inflationsrate (BIP-Deflator)).

Die aktuellen Zahlen finden sich in Kasten I.1. BIP-Kettenindex-Werte von 106,49 im Jahr 2010 und 109,65 im Jahr 2011 (s. Kasten I.1) bedeuten, dass das reale BIP im Jahr 2011 um (109,65/106,49 – 1 =) 3,0% höher war als im Vorjahr und um 9,7% höher als im Basisjahr 2005. BIP-Deflator-Werte von 104,60 im Jahr 2010 und 105,43 im Jahr 2011 (s. Kasten I.1) bedeuten (105,43/104,60 – 1 =) 0,8% Inflation gemessen am BIP-Deflator im Jahr 2011 und kumuliert 5,4% Preisanstieg seit 2005.

Allgemeine Preisanstiege bezeichnet man als ***Inflation***. Gemäß seiner Definition steigt der BIP-Deflator genau dann, wenn das nominale BIP schneller zunimmt als das reale, d. h. wenn Änderungen des BIPs vorliegen, die vornehmlich aus steigenden Preisen resultieren. Also sind Änderungen des BIP-Deflators ein mögliches Maß für die Inflationsrate. Weil in den BIP-Deflator alle in der Volkswirtschaft hergestellten Güter und Dienstleistungen eingehen, ist er ein gutes Maß für den allgemeinen Preisauftrieb. Oft ist man aber nicht an der gesamtwirtschaftlichen Preisentwicklung interessiert, sondern an den Preisanstiegen in gewissen Segmenten der Ökonomie. Von besonderem Interesse ist der Preisanstieg für Konsumgüter – in Abgrenzung beispielsweise von Investitionsgütern –, weil er die Kosten der Lebenshaltung für die privaten Haushalte bestimmt. Zur Beurteilung des Anstiegs der Kosten der Lebenshaltung werden sogenannte ***Verbraucherpreisindizes*** ermittelt (s. Kasten I.3).

I.3 BIP-Verwendung und -Verteilung

Mit dem BIP haben wir die zentrale Maßzahl dafür, wie viel die inländische Wirtschaft pro Jahr produziert, kennen gelernt. Stellen wir jetzt die Frage nach der ***Verwendung des BIPs***: Was macht das Inland mit den hergestellten Gütern und Dienstleistungen? Grob untergliedert, kann man drei Verwendungen unterscheiden: Konsum, Investitionen und Exporte. Unter den Konsum fallen dabei sowohl der Konsum der privaten Haushalte und privater Organisationen ohne Erwerbszweck (wie Kirchen, Parteien, Gewerkschaften etc.) als auch die konsumtiven Staatsausgaben. Zu den Investitionen gehören die Ausgaben der Unternehmen für Ausrüstungen, Gebäude und sonstige Anlagen, die Vorratsveränderungen (Lagerinvestitionen), die Ausgaben der privaten Haushalte für Wohnbauten sowie die investiven Staatsausgaben. Die Exporte sind der Wert der Güter- und Dienstleistungsausfuhren ins Ausland. Um Einblicke in die BIP-Verwendung zu geben, erhebt die VGR Daten über Konsum, Investitionen und Exporte. Dabei ergibt sich folgendes Problem: Der inländische Konsum enthält sowohl im Inland hergestellte Güter als auch die Einfuhren im Ausland produzierter Konsumgüter (die Importe). Gleiches gilt für die Investitionen. Weil in die Verwendungsrechnung für das inländische BIP selbstverständlich nur die im Inland

Kasten I.3: Verbraucherpreisindex

Verbraucherpreisindex Deutschland, 2001–2011[a]

2001	2002	2003	2004	2005	2006	2007	2008	2009	2010	2011
94,5	95,9	96,9	98,5	100	101,6	103,9	106,6	107,0	108,2	110,7

[a]Quelle: www.destatis.de.

Das Statistische Bundesamt ermittelt u. a. den Verbraucherpreisindex für die Lebenshaltung aller privaten Haushalte in ganz Deutschland. Dazu hat es einen Warenkorb aus etwa 700 Gütern festgelegt, der die Konsumgewohnheiten der Deutschen widerspiegelt. Der Verbraucherpreisindex gibt Jahr für Jahr die Kosten für diesen feststehenden Warenkorb an (der Preis für 2005 ist auf 100 normiert). Den durchschnittlichen Konsumgewohnheiten entsprechend, sind beispielsweise die Gewichte von Wohnung, Wasser, Strom, Gas und anderen Brennstoffen 30,8%, Verkehr 13,2%, Freizeit, Unterhaltung und Kultur 11,6%, Nahrungsmitteln und alkoholfreien Getränken 10,4%, Einrichtungsgegenständen, Apparaten und Geräten 5,6%, Bekleidung und Schuhen 4,9%, Beherbergungs- und Gaststättenleistungen 4,4% sowie alkoholischen Getränken und Tabakwaren 3,9%. Die oben stehende Tabelle gibt die Entwicklung der Verbraucherpreise seit 2001 an. Mit einem durchschnittlichen Anstieg von $((110{,}7/94{,}5)^{1/10} - 1 =)$ 1,6% jährlich weisen die Verbraucherpreise eine höhere Inflation aus als der BIP-Deflator aus Kasten I.1 (1,0% pro Jahr). Das Statistische Amt der Europäischen Gemeinschaft (Eurostat) misst den Anstieg der Verbraucherpreise in den EU-Ländern anhand vereinheitlichter Kriterien. Das Ergebnis ist ein Harmonisierter Verbraucherpreisindex (HVPI) für jedes einzelne EU-Land sowie für den Euroraum als Ganzen. Letzterer ist maßgeblich für die Geldpolitik der Europäischen Zentralbank (EZB). Der Verbraucherpreisindex des Statistischen Bundesamts und der deutsche HVPI weichen nicht sonderlich voneinander ab, i. d. R. um weniger als 0,2%-Punkte. Die wesentlichen Unterschiede sind unterschiedliche Gewichte sowie die Nichtberücksichtigung von selbstgenutztem Wohneigentum und der Kfz-Steuer im HVPI. Weitere Daten zu Inflation werden in Kapitel IV angeführt.

produzierten Konsum- und Investitionsgüter eingehen dürfen, muss man von Konsum und Investitionen die Importe abziehen. Als Gleichung für die BIP-Verwendung ergibt sich so:

$$\text{BIP} = \text{Konsum} + \text{Investitionen} + \text{Außenbeitrag}$$

mit dem ***Außenbeitrag*** als Differenz zwischen Exporten und Importen. Kasten I.4 enthält Angaben über die BIP-Verwendung in Deutschland.

Das BIP gibt den Wert der im Inland hergestellten Güter und Dienstleistungen abzüglich der Kosten für den Import ausländischer Vorleistungen an. Es ist also, wie oben gesehen, ein Maß für die Wertschöpfung, die in der Volkswirtschaft im Berichtszeitraum erfolgt ist. Die am Produktionsprozess beteiligten Personen haben Ansprüche auf festgelegte Teile dieser Wertschöpfung: Den Beschäftigten stehen vereinbarte Lohneinkommen zu, den Kapitalgebern Kapitaleinkommen und den Un-

Kasten I.4: BIP-Verwendung

BIP-Verwendung Deutschland 2011 (Mrd. €)[a]

	Privater Konsum	1.475,23	
+	Staatskonsum	501,78	
=	Konsum		1.977,01
+	Investitionen		459,51
+	Exporte	1.288,49	
−	Importe	1.155,01	
=	Außenbeitrag		133,48
	BIP		2.570,00

[a]Quelle: www.destatis.de.

Die obige Tabelle gibt die Verwendung des deutschen nominalen BIPs 2011 an. Den größten Block stellt mit 57,4% des BIPs der private Konsum (einschließlich des Konsums privater Organisationen ohne Erwerbszweck) dar. 17,9% des BIPs wurden investiv genutzt. Davon entfielen € 254,23 Mrd. oder 55,3% auf Bauten. Diese Prozentsätze sind repräsentativ für die jüngere Vergangenheit. Die Exporte beliefen sich auf 50,1% vom BIP. Das ist aber natürlich der Vergleich einer Umsatz- mit einer Wertschöpfungsgröße. Die wichtigsten Exportindustrien waren dabei gewohnheitsgemäß Automobilbau, Maschinenbau und chemische Industrie. Der Außenbeitrag ist mit 5,2% vom BIP wie in den Vorjahren sehr hoch.

ternehmenseigentümern die verbleibenden Gewinne. Die VGR ermittelt im Rahmen der ***BIP-Verteilungsrechnung*** das gesamtwirtschaftlich zu verteilende Einkommen (Volkseinkommen) und dessen Verteilung auf Lohneinkommen (Arbeitnehmerentgelte) einerseits sowie Unternehmens- (Gewinn-) und Vermögenseinkommen andererseits – jeweils als Brutto-Größen, d. h. vor Einkommensteuern und inklusive abzuführender Sozialabgaben.

Bei der Ermittlung des Volkseinkommens ergibt sich zunächst folgendes Problem: Das BIP ist definitionsgemäß eine *Inlands*größe. Die Verteilungsrechnung ist dagegen eine *Inländer*rechnung. D. h.: Es geht nicht um die Verteilung der *im Inland* entstandenen Einkommen, sondern um die Verteilung der Einkommen *von Inländern*. Inländer im Sinne der VGR ist dabei – unabhängig von seiner Nationalität –, wer seinen Wohnsitz im Inland hat. Internationaler Kapitalverkehr führt zu Zins- und Dividendeneinkommen im Ausland, und Pendler verdienen Arbeitseinkommen im Ausland (wobei die Kapitaleinkünfte quantitativ wesentlich bedeutsamer sind). Um die Einkommen der Inländer zu ermitteln, addiert man zunächst den Saldo der sogenannten Primäreinkommen aus der übrigen Welt (d. h. die Differenz zwischen Einkommen von Inländern im Ausland und Einkommen von Ausländern im Inland) zum BIP. So erhält man das ***Bruttonationaleinkommen*** (BNE, englisch: Gross national product, GNP). (Das BNE ist das, was früher Bruttosozialprodukt genannt wurde. Dieser Begriff wird immer noch oft benutzt, obwohl er in der deutschen VGR nicht mehr existiert.)

Das BNE ist der Cash flow, der für von Inländern produzierte Güter gezahlt wird. Das zur Zahlung von Lohn-, Kapital- und Gewinneinkommen an Inländer zur Verfügung stehende Volkseinkommen unterscheidet sich aus zwei Gründen vom BNE. Erstens werden in den Unternehmen bei der Gewinnermittlung neben den Lohn- und Kapitalkosten auch die ***Abschreibungen auf den Kapitalstock*** (d. h. die Abnutzung von Maschinen, Geräten, Fahrzeugen, Bauten, immateriellen Anlagegütern wie Software etc.) abgezogen. Folglich müssen bei der Berechnung des Volkseinkommens vom BNE die gesamtwirtschaftlichen Abschreibungen subtrahiert werden. Das ergibt das Nettonationaleinkommen. Zweitens gibt das BIP die *zu Marktpreisen* bewerteten Produktionsmengen an. Der Marktpreis, der für ein Produkt gezahlt wird, ist aber aus zwei Gründen nicht identisch mit dem Betrag, der beim Verkäufer ankommt. Einerseits erhebt der Staat Abgaben auf den Produktionsprozess und auf Vorleistungsimporte. Die Produktionsabgaben umfassen insbes. die Mehrwertsteuer, daneben weitere Gütersteuern, die als Wert- oder Mengensteuer pro gehandelte oder produzierte Einheit erhoben werden (u. a. Verbrauchsteuern wie die Mineralölsteuer und die Tabaksteuer) sowie sonstige Produktionsabgaben (u. a. Grundsteuern und Umweltabgaben). Unter die Importabgaben fallen Zölle und Importsteuern. Will man den Betrag ermitteln, der beim Produzenten ankommt, so muss man Produktions- und Importabgaben von den Marktpreisen abziehen. Andererseits zahlt der Staat Subventionen, die für den Produzenten Einkommen über seine Erlöse hinaus darstellen. Bei der Einkommensermittlung müssen die Produktionssubventionen daher positiv berücksichtigt werden. Das ***Volkseinkommen*** ergibt sich mithin, indem man vom Nettonationaleinkommen die Produktions- und Importabgaben subtrahiert und die Produktionssubventionen addiert bzw. – so drückt es die VGR aus – indem man den Saldo Produktions- und Importabgaben abzüglich Subventionen subtrahiert. Kasten I.5 zeigt, wie sich, diesen Schritten folgend, das aktuelle deutsche Volkseinkommen ergibt und wie sich dieses Volkseinkommen auf Arbeitnehmerentgelte einerseits und Unternehmens- und Vermögenseinkommen andererseits aufteilt. Als Faustregeln kann man sich merken: Der Saldo der Primäreinkommen ist recht gering, so dass BIP und BNE ähnlich groß sind. Das Volkseinkommen entspricht ungefähr drei Vierteln des BIPs. Rund zwei Drittel des Volkseinkommens entfallen auf Arbeitnehmerentgelte, das verbleibende Drittel auf Unternehmens- und Vermögenseinkommen.

In Abschnitt VI.7 kommen wir noch einmal zur VGR zurück. Dort wird gezeigt, wie in der Zahlungsbilanz die ökonomischen Transaktionen zwischen Inländern und Ausländern ausführlicher erfasst werden.

I.4 Bruttoinlandsprodukte im internationalen Vergleich

Um einen Eindruck von der relativen ökonomischen Bedeutung verschiedener Wirtschaftsräume zu erhalten, kann man die jeweiligen BIPs miteinander vergleichen. Dass solche Vergleiche aussagekräftig sind, setzt natürlich voraus, dass die nationalen BIPs nach einem weitgehend vergleichbaren Vorgehen ermittelt werden. Diese Vorbedingung kann wegen der weit verbreiteten Umsetzung der Maßgaben des SNA

Kasten I.5: Verteilungsrechnung

Verteilungsrechnung Deutschland 2011 (Mrd. €)[a]

	BIP	2.570,00
+	Saldo der Primäreinkommen aus der übrigen Welt	39,92
=	BNE	2.609,92
–	Abschreibungen	381,01
=	Nettonationaleinkommen	2.228,91
–	Produktions- und Importabgaben abzüglich Subventionen	264,61
=	Volkseinkommen	1.964,30
–	Arbeitnehmerentgelte	1.319,93
=	Unternehmens- und Vermögenseinkommen	644,37

[a]Quelle: www.destatis.de.

Das Volkseinkommen betrug 2011 in Deutschland € 1.964,30 Mrd. Die Differenz zum BIP von € 605,70 Mrd. hat zwei Hauptgründe: zum einen die Abschreibungen, die sich mit € 381,01 Mrd. auf knapp 15% des BIPs beliefen, zum anderen die Produktions- und Importabgaben abzüglich Subventionen, bei denen die Mehrwertsteuer mit einem Aufkommen von rund € 180 Mrd. die wichtigste Rolle spielt. Der Saldo der Primäreinkommen aus der übrigen Welt betrug 1,6% des BIPs. Dieser Prozentsatz war früher geringer und ist durch den Aufbau einer Nettoauslandsvermögensposition angewachsen (mehr hierzu in Kapitel VI). Die Arbeitnehmerentgelte machten € 1.319,93 Mrd. aus. Den entsprechenden Anteil am Volkseinkommen (hier 67,2%) nennt man die ***Lohnquote***. Noch in den Jahren 2000–02 lag die Lohnquote bei konstant 72%. Im Absinken der Lohnquote in den 2000er-Jahren spiegeln sich moderate Lohnabschlüsse vor dem Hintergrund der Drohung von Produktionsverlagerungen wider.

(s. Kasten I.1) – zumindest für die Industrienationen – als erfüllt angesehen werden. Es stellt sich aber ein zweites, schwierigeres Problem. BIPs werden von der nationalen VGR in der jeweiligen Landeswährung ausgedrückt. Eine scheinbar einfache Lösung dieses Problems besteht darin, die BIPs in nationaler Währung mit dem Jahresmittel des Wechselkurses gegen den US-Dollar in US-Dollar umzurechnen und dann die Dollar-BIPs miteinander zu vergleichen. (Man könnte natürlich die BIPs in eine beliebige andere Währung umrechnen, aber wegen der herausragenden Bedeutung des Dollars werden in der Praxis internationale BIP-Vergleiche i. d. R. in US-Dollar ausgeführt, wie bereits in Kasten I.2 geschehen.) Das Problem mit dieser einfachen Lösung ist, dass die resultierenden Dollar-BIPs keinen verlässlichen Rückschluss auf die relative Wirtschaftsleistung zulassen. Der Grund hierfür ist, dass gleiche Güter in verschiedenen Ländern nach der Umrechnung unterschiedliche Dollar-Preise haben – es herrscht nicht Kaufkraftparität (Details hierzu in Abschnitt VI.6). Dieser Sachverhalt wird bei manchen Auslandsreisen spürbar: Tauscht man einen Euro in eine Auslandswährung um, so kann man für die gekauften Devisen oft mehr kaufen als für den Euro in Deutschland (manchmal auch deutlich weniger). Sind in einem von zwei Ländern mit gleichen produzierten Gütermengen nach der Umrechnung in Dollar die Preise im Durchschnitt um 10% höher, dann hat es auch ein um 10% höheres Dollar-BIP, aber diese BIP-Differenz ist nicht ein Indikator für eine höhere Wirtschaftsleistung.

Wie erhält man angesichts dessen international vergleichbare BIP-Zahlen? Man braucht hierzu ein Vorgehen, das gleichen Gütern in verschiedenen Ländern gleiche Dollar-Preise zuordnet. Ein direktes, aber sehr aufwändiges Vorgehen bestünde darin, Warenkörbe zur Ermittlung des Preisindex überall auf Basis der (Dollar-) Preise der jeweiligen Güter in den USA zu berechnen. Alternativ kann man – etwas grober – bei der Umrechnung des BIPs eines Landes in Dollar (anstelle des Wechselkurses am Devisenmarkt) einen hypothetischen Wechselkurs verwenden, der den internationalen Preisdifferenzen Rechnung trägt. Im Beispiel oben würde das bedeuten, dass man für das Land mit den um 10% höheren Preisen einen Umrechnungskurs wählt, der

Kasten I.6: Welt-BIP

Der IWF veröffentlicht in seiner World Economic Outlook Database Zahlen für die nationalen BIPs von über 180 Ländern (also fast der gesamten Welt) in Landeswährung, in Dollar und kaufkraftbereinigt (ein Auszug findet sich in der Tabelle unten). Weil man im Durchschnitt für einen Dollar außerhalb der USA mehr kaufen kann als in den USA, ist das kaufkraftbereinigte Welt-BIP mit $ 78.291 Mrd. deutlich größer als das mit Wechselkursen ermittelte Welt-BIP in Dollar ($ 68.652 Mrd., jeweils in 2011). Kaufkraftbereinigt tragen die USA und die EU jeweils rund 20% zum Welt-BIP bei.

Von besonderem Interesse für internationale Vergleiche ist aus mehreren Gründen das chinesische BIP. Mit fast 10% jährlichem Wachstum verzwanzigfachte China sein reales BIP seit 1978 und wurde so zur zweitgrößten nationalen Volkswirtschaft der Welt. Wächst China weiter kaufkraftbereinigt mit jährlich 8%, der Rest der Welt mit 4% und die USA mit 3%, dann überholt das kaufkraftbereinigte chinesische BIP das der USA im Jahr 2018 und das BIP des gesamten Rests der Welt im Jahr 2059. China ist auch ein gutes Beispiel für die Bedeutung der Kaufkraftbereinigung. Zum aktuellen Wechselkurs belief sich das chinesische BIP 2011 auf $ 6.516 Mrd. Wegen der wesentlich niedrigeren Preise verdoppelt es sich durch die Kaufkraftbereinigung fast auf $ 11.174 Mrd.

Anteile am Welt-BIP 2011, kaufkraftbereinigt [a]

Land	Anteil
China	14,3%
Deutschland	3,9%
EU	20,0%
Japan	5,7%
USA	19,4%
Welt-BIP	$ 78.291 Mrd.

[a] Quelle: www.imf.org.

Kasten I.7: Marktarbeit und Hausarbeiten

Marktarbeit und Hausarbeiten 1998[a]

	Männer		Frauen	
	D	USA	D	USA
Marktarbeit	35,2	39,1	17,7	25,4
Hausarbeiten	17,9	14,1	36,1	26,8
Arbeitszeit	53,1	53,2	53,8	52,2

[a]In Stunden pro Woche inklusive Pausen und Pendelzeiten. Quelle: SCHETTKAT (2003, Tabelle 1, 4).

Männer sind laut oben stehender Tabelle in den USA durchschnittlich (39,1/35,2 − 1 =) 11% länger in Marktaktivitäten beschäftigt als in Deutschland, Frauen arbeiten sogar (25,4/17,7 − 1 =) 44% länger am Markt. Darin spiegelt sich aber nicht eine längere Gesamtarbeitszeit wider – in Deutschland wird insgesamt sogar etwas mehr gearbeitet. Vielmehr ist der Anteil der Arbeitszeit, der auf Markt- und nicht auf Haushaltsaktivitäten entfällt, sowohl für Männer (73% gegenüber 66%) als auch insbes. für Frauen (49% gegenüber 33%) in den USA höher als in Deutschland.

um 10% unter dem Wechselkurs am Devisenmarkt liegt. Alan Heston, Irving Kravis und Robert Summers von der University of Pennsylvania initiierten ab ca. 1950 die Konstruktion solcher kaufkraftbereinigter hypothetischer Wechselkurse. Heute sind umfangreiche Daten aus der World Economic Outlook Database des Internationalen Währungsfonds (IWF) auf der IWF-Website (www.imf.org) frei zugänglich. Kasten I.6 liefert einige Informationen.

Des weiteren ist bei BIP-Vergleichen zu beachten, dass das BIP nur den Wert *marktmäßig* produzierter Güter und Dienstleistungen angibt. Im Haushalt selbst produzierte Leistungen bleiben (wie auch Wertschöpfung durch Schwarzarbeit, vgl. Kasten I.1) außen vor. So erhöhen die Einstellung einer Haushaltshilfe, Restaurantbesuche und die kommerzielle Kinderbetreuung das BIP, eigene Hausarbeit wie das Anfertigen von Mahlzeiten und die eigenständige Erziehung von Kindern aber nicht. Ein Grund dafür, dass Deutschland ein niedrigeres BIP pro Kopf hat als die USA, ist, dass Deutsche (u. a. wegen der hohen Abgabenbelastung von Marktarbeit) bei gleicher gesamter Arbeitszeit mehr Arbeiten im Haushalt selbst verrichten als US-Amerikaner (s. Kasten I.7).

I.5 Makroökonomik und Modelle

BIPs sind der wichtigste Erklärungsgegenstand der Makroökonomik. Die Kapitel II und V dieses Buchs beschäftigen sich mit dem langfristigen Wachstum und mit den konjunkturellen Schwankungen des BIPs. BIPs sind aber nicht der einzige Erklärungsgegenstand der Makroökonomik.

Zwei weitere wichtige Makro-Größen wurden bereits in den Abschnitten I.2 und I.3 im Zusammenhang mit der Berechnung von BIPs eingeführt: die Inflationsrate (gemessen am BIP-Deflator oder einem Verbraucherpreisindex) und der Außenbeitrag. In diesem Buch wird Inflation in Kapitel IV analysiert. Im Kapitel VI untersuchen wir, welche Auswirkungen internationaler Güterhandel und internationaler Kapitalverkehr auf die Möglichkeiten zur Stabilisierung der konjunkturellen BIP-Schwankungen bei flexiblen und bei festen Wechselkursen haben.

Mit dem BIP schwankt auch die Arbeitslosigkeit: Bei schlechter Konunktur steigt sie, bei guter sinke sie. Aber auch am Ende eines Aufschwungs liegt in beträchtlichem Maße Arbeitslosigkeit vor. In Deutschland waren im November 2011 2,71 Millionen Menschen arbeitslos gemeldet, das entspricht einer Arbeitslosenquote von 6,5%. Arbeitslosigkeit ist eines der drängendsten ökonomischen und sozialen Probleme. Kapitel III schildert die institutionellen Rahmenbedingungen des Arbeitsmarkts, liefert threoretische Erklärungen für Arbeitslosigkeit und diskutiert vor diesem Hintergrund wirtschaftspolitische Vorschläge zum Abbau der Arbeitslosigkeit.

Schließlich rufen mit mehrjährigen Abständen wiederkehrende Finanzkrisen immer wieder eindringlich vor Augen, welch einschneidende Wirkungen die Finanzmärkte auf die Makroökonomie haben – zuletzt die europäische Staatsschuldenkrise und die Finanz- und Wirtschaftskrise 2007–09, davor das Platzen der New-Economy-Bubble 2000, die Asien-Krise 1997–98, die Japan-Krise in den 1990er-Jahren usw. Die Kapitel VII–IX dieses Buchs untersuchen Kredit- und Finanzmärkte aus makroökonomischer Sicht unter besonderer Berücksichtigung von Banken-, Schulden- und Währungskrisen und Bubbles.

Damit ist umrissen, *was* wir in diesem Buch untersuchen: BIP, Arbeitslosigkeit, Inflation, Konjunktur und Finanzmarktprobleme. *Wie* untersuchen wir diese Dinge? Das – je nach Geschmack – Interessante oder Abschreckende an der Makroökonomik ist der weitreichende Gebrauch mathematischer Modelle. Ob man es nun mag oder nicht, der Gebrauch von Modellen ist unumgänglich für ein profundes Verständnis makroökonomischer Zusammenhänge (unser erstes Lehrziel, vgl. Abschnitt I.1). Dies wird sich erst beim Studium des Buchs erschließen (und in den Schlussbemerkungen in Kapitel X nochmal diskutiert). Dennoch sei an dieser Stelle der Hauptgrund dafür vorausgeschickt, warum Modelle unabdingbar sind.

Für ein ***mathematisches Modell*** sind zwei Dinge kennzeichnend. Erstens: Es besteht aus einer Menge von Gleichungen und Ungleichungen. In den Gleichungen und Ungleichungen tauchen Variablen, Funktionen und Rechenregeln, die die Variablen und Funktionen miteinander verknüpfen (z. B. plus und minus), auf. (Zum Begriff einer Funktion s. Abschnitt A.2.) Zweitens: Den Variablen und Funktionen werden Bedeutungen zugeordnet. Z. B. werden die Variablen Y, K und L durchgehend als BIP, Kapital und Beschäftigung interpretiert, und die Produktionsfunktion F ordnet den Inputs an Kapital und Beschäftigung das resultierende BIP zu: $Y = F(K, L)$. Die Modellvariablen unterteilen sich in ***endogene Variablen*** und ***exogene Variablen*** (auch Parameter genannt). Löst man die Modellgleichungen und -ungleichungen nach den endogenen Variablen auf, so erhält man das ***Gleichgewicht*** des Modells (vorausgesetzt eine Lösung existiert). Das Gleichgewicht gibt die Werte der endogenen Variablen in Abhängigkeit von den exogenen Variablen gegeben die unterstellten funktionalen Zusammenhänge an. Der Grund dafür, dass Makroökonomik mit mathematischen Modellen einfacher ist als ohne, ist, dass sich makroökonomische Zusammenhänge am leichtesten als mathematische Gleichungen ausdrücken lassen und schwierige – „nicht offensichtliche“ – Zusammenhänge ohne eine Modellanalyse kaum oder gar nicht zu verstehen sind.

Führen wir uns beispielhaft die folgenden Fragen vor Augen: Warum entspricht die Wachstumsrate der Produktion pro Beschäftigungsstunde auf lange Sicht der Rate technischen Fortschritts (unabhängig von der Höhe der Investitionen etc.)? Warum kann es im Interesse der Arbeitgeber liegen, einen höheren als den arbeitsmarkträumenden Lohn zu zahlen? Warum führt eine permanente Erhöhung der Inflation um eine gewisse Anzahl Prozentpunkte nicht auf Dauer zu einer Reduktion der Arbeitslosigkeit? Warum sollte man das überhaupt vermuten? Warum kann die Produktion eines bestimmten BIPs an mangelnder gesamtwirtschaftlicher Güternachfrage scheitern? Wie könnte man dies überhaupt bezweifeln? Warum ist bei internationalen Kapitalströmen konjunkturstabilisierende Fiskalpolitik weniger effektiv als ohne internationale Wirtschaftsbeziehungen? Wie kann es passieren, dass auf dem Kreditmarkt nur die riskantesten Investitionsprojekte finanziert werden? Warum können marginale Änderungen der Parameter des Kapitalmarkts große Auswirkungen auf das Kapitalmarktgleichgewicht haben? Warum kann es zu Kreditrationierung kommen, d. h. einer Übernachfrage nach Krediten, die nicht durch einen steigenden Zins abgebaut wird? Warum können ökonomisch eigentlich irrelevante Faktoren Erwartungsumschwünge auslösen, die entscheiden, ob der Bankensektor stabil bleibt oder von einer Bankpanik heimgesucht wird? Warum ist die Unvorhersehbarkeit von Aktienkursänderungen ein Anzeichen von Kapitalmarkteffizienz? Kann eine Aktie mehr oder weniger wert sein als die Dividenden, die sie im Zeitablauf abwirft? – Ohne Modelle sind diese Fragen Rätsel. Mit den Theorien in diesem Buch werden wir schlüssige Antworten geben.

Der Anfang jeder makroökonomischen Theorie (ob mathematisch oder nicht) sind Annahmen darüber, wie die betrachteten Größen voneinander abhängen, z. B. das BIP von der Beschäftigung und dem Kapitaleinsatz oder der Konsum vom Volkseinkommen. Man kann zwei Möglichkeiten unterscheiden, wie diese Zusammenhänge aussehen: Entweder es gibt keine Regelmäßigkeiten, oder es gibt welche. Wenn es keine Regelmäßigkeiten gäbe, könnte man keine (deduktiven) Theorien aufstellen, sondern müsste ständig Einzelfalluntersuchungen durchführen. Wenn aber die Regelmäßigkeiten in der Ökonomie auch nicht so exakt sind wie in den Naturwissenschaften, so ist das Vorhandensein gewisser Regularitäten doch nicht von der Hand zu weisen. Z. B. kann mit mehr Beschäftigung und/oder mehr Kapital ein höheres BIP hergestellt werden, und bei einem höheren Volkseinkommen wird mehr konsumiert. Die ökonomischen Kräfte sind nicht mit einer vergleichbaren Exaktheit und Unverrückbarkeit beschreibbar wie die Kräfte, die auf physische Körper einwirken, aber man kann zumindest einen groben Versuch starten. Dabei kann man seine Annahmen entweder ohne oder mit Mathematik formulieren. Man kann in Worten sagen: „Wie viel produziert wird, hängt davon ab, wie viel Arbeit und Kapital die Firmen einsetzen“. Alternativ man kann diese Annahme mit der Produktionsfunktion ausdrücken: $Y = F(K, L)$. Bis zu dieser Stelle mag man indifferent sein zwischen der Analyse mittels mathematischer Modelle und der Analyse mittels unmathematischer Modelle. Aber als nächstes geht es in der Makroökonomik darum, logische Implikationen aus den Annahmen abzuleiten (die Gesetze der Logik sollten sowohl in einer verbalen als auch in einer mathematischen Analyse befolgt werden). Man kann das prinzipiell in Worten versuchen. Das ist aber ein vergleichsweise umständliches Unterfangen, denn die Mathematik erscheint wie gemacht hierfür. Wenn man einmal seine Annahmen in Form von Gleichungen formuliert hat, kann man logische Implikationen herleiten, indem man seine Gleichungen mathematisch manipuliert. Das ist um Welten einfacher als eine logisch konsistente verbale Argumentation. (Die bewundernswerte Leistung der klassischen Ökonomen wie Adam Smith, John Stuart Mill, Karl Marx und David Ricardo aus der Zeit vor der Mathematisierung der Volkswirtschaftslehre, d. h. vor 1880 ca., liegt gerade darin, dass sie diese verbale Argumentation meisterten.) Gerade wenn man dynamische Theorien aufstellt, die die Entwicklung mehrerer Variablen *im Zeitablauf* zu beschreiben versuchen, droht man sich ohne Mathematik hoffnungslos zu verheddern. Die Mathematik hilft wiederum, das Problemfeld zu strukturieren: Man versieht die Variablen des Modells mit einem Zeitindex t und erhält so Differenzengleichungen (s. wieder Abschnitt A.2), die rechnerisch teils recht einfach zu handhaben sind. Ein Beispiel: Wird der Kapitalstock K einerseits mit Rate δ („delta“) abgeschrieben, und erhöht er sich andererseits um die Bruttoinvestitionen I der Vorperiode, so kann man das als $K_t = (1-\delta)K_{t-1} + I_{t-1}$ schreiben und hiermit weiter rechnen. Wir werden an einigen Stellen in diesem Buch davon profitieren, dass wir dynamische Theorien mit Hilfe von Differenzengleichungen formulieren. Entwarnend sei angemerkt, dass die verwendete Mathematik durchweg sehr bodenständig ist. Eine bündige Zusammenfassung findet sich im mathematischen Anhang am Ende des Buchs. Nach dem Durcharbeiten des Buches wird man sie in der Tat als erleichternd und nicht als erschwerend begreifen.

Unser Vorgehen in diesem Buch lässt sich damit wie folgt umreißen. Wir beobachten ein interessantes makroökonomisches Problem aus dem Wirtschaftsleben. Dann verlassen wir die wirtschaftliche Wirklichkeit und begeben uns in eine mathematische Modellwelt. In der abstrakten Modellwelt identifizieren wir wichtige, manchmal nicht offensichtliche makroökonomische Zusammenhänge. Wenn wir die Modelle und die wichtigen Zusammenhänge, die sie erklären, verstanden haben, wenden wir uns wieder dem realen Wirtschaftsleben zu, und mit unserer Intuition aus dem mathematischen Modell wird es uns gelingen, die wirtschaftliche Realität viel schärfer zu sehen, als wir das ohne unsere Theorie könnten – wenn man eine makroökonomische Modellwelt gut versteht, kann man auch die reale Makroökonomie besser verstehen.

Anhand der Produktionsfunktion $Y = F(K, L)$ erkennt man auch, was die ***Makroökonomik*** als eigenständige ökonomische Disziplin von der Mikroökonomik abgrenzt. Wenn man Y hier als BIP interpretiert (und nicht etwa als Produktion einer einzelnen Firma), tut man so, als gäbe es nur ein einziges Endprodukt. Die Aggregationsprobleme, die bereits die statistische Ermittlung des realen BIPs erschwerten (s. Abschnitt I.2), sind damit (nicht gelöst, aber immerhin) vom Tisch gefegt. Das Gleiche gilt auch für K und L. Wir tun so, als gäbe es einen homogenen Faktor Kapital – und nicht Tausende verschiedener Kapitalgüter von Bauten und Anlagen über Motoren, Drehbänke und Fließbänder hin zu Robotern, Computern und Software.

Und wir tun so, als gäbe es einen homogenen Faktor Arbeit – und nicht Arbeit verschiedener Ausbildungs- und Qualifikationsniveaus. Diese Aggregation ist es, was die Makroökonomik von der Mikroökonomik abgrenzt. Man kann das für eine unschöne Eigenschaft der Modelle halten – es wird sich aber heraus stellen, dass makroökonomische Theorien schon mit dieser Aggregation schwierig genug sind.

Weiterführende Literatur

Eine Einführung in die VGR geben z. B. FRENKEL und JOHN (2011). NIERHAUS (2004) bietet eine bündige Erklärung zur Einführung der Vorjahrespreisbasis in der VGR.

Zusammenfassung der Grundüberlegung dieses Kapitels

1. Das nominale BIP ist definiert als Wert der im Inland innerhalb eines festgelegten Zeitraums hergestellten Güter und Dienstleistungen zu aktuellen Preisen abzüglich des Werts importierter Vorleistungen.

2. Das reale BIP ist definiert als Wert der im Inland innerhalb eines festgelegten Zeitraums hergestellten Güter und Dienstleistungen zu Vorjahrespreisen abzüglich des Werts importierter Vorleistungen. Das reale BIP-Wachstum ist der Prozentbetrag, um den das reale BIP höher ist als das nominale BIP des Vorjahres.

3. Von der Verwendungsseite betrachtet, unterteilt sich das BIP in Konsum, Investitionen (jeweils privat und staatlich) und Außenbeitrag.

4. Die Verteilungsrechnung ermittelt das Volkseinkommen, d. h. die den Inländern zufließenden Einkommen, und die Verteilung des Volkseinkommens auf Arbeitnehmerentgelte einerseits und Unternehmens- und Vermögenseinkommen andererseits.

5. Die Makroökonomik untersucht wichtige Makro-Größen wie BIP, Inflation, Außenbeitrag und Arbeitslosigkeit mit mathematischen Modellen. Modelle ermöglichen es, sich auf einige wenige wichtige Zusammenhänge zu konzentrieren und auf diese Weise nicht offensichtliche Zusammenhänge aufzudecken. Mathematische Modelle erlauben es, Schlussfolgerungen durch das Umformen von Gleichungen zu ziehen.

6. Die Makroökonomik grenzt sich von der Mikroökonomik dadurch ab, dass sie eigentlich unterschiedliche Dinge zu Aggregaten zusammenfasst.

Schlüsselbegriffe

Volkswirtschaftliche Gesamtrechnung (VGR)
Wertschöpfung
nominales Bruttoinlandsprodukt (BIP)
reales Bruttoinlandsprodukt (BIP)
reales BIP-Wachstum
Inflationsrate (BIP-Deflator)
BIP-Kettenindex
BIP-Deflator
Inflation
Verbraucherpreisindex
Verwendung des BIPs
Außenbeitrag
Verteilungsrechnung
Bruttonationaleinkommen (BNE)
Abschreibungen auf den Kapitalstock
Volkseinkommen
Lohnquote
Modell
endogene Variable
exogene Variable
Gleichgewicht
Makroökonomik

Kapitel II

Wachstum

„Ach, wenn man doch wissend werden könnte! [...] Wenn es doch eine Lehre gäbe, etwas, woran man glauben kann! Alles widerspricht einander, alles läuft aneinander vorbei, nirgends ist Gewißheit. Alles läßt sich so deuten und läßt sich auch wieder umgekehrt deuten. Man kann die ganze Weltgeschichte als Entwicklung und Fortschritt auslegen, und kann ebensowohl nichts als Verfall und Unsinn in ihr sehen. Gibt es denn keine Wahrheit? Gibt es keine echte und gültige Lehre?"
Josef Knecht in HESSE *(1943/1996, 85–86)*

II.1 Einleitung

Das wichtigste ökonomische Faktum der vergangenen 200 Jahre ist das seit Beginn der Industrialisierung anhaltende Wachstum der Arbeitsproduktivität. Das anhaltende Wachstum der Arbeitsproduktivität ist der Garant für die in den Industrienationen heute erreichten materiellen Lebensstandards. Dieses Kapitel befasst sich mit den Gründen und den Folgen des Produktivitätswachstums. Abschnitt II.2 erklärt den Begriff Arbeitsproduktivität und warum das Wachstum der Arbeitsproduktivität so entscheidend für materiellen Wohlstand ist. Mit den Bausteinen Produktionsfunktion (Abschnitt II.3) und Konsumfunktion (Abschnitt II.4) wenden wir uns dann in Abschnitt II.5 dem Solow-Modell zu, das erklärt, weshalb seit der Industrialisierung die Arbeitsproduktivität beständig wächst: einzig und allein wegen des technischen Fortschritts. Abschnitt II.6 sucht die Quellen dieses technischen Fortschritts im Gewinnstreben innovativer (Schumpeterscher) Unternehmer. Vor diesem Hintergrund werden in den Abschnitten II.7–II.11 die Fragen diskutiert, welche Größen empirisch das Tempo des Wachstums bestimmen, ob Wachstumspolitik das Wachstum langfristig beschleunigen kann, ob mehr Wachstum generell besser ist als weniger, wie Wachstum in Entwicklungsländern in Gang zu bringen ist und ob dem Wachstumsprozess Grenzen gesetzt sind. Das Solow-Modell, um das dieses Kapitel zentriert ist, ist – obwohl die einfachst mögliche Darstellung gewählt wird – rechnerisch vielleicht das schwierigste Modell, das in diesem Buch behandelt wird. Wer einen formal weniger anspruchsvollen Einstieg in die Makroökonomik sucht, kann sich zunächst auf die Lektüre der Abschnitte II.3 und II.4 zu Produktions- und Konsumfunktion beschränken und mit Kapitel III zu Arbeitslosigkeit einsteigen. Kapitel II kann dann im Anschluss an die Konjunkturanalyse in Kapitel V nachgeholt werden. Diese Bemerkungen sollen den interessierten Leser allerdings nicht entmutigen, Kapitel II jetzt sofort zu bearbeiten. Inhaltlich ist dieses Vorgehen vorteilhaft (s. die Vorbemerkungen). Und ist das einmal geschafft, dann werden die rechnerischen Hürden anschließend eher niedriger als höher. Außerdem: Robert Solow erhielt für dieses Wachstumsmodell 1987 den Nobelpreis für Wirtschaftswissenschaften – wenn man also hier einsteigt, beginnt man direkt mit einer nobelpreisgekrönten Theorie.

II.2 Produktivitätswachstum

In Abschnitt I.2 haben wir das reale BIP kennen gelernt. Hiervon abgeleitet, ist die Arbeitsproduktivität definiert als:

Arbeitsproduktivität ≡ reales BIP / geleistete Arbeitsstunden.

Oder mit Y als reales BIP und L als geleistete Arbeitsstunden:

$$y \equiv \frac{Y}{L}.$$

Die Arbeitsproduktivität ist ein Maß dafür, wie viel Güter und Dienstleistungen die Beschäftigten pro geleisteter Arbeitsstunde herstellen. Eine Randbemerkung: Bei der Ermittlung von langen Zeitreihen für die Arbeitsproduktivität (wie wir sie unten kennen lernen werden) wird das reale BIP i. d. R. nicht auf Vorjahrespreisbasis, sondern mit Preisen eines fixen Basisjahres berechnet (vgl. Abschnitt I.2).

(Geometrische) ***Wachstumsraten*** sind definiert als relative Zuwachsraten, d. h. Zuwächse geteilt durch Ausgangswerte. Diese Definition haben wir in Abschnitt I.2 mit Bezug auf das nominale BIP-Wachstum und die Inflationsrate bereits verwendet. Die Wachstumsrate der Arbeitproduktivität ist demgemäß:

$$g_{y_t} \equiv \frac{y_t - y_{t-1}}{y_{t-1}}.$$

Das kann man auch als $g_{y_t} = y_t / y_{t-1} - 1$ oder $1 + g_{y_t} = y_t / y_{t-1}$ schreiben (vgl. Abschnitt I.2). Diese Schreibweisen werden im Folgenden häufig verwendet. Weil die betrachteten Wachstumsraten i. d. R. klein sind, notiert man sie gewöhnlich als Prozentzahlen. Statt $g_{y_t} = 0{,}02$ beispielsweise schreibt man $g_{y_t} = 2\%$.

KRUGMAN (1990, 13) – Ökonomie-Nobelpreisträger 2008 für seine Arbeiten in der Außenhandelstheorie (also nicht Wachstumstheoretiker und somit nicht befangen) – schreibt:

> „Productivity growth isn't everything, but in the long run it's almost everything".

Auf lange Sicht sei neben dem Produktivitätswachstum fast alles andere nachrangig. Was ist die Basis für diese starke Behauptung? Dieser Frage gehen wir in diesem Abschnitt detailliert nach. Die Antwort ist, kurz gesagt: Das Wachstum der Arbeitsproduktivität ist auf lange Sicht der alleinige Garant für das Wachstum der materiellen Lebensstandards. Bei konstant bleibender Arbeitsproduktivität muss man für einen gleich bleibenden Konsum von Gütern und Dienstleistungen immer gleich lang arbeiten. Der aus den Einkünften aus einer Stunde Arbeit finanzierbare Konsum steigt nicht. Bei steigender Arbeitsproduktivität kann man dagegen zwischen zwei vorteilhaften Alternativen – und Mischungen davon – wählen: Man kann einen gleich bleibenden Konsum mit weniger Arbeitseinsatz finanzieren. Alternativ kann man mit gleich bleibendem Arbeitseinsatz mehr konsumieren. Genau das ist das herausragende Merkmal des ökonomischen Entwicklungsprozesses: In den heutigen Industrienationen wächst seit dem Beginn der Industrialisierung um das Jahr 1800 die Arbeitsproduktivität kontinuierlich, und die Bevölkerungen der Industrienationen haben dieses Produktivitätswachstum umgesetzt in eine Mischung aus drastisch sinkenden Arbeitszeiten einerseits und stark wachsender Produktion andererseits. Als Faustregel kann man sich 2% jährliches Wachstum der Arbeitsproduktivität und 0,5% jährliche Schrumpfung der Arbeitsstunden pro Beschäftigter merken (s. Kasten II.1).

Kasten II.1: Produktivitätswachstum 1870–1998

Wachstumsraten 1870–1998[a]

	Arbeitsproduktivität	reales BIP	Bevölkerung	Erwerbsquote	Stunden pro Beschäftigter
Deutschland	2,24%	2,39%	0,58%	0,05%	–0,49%
Westeuropa	2,27%	2,28%	0,54%	–0,02%	–0,51%
USA	2,16%	3,43%	1,50%	0,23%	–0,48%
Japan	3,09%	3,68%	1,05%	–0,04%	–0,40%

[a]Quelle: MADDISON (2001), diverse Tabellen aus den Appendizes A und B.

MADDISON (2001) liefert weit zurück reichende Zahlen über das Produktivitätswachstum (s. die oben stehende Tabelle). In Deutschland versiebzehnfachte sich die Arbeitsproduktivität zwischen 1870 und 1998 ($1{,}0224^{128} = 17$). Das BIP verzwanzigfachte sich, während die jährliche Arbeitszeit von 2.841 auf 1.523 Stunden sank ($2.841 \cdot 0{,}9951^{128} = 1.523$). In den USA verfündundsiebzigfachte sich das BIP, in Japan verhundertfachte es sich bei etwas geringeren Verkürzungen der Arbeitszeiten. In der Tabelle erhält man (näherungsweise und von Rundungsfehlern abgesehen) das Produktivitätswachstum in Spalte zwei, indem man vom BIP-Wachstum in Spalte drei die Wachstumsraten von Bevölkerung, Erwerbsquote und Stunden pro Beschäftigter in den Spalten vier bis sechs abzieht. Westeuropa und die USA sind sich dabei recht ähnlich: 2,2% Wachstum der Arbeitsproduktivität wurden in ein 1,7%-iges Wachstum des BIPs pro Kopf (Spalte drei minus Spalte vier) und –0,5% jährliches Wachstum (d. h. 0,5% Reduktion) der Stunden pro Beschäftigter bei konstanter Erwerbsquote umgesetzt.

Auf seiner Homepage (www.ggdc.net/maddison) liefert der 2010 verstorbene Ökonom Angus Maddison frei zugänglich bis 2008 aktualisierte (und auch noch weiter zurück reichende) Daten über BIPs und BIPs pro Kopf. Nach diesen Daten entsprach das kaufkraftbereinigte BIP pro Kopf in Deutschland im Jahr 1870 $ 1.839 (gemessen an der Kaufkraft eines Dollars in den USA im Jahr 1990). Das ist weniger als der 2008-Wert für Lesotho ($ 1.952), ungefähr die Hälfte des BIPs pro Kopf in Jamaica in 2008 ($ 3.668) und weniger als ein Drittel des 2008-Werts für Georgien ($ 5.984). Das vermittelt einen Eindruck davon, wie es uns heute materiell gehen würde, wäre das BIP pro Kopf nicht mit knapp 2% pro Jahr gewachsen.

2% mehr Arbeitsproduktivität und 0,5% weniger Arbeitsstunden pro Jahr – das klingt nicht spektakulär, ist es aber, weil diese jährlichen Veränderungsraten über einen so langen Zeitraum aufrechterhalten wurden. Schauen wir uns das genauer an. Eine Faustregel aus der Finanzierungsrechnung besagt: Bei einer Verzinsung von $x\%$ dauert eine Verdoppelung des eingesetzten Kapitals – Zinseszinsen berücksichtigt – $70/x$ Jahre. Übertragen auf das Arbeitsproduktivitätswachstum bedeutet das: Bei einer jährlichen Wachstumsrate von $x\%$ dauert eine Verdoppelung der Arbeitsproduktivität $70/x$ Jahre (s. Übungsaufgabe II.5 am Ende dieses Buchs). Bei 2% Wachstum also ($70/2 =$) 35 Jahre. D. h.: Innerhalb eines Jahrhunderts verachtfacht sich die Arbeitsproduktivität (verdoppelt sie sich dreimal). Bei 7% Wachstum – wie es Japan zwischen 1950 und 1973 verzeichnete und danach Südkorea zwischen 1965 und 1995 – verdoppelt sich die Arbeitsproduktivität innerhalb eines Jahrzehnts. 9,8% jährliches BIP-Wachstum bei 1,1% jährlichem Bevölkerungswachstum in China seit 1978 bedeuten 8,7% Wachstum des BIPs pro Kopf, d. h. eine Verdoppelung alle acht Jahre und eine Verzwölffachung über 30 Jahre. Bezogen auf die Arbeitszeiten bedeutet unsere Faustregel: Bei –0,5% Wachstum jährlich dauert es ($70/0{,}5 =$) 140 Jahre, bis sich die Arbeitszeit halbiert hat. Für Deutschland 2011 ergibt sich aus einem BIP von € 2.570 Mrd. und einer Bevölkerung von 81,5 Mio. ein BIP pro Kopf von rund € 31.500. Das Arbeitsvolumen entsprach rund 57 Mrd. Stunden, die Arbeitsproduktivität also ca. € 45 pro Stunde. Fazit: Die riesigen kumulierten Effekte von unscheinbaren 2% Produktivitätswachstum und 0,5% Arbeitszeitreduktion jährlich sind (analog zu Zinseszinseffekten in der Finanzierungsrechnung) der Garant für die heute in den Industrienationen erreichten hohen materiellen Lebensstandards bei vergleichsweise geringer Arbeitszeit. Das ist der Grund, weshalb – pointiert gesagt – neben dem Produktivitätswachstum alles andere ökonomisch nachrangig ist.

Schauen wir noch etwas genauer hin, was die Industrienationen mit ihrem Produktivitätswachstum gemacht haben. Durch einfaches Erweitern kann man die Arbeitsproduktivität wie folgt schreiben:

$$y = \frac{Y}{\text{Bevölkerung} \cdot \dfrac{\text{Beschäftigte}}{\text{Bevölkerung}} \cdot \dfrac{\text{Arbeitsstunden}}{\text{Beschäftigte}}}.$$

Das Verhältnis der Beschäftigtenzahl zur Größe der Gesamtbevölkerung nennt man die Erwerbsquote. Der Quotient Arbeitsstunden/Beschäftigte gibt die Stunden pro Beschäftigter an. Folglich gilt:

$$y = \frac{Y}{\text{Bevölkerung} \cdot \text{Erwerbsquote} \cdot \text{Stunden pro Beschäftigter}}.$$

An dieser Gleichung erkennt man noch einmal die zwei Möglichkeiten, wie man Produktivitätswachstum nutzen kann. Produktivitätswachstum bedeutet, dass die linke Seite der Gleichung kontinuierlich größer wird, so dasss auch die rechte Seite der Gleichung stetig anwächst. Dabei gibt es zwei Möglichkeiten. Zum einen können bei gleichem realen BIP pro Kopf die Erwerbsquote und/oder die Stunden pro Beschäftigter gesenkt werden, d. h. es kann weniger gearbeitet werden. Zum anderen kann bei gleich bleibendem Arbeitseinsatz ein wachsendes reales BIP pro Kopf erwirtschaftet werden. Die Gleichung erlaubt es uns ferner, diesen Sachverhalt zu quantifizieren: Die Wachstumsrate der Arbeitsproduktivität entspricht näherungsweise der Wachstumsrate des realen BIPs g_Y abzüglich der Wachstumsraten von Bevölkerung, Erwerbsquote und Stunden pro Beschäftigter:

$$g_y \approx g_Y - \begin{array}{c}\text{Wachstumsrate der}\\ \text{Bevölkerung}\end{array} - \begin{array}{c}\text{Wachstumsrate der}\\ \text{Erwerbsquote}\end{array} - \begin{array}{c}\text{Wachstumsrate der}\\ \text{Stunden pro Beschäftigter}\end{array}$$

(s. das Argument in Abschnitt I.2, dass Produkte von kleinen Wachstumsraten vernachlässigt werden können, und Aufgabe II.7). Kasten II.1 zeigt diese Zahlen für Deutschland, Westeuropa, die USA und Japan.

II.3 Produktionsfunktion

Bevor wir zu unserem grundlegenden Wachstumsmodell kommen, werden in diesem und im nächsten Abschnitt zwei Bausteine eingeführt, die auch in den folgenden Kapiteln eine wichtige Rolle spielen werden: die Produktionsfunktion und die Konsumfunktion. Die Produktionsfunktion drückt den Sachverhalt aus, dass die Höhe der Produktion in einer Volkswirtschaft davon abhängt, wie viel gearbeitet und wie viel Kapital dabei eingesetzt wird. Mit Y als BIP, K als Kapitalstock, L als Beschäftigung und F als ***Produktionsfunktion*** gilt (wie in Abschnitt I.5 bereits erwähnt):

$$Y = F(K, L).$$

Die wichtigste Annahme ist damit implizit bereits gemacht: Wir tun so, als gäbe es nur ein einziges Endprodukt, eine Art von Kapital und eine homogene Art von Arbeit. Diese Betrachtung makroökonomischer Aggregate ohne die Aufspaltung in die zu Grunde liegenden heterogenen Größen (einzelne Produkte, verschiedene Kapitalgüter, Arbeit verschiedener Qualifikationsniveaus) ist es, was die Makroökonomik von der Mikroökonomik abgrenzt (s. Abschnitt I.5). All die Probleme bei der Berechnung des realen BIPs, die in der VGR auftauchen (s. Abschnitt I.2) werden damit hinfällig. Wir definieren den Anstieg der Produktion durch eine zusätzliche Einheit Kapital

$$\frac{\partial F(K, L)}{\partial K}$$

als ***Grenzproduktivität des Kapitals***. Um genau zu sein, müsste man hier „durch eine zusätzliche Einheit Kapital“ durch „pro infinitesimal kleiner zusätzlicher Einheit Kapital“ ersetzen. Beim in Abbildung II.1 dargestellten Kurvenverlauf beispielsweise sieht man, dass der Anstieg der Produktion durch eine zusätzliche Einheit Kapital kleiner ist als die mittels der partiellen Ableitung definierte Grenzproduktivität, d. h. die Steigung einer Tangenten an die Produktionsfunktion. Der Bequemlichkeit halber bleiben wir aber bei der etwas ungenauen Formulierung (s. hierzu auch Abschnitt A.5). Analog (und auf die gleiche Weise etwas ungenau) wird der Anstieg der

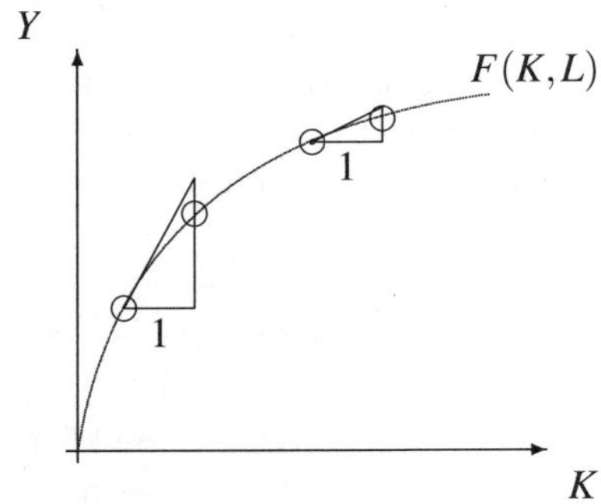

Abbildung II.1: Produktionsfunktion und Grenzproduktivität

Produktion durch eine zusätzliche Einheit Arbeit

$$\frac{\partial F(K,L)}{\partial L}$$

als ***Grenzproduktivität der Arbeit*** bezeichnet. Wir machen vier übliche Annahmen an die Produktionsfunktion:

1. Ein positiver Einsatz von jedem der beiden Faktoren ist notwendig für positive Produktion:

$$F(0,L) = 0, \; F(K,0) = 0.$$

2. Die Grenzproduktivitäten sind positiv:

$$\frac{\partial F(K,L)}{\partial K} > 0, \; \frac{\partial F(K,L)}{\partial L} > 0.$$

3. Der Produktionszuwachs durch eine zusätzliche Einheit eines Faktors wird mit zunehmendem Einsatz des Faktors kleiner, d. h. die Grenzproduktivitäten fallen:

$$\frac{\partial^2 F(K,L)}{\partial K^2} < 0, \; \frac{\partial^2 F(K,L)}{\partial L^2} < 0.$$

4. Grenzproduktivitäten sagen aus, wie die Produktion auf die Änderung eines einzelnen Faktors reagiert. Man kann auch die schwierigere Frage stellen, wie die Produktion reagiert, wenn sich der Kapital- und der Arbeitsinput gleichzeitig ändern. Es reicht dabei für unsere Zwecke aus, sich auf einen Spezialfall zu konzentrieren, nämlich die Frage, um wie viel Prozent Y steigt, wenn K und L simultan um $x\%$ steigen. Steigt dabei auch die Produktion um $x\%$, d. h. gilt

$$F[(1 + x\%)K, (1 + x\%)L] = (1 + x\%)F(K,L),$$

dann sagt man, dass ***konstante Skalenerträge*** vorliegen. Würde in dieser Gleichung statt des Gleichheitszeichens das „<“-Zeichen gelten, dann gäbe es Größennachteile (fallende Skalenerträge). Das wird üblicherweise durch ein „Replikationsargument“ ausgeschlossen: Baut man neben eine bestehende Fabrik eine identische und beschäf-

Kasten II.2: Cobb-Douglas-Produktionsfunktion

Mit Jahresdaten des SVR für Deutschland für den Zeitraum 1970–2010 lässt sich die folgende Cobb-Douglas-Produktionsfunktion für den deutschen Unternehmenssektor (ohne Wohnungsvermietung und ohne Landwirtschaft) schätzen:

$$Y_t = K_t^{0{,}4794}\big[10{,}7475 \cdot 1{,}0240^{t-1969} \\ 0{,}9870^{D(t-1990)} L_t\big]^{0{,}5206}.$$

Dabei werden Y_t und K_t in Mrd. Euro gemessen. Y_{2010} ist 2.368,76, die vorangehenden Y_t-Werte ergeben sich durch Verkettung (vgl. Abschnitt I.2). Analog ist $K_{2010} = 4.938{,}11$, und die vorhergehenden Werte ergeben sich mittels Verkettung. L_t wird in Mrd. Stunden gemessen, z. B. ist $L_{2010} = 57{,}02$. (Diese Daten wurden freundlicherweise vom Statistischen Bundesamt zur Verfügung gestellt.) Konstante Skalenerträge sind nicht ein Ergebnis der Schätzung, sondern wurden als Annahme vorausgesetzt. Der erste Potenzausdruck in der eckigen Klammer spiegelt 2,4% jährlich arbeitsvermehrenden technischen Fortschritt nach nach 1970 wider. D ist eine Dummy-Variable mit Wert $D = 0$ bis 1990 und $D = 1$ ab 1991. D. h. ab 1991 verlangsamte sich der arbeitsvermehrende technische Fortschritt um 1,3%-Punkte pro Jahr. Mit den Inputs aus $t = 2010$ liefert die Produktionsfunktion $Y_{2010} = 2.412{,}46$, d. h. 1,8% mehr als den tatsächlichen Wert.

tigt darin gleich viele Arbeiter, dann verdoppelt sich die Produktion. Die Annahme konstanter Skalenerträge schließt gleichzeitig auch Größenvorteile (steigende Skalenerträge) aus.

Oft ist es bequemer, eine konkrete Produktionsfunktion mit diesen vier Eigenschaften zu spezifizieren, als allgemein mit dem Symbol F und den unterstellten Eigenschaften vorzugehen. Das bekannteste und in vielen Fällen am einfachsten zu handhabende Beispiel ist die Cobb-Douglas-Produktionsfunktion:

$$Y = F(K, L) = K^\alpha L^\beta, \quad 0 < \alpha, \beta < 1.$$

Kasten II.2 zeigt die Schätzung einer Cobb-Douglas-Produktionsfunktion für Deutschland. Für $\beta = 1 - \alpha$ hat die Cobb-Douglas-Produktionsfunktion konstante Skalenerträge:

$$F[(1 + x\%)K, (1 + x\%)L] = [(1 + x\%)K]^\alpha [(1 + x\%)L]^{1-\alpha} \\ = (1 + x\%)K^\alpha L^{1-\alpha} = (1 + x\%)F(K, L).$$

II.4 Konsumfunktion

Der zweite zentrale Baustein des Solow-Modells ist die Konsumfunktion. Die Konsumfunktion gibt an, wie viel die Haushalte in Abhängigkeit vom BIP Y für Konsum C ausgeben. Passender erschiene es, das Volkseinkommen, das den Haushalten in Form von Arbeitsentgelten einerseits und in Form von Gewinn- und Vermögenseinkommen andererseits zufließt, als Bestimmungsgröße des Konsums zu wählen. Denn dies ist das aggregierte Einkommen, das den Haushalten für Konsum und Ersparnisbildung zur Verfügung steht. In Abschnitt I.3 haben wir gesehen, dass das

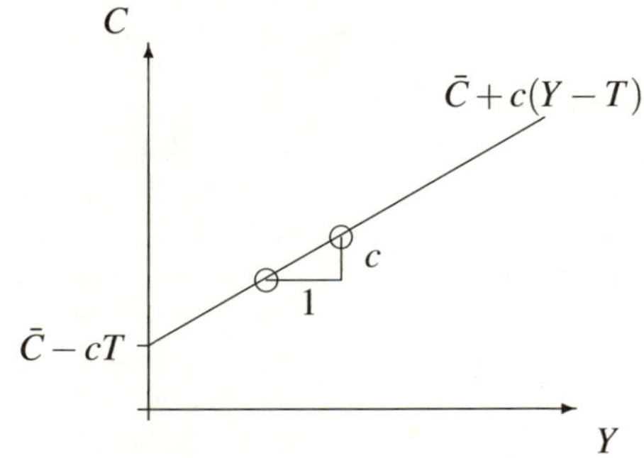

Abbildung II.2: Konsumfunktion

Volkseinkommen aus drei Gründen vom BIP Y abweicht: wegen Auslandseinkommen, Abschreibungen sowie Produktionsabgaben, Importabgaben und Subventionen. Nur wenn wir diese drei Größen vernachlässigen, entspricht das Volkseinkommen dem BIP Y, und der Konsum hängt vom Volkseinkommen ab. Inhaltlich kritisch ist die Vernachlässigung von Abschreibungen, weil die mit ca. 15% des BIPs quantitativ sehr bedeutsam sind (s. Kasten I.5). Trotz dieser warnenden Bemerkung halten wir in diesem Buch (wie üblich in der Literatur) der Einfachheit halber durchgehend an der Annahme fest, dass der Konsum C vom BIP Y abhängt. Berücksichtigt wird, dass Einkommensteuern und sonstige direkte Steuern, T genannt, das Einkommen mindern, so dass C als von $Y - T$ abhängig notiert wird. Andere möglicherweise für die Konsum-Spar-Entscheidung relevante Einflussgrößen wie z. B. die Zinsen lassen wir außer Acht. Ferner wird der Einfachheit halber angenommen, dass der Zusammenhang zwischen C und $Y - T$ linear ist. So erhält man die ***Konsumfunktion***:

$$C = \bar{C} + c(Y - T), \quad \bar{C} > 0, \quad 0 < c < 1 .$$

Die marginale Konsumquote c gibt dabei an, um wie viel der Konsum C steigt, wenn das BIP Y um eine Einheit steigt: $dC/dY = c$. (Weil ein linearer Zusammenhang unterstellt wird, entfällt hier die Bemerkung zur Ungenauigkeit bei der Betrachtung von Änderungen um eine Einheit statt infinitesimal kleiner Änderungen.) Abbildung II.2 illustriert die Konsumfunktion im (Y, C)-Diagramm. Darin ist $\bar{C} - cT$ der Ordinatenschnitt (dessen genauer Wert im Folgenden nicht von Bedeutung ist) und c die Steigung der Konsumfunktion.

II.5 Solows Wachstumsmodell

SOLOW (1956) entwarf vor über 50 Jahren das bis heute maßgebliche Wachstumsmodell. SWAN (1956) entwickelte im Laufe des Erscheinungsjahres von Solows Arbeit weitgehend unabhängig das gleiche Modell (für Details zur Entstehung von Trevor Swans Modell s. PITCHFORD [2002]), erlangte aber nicht einen vergleichbaren wissenschaftlichen Ruhm. Die Analyse dieses Modells ist nicht ganz einfach. Weil es unter didaktischem Gesichtspunkt sinnvoll ist, mit der makroökonomischen Analyse beim Wachstumsprozess zu beginnen, steigen wir trotz der Schwierigkeit mit dem Solow-Modell in die Modellanalyse ein. Für den Einsteiger mag es gewöhnungsbedürftig sein, ökonomische Beziehungen mit Hilfe von mathematischen Funktionen darzustellen (vgl. Abschnitt I.5). Man muss sich darauf einlassen. Am Ende dieses Abschnitts wird man anerkennen, dass die behandelten Sachverhalte ohne Formeln noch wesentlich schwieriger zu fassen wären.

Das Modell hat fünf Bausteine. Weil das Modell als ein Wachstumsmodell natürlich ein dynamisches Modell ist, müssen – wie in Abschnitt I.5 erläutert – die Variablen zu verschiedenen Zeitpunkten t durch einen Index t voneinander unterschieden werden. Hier sind die fünf Annahmen des Modells:

A1: *Cobb-Douglas-Produktionsfunktion mit konstanten Skalenerträgen:*

$$Y_t = K_t^{\alpha}(A_t L_t)^{1-\alpha}, \quad 0 < \alpha < 1,$$

mit A_t als technisches Wissen.

A2: *Konsumfunktion mit $\bar{C} = 0$ und ohne Steuern ($T = 0$):*

$$C_t = cY_t, \quad 0 < c < 1.$$

A3: *Volle Abschreibung des Kapitals nach jeder Periode:*

$$K_t = Y_{t-1} - C_{t-1}.$$

K_0 exogen.

A4: *Exogenes Wachstum des Arbeitskräftepotenzials:*

$$\frac{L_t - L_{t-1}}{L_{t-1}} = g_L \geq 0 \text{ exogen und konstant,}$$

L_0 exogen.

A5: *Exogener technischer Fortschritt:*

$$\frac{A_t - A_{t-1}}{A_{t-1}} = g_A \geq 0 \text{ exogen und konstant,}$$

A_0 exogen.

A1 ist eine Cobb-Douglas-Produktionsfunktion mit Kapital K_t und Arbeit L_t, wie sie in Abschnitt II.3 vorgestellt wurde. Zusätzlich gibt es hier „arbeitsvermehrendes" technisches Wissen A_t: Je höher A_t ist, desto mehr wird bei gegebenem Kapital K_t und gegebenem Arbeitseinsatz L_t produziert (mehr hierzu unter A5). Es gibt gemäß A1 drei mögliche Quellen von BIP-Wachstum und damit Wachstum der Arbeitsproduktivität: Investitionen (K_t steigt), Wachstum des Arbeitseinsatzes (L_t steigt) und technischen Fortschritt (A_t steigt). A2 ist ein einfacher Spezialfall der in Abschnitt II.4 vorgestellten Konsumfunktion. A3 besagt, dass der Kapitalstock der Periode t der Ersparnis der Vorperiode $t - 1$ entspricht, weil das Kapital nach jeder Periode komplett abgeschrieben wird. Wie in Abschnitt II.4 erklärt, machen Abschreibungen die Verwendung des BIPs als Argument der Konsumfunktion fragwürdig. Dieses Problem ist bei hoher (voller) Abschreibung um so gravierender. Am Ende des laufenden

Kasten II.3: Technischer Fortschritt

Der technische Fortschritt der jüngeren Vergangenheit ist mit Händen greifbar: PC, CD, DVD, MP3, GPS, ISDN, DSL, ICE, Transrapid, Internet, E-Mail, Smartphone etc. Ständig werden neue Felder erschlossen, Nanotechnologie, Biotechnolgie, Lasertechnik, Halbleitertechnik. Viele bahnbrechende Innovationen der Vergangenheit sind heute selbstverständlich: Elektrizität, Verbrennungsmotor, Auto, Eisenbahn, Flugzeug, Fax, Telefon etc. Andere zu ihrer Zeit wegweisende Innovationen sind längst wieder weitgehend oder ganz verschwunden, weil technisch überholt: Webstuhl, Dampflok, Dampfschifffahrt etc. Das „A_t" aus der Wachstumstheorie ist nichts Geheimnisvolles, sondern etwas sehr Handfestes.

Abschnitts wird erklärt, warum es so viel einfacher (aber nicht notwendig) ist, volle Abschreibung der Kapitalstocks zu unterstellen. K_0 ist der Kapitalstock im Startzeitpunkt $t = 0$. Die Tatsache, dass die vorhandene Menge an Kapital vorgegeben ist, bedeutet, dass K_0 exogen ist, d. h. nicht im Modell bestimmt wird. Nach A4 ist die Entwicklung des Arbeitskräftepotenzials exogen vorgegeben. A5 besagt, dass auch das technische Wissen A_t exogen wächst – es liegt exogener ***technischer Fortschritt*** vor. Hinter dieser abstrakten Formulierung verbirgt sich eine Vielzahl praktischer Prozess- und Produktinnovationen (s. Kasten II.3). Ebenso wie beim Kapital sind auch die Startwerte von Arbeitskräftepotenzial und technischem Wissen exogen vorgegeben.

Welche der drei gemäß A1 möglichen Quellen von Wachstum – Investitionen (K_t steigt), Wachstum des Arbeitseinsatzes (L_t steigt) und technischer Fortschritt (A_t steigt) – können nun langfristiges Produktivitätswachstum sichern? Die Antwort ist: nur eine – technischer Fortschritt. Erwerbsquoten und Arbeitszeiten können gesteigert werden, bis niemandem mehr Freizeit verbleibt, und man kann sparen, bis man grün und blau wird, ohne technischen Fortschritt resultiert dennoch kein anhaltendes Produktivitätswachstum. Warum? Nehmen wir an, der Arbeitseinsatz L ist konstant. Ohne technischen Fortschritt bleibt dann die Lage der Produktionsfunktion im (K, Y)-Diagramm in Abbildung II.1 gleich. Mit wachsendem Kapitalstock geraten die Produktionszuwächse durch weitere Kapitalakkumulation immer geringer und konvergieren gegen null. Das ist der Machbarkeit anhaltenden Wachstums offensichtlich nicht zuträglich. Das zentrale Resultat des Solow-Modells ist, dass das anhaltendes Wachstum unmöglich macht. Wenn sich dagegen die Produktionsfunktion im (K, Y)-Diagramm durch anhaltenden technischen Fortschritt ständig nach oben verschiebt, dann ist permanentes Produktivitätswachstum möglich. Dies ist ein „nicht offensichtlicher Zusammenhang" im Sinne von Abschnitt I.5. Er liefert die Erklärung dafür, dass die sowjetische Wachstumsoffensive der 1950er- und 1960er-Jahre scheiterte (s. Kasten II.4). Um ihn inhaltlich zu verstehen, müssen wir das Modell A1–A5 lösen. Die endogenen (zu bestimmenden) Variablen sind dabei Y_t (und damit $y_t \equiv Y_t/L_t$), K_t und C_t. Hier ist das zentrale Ergebnis dieses Kapitels:

Theorem: *Langfristig wächst die Arbeitsproduktivität mit der Rate technischen Fortschritts:*

$$g_{y_t} \to g_A \text{ für } t \to \infty .$$

Kasten II.4: „We will bury you!“

In den 1950er- und 1960er-Jahren starteten die Warschauer-Pakt-Staaten eine große „Wachstumsoffensive“ mit extrem hohen Investitionen, vornehmlich in der Schwerindustrie. Westliche Beobachter fürchteten um die wirtschaftliche Vormachtstellung der westlichen Industrienationen. Der sowjetische Ministerpräsident Nikita Chruschtschow drohte im Oktober 1960 vor den Vereinten Nationen, mit dem ausgezogenen Schuh in der Hand aufs Rednerpult hämmernd: „We will bury you“ (s. z. B. KRUGMAN [1994]). Aus der Retrospektive ist klar, dass die Befürchtungen des Westens und Hoffnungen des Ostens unbegründet waren. Aus der Perspektive der Wachstumstheorie ist klar, dass das Unterfangen von Vornherein zum Scheitern verurteilt war: Mehr Investitionen beschleunigen langfristig das Wachstum nicht. Langfristig können nur eine bessere Ausbildung und schnellerer technischer Fortschritt helfen. Ökonomen haben diese Position nicht erst retrospektiv vertreten, nachdem ihre Richtigkeit mit dem Zusammenbruch der kommunistischen Planwirtschaften offenbar wurde. Schon in den 1960er-Jahren wurde registriert, dass das sich beschleunigende Wachstum in der Sowjetunion durch Faktorakkumulation – und nicht durch technischen Fortschritt – getrieben wurde, so dass es nach dem damals bereits seit zehn Jahren bekannten Solow-Modell so nicht anhalten können würde (s. KRUGMAN [1994]).

Beweis: Gemäß A3 und der Konsumfunktion A2 entspricht der Kapitalstock in t:

$$K_t = (1-c)Y_{t-1}.$$

Einsetzen in die Produktionsfunktion A1 ergibt:

$$Y_t = (1-c)^\alpha Y_{t-1}^\alpha (A_t L_t)^{1-\alpha}.$$

Aus A4 und A5 folgt $L_t = (1+g_L)L_{t-1}$ und $A_t = (1+g_A)A_{t-1}$. Damit lässt sich die Identität $A_t L_t = (A_t L_t)^\alpha (A_t L_t)^{1-\alpha}$ schreiben als:

$$A_t L_t = [(1+g_A)(1+g_L)]^\alpha (A_{t-1}L_{t-1})^\alpha (A_t L_t)^{1-\alpha}.$$

Teilen der vorletzten Gleichung durch die letzte ergibt:

$$\frac{Y_t}{A_t L_t} = \left[\frac{1-c}{(1+g_A)(1+g_L)}\right]^\alpha \left(\frac{Y_{t-1}}{A_{t-1}L_{t-1}}\right)^\alpha.$$

Das ist eine Differenzengleichung in der Variablen $Y_t/(A_t L_t)$. Wie in Abschnitt A.2 des Mathematischen Anhangs gesagt, braucht man kein Vorwissen über Differenzengleichungen, um die qualitativen Eigenschaften der Lösung dieser Gleichung zu ermitteln. Im laufenden Text gehen wir grafisch vor. In Anhang II.A.1 findet sich ein alternativer rechnerischer Beweis.

Der Beweis gliedert sich in zwei Schritte: 1. $Y_t/(A_t L_t)$ konvergiert gegen einen konstanten Wert $[Y/(AL)]^*$. 2. Für $[Y/(AL)]^*$ gilt $g_{y_t} = g_A$.

1. Die Funktion auf der rechten Seite der obigen Differenzengleichung ist in dem $((Y_{t-1}/(A_{t-1}L_{t-1}), Y_t/(A_t L_t))$-Diagramm in Abbildung II.3 eingezeichnet. Es handelt sich dabei um eine Funktion vom Typ $y = f(x) = ax^n$ mit $0 < n < 1$

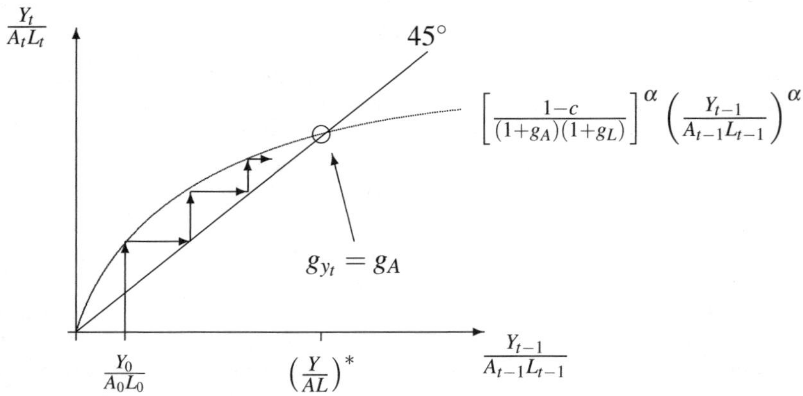

Abbildung II.3: Dynamik von $Y_t/(A_t L_t)$

und $a > 0$. Wie in Abschnitt A.12 gezeigt, hat sie eine durchweg positive Steigung, die im Ursprung unendlich groß ist, immer kleiner wird und für große Werte von $Y_{t-1}/(A_{t-1}L_{t-1})$ gegen null geht. Aufgrund dieser Eigenschaften gibt es genau einen Schnittpunkt $[Y/(AL)]^*$ dieser Kurve mit der ebenfalls eingezeichneten 45-Grad-Linie. $[Y/(AL)]^*$ ist ein ***stationärer Zustand (Steady state)***, denn ist $[Y/(AL)]^*$ einmal erreicht, dann ändert sich $Y_t/(A_t L_t)$ nicht mehr. Der Startwert

$$\frac{Y_0}{A_0 L_0} = \frac{K_0^\alpha (A_0 L_0)^{1-\alpha}}{A_0 L_0}$$

ist durch die exogenen Anfangswerte K_0, A_0 und L_0 vorgegeben und wird i. d. R. von $[Y/(AL)]^*$ abweichen. Dass $Y_t/(A_t L_t)$ dann aber gegen $[Y/(AL)]^*$ konvergiert, erschließt sich aus Abbildung II.3. Darin kann man aus dem vorgegebenen Startwert $Y_0/(A_0 L_0)$ den Wert der Folgeperiode $Y_1/(A_1 L_1)$ ablesen, indem man zur gekrümmten Funktion senkrecht nach oben geht. Dann spiegelt man $Y_1/(A_1 L_1)$ auf die waagerechte Achse, indem man erst horizontal zur 45-Grad-Linie und dann senkrecht nach unten geht. Genau so, wie man $Y_1/(A_1 L_1)$ aus $Y_0/(A_0 L_0)$ konstruiert hat, ermittelt man dann $Y_2/(A_2 L_2)$ aus $Y_1/(A_1 L_1)$. Wiederholt man dieses Vorgehen Periode für Periode, so erkennt man, dass sich die Ökonomie in Pfeilrichtung auf $[Y/(AL)]^*$ zu bewegt. (Das gilt auch, aus der anderen Richtung kommend, für $Y_0/(A_0 L_0) > [Y/(AL)]^*$.)

2. Im Steady state ist $Y_t/(A_t L_t)$ von Periode zu Periode konstant, und es gilt:

$$\frac{Y_t}{A_t L_t} = \frac{Y_{t-1}}{A_{t-1} L_{t-1}}$$

$$\frac{\frac{Y_t}{L_t}}{\frac{Y_{t-1}}{L_{t-1}}} = \frac{A_t}{A_{t-1}}$$

$$\frac{y_t}{y_{t-1}} - 1 = \frac{A_t}{A_{t-1}} - 1$$

$$g_{y_t} = g_A.$$

q. e. d.

Einige der Annahmen wurden nur der rechnerischen Bequemlichkeit halber gemacht, die Aussage des Theorems gilt unter allgemeineren Bedingungen:

1. Man kann berücksichtigen, dass man mit zusätzlichen Investitionen mehr technischen Fortschritt „aufsammelt". Höhere Investitionen bedeuten, dass der Kapitalstock im Durchschnitt moderner ist und aktuelleres technisches Wissen verkörpert. Dennoch entspricht langfristig die Wachstumsrate der Arbeitsproduktivität der Rate technischen Fortschritts.

2. Die Annahme vollständiger Abschreibung des Kapitalstocks ist abdingbar. Man kann stattdessen in A3 die Gleichung $K_t = (1-\delta)K_{t-1} + Y_{t-1} - C_{t-1}$ verwenden (vgl. Abschnitt I.5). (Mit kleinem δ reduziert sich die Diskrepanz zwischen Volkseinkommen und BIP, und die Annahme, dass der Konsum vom BIP abhängt, wird besser vertretbar.) Dann kann man allerdings nicht direkt die Dynamik von $Y_t/(A_t L_t)$ untersuchen, sondern muss stattdessen zunächst die Dynamik von $K_t/(A_t L_t)$ analysieren und dann auf $Y_t/(A_t L_t)$ rückschließen. Außerdem kann man keine explizite rechnerische Lösung für Y_t/L_t ermitteln. Um diese Probleme zu vermeiden, haben wir uns auf den Fall mit vollständiger Abschreibung konzentriert. Hierin liegt keine wirkliche Beschränkung der Allgemeinheit. Wir müssen nur die Dauer einer Periode t als den Zeitraum definieren, während dessen das Kapital voll abgeschrieben wird. (Dann darf man natürlich die Wachstumsraten nicht als jährliche Wachstumsraten auffassen. Aber da wir ohnehin nur qualitative, und nicht quantitative Aussagen machen, ist das unerheblich.)

3. Man kann die Cobb-Douglas-Produktionsfunktion durch eine beliebige Produktionsfunktion $Y_t = F(K_t, A_t L_t)$ ersetzen, die die oben genannten vier Bedingungen erfüllt sowie zusätzlich die Bedingung, dass für jedes positive Beschäftigungsniveau L die Grenzproduktivität des Kapitals mit sinkendem Kapitaleinsatz unendlich groß und mit steigendem Kapitaleinsatz verschwindend klein wird:

$$\frac{\partial F(K, AL)}{\partial K} \to \infty \text{ für } K \to 0$$

und

$$\frac{\partial F(K, AL)}{\partial K} \to 0 \text{ für } K \to \infty.$$

Das wird in Anhang II.A.2 zu diesem Kapitel gezeigt. Dabei ergibt sich aber ein „Rätsel": Das A_t muss „arbeitsvermehrend" vor dem L_t stehen, es darf nicht vor das Kapital K_t (im hier betrachteten Cobb-Douglas-Spezialfall macht das keinen Unterschied). Hierfür gibt es keine gute inhaltliche Erklärung, nur einen formalen Beweis (s. ARNOLD [1997, 74]).

Das BIP $Y_t = y_t L_t$ wächst gemäß der üblichen Näherung mit Rate

$$g_{Y_t} = (1 + g_{y_t})(1 + g_{L_t}) - 1 \approx g_{y_t} + g_L,$$

im Steady state also mit Rate $g_A + g_L$. (Man beachte, dass hier und im folgenden Approximationen nur bei der Beschreibung von Daten und der Interpretation von Modellergebnissen verwendet werden. Die Theoreme und Sätze werden immer „korrekt" ohne Näherungen bewiesen.) Teil 2 des Beweises des Theorems zeigt allgemein: Wenn der Quotient von zwei Variablen (dort: y_t und A_t) konstant ist, dann wachsen beide Variablen mit gleicher Rate. Gemäß A2 wächst also auch der Konsum C_t ungefähr mit Rate $g_A + g_L$ und der Konsum pro Kopf C_t/L_t mit Rate g_A. Langfristig sichert das Produktivitätswachstum also Wachstum der individuellen Konsummöglichkeiten mit gleichem Tempo.

II.6 Endogener technischer Fortschritt

Lange bevor SOLOW (1956) die moderne mathematische Wachstumstheorie begründete, hatte Joseph Schumpeter einen breiten Konsens geprägt, der in den Innovationsanstrengungen nach ***Marktmacht*** und Gewinn strebender Unternehmer die Quelle technischen Fortschritts sieht. Laut SCHUMPETER (1942/1946, 137) ist der evolutionäre Charakter des Kapitalismus

> „nicht einer quasi-automatischen Bevölkerungs- oder Kapitalzunahme [...] zuzuschreiben [...]. Der fundamentale Antrieb, der die kapitalistische Maschine in Bewegung setzt und hält, kommt von den neuen Konsumgütern, den neuen Produktions- oder Transportmethoden, den neuen Märkten, den neuen Formen der industriellen Organisation, welche die kapitalistische Unternehmung schafft".

In modernerer Terminologie würde man sagen, dass es die zielgerichteten Aktivitäten innovativer Firmen in ***Forschung und Entwicklung (F&E)*** sind, die technische Neuerungen bringen. Solche F&E-Ausgaben sind in den Industrienationen mit einem Anteil von 2–3% eine nennenswerte Komponente des BIPs (s. Kasten II.5).

Diese Sichtweise erlaubt zwei wichtige Folgerungen. Erstens: Ein Hauptgrund für den Niedergang der Planwirtschaften im ehemaligen Ostblock trotz Wachstumsoffensive (s. Kasten II.4) liegt darin, dass privatwirtschaftlich kein technischer Fortschritt hervorgebracht wurde, weil es keine Gewinn suchenden Unternehmer gab. Zweitens: Damit Innovationen sich amortisieren, müssen innovative Unternehmen Gewinne machen. Dazu müssen sie entweder einen Wissensvorsprung vor ihren Wettbewerbern haben, oder Wettbewerber müssen durch ***Patente*** (s. Kasten II.5) von frühzeitiger Imitation abgehalten werden. Für die Wettbewerbspolitik bedeutet das, dass Marktmacht nicht notwendigerweise ein zu unterbindendes Übel ist, sondern teils akzeptiert und darüber hinaus gefördert werden muss, damit Innovation, technischer Fortschritt und Produktivitätswachstum in Gang bleiben.

Solow ging einen Schritt hinter Schumpeters Position zurück, indem er ***exogenen technischen Fortschritt*** g_A (A5) annahm. Es dauerte dann über 30 Jahre, bis ROMER (1990) ***endogenen technischen Fortschritt*** in die Wachstumstheorie zurückbrachte. Die von Paul Romer initiierte ***Neue Wachstumstheorie*** übernimmt die grundlegende Struktur des Solow-Modells, nimmt aber an, dass der technische Fortschritt nicht

Kasten II.5: F&E-Ausgaben

Die F&E-Ausgaben von Unternehmen, Hochschulen und staatlichen Forschungsinstitutionen betragen in den modernen Industrienationen rund 2–3% des BIPs, nach Angaben des Stifterverbands für die Deutsche Wissenschaft 2,82% in Deutschland im Jahr 2009 (im Vergleich zu 3,44% in Japan, 2,77% in den USA und 2,01% in der gesamten EU). In den Unternehmen wurden über €45 Mrd. für F&E ausgegeben und über 330.000 Personen in F&E beschäftigt. Fast ein Drittel der F&E-Ausgaben der Unternehmen entfiel auf die Automobilindustrie, zusammen weitere 40% auf Elektrotechnik, Maschinenbau, Pharmazie und Chemie. Manche große Firmen investieren mehr in F&E als in physisches Kapital. Diese Zahlen sind das Ergebnis eines rapiden Anstiegs der F&E-Ausgaben in den vergangenen 60 Jahren. Die Beschäftigung in F&E stieg in den USA zwischen 1950 und 1990 um 400%, in Deutschland zwischen 1965 und 1990 um 150%, in Japan im gleichen Zeitraum um 330% (s. JONES [1995]). Das Patentrecht sichert Erfindern in den Industrienationen für zwanzig Jahre (in Deutschland gemäß §16(1) PatG) das alleinige Benutzungsrecht an ihren Innovationen zu.

von allein passiert, sondern Ressourceneinsatz voraussetzt. g_A ist nicht exogen und „von allein“ positiv, g_A hängt positiv von den Inputs in F&E ab und ist nur dann positiv, wenn die genügend groß sind. ROMER (1990) folgend, unterstellten die ersten Modelle endogenen Wachstums, dass die *Wachstumsrate* des technischen Wissens eine Funktion des *Niveaus* der Beschäftigung in F&E ist. Das ist allerdings eine höchst problematische Spezifikation. Wäre sie zutreffend, so hätte man während der Nachkriegszeit ein sich ständig beschleunigendes Wachstum beobachten müssen, denn die Beschäftigung in F&E vervielfachte sich ja (s. Kasten II.5). Das Gegenteil war aber der Fall. Nach 1973 verlangsamte sich weltweit das Wachstum („Productivity slowdown“). Das wirft die Frage auf, wie der Zusammenhang zwischen technischem Fortschritt und Ressourceneinsatz in F&E tatsächlich aussieht. Die Tatsache, dass es auf die *Zahl* der Beschäftigten in F&E nicht anzukommen scheint, deutet darauf hin, dass der *Ausbildungsstand* der F&E-Beschäftigten für das Tempo technischen Fortschritts maßgeblich ist. Auf lange Sicht wird das Wachstumstempo bestimmt durch die Qualität der Universitäten und Forschungsinstitute, die Studierende ausbilden und Grundlagenforschung betreiben, durch das Innovationsklima in Unternehmen, wo die Produkte entwickelt und die Verfahren verbessert werden, durch die Kompetenzen der Wissenschaftler und Ingenieure, die dort arbeiten, durch den Ausbildungsstand der Erwerbsbevölkerung, die die neuen Produktionsprozesse erlernen muss, und durch die Qualität der Kaufleute, die für die Vermarktung der Innovationen verantwortlich sind.

II.7 Wachstumsregressionen

Neben der vom Solow-Modell ausgehenden theoretischen Literatur gibt es auch eine breite statistische Literatur, die empirisch nach den Makro-Variablen sucht, die das Produktivitätswachstum bestimmen. In diesem Abschnitt werfen wir einen kurzen Blick auf diese empirischen Arbeiten und interpretieren sie vor dem Hintergrund der Solowschen Wachstumstheorie. Das Vorgehen der empirischen Wachstumsforschung lässt sich kurz wie folgt umreißen. Für eine möglichst große Anzahl von (Industrie- und Entwicklungs-) Ländern werden möglichst langfristige Zeitreihen für das Wachstum der Arbeitsproduktivität sowie für mögliche Determinanten des Produktivitätswachstums wie z. B. die anfängliche Arbeitsproduktivität, das Bevölkerungswachstum, die Bildungsinvestitionen und den Anteil der Investitionen (in physisches Kapital) am BIP gesammelt. Die Arbeitsproduktivität wird dabei i. d. R. als BIP pro Kopf der Bevölkerung – nicht pro geleistete Arbeitsstunde – gemessen, die Bildungsinvestitionen z. B. als Anteil der Kinder eines Jahrgangs, die eine weiterführende Schulausbildung in Anspruch nehmen. Man hat Vermutungen, wie die möglichen Bestimmungsgrößen das Wachstum beeinflussen: Eine niedrige anfängliche Arbeitsproduktivität sollte für das nachfolgende Wachstum förderlich sein, weil Aufholspielraum besteht (mehr hierzu in Abschnitt II.10). Hohes Bevölkerungswachstum ist für Entwicklungsländer charakteristisch, sollte daher tendenziell mit langsamerem Wachstum verbunden sein. Hohe Investitionen in Bildung und in Kapital sollten dem Wachstum zuträglich sein. Diese Vermutungen überprüft man, indem man den Zusammenhang zwischen dem Produktivitätswachstum einerseits und den möglichen Determinanten andererseits statistisch schätzt (sogenannte ***Wachstumsregressionen*** durchführt). Die Variablen haben in solchen Schätzungen i. d. R. das vermutete Vorzeichen. Kasten II.6 illustriert das anhand der einflussreichen und repräsentativen Wachstumsregression von LEVINE und RENELT (1992).

Versuchen wir, diese statistischen Ergebnisse in einen Zusammenhang zum Solow-Modell aus Abschnitt II.5 zu stellen. Vor dem Hintergrund des Solow-Modells kann man das Wachstum g_{y_t} der Arbeitsproduktivität $y_t \equiv Y_t/L_t$ in zwei Kompo-

Kasten II.6: Wachstumsregressionen

Auf Basis von Daten für 101 Länder für die Jahre 1960–89 schätzen LEVINE und RENELT (1992, 946):

$$g_y = -0{,}83 - 0{,}35 y_{1960} - 0{,}38 g_L$$
$$+3{,}17\,SEC + 17{,}5\,INV$$

mit g_y als durchschnittlicher jährlicher Wachstumsrate des realen BIPs pro Kopf in Prozent, y_{1960} als reales BIP pro Kopf 1960, g_L als Bevölkerungswachstumsrate, *SEC* als Anteil der Kinder eines Jahrgangs, die eine weiterführende Schulausbildung in Anspruch nehmen, und *INV* als Anteil der Investitionen am BIP. Alle vier Variablen auf der rechten Seite der Regression haben das vermutete Vorzeichen.

Den Einfluss anderer Makro-Variablen auf das Produktivitätswachstum kann man testen, indem man sie, ausgehend von solchen einfachen Wachstumsregressionen, auf der rechten Seite als zusätzliche erklärende Variablen hinzufügt. Auf diese Art und Weise testen Levine und Renelt u. a., ob wirtschaftspolitische Indikatoren (wie der Anteil der konsumtiven Staatsausgaben am BIP) das Produktivitätswachstum (negativ) beeinflussen. Ihr Ergebnis ist:

„we could not find a robust cross-country relationship between a diverse collection of fiscal-policy indicators and growth. [...] the coefficients on these [...] variables become insignificant when the right-hand-side variables are slightly altered“

(LEVINE und RENELT [1992, 952]).

nenten aufspalten. Erstens: die langfristige Wachstumsrate, die realisiert wird, wenn der Steady state $Y_t/(A_t L_t) = [Y/(AL)]^*$ erreicht ist. Zweitens: die Abweichung hiervon, die resultiert, weil sich die Ökonomie nicht im Steady state befindet, sondern darauf zu bewegt (s. Abbildung II.3). Damit stellt sich die Frage: Wenn eine Wachstumsregression das Ergebnis liefert, dass eine Makro-Variable (z. B. die Ausbildungsinvestitionen) einen (positiven) Effekt auf das Wachstum der Arbeitsproduktivität ausübt – bedeutet das, dass eine Änderung der betreffenden Variablen (vermehrte Ausbildungsinvestitionen) die langfristige Wachstumsrate ändert (erhöht)? Oder die Anpassungsgeschwindigkeit? Oder beides? Die übliche Interpretation ist: Was Wachstumsregressionen erfassen, sind in erster Linie nicht Unterschiede in den langfristigen Wachstumsraten der untersuchten Länder, sondern Unterschiede bei der Anpassungsgeschwindigkeit im Übergang zum Steady state. Die Begründung für diese Interpretation liefert das Solow-Modell. In Abschnitt II.5 haben wir gesehen, dass im Steady state des Solow-Modells die Produktivitätswachstumsrate nur vom Tempo des technischen Fortschritts bestimmt wird: $g_{y_t} = g_A$. Die anfängliche Arbeitsproduktivität (im Solow-Modell $y_0 \equiv Y_0/L_0$), die Bevölkerungswachstumsrate (g_L) und die Investitionsquote (im Solow-Modell $1 - c$) beeinflussen die langfristige Wachstumsrate ausdrücklich nicht. Allenfalls für die Ausbildungsinvestitionen könnte man im Lichte der Theorie endogenen technischen Fortschritts (Abschnitt II.6) argumentieren, dass der positive Einfluss auf das Produktivitätswachstum auch langfristige Wachstumseffekte widerspiegelt. Allgemein fällt es vor dem Hintergrund dieser Ergebnisse aber schwer zu argumentieren, dass Wachstumsregressionen Unterschiede in Steady-state-Wachstumsraten messen. Die Interpretation, dass Wachstumsregressionen Anpassungseffekte erfassen, ist stichhaltiger. Mit Hinblick auf das positive Vorzeichen für die anfängliche Arbeitsproduktivität ist sie ausdrücklich mit dem Solow-Modell aus Abschnitt II.6 kompatibel. Ist im Solow-Modell $Y_0/(A_0 L_0)$ kleiner als der Steady-state-Wert $[Y/(AL)]^*$ (wie in Abbildung II.3), dann bewegt sich $Y_t/(A_t L_t) = y_t/A_t$ von links auf $[Y/(AL)]^*$ zu, d. h. y_t wächst schneller als A_t, und es gilt $g_{y_t} > g_A$. So wie es die Wachstumsregressionen bestätigen, sollten also (bei gleichem technischen Wissen) Länder mit anfangs niedriger Arbeitsproduktivität tendenziell schnell wachsen.

Fazit: Wachstumsregressionen zeigen auf, welche Makro-Variablen empirisch mit hohem Produktivitätswachstum in Verbindung stehen. Die aufgedeckten Einflüsse auf das Produktivitätswachstum interpretiert man am Besten als Effekte auf die Geschwindigkeit, mit der sich Länder auf ihr Steady state zu bewegen, nicht als Effekte auf Steady-state-Wachstumsraten.

II.8 Wachstumspolitik

Wachstumspolitik zielt darauf ab, das Wachstum zu beschleunigen. Im Lichte von Solow-Modell und Wachstumsregressionen darf man davon nicht zu viel erwarten. Das Solow-Modell aus Abschnitt II.5 zeigt, dass es langfristig nur einen Weg zur Erhöhung des Produktivitätswachstums gibt: die Beschleunigung des technischen Fortschritts. Dazu müssten Verbesserungen von Universitäts- und Berufsausbildung,

Kasten II.7: „I just ran two million regressions“

SALA-I-MARTIN (1997) untersucht in einer Anschlussstudie an LEVINE und RENELT (1992) (vgl. Kasten II.6) die Robustheit des Einflusses von Makro-Variablen auf das Produktivitätswachstum. Ausgangspunkt seiner Untersuchung ist eine Regression, in der drei Basisvariablen das Produktivitätswachstum erklären: das anfängliche BIP, die Lebenserwartung und der Anteil der Kinder eines Jahrgangs, die eine Schulausbildung in Anspruch nehmen. Sala-i-Martins Datensatz umfasst 59 weitere Makro-Variablen. Für jede dieser 59 Variablen bildet er aus den jeweils 58 anderen Variablen alle 30.856 möglichen Dreierkombinationen. Für jede der 59 Variablen schätzt er dann die 30.856 Gleichungen mit der betreffenden Variablen, jeder der möglichen Dreierkombinationen und den Basisvariablen als Determinanten des Produktivitätswachstums. Ohne wesentlich zu übertreiben ($59 \cdot 30.856 = 1.820.504$), vermeldet er dann: „I just ran two million regressions“. Sala-i-Martin nennt eine Variable (grob gesagt) dann *robust*, wenn sie in mindestens 95% der 30.856 zugehörigen Regressionen das gleiche Vorzeichen hat. Von den 59 Variablen bestehen immerhin 22 seinen Test. Das sind aber vornehmlich geografische (eine 0/1-Variable für afrikanische Länder südlich der Sahara und die Entfernung eines Landes vom Äquator), religiöse (katholische Länder wachsen schneller als protestantische) und die Institutionen betreffende (mehr hierzu später). Nur drei im engeren Sinne ökonomische Variablen sind robust: Investitionen in Produktionsanlagen (Equipment investment), andere Investitionen und die Anzahl von Jahren, die ein Land bereits eine offene Volkswirtschaft ist (nicht aber ein Index für den erreichten Grad an Offenheit). Insbesondere ist der Zusammenhang zwischen Politikparametern – wie Zöllen und Staatsausgaben etc. – und Wachstumsraten nicht robust.

von Grundlagenforschung und Wissenstransfer, von Innovationskraft und Vermarktung von Innovationen erreicht werden (vgl. Abschnitt II.6). Das ist ein schwieriges und langwieriges Unterfangen. In Wachstumsregressionen vom im Abschnitt II.7 vorgestellten Typ erweist es sich als schwierig, robuste Zusammenhänge zwischen wirtschaftspolitischen Variablen und dem Produktivitätswachstum zu finden (s. Kasten II.6 und auch Kasten II.7). Das bedeutet, dass selbst mit einem Übergang zu einem neuen Steady state verbundene, vorübergehend höhere Wachstumsraten schwer zu erreichen sind. All diesen Schwierigkeiten zum Trotz schlägt sich die zentrale Bedeutung von Bildung und Innovation für Wachstum in aktuellen Politikempfehlungen nieder (s. Kasten II.8). Erreicht das eingesetzte Geld allerdings nicht Unternehmen und Beschäftigte, die zusätzlich in F&E engagiert sind, dann erhöht es nur die Einkommen derer, die ohnehin F&E betreiben (s. Kasten II.9).

Auf keinen Fall dürfen diese Beobachtungen allerdings als Argument für einen wirtschaftspolitischen „Nihilismus“ aufgefasst werden. Wir haben in Abschnitt II.5 gesehen, dass für die langfristige Wachstumsrate einzig und allein entscheidend ist, mit welchem Tempo anhaltender technischer Fortschritt die Produktionsfunktion im (K, Y)-Diagramm in Abbildung II.1 *kontinuierlich* aufwärts verschiebt. Aber auch eine wirtschaftspolitische Maßnahme, die die Produktion *einmalig* schneller steigen lässt, liefert zusätzliche Konsum- und Investitionsmöglichkeiten und erhöht dadurch die materiellen Lebensstandards. Die Tatsache, dass eine wirtschaftspoliti-

Kasten II.8: Was tun für Wachstum?

Beim EU-Gipfel im März 2000 in Lissabon setzten es sich die Regierungschefs zum Ziel, die EU bis zum Jahr 2010 zur „wettbewerbsfähigsten und dynamischsten wissensbasierten Wirtschaft der Welt zu machen – einem Wirtschaftsraum, der fähig ist zu dauerhaftem Wirtschaftswachstum mit mehr und besseren Arbeitsplätzen und einem größeren sozialen Zusammenhalt“. Einige Schritte in Richtung dieses Ziels wurden quantifiziert. Beispielsweise sollten die F&E-Ausgaben auf 3% des BIPs steigen. Exakt fünf Jahre später beim EU-Gipfel in Brüssel musste allerdings festgestellt werden, dass sich die Erfolge in so engen Grenzen hielten, dass eine „Neubelebung der Lissabon-Agenda“ verkündet wurde. Und die F&E-Ausgaben blieben bis 2010 bei 2% statt bei 3% (vgl. Kasten II.5). Schon einige Jahre vor der Lissabon-Agenda hatte es im Bericht der Europäischen Kommission über „Eine Politik der Industriellen Wettbewerbsfähigkeit für die Europäische Union“ (EUROPÄISCHE KOMMISSION [1994, 18]) sehr ähnlich geheißen: „Der wichtigste Vorteil der Europäischen Union bei der Stärkung der Wettbewerbsfähigkeit ihrer Industrie beruht auf der Fähigkeit, dank der hoch qualifizierten Arbeitskräfte Wissen zu schaffen und zu nutzen, und auf dem sozialen Konsens, auf dessen Grundlage dieses Potential entfaltet werden kann. [...] Infrastrukturen müssen entwickelt werden, um den Unternehmergeist zu fördern, das Ausbildungsniveau der Arbeitskräfte zu erhöhen, die Veränderungen in der Industrie in den Griff zu bekommen, neue Technologien einzuführen, die Verbreitung von Innovationen zu beschleunigen, Umstrukturierungen zu ermöglichen, die zur Steigerung der industriellen Effizienz und zur Erhöhung der Wertschöpfung in der Produktion in der Gemeinschaft erforderlich sind.“ In diesen Berichten spiegelt sich wider, dass die Wichtigkeit von Innovation für Wachstum allgemein registriert wird, die Schwierigkeiten bei der Umsetzung der Ziele aber merklich sind.

Kasten II.9: Goolsbees Kritik

Ein weiteres wichtiges Indiz für die Unwirksamkeit von das Wachstum beschleunigender Wirtschaftspolitik neben dem Fehlen robuster Zusammenhänge zwischen Wachstum und Politikvariablen (s. Kasten II.7) ergibt sich aus dem Zusammenhang zwischen F&E-Subventionen und den Einkommen von Personen, die in F&E beschäftigt sind (d. h. überwiegend Naturwissenschaftlern und Ingenieuren). Diese Personalkosten machen rund zwei Drittel der gesamten F&E-Kosten aus. F&E-Subventionen machen F&E profitabler, erhöhen also die Nachfrage nach den Faktoren, die in F&E aktiv sind. Ist das Angebot dieser Faktoren unelastisch (d. h. steigt es kurzfristig nicht bei erhöhter Nachfrage), dann führt die erhöhte Nachfrage nicht dazu, dass der Faktoreinsatz zunimmt, sondern dazu, dass die Entlohnung der ohnehin eingesetzten Faktoren steigt. GOOLSBEE (1998) weist darauf hin, dass das regelmäßig geschieht. Auf Basis von US-Daten aus dem Zeitraum 1968–94 schließt er, dass 1%-Anstiege der F&E-Ausgaben regelmäßig zu 0,3%-Lohnanstiegen für die beschäftigten Naturwissenschaftler und Ingenieure führten, die wiederum nur zu 5% auf mehr geleistete Stunden zurückzuführen waren und zu 95% auf steigende Stundenlöhne. Positiv gewendet, bedeutet dies zumindest, dass sich die Anreize verstärken, sich für diese Tätigkeiten zu qualifizieren.

sche Maßnahme nicht auf Dauer das Produktivitätswachstum beschleunigt, bedeutet keineswegs, dass sie nutzlos wäre – ganz zu schweigen davon, dass eine Vielzahl von wirtschaftspolitischen Maßnahmen gar nicht die Erhöhung des BIPs zum Ziel hat (z. B. umverteilende Maßnahmen, Umweltpolitik, Sozialpolitik etc.).

II.9 Ist mehr Wachstum besser als weniger?

In Abschnitt II.2 haben wir die zentrale Wichtigkeit des Wachstumsprozesses damit begründet, dass Wachstum der Arbeitsproduktivität der Garant für die heute in den Industrienationen erreichten materiellen Lebensstandards ist. Auch wenn diese Feststellung bewusst wertfrei formuliert ist, schwingt doch implizit das Argument mit, dass es uns durch den Wachstumsprozess besser geht, als es uns ohne ihn ginge. Bedeutet das, dass grundsätzlich mehr Wachstum besser ist als weniger Wachstum? Hier gibt es zumindest vier Bedenken: 1. Umweltverschmutzung, 2. Verteilungsfragen, 3. Konsumstatus und 4. soziale Folgen des Wachstumsprozesses.

1. Im Wachstumsprozess wachsen mit dem BIP auch die Umweltprobleme: Die Verbrennung fossiler Energieträger setzt Kohlendioxid frei, das den Treibhauseffekt bedingt, es fallen giftige Abfallstoffe (z. B. Atommüll) an, Böden werden für Siedlung und Verkehr versiegelt, die erhöhte Mobilität führt zu Lärmbelästigung (Straßen- und Fluglärm) und Staus, und das Risiko von schwerwiegenden Störfällen (in Kernkraftwerken, Chemieanlagen etc.) ist immer präsent.

2. Wachstum des realen BIPs pro Kopf bedeutet, dass die *durchschnittlichen* Konsummöglichkeiten zunehmen, sagt aber nichts darüber aus, wem die materiellen Wohlstandsgewinne zugute kommen. Stellen wir uns zwei mögliche Wachstumspfade für eine Gesellschaft vor. Auf dem ersten Wachstumspfad wachsen alle Einkommen mit 2%. Auf dem zweiten Wachstumspfad ist die Wachstumsrate 3%, wobei die Einkommen weniger Hochverdiener um 5% wachsen und die der Mehrzahl der Einkommensbezieher um 0,5% (in den USA beobachtete man in den vergangenen 30

Kasten II.10: Wachstum und Verteilung

Die Entwicklung in den USA seit ca. 1980 ist das Paradebeispiel für einen Wachstumsprozess mit zunehmenden Ungleichheiten. Paul Krugman spricht von der „Great Divergence“ und Kolumnist Timothy Noah von den „United States of Inequality“. Das Congressional Budget Office der USA liefert Daten über die Änderung des Realeinkommens (nach Bundessteuern und Transfers) in den Segmenten der Einkommenspyramide zwischen 1979 und 2007. Zwischen 1979 und 2007 wuchs das Gesamteinkommen inflationsbereinigt um 62%, d. h. ($1{,}62^{1/28}-1=$) 1,7% jährlich. Das Einkommen der 1% der Einkommensbezieher mit den höchsten Einkommen (nämlich über $ 252.607 in 2007) wuchs um 275%, das der folgenden 19% in der Einkommenspyramide um 65%, das Einkommen der nächsten 60% um 40% und das der einkommensschwächsten 20% (nämlich unter $ 18.979 in 2007) um 18%, d. h. ($1{,}18^{1/28}-1=$) 0,6% jährlich.

Kasten II.11: Macht Wachstum glücklicher?

In Umfragen zur Zufriedenheit (happiness) mit der persönlichen Situation ergibt sich im Querschnitt über die Bewohner einer Lands eindeutig: Die reicheren Personen sind glücklicher. Aber lässt sich dies auch auf den Längsschnitt übertragen? Macht Wachstum die Bewohner eines Landes (im Durchschnitt) glücklicher? Das scheint nicht der Fall zu sein. Nach einer Studie von EASTERLIN (1995) stieg die Zufriedenheit in den USA bis Ende der 1950er-Jahre an, danach aber nicht mehr. Auch in neun europäischen Ländern, darunter Deutschland, stieg seit den 1970er-Jahren der Anteil von Personen, die sich als „sehr zufrieden" einordnen (in Deutschland rund 20%, in Dänemark über 50%), trotz anhaltenden Wachstums nicht an. Das stellt die Vorteilhaftigkeit von Wachstum – mit all seinen Nebenwirkungen – in Frage. Allerdings sind im Querschnitt über Länder wiederum die reicheren Länder im Durchschnitt glücklicher. Das bedeutet, dass ein einzelnes Land, das auf Wachstum „verzichten" würde, im Durchschnitt unglücklicher würde.

Eine verwandte Studie von SOLNICK und HEMENWAY (1998) liefert bezeichnende Belege dafür, wie sehr der soziale Vergleich für das individuelle Wohlergehen zählt. Sie stellten 257 Mitglieder und Studierende der Harvard School of Public Health vor die Wahl zwischen zwei Situationen: In der Situation A hat der Befragte mehr von einem Gut (u. a. Einkommen, Attraktivität, Urlaub) als die anderen. In der Situation B hat er zwar absolut mehr als in Situation A, die anderen haben aber noch mehr als er. Eigentlich sollte es in B allen besser gehen als in A. Das ist aber nicht der Fall. Z. B. bevorzugten 56% der Befragten die Situation A, in der sie selbst \$ 50.000 Einkommen haben und die anderen \$ 25.000, gegenüber der Situation B, in der sie selbst \$ 100.000 Einkommen haben und die anderen \$ 200.000. In Bezug auf äußerliche Attraktivität waren die Ergebnisse noch deutlicher (75% bevorzugten geringe absolute bei höherer relativer Attraktivität), mit Hinblick auf die Zahl von Urlaubswochen, die einem zustehen, dagegen sehr wenig ausgeprägt (18%). Eine mögliche Kritik an diesen Ergebnissen lautet: Individuen neigen – irrationaler Weise – dazu, erstens von zwei zu vergleichenden Situationen die erste als Referenzpunkt anzusehen („status quo bias") und zweitens Verluste schwerer zu gewichten als gleich große Gewinne („loss aversion"). Um diesem Umstand Rechnung zu tragen, vertauschten SOLNICK und HEMENWAY (1998) bei einem Teil der Befragten die Situationen A und B. Dadurch sank der Anteil derer, die für relative Gewinne absolute Einbußen hinzunehmen bereit ist, auf 38% beim Einkommen, 55% bei äußerlicher Attraktivität bzw. 14% bei den Urlaubswochen.

Derartige Happiness-Studien haben die vormals als unorthodox betrachtete Position, dass es auf Relativgrößen ankommt, in die Position der „herrschenden Lehre" gehievt. Differenziertere Studien lassen das Pendel mittlerweile ein Stück weit zurück schwingen. Experimente zeigen, dass es bei Geld auf die relative Position ankommt. Dagegen muss man bei Konsum Güter, die einen inhärenten Nutzen stiften (z. B. Nahrung, Heizung), und eher ostentativ konsumierte Güter (z. B. Diamanten) unterscheiden. Bei ersteren ist die absolute Höhe des Konsums für die resultierende Zufriedenheit maßgeblich, bei letzteren kommt es auf den relativen Konsum an (s. HSEE et al. [2009]).

Jahren solches ungleichmäßiges Wachstum, s. Kasten II.10). Legt man überproportionales Gewicht auf die Lebenssituation der Bezieher niedrigerer Einkommen, so kann man den ersten Wachstumspfad trotz geringerer Wachstumsrate für besser befinden.

3. Selbst wenn ein steigendes BIP gleichmäßige Einkommensanstiege in breiten Schichten der Bevölkerung bedingt, sind die Wohlfahrtswirkungen nicht so eindeutig, wie das zunächst scheint. Seit Langem weisen einige wenige (und seit Kurzem viele) Ökonomen darauf hin, dass das Wohlbefinden von Individuen nicht so sehr von ihrem absoluten Konsumniveau abhängt, sondern vielmehr vom *relativen Konsum*, d. h. *ihrem eigenen Konsum verglichen mit dem Konsum einer Referenzgruppe, an der sie sich messen* (s. Kasten II.11). Im Extremfall bedeutet das, dass es keinem besser geht, wenn der Konsum aller Individuen gleichmäßig wächst, weil so in Relation zu den Referenzpersonen alles beim Alten bleibt.

4. Der Wachstumsprozess zieht nachteilige soziale Folgen mit sich. Die Mobilitätserfordernisse einer wachsenden Ökonomie erschweren das Eingehen und Erhalten sozialer Kontakte, wachsender Konsum kann zunehmend Zeit in Anspruch nehmen, die ohne sozialen Austausch verbracht wird, etc. Diese sozialen Kosten des Wachstums müssen den materiellen Zugewinnen entgegen gehalten werden, wenn die Vorteilhaftigkeit schnelleren Wachstums beurteilt werden soll.

Ebenso wenig wie die materiellen Segnungen des Wachstumsprozesses dürfen allerdings seine schädlichen immateriellen Folgen überbetont werden (s. auch Kasten II.12). Man darf insbesondere nicht vergessen, dass der materielle Wohlstand zu einem Maß an Freiheit, Selbstbestimmtheit und Unabhängigkeit geführt hat, das in Zeiten der Subsistenzwirtschaft undenkbar gewesen wäre. Darüber hinaus wird Produktivitätswachstum durch den ***demografischen Wandel*** nur noch wichtiger. In Deutschland liegt die so genannte „economic dependency ratio“ (die Anzahl von Rentnern pro Erwerbsperson) derzeit (mit rund 20 Millionen Rentnern bei rund 40 Millionen Erwerbspersonen) bei 50%. Bis 2050 wird die Bevölkerung voraussichtlich um bis zu 20 Millionen Menschen schrumpfen, die economic dependency ratio aber auf 80% steigen. D. h.: Im Durchschnitt kann der erreichte Lebensstandard selbst

Kasten II.12: Der Stiglitz-Report

Schlagzeilen machten die Unzulänglichkeiten des BIPs als Wohlfahrtsmaß im September 2009 durch die Vorlage des im Februar 2008 vom französischen Präsidenten Nicolas Sarkozy in Auftrag gegebenen „Report by the Commission on the Measurement of Economic Performance and Social Progress“. Nach den Autoren Joseph Stiglitz (Ökonomie-Nobelpreisträger 2001), Amartya Sen (Ökonomie-Nobelpreisträger 1998) und Jean-Paul Fitoussi auch Stiglitz-Sen-Fitoussi-Report genannt. Der Report empfiehlt eine Konzentration auf Konsum statt aufs BIP sowie die Berücksichtigung von Vermögen (in Abgrenzung von den jährlichen Wertschöpfungsgrößen), Verteilungsfragen, außermarktlich erbrachten Leistungen, Gesundheit, Ausbildung, Umweltfragen, sozialem Zusammenhalt, demokratischer Mitsprache und subjektiven Happiness-Maßen (vgl. Kasten II.11). Erstaunlich an diesen Empfehlungen ist allenfalls das Verhältnis von Medienecho und Neuigkeitsgrad.

dann gehalten werden, wenn das BIP um bis zu (20 Mio./80 Mio. =) 25% sinkt; da aber auf jeden Rentner immer weniger Erwerbspersonen entfallen, muss selbst dazu die Arbeitsproduktivität weiter ansteigen.

II.10 Entwicklungsländer

Für Entwicklungsländer ist sowohl die Frage, ob mehr Wachstum besser ist als weniger, als auch die Frage nach den Quellen des Wachstums gesondert zu beantworten. Rund eine Milliarde Menschen leben in Entwicklungsländern von weniger als $ 1 pro Tag (s. Kasten II.13). Es wäre zynisch, nur die Frage zu stellen, ob Wachstum hier vorteilhaft ist (vorausgesetzt, es kommt den Ärmsten zugute und nicht einigen Wenigen aus den wohlhabenderen Schichten). Auch unser Bild von Wachstum, das aus technischem Fortschritt resultiert, der endogen durch F&E hervorgebracht wird, ist für Entwicklungsländer unpassend. Entwicklungsländer brauchen nicht neues technisches Wissen durch Innovationen zu erzeugen, um zu wachsen. Es würde zunächst ausreichen, wenn sie es schafften, den Produktionsprozess so zu organisieren, dass andernorts alt bekannte Produkte mit alt bekannten Verfahren hergestellt werden. Die in Kasten II.7 erwähnten Wachstumsregressionen stellen Ländern mit zunächst noch niedrigem BIP pro Kopf schnelles Wachstum in Aussicht, und es gibt Beispiele für gelungene und gelingende Industrialisierungsprozesse: Japan, die südostasiatischen Tiger-Nationen, China, einige ehemals kommunistische Staaten in Mittel- und Osteuropa, zuletzt Indien. Bei den gelungenen Industrialisierungsprozessen spielte die schrittweise Liberalisierung des internationalen Handels eine wichtige Rolle (s. Kasten II.14). Die erfolgreichen Länder spezialisierten sich in bestimmten Industrien, in denen sie aufgrund ihrer geringen Lohnkosten im Weltmarkt konkurrenzfähig waren. (Die Vorteilhaftigkeit der Liberalisierung des Kapitalverkehrs ist eine andere Frage, mit der wir uns in Kapitel VI befassen.)

Woran scheitert das Zustandekommen eines Entwicklungsprozesses in so vielen anderen Ländern? In gewisser Weise befinden sich diese Länder in einem Teufelskreis. Für Wachstum müsste der Staat in Infrastruktur, Schulen und Universitäten und das Gesundheitssystem investieren. Für diese Investitionen braucht der Staat aber Wachstum, weil sonst die Steuereinnahmen zu gering und der Zugang zu Kapital verbaut ist. Es stellt sich die Frage, warum einige Länder diesen Teufelskreis durch-

Kasten II.13: $ 1 pro Tag

1990 schlug die Weltbank eine einfache Definition von extremer Armut vor: Ein Mensch ist extrem arm, wenn er von nicht mehr als einem Dollar pro Tag lebt. Nach der aktuellen Version der Weltbank-Definition ist ein Mensch extrem arm, wenn er von nicht mehr als $ 1,25 gemessen an der Kaufkraft dieser Summe in den USA im Jahr 2005 (vgl. Abschnitt I.4) pro Tag lebt. Nach Angaben der Weltbank fiel die Anzahl von Menschen, die in so definierter extremer Armut leben, zwischen 1990 und 2005 von 1,82 auf immer noch 1,37 Milliarden bzw. von 41,7% auf 25,2% der Weltbevölkerung. Allein in China sank die Anzahl um 476 Millionen Personen.

Kasten II.14: Wachstum und Handel

Japan setzte in seinem Entwicklungsprozess stark auf wachsenden Außenhandel. Zwischen 1950 und 1998 wuchs der Anteil der Exporte am BIP von 2,2% auf 13,4%. Die südostasiatischen Tiger-Nationen erreichten ihr rapides Wachstum ebenfalls mit Hilfe einer zunehmenden Integration ins Welthandelssystem. DOLLAR und KRAAY (2001) vergleichen – allgemeiner – das Wachstum 1980–98 in dem Drittel der Entwicklungsländer, in denen nach 1980 das Verhältnis von Exporten zum BIP am stärksten zunahm (den „Globalisierern"), mit den anderen zwei Dritteln der Entwicklungsländer (den „Nicht-Globalisierern"). Die „Globalisierer" verdoppelten mit 4,2% Wachstum zwischen 1980 und 1998 ihr BIP pro Kopf, während das BIP pro Kopf der „Nicht-Globalisierer" bei 1,1% Wachstum jährlich nur um ein Fünftel anstieg (DOLLAR und KRAAY [2001, Tabelle 3, 38]). Die Entwicklung von China und Indien ist von besonderem Gewicht, weil in diesen beiden Ländern zusammen über ein Drittel der Weltbevölkerung von rund 7 Mrd. Menschen lebt. China und Indien gehören zu den „Globalisierern" in der Dollar-Kraay-Studie. In China wuchsen die Exporte von einem verschwindenden Bruchteil des BIPs zu Beginn der marktwirtschaftlichen Reformen 1978 auf 20% im Jahr 2001 und 40% im Jahr 2007. In Indien vervierfachte sich der Anteil der Exporte am BIP in den 20 Jahren bis 2007 auf über 20%.

brechen und andere nicht. Die Mehrzahl der Ökonomen macht hierfür die Qualität von Institutionen verantwortlich. So schreibt NORTH (1990, 110), Nobelpreisträger 1993 für seine Arbeiten zum Einfluss von Institutionen auf die wirtschaftliche Entwicklung:

> „Third World countries are poor because the institutional constraints define a set of payoffs to political/economic activity that do not encourage productive activity."

Unter dem Begriff „Institutionen" wird dabei eine Vielzahl von formellen und nichtformellen Einrichtungen und Regelungen subsumiert, die auf das Wirtschaftsleben einwirken, z. B. der Schutz von Eigentumsrechten, die Durchsetzbarkeit von Verträgen, Maßnahmen gegen Korruption, Rechtsstaatlichkeit, die Organisation der Bürokratie, politische Freiheiten, die Freiheit des wirtschaftlichen Handelns, politische Stabilität etc. Grob zusammengefasst, sind dies die Voraussetzungen dafür, dass Unternehmer die Früchte ihrer produktiven Anstrengungen selbst ernten können. In empirischen Studien erweisen sich Maße für die Qualität dieser institutionellen Regelungen als robuste Determinanten wirtschaftlicher Entwicklung (s. Kasten II.15).

II.11 Grenzen des Wachstums

Seit das anhaltende Produktivitätswachstum als solches wahrgenommen wird, werden stets neue Gründe angeführt, warum dieses Wachstum nur vorübergehend aufrecht erhalten werden könne und früher oder später zum Stoppen kommen müsse. Ende des 18. Jahrhunderts argumentierte Thomas Malthus, die Wohlstandsgewinne bei ökonomischem Wachstum führten immer dazu, dass die Bevölkerung schnel-

Kasten II.15: Wachstum und Institutionen

Die empirische wachstumstheoretische Literatur geht der Frage nach der Wichtigkeit von Institutionen nach, indem sie in Wachstumsregressionen (vgl. Kasten II.7) Variablen mit aufnimmt, die das Vorhandensein bzw. die Qualität von Institutionen messen. Z. B. werden als Indikatoren für die politische Stabilität eines Landes Variablen berücksichtigt wie die Anzahl von Revolutionen und Staatsstreichen, die Anzahl politischer Morde und eine 0/1-Variable, die angibt, ob im Betrachtungszeitraum ein Krieg stattfand. Andere institutionelle Variablen wie z. B. die Durchsetzbarkeit von Verträgen oder Rechtsstaatlichkeit sind naturgemäß schwerer zu quantifizieren. Teils wird hier auf die Bewertungen von kommerziellen und nicht-kommerziellen Rating-Agenturen zurückgegriffen. In den Wachstumsregressionen werden für einige der Variablen, die die Qualität der Insitutionen messen, positives Koeffizienten geschätzt. Wie bei anderen Variablen stellt sich allerdings auch hier die Frage nach der Robustheit der Ergebnisse. Bemerkenswerterweise schneiden die Institutionen-Variablen beim Robustheitstest aber wesentlich besser ab als andere Gruppen von Variablen wie z. B. Politik-Variablen. In SALA-I-MARTINs (1997) Studie (s. Kasten II.7) sind sechs der 22 robusten Variablen Institutionen-Variablen: nämlich Indikatoren für Rechtsstaatlichkeit, politische Rechte und bürgerliche Freiheiten, die Anzahl von Revolutionen und Staatsstreichen, die 0/1-Variable für kein Krieg bzw. Krieg und ein Maß dafür, wie kapitalistisch die Wirtschaftsordnung organisiert ist (Degree of capitalism).

ler anwachse als die Nahrungsmittelproduktion. Hieraus folgten Hungersnöte in der Arbeiterklasse, die am Subsistenzniveau lebte. Diese Hungersnöte würden die Erwerbsbevölkerung in einem Maße reduzieren, dass das ökonomische Wachstum zum Erliegen käme. Bestenfalls sei Wachstum also eine wiederkehrende Phase in Zyklen von Wohlstandsgewinnen und Hungersnöten. Marx, Mill und andere prognostizierten Mitte des 19. Jahrhunderts, dass die Profitrate neuer Investitionen bald so weit fallen werde, dass sich Investitionen nicht mehr lohnten. Anhand von Abbildung II.1 ausgedrückt: Die mit der Industrialisierung einsetzende Kapitalakkumulation führe die Ökonomie auf der Produktionsfunktion immer weiter nach rechts, wo die Produktionszuwächse aus weiteren Investitionen (d. h. die Grenzproduktivität des Kapitals) immer kleiner werden. Stanley Jevons sagte 1865 das Ende der Industrialisierung wegen Kohleknappheit voraus. Schumpeter argumentierte in der ersten Hälfte des 20. Jahrhunderts, der Kapitalismus werde zusammenbrechen, weil er sein eigenes soziales Fundament untergrabe. Schumpeters Position ist bemerkenswert, weil er als Urheber der Position, dass innovative Unternehmer technischen Fortschritt hervorbringen können, trotz seines Optimismus bezüglich der technologischen Machbarkeit von Wachstum „Wachstumspessimist" blieb. Seit den 1930er-Jahren wurde wiederholt prognostiziert, die Ölreserven seien in zehn Jahren erschöpft. Der Club of Rome (MEADOWS et al. [1972]) erhärtete mit seinem Bericht zu den „Grenzen des Wachstums" die Zweifel daran, dass die natürlichen Ressourcen ausreichten, damit der Wachstumsprozess weitergehen könne. HORGAN (1997) argumentierte in seinem Buch *The End of Science*, dass angesichts der fortgeschrittenen Komplexität von Wirtschaft und Wissenschaft ein baldiges Ende des Zeitalters der Innovationen in Sicht sei. Als der Ölpreis im Juli 2008 auf $ 147 stieg, wurde wieder an die Club-of-Rome-Prognosen aus den 1970er-Jahren erinnert.

Bisher haben sich all diese Prognosen über das Ende des Wachstums als falsch erwiesen. Anhand von Abbildung II.1 ausgedrückt: Technischer Fortschritt (wachsendes A_t) hat die Produktionsfunktion immer weiter aufwärts verschoben und steiler gemacht (s. Abschnitt II.5), so dass trotz der permanenten Rechtsbewegung im Zuge der anhaltenden Kapitalakkumulation die Grenzproduktivität des Kapitals nicht auf ein Niveau gefallen ist, bei dem der Einfluss weiterer Investitionen auf das BIP sehr klein geworden wäre. Romer vertritt (im Spiegel-Interview 2007) den Standpunkt, dass das auch in Zukunft so bleiben wird:

> „Es gibt keine Grenzen des Wachstums. [...] Wir werden den Wert der bewohnbaren Welt steigern, und zwar ohne Ende."

Damit er mit dieser Prognose Recht behält, muss es gelingen, zunehmend komplexe Innovationen durch F&E hervorzubringen und erfolgreich zu vermarkten. Insbesondere müssen langfristig Substitute für Rohöl und andere erschöpfliche Ressourcen entwickelt werden. Ist das eine Implikation der Wachstumstheorie? Die Antwort ist: nein. Die Wachstumstheorie besagt, dass das Produktivitätswachstum anhalten wird, *solange* der technische Fortschritt anhält. Sie sagt aber nichts darüber aus, *ob* der technische Fortschritt anhalten wird. Im Solow-Modell wird angenommen, dass das technische Wissen immer weiter wächst ($g_A > 0$). Nimmt man stattdessen an, dass g_A auf null fällt, so folgt, dass auch das Produktivitätswachstum zum Erliegen kommen wird. Ob der Wachstumsprozess fortdauern wird, hängt davon ab, ob die „kapitalistische Maschine" weiter Innovationen hervorbringen wird, insbesondere solche, die die Substitution erschöpflicher Ressourcen ermöglichen. Auch wenn sich die pessimistischen Prognosen bisher nicht bewahrheitet haben, kann das über kurz oder lang passieren.

II.A.1 Rechnerische Analyse des Solow-Modells

Hier ist der rechnerische Beweis für das Theorem aus Abschnitt II.5:

Beweis: Aus der Differenzengleichung für $Y_t/(A_t L_t)$ ergibt sich der konstante Wert $[Y/(AL)]^*$, gegen den $Y_t/(A_t L_t)$ $(= Y_{t-1}/(A_{t-1}L_{t-1}))$ konvergiert:

$$\left(\frac{Y}{AL}\right)^* = \left[\frac{1-c}{(1+g_A)(1+g_L)}\right]^\alpha \left[\left(\frac{Y}{AL}\right)^*\right]^\alpha .$$

Teilen der vorletzten Gleichung durch die letzte ergibt:

$$\frac{\frac{Y_t}{A_t L_t}}{\left(\frac{Y}{AL}\right)^*} = \left[\frac{\frac{Y_{t-1}}{A_{t-1}L_{t-1}}}{\left(\frac{Y}{AL}\right)^*}\right]^\alpha .$$

Aus dem Startwert $Y_0/(A_0 L_0)$ ergibt sich hiermit:

$$\frac{\frac{Y_1}{A_1 L_1}}{\left(\frac{Y}{AL}\right)^*} = \left[\frac{\frac{Y_0}{A_0 L_0}}{\left(\frac{Y}{AL}\right)^*}\right]^\alpha .$$

Für $t = 2$ erhält man:

$$\frac{\frac{Y_2}{A_2L_2}}{\left(\frac{Y}{AL}\right)^*} = \left[\frac{\frac{Y_1}{A_1L_1}}{\left(\frac{Y}{AL}\right)^*}\right]^\alpha = \left[\frac{\frac{Y_0}{A_0L_0}}{\left(\frac{Y}{AL}\right)^*}\right]^{\alpha^2}.$$

Für $t = 3$:

$$\frac{\frac{Y_3}{A_3L_3}}{\left(\frac{Y}{AL}\right)^*} = \left[\frac{\frac{Y_2}{A_2L_2}}{\left(\frac{Y}{AL}\right)^*}\right]^\alpha = \left[\frac{\frac{Y_0}{A_0L_0}}{\left(\frac{Y}{AL}\right)^*}\right]^{\alpha^3}.$$

Offensichtlich folgt dies dem Gesetz:

$$\frac{\frac{Y_t}{A_tL_t}}{\left(\frac{Y}{AL}\right)^*} = \left[\frac{\frac{Y_0}{A_0L_0}}{\left(\frac{Y}{AL}\right)^*}\right]^{\alpha^t}.$$

Daraus folgt:

$$\frac{Y_t}{A_tL_t} = \left[\left(\frac{Y}{AL}\right)^*\right]^{1-\alpha^t}\left(\frac{Y_0}{A_0L_0}\right)^{\alpha^t}$$

sowie mit $y_t \equiv Y_t/L_t$ und

$$A_t = A_0(1+g_A)^t$$

weiter:

$$y_t = \left[\left(\frac{Y}{AL}\right)^*\right]^{1-\alpha^t}\left(\frac{Y_0}{A_0L_0}\right)^{\alpha^t} A_0(1+g_A)^t.$$

Im Zeitverlauf wird t immer größer, und α^t geht gegen null. Damit geht der Exponent von $[Y/(AL)]^*$ gegen eins und der von $Y_0/(A_0L_0)$ gegen null, und die Wachstumsrate von y_t konvergiert gegen g_A. *q. e. d.*

II.A.2 Solow-Modell ohne Cobb-Douglas-Annahme

Die im Solow-Modell aus Abschnitt II.5 verwendete Cobb-Douglas-Annahme A1 ist recht speziell. In diesem Anhang wird sie durch eine allgemeinere Formulierung ersetzt:

A1: *Es gilt die Produktionsfunktion*

$$Y_t = F(K_t, A_tL_t)$$

mit den vier üblichen Annahmen aus Abschnitt II.3. Für jedes $A_tL_t > 0$ *gilt ferner:* $\partial F(K_t, A_tL_t)/\partial K_t \to \infty$ *für* $K_t \to 0$ *und* $\partial F(K_t, A_tL_t)/\partial K_t \to 0$ *für* $K_t \to \infty$.

Aus A2 und A3 folgt, wie gehabt, $K_t = (1-c)Y_{t-1}$. Einsetzen in die Produktionsfunktion A1 ergibt:

$$Y_t = F[(1-c)Y_{t-1}, A_tL_t].$$

Wegen konstanter Skalenerträge gilt für alle $1 + x\% > 0$:

$$(1+x\%)Y_t = F[(1-c)(1+x\%)Y_{t-1}, (1+x\%)A_tL_t].$$

Weil dies für alle positiven $1 + x\%$ gilt, gilt es insbesondere für $1 + x\% = 1/(A_t L_t)$:

$$\frac{Y_t}{A_t L_t} = F\left[(1-c)\frac{Y_{t-1}}{A_t L_t}, 1\right].$$

Mit A4 und A5 ergibt sich analog zum Vorgehen in Abschnitt II.5:

$$\frac{Y_t}{A_t L_t} = F\left[\frac{1-c}{(1+g_A)(1+g_L)}\frac{Y_{t-1}}{A_{t-1}L_{t-1}}, 1\right].$$

Diese Gleichung gibt $Y_t/(A_t L_t)$ als eine Funktion von $Y_{t-1}/(A_{t-1}L_{t-1})$ an. Wegen $F(0, L) = 0$ beginnt diese Funktion im Ursprung. Wegen $\partial F(K_t, A_t L_t)/\partial K_t \to \infty$ für $K_t \to 0$ verläuft sie zunächst über der 45-Grad-Linie. Wegen positiver und fallender Grenzproduktivität des Kapitals ($\partial F(K_t, A_t L_t)/\partial K_t > 0$, $\partial^2 F(K_t, A_t L_t)/\partial K_t^2 < 0$) steigt sie und wird immer flacher. Wegen $\partial F(K_t, A_t L_t)/\partial K_t \to 0$ für $K_t \to \infty$ fällt sie unter die 45-Grad-Linie. Damit hat man qualitativ die gleiche Situation wie im Cobb-Douglas-Spezialfall in Abschnitt II.5 (s. Abbildung II.3). $Y_t/(A_t L_t)$ konvergiert gegen einen konstanten Wert. Wenn dieser Wert erreicht ist, wächst die Arbeitsproduktivität y_t mit Rate g_A.

Weiterführende Literatur

Einen einfachen Einstieg in neuere Entwicklungen in der Wachstumstheorie bietet JONES (1998). KRUGMANS (1994) Diskussion von Wachstum in den westlichen Industrienationen, in der ehemaligen Sowjetunion und in Südostasien ist eine interessante Illustration der Theorie. Die wichtigste Modifikation des Solow-Modells in der hier dargestellten Form ersetzt die unterstellte Konsumfunktion durch Maximierung einer intertemporalen Nutzenfunktion, aus der das Konsumverhalten optimierend hergeleitet wird. Einen Einstieg bieten BLANCHARD und FISCHER (1989, Kap. 2) sowie BARRO und SALA-I-MARTIN (2003, Kap. 2). Umfassende Abhandlungen fortgeschrittener Wachstumstheorie findet man bei ARNOLD (1997) und BARRO und SALA-I-MARTIN (2003). Der Schwerpunkt liegt dabei auf der Theorie des endogenen technischen Fortschritts. Für eine umfassende Darstellung von Wachstumsregressionen s. BARRO und SALA-I-MARTIN (2003, Kap. 12).

Zusammenfassung der Grundüberlegung dieses Kapitels

1. Produktivitätswachstum ist die notwendige und hinreichende Bedingung für wachsende materielle Lebensstandards.

2. In den heutigen Industrienationen wächst die Arbeitsproduktivität seit rund 200 Jahren mit rund 2% jährlich. Das bedeutet eine Verdoppelung alle 35 Jahre, eine Verachtfachung innerhalb eines Jahrhunderts.

3. Das Solow-Modell zeigt, dass anhaltender technischer Fortschritt die notwendige und hinreichende Bedingung für anhaltendes Produktivitätswachstum ist: Langfristig wächst die Arbeitsproduktivität genauso schnell wie das technische Wissen.

4. Technischer Fortschritt ist das Produkt zielgerichteter F&E-Projekte Gewinn suchender Unternehmen.

5. Mit Wachstumsregressionen findet man heraus, welche Makro-Daten empirisch mit schnellem Produktivitätswachstum verbunden sind. Man interpretiert die herausgefundenen Effekte am Besten als Einflüsse auf das Tempo der Anpassung an den Steady state und nicht auf die Steady-state-Wachstumsrate.

6. Wenige wirtschaftspolitische Maßnahmen können das langfristige Wachstum beeinflussen, wenn überhaupt. Sie müssen das Innovationspotenzial stärken. Das ist schwierig und hat lange Wirkungsverzögerungen.

7. Wachstum erhöht die durchschnittlichen materiellen Lebensstandards. Um zu beurteilen, ob mehr Wachstum besser ist als weniger, muss man in Betracht ziehen, inwieweit die Umwelt in Mitleidenschaft gezogen wird, wie die Wachstumsgewinne verteilt sind, ob absolute oder relative Konsumniveaus nutzenrelevant sind und welche sozialen Folgen der Wachstumsprozess hat. Um den materiellen Wohlstand im Zuge des demografischen Wandels aufrechtzuerhalten, ist aber anhaltendes Produktivitätswachstum unabdingbar.

8. Ob der Wachstumsprozess anhalten wird, hängt davon ab, ob der Innovationsprozess in Gang gehalten werden kann. Insbes. kommt es darauf an, ob brauchbare Substitute für erschöpfliche Ressourcen hervorgebracht werden. Die Frage, ob dies gelingen wird, kann ein Wachstumsmodell nicht beantworten.

Schlüsselbegriffe

Arbeitsproduktivität
Wachstumsrate
Produktionsfunktion
Grenzproduktivität des Kapitals, der Arbeit
konstante Skalenerträge
Konsumfunktion
technischer Fortschritt
stationärer Zustand (Steady state)
exogener, endogener technischer Fortschritt
Neue Wachstumstheorie
Marktmacht
Patente
Forschung und Entwicklung (F&E)
Wachstumsregression
Wachstumspolitik
demografischer Wandel

Kapitel III

Arbeitslosigkeit

„Anxiety, depression, dissatisfaction with one's present life, experienced strain, negative self-esteem, hopelessness regarding the future, and other negative emotional states [...] have each been demonstrated in cross-sectional studies to be higher in unemployed people than in matched groups of employed people. There is also an emerging consensus that the physical, as well as mental health of unemployed people is also generally lower than that of employed people."

FRYER *(1995)*

III.1 Einleitung

Arbeitslosigkeit ist ein vordringliches wirtschaftliches Problem in Deutschland. Arbeitslosigkeit ist aber nicht ein spezifisch deutsches Problem und auch nicht ein Problem, das sich erst seit wenigen Jahren stellt (s. Kasten III.1) – in den meisten Ländern ist meist ein nicht geringfügiger Teil der Erwerbsbevölkerung arbeitslos.

In Deutschland wird die offizielle ***Arbeitslosenzahl*** von der Bundesagentur für Arbeit (BA) ermittelt. Die Anzahl von Beschäftigten und die Anzahl von Arbeitslosen

Kasten III.1: Arbeitslosigkeit

In Deutschland waren im Jahr 2011 gemäß der Bundesagentur für Arbeit (BA) im Jahresdurchschnitt 2,98 Millionen Menschen arbeitslos. Das entspricht einer Arbeitslosenquote von 7,1%. Massenarbeitslosigkeit gibt es in Deutschland seit dem ersten Ölpreisschock 1973 (s. Abbildung III.1). 1975 stieg die Arbeitslosenzahl über eine Million und 1983, nach dem zweiten Ölpreisschock, auf über zwei Millionen. Vor der deutschen Vereinigung gab es 1990 1,88 Millionen Arbeitslose in Westdeutschland, 1991 dann 2,60 Millionen in Gesamtdeutschland. In der Rezession 1993 stieg die Arbeitslosigkeit auf über drei Millionen im Jahresmittel, im Jahr 2002 auf über vier Millionen. Mit der Zusammenlegung von Sozialhilfe und Arbeitslosenhilfe Anfang 2005 durch das „Hartz-IV-Gesetz" (s. Kasten III.14) wurden ca. 300.000 erwerbsfähige Personen, die zuvor Sozialhilfe empfangen hatten, neu in der Arbeitslosenstatistik registriert. Aufgrund dieses statistischen Effekts stieg die Arbeitslosenzahl im Januar 2005 erstmals auf über fünf Millionen und im Februar 2005 auf den bisherigen Höchststand von 5,22 Millionen. Von einem Jahresmittel von 4,86 Millionen im Jahr 2005 fiel die Arbeitslosigkeit in den drei Folgejahren um ein Drittel.

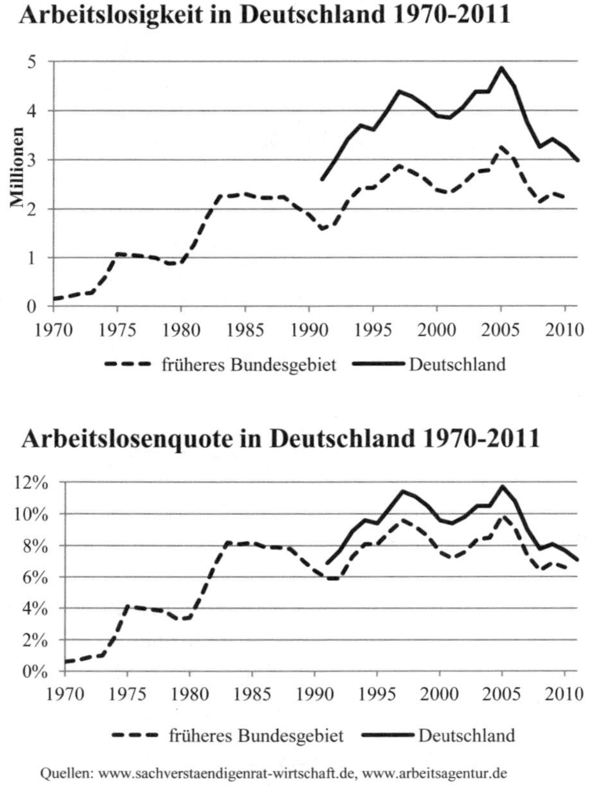

Abbildung III.1: Arbeitslosigkeit in Deutschland 1970–2011

werden zur Gesamtheit der Erwerbspersonen aufaddiert. Die Arbeitslosenquote beträgt dann:

Arbeitslosenquote = Arbeitslosenzahl / Erwerbspersonenzahl.

Aktuelle Daten sind auf der Website der BA (www.arbeitsagentur.de) im jeweils aktuellen Monatsbericht frei verfügbar. Wie beim BIP (vgl. Abschnitt I.4) gibt es Versuche, Arbeitslosenquoten international vergleichbar zu machen. Hierfür ist die International Labor Organization (ILO) zuständig (s. Kasten III.2)

Die finanziellen und sozialen Kosten der Arbeitslosigkeit liegen auf der Hand. Erstens produziert die Volkswirtschaft weniger, als sie produzieren könnte, weil produktive Arbeit brach liegt. Das bedeutet Verluste an BIP und damit am durchschnittlichen materiellen Wohlstand der Bevölkerung. Darunter leiden – zweitens – die von Arbeitslosigkeit Betroffenen weit überproportional stark, weil die Lohnersatzleistungen i. d. R. deutlich unterhalb der Arbeitseinkommen liegen, die diese Personen in einem Beschäftigungsverhältnis erzielen würden. Drittens bedeutet Arbeitslosigkeit für den Großteil der Betroffenen Einbußen, die weit über das Finanzielle hinausgehen. Umfrageergebnisse zeigen, dass das Selbstwertgefühl und die Fähig-

Kasten III.2: Definitionen von Arbeitslosigkeit

Nach BA-Definition ist eine Person arbeitslos, wenn sie weniger als 15 Stunden pro Woche arbeitet und auf der Suche nach einer Beschäftigung im Umfang von mehr als 15 Stunden pro Woche ist und bei der BA als arbeitslos gemeldet ist. Diese Definition traf im Jahresmittel 2011 auf 2,98 Millionen Menschen zu. Gemessen an 41,9 Millionen Erwerbspersonen, entsprach das einer Arbeitslosenquote von 7,1%.

Die BA weist neben der Arbeitslosenzahl auch die Unterbeschäftigung aus. Unterbeschäftigung umfasst neben Arbeitslosigkeit im Sinne der BA auch Vorruhestand sowie die Teilnahme an einer arbeitsmarktpolitischen Maßnahme wie Arbeitsbeschaffungsmaßnahmen (ABM) und Qualifizierungsmaßnahmen. Im November 2011 betrug die Unterbeschäftigung 3,86 Millionen.

Die ILO erhebt international einheitliche Arbeitslosenzahlen mittels stichprobenartiger Telefoninterviews. Der wichtigste Unterschied in der verwendeten Definition von Arbeitslosigkeit ist, dass schon bei einer Beschäftigung im Umfang von einer Stunde pro Woche nicht Arbeitslosigkeit vorliegt. Entsprechend wird eine im Vergleich zur BA i. d. R. um rund 1%-Punkt geringere Arbeitslosenquote ausgewiesen. Im September 2011 wies die ILO für Deutschland 5,7% Arbeitslosigkeit aus, im Vergleich zu 9,7% in der gesamten EU und 9,1% in den USA.

keit, mit dem Alltag fertig zu werden, bei Arbeitslosigkeit signifikant abnehmen (s. Kasten III.3). Sogar auf die körperliche Gesundheit hat Arbeitslosigkeit einen negativen Einfluss (s. das diesem Kapitel vorangestellte Zitat). Viertens wirft die Finanzierung der Lohnersatzleistungen auch für die selbst nicht von Arbeitslosigkeit Betroffenen Kosten auf.

In diesem Kapitel untersuchen wir, wie es zu Arbeitslosigkeit kommt und was man dagegen tun kann. Das Solow-Modell aus Kapitel II hilft uns dabei nicht direkt weiter, denn dort haben wir ja einfach unterstellt, dass das gesamte Arbeitsangebot L_t beschäftigt wird, ohne uns Gedanken über den Arbeitsmarkt zu machen. Eine Möglichkeit, Arbeitslosigkeit zu untersuchen, bestünde nun darin, im Rahmen des Solow-Modells den Arbeitsmarkt genauer zu betrachten. Im Solow-Modell haben wir einfach angenommen, dass die angebotene Arbeit auch nachgefragt wird. Den Markt, auf dem dies geschieht, haben wir nicht weiter modelliert. (Genereller blieb der Begriff „Markt" im Solow-Modell unterbelichtet – er tauchte lediglich in den Begriffen „Marktmacht", „Vermarktung", „Weltmarkt" und „Marktwirtschaft" auf, weder der Arbeits- noch der Güter- noch der Kapitalmarkt wurde explizit modelliert.) Wir wählen hier aber ein einfacheres Vorgehen. Anstatt das ohnehin schon nicht leicht zu handhabende Solow-Modell um einen Arbeitsmarkt zu ergänzen, fangen wir noch einmal ganz von vorn an. Die Grundidee dieses Kapitels besteht darin, den Arbeitsmarkt als einen Markt wie einen Markt für andere Güter auch – mit Angebot und Nachfrage – aufzufassen. Die Frage nach dem Entstehen von ***Arbeitslosigkeit*** kann man dann wie folgt stellen: Wie kann es im Arbeitsmarkt zu einem gleichgewichtigen Überangebot an (einer gleichgewichtigen Unternachfrage nach) Arbeit kommen?

Wir behandeln zunächst kurz friktionelle Arbeitslosigkeit, bei der nicht Angebot und Nachfrage, sondern die ständigen Zuflüsse in und Abflüsse aus Arbeits-

Kasten III.3: Arbeitslosigkeit und Zufriedenheit

Im Rahmen des Sozioökonomischen Panels wurde über 3.000 Deutschen zwischen 1984 und 1989 jährlich die Frage gestellt, wie zufrieden sie momentan mit ihrem Leben sind. Als Antwort ordneten sich die Befragten auf einer Skala von 0 (ganz und gar unzufrieden) bis 10 (ganz und gar zufrieden) ein. Beschäftigte gaben im Durchschnitt 7,4 an, Arbeitslose dagegen 6,5. Unter den Beschäftigten ordneten sich 5,5% als unzufrieden (Angabe 4 oder kleiner) ein, unter den Arbeitslosen dagegen 28,1%. Der Übergang von Beschäftigung in Arbeitslosigkeit wirkt sich damit auf die Zufriedenheit dreimal so stark aus wie der Übergang von guter Gesundheit zu nicht guter Gesundheit (s. WINKELMANN und WINKELMANN [1998]). Im Rahmen einer ähnlichen Studie („Challenges of Europe") stellt die GfK Marktforschung im Auftrag der Gesellschaft für Konsumforschung (GfK) einer repräsentativen Stichprobe von zur Zeit 2.000 Bürgern aus neun europäischen Ländern die Frage: „Welches sind Ihrer Meinung nach die dringendsten Aufgaben die heute in Deutschland zu lösen sind?" (analog für die anderen acht Länder). Dabei werden keine einschränkenden Vorgaben für die Beantwortung gemacht, Mehrfachnennungen sind möglich. Seit Beginn der Umfrage im Jahr 1990 ist in Deutschland Arbeitslosigkeit stets die am häufigsten gegebene Antwort. Im Jahr 2010 nannten (bei einer Arbeitslosenquote von 7,7%) 66% der Befragten Arbeitslosigkeit. Vier Jahre vorher (bei 10,8% Arbeitslosigkeit) waren es sogar 80%. Die beiden am nächsthäufigsten genannten Herausforderungen waren 2010 wirtschaftliche Stabilität und die Kaufkraftentwicklung mit 26% bzw. 24%.

losigkeit im Mittelpunkt stehen (Abschnitt III.2). Dann beginnen wir die Analyse des Arbeits*markts* mit der Untersuchung von Arbeitsangebot (Abschnitt III.3) und -nachfrage (Abschnitt III.4). Als Referenzfall für die folgende Analyse betrachten wir zunächst einen ideal funktionierenden Arbeitsmarkt (Abschnitt III.5). Auf diesem „vollkommenen" Arbeitsmarkt bringen die Löhne Arbeitsangebot und -nachfrage in Übereinstimmung miteinander, so dass wie im Solow-Modell das Arbeitsangebot voll beschäftigt wird und keine Arbeitslosigkeit vorliegt. Dieses Modell eines ideal funktionierenden Arbeitsmarkts mit Vollbeschäftigung hilft bei der Erklärung von Arbeitslosigkeit natürlich nicht direkt weiter. Es erlaubt es aber, die Frage nach den Gründen von Arbeitslosigkeit auf eine sehr Gewinn bringende Art und Weise zu formulieren: Welche Abweichungen von diesem perfekten Arbeitsmarkt sind dafür verantwortlich, dass die Löhne nicht auf das Niveau fallen, bei dem Vollbeschäftigung herrscht? Antworten auf diese Frage werden in den Abschnitten III.6–III.8 gegeben: Ein Fallen des Lohns auf das markträumende Niveau wird verhindert durch (gesetzlich verankerte oder durch Lohnersatzleistungen gezogene) Mindestlöhne, durch Gewerkschaftslöhne und durch die Verwendung der Löhne als Anreizinstrument durch die Arbeitgeber (Effizienzlöhne). Steuern, Abgaben und arbeitsmarktpolitische Maßnahmen ignorieren wir bis hierhin. In Abschnitt III.9 diskutieren wir dann, ob Steuersenkungen und arbeitsmarktpolitische Maßnahmen vor dem Hintergrund unserer Untersuchungen wirksame Mittel zur Reduktion der Arbeitslosigkeit sind. Abschnitt III.10 beschließt dieses Kapitel mit einigen Überlegungen zum Zusammenhang zwischen Arbeitslosigkeit und Wachstum der Arbeitsproduktivität.

III.2 Friktionelle Arbeitslosigkeit

Bevor wir mit der Untersuchung von Arbeitslosigkeit als Überangebot auf dem Arbeitsmarkt beginnen, können wir bereits an dieser Stelle etwas zu einer ersten Art von Arbeitslosigkeit sagen, nämlich friktioneller Arbeitslosigkeit. In einer wachsenden Volkswirtschaft herrscht aufgrund technischen Fortschritts ständiger Strukturwandel. (In der Solow-Ökonomie aus Abschnitt II.5 mit ihrem einen homogenen Endprodukt wird dieser Strukturwandel nicht explizit abgebildet.) Permanent müssen Arbeitskräfte aus veraltenden in neue Industrien und Dienstleistungsbranchen überwechseln und innerhalb von Branchen von schrumpfenden Firmen zu erfolgreicheren Wettbewerbern. Zudem wechseln Personen aus eigener Initiative ihren Job (s. Kasten III.4). Enden alle betroffenen Beschäftigungsverhältnisse immer erst dann, wenn die Arbeitnehmer einen neuen Job schon haben und somit übergangslos in ihre neue Position wechseln können, dann entsteht in diesem Prozess keine Arbeitslosigkeit. In der Praxis erfolgt der Jobwechsel aber oft nicht ohne vorübergehende Arbeitslosigkeit. Nach dem Jobverlust im schrumpfenden Sektor müssen sich die Betroffenen zunächst auf die Suche nach einem neuen Arbeitsplatz machen. Der Such- und Vermittlungsprozess kann sich langwierig gestalten. Ferner müssen oft im Rahmen von Umschulungen zunächst neue Qualifikationen erworben werden, bevor eine neue Position angenommen werden kann. Qualifizierung, Suche, Vermittlung, Bewerbung und Auswahlverfahren nehmen erhebliche Zeit in Anspruch. Aufgrund dessen wird ein erheblicher Teil der Personen, die ihre Arbeitsplätze in schrumpfenden Industrien verlieren, vorübergehend arbeitslos. Die so zustande kommende Arbeitslosigkeit nennt man ***friktionelle Arbeitslosigkeit***. Je mehr Zeit die Qualifizierungsmaßnahmen beanspruchen, je geringer die Such- und Bewerbungsintensität der Arbeitslosen ist, je schwächer die Bemühungen der Unternehmen um Neueinstellungen sind und je ineffektiver der Vermittlungsprozess ist, desto höher ist die friktionelle Arbeitslosigkeit. 2002 machte die sogenannte „Hartz-Kommission" Vorschläge zur Verbesserung der Arbeitsvermittlung in Deutschland, die in den sogenannten „Hartz-Gesetzen" umgesetzt wurden (s. Kasten III.5). Da diese Maßnahmen auf friktionelle Arbeitslosigkeit abzielen, können sie nur insoweit effektiv sein, wie die einen merklichen Anteil der gesamten Arbeitslosigkeit ausmacht, d. h. wenn die

Kasten III.4: Umschläge auf dem Arbeitsmarkt

Im Jahresmittel war die Arbeitslosenzahl 2010 mit 3,24 Millionen (7,7%) um 176.000 geringer als im Vorjahr. Das lag nicht an 176.000 (oder doppelt oder zehn Mal so vielen Neueinstellungen) – nach Angaben der BA beendeten 9,41 Millionen Personen ihre Arbeitslosigkeit (bzw. einige mehrmals). Dem standen jedoch auch 9,15 Millionen Personen, die sich neu arbeitslos meldeten, gegenüber (bzw. einige mehrmals). Moderate Änderungen der jährlichen Arbeitslosenzahl im Bereich einige Hunderttausend sind also der Saldo von Zu- und Abgängen in beträchtlicher Millionenhöhe.

Kasten III.5: „Hartz I–III“

Nachdem bekannt geworden war, dass die Bundesanstalt für Arbeit über Jahre hinweg ihre Vermittlungsergebnisse durch falsche Zahlen geschönt hatte, wurde die Kommission „Moderne Dienstleistungen am Arbeitsmarkt“ (besser nach ihrem Vorsitzenden, dem VW-Personalvorstand Peter Hartz, als Hartz-Kommission bekannt) beauftragt, Vorschläge zur Verbesserung der Vermittlungseffizienz auf dem Arbeitsmarkt zu machen. Nachdem die Vorschläge im August 2002 vorgestellt worden waren, erfolgte die Umsetzung durch die ersten drei Gesetze für moderne Dienstleistungen am Arbeitsmarkt (besser bekannt als „Hartz I–III“) bis Ende 2003. Kernpunkte dieser Gesetze sind 1. die Herstellung von Wettbewerb in der Arbeitsvermittlung („Hartz I“), 2. Maßnahmen zur (Re-) Integration von Arbeitslosen in den Arbeitsmarkt („Hartz II“) und 3. die Reorganisation der BA („Hartz III“). 1. Um Wettbewerb bei der Arbeitsvermittlung herzustellen, wurden insbes. sogenannte Personal-Service-Agenturen (PSAs) eingerichtet. Das sind privat betriebene Leiharbeitsfirmen, deren Betreiber eine Prämie erhalten, wenn ein Beschäftigter von der Zeitarbeit in eine reguläre Beschäftigung wechselt. Ein anderes Mittel sind die Vermittlungsgutscheine, die Arbeitslose bei privaten Arbeitsvermittlern einlösen können. 2. Um Arbeitslose (wieder) an den Arbeitsmarkt heranzuführen, wurden u. a. die sogenannten „Ich-AGs“ (korrekt: Existenzgründerzuschüsse) eingeführt, mit denen Arbeitslose, die sich selbständig machen, für drei Jahre vom Arbeitsamt bezuschusst werden können. In die gleiche Richtung zielen auch Mini-Jobs und die sogenannten „Ein-Euro-Jobs“ (korrekt: Arbeitsgelegenheiten). 3. Der Umbau der vormaligen Bundesanstalt für Arbeit zur jetzigen Bundesagentur hatte zum Ziel, dass die Behörde wie ein funktionierendes Dienstleistungsunternehmen arbeitet. Insbes. sollten die Kundenzentren die Wartezeiten minimieren.

Die statistische Evaluation dieser Maßnahmen liefert gemischte bis negative Ergebnisse. 1. Die Kundenzufriedenheit in den Arbeitsagenturen nahm nicht merklich zu. 2. Positive Auswirkungen von PSAs auf die Wahrscheinlichkeit, einen regulären Job zu finden, lassen sich nicht nachweisen. Nur etwas positiver sehen die Effekte von Vermittlungsgutscheinen aus. 3. Ich-AGs, Ein-Euro-Jobs und Mini-Jobs tragen nicht wesentlich zur (Re-) Integration in den Arbeitsmarkt bei. Die Mini-Jobs werden eher als Zuverdienstmöglichkeit für Zweitverdiener, Rentner und Studierende genutzt. War bei der Vorstellung der Vorschläge der Hartz-Kommission im August 2002 noch von zwei Millionen neuen Jobs die Rede, so hieß es in einer vorläufigen Fassung des Evaluationsberichts „Die Wirksamkeit moderner Dienstleistungen am Arbeitsmarkt“ aus dem Januar 2006 (also gerade nach Ablauf des Jahres mit der Rekordarbeitslosigkeit von im Mittel 4,86 Millionen):

> „Die Arbeitsmarktpolitik kann den Ausgleich am Arbeitsmarkt verbessern [...], jedoch nur bedingt die Nachfrage erhöhen.“

Diese Formulierung findet sich in der abschließenden Version des Berichts aus dem Dezember 2006 nicht mehr (s. www.bmas.de). Sie bleibt aber richtig: In Jobs, die nicht da sind, kann man niemanden vermitteln.

Unternehmen Beschäftigte suchen und nur nicht ohne Weiteres finden. Die Gründe für Arbeitslosigkeit in Deutschland (und anderswo) sind aber in den strukturellen Problemen zu suchen, die wir in den Abschnitten III.6–III.8 behandeln. Insofern hätte man von den Hartz-I–III-Reformen von vornherein nicht allzu viel erwarten dürfen (s. Kasten III.5).

Wir verzichten darauf, ein Modell hierzu aufzustellen (s. Übungsaufgabe III.1). Ferner halten wir uns an die Devise, immer nur eine Sache auf einmal zu tun, und ignorieren friktionelle Arbeitslosigkeit in den folgenden Abschnitten, wenn es darum geht, wie die Lohnsetzung von Arbeitgebern und Gewerkschaften im gesetzlich definierten institutionellen Umfeld zu Arbeitslosigkeit führen kann.

III.3 Arbeitsangebot

Wie im vorigen Abschnitt angekündigt, wollen wir in unserer Analyse des Arbeitsmarkts alles so einfach wie möglich machen. Wir betrachten also – anders als in der Wachstumstheorie in Kapitel II – hier nicht ein dynamisches Modell, sondern untersuchen den Arbeitsmarkt nur für einen einzigen Zeitpunkt. Wir können daher den Zeitindex t im Folgenden fallen lassen und die Beschäftigung mit L statt mit L_t bezeichnen. Wir beginnen die Analyse des Arbeitsmarkts in diesem Abschnitt beim Arbeitsangebot. Weil es in diesem Kapitel um Arbeitslosigkeit geht, kann die tatsächliche Beschäftigung L vom Arbeitsangebot abweichen. Daher brauchen wir ein eigenes Symbol für das Arbeitsangebot: $\overline{L}$. Wir nehmen wie im Solow-Modell an, dass sowohl die Größe der Erwerbsbevölkerung eine exogene Größe ist als auch die Anzahl von Arbeitsstunden pro Kopf. D. h. weder Partizipationsentscheidungen noch Änderungen der pro Kopf angebotenen Arbeitszeit werden hier thematisiert – das ***Arbeitsangebot*** $\overline{L}$ ist exogen (s. Abbildung III.2). Das ist eine wichtige Vereinfachung. Denn man könnte stattdessen unterstellen, dass das Arbeitsangebot von anderen Makro-Variablen abhängt, insbes. vom Reallohn. In einem makroökonomischen Modell mit nur einem Gut lässt sich der ***Reallohn*** W/P definieren als der Quotient von (Nominal-) Lohn W (dem Lohn in Euro, der in der Gehaltsabrechnung steht) und

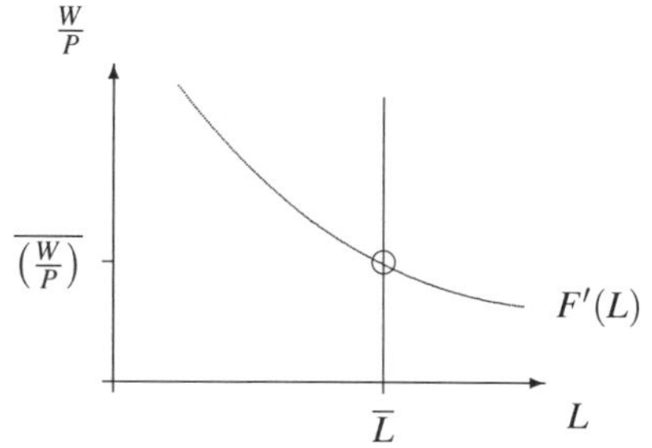

Abbildung III.2: Vollkommener Arbeitsmarkt

Kasten III.6: Arbeitsangebot

Der Substitutionseffekt einer Reallohnerhöhung wirkt auf ein steigendes Arbeitsangebot hin, der Einkommenseffekt geht in die entgegen gesetzte Richtung. Die langfristigen Arbeitszeitdaten aus Abschnitt II.2 machen deutlich, dass auf sehr lange Sicht der Einkommenseffekt überwiegt: Die Zunahmen des Reallohns im Wachstumsprozess wurden u. a. in eine im Durchschnitt um 0,5% jährlich sinkende Arbeitszeit umgesetzt. Eine Vielzahl ökonometrischer Studien befasst sich mit den Arbeitsangebotswirkungen von Reallohnänderungen bei kurzfristigerer Betrachtungsweise. PENCAVEL (1986) fasst in einem bekannten Überblicksartikel die Ergebnisse vorangegangener Studien zusammen. Für männliche Erwerbspersonen werden i. d. R. Reallohnelastizitäten des Arbeitsangebots (zum Begriff „Elastizität" s. Abschnitt A.7) im Bereich zwischen −0,33 und 0 ermittelt. D. h.: Steigt der Reallohnsatz um 1%, dann fällt das Arbeitsangebot leicht um 0–0,33%. Frauen haben etwas höhere Reallohnelastizitäten, weil sie mit ihrer Partizipationsentscheidung sensibler auf Lohnänderungen reagieren. In erster Näherung ist die Annahme eines lohnunelastischen, exogenen Arbeitsangebots aber naheliegend.

Preisniveau P. Er gibt an, wie viel Konsum mit der in einem gegebenen Zeitraum verrichteten Arbeit finanziert werden kann. (Steuern und Abgaben auf Arbeit werden ja vorerst ignoriert. In der VGR ist der Reallohn der Quotient von Nominallohn und einem Preisindex. Niveaus werden i. d. R. nicht betrachtet, wohl aber Änderungen des Reallohns, d. h. die Differenz von Nominallohnwachstum und Anstieg des Preisindex.) Je höher der Reallohn, desto mehr Konsum kann mit gegebener Arbeitszeit finanziert werden. Das wirkt auf ein mit dem Reallohn steigendes – statt exogenes – Arbeitsangebot hin (der sogenannte Substitutionseffekt einer Reallohnänderung). Es gibt aber einen gegenläufigen (sogenannten Einkommens-) Effekt: Je höher der Reallohn, mit desto weniger Arbeit kann man einen gegebenen Konsum realisieren, und das wirkt auf ein im Reallohn fallendes Arbeitsangebot hin. Es gibt zwei Gründe, weshalb unsere Annahme, dass das Arbeitsangebot $\overline{L}$ exogen ist, angemessen ist, einen empirischen und einen methodischen. Erstens: Statistische Studien zeigen, dass (Substitutions- und Einkommenseffekt sich gegenseitig in etwa aufheben und daher) das Arbeitsangebot nur sehr schwach auf Reallohnänderungen reagiert (s. Kasten III.6 und Übungsaufgabe III.2). Zweitens: Was uns interessiert, ist die Frage, warum die angebotene Arbeit nicht vollständig nachgefragt wird. Unser Augenmerk ist also auf die Nachfrageseite des Arbeitsmarkts gerichtet, nicht auf das Arbeitsangebot, und deshalb bietet es sich an, die Angebotsseite so einfach wie möglich abzubilden. Der Bequemlichkeit halber interpretieren wir in diesem Kapitel $\overline{L}$ und L als die Anzahl von Erwerbspersonen bzw. beschäftigten Personen, nicht als die Anzahl von in der Volkswirtschaft angebotenen bzw. geleisteten Arbeitsstunden. Diese Interpretation ist deshalb bequem, weil $\overline{L}-L$ dann direkt die Arbeitslosenzahl angibt (s. Abschnitt I.5). Wir ignorieren hier und im Folgenden das resultierende Ganzzahligkeitsproblem, das sich ergibt, wenn unsere Modelle nicht-ganzzahlige Lösungen liefern. D. h. wir tun so, als sei eine Beschäftigtenzahl von 12,34 eine Sinn ergebende Größe.

III.4 Arbeitsnachfrage

Nun zur Arbeitsnachfrage. Um ein möglichst gut handhabbares Arbeitsmarktmodell zu erhalten, nehmen wir an, dass das Kapital und das technische Wissen aus der Produktionsfunktion (vgl. Abschnitte II.3 und II.5) exogen vorgegeben sind. Wir können dann die Symbole K_t und A_t in der Produktionsfunktion ignorieren (oder gleich eins setzen). Weil die Produktionsfunktion somit eine Funktion von nur noch einer Variablen (dem Arbeitseinsatz) ist, kann man die Cobb-Douglas-Spezifikation leicht aufgeben. So erhalten wir die Produktionsfunktion

$$Y = F(L)$$

mit $F'(L) > 0 > F''(L)$.

Die Gewinne π der Unternehmen sind definiert als Umsatz PY abzüglich der Lohnkosten WL. Mit der obigen Produktionsfunktion lassen sich die Gewinne schreiben als:

$$\pi \equiv PF(L) - WL.$$

Die Unternehmen wählen die Beschäftigung mit dem Ziel ***Gewinnmaximierung***. Sie stehen dabei in ***vollkommenem Wettbewerb***. Das bedeutet, dass sie bei der Gewinnmaximierung sowohl den Güterpreis P als auch den Nominallohn W als gegeben hinnehmen. Daraus folgt, dass L aus Sicht der Unternehmen die einzige Variable in der Gewinnfunktion π ist. Die Unternehmen maximieren also durch eine geeignete Wahl von L die Gewinne π. Wir behandeln den Unternehmenssektor dabei wie eine einzige preisnehmende Firma. Warum das zulässig ist, wird in Anhang III.A.1 zu diesem Kapitel diskutiert. Die Bedingung erster Ordnung für ein Gewinnmaximum ist:

$$\frac{d\pi}{dL} \equiv PF'(L) - W = 0.$$

Die Bedingung zweiter Ordnung ist erfüllt:

$$\frac{d^2\pi}{dL^2} \equiv PF''(L) < 0.$$

Aus der Bedingung erster Ordnung folgt, dass für ein Gewinnmaximum die Grenzproduktivität der Arbeit (vgl. Abschnitt II.3) dem Reallohn (vgl. Abschnitt III.3) entsprechen muss:

$$F'(L) = \frac{W}{P}.$$

Suchen wir nach einer ökonomischen Interpretation für dieses wichtige Ergebnis. $1/P$ ist die Gütermenge, die einen Geldwert von eins hat ($P \cdot 1/P = 1$). Der Reallohn W/P gibt daher aus Unternehmenssicht die Gütermenge an, mit der ein zusätzlicher Beschäftigter entlohnt werden muss bzw. die das Unternehmen durch eine Entlassung spart. Die Grenzproduktivität der Arbeit $F'(L)$ ist der Anstieg der Produktion bei einer Neueinstellung bzw. der Rückgang der Produktion bei einer Entlassung. Ist die Grenzproduktivität größer als der Reallohn, dann erbringt eine Neueinstellung mehr zusätzliche Produktion, als sie kostet. Ist der Reallohn größer als die Grenzproduktivität, dann wird durch eine Entlassung mehr eingespart, als an Produktion verloren geht. Nur wenn weder durch Neueinstellungen noch durch Entlassungen der Gewinn gesteigert werden kann, d. h. wenn die Grenzproduktivität der Arbeit dem Reallohn entspricht, kann ein Gewinnmaximum vorliegen.

Die ***Arbeitsnachfragefunktion*** ergibt sich, indem man die Bedingung für Gewinnmaximierung $F'(L) = W/P$ invertiert (zum mathematischen Begriff der Inversen s. Abschnitt A.11):

$$L = (F')^{-1}\left(\frac{W}{P}\right).$$

Grafisch verbirgt sich dahinter Folgendes. An der Grenzproduktivitätsfunktion im $(L, W/P)$-Diagramm in Abbildung III.2 kann man (von der L-Achse senkrecht nach oben und dann waagerecht nach links gehend) für jedes Beschäftigungsniveau L den Reallohn W/P ablesen, bei dem die Bedingung für Gewinnmaximierung – Grenzproduktivität gleich Reallohn – erfüllt ist. Liest man stattdessen an der selben Kurve für ein gegebenes W/P die zugehörige Beschäftigungsmenge L ab (d. h. von der senkrechten zur waagerechten Achse), so erhält man die Arbeitsnachfrage. Die Grenzproduktivitätsfunktion verläuft annahmegemäß stets im positiven Bereich und fällt monoton ($F'(L) > 0 > F''(L)$). Diese Eigenschaften gelten auch, wenn man die Funktion von der senkrechten zur waagerechten Achse liest. D. h. die Arbeitsnachfrage ist stets positiv und fällt monoton im Reallohn (formal: die Inverse einer fallenden Funktion fällt, s. Abschnitt A.11). (Ist $F'(L) \to \infty$ für $L \to 0$ und $F'(L) \to 0$ für $L \to \infty$ – wie z. B. im oft benutzten Cobb-Douglas-Beispiel $F(L) = L^\alpha$ mit $0 < \alpha < 1$ –, dann ist die Arbeitsnachfrage für jeden positiven Reallohn definiert. Ist dagegen z. B. $F'(0)$ beschränkt, dann ist die Arbeitsnachfrage für $W/P \geq F'(0)$ null. Für die Analyse im Folgenden ist das unerheblich.)

III.5 Vollkommener Arbeitsmarkt

Wir untersuchen nun, wie die Arbeitsangebotsfunktion und die Arbeitsnachfragefunktion auf einem vollkommenen Arbeitsmarkt Beschäftigung und Reallohn bestimmen. Das Modell für den vollkommenen Arbeitsmarkt setzt sich aus drei Annahmen zusammen:

A1: *Das Arbeitsangebot* $\overline{L}$ *ist exogen.*

A2: *Die Arbeitsnachfragefunktion ergibt sich aus der Maximierung der Gewinne* $\pi \equiv PF(L) - WL$ *durch Wahl der Beschäftigung* L*:*

$$L = (F')^{-1}\left(\frac{W}{P}\right).$$

A3: *Der Reallohn* W/P *bringt Arbeitsangebot und -nachfrage in Übereinstimmung.*

Die Annahmen A1 und A2 wurden in den Abschnitten III.3 und III.4 ausführlich diskutiert. Die Annahme A3 charakterisiert einen vollkommenen Arbeitsmarkt: Der

Reallohn sorgt für Markträumung. Aus A1-A3 folgt unmittelbar:

Satz: *Auf dem vollkommenen Arbeitsmarkt entspricht die gleichgewichtige Beschäftigung dem Arbeitsangebot und der Reallohn dem zugehörigen Grenzprodukt der Arbeit:*

$$L = \overline{L}, \quad \frac{W}{P} = F'(\overline{L}) \equiv \overline{\left(\frac{W}{P}\right)}.$$

Grafisch ist das Arbeitsmarktgleichgewicht dort zu finden, wo sich die Arbeitsangebotskurve und Arbeitsnachfragekurve schneiden (Punkt $(\overline{L}, \overline{(W/P)})$ in Abbildung III.2).

In der Preistheorie wird oft argumentiert, dass der Preis auf einem Markt steigt, wenn eine Übernachfrage vorliegt, und fällt, wenn ein Überangebot vorliegt. Diese Argumentation lässt sich auf unser Arbeitsmarktmodell übertragen. (Wenn – wie in unserem Fall – das Modell keine explizite Dynamik hat, ist eine solche Argumentation allerdings etwas heuristisch.) Bei jedem Lohnsatz $W/P < \overline{(W/P)}$ fragen die Firmen mehr Arbeit nach, als die Haushalte anbieten (das ist in Abbildung III.2 gut zu erkennen). Daher können nicht alle Firmen ihre nachgefragte Menge erhalten. Die rationierten Firmen werden einen höheren Lohnsatz bieten. Der Reallohn steigt also in Richtung des Gleichgewichtswerts $\overline{(W/P)}$. Umgekehrt fragen bei jedem Lohnsatz $W/P > \overline{(W/P)}$ die Firmen weniger Arbeit nach, als die Haushalte anbieten, so dass nicht alle Haushalte die angebotene Menge auch loswerden. Das ist allerdings nicht Arbeitslosigkeit im Sinne der Definition aus Abschnitt III.1, weil diese Unternachfrage nicht gleichgewichtig ist, weil die Gleichgewichtsbedingung A3 des Modells für den vollkommenen Arbeitsmarkt verletzt ist. Die rationierten Haushalte werden ihre Lohnforderungen senken, bis der Reallohn auf den Gleichgewichtswert $\overline{(W/P)}$ gefallen ist. Fazit: Auf einem vollkommenen Arbeitsmarkt bringt der Reallohn Arbeitsangebot und -nachfrage miteinander in Einklang. Im Gleichgewicht herrscht Vollbeschäftigung.

Wir verfügen nun über ein erstes komplettes Modell des Arbeitsmarkts. Nur leider stimmt hier etwas nicht: Unser Ziel ist es zu verstehen, warum in den meisten Ländern meist ein beträchtlicher Teil der Erwerbsbevölkerung arbeitslos ist, und dieses Modell hilft uns bestenfalls zu verstehen, warum gerade das eigentlich gar nicht passieren sollte. Es wurde ja explizit argumentiert, dass bei Vorliegen eines Überangebots auf dem Arbeitsmarkt Reallohnsenkungen zur Herstellung von Vollbeschäftigung führen. Das Modell ist dennoch nützlich. Und zwar deshalb, weil es uns dabei hilft, die Frage nach den Gründen der Arbeitslosigkeit auf eine Gewinn bringende Art und Weise zu stellen. Damit Arbeitslosigkeit vorliegen kann, darf der Reallohn nicht – so wie A3 das postuliert – auf das markträumende Niveau fallen. Wenn wir nach den Gründen für Arbeitslosigkeit fragen, können wir also genauso gut die Frage stellen: Warum fällt der Reallohn nicht auf das Niveau, bei dem Arbeitsangebot und -nachfrage gleich groß sind? Auf diese Frage geben wir in den folgenden drei Abschnitten drei voneinander unabhängige Antworten: wegen Mindestlöhnen, wegen Gewerkschaftslöhnen und wegen Effizienzlöhnen. Eine Bemerkung vorab, die das gerade behandelte Modell des vollkommenen Arbeitsmarkts genauso betrifft wie die folgenden Modelle mit

Arbeitslosigkeit: In all diesen Modellen werden der Reallohn W/P, die Beschäftigung L und das BIP Y $(= F(L))$ bestimmt. Indem man als eine weitere Annahme A4 die Konsumfunktion aus Abschnitt II.4 hinzufügt, könnte man auch die Verteilung des BIPs auf Konsum und Investitionen bestimmen. Wir verzichten darauf, um klar herauszustellen, dass für Reallohn, Beschäftigung und BIP das Geschehen auf dem Arbeitsmarkt maßgeblich ist und nicht die Frage, wie sich das BIP auf seine Verwendungen verteilt. (In Kapitel V zu Konjunktur kommen wir zu Situationen, in denen wir Konsum und Investitionen nicht ignorieren können, wenn wir BIP und Beschäftigung bestimmen wollen.)

III.6 Mindestlöhne

Die einfachste Antwort auf die Frage, warum der Reallohn bei Arbeitslosigkeit nicht auf das markträumende Niveau fällt, ist: Das geht aus rechtlichen oder institutionellen Gründen nicht – es liegt ein ***Mindestlohn*** vor. Formal müssen wir in diesem Fall die Annahme A3 aus Abschnitt III.5 ersetzen durch:

A3: *Es gibt einen Mindestlohn $(W/P)^*$, den der Marktlohn nicht unterschreiten darf. Der Reallohn W/P bringt Arbeitsangebot und -nachfrage in Übereinstimmung, es sei denn der Mindestlohn steht dem im Weg.*

Man muss dann zwei Fälle unterscheiden. Erstens: Der Mindestlohn ist nicht höher als der markträumende Reallohn, d. h. $(W/P)^* \leq (\overline{W/P})$. In diesem Fall ist der markträumende Reallohn – wie im vollkommenen Arbeitsmarkt – auch der gleichgewichtige Reallohn. Der Mindestlohn ist in diesem Fall eine nicht bindende Restriktion. Zweitens: $(W/P)^* > (\overline{W/P})$. Dann herrscht beim Mindestlohn $(W/P)^*$ ein Überangebot an Arbeit (s. Abbildung III.3) und damit Lohndruck nach unten, aber der Marktlohn kann nicht nachgeben. In diesem Fall lässt sich das Marktgleichgewicht wie folgt beschreiben:

Satz: *Liegt ein Mindestlohn $(W/P)^* > (\overline{W/P})$ vor, dann ist $(W/P)^*$ der Gleichgewichtslohn, die gleichgewichtige Beschäftigung beträgt*

$$L^* \equiv (F')^{-1}\left[\left(\frac{W}{P}\right)^*\right],$$

und es herrscht Arbeitslosigkeit im Umfang $\overline{L} - L^*$.

Mindestlöhne können aus zwei Gründen vorliegen (s. Kästen III.7 und III.8). Zum einen kann ein Mindestlohn $(W/P)^*$ institutionell im Arbeitsrecht verankert sein. Zum anderen stellt das Niveau der Lohnersatzleistungen einen effektiven Mindestlohn dar. Denn bei Lohnersatzleistungen in Höhe von $(W/P)^*$ haben die Haushalte keinen finanziellen Anreiz, eine Beschäftigung zu einem Lohnsatz $W/P < (W/P)^*$ aufzunehmen, so dass sich effektiv die Mindestlohnrestriktion $W/P \geq (W/P)^*$ ergibt. (Wir begehen bei dieser zweiten Interpretation von $(W/P)^*$ eine kleine Ungenauigkeit, wenn wir argumentieren, verglichen mit Abschnitt III.5 würde sich nur A3 ändern. Konsequenterweise müsste man A1 dahingehend variieren, dass die Arbeits-

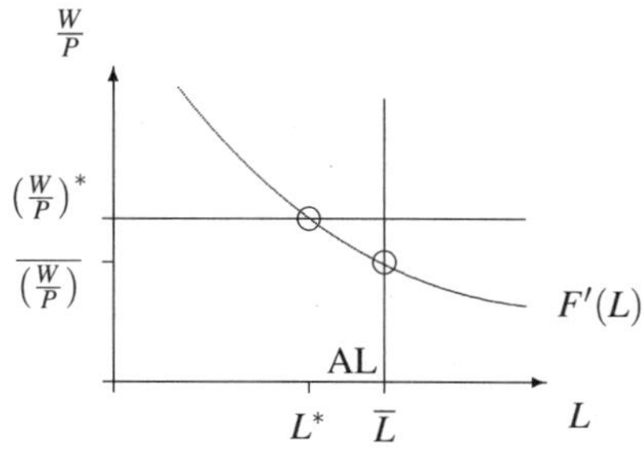

Abbildung III.3: Mindestlöhne

angebotsfunktion bis zum Wert $(W/P)^*$ den Wert null hat und nur bei Reallöhnen $W/P > (W/P)^*$ Arbeit $\bar{L}$ angeboten wird. Wir vermeiden diese Komplikation der Darstellung.) Je geringer die Verdienstmöglichkeiten einer Person als Beschäftigter sind, desto eher werden Mindestlöhne – gesetzliche oder effektive – als Lohnuntergrenzen bindend. Dies schlägt sich empirisch darin nieder, dass Arbeitslosenquoten

Kasten III.7: Gesetzliche Mindestlöhne

Es gibt zwei Arten von gesetzlichen Mindestlöhnen: 1. Allgemeine Mindestlöhne und 2. Lohnuntergrenzen, die daraus resultieren, dass Tariflöhne auch für die Arbeitgeber für allgemeinverbindlich erklärt werden, die nicht im Arbeitgeberverband sind (d. h. insbes. für ausländische Anbieter). In Ländern wie Deutschland mit starken Gewerkschaften, die von Arbeitnehmerseite für das Aushandeln der Löhne verantwortlich sind (hierzu mehr im folgenden Abschnitt), spielten gesetzliche Mindestlöhne traditionell keine wichtige Rolle. Seit Mitte der 2000er-Jahre wächst aber ihre Bedeutung.

1. Im Mai 2006 stimmte der DGB-Kongress einem Initiativantrag des Bundesvorstands zu, der einen flächendeckenden Mindestlohn von € 7,50 pro Stunde fordert. Einige Politiker und Parteien haben sich diesen Vorschlag zu eigen gemacht. Einige Ökonomen befürworten einen allgemeinen Mindestlohn, der deutlich unterhalb von € 7,50 pro Stunde liegt. Die Mehrheit der Ökonomen bezweifelt aber, dass dies auf Dauer möglich ist, weil sich mit der Erhöhung eines bestehenden Mindestlohns leicht Wahlkampf machen lässt. Noch gibt es keinen allgemeinen gesetzlichen Mindestlohn in Deutschland.

2. In Deutschland bietet das Arbeitnehmerentsendegesetz (AEntG) die Möglichkeit, branchenweise Mindestlöhne zu etablieren. Nach §1 Abs. 3a AEntG kann das Bundesministerium für Arbeit und Soziales per Rechtsverordnung Tarifverträge für allgemeinverbindlich erklären. 1996 ursprünglich zur Protektion des Baugewerbes vor ausländischer Konkurrenz gedacht, wurde es bis Ende 2011 dazu genutzt, Mindestlöhne zwischen € 7,00 (im Wach- und Sicherheitsgewerbe) und € 13,00 (für Fachwerker im Bauhauptgewebe in Westdeutschland) in ingesamt zehn Wirtschaftszweigen mit insgesamt ca. drei Millionen Beschäftigten zu etablieren. Als Antwort auf das Inkrafttreten der Arbeitnehmerfreizügigkeit für die 2004 im Zuge der EU-Osterweiterung beigetretenen Länder im Mai 2011 wurde auch die Zeitarbeitsbranche in die Liste der Mindestlohn-Branchen aufgenommen. Für die 900.000 Beschäftigten gilt ab Anfang 2012 ein Mindestlohn von € 7,89 für Westdeutschland und € 7,01 für Ostdeutschland.

Kasten III.8: Sozialleistungen als effektive Mindestlöhne

In Deutschland spielen Arbeitslosengeld (ALG) I und II als faktische Mindestlöhne eine wichtige Rolle. Das ALG I beträgt 67% des letzten Nettoeinkommens für Arbeitslose mit Kindern bzw. 60% für Arbeitslose ohne Kinder und kann für ein Jahr bezogen werden (für Personen ab 50 Jahren mit mindestens 30 Versicherungsmonaten 15 Monate lang, ab 55 Jahren und 36 Versicherungsmonaten 18 Monate lang, ab 58 Jahren und 48 Versicherungsmonaten 24 Monate lang). Anschließend hat man Anspruch auf das durch das ALG II festgelegte Existenzminimum. Das ALG II setzt sich zusammen aus der Regelleistung zur Sicherung des Lebensunterhalts (§ 20 SGB II) sowie Kosten für Unterkunft und Heizung (§ 22 SGB II). Die Regelleistung wurde Anfang 2012 auf € 374 für Alleinstehende erhöht. In einer Bedarfsgemeinschaft mit zwei volljährigen Personen betrug sie pro Kopf 90% davon, d. h. insgesamt € 674. Für Kinder zwischen 14 und 18 Jahren kommen je € 287 hinzu, für Kinder zwischen 6 und 13 Jahre je € 251, für Kinder bis 5 Jahre je € 219. Zuzüglich der angemessenen Wohn- und Heizkosten (die Angemessenheit ist nicht durch Verordnung geregelt, sondern soll sich nach lokalen Gegebenheiten richten) ergeben sich die in der unten stehenden Tabelle angegebenen Werte, z. B. € 1.795 für ein Ehepaar mit zwei Kindern zwischen 6 und 13 Jahren in Berlin. Zum Vergleich: Bei einem Brutto-Monatseinkommen von € 2.000 (z. B. bei 160 Arbeitsstunden pro Monat und einem Stundenlohn von € 12,50) verblieben für eine Familie mit zwei Kindern nach Steuern (€ 117) und Sozialabgaben (€ 412) rund € 1.471, zuzüglich Kindergeld (€ 368) also € 1.839, d. h. € 45 mehr als mit ALG II. (Der Haushalt hätte jetzt aber Anspruch auf zusätzliche € 310 „Aufstockung" von der Arbeitsagentur, s. Kasten III.15.)

ALG II (in €)[a]

Personen	1	2	3	4	5
Regelleistung	374	674	925	1.176	1.395
Wohn- und Heizkosten	378	444	542	619	705
Summe	752	1.118	1.467	1.795	2.100

[a] Alleinstehender/Bedarfsgemeinschaft ohne Kinder/mit ein oder zwei Kindern zwischen 6 und 13 Jahren/mit ein oder zwei Kindern zwischen 6 und 13 Jahren und einem Kind bis 5 Jahren. Angemessene Wohn- und Heizkosten für Berlin. Quellen: SGB II, www.berliner-arbeitslosenzentrum.de.

mit sinkendem Ausbildungsgrad zunehmen (s. Kasten III.9). Eine solche Unterscheidung von Arbeitern nach Qualifikationen ist in unserem einfachen Modell nicht enthalten. Ein Modell mit verschiedenen Qualifikationsstufen findet sich in Anhang III.A.2 zu diesem Kapitel (s. auch Übungsaufgabe III.11).

Fazit: Gemäß unserem Modell sind Mindestlöhne entweder wirkungslos (im Fall $(W/P)^* \leq \overline{(W/P)}$), oder sie verursachen Arbeitslosigkeit (im Fall $(W/P)^* > \overline{(W/P)}$). Das ist die erste „Lehrbuchweisheit" über Mindestlöhne. Wenn ein Mindestlohn eingeführt oder erhöht wird, dann profitieren davon die Bezieher der gestiegenen Löhne, das geht aber zu Lasten der Arbeitnehmer, deren Arbeitgeber nicht in der Lage oder nicht willens sind, höhere Löhne zu zahlen, und die daher ihren Job ver-

Kasten III.9: Arbeitslosigkeit und Qualifikationsgrad

Im Jahr 2009 betrug die Arbeitslosenquote in Deutschland 8,4%. Hinter dieser aggregierten Zahl verbergen sich laut Institut für Arbeitsmarkt- und Berufsforschung IAB (dem Forschungsinstitut der BA) dramatische qualifikationsspezifische Unterschiede: Während die Akademikerarbeitslosigkeit 2,5% betrug und die Arbeitslosenquote nach abgeschlossener Lehre oder Fachschule bei 6,6% lag, belief sich die Arbeitslosenquote unter Personen ohne Berufsabschluss auf 21,9%. In den Jahren 1997 und 2005 waren sogar mehr als ein Viertel der Personen ohne Berufsabschluss arbeitslos gemeldet. Hierher rührt die Aussage, dass die Bildung die beste Absicherung gegen Arbeitslosigkeit ist. Auch in anderen Ländern sinkt die Arbeitslosigkeit deutlich mit zunehmendem Ausbildungsstand. Nirgends sind aber die qualifikationsspezifischen Differenzen so gravierend wie in Deutschland.

lieren – den Mindestlohn erhalten nur die, die nicht durch ihn ihren Job verlieren. In der wirtschaftspolitischen Diskussion werden regelmäßig zwei Gegenargumente angeführt. Erstens lässt sich zeigen, dass Mindestlöhne die Beschäftigung nicht senken, sondern erhöhen, wenn Unternehmen als Nachfrager von Arbeit Monopolmacht haben und das Arbeitsangebot mit dem Reallohn steigt. Die Erklärung hierfür ist: Der monopolistische Arbeitsnachfrager wählt den für ihn gewinnmaximierenden Punkt auf der Arbeitsangebotskurve. Seine Marktmacht kommt darin zum Ausdruck, dass er einen nierigeren als den markträumenden Lohn setzt. Was die Löhne erhöht – etwa ein Mindestlohn über dem gewinnmaximierenden Lohn –, erhöht auch die Beschäftigung. Zweitens wird darauf verwiesen, dass die Mehrzahl der EU-Länder allgemeine gesetzliche Mindestlöhne hat und insbes. Großbritannien gute Erfahrungen damit gemacht hat (s. Kasten III.10). Beide Argumente sind von eher zweitrangiger Bedeutung. 1. Mit Blick auf das Monopol-Argument stellt sich zum einen die Frage, welche Rolle (regionale) Arbeitsmärkte gesamtwirtschaftlich spielen, in denen ein einziger Arbeiter dem Arbeitsangebot gegenüber steht. Zum anderen herrscht in einem solchen Arbeitsmarkt Vollbeschäftigung, und die positive Beschäftigungswirkung steigender Löhne resultiert aus Arbeitsangebotsreaktionen. Dabei ist erstens fraglich, inwieweit ein solches Modell grundsätzlich zur Beschreibung von Märkten mit (gerade im Niedriglohnbereich konzentrierter) Arbeitslosigkeit geeignet ist, und zweitens sind in einem solchen Modell die Beschäftigungswirkungen schwach, wenn das Arbeitsangebot nur schwach auf den Reallohn reagiert (s. Abschnitt III.3). (Immerhin können sie nie negativ sein.) 2. Neben Großbritannien lassen sich andere Länder als Beispiel anführen, in denen die Einführung von Mindestlöhnen weniger reibungslos vonstatten ging, während in Großbritannien selbst abzuwarten steht, ob sich der Mindestlohn auch in einer Rezession bewährt.

III.7 Gewerkschaftslöhne

Unser Modell des vollkommenen Arbeitsmarkts in Abschnitt III.5 ist nach dem herkömmlichen Verständnis von wettbewerblichen Märkten modelliert, auf denen der

Kasten III.10: Mindestlöhne im internationalen Vergleich

Mitte 2011 hatten 20 der 27 EU-Staaten allgemeine gesetzliche Mindestlöhne, die zwischen € 123 pro Monat in Bulgarien und € 1.758 pro Monat in Luxemburg variierten. Außer in Luxemburg lag der Mindestlohn in Belgien, Frankreich, Großbritannien, Irland und den Niederlanden bei über € 1.000. Großbritannien führte 1999 den gesetzlichen Mindestlohn mit £ 3,60 pro Stunde ein. Für rund eine Million Arbeitnehmer erhöhten sich damals die Löhne um durchschnittlich 15%. Bis Oktober 2011 stieg der Mindestlohn um 69% auf nun £ 6,08. Bis Mitte 2008 blieb die Arbeitslosenquote stets unter 6%. Allerdings wuchs das BIP in den Jahren 1999–2008 auch robust mit rund 3% pro Jahr, es gab nur einen – schwachen – Konjunkturabschwung (2001). In der Wirtschafts- und Finanzkrise stieg die Arbeitslosenquote bis Mitte 2009 auf über 8% und sank in den folgenden drei Jahren nicht wieder. Es bleibt abzuwarten, ob Großbritannien auch in Zukunft trotz Mindestlohns eine positive Beschäftigungsentwicklung nehmen kann. Auch ist fraglich, ob die zunächst recht problemlose Erfahrung Großbritanniens mit seinem Mindestlohn einfach auf andere Länder übertragen werden kann. In Frankreich und Spanien etwa ist die Arbeitslosigkeit stark unter Jugendlichen konzentriert. In Spanien stieg die Jugendarbeitslosigkeit bis Ende 2009 auf 43,5%. Angesichts relativ geringer Gehälter für Berufseinsteiger lässt sich dies mit den geltenden Mindestlöhnen in Verbindung bringen.

Empirische Studien konzentrieren sich auf Niedriglohnsegmente des Arbeitsmarkts, weil dort Mindestlöhne am ehesten greifen. Der Mindestlohn wird dabei in Relation zum Durchschnittslohn gesetzt, weil Mindestlöhne wiederum insbesondere dann greifen, wenn Produktivität und Wettbewerbslöhne niedrig sind. I.d.R. werden Beschäftigungsquoten (d. h. Anteile von Beschäftigten an der Gesamtpersonenzahl im betrachteten Arbeitsmarktsegment) betrachtet, weil Personen ohne Beschäftigung sich oft vom Arbeitsmarkt zurückziehen und nicht als arbeitslos registriert werden, so dass Arbeitslosenquoten weniger aussagekräftig sind. Z. B. untersuchen NEUMARK und WASCHER (2004) den Einfluss des Verhältnisses vom Mindest- zum Medianlohn auf die Beschäftigungsquote unter Jugendlichen (im Alter von 15 bis 24 Jahren) in 17 Industrienationen im Zeitraum 1975–2000. Die einfache Korrelation ist −0,21. D. h. ein 10%-Anstieg des Mindestlohns bei gegebenem Medianlohn führt zu einem Rückgang der Beschäftigtenquote unter den 15–24-jährigen um 2,1%. Den gleichen Wert erhalten sie auch mit einer Regression mit der Beschäftigtenquote unter den Über-24-jährigen und der relativen Größe der beiden Altersgruppen als zusätzliche erklärende Variablen.

Marktpreis das einzige Bindeglied zwischen Anbietern und Nachfragern ist und alle Marktteilnehmer den Marktpreis als gegeben ansehen. Für sehr kompetitive Arbeitsmärkte (wie den US-amerikanischen) mag das ein einigermaßen adäquates Bild sein, für Arbeitsmärkte, wie wir sie in Deutschland und anderen kontinentaleuropäischen Ländern beobachten, sicherlich nicht. Hier wird ein Großteil der Löhne – nicht zwischen einzelnen Firmen und einzelnen Arbeitnehmern, sondern – im Rahmen von teils kämpferischen ***Lohn- (Tarif-) Verhandlungen*** zwischen ***Gewerkschaften*** und Arbeitgeberverbänden ausgehandelt (s. Kasten III.11).

Die zweite Antwort auf die Frage, warum der Reallohn bei Arbeitslosigkeit nicht auf das markträumende Niveau fällt, ist: Weil Gewerkschaften das mittels ihrer Ver-

Kasten III.11: Tarifverhandlungen in Deutschland

Gemäß Art. 9 Abs. 3 GG herrscht in Deutschland Tarifautonomie: Arbeitnehmer und Arbeitgeber verhandeln unabhängig über Löhne und Arbeitsbedingungen. Dabei dürfen sich Arbeitnehmer und Arbeitgeber jeweils zusammenschließen und kollektiv verhandeln. Arbeitnehmer schließen sich in Gewerkschaften zusammen (z. B. verdi, Industriegewerkschaft (IG) Metall usw.), deren Dachverband der Deutsche Gewerkschaftsbund (DGB) ist. Arbeitgeber sind branchenweise in regionalen Arbeitgeberverbänden mit dem Dachverband Bundesvereinigung Deutscher Arbeitgeberverbände (BDA) organisiert. In anderen Bereichen würden solche Kartelle wettbewerbsrechtlich nicht zulässig sein. Am Arbeitsmarkt erkämpften sich die Arbeitnehmer im Zuge der Industrialisierung das Recht zum gewerkschaftlichen Zusammenschluss, um so (z. B. durch Streikdrohung) Verhandlungsmacht gegenüber den Arbeitgebern beim Aushandeln von Arbeitsbedingungen und Löhnen zu erlangen. In Deutschland waren 2009 knapp 6,3 Millionen Millionen Mitglieder einer Gewerkschaft. Angesichts von rund 40 Millionen Erwerbspersonen klingt das nach nicht viel. Weil aber Tarifverträge für alle Betriebe gelten, die im Mitglied des aushandelnden Arbeitgeberverbands sind, sind die Gewerkschaften weiterhin für die Löhne der Mehrzahl der Beschäftigten verantwortlich: Gemäß IAB arbeiteten im Jahr 2009 in Westdeutschland 65% der Beschäftigten in tarifgebundenen Betrieben (davon 56%-Punkte in Betrieben mit einem Flächentarifvertrag und 9%-Punkte in Betrieben mit einem Firmentarifvertrag). In Ostdeutschland betrug die Tarifbindung 51% (Flächentarifvertrag: 38%-Punkte, Firmentarifvertrag: 13%-Punkte).

handlungsmacht in den Tarifverhandlungen verhindern. Soll dies eine stichhaltige Antwort sein, so müssen zwei Bedingungen erfüllt sein. Erstens müssen die Gewerkschaften über die notwendige Verhandlungsmacht verfügen, um Löhne oberhalb des markträumenden Niveaus durchzusetzen. Das allein ist aber nicht hinreichend. Es muss zweitens im Interesse der Gewerkschaften liegen, von dieser Möglichkeit auch Gebrauch zu machen. Die Formulierung „im Interesse liegen“ ist dabei eine konkretisierungsbedürftige Aussage, die in mindestens dreierlei Art und Weise substantiiert werden kann.

Die erste und einfachste Interpretation ist: Wir nehmen an, dass die Gewerkschaften ein exogenes Reallohnziel $(\overline{W/P})$ haben und durchsetzen können. Dieser Reallohn $(\overline{W/P})$ wirkt dann genau wie ein Mindestlohn, und aus Abbildung III.3 ist abzulesen, dass im Gleichgewicht Arbeitslosigkeit vorliegt.

Dies ist eine formal konsistente Begründung für das Vorliegen von Arbeitslosigkeit aufgrund von Gewerkschaftslöhnen. Das Problem mit dieser Erklärung ist, dass die Formulierung „im Interesse liegen“ durch die Annahme, dass $(\overline{W/P})$ exogen ist, formal, aber nicht inhaltlich aufgefüllt wurde. Um eine auch inhaltlich stichhaltige Konkretisierung der Formulierung „im Interesse liegen“ zu liefern, muss man statt des Verhaltens die Ziele der Gewerkschaft festlegen und das Verhalten aus den Zielen herleiten. Dabei zeigt sich, dass durchaus harmlos klingende Gewerkschaftsziele ein für das Vorliegen von Arbeitslosigkeit hinreichend aggressives Lohnsetzungsverhalten implizieren. Anhang III.A.3 zu diesem Kapitel liefert ein Beispiel. In dem Beispiel haben die Gewerkschaften die alleinige Lohnsetzungsmacht. Alle Erwerbspersonen sind Gewerkschaftsmitglieder, und Ziel der Gewerkschaften ist die Maximierung des Erwartungsnutzens ihrer Mitglieder. Dabei werden alle Mitglieder symmetrisch behandelt, so dass bei Vorliegen von Arbeitslosigkeit ($\overline{L} - L > 0$) jeder die gleiche Beschäftitungswahrscheinlichkeit $L/\overline{L}$ hat bzw. das gleiche Arbeitslosigkeitsrisiko $1 - L/\overline{L}$. Zu Arbeitslosigkeit ($\overline{L} - L > 0$) kommt es dann, wenn die Erwerbspersonen bereit sind, „um ihre Jobs zu spielen", d. h. wenn sie für einen Reallohn, der über dem markträumenden liegt, bereit sind, ein positives Arbeitslosigkeitsrisiko ($1 - L/\overline{L} > 0$) hinzunehmen. Anhang III.A.3 zeigt, dass Erwartungsnutzenmaximierung zu einem solchen „Spielen um Jobs" führen kann. D. h. Lohnsetzungsmacht der Gewerkschaften in Verbindung mit einem Gewerkschaftsziel, das nicht nach sonderlich aggressivem Lohnsetzungsverhalten klingt, kann zu Arbeitslosigkeit führen.

Bei Erwartungsnutzenmaximierung wägen die Erwerbspersonen das für alle gleiche Arbeitslosigkeitsrisiko $1 - L/\overline{L}$ gegen höhere Löhne ab. Tatsächlich gibt es im Widerspruch dazu Teile der Erwerbsbevölkerung, die recht sichere Jobs haben, während andere Beschäftigte davon ausgehen müssen, dass sie unter den Ersten sein werden, die gehen müssen, und viele Arbeitslose kaum Aussichten haben, einen Job zu bekommen. Vom Verlust ihres Arbeitsplatzes bedroht sind zuallererst Zeitarbeiter, im Zeitalter der Globalisierung darüber hinaus insbes. die Arbeitnehmer, deren Tätigkeiten in Niedriglohnländer verlagert werden können, weitere Beschäftigte, deren Tätigkeit durch Kollegen relativ einfach übernommen oder durch Rationalisierungsinvestitionen abdingbar gemacht werden kann, sowie ältere Arbeitnehmer, für die Möglichkeiten zur Frühpensionierung bestehen. Nennen wir die sicher Beschäftigten ***Insider*** und die vom Verlust ihrer Arbeitsplätze Bedrohten und Arbeitslosen ***Outsider***. Insider und Outsider haben nicht das gleiche Arbeitslosigkeitsrisiko: Entspricht die Beschäftigung der Anzahl der Insider, dann bleiben die beschäftigt, während die Outsider arbeitslos werden bzw. bleiben – das „Arbeitslosigkeitsrisiko" ist (etwas überzeichnet formuliert) 0% für die Insider und 100% für die Outsider. Das hat einschneidende Implikationen für das gewerkschaftliche Lohnsetzungsverhalten. In Gewerkschaften sind die Insider zahlenmäßig weitaus stärker vertreten als die Outsider und nicht nur deshalb für die Entscheidungsfindung in erheblichem Maße gewichtiger. Deshalb müssen die Gewerkschaften, um der Mehrheit ihrer Mitglieder gerecht zu werden, die Löhne unter Vernachlässigung der Interessen der arbeitslosen Outsider setzen.

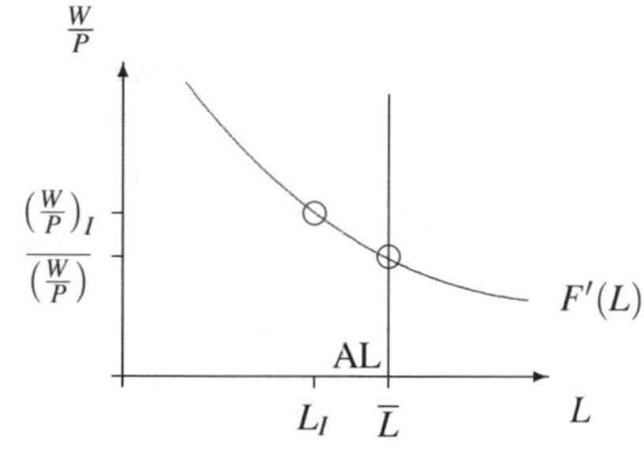

Abbildung III.4: Insider und Outsider

Integrieren wir Lohnsetzung im Interesse der Insider in unser Arbeitsmarktmodell. Bezeichne L_I ($< \overline{L}$) die Anzahl der Insider. Die Anzahl von Outsidern ist entsprechend $\overline{L} - L_I$. Klammern wir das oben beschriebene Phänomen aus, dass die Insider möglicherweise bereit sind, „um ihre Jobs zu spielen". Dann ergibt sich folgende Annahme an die Lohnsetzung:

A3: *Die Gewerkschaften setzen die Löhne so hoch, dass die L_I Insider gerade ihre Jobs behalten und die $\overline{L} - L_I$ Outsider arbeitslos bleiben bzw. werden.*

Niedrigere Löhne, die zur Weiterbeschäftigung bzw. Einstellung von Outsidern führen würden, liegen nicht im Interesse der Insider und damit nicht im mehrheitlichen Interesse der Gewerkschaft. Das Gleichgewicht lässt sich dann wie folgt beschreiben:

Satz: *Die gleichgewichtige Beschäftigung ist L_I, der gleichgewichtige Lohnsatz ist*

$$\left(\frac{W}{P}\right)_I \equiv F'(L_I).$$

Die Arbeitslosigkeit beträgt $\overline{L} - L_I$.

Grafisch ist das Gleichgewicht in Abbildung III.4 dargestellt. Genau anders herum als im Mindestlohnmodell, wo ein bindender Mindestlohn die gleichgewichtige Beschäftigung determiniert, bestimmt hier die Beschäftigung den Reallohn, den die Insider verlangen können, ohne ihre Jobs zu riskieren. Anhang III.A.4 zu diesem Kapitel argumentiert, dass bei Vorliegen einer Insider-Outsider-Einteilung nicht notwendigerweise *angenommen* werden muss, dass gewerkschaftliche Lohnsetzungsmacht vorliegt, sondern dass diese Lohnsetzungsmacht aus der Insider-Outsider-Einteilung selbst *hervorgehen* kann. Die Frage ist dann, warum arbeitslose Outsider nicht die hohen Insiderlöhne unterbieten. Der Grund ist, dass es für Unternehmen Kosten nach sich zieht, Insider durch Outsider zu ersetzen: Kündigungsschutz macht Abfindungszahlungen notwendig, es geht Betriebswissen verloren, es fallen Einstellungs- und Einarbeitungskosten an, und der soziale Frieden im Betrieb leidet, wenn die weiter Beschäftigten mit neu eingestellten vormaligen Outsidern zusammenarbeiten, die die alten Kollegen ersetzt haben. Ist die Summe dieser Kosten höher als die Lohneinsparung (d. h. die Differenz zwischen Insider- und Outsiderlohn), dann liegt es nicht im Interesse des Unternehmens, Insider durch Outsider zu ersetzen.

Die Insider-Outsider-Theorie der Arbeitslosigkeit erklärt nicht nur allgemein das Vorliegen von Arbeitslosigkeit. Sie liefert auch Erklärungen dafür, dass 1. die Arbeitslosigkeit unter gering Qualifizierten besonders hoch ist (s. Kasten III.9) und dass 2. Anstiege der Arbeitslosigkeit nur langsam wieder abgebaut werden. 1. In Deutschland ist der gewerkschaftliche Organisationsgrad unter Arbeitnehmern mit geringer Qualifikation deutlich höher als unter höher qualifizierten Personen. Daher vertreten die Gewerkschaftsfunktionäre in den Tarifverhandlungen insbes. die Interessen der gering qualifizierten Insider. Die Folge davon ist, dass die Löhne der gering Qualifizierten oft überproportional steigen (z. B. durch Pauschalzahlungen), obwohl gerade in diesem Segment die Arbeitslosigkeit besonders hoch ist. Das ist neben durch Lohnersatzleistungen gezogenen Mindestlöhnen (s. Kasten III.8) eine zweite wichtige Erklärung für die hohe Arbeitslosigkeit unter gering Qualifizierten. 2. In

Deutschland und anderen kontinentaleuropäischen Ländern beobachtet man, dass die von Rezession zu Rezession steigende Sockelarbeitslosigkeit in Expansionen nicht wieder abgebaut wird (s. Kasten III.1 und Abbildung III.1). Das ist genau das, was die Insider-Outsider-Theorie voraussagt. In der Rezession arbeitslos gewordene Insider sind in der Folge selbst Outsider. In der nächsten Expansion nutzen die verbliebenen Insider die anziehende Konjunktur für Lohnanstiege, anstatt dafür zu sorgen, dass die Ex-Insider wieder beschäftigt werden.

Mindestlöhne sind eine stichhaltige Erklärung für das Vorliegen von Arbeitslosigkeit in Ländern mit starken institutionellen Regulierungen auf dem Arbeitsmarkt und einem großzügigen Sozialsystem. Gewerkschaftslöhne sind eine stichhaltige Erklärung für das Vorliegen von Arbeitslosigkeit in Ländern mit wenig wettbewerblicher Lohnfindung. Wie aber kommt es, dass auch in Ländern mit einem wenig regulierten Arbeitsmarkt, einem weitmaschigen Sozialsystem und schwachen Gewerkschaften meistens in nicht vernachlässigbarem Umfang Arbeitslosigkeit vorliegt (in den USA lag die Arbeitslosenquote von den 1950er-Jahren bis in die 1980er-Jahre hinein über der durchschnittlichen Arbeitslosenquote in der jetzigen EU)?

III.8 Effizienzlöhne

Die Antwort der Effizienzlohntheorie auf die Frage, warum auch in Ländern mit wettbewerblichen Arbeitsmärkten der Reallohn nicht auf das markträumende Niveau fällt, ist: Weil es nicht im Interesse der Arbeitgeber liegen mag, niedrige Löhne zu zahlen. Das klingt zunächst überraschend, hier liegt wieder ein „nicht offensichtlicher Zusammenhang“ im Sinne von Abschnitt I.5 vor. Warum können hohe Löhne im Interesse dessen liegen, der sie zahlt? Die Antwort ist: Weil sie die Leistung der Belegschaft erhöhen. Das wird in diesem Abschnitt erklärt. Das dazu verwendete Modell geht auf SOLOW (1979) zurück.

Die zentrale Annahme der Effizienzlohntheorie ist, dass die Leistung e der Beschäftigten mit dem Reallohn W/P, den sie erhalten, steigt. Formal wird das durch die ***Lohn-Leistungs-Funktion***

$$e = e\left(\frac{W}{P}\right)$$

ausgedrückt. Es gibt vier Gründe für das Vorliegen eines Lohn-Leistungs-Zusammenhangs.

1. Je höher der Reallohn, desto besser fühlen sich die Beschäftigten von ihrem Arbeitgeber behandelt. Sie zahlen ihm das dann mit hoher Leistungsbereitschaft zurück.

2. Die Motive können auch egoistischer sein. Kann der Arbeitgeber die Leistung seiner Belegschaft nur unvollkommen beobachten, dann kann ein Beschäftigter seine Aufgaben am Arbeitsplatz mit geringer Leistung verrichten. So erleichtert er sich den Arbeitsalltag, riskiert allerdings auch, aufzufliegen und entlassen zu werden. Je höher der Lohnsatz, desto größer sind die finanziellen Verluste im Falle des Verlusts des Arbeitsplatzes, desto wirksamer ist die Androhung der Entlassung und der anschließenden Arbeitslosigkeit, desto eher wird der Arbeitnehmer davon absehen,

am Arbeitsplatz zu „bummeln", und stattdessen gute Leistung abliefern (s. Aufgabe III.17).

3. Wenn Unternehmen schlecht dotierte Stellen ausschreiben, müssen sie davon ausgehen, dass sich leistungsstarke Personen nicht auf die Stelle bewerben. Wenn sie die Qualitäten der Bewerber nicht völlig akkurat einschätzen können, dann bedeutet das, dass sie Gefahr laufen, Personen mit im Durchschnitt niedriger Produktivität einzustellen. Umgekehrt gilt: Je höher der Lohn, desto höher die durchschnittliche Leistungsstärke der Bewerber und damit auf lange Sicht auch die Qualität der Belegschaft.

4. Eine eingearbeitete Belegschaft arbeitet produktiver. Deshalb versuchen Arbeitgeber, ihre Angestellten mit hohen Löhnen möglichst langfristig ans Unternehmen zu binden, die Fluktuation einzudämmen.

Die Lohn-Leistungs-Funktion muss einigen formalen Annahmen genügen (s. Abbildung III.5): $e(W/P)$ ist stetig mit

$$e\left(\frac{W}{P}\right) = 0 \quad \text{für } \frac{W}{P} < \left(\frac{W}{P}\right)_0$$

und

$$e'\left(\frac{W}{P}\right) > 0 > e''\left(\frac{W}{P}\right) \quad \text{für } \frac{W}{P} > \left(\frac{W}{P}\right)_0 .$$

In Worten: Damit überhaupt etwas geleistet wird, muss ein Lohnsatz in Höhe von mindestens $(W/P)_0$ gezahlt werden. Reallohnanstiege über $(W/P)_0$ hinaus verursachen (analog zur Produktionsfunktion aus Abschnitt II.3) positive, aber fallende Leistungsanstiege. Für einen beliebigen Reallohn W/P gibt die Steigung $e(W/P)/(W/P)$ einer Ursprungsgeraden durch den Punkt $(W/P, e(W/P))$ die Leistung pro Einheit Reallohn an. Aus Abbildung III.5 ist ersichtlich, dass ein eindeutiger Reallohn $(W/P)^*$ existiert – ***Effizienzlohn*** genannt –, bei dem die Leistung pro Einheit Reallohn maximal ist. Das ist der Lohn, bei dem eine Ursprungsgerade die Lohn-Leistungsfunktion gerade berührt. Wichtig ist, dass die Höhe des Effizienzlohns $(W/P)^*$ einzig und allein vom Verlauf der Lohn-Leistungs-Funktion $e(W/P)$ abhängt (s. hierzu auch Aufgabe III.14). Der Einfachheit halber nehmen wir an, dass

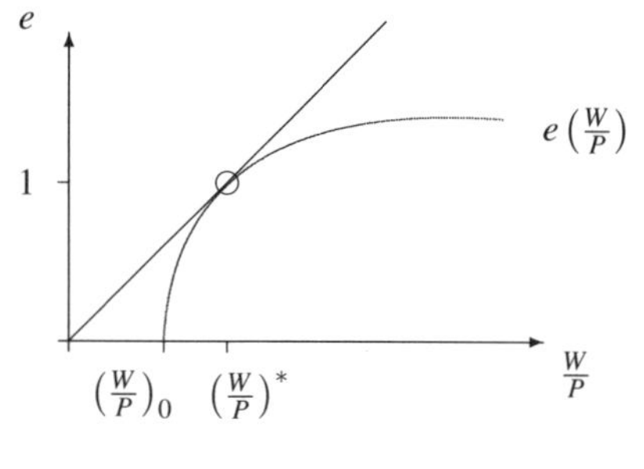

Abbildung III.5: Lohn-Leistungs-Funktion

Kasten III.12: Zahlte Henry Ford Effizienzlöhne?

Die Standardanekdote für den Lohn-Leistungszusammenhang ist folgende. Anfang 1914 verdoppelte Henry Ford den Mindestlohn in seinen Ford-Werken auf $ 5 pro Tag bei gleichzeitiger Verkürzung der täglichen Arbeitszeit von neun auf acht Stunden. Es bildete sich ein deutlich sichtbares Überangebot für Arbeit bei Ford: eine Schlange mit 10.000 Jobbewerbern vor dem Werk. Ford nahm dies nicht zum Anlass, die Lohnerhöhung zurückzunehmen, sondern zeigte sich mit den Auswirkungen seiner Lohnerhöhung zufrieden: „The payment of five dollars a day for an eight hour day was one of the finest cost cutting moves we ever made.“

die Leistung beim Effizienzlohn gleich eins ist:

$$e\left[\left(\frac{W}{P}\right)^*\right] = 1.$$

Unter Berücksichtigung der Tatsache, dass die Leistung vom Lohn abhängt, lautet die Produktionsfunktion nun

$$Y = F\left[e\left(\frac{W}{P}\right)L\right]$$

und die Gewinnfunktion

$$\pi \equiv PF\left[e\left(\frac{W}{P}\right)L\right] - WL.$$

Anders als in den bisher behandelten Arbeitsmarktmodellen haben Unternehmen hier nicht ein uneingeschränktes Interesse an niedrigen Löhnen. Denn sinkende Löhne reduzieren zwar einerseits die Arbeitskosten, andererseits mindern sie aber die Leistung der Arbeitnehmer und damit die Produktion (nur so kann man die in Kasten III.12 wiedergegebene Anekdote verstehen). Die Annahme an die Lohnsetzung ist:

A3: *Die Firmen wählen neben der Beschäftigung L auch den Reallohn W/P mit dem Ziel, die Gewinne zu maximieren.*

Mit dieser neuen Lohnsetzungsannahme ist die Ermittlung des Arbeitsmarktgleichgewichts etwas schwieriger als in den vorangegangenen Abschnitten. Die Behauptung ist:

Satz: *Ist*

$$F'(\overline{L}) < \left(\frac{W}{P}\right)^*,$$

dann liegt im Gleichgewicht des Effizienzlohnmodells Arbeitslosigkeit vor. Die Firmen zahlen dann den Effizienzlohn:

$$\frac{W}{P} = \left(\frac{W}{P}\right)^*,$$

und die Beschäftigung ist

$$L^* \equiv (F')^{-1}\left[\left(\frac{W}{P}\right)^*\right].$$

Beweis: Der Beweis erfolgt in zwei Schritten. 1. Wir zeigen zunächst, dass eine Bedingung für Gewinnmaximierung ist, dass die Unternehmen den Effizienzlohn $(W/P)^*$ zahlen. 2. Dann folgt der Satz direkt aus der Bedingung für eine gewinnmaximierende Beschäftigungswahl.

1. Indem man P ausklammert und die Lohnkosten als Doppelbruch schreibt, den man mit $e(W/P)/e(W/P)$ erweitert, kann man die Gewinnfunktion als

$$\pi \equiv P\left\{F\left[e\left(\frac{W}{P}\right)L\right]-\frac{e\left(\frac{W}{P}\right)L}{\frac{e\left(\frac{W}{P}\right)}{\frac{W}{P}}}\right\}$$

schreiben. In dieser Schreibweise hängen die Gewinne von zwei Dingen ab: der Leistung pro Einheit Reallohn $e(W/P)/(W/P)$ und dem Produkt $e(W/P)L$ von Leistung und Beschäftigung. Die „Pointe" des Beweises ist, dass man zunächst die Leistung pro Einheit Reallohn $e(W/P)/(W/P)$ durch Wahl von W/P maximieren kann. Denn: Je größer $e(W/P)/(W/P)$ ist, desto kleiner ist der Lohnkostenterm in der Gewinnfunktion. Ein potenzielles Problem besteht darin, dass mit der Wahl von W/P auch die Leistung $e(W/P)$ fest liegt. Das erweist sich aber bei zweitem Hinsehen als nicht wirklich problematisch, weil für die Gewinne ja neben $e(W/P)/(W/P)$ nur $e(W/P)L$ von Bedeutung ist und durch die anschließende Wahl des Beschäftigungsvolumens L trotz fest liegender Leistung $e(W/P)$ noch jeder Wert für $e(W/P)L$ erreichbar ist. (Ein etwas exakterer Beweis der Behauptung, dass zunächst in W/P und erst anschließend in L maximiert werden kann, findet sich weiter unten. Wenn man die Argumentation hier intuitiv einleuchtend findet, kann man diesen formalen Beweis überspringen.) Das Problem, $e(W/P)/(W/P)$ durch Wahl von W/P zu maximieren, haben wir oben bereits gelöst. Die Lösung ist der Effizienzlohn $(W/P)^*$. D. h. bei einer gewinnmaximierenden Wahl des Lohnsatzes gilt:

$$\frac{W}{P}=\left(\frac{W}{P}\right)^*.$$

2. Mit $W/P = (W/P)^*$ und der zugehörigen Leistung

$$e\left(\frac{W}{P}\right)=e\left[\left(\frac{W}{P}\right)^*\right]=1$$

wird die Gewinnfunktion zu

$$\pi \equiv P\left[F(L)-\left(\frac{W}{P}\right)^* L\right].$$

Das gewinnmaximierende Beschäftigungsvolumen L^* erfüllt die Bedingung erster Ordnung

$$\frac{d\pi}{dL}=P\left[F'(L^*)-\left(\frac{W}{P}\right)^*\right]=0.$$

Also gilt:

$$F'(L^*)=\left(\frac{W}{P}\right)^*.$$

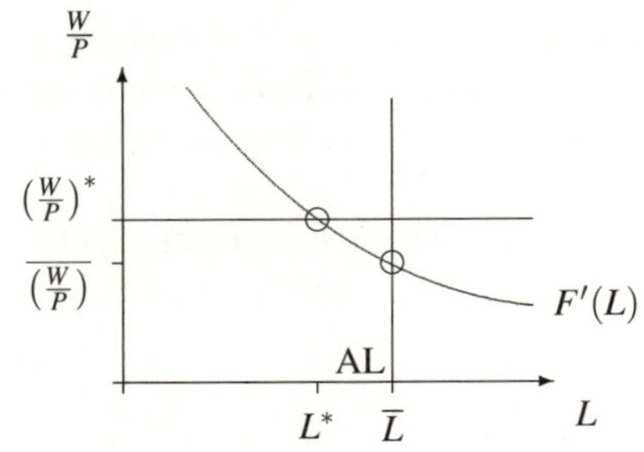

Abbildung III.6: Arbeitslosigkeit im Effizienzlohnmodell

Wegen fallender Grenzproduktivität der Arbeit ist die Bedingung zweiter Ordnung erfüllt:

$$\frac{d^2\pi}{dL^2} = PF''(L^*) < 0.$$

Arbeitslosigkeit liegt vor, wenn $L^* < \overline{L}$ ist. Wegen fallender Grenzproduktivität der Arbeit ist die Bedingung hierfür

$$F'(\overline{L}) < F'(L^*) = \left(\frac{W}{P}\right)^*,$$

wie im Satz behauptet (s. Abbildung III.6).

Abschließend der formale Beweis, dass man das Maximierungsproblem in die zwei oben gegangenen Schritte aufspalten kann. Angenommen, es wird ein anderer Reallohn $(W/P)'$ als der Effizienzlohn (mit zugehöriger Leistung $e' \equiv e[(W/P)']$) gezahlt und eine Beschäftigung L' gewählt. Dann sind die Gewinne

$$\pi' = P\left[F(e'L') - \left(\frac{W}{P}\right)' L'\right].$$

Wird dagegen der Effizienzlohn $(W/P)^*$ (mit zugehöriger Leistung $e[(W/P)^*] = 1$) gezahlt und die Beschäftigung $L = e'L'$ gewählt, dann sind die Gewinne

$$\pi = P\left[F(e'L') - \left(\frac{W}{P}\right)^* e'L'\right].$$

Wenn

$$\pi > \pi'$$

ist, dann kann es nicht gewinnmaximierend sein, einen anderen Reallohn $(W/P)'$ als den Effizienzlohn zu zahlen. Denn – egal wie L' gewählt wird – mit dem Effizienzlohn $(W/P)^*$ und der Beschäftigung $L = e'L'$ können höhere Gewinne gemacht werden. Ein Vergleich der Gewinnniveaus zeigt, dass $\pi > \pi'$ gilt, wenn

$$\left(\frac{W}{P}\right)^* e' < \left(\frac{W}{P}\right)'$$

gilt oder mit $e' = e[(W/P)']$ und $e[(W/P)^*] = 1$:

$$\frac{e\left[\left(\frac{W}{P}\right)'\right]}{\left(\frac{W}{P}\right)'} < \frac{e\left[\left(\frac{W}{P}\right)^*\right]}{\left(\frac{W}{P}\right)^*}.$$

Diese Bedingung ist erfüllt, weil $(W/P)^*$ der Reallohn ist, der $e/(W/P)$ maximiert. *q. e. d.*

Das ist der formale Beweis für das nicht offensichtliche Ergebnis, dass das Vorhandensein einer Lohn-Leistungs-Funktion zu Arbeitslosigkeit führen kann. Was ist die inhaltliche Erklärung? Im vollkommenen Arbeitsmarkt aus Abschnitt III.5 hat der Reallohn gemäß der dort verwendeten Annahme A3 ausdrücklich die Funktion, Arbeitsangebot und -nachfrage miteinander in Einklang zu bringen, und diese Aufgabe erfüllt er. Im Effizienzlohnmodell hat der Lohnsatz eine andere Aufgabe: Er wird von den Firmen genutzt, um den Lohn-Leistungs-Zusammenhang – wie er aus Motivationsüberlegungen, Jobverlustüberlegungen, Selektionseffekten und Fluktuationseffekten resultieren kann – gewinnmaximierend auszunutzen. Diese Aufgabe erfüllt er – aber damit kann er seiner „eigentlichen" Aufgabe, der Räumung des Arbeitsmarkts, nicht nachkommen. Aus diesem Grund führt das Lohnsetzungsverhalten der Unternehmen möglicherweise zu Reallöhnen über dem markträumenden Niveau und damit zu Arbeitslosigkeit, und zwar auch in Arbeitsmärkten ohne starke institutionell bedingte Lohnrigiditäten. Die Effizienzlohntheorie ist empirisch nur schwer zu testen, Laboruntersuchungen belegen allerdings ihre Relevanz (s. Kasten III.13).

III.9 Arbeitsmarktpolitik

Wir kommen jetzt zur Frage, welche Implikationen für die ***Arbeitsmarktpolitik***, die auf eine Senkung der Arbeitslosigkeit gerichtet ist, aus unseren Modellen abgeleitet werden können. Ein Hinweis vorab. Selbst wenn es uns gelingt, wirksame arbeitsmarktpolitische Eingriffe zu identifizieren, bedeutet das nicht, dass man damit über ein Patentrezept verfügt, mit dem ein vordringliches ökonomisches Problem schnell und zu jedermanns Vorteil gelöst werden kann. Wirksame Maßnahmen der Arbeitsmarktpolitik werfen Kosten auf – finanzielle und soziale –, an denen die politische Umsetzung scheitern kann. Zum einen kann es sein, dass der Nutzen Beschäftigung schaffender Maßnahmen die anfallenden finanziellen und sozialen Kosten nicht aufwiegt. Vor dem Hintergrund alternativer Szenarien mag Arbeitslosigkeit als das kleinere Übel erscheinen. Zum anderen kann es sein, dass Maßnahmen mit positivem Nutzen-Kosten-Verhältnis dennoch nicht realisiert werden, wenn die Gruppen, die die Kosten zu tragen hätten, klar umrissen sind und die Maßnahmen im politischen Prozess zu verhindern wissen. Wenn wir also aus unseren Modellen wirksame Beschäftigung schaffende Maßnahmen ableiten, gleichzeitig aber in der Realität hohe Arbeitslosigkeit beobachten, folgt daraus weder, dass unsere Modelle falsche Aufschlüsse lieferten, noch, dass korrekte Aufschlüsse nicht bis in die Politik vordrängen. Wir diskutieren im Folgenden die wichtigsten arbeitsmarktpolitischen Maßnahmen

Kasten III.13: Effizienzlöhne im Labor

Im Querschnitt über verschiedene Industriezweige beobachtet man, dass profitable Branchen für (scheinbar) gleiche Arbeit höhere Löhne zahlen. Erklärungen hierfür liefert die Effizienzlohnhypothese: 1. Profitablere Firmen müssen höhere Löhne zahlen, weil die Arbeitnehmer nur dann Leistung erbringen, wenn sie das Gefühl haben, ein „faires" Stück vom Kuchen zu erhalten (Grund 1 am Anfang dieses Abschnitts). 2. Die Anreize für die Arbeitnehmer, durch gute Bezahlung hohe Leistung hervorzurufen, sind um so stärker, je profitabler die Geschäftsfelder des Unternehmens potenziell sind (der zweite der vier oben angeführten Gründe). Die alternative Hypothese stützt sich auf „kompensierende Lohndifferentiale" („compensating differentials)". D. h.: Werden für zwei gleich erscheinende Tätigkeiten unterschiedliche Löhne gezahlt, dann können die Tätigkeiten nur scheinbar gleich sein, und es muss unbeobachtete Faktoren geben, die die höher bezahlte aus Sicht der Arbeitnehmer unattraktiver erscheinen lassen und für die sie kompensiert werden müssen, damit sie die Jobs annehmen.

Da sich die beiden Erklärungen auf ausdrücklich unbeobachtbare Sachverhalte stützen (Fairnessüberlegungen z. B. bzw. unbeobachtete Unterschiede), ist ein empirischer Test in der Arbeitswelt schwer durchzuführen. Eine Züricher Forschergruppe geht daher der Frage durch Experimente im Labor nach (s. Fehr und Gächter [2008]):

1. In einem Experiment wählen die „Arbeitnehmer" ihre Leistung nach dem Lohnangebot der „Arbeitgeber", die schließlich gute Leistung belohnen und schlechte sanktionieren können. Wie die Fairness-Version der Effizienzlohntheorie unterstellt, zahlen profitablere „Firmen" höhere Löhne: Die besten Firmen sind rund dreimal so profitabel wie die schlechtesten und zahlen viermal so hohe Löhne.
2. In einem anderen Experiment setzen die Arbeitgeber mit dem Lohnangebot auch ein zu erfüllendes Leistungsniveau fest. Arbeiter wählen ihre Leistung und werden bei Verfehlen der Vorgabe mit vorgegebener Wahrscheinlichkeit erwischt und bestraft. Firmen, die um 50% profitabler sind als die schlechtesten, zahlen einen rund doppelt so hohen Lohn.

Da in die Experimente keine unbeobachtbaren, durch Lohndifferentiale zu kompensierende, Heterogenitäten eingebaut sind, ist dies Evidenz für die empirische Relevanz von Effizienzlohnüberlegungen.

zur Reduktion der Arbeitslosigkeit vor dem Hintergrund der Arbeitslosigkeitstheorien aus den Abschnitten III.2 und III.6–III.8. Mindestlöhne sind auch ein Teil der Arbeitsmarktpolitik, zielen aber nicht auf die Schaffung von Arbeitsplätzen ab und werden daher hier nicht diskutiert.

1. *Erhöhung der Effizienz der Arbeitsvermittlung:* Wir haben Arbeitsvermittlung als Mittel zur Reduktion der friktionellen Arbeitslosigkeit bereits in Abschnitt III.2 diskutiert (s. Kasten III.5). Durch eine effizientere Vermittlung kann die Arbeitslosigkeit reduziert werden, wenn es offene Stellen gibt, die den Qualifikationsprofilen der Arbeitslosen entsprechen, so dass die in die offenen Stellen vermittelt werden können. Arbeitslosigkeit ist aber nur in sehr geringem Maße die Folge davon, dass solche in beiderseitigem Interesse stehenden „Matches" nicht zustande kommen. Ohne passende Arbeitsplätze kann man die Arbeitslosen nicht vermitteln, also ist es die vorrangige Aufgabe der Arbeitsmarktpolitik, Rahmenbedingungen zu schaffen, in denen die Unternehmen passende Jobs schaffen.

2. *Aktive Arbeitsmarktpolitik:* Dies umfasst Weiterbildungs- und Umqualifizierungsmaßnahmen, die darauf abzielen die Beschäftigungschancen von Arbeitslosen zu erhöhen. Auch ABM werden i. d. R. hierzu gezählt. Weil die Teilnehmer an solchen Maßnahmen nicht in der Arbeitslosenstatistik auftauchen (s. Kasten III.2), spricht man auch vom „zweiten Arbeitsmarkt". Erklärtes Ziel von Beschäftigung im zweiten Arbeitsmarkt ist die (Re-) Integration in den „ersten Arbeitsmarkt". Auch hier ergeben Evaluationsstudien gemischte Ergebnisse. Berufliche Weiterbildung, Fortbildungs- und Umschulungsmaßnahmen sowie Trainingsmaßnahmen erhöhen tendenziell die Chancen, im ersten Arbeitsmarkt unterzukommen. Als wichtig erweist sich dabei die Betriebsnähe der Maßnahme. ABM wirken dagegen kurzfristig eindeutig negativ (weil sie die Beschäftigten zunächst im zweiten Arbeitsmarkt binden), und auch langfristig ergibt sich eher eine Verschlechterung der Aussichten auf einen Job im ersten Arbeitsmarkt. Sowohl Weiterbildungsmaßnahmen als auch ABM wurden in Deutschland in den frühen 2000er-Jahren deutlich zurückgefahren. Angesichts der Konzentration der Arbeitslosigkeit unter Personen ohne Berufsabschluss und der eher geringen Wirksamkeit von Qualifizierungsmaßnahmen ist Bildungspolitik, die Berufseinsteigern die am Arbeitsmarkt gefragten Qualifikationen mitgibt, die beste Arbeitsmarktpolitik. Auch hier ist die BA mit sogenannten „Maßnahmen zur Förderung der beruflichen Erstausbildung" aktiv. Es ist aber offfensichtlich, dass dies das Arbeitslosigkeitsproblem nur sehr langfristig mildern kann und mit anderen bildungspolitischen Zielsetzungen interagiert.

3. *Lockerung des Kündigungsschutzes:* Dies ermöglicht es den Firmen, bei schlechter Geschäftslage Angestellte zu entlassen. Andererseits – und das erhofft man sich von einer Lockerung des Kündigungsschutzes – veranlasst gerade diese Aussicht die Unternehmen dazu, im Aufschwung schneller und mehr Einstellungen vorzunehmen. Ob eine Lockerung des Kündigungsschutzes die Arbeitslosigkeit reduziert und zu Wohlfahrtsgewinnen führt, ist aus mehreren Gründen fraglich. Erstens mindert eine höhere Fluktuation die Anreize für Angestellte, in ihr betriebsspezifisches Humankapital zu investieren. Das reduziert die Profitabilität der Unternehmen. Zweitens stellt ein Mehr an „Hire and fire" höhere Ansprüche an die Mobilität und Flexibilität der Beschäftigten. Und drittens vertieft eine Lockerung des Kündigungsschutzes die Spaltung des Arbeitsangebots in Insider (die ihre Jobs über die Konjunkturzyklen hinweg halten) und Outsider. Dadurch sinkt das Risiko für die Insider, bei der Durchstzung hoher (Insider-) Löhne ihren Job zu verlieren. Empirische Studien ergeben allenfalls einen geringen positiven Nettoeffekt von zusätzlichen Einstellungen gegenüber zusätzlichen Entlassungen.

4. *Reduktion der Lohnersatzleistungen:* Bei Lohnersatzleistungen sind die Höhe, die Anspruchsdauer und die Kriterien für den Bezug änderbar. Ziel ist es, die Anreize zur Arbeitsaufnahme zu erhöhen (bzw. – indirekt – die Kosten einer zu aggressiven Lohnpolitik zu erhöhen, indem die Rückfallposition der Arbeitslosen verschlechtert wird). Ein Problem besteht darin, dass Arbeitslose, die bereit sind, eine Arbeit aufzunehmen, deren Arbeitskraft aber nicht nachgefragt wird, ebenso unter der Kürzung von Leistungen leiden wie Arbeitslose, für die es sich weder vor noch nach der Kürzung lohnt, ein Jobangebot anzunehmen. Auch wenn keine finanziellen Kosten anfallen, sind die sozialen Kosten evident. Empirische Studien weisen darauf hin,

Kasten III.14: „Hartz IV“

Während „Hartz I–IV“ oft in einem Atemzug genannt wird, sind die wahren Härten in „Hartz IV“ (dem Vierten Gesetz für moderne Dienstleistungen am Arbeitsmarkt vom Dezember 2003) und dem kurz zuvor verabschiedeten Arbeitsmarktreformgesetz konzentriert. Der wesentliche Schritt von „Hartz IV“ ist die Zusammenlegung von Arbeitslosenhilfe und Sozialhilfe zum neuen ALG II Anfang 2005.

Die Arbeitslosenhilfe war eine einkommensabhängige Lohnersatzleistung zwischen dem Arbeitslosengeld und der Sozialhilfe. Sie betrug zuletzt 53% des letzten Nettoeinkommens für Personen ohne Kinder bzw. 57% für Personen mit Kindern. Die Bezugsdauer war prinzipiell unbegrenzt (nach vorab bis zu 32 Monaten Arbeitslosengeld). Grob gesagt, wurde mit „Hartz IV“ das vormalige Arbeitslosengeld in ALG I umbenannt, Arbeitsfähige vormalige Sozialhilfeempfänger wurden bei vergleichbaren Leistungsansprüchen in ALG-II-Bezieher umbenannt, und – das ist das Zentrale – die einkommensabhängige Leistung zwischen ALG I und ALG II wurde ersatzlos abgeschafft. Gleichzeitig wurde mit dem Arbeitsmarktreformgesetz die Bezugsdauer für ALG I auf 12 Monate begrenzt (außer für Personen ab 50 Jahren mit mindestens 30 Versicherungsmonaten, s. Kasten III.8). D. h.: Nach neuem Recht fällt man nach i. d. R. einem Jahr auf das einkommensunabhängige durch ALG II definierte Existenzminimum. Oft wird die Wirkung des „Hartz-IV“-Gesetzes falsch verstanden oder dargestellt. Das ALG II ist etwas *höher* als die vormalige Sozialhilfe. Wer vor der „Hartz-IV“-Reform am Existenzminimum lebte, hat durch die Reform nichts verloren. Die wahren Verlierer von „Hartz IV“ sind Personen, die mit einem guten Einkommen arbeitslos werden und nun nach einem Jahr ALG II bekommen, wohingegen sie vorher bis zu 32 Monate Arbeitslosengeld und anschließend möglicherweise unbegrenzt Arbeitslosenhilfe erhalten hätten.

Der Bezug von ALG II setzt Bedürftigkeit voraus. Es bestehen keine Ansprüche, wenn der Partner über ein Einkommen verfügt oder Vermögen (oberhalb einer Freigrenze von € 150 pro Lebensjahr bis maximal € 9.750) vorhanden ist (nicht hierunter fallen Anlagen für Altersvorsorge bis € 250 pro Lebensjahr bzw. maximal € 16.250, Riester-Renten, Auto, Hausrat und Wohneigentum bis 130 Quadratmeter Grundfläche). „Hartz IV“ schaffte schließlich die Prüfung von Zumutbarkeitskriterien (d. h. einen Vergleich von Jobangebot und erlerntem Beruf) ab. Nach § 10 Abs. 1 SGB II gilt: „Dem erwerbsfähigen Hilfebedürftigen ist jede Arbeit zumutbar“, es sei denn es liegen gewisse Ausnahmetatbestände vor (die Arbeit wäre dequalifizierend oder stellt besondere körperliche Anforderungen, oder der Hilfebedürftige ist alleinerziehend oder pflegt einen Angehörigen).

dass die Bezugsdauer einen stärkeren Effekt auf die Anreize zur Arbeitsaufnahme hat als die Höhe der Lohnersatzleistungen. Mit der „Hartz-IV“-Reform ist in dieser Hinsicht in Deutschland das Machbare getan, da die Höhe des ALG II dem Existenzminimum entspricht, die Bezugsdauer von darüber hinausgehenden Leistungen drastisch gekürzt wurde und die Zumutbarkeitkriterien wesentlich verschärft wurden (s. Kasten III.14).

5. *Kombilöhne:* Mit einem ***Kombilohn*** wird ein Marktlohn durch eine weitere – staatlich finanzierte – Lohnkomponente (eine Lohnsubvention) aufgestockt. Als Beschäftigung erhöhendes Instrument werden Kombilöhne natürlicherweise in erster

Kasten III.15: Kombilohnmodelle

Das geltende deutsche Recht beinhaltet die folgenden Transferentzugsraten: 0% bis € 100 (Grundfreibetrag), 80% von € 100 bis € 800 und 90% für weitere Einkommen bis zu einer vom Familienstand abhängigen Obergrenze (€ 1.200 für Alleinstehende und Paare, € 1.500 für Familien mit Kindern). Der maximale Netto-Zuverdienst beträgt also rund (€100 + 20% · (€ 800 – € 100) + 10%·(€ 1.500 – € 800) =) € 310. (In der Sozialhilfe betrug die Transferentzugsrate vor Hartz IV 100% – Zuverdienste waren nicht möglich.) Im Jahr 2010 gab es ca. 1,4 Millionen „Aufstocker", die von diesen Zuverdienstmöglichkeiten Gebrauch machten und somit einen Kombilohn aus Verdienst und ALG II bezogen. Rund 20% der abhängig beschäftigten Aufstocker arbeiteten Vollzeit (d. h. mindestens 35 Stunden pro Woche).

Der prominenteste Kombilohnvorschlag ist das ifo-Modell der „Aktivierenden Sozialhilfe". Hiernach wird das ALG II für Personen mit keinerlei Arbeitseinkommen abgesenkt, im Gegenzug werden Zuverdienste bis € 500 ohne Transferentzug möglich und auch im Bereich darüber die Transferentzugsraten deutlich geringer. Damit die Reduktion des ALG-II-Satzes verfassungskonform ist, werden die Kommunen verpflichtet, ALG-II-Beziehern flächendeckend Arbeitsgelegenheiten anzubieten.

Linie mit Hinblick auf den Niedriglohnsektor diskutiert. Damit sollen Anreize für die Aufnahme von Arbeit gesetzt werden: Liegt der erzielbare Marktlohn unterhalb der Lohnersatzleistungsansprüche, so kann auf die Aufnahme von Arbeit mit einem Kombilohn hingewirkt werden, der in der Summe von Marktlohn und Lohnsubvention die Ansprüche aus Lohnersatzleistungen übersteigt. Das wird plakativ oft in die Formel „Subventionierung von Arbeit statt Subventionierung von Arbeitslosigkeit" verpackt. Mit der Hartz-IV-Reform wurden Zuverdienstmöglichkeiten für Bezieher von ALG II eingeführt, so dass Hartz IV selbst (in gewissem Umfang) ein Kombilohnmodell ist. Es existieren diverse Vorschläge zur Änderung dieses Kombilohn-status-quo (s. Kasten III.15). Charakteristisches Merkmal der Vorschläge sind die jeweiligen Transferentzugsraten. Die Transferentzugsrate ist der Anteil vom Zuverdienst, um den die Ansprüche auf Lohnersatzleistungen sinken. Für einen Alleinverdiener in einer vierköpfigen Familie liegt die Transferentzugsrate im Bereich von Zuverdiensten zwischen € 100 und € 1.500 beim status quo zwischen 80% und 90%. D. h. von einem zuverdienten Euro darf man zwischen 10 und 20 Cent behalten – die negativen Auswirkungen auf die Arbeitsanreize sind offensichtlich. Alternativvorschläge zielen auf die Reduktion der Transferentzugsrate hin. Das Problem ist, dass das sehr teuer würde. Das lässt sich leicht überschlagen. Wenn man Anreize setzen möchte, (nicht in Mini-Jobs dazu zu verdienen, sondern) Vollzeitarbeit aufzunehmen, dann kommt es (nicht auf die Transferentzugsrate bei kleinen Zuverdiensten, sondern) auf die Transferentzugsrate bei Einkommen aus Vollzeitarbeit an. Angenommen, die Transferentzugsrate bei Einkommen von bis zu € 1.000 für Personen ohne Kinder bzw. bei Einkommen von bis zu € 1.500 für Familien mit zwei Kindern wird auf 50% reduziert. So könnte ein Paar ohne Kinder sein verfügbares monatliches Einkommen von € 1.118 auf € 1.618 bzw. eine Familie mit zwei Kindern von € 1.795 auf € 2.545 steigern (vgl. Kasten III.8). Das Problem ist, dass Arbeitnehmer mit einem höheren Bruttoeinkommen netto mehr verdienen müssten, weil sie sonst einen Anreiz haben, ihre Arbeitszeit zu verkürzen und „mit weniger Brutto mehr Netto" zu erzielen. D.h.: Die Absenkung der Transferentzugsrate setzt voraus, dass man auch Bezieher von höheren Einkommen jenseits der ALG-II-Sätze subventioniert bzw. steuerlich entlastet, im gewählten Beispiel (abhängig vom Familienstand) kinderlose Bezieher von Nettoeinkommen bis zu € 1.795 bzw. Familien mit zwei Kindern mit Nettoeinkommen von bis zu € 2.177 (€ 2.545 abzüglich € 368 Kindergeld) jeweils plus den Betrag, den das Lohnabstandsgebot erfordert. Zum Vergleich: Laut BA betrug 2009 das durchschnittliche Bruttoeinkommen für Vollzeitbeschäftigte in Westdeutschland rund € 2.800. Die Absenkung der Transferentzugsrate setzt also voraus, dass weite Teile der Einkommensbezieher von der Lohnsteuer befreit werden. Das ist – ohne eine Absenkung der ALG-II-Sätze – nicht bezahlbar (auch unter Berücksichtigung der Einspareffekte, die aus den Transferentzügen bei den Personen resultieren, die eine Beschäftigung aufnehmen).

Zwei Bemerkungen zu Mindestlöhnen im Zusammenhang mit Kombilöhnen: Während ein Mindestlohn für sich genommen alles Andere als ein Mittel zur Schaffung von Arbeitsplätzen ist, muss er in einem Kombilohnmodell eine wichtige Funktion bei der Begrenzung der Kosten spielen: Verspricht der Staat ansonsten eine fixe Summe aus Marktlohn und Lohnsubvention, so haben die Arbeitgeber einen starken Anreiz, den Marktlohn zu senken, und die Arbeitnehmer keinen Anreiz, sich dem entgegenzustellen, weil das ja durch die Lohnsubvention aufgefangen wird. Zweitens: Zuverdienste zu Lohnersatzleistungen werden oft – umgekehrt und genauso richtig – als ein „Aufstocken" von Marktlöhnen durch Sozialleistungen interpretiert. Das wird dann kritisch beurteilt, weil „Löhne nicht zum Leben reichten", und als ein Argument für einen Mindestlohn herangezogen. Diese Argumentation ist aus zwei Gründen verfehlt: Erstens – und am wichtigsten – wird in Deutschland das Existenzminimum durch das ALG II definiert, nicht durch einen Marktlohn. Niemand – mit oder ohne Arbeit – muss von weniger als diesem Existenzminimum leben, und deshalb ist es unter finanziellem Gesichtspunkt unerheblich, ob man vom Marktlohn für seine Arbeit allein leben kann oder nicht. Zweitens: Dass Aufstocker aufstocken müssen, liegt i. d. R. an geringer Arbeitszeit: Von den abhängig beschäftigten Aufstockern arbeitet nur ein fünftel Vollzeit (d. h. mindestens 35 Stunden pro Woche).

6. *Moderate Lohnpolitik:* In diesem Kapitel wird Arbeitslosigkeit als ein Problem zu hoher Löhne aufgefasst. Ob die Löhne „zu hoch" sind, hängt dabei natürlich von der Produktivität ab: Je produktiver die Unternehmen arbeiten (je höher die Grenzproduktivitätsfunktion verläuft), desto höhere Löhne sind mit geringer Arbeitslosigkeit vereinbar. Die ***Lohnstückkosten*** setzen Löhne und Produktivität in Relation zueinander. Die Lohnstückkosten sind definiert als reale Lohnkosten pro Einheit Output, in der Theorie mit nur einem homogenen Gut also als $((W/P)L/Y =)\ (W/P)/y$. Die Änderung der Lohnstückkosten entspricht in der Theorie also der Differenz von Reallohnanstieg und Wachstum der Arbeitsproduktivität. Analog ermittelt die VGR die Änderung der Lohnstückkosten als Differenz zwischen der Zunahme des durchschnittlichen Reallohnanstiegs pro Arbeitnehmer und dem Wachstum des realen BIPs pro Arbeitnehmer. Fassen wir Arbeitslosigkeit als ein Problem – an der Produktivität gemessen – zu hoher Löhne auf, dann ist der direkteste Weg zu höherer Beschäftigung

Kasten III.16: Was ist moderate Lohnpolitik?

Die Arbeitskosten der Unternehmen werden durch das Niveau der Löhne bestimmt, und das Niveau der Löhne ergibt sich aus der Summe der in den Tarifverhandlungen ausgehandelten Anstiege über die Jahre hinweg. Ein oder zwei Jahre mit niedrigen Tarifabschlüssen bei Löhnen auf bereits hohem Niveau ändern also nicht viel an den Arbeitskosten. Um über nicht zu stark steigende Arbeitskosten die Wettbewerbsfähigkeit zu steigern, muss eine moderate Lohnpolitik über einige Jahre hinweg aufrecht erhalten werden. Deutschlands Erfahrung seit der Vereinigung 1990 ist ein gutes Beispiel. Ausgehend von einem bereits hohen Niveau stiegen die Löhne in Deutschland (auch wegen des erklärten Ziels, die Löhne in den neuen Bundesländern möglichst schnell an die West-Löhne anzugleichen) in den fünf Jahren von 1991 bis 1996 um weitere 22,0%, d. h. 4,1% pro Jahr. Die Lohnstückkosten stiegen um 13,7% bzw. 2,6% jährlich. Im Juni 1999 nannte der *Economist* Deutschland in seiner Titel-Story „The sick man of the Euro". Zu Recht klagte die deutsche Wirtschaft über zu hohe Arbeitskosten und verlagerte Produktion ins Ausland. In den Jahren 1996 bis 2007 stiegen Reallöhne nur noch um 11,5% (erst anschließend zogen sie wieder etwas an). Gleichzeitig steigerte die deutsche Wirtschaft ihre Produktivität deutlich, so dass die Lohnstückkosten 2007 um 2,1% unter ihrem Niveau von 1996 lagen. Das ändert immer noch nichts daran, dass Deutschland im internationalen Vergleich ein Hochlohnland ist. Nach Berechnungen des Instituts der Deutschen Wirtschaft (IW) hatte Deutschland 2007 im Verarbeitenden Gewerbe immer noch die fünfthöchsten Lohnstückkosten in der EU (hinter Großbritannien, Italien, Frankreich und Dänemark). Aber mit zehn Jahren Lohnzurückhaltung hatte Deutschland neue Wettbewerbsfähigkeit auf den Exportmärkten gewonnen, die sich z. B. im Rekord-Außenbeitrag von € 171 Mrd. oder 7,0% vom BIP ausdrückte. Im März 2010 titelte der *Economist*: „Europe's Engine" – es ging wieder um Deutschland.

Zudem wurde die Lohnpolitik in 2000er-Jahren nicht nur moderater, sondern auch flexibler. Im Februar 2004 wurden erstmals Öffnungsklauseln in einem Flächentarifvertrag (nach dem Verhandlungsort „Pforzheimer Modell" genannt) vereinbart, die Betriebsvereinbarungen zwischen Arbeitgebern und Betriebsräten ausdrücklich erlaubten. Laut IAB arbeiteten 2006 11% der Arbeitnehmer in Betrieben mit solchen „betrieblichen Bündnissen für Arbeit". In 78% dieser Betriebe wurden Zugeständnisse auch bei den Löhnen gemacht, i. d. R. in Form von Abstrichen bei Sonderzahlungen und Zuschlägen.

eine – an den Lohnstückkosten gemessen – moderate Lohnpolitik. Nach dem Prinzip der Tarifautonomie liegt die Verantwortung für Beschäftigung sicherende Lohnpolitik nicht bei der Wirtschaftspolitik, sondern bei den Tarifparteien. Aller kämpferischen Rhetorik zum Trotz sind sich die Gewerkschaften dieser Verantwortung bewusst. Eine aggressive Lohnpolitik für die Insider wird um so schwerer zu vermitteln und durchzuhalten, je höher die Arbeitslosigkeit steigt – auch auf einem regulierten Arbeitsmarkt wirken über Kurz oder Lang die Marktkräfte. Die Lohnpolitik in Deutschland nach der deutschen Vereinigung 1990 ist ein gutes Beispiel hierfür (s. Kasten III.16). Indirekt spielt auch die Wirtschaftpolitik eine Rolle, indem sie die Konditionen der Lohnersatzleistungen festlegt, von denen die Menschen leben müssen, für die es bei den geltenden Löhnen keine Beschäftigung gibt. Die moderate Lohnpolitik in Deutschland spiegelt deutlich auch die neuen Härten wider, die die „Hartz-IV"-Reform mit sich brachte.

7. *Flexibilisierung der Tarifpolitik:* Oft kommt es der Arbeitgeberseite in Tarifverhandlungen weniger auf einen Prozentpunkt mehr oder weniger Lohnanstieg an, sondern mehr auf die „Flexibilität" des Tarifvertrags, d. h. auf Öffnungsklauseln, die es erlauben, unter gewissen Voraussetzungen mit einer von Arbeitgeber und Betriebsrat abgeschlossenen Betriebsvereinbarung von den tariflichen Regelungen nach unten abzuweichen. Wenn 90% der vertretenen Unternehmen den zusätzlichen Prozentpunkt Lohnanstieg verkraften können, dann können so auch die 10% „marginalen" Firmen weiterarbeiten (ohne Produktion zu verlagern). Gemäß § 77 Abs. 3 BetrVG sind solche Betriebsvereinbarungen zwischen Arbeitgeber und Betriebsrat nicht zulässig, wenn sie nicht vom geltenden Tarifvertrag ausdrücklich zugelassen werden. Mit einer Abschaffung dieser Regelung könnte man die Tarifpolitik flexibilisieren. Aber auch ohne eine Gesetzesänderung hat der spürbare Lohndruck der frühen 2000er-Jahre (nicht nur zu moderaten Abschlüssen, sondern auch) zu größerer Flexibilität geführt (s. Kasten III.16).

8. *Steuer- und Abgabensenkungen:* Steuern und Abgaben sind in den Arbeitsmarktmodellen in den vorangegangenen Abschnitten nicht enthalten, können aber leicht eingebaut werden (s. die Übungsaufgaben III.19 und III.20). Z. B. ist klar, dass sie im Modell des vollkommenen Arbeitsmarkts aus Abschnitt III.5 keine Arbeitslosigkeit *verursachen*: Werden Lohnsteuern von den Beschäftigten aus ihren Brutto-Einkommen W/P abgeführt, dann ändert das nichts weiter am Modell – die Haushalte bieten $\bar{L}$ an, und der Reallohn W/P sorgt dafür, dass diese Menge Arbeit auch nachgefragt wird – nur der Nettolohn liegt jetzt um den Steuerbetrag unter W/P. In Modellen, in denen Arbeitslosigkeit durch Mindest-, Gewerkschafts- oder Effizienzlöhne verursacht wird, können Steuern und Abgaben die Arbeitslosigkeit aber *erhöhen*. Z. B. machen sie einen höheren Bruttolohn notwendig, um die Arbeitnehmer davon abzuhalten, bei der Arbeit zu „bummeln" (vgl. Abschnitt III.8). Die Abgabenbelastung des Faktors Arbeit ist in Deutschland ein besonderes Problem, weil die Sozialsysteme einseitig auf diese Art und Weise finanziert werden, was zu einer Sozialabgabenbelastung des Faktors Arbeit von rund 40% führt. Der demografische Wandel macht es unmöglich, gleich bleibende Leistungen auf diesem Weg zu finanzieren. Vor diesem Hintergrund sind die „Rente mit 67" und die Diskussionen um einen höheren Steueranteil an der Finanzierung der Sozialsysteme zu sehen.

Abschließend weden zwei oft diskutierte, aber sehr schlechte arbeitsmarktpolitische Vorschläge angesprochen.

9. *Arbeitszeitverkürzung* und *Frühverrentung*. Das Ziel dieser Maßnahmen ist es, die vorhandene Arbeit „gerechter" auf mehr bzw. jüngere Menschen zu verteilen. Das ist ein viel zu bescheidenes Ziel der Arbeitsmarktpolitik. In einem intakten Arbeitsmarkt ist die Arbeitsnachfrage kein Fixum, das aufzuteilen ist, sondern jeder kann so viel arbeiten, wie er arbeiten möchte. Diesem Zustand näher zu kommen, muss das Ziel der Arbeitsmarktpolitik sein. Eine Rationierung der Arbeitszeit ist eine Kapitulation vor den wirklich anzupackenden Problemen. Die Arbeitslosenzahl sinkt zwar, aber dafür ist jeder „ein bisschen arbeitslos". Die finanziellen Kosten dieser

Politik sind darüber hinaus gravierend. Gerade alternde Gesellschaften können sich Frühverrentungen nicht leisten. Sie sind zur Finanzierung des Sozialsystems darauf angewiesen, dass das Verhältnis der Rentnerzahl zur Zahl der Beitragszahler nicht zu groß wird.

Kasten III.17: Kurzarbeit und das deutsche „Jobwunder" 2009

Im Herbst 2009 (viereinhalb Jahre nach dem historischen Höchststand von 5,22 Millionen Arbeitslosen, s. Kasten III.1) war in den Medien vom deutschen „Jobwunder" die Rede. Im Jahresmittel 2009 lag die Arbeitslosenzahl mit 3,23 Millionen – trotz des schwersten Konjunktureinbruchs seit Jahrzehnten – lediglich um 86.000 über dem Jahresmittel 2008. 2011 sank sie unter 3 Millionen und die Arbeitslosenquote auf 7,1%. Während der Krise wurde die Bezugsdauer von Kurzarbeitergeld mehrfach bis auf zuletzt 24 Monate verlängert. Die Anzahl von Beziehern von Kurzarbeitergeld stieg von 30.000 vor der Krise auf 1,5 Millionen beim Höchststand im Mai 2009. Die Wenigerarbeit im Rahmen von Kurzarbeit entsprach damit über 400.000 Vollzeitäquivalenten (d. h. der Arbeit, die von 400.000 vollbeschäftigten Arbeitnehmern erbracht wird). In manchen exportorientierten Industrien wie dem Automobilbau arbeitete jeder vierte Beschäftigte kurz. Bis Anfang 2011 konnte die Kurzarbeit mit der anziehenden Konjunktur wieder auf 150.000 herunter gefahren werden (s. Brenke et al. [2011]). Am 12. November 2009 schrieb Krugman in der *New York Times*:

„Germany's jobs miracle hasn't received much attention in this country – but it's real, it's striking ... Germany got through the recession with remarkably few job losses."

Kasten III.18: Arbeitslosigkeit in Deutschland 1998–2008

Die zwei rot-grünen Legislaturperioden 1998–2002 und 2002–05 sind ein Lehrstück mit Blick auf die Beschäftigungswirkungen von Nachfrage- versus Angebotspolitik. Bei den Bundestagswahlen im September 1998 erreichten die beiden vormaligen Oppositionsparteien die Mehrheit, auch wegen des Versprechens ihres Kanzlerkandidaten, bis zum Ende der Legislaturperiode die Arbeitslosigkeit von im Jahresmittel 4,28 Millionen auf 3,5 Millionen zu senken. Die neue Bundesregierung setzte dabei auf eine anziehende Nachfrage, ließ bei ihren Reformvorhaben den Arbeitsmarkt außen vor. Zunächst schien die Rechnung aufzugehen: Bis 2001 sank die Arbeitslosigkeit auf 3,85 Millionen, 0,53 Millionen weniger als beim bis dahin höchsten Stand 1997. In der Rezession 2001–02 brach die Nachfrage aber wieder weg, und im nächsten Wahljahr 2002 waren wieder über vier Millionen (4,06 Millionen) Arbeitslose registriert, im Jahr 2005 dann 4,86 Millionen. Im März 2003 kündigte Kanzler Gerhard Schröder im Bundestag die „Agenda 2010" an, die in den Folgejahren in die Hartz-Reformen mündete, deren Kernstück „Hartz IV" ab 2005 griff – die erste große strukturelle Arbeitsmarktreform der Nachkriegszeit. Im folgenden Konjunkturaufschwung bis 2008 (unter der neuen schwarz-gelben Regierung) sank die Arbeitslosigkeit um 1,61 Millionen – dreimal so stark wie im Aufschwung 1997–2001.

Eine Ausnahme von der Regel, dass die Rationierung von Arbeit keine gute Arbeitsmarktpolitik ist, ist der Einsatz Kurzarbeit zur Dämpfung der konjunkturellen Schwankungen der Beschäftigung. Dabei werden Beschäftigten zwei Drittel der Lohneinbußen bei vorübergehender Reduktion der Arbeitszeit von der BA erstattet (§§169 ff. SGB III). So sollen erstens die Lasten der geringeren Beschäftigung in der Rezession gleichmäßiger verteilt werden und zweitens bestehende Beschäftigungsverhältnisse durch die Rezession aufrecht erhalten werden, um so Neueinstellungskosten im nächsten Aufschwung (s. Abschnitt III.2) zu vermeiden. Das Argument, Arbeitsmarktpolitik greife zu kurz, wenn sie sich mit einem zu geringen Arbeitsvolumen zufrieden gibt und das möglichst gleichmäßig verteilt, greift hier nicht: In der Rezession sinken nun einmal das BIP und damit die Menge an Arbeit, die zur Herstellung davon benötigt wird. Die Konjunkturpolitik zielt darauf ab, diese Reduktionen zu dämpfen. Aber nichts spricht dagegen, den verbleibenden Rückgang des Arbeitsvolumens auf mehr Köpfe zu verteilen (s. Kasten III.17).

10. *Nachfragepolitik:* Die Arbeitslosigkeit, die wir in diesem Kapitel behandelt haben, ist strukturelle Arbeitslosigkeit. Mit der gesamtwirtschaftlichen (aggregierten) Nachfrage, die wir in diesem Kapitel ganz außen vor gelassen haben (vgl. Abschnitt III.5, mehr hierzu in Kapitel V), hat sie nichts zu tun. Nachfragepolitik kann Konjunkturzyklen glätten und damit die Schwankungen der Arbeitslosigkeit dämpfen, aber nicht die Arbeitslosigkeit im Durchschnitt über den Konjunkturzyklus reduzieren. Um die Arbeitslosigkeit im Durchschnitt über die Jahre zu senken, muss man bei den strukturellen Faktoren, die in diesem Kapitel thematisiert wurden, ansetzen (s. Kasten III.18).

III.10 Arbeitslosigkeit und technischer Fortschritt

In diesem Kapitel und dem vorangegangenen haben wir Arbeitslosigkeit und Wachstum getrennt voneinander behandelt. Man kann einwenden, dass damit ein wichtiger Zusammenhang zwischen Arbeitslosigkeit und Wachstum der Arbeitsproduktivität ignoriert wird: Bei infolge von technischem Fortschritt wachsender Arbeitsproduktivität kann ein gleich bleibendes BIP von immer weniger Beschäftigten, d. h. bei einer kontinuierlich steigenden Arbeitslosenquote, hergestellt werden. Anders formuliert: Durch Wachstum der Arbeitsproduktivität kann Volkswirtschaften „die Arbeit ausgehen". Der Grund, weshalb wir Arbeitslosigkeit und Wachstum getrennt voneinander behandelt haben, ist, dass dieses Argument zwar logisch korrekt, aber unbedeutend ist. Es ist deshalb irrelevant, weil Volkswirtschaften nicht von der Möglichkeit Gebrauch machen, sich angesichts wachsender Arbeitsproduktivität mit einem konstanten BIP bei gleichzeitig steigender Arbeitslosigkeit zufrieden zu geben. (Warum sollten sie auch?) In Abschnitt II.2 haben wir erwähnt, was Deutschland und andere Industrienationen mit ihrem Produktivitätswachstum seit 1870 gemacht haben: Deutschland hat 2,2% jährliches Wachstum der Arbeitsproduktivität umgesetzt in ein 1,7%-iges Wachstum des BIPs pro Kopf und eine 0,5%-ige Reduzierung der Stunden pro Beschäftigter (s. Kasten II.1). Fazit: Wenn man Arbeitslosigkeit verstehen will, muss man sich auf den Arbeitsmarkt konzentrieren und nicht auf Produktivitätswachstum.

Wenn man Arbeitslosigkeit bekämpfen will, muss man den Arbeitsmarkt so organisieren, dass die Löhne Arbeitsangebot und -nachfrage in Einklang miteinander bringen können. Drei relativierende Bemerkungen sind notwendig.

1. Ein negativer Zusammenhang zwischen Produktivitätswachstum und Beschäftigung wird oft zu Beginn von Rezessionen beobachtet. Werden Jobs gestrichen und die damit verbundenen Aufgaben auf die verbleibende Belegschaft verteilt, und betrifft der Abbau zunächst die am wenigsten produktiven Jobs, dann sinkt die Produktion langsamer als die Beschäftigung, und man misst eine steigende Produktivität. Aber nochmals: Über die Rezessionen und Expansionen der Jahrzehnte hinweg hat die Arbeitslosigkeit keinen stetigen Aufwärtstrend, und Produktivitätsfortschritte werden in Outputzuwächse umgesetzt.

2. Wachstum der Arbeitsproduktivität ist nur durch anhaltende Innovationen möglich (s. die Abschnitte II.5 und II.6) und setzt daher einen permanenten Strukturwandel voraus. In Abschnitt III.2 haben wir gesehen, dass dieser Strukturwandel mit friktioneller Arbeitslosigkeit verbunden ist – das ist der unvermeidbare Preis, den eine Ökonomie für ihr Wachstum zahlen muss.

3. Technischer Fortschritt hat einen wichtigen Einfluss auf den Arbeitsmarkt, wenn er nicht alle Beschäftigten gleichmäßig produktiver macht, sondern einige Gruppen von Beschäftigten – z. B. hoch qualifizierte Arbeitnehmer – stärker begünstigt als andere – z. B. gering qualifizierte Arbeitnehmer (dies wurde im Solow-Modell, in dem es nur einen homogenen Faktor Arbeit gibt, nicht thematisiert). Markträumende Löhne beinhalten dann, dass die ohnehin schon höheren Löhne der hoch Qualifizierten stärker steigen als die der gering Qualifizierten, d. h. die ***Lohnspreizung*** nimmt zu. Dies wird noch verstärkt durch den sich intensivierenden Handel mit Niedriglohnländern im Zuge der Globalisierung (mehr hierzu in Kapitel VI). Hierdurch geraten die Löhne von gering Qualifizierten relativ zu Gutverdienern zusätzlich unter Druck.

Kasten III.19: Lohnspreizung und Arbeitslosigkeit unter gering Qualifizierten

Seit Beginn der Industrialisierung treibt technischer Fortschritt das anhaltende Produktivitätswachstum in den heutigen Industrienationen. Im 19. Jahrhundert stiegen dabei die Löhne aller Qualifikationsgruppen ohne einen sichtbaren Vorteil für die hoch Qualifizierten. Im 20. Jahrhundert gerieten dann die Löhne der gering Qualifizierten relativ zu denen hoch qualifizierter Arbeitnehmer unter Druck, was heute in der Wahl zwischen Lohnspreizung und Arbeitslosigkeit unter gering Qualifizierten sichtbar zum Ausdruck kommt (s. FREEMAN [1995]). ACEMOGLU (2002) bietet eine interessante Erklärung hierfür: Die Innovationen des 19. Jahrhunderts ersetzten tendenziell anspruchsvolle Aufgaben. Insbes. erlaubte die Arbeitsteilung in Fabriken – mit ermöglicht durch sinkende Transportkosten – die Aufspaltung komplexer Tätigkeiten in viele weniger komplexe. So wurden die gering Qualifizierten eher stärker begünstigt als die hoch Qualifizierten. Die Innovationen des 20. Jahrhunderts kamen dagegen hoch Qualifizierten Arbeitnehmern stärker zugute als gering qualifizierten. Insbes. die Verbreitung von Computern steigerte die Produktivität von gut ausgebildeten Arbeitern stärker als die von schlecht ausgebildeten Personen.

Genau dies ist die gängige Erklärung für den Anstieg der Einkommensungleichheiten in den USA während der 1980er- und 1990er-Jahre (s. Kasten III.19). Liegen dagegen gesetzliche oder durch Sozialleistungen gezogene Mindestlöhne für gering qualifizierte Arbeitnehmer vor (s. Abschnitt III.6), oder wird in den Lohnverhandlungen durchgesetzt, dass sich die Lohnschere nicht weiter öffnet (s. Abschnitt III.7), dann steigt die Arbeitslosigkeit unter den gering Qualifizierten. Dies ist eine konsistente Erklärung dafür, dass die Arbeitslosigkeit mit sinkendem Ausbildungsstand in Deutschland so stark zunimmt (s. Kasten III.9). Vor diesem Hintergrund kann man zunehmende Lohnspreizung (das „amerikanische Modell") bzw. wachsende Arbeitslosigkeit unter gering qualifizierten Personen (das (kontinental-) „europäische Modell") als zwei Seiten einer Medaille interpretieren, nämlich als die Folgen ungleichmäßig den gut Qualifizierten zugute kommenden technischen Fortschritts sowie einer Intensivierung der Niedriglohnkonkurrenz auf flexiblen bzw. rigiden Arbeitsmärkten.

III.A.1 Gewinnmaximierung

In Abschnitt III.4 haben wir den Unternehmenssektor bei der Gewinnmaximierung wie eine einzige preisnehmende Firma behandelt. Die Maximierung der aggregierten Gewinne

$$\pi \equiv PF(L) - WL$$

lieferte über die Bedingung erster Ordnung

$$F'(L) = \frac{W}{P}$$

die Arbeitsnachfragefunktion. Die einfachste Art und Weise, dieses Vorgehen zu rechtfertigen, besteht darin anzunehmen, dass es eine exogene Anzahl n von identischen preisnehmenden Firmen gibt, die alle gemäß einer einheitlichen Produktionsfunktion $f(l)$ produzieren, wobei l die Beschäftigung in einer einzelnen Firma bezeichnet. Jede Firma maximiert ihre Gewinne

$$Pf(l) - Wl.$$

Das liefert analog zu Abschnitt III.4 die Bedingung erster Ordnung:

$$f'(l) = \frac{W}{P}.$$

Wir können dann die aggregierte Produktionsfunktion $F(L)$ wie folgt definieren:

$$F(L) \equiv nf\left(\frac{L}{n}\right).$$

Zwei Dinge müssen gezeigt werden. 1. Für einen gegebenen Arbeitseinsatz L, der sich auf die n Firmen verteilt, ist der gesamtwirtschaftliche Output $Y = F(L)$. 2. $F'(L) = f'(l)$, denn dann folgt aus der Gewinnmaximierungsbedingung der Firmen $f'(l) = W/P$ die in Abschnitt III.4 eingeführte Bedingung $F'(L) = W/P$.

1. Weil die einzelnen Firmen alle identisch sind, beschäftigt jede einzelne einen Anteil $1/n$ der aggregierten Beschäftigung L ($l = L/n$), und das BIP ist das n-fache des Firmenoutputs. Daraus folgt, dass $F(L)$ das BIP angibt:

$$Y = nf(l) = nf\left(\frac{L}{n}\right) \equiv F(L).$$

2. $F'(L) = f'(l)$ ergibt sich mit Hilfe der Kettenregel und $l = L/n$:

$$F'(L) = \frac{d\left[nf\left(\frac{L}{n}\right)\right]}{dL} = n\frac{1}{n}f'\left(\frac{L}{n}\right) = f'(l).$$

(Das BIP ist um so höher, je größer die Firmenzahl n ist: $d[nf(L/n)]/dn = (L/n)[f(L/n)/(L/n) - f'(L/n)] > 0$. Das liegt daran, dass jede Firma weniger Arbeit einsetzt und damit im Bereich höherer Grenzproduktivitäten arbeitet. Diese Implikation ist für dieses Kapitel nicht von Bedeutung und würde sich erübrigen, wenn man Kapital explizit berücksichtigt und wieder konstante Skalenerträge unterstellt.)

III.A.2 Mindestlöhne bei verschiedenen Qualifikationsniveaus

Betrachten wir eine Ökonomie mit zwei Gruppen von Arbeitern mit verschiedenen Qualifikationsniveaus: $\overline{H}$ hoch qualifizierten Erwerbspersonen und $\overline{L}$ gering qualifizierten. Die hoch qualifizierten Arbeiter sind um den Faktor λ („lambda") produktiver als die gering Qualifizierten ($\lambda > 1$). Die Produktionsfunktion lautet

$$Y = F(\lambda H + L)$$

mit H und L als Beschäftigung hoch bzw. gering qualifizierter Erwerbspersonen. Die Unternehmen maximieren die Gewinne

$$\pi = PF(\lambda H + L) - W_H H - WL$$

mit W_H und W als Lohnsätze für die produktiven bzw. die weniger produktiven Arbeitnehmer. Bei Gewinnmaximierung muss der Lohnsatz W_H um den Faktor λ höher sein als W: $W_H = \lambda W$. Bei $W_H < \lambda W$ könnten die Gewinne erhöht werden, indem λ gering Qualifizierte entlassen werden und ein hoch Qualifizierter eingestellt wird. Das belässt die Produktion Y unbeeinflusst, und die Lohnsumme sinkt um $\lambda W - W_H$ (> 0). Bei $W_H > \lambda W$ könnte umgekehrt die Lohnsumme bei gleicher Produktion um $W_H - \lambda W$ (> 0) gesenkt werden, indem ein hoch qualifizierter Arbeitnehmer entlassen wird und λ gering qualifizierte neu eingestellt werden. Mit $W_H = \lambda W$ lässt sich die Gewinnfunktion als

$$\pi = PF(\lambda H + L) - W(\lambda H + L)$$

schreiben. Die Bedingungen für Gewinnmaximierung sind:

$$\frac{d\pi}{d(\lambda H + L)} = PF'(\lambda H + L) - W = 0$$

und

$$\frac{d^2\pi}{d(\lambda H + L)^2} = PF''(\lambda H + L) < 0.$$

Betrachten wir zunächst das Gleichgewicht eines vollkommenen Arbeitsmarkts ohne einen Mindestlohn:

A1: *Die Arbeitsangebote $\overline{H}$ und $\overline{L}$ sind exogen.*

A2: *Die Arbeitsnachfragen H und L genügen*

$$F'(\lambda H + L) = \frac{W}{P}.$$

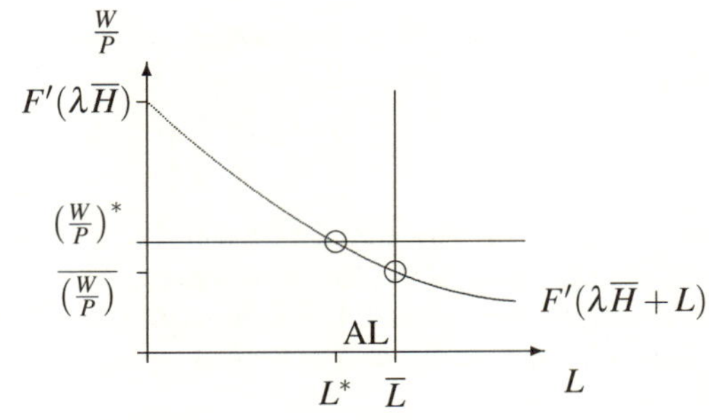

Abbildung III.A.1: Mindestlöhne bei verschiedenen Qualifikationsniveaus

A3: *Die Reallöhne genügen $W_H = \lambda W$ und bringen Arbeitsangebote und -nachfragen in Übereinstimmung.*

Im Gleichgewicht ist $H = \bar{H}$ und $L = \bar{L}$ sowie

$$\frac{W}{P} = F'(\lambda\overline{H} + \overline{L}) \equiv \overline{\left(\frac{W}{P}\right)}, \quad \frac{W_H}{P} = \lambda\overline{\left(\frac{W}{P}\right)} \equiv \overline{\left(\frac{W_H}{P}\right)}.$$

Die Bestimmung des Lohnsatzes $\overline{(W/P)}$ für die gering Qualifizierten wird in Abbildung III.A.1 illustriert. Der Lohnsatz für die hoch Qualifizierten ist um den Faktor λ höher.

Nun wird ein Mindestlohn $(W/P)^*$ eingeführt. A3 wird ersetzt durch

A3: *Es gilt ein Mindestlohn*

$$\left(\frac{W}{P}\right)^* > \overline{\left(\frac{W}{P}\right)}.$$

Die Löhne genügen $W_H = \lambda W$. W_H bringt Arbeitsangebot und -nachfrage für hoch qualifizierte Arbeit in Übereinstimmung.

Gewinnmaximierung verlangt weiterhin, dass Grenzproduktivität und Reallohn übereinstimmen (A2). Weil nun aber bei Vollbeschäftigung die Bedingung $W/P > (W/P)^*$ verletzt ist, bestimmen nicht mehr die Vollbeschäftigungsniveaus die Löhne, sondern – umgekehrt – die Löhne die Beschäftigung. Weil bei Vollbeschäftigung die Mindestlohnrestriktion für die gering qualifizierten Personen verletzt ist, muss die Beschäftigung auf das Niveau L^* gesenkt werden, bei dem die Bedingung erfüllt ist (s. Abbildung III.A.1):

Satz: *Im Gleichgewicht mit Mindestlohn ist $(W/P)^*$ der Gleichgewichtslohn für die gering Qualifizierten. Der Reallohn der hoch Qualifizierten ist um den Faktor λ höher. Die Beschäftigung gering Qualifizierter L^* ergibt sich aus*

$$F'(\lambda\overline{H} + L^*) = \left(\frac{W}{P}\right)^*,$$

es herrscht Arbeitslosigkeit im Umfang $\bar{L} - L^*$. Die hoch Qualifizierten sind vollbeschäftigt.

Für die hoch Qualifizierten ist die Mindestlohnrestriktion sicher erfüllt:

$$\frac{W_H}{P} = \lambda\left(\frac{W}{P}\right)^* > \left(\frac{W}{P}\right)^*.$$

Frage: Liegt auch ein Gleichgewicht vor, wenn die Beschäftigung gering Qualifizierter um dL^* (> 0) höher ist und die Beschäftigung hoch Qualifizierter um $dH = -dL^*/\lambda$ (< 0) geringer, so dass auch unter den hoch Qualifizierten Arbeitslosigkeit vorliegt? Die Antwort ist: Nein, Annahme A3 schließt das aus. Und das mit gutem Grund: Wie in Abschnitt III.6 argumentiert, würden arbeitslose hoch Qualifizierte ihre Arbeit für einen Lohn unterhalb von W_H anbieten, und die Unternehmen würden diese preiswertere Arbeitskraft nachfragen. Die von arbeitslosen gering Qualifizierten überschüssig angebotene Arbeit *darf* dagegen wegen des Mindestlohns nicht billiger nachgefragt werden. Fazit: Bei verschiedenen Qualifikationsniveaus bedingen Mindestlöhne Arbeitslosigkeit, die die Erwerbsbevölkerung nicht gleichmäßig betrifft, sondern unter den Geringverdienern konzentriert ist.

III.A.3 Erwartungsnutzenmaximierende Gewerkschaft

Dieser Anhang stellt das Modell einer erwartungsnutzenmaximierenden Gewerkschaft von McDonald und Solow (1981) vor. Der Einfachheit halber wird unterstellt, dass die Gewerkschaft in den Tarifverhandlungen die vollständige Verhandlungsmacht hat und damit den Reallohn allein bestimmen kann. Das erlaubt es uns, uns auf die Frage zu konzentrieren, ob ein höherer als der markträumende Lohnsatz im Interesse der Gewerkschaft liegt. Der Nutzen eines Beschäftigten

$$U\left(\frac{W}{P}\right) = \left(\frac{W}{P}\right)^{\gamma}, \quad 0 < \gamma < 1,$$

steigt mit dem Reallohn. Ohne Arbeit hat er den Nutzen $\bar{U} > 0$. Zu arbeiten lohnt sich also nur, wenn $U(W/P) > \bar{U}$, d. h.

$$\frac{W}{P} > \bar{U}^{\frac{1}{\gamma}}$$

ist. Die Beschäftigungswahrscheinlichkeit ist für alle $\bar{L}$ Erwerbspersonen identisch, also $L/\bar{L}$. Somit ist der Erwartungsnutzen

$$U^e = \frac{L}{\bar{L}}\left(\frac{W}{P}\right)^{\gamma} + \left(1 - \frac{L}{\bar{L}}\right)\bar{U} = \frac{L\left(\frac{W}{P}\right)^{\gamma} - L\bar{U}}{\bar{L}} + \bar{U}.$$

Ziel der Gewerkschaft ist die Maximierung von U^e. Als Nebenbedingung hat die Gewerkschaft zu beachten, dass die Unternehmen ihre Beschäftigung gewinnmaximierend wählen. Die Produktionsfunktion sei einfachheitshalber

$$F(L) = L^{\alpha}, \quad 0 < \alpha < 1,$$

so dass Gewinnmaximierung

$$F'(L) = \alpha L^{\alpha-1} = \frac{W}{P}$$

liefert. Wir nehmen an, dass folgende Parameterbedingung erfüllt ist:

$$\bar{U}^{\frac{1}{\gamma}} < \alpha \bar{L}^{\alpha-1} < \left[\frac{\bar{U}}{1-(1-\alpha)\gamma}\right]^{\frac{1}{\gamma}}.$$

Die erste Ungleichung besagt, dass die Grenzproduktivität der Arbeit bei Vollbeschäftigung höher ist als der Lohn, ab dem die Arbeiter ihre Arbeitskraft anbieten, so dass im vollkommenen Arbeitsmarkt die gleichgewichtige Beschäftigung Vollbeschäftigung $\bar{L}$ ist (s. Abbildung III.A.2). Die Frage ist, ob das im Gewerkschaftsmodell auch so ist. Hier ist das Modell:

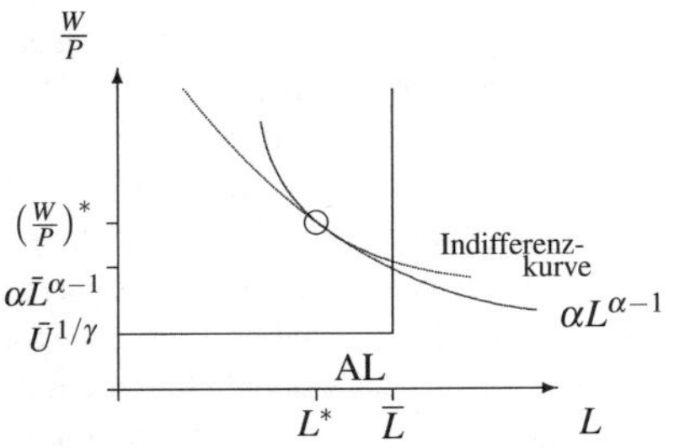

Abbildung III.A.2: Erwartungsnutzenmaximierende Gewerkschaft

A1: *Für $W/P \leq \bar{U}^{1/\gamma}$ wird keine Arbeit angeboten. Für $W/P > \bar{U}^{1/\gamma}$ ist das Arbeitsangebot $\bar{L}$ exogen.*

A2: *Die Arbeitsnachfragefunktion ergibt sich aus der Maximierung der Gewinne:*

$$\alpha L^{\alpha-1} = \frac{W}{P}.$$

A3: *Die Gewerkschaft bestimmt den Reallohn W/P so, dass U^e gegeben die Arbeitsnachfragefunktion aus A2 maximal wird.*

Da U^e (jeweils positiv) von L und W/P abhängt, hat man (fallende) Indifferenzkurven (d. h. $(L, W/P)$-Kombinationen, die einen gleichen Erwartungsnutzen U^e liefern) im üblichen $(L, W/P)$-Arbeitsmarktdiagramm. Gemäß A3 wählt die Gewerkschaft den Punkt auf der Arbeitsnachfragefunktion, der auf der höchsten erreichbaren Indifferenzkurve liegt (s. Abbildung III.A.2). Wir lösen dieses Maximierungsproblem nun rechnerisch. Gemäß der Gleichung für U^e ist Maximierung von U^e äquivalent zur Maximierung des Zählers $L(W/P)^\gamma - L\bar{U}$ ganz rechts in der Gleichung. Ersetzt man hierin W/P mittels der Grenzproduktivitätsbedingung aus A2, so erhält man als Zielfunktion der Gewerkschaft

$$Z(L) \equiv \alpha^\gamma L^{1-(1-\alpha)\gamma} - L\bar{U}.$$

Zweimal Ableiten ergibt

$$Z'(L) = \alpha^\gamma[1-(1-\alpha)\gamma]L^{-(1-\alpha)\gamma} - \bar{U}$$
$$Z''(L) = \alpha^\gamma[1-(1-\alpha)\gamma][-(1-\alpha)\gamma]L^{-(1-\alpha)\gamma-1} < 0.$$

Sei L^* die Lösung zu $Z(L^*) = 0$:

$$\alpha(L^*)^{\alpha-1} = \left[\frac{\bar{U}}{1-(1-\alpha)\gamma}\right]^{\frac{1}{\gamma}}.$$

Wegen $Z''(L) < 0$ maximiert L^* die Zielfunktion der Gewerkschaft. Aus der obigen Parameterrestriktion für das Modell (in der der ganz rechte Term $\alpha(L^*)^{\alpha-1}$ entspricht) folgt $L^* < \bar{L}$, d. h. es liegt Arbeitslosigkeit $\bar{L} - L^* > 0$ vor.

III.A.4 Insider ohne Lohnsetzungsmacht

LINDBECK (1993) – gemeinsam mit Dennis Snower der Urheber der Insider-Outsider-Theorie – weist darauf hin, dass Insider auf gewerkschaftliche Lohnsetzungsmacht möglicherweise nicht angewiesen sind, um den Insiderlohn $(W/P)_I$ (s. Abbildung III.4) durchzusetzen. Im laufenden Text haben wir der Einfachheit halber trotzdem Gewerkschaftsmacht unterstellt. In diesem Anhang untersuchen wir, unter welchen Bedingungen diese Annahme abdingbar ist. Bei der Einstellung eines Outsiders fallen diverse Einstellungskosten an: Zum einen verursacht ein Einstellungsverfahren administrative Kosten für die interne und externe Ausschreibung von Stellen, das Bewerbungsverfahren sowie die bei der Einstellung zu erledigenden Formalitäten. Zum anderen fallen für die neuen Beschäftigten Einarbeitungskosten an: Sie müssen zuerst angeleitet werden, und es braucht Zeit, bis sie ihre Produktivität ihre Entlohnung übersteigt. Wird ein Outsider nicht zusätzlich eingestellt, sondern ersetzt er einen Insider, dann fallen weitere Kosten an: Kündigungen machen Abfindungszahlungen notwendig. Es geht Betriebswissen verloren, das die Entlassenen während ihrer Betriebszugehörigkeit im Rahmen ihrer Tätigkeiten erworben haben. Und darüber hinaus kooperiert die verbliebene Belegschaft mit einem neu eingestellten Outsider möglicherweise weniger gut als mit seinem Vorgänger, den er ersetzt hat, was bis hin zu Mobbing gehen kann. Bezeichne H (> 0) die Einstellungskosten und E (> 0) die Entlassungskosten für einen Insider inklusive Mobbing-Kosten. Sei $(W/P)_O$ der (exogene) Lohnsatz, zu dem die Outsider ihre Arbeitskraft anbieten. Dann lohnt sich die Einstellung eines Outsiders zusätzlich zur vorhandenen Belegschaft nur, wenn die Bedingung

$$\left(\frac{W}{P}\right)_O + H < \left(\frac{W}{P}\right)_I$$

erfüllt ist. Die Ersetzung eines Insiders lohnt sich nur dann, wenn die noch stärkere Bedingung

$$\left(\frac{W}{P}\right)_O + H + E < \left(\frac{W}{P}\right)_I$$

erfüllt ist. Gemäß diesen Bedingungen ist es möglich, dass die Outsider nicht in den Markt kommen, obwohl sie bereit sind, zu einem Lohnsatz $(W/P)_O < (W/P)_I$ zu arbeiten, und zwar, weil sie den Insiderlohn nicht so weit unterbieten können, dass die Lohndifferenz die anfallenden Einstellungs- bzw. Einstellungs- und Entlassungskosten aufwiegt.

Weiterführende Literatur

Aktuelle Zahlen für alle Bereiche des deutschen Arbeitsmarkts findet man auf der Website der BA www.arbeitsagentur.de. Das klassische Lehrbuch zur Theorie der Arbeitslosigkeit ist LAYARD, NICKELL und JACKMAN (1991). FRANZ (2006) bietet einen stärkeren Fokus auf Deutschland mit vielen institutionellen Details sowie einer ausführlichen Abhandlung der Theorie des Arbeitsangebots, die hier aus den genannten Gründen beiseite gelassen wurde. NEUMARK und WASCHER (2008) behandeln Mindestlöhne in einer umfassenden Monografie. Ein Austausch der maßgeblichen deutschen Arbeitsmarktexperten zum Thema Mindestlöhne findet sich im ifo Schnelldienst 6/2008. Informative Surveys zu Gewerkschaftslohntheorie und Effizienzlohnmodellen liefern FLANAGAN (1999) bzw. YELLEN (1984). Zur Arbeitsmarktpolitik: BERNHARD et al. (2008) bieten einen breiten Überblick über die Instrumente und die Untersuchungen zur Wirksamkeit von aktiver Arbeitsmarktpolitik. Wirkungen von Kündigungsschutz werden ausführlich von BONIN (2004) diskutiert. Ein Vergleich der Kombilohnmodelle für den deutschen Arbeitsmarkt findet sich im ifo Schnelldienst 4/2007. Eine übersichtliche makroökonomische Studie zur Entwicklung von Arbeitslosigkeit und Arbeitsmarktinstitutionen in der OECD seit den 1960er-Jahren stammt von NICKELL, NUNZIATA und OCHEL (2005). ACEMOGLU (2002) diskutiert ausführlich den Zusammenhang zwischen Arbeitsmarkt und technischem Fortschritt.

Zusammenfassung der Grundüberlegung dieses Kapitels

1. Das Arbeitsangebot reagiert recht unelastisch auf Reallohnänderungen. Daher ist es angemessen anzunehmen, dass das Arbeitsangebot exogen ist. Dies erlaubt es uns, uns auf die Frage zu konzentrieren, warum möglicherweise nicht die gesamte angebotene Arbeit nachgefragt wird.

2. Die Arbeitsnachfrage der Unternehmen ergibt sich aus der Maximierung ihrer Gewinne. Die Beschäftigung wird so gewählt, dass die Grenzproduktivität der Arbeit dem Reallohn entspricht. Die Arbeitsnachfragefunktion ist die Inverse der Grenzproduktivitätsfunktion.

3. Auf einem vollkommenem Arbeitsmarkt bringt der Reallohn Arbeitsangebot und -nachfrage miteinander in Einklang. Damit stellt sich die Frage, warum der Lohnsatz i. d. R. nicht auf das markträumende Niveau fällt.

4. Eine erste Antwort ist: Er kann es nicht wegen gesetzlicher Mindestlöhne oder wegen Lohnersatzleistungen, die wie ein Mindestlohn wirken.

5. Eine zweite Antwort ist: Weil Gewerkschaften die Lohnsenkung auf das markträumende Niveau mittels ihrer Verhandlungsmacht in den Tarifverhandlungen verhindern. Die Insider halten auf Kosten der Outsider die Löhne auf dem Niveau, bei dem sie gerade beschäftigt bleiben.

6. Eine dritte Antwort ist: Weil es im Interesse der Firmen liegt, höhere als markträumende Löhne zu zahlen. Das kann dann passieren, wenn die Firmen mittels hoher Löhne ihre Belegschaften zu hoher Leistung bewegen wollen. Dies ist ein Ansatz, der Arbeitslosigkeit auch in Ökonomien ohne dichte Arbeitsmarktregulierung, generöse Sozialsysteme und starke Gewerkschaften erklären kann.

7. Arbeitsmarktpolitische Maßnahmen können hohe finanzielle und/oder soziale Kosten aufwerfen. Die Arbeitsmarktpolitik sollte sich nicht damit zufrieden geben, mittels Arbeitszeitverkürzung und Frühverrentung wenig Arbeit auf mehr Personen zu verteilen. Nachfragepolitik ist untauglich zur Bekämpfung der strukturellen Arbeitslosigkeit.

8. Bei Wachstum der Arbeitsproduktivität ist es möglich, ein konstantes BIP mit immer weniger Beschäftigten, d. h. bei einer ständig steigenden Arbeitslosenquote, herzustellen. Tatsächlich wird aber das Wachstum der Arbeitsproduktivität in ein wachsendes BIP und sinkende Arbeitszeiten pro Beschäftigter umgesetzt.

9. Technischer Fortschritt, der hoch qualifizierte Arbeiter stärker begünstigt als gering qualifizierte, führt zu einer Wahl zwischen zunehmender Lohnspreizung oder steigender Arbeitslosigkeit unter gering Qualifizierten.

Schlüsselbegriffe

Arbeitslosenzahl
Arbeitslosenquote
Arbeitslosigkeit
Arbeitsangebot
Reallohn
friktionelle Arbeitslosigkeit
Gewinnmaximierung
vollkommener Wettbewerb

Arbeitsnachfrage
Mindestlohn
Lohnverhandlungen
Gewerkschaften
Insider, Outsider
Lohn-Leistungs-Funktion
Effizienzlohn
Arbeitsmarktpolitik
Kombilohn
Lohnstückkosten
Lohnspreizung

Kapitel IV

Inflation

„Inflation is a dramatic problem; all available evidence supports the view that it undermines growth and social stability at the very roots. Containing inflation, therefore, is an utmost priority."
DORNBUSCH *(1996, 10)*

IV.1 Einleitung

Der Begriff ***Inflation*** wird in der Makroökonomik mit zwei verschiedenen Bedeutungen gebraucht. Zum einen benutzt man den Begriff Inflation als Kurzform für den Begriff Inflationsrate, d. h. den prozentualen Anstieg eines Preisindexes (üblicherweise des BIP-Deflators oder eines Verbraucherpreisindexes, vgl. Abschnitt I.2) von einem Jahr zum nächsten. Das ist gemeint, wenn man sagt: „Die Inflation in der ersten Jahren des Bestehens der EZB war niedrig." Zum anderen wird der Begriff Inflation auch – im Widerspruch dazu – als Bezeichnung für anhaltende Phasen schneller Preisanstiege reserviert. Inflation in diesem zweiten Sinne war in den 1970er- und 1980er-Jahren – bei teils zweistelligen jährlichen Inflationsraten – das vorrangige makroökonomische Problem der Industrienationen (und früher ein noch viel gravierenderes Problem). In vielen Entwicklungs- und Schwellenländern ist sie das bei mehrstelligen Inflationsraten heute noch. Die Industrieländer haben dagegen heute keine ernsten Inflationsprobleme mehr (s. Kasten IV.1, aber auch IV.2). Das ist kein Zufall, sondern das Ergebnis einer erfolgreichen wirtschaftspolitischen Bekämpfung der Inflation. Dieses Kapitel erklärt, was die Ursachen und die Folgen von Inflation sind und wie die Industrienationen ihr Inflationsproblem gelöst haben.

Weil in den zwei vorangegangenen Kapiteln das Preisniveau eine untergeordnete und Geld gar keine Rolle spielte, brauchen wir dazu ein neues – monetäres – Modell. Bevor wir uns unserem monetären Modell zuwenden, werden in den Abschnitten IV.2 und IV.3 zunächst die Schäden, die Inflation verursacht, und einige generelle Aspekte von monetären Modellen diskutiert. Das monetäre Modell, das wir in diesem Kapitel behandeln, fasst die Essenz des sogenannten Monetarismus zusammen. Es setzt sich aus zwei Bausteinen zusammen: der sogenannten Phillips-Kurve und der Quantitätsgleichung. Die Phillips-Kurve wird in Abschnitt IV.4 vorgestellt. Sie leitet aus dem Arbeitsmarkt einen Zusammenhang zwischen Beschäftigung und (Änderung der) Inflation her. Wir führen dann Geld (Abschnitt IV.5) und, darauf aufbauend, die Quantitätsgleichung (Abschnitt IV.6) ein. In den nächsten zwei Abschnitten (IV.7 und IV.8) benutzen wir die Phillips-Kurve und die Quantitätsgleichung zur simultanen Bestimmung von Beschäftigung und Inflation. Das Kernergebnis der Analyse ist: Die Beschäftigung ist im Durchschnitt von der durchschnittlichen Inflationsrate unab-

Kasten IV.1: Inflationsraten

Nach der üblichen Definition liegt eine Hyperinflation vor, wenn die *monatliche* Inflationsrate bei über 50% liegt. Deutschland erlebte 1923 eine Hyperinflation. Zwischen Januar 1921 und Dezember 1923 stiegen die Preise in Deutschland um den Faktor 6 Milliarden; zwischen Oktober und November 1923 allein um über 10.000%, was einer *täglichen* Inflationsrate von durchschnittlich 16% entspricht. Die größten umlaufenden Geldscheine hatten einen Nennwert von 100 Billionen Mark. Die Hyperinflation wurde im November 1923 mit der Einführung der Hilfswährung Rentenmark gestoppt, die 1924 von der neuen Währung Reichsmark abgelöst wurde. Nach den Ölpreisschocks 1973 und 1980–82 stieg in Deutschland die Inflation auf 7,1% bzw. 6,3% (s. Abbildung IV.1). Die USA registrierten 1979, 1980 und 1981 Inflationsraten von 11,2%, 13,7% und 10,4%, damit einen Anstieg der Verbraucherpreise um mehr als 40% in drei Jahren. Seitdem gibt es in den Industrienationen keine nennenswerte Inflation mehr. Die durchschnittliche Inflationsrate in Deutschland betrug 1,9% in den Jahren 1985–2005 bzw. 1,7% seit Bestehen der Europäischen Währungsunion 1999 (s. Abbildung IV.1). In vielen Schwellen- und Entwicklungsländern liegen die Inflationsraten allerdings weiterhin im zwei- oder mehrstelligen Bereich. Simbabwe geriet Anfang der 2000er-Jahre in eine Hyperinflation. Bis November 2008 stieg die monatliche Inflationsrate auf 79,6 Milliarden Prozent! Das entspricht einer Ver-2,3-fachung der Preise pro Tag. Zwischen August 2006 und Februar 2009 wurde der Simbabwe-Dollar drei Mal „reformiert", indem zuerst drei, dann zehn und zuletzt zwölf Nullen gestrichen wurden. Die Währung war aber längst untauglich und im Alltag durch den US-Dollar und den südafrikanischen Rand ersetzt worden.

OKUN (1971) beobachtete, dass in der Nachkriegszeit höhere Inflationsraten tendenziell mit größeren prozentualen Schwankungen einher gingen. Eine von vielen Studien, die diese Beobachtung stützt, ist BARROs (1996) Untersuchung der Inflation in 123 Ländern zwischen 1960 und 1990. Robert Barro berechnet für jedes Land und für jede der drei abgedeckten Dekaden einzeln die durchschnittliche jährliche Inflationsrate und die Standardabweichung der Inflationsrate. Daraus ermittelt er dann für jedes Jahrzehnt die durchschnittliche Inflationsrate in den 123 Ländern und die durchschnittliche Standardabweichung (s. die Tabelle unten). Die Standardabweichung steigt mit der Höhe der Inflationsrate. Als Faustregel kann man sich merken: Die Standardabweichung entspricht zwei Drittel der Inflationsrate.

Inflationsraten und Inflationsschwankungen in 123 Ländern[a]

	1960–70	1970–80	1980–90
Inflationsrate	5,4%	13,3%	19,1%
Standardabweichung	3,9%	7,5%	13,4%

[a]Quelle: BARRO (1996, Tabelle 1).

hängig und schwankt um so weniger, je stabiler das Geldmengenwachstum und damit auch die Inflationsrate sind. Das bedeutet, dass die Nutzen einer aktiven Geldpolitik sehr begrenzt sind. Berücksichtigt man daneben die in Abschnitt IV.2 angeführten Schäden, die von hoher Inflation ausgehen, so ergibt sich ein starkes Argument für die Delegierung der Geldpolitik an eine unabhängige Zentralbank, deren Ziel die

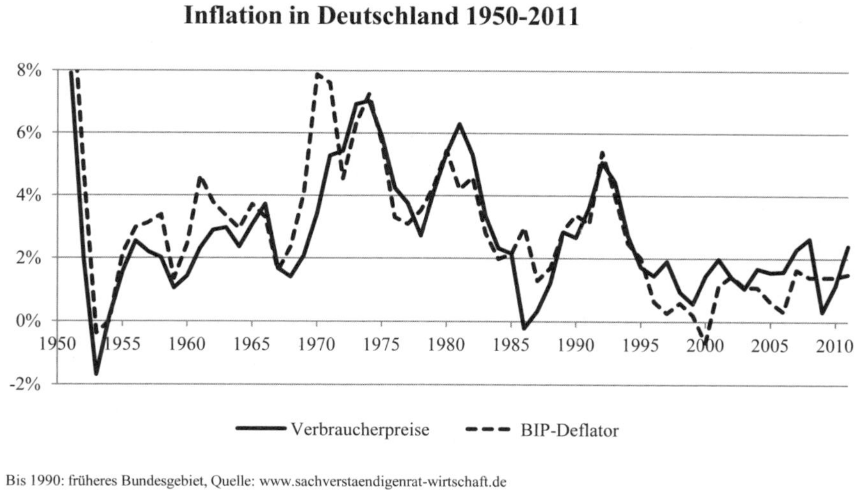

Abbildung IV.1: Inflation in Deutschland 1950–2011

Kasten IV.2: „Früher war alles billiger!"

Oft meint man, und noch viel öfter hört man von Anderen, dass „früher alles viel billiger war". Teils lässt sich dies in den Daten nicht ablesen. So wurde der Euro nach seiner physischen Einführung Anfang 2002 als „Teuro" dafür verantwortlich gemacht, dass alles viel teurer geworden sei, obwohl der Verbraucherpreisindex in Deutschland im Jahr 2002 nur 1,4% Inflation auswies. Andererseits ist es angesichts positiver Inflation natürlich richtig, dass früher viele Dinge biliger waren, insbesondere wenn „früher" lange her ist. Z.B. betrug der durchschnittliche Anstieg des Verbraucherpreisindex in Deutschland zwischen 1991 und 2011 1,8% pro Jahr. Damit waren die Güter des täglichen Verbrauchs 2011 um fast die Hälfte (genauer: 42,6%) teurer als 20 Jahre vorher. Zwischen 1979 und 1991 stiegen die Lebenshaltungskosten (gemessen am damals maßgeblichen Preisindex für die privaten Haushalte) um 41,3%. Das ergibt eine Verdoppelung des Preisniveaus zwischen 1979 und 2011. Wer also gut 30 Jahre zurück blickt, hat völlig recht damit, dass die Lebenshaltungskosten sich verdoppelt haben. Allgemeiner hilft wieder die $70/x$-Faustregel aus Abschnitt II.2: Bei 2% Inflation verdoppeln sich die Preise in 35 Jahren, bei 2,5% in 28 Jahren etc.

Wahrung der Preisstabilität ist und die ihre Geldpolitik transparent an diesem Ziel ausrichtet. Diese insbes. von Milton Friedman einflussreich vertretene Kernforderung des Monetarismus wurde in den 1970er- und 1980er-Jahren in vielen Ländern umgesetzt und spiegelt sich noch heute überaus deutlich in den geldpolitischen Strategien vieler Zentralbanken wider (Abschnitt IV.9). Mit der so erreichten Zentralbankunabhängigkeit bekamen die Industrienationen das Inflationsproblem unter Kontrolle. Eine wichtige Weiterentwicklung des Monetarismus führt rationale (d. h. vorausschauende und im Mittel korrekte) Erwartungen über die zukünftige Entwicklung von realer und monetärer Sphäre ein. (Parallel wurden rationale Erwartungen in der Finanzmarkttheorie „erfunden“, s. hierzu Kapitel IX.) In den Abschnitten IV.10 und IV.11 zeigen wir, dass die Argumente für Zentralbankunabhängigkeit und Regelbindung der Geldpolitik durch rationale Erwartungen noch verstärkt werden. Die meisten Ergebnisse in diesem Abschnitt sind also monetaristisches Gedankengut aus den 1970er-Jahren. Das bedeutet aber nicht, dass sie überholt sind. DE LONG (2000) bejaht in seinem Artikel „The Triumph of Monetarism?“ die im Titel aufgeworfene Frage mit der Begründung, dass die vom Monetarismus vermittelten Einsichten weiter so aktuell sind wie vor 30 Jahren.

IV.2 Warum schadet Inflation?

Für manche Ökonomen ist die Vermeidung von anhaltender Inflation das vorrangige Ziel einer verantwortlichen Wirtschaftspolitik. Für andere ist diese Fokussierung auf die Inflation schwer nachvollziehbar, weil für den Wohlstand einer Nation nicht die Preisentwicklung entscheidend sei, sondern BIP und Vermögen. Eine neutrale Einschätzung liegt in der Mitte zwischen diesen beiden Positionen. Es ist in der Tat relativ unerheblich, ob die Inflation im Mittel 2%, 3%, wahrscheinlich auch 4% oder vielleicht auch 5% beträgt. Ist die Inflationsrate aber *zu hoch* – was auch immer der kritische Wert ist, der *zu hoch* definiert –, dann schlagen sich die zu raschen Preissteigerungen in Einbußen beim BIP-Wachstum (s. Kasten IV.3), starken Beschäftigungsschwankungen und anderen ökonomischen Problemen nieder, die teils aus der hohen Inflation *per se* resultieren und andernteils aus dem Umstand, dass bei hoher Inflation auch die prozentualen Schwankungen der Inflationsrate hoch sind (s. Kasten IV.3). (Wir greifen in der Diskussion in diesem Abschnitt einige Ergebnisse vorweg, auf die wir genauer erst im weiteren Verlauf des Buchs zu sprechen kommen werden.)

Kasten IV.3: Wie viel Inflation ist schädlich?

Eine Vielzahl empirischer Studien befasst sich mit der Frage, ob bzw. wie viel Inflation schädlich für das mittelfristige Wachstum der Volkswirtschaft ist. Frühe Studien gingen dieser Frage nach, indem sie die Inflationsrate als eine weitere potenzielle Determinante des Produktivitätswachstums in Wachstumsregressionen (s. Abschnitt II.7, Kasten II.6) aufnahmen. Diese Studien ergaben i. d. R. keinen signifikant negativen Einfluss der Inflationsrate oder der Schwankungen der Inflationsrate auf die Wachstumsrate. Es zeigte sich aber, dass in Ländern mit sehr hoher Inflation das Wachstum merklich langsamer war und erst nach dem Stoppen der Inflation wieder in Gang kam. Damit verlagerte sich das Interesse auf die Frage nach dem Schwellenwert, ab dem das Wachstum mit steigender Inflation signifikant fällt. Die Antworten auf diese Frage gehen weit auseinander. Nach BRUNO (damals Vize-Präsident und Chefökonom der Weltbank) und EASTERLY (1996) ist ein signifikant negativer Einfluss der Inflation bei Inflationsraten unter 40% nicht nachzuweisen. In den Veröffentlichungen des IWF wurde der Schwellenwert, ab dem Inflation das Wachstum bremst, dagegen wesentlich tiefer veranschlagt: zunächst bei 8%, später bei 2,5%, dann bei nur 1% für Industrieländer und 11% für Entwicklungsländer (KHAN und SENHADJI [2001]).

Beginnen wir mit einer kurzen Klärung der zentralen Begriffe. Unter der ***Inflationsrate*** g_{P_t} versteht man den prozentualen Anstieg eines Preisindexes P_t von der Vorperiode $t-1$ zur laufenden Periode t (die Verwendung des Zeitindexes t in diesem Kapitel verläuft analog zu Kapitel II):

$$g_{P_t} = \frac{P_t - P_{t-1}}{P_{t-1}}.$$

In Abschnitt III.3 haben wir bereits den Reallohn W_t/P_t kennengelernt. Der Reallohn gibt aus Sicht der Arbeitnehmer an, wieviel Konsum man mit seiner Arbeit finanzieren kann, bzw. aus Sicht der Arbeitgeber, wie teuer die Arbeit relativ zu den Absatzpreisen ist. Der ***Realzins*** in t ist definiert als Differenz von (Nominal-) Zins i_t und Inflationsrate $g_{P_{t+1}}$:

$$\text{Realzins in } t = i_t - g_{P_{t+1}}.$$

Aus Sicht der Arbeitnehmer bestimmt der Nominalzins, wieviel Finanzvermögen man durch Ersparnis aufbaut. Der Realzins gibt dagegen an, wieviel zusätzlichen Konsum die Ersparnis ermöglicht. Aus Sicht der Unternehmen bestimmt der Nominalzins die Kapitalkosten in Euro, und der Realzins ist ein Maß dafür, wie schwer die Schuldenlast relativ zu den Umsätzen wiegt. Machen wir uns klar, warum das so ist. Benutzen wir dafür wieder eine Ökonomie mit nur einem homogenen Konsumgut mit Preis P_t. Der Verzicht auf eine Einheit Konsum spart P_t Euro. Mit i_t als Zins liefert Anlage dieser Summe $(1+i_t)P_t$ „morgen", mit denen man bei den dann herrschenden Preisen $(1+i_t)P_t/P_{t+1}$ Einheiten Konsum finanzieren kann. Über die Einheit Konsum, auf die man in t verzichtet hat, erhält man also in $t+1$ eine „Konsumrendite" in Höhe von $(1+i_t)P_t/P_{t+1} - 1$. Gemäß der Definition der Inflationsrate und mit der Näherung $1/(1+g_{P_{t+1}}) \approx 1$ entspricht das näherungsweise dem Realzins:

$$\frac{(1+i_t)P_t}{P_{t+1}} - 1 = \frac{1+i_t}{\frac{P_{t+1}}{P_t}} - 1 = \frac{1+i_t}{1+g_{P_{t+1}}} - 1 = \frac{i_t - g_{P_{t+1}}}{1+g_{P_{t+1}}} \approx i_t - g_{P_{t+1}}.$$

Aus Sicht der Unternehmen gilt: Die Investition von einer Einheit Kapital kostet P_t in t. Bei Schuldenfinanzierung ergeben sich Kapitalkosten in Höhe von $(1+i_t)P_t$ in $t+1$. Der Ausdruck $(1+i_t)P_t/P_{t+1}$ $(\approx 1+i_t-g_{P_{t+1}})$ gibt also an, wieviele Güter das Unternehmen in $t+1$ verkaufen muss, um den Schuldendienst zu leisten. Interpretiert man in einer Ökonomie mit vielen Gütern P_t als Preisindex, so ergeben sich analoge Schlussfolgerungen. Nun zu den Schäden durch Inflation.

1. Inflation hat einen unmittelbaren Einfluss auf (den Nenner im Bruch für) den Reallohn W_t/P_t und damit auf die Arbeitsnachfrage der Unternehmen (s. Abschnitt III.4): Für einen gegebenen Lohnsatz W_t bedeutet ein Anstieg der Preise P_t eine Reduktion des Reallohns W_t/P_t, und umgekehrt. In die Lohnforderungen wird die erwartete Preissteigerung als Inflationsausgleich „eingebaut". Erweist sich die Inflation aber als höher als erwartet, dann ist der Reallohn geringer als erwartet, und umgekehrt. Da die Arbeitsnachfragefunktion im Reallohn fällt, ist die Beschäftigung höher als erwartet, wenn die Inflationsrate höher ist als erwartet, und umgekehrt. Das bedeutet: Nicht antizipierte und daher nicht in die Lohnabschlüsse eingepreiste

Schwankungen der Inflationsrate im Zeitablauf führen zu Schwankungen der Arbeitsnachfrage. Und je stärker die Schwankungen der Inflationsrate, desto größer die Schwankungen der Arbeitsnachfrage. Nun sind aber, wie oben gesehen, die Schwankungen der Inflationsrate um so größer, je höher die Inflationsrate im Durchschnitt ist. Das ist der erste wesentliche Schaden von Inflation: Je höher die Inflationsrate und ihre Schwankungen, desto höher die Volatilität von Reallöhnen und Beschäftigung (mehr hierzu in Abschnitt IV.4).

2. Ein analoges Argument gilt für alle anderen Einkommensarten, die nicht ständig an die Inflationsrate angepasst werden: Die Kaufkraft festgelegter Euro-Zahlungen schwankt um so stärker, je volatiler die Inflationsrate ist. Menschen streben nach Sicherheit in vielen Lebensbereichen. Inflation läuft diesem Bedürfnis zuwider, weil sie Unsicherheit über die persönliche finanzielle Situation schafft.

3. Wenn mit höherer Volatilität des Realzinses bei höherer Inflationsrate Kapitalanleger eine höhere Risikoprämie verlangen, dann wird die Investitionsfinanzierung teurer und so die wirtschaftliche Dynamik gebremst. Hinzu kommt, dass auch die Erträge von Investitionsvorhaben unsicherer werden, was die Investitionstätigkeit weiter bremst.

4. Das Vornehmen von Preisänderungen verursacht Kosten. Diese Kosten werden in der Literatur als ***Menu costs*** verniedlicht. Damit sind beispielhaft die Kosten gemeint, die in Restaurants bei der Änderung der Speisekarte (englisch: „menu") anfallen. Empirische Untersuchungen zeigen aber, dass Menu costs in Branchen mit geringen Gewinnmargen durchaus beträchtlich sein können (s. Kasten IV.4).

5. Für das Funktionieren eines Marktsystems ist es essenziell, dass die relativen Preise verschiedener Güter die relativen Knappheiten ausdrücken und so die volkswirtschaftlichen Ressourcen in ihre produktivsten Verwendungen leiten. (Dies ist das

Kasten IV.4: Menu costs

LEVY et al. (1997) untersuchen die Preisänderungskosten (Menu costs) in fünf Filialen großer US-amerikanischer Supermarktketten 1991–92. Bei genauem Hinsehen werfen Preisänderungen eine Reihe von Kosten (zum großen Teil Personalkosten) auf, z. B. für die Anfertigung neuer Preisschilder und -tafeln, für die Suche nach den Standorten der neu auszuzeichnenden Produkte, für die Kontrolle einer korrekten Auszeichnung etc. Vier der fünf von LEVY et al. (1997) untersuchten Supermärkte zeichneten nicht jeden Artikel einzeln mit einem Preisschild aus, sondern brachten ein Preisschild pro Produkt am Regalstandort an. Diese Supermärkte gaben durchschnittlich \$ 105.000 jährlich für Preisänderungen aus. Das entspricht 0,7% ihres Umsatzes von \$ 15 Mio. jährlich. Die Kosten einer Preisänderung beliefen sich auf 52 Cent. Das entspricht 1,2 Cent pro verkaufter Artikel (bei einem Durchschnittspreis von \$ 1,70 pro Artikel). Der fünfte Supermarkt lag in einem Bundesstaat, in dem jeder einzelne Artikel ein Preisschild tragen musste. In diesem Supermarkt lagen die Kosten einer Preisänderung bei \$ 1,33. Weitere Menu costs sind in diesen Berechnungen nicht enthalten: z. B. die Kosten für den Entwurf der Preispolitik im Management der Kette (die teils als größter Menu-costs-Block angesehen werden) und die Ausgaben für Werbung.

Hauptaugenmerk der Mikroökonomik.) Inflation erschwert den Prozess, in dem sich die „richtigen“ relativen Preise herausbilden, weil alle Preise ständig in Bewegung sind. Daher drücken relative Preise weniger akkurat die relativen Knappheiten aus, und die Ressourcen gelangen möglicherweise nicht in ihre produktivsten Verwendungen.

6. Preise verlieren auch dann an Qualität als Knappheitssignale, wenn sie durch Steuern „verzerrt“ werden. Die meisten Länder erheben progressive Einkommensteuern, d. h. der Grenzsteuersatz (die Steuerzahlung pro zusätzlich verdienter Euro) wird von Euro zu Euro höher. Steigen mit den Preisen auch die Löhne (Inflationsausgleich), dann bedeutet Inflation, dass die Steuerzahler „in der Steuertabelle nach oben rücken“ und im Durchschnitt höhere Grenzsteuersätze greifen. Das nennt man „kalte Progression“. Kalte Progression verstärkt die Verzerrungswirkungen, die von der Einkommensteuer ausgehen: Der „Keil“ zwischen dem von den Unternehmen zu zahlenden Bruttolohn und dem beim Arbeitnehmer ankommenden Nettolohn wächst, die Arbeitsanreize schrumpfen.

Die bisher genannten Kosten der Inflation sind um so höher, je höher die Inflationsrate ist und je stärker ihre Schwankungen sind. Sie sind aber schon bei moderaten Inflationsraten präsent. Noch weitaus gravierendere Probleme ergeben sich, wenn die Inflation auf sehr hohe Werte steigt (Hyperinflation, s. Kasten IV.1). Das passiert (aus Gründen, die in Abschnitt IV.7 erörtert werden) dann und nur dann, wenn die Zentralbank ein exzessives Geldmengenwachstum bewusst herbeiführt oder zulässt. Das übliche Motiv hierfür ist die Monetisierung eines Budgetdefizits, d. h. das Drucken von Geld zur Deckung der Staatsausgaben.

7. Hohe Inflation macht in der Zukunft liegende Zahlungen, die nicht mit der Inflationsrate steigen, praktisch wertlos. Das ist der oben in den Punkten 1 und 2 beschriebene Effekt im Extrem. Das gilt insbes. für langfristige festverzinsliche Kapitalanlagen: Die fest vereinbarten Rückzahlungen sind bei stark gestiegenen Preisen nicht mehr viel wert – der Realzins ist nahe bei -100%. (Das ergibt sich aus den Gleichungen in der obigen Gleichungskette für den Realzins. Die Näherung $1/(1+g_{P_{t+1}}) \approx 1$ im letzten Schritt gilt bei hohen Inflationsraten $g_{P_{t+1}}$ offensichtlich nicht.) Die Angst vor solchen inflationsbedingten Vermögensverlusten ist in Deutschland angesichts einer Hyperinflation und einer zurückgestauten Inflation innerhalb von einer Generation mit jeweils eben dieser Wirkung (s. Kasten IV.1) stark ausgeprägt. Ein analoges Problem ergibt sich bei Rentenzahlungen, die nicht an die Inflation angepasst werden (was in Deutschland, insoweit wie die Lohnentwicklung einen Inflationsausgleich beinhaltet, kein Problem ist, weil die Renten an die Nettolohnentwicklung gekoppelt sind).

8. Hohe Inflation bewirkt, dass sich die Geldhaltung schnell entwertet (es liegt quasi eine „Inflationssteuer“ auf Geldhaltung vor). Bei sehr hoher Inflation führt das dazu, dass das Geld seine Zahlungsmittelfunktion verliert und durch andere „Währungen“ (entweder ausländisches Geld oder auch Naturalien wie Zigaretten) ersetzt wird. Damit gehen die Vorteile von Geld als Zahlungsmittel (s. hierzu Abschnitt IV.5) verloren.

Man kann auch pragmatisch den Standpunkt vertreten, dass Inflation so schädlich ist, wie die Bürger sie empfinden. Umfrageergebnissen zufolge liegt in den Industrie-

Kasten IV.5: Inflationsaversion

DI TELLA et al. (2001) benutzen zwischen 1975 und 1991 erhobene Umfrageergebnisse über die allgemeine Zufriedenheit mit dem eigenen Leben (Life satisfaction) unter 265.000 Befragten aus zwölf europäischen Ländern. Sie finden heraus, dass Inflation die allgemeine Zufriedenheit signifikant senkt. Um einen Eindruck von der Größenordnung zu geben: Der durchschnittliche Zufriedenheitsverlust durch einen zusätzlichen Prozentpunkt Inflation entspricht 3,6% des Zufriedenheitsverlust bei Verlust des eigenen Arbeitsplatzes oder 43% des Zufriedenheitsverlusts, der eintritt, wenn die Arbeitslosenquote um einen Prozentpunkt steigt, ohne dass man persönlich davon betroffen ist. Man erinnere sich auch an die GfK-Umfrage, in der die Kaufkraftentwicklung die nach Arbeitslosigkeit und wirtschaftlicher Stabilität am dritthäufigsten genannte Herausforderung an die Wirtschaftspolitik ist (s. Kasten III.3). Hierin spiegeln sich vermutlich insbes. die Ängste vor Vermögensverlusten durch Inflation wider. In Deutschland beispielsweise wurden wegen Inflation zweimal innerhalb einer Generation die Ersparnisse praktisch wertlos. Zunächst entwertete die Hyperinflation 1923 (Kasten IV.1) das Finanzvermögen völlig. Dann wurden im Zuge der Währungsreform 1948, die die durch Preis- und Lohnstopps zurückgestaute Inflation beseitigte, die Bankeinlagen im Verhältnis 100:6,5 von Reichsmark auf D-Mark umgestellt (während laufende Zahlungen 1:1 umgestellt wurden).

nationen, wo die Inflation unter Kontrolle ist und sich in eigentlich vergleichsweise „unschädlichen" Regionen bewegt, eine ausgeprägte ***Inflationsaversion*** vor (s. Kasten IV.5).

IV.3 Reale und monetäre Modelle

Für die Analyse von Inflation sind unsere Modelle zu Wachstum und Arbeitslosigkeit nicht direkt geeignet. Das Solow-Modell haben wir in Kapitel II ganz ohne Erwähnung des Preisniveaus analysiert. Und unsere Modelle für den Arbeitsmarkt aus Kapitel III legen zwar den gleichgewichtigen Reallohn $(W/P)^*$ fest, d. h. das Verhältnis, in dem Löhne und Preise zueinander stehen, nicht aber die Niveaus von W und P. Sind in diesen Modellen W^* und P^* Gleichgewichtswerte (d. h. erfüllen sie die Gleichung $W^*/P^* = (W/P)^*$), dann sind auch $2W^*$ und $2P^*$ oder beliebige andere Vielfache von W^* und P^* Gleichgewichtswerte (denn $(2W^*)/(2P^*) = W^*/P^* = (W/P)^*$ und analog für andere Vielfache). Die Modelle legen also nicht das Preisniveau P fest. Das ist eine allgemeine Eigenschaft von Modellen, in denen Geld nicht explizit modelliert wird, sogenannten ***realen Modellen***: Mengen und relative Preise können ausgerechnet werden, die absoluten Preise dagegen sind unbestimmt. Diese Beobachtung deutet bereits an, dass Geld eine wichtige Rolle für die Bestimmung der Preise hat. Um diesem Sachverhalt genauer nachzugehen, lenken wir unsere Aufmerksamkeit in diesem Kapitel auf ***monetäre Modelle***, in denen Geld explizit modelliert wird. Wir werden wiederum nicht das Solow-Modell um eine neue Komplikation (jetzt: Inflation) erweitern. Wir fangen hier aber auch nicht wieder ganz „bei Null" an, sondern knüpfen an unser Arbeitsmarktmodell aus Kapitel III an.

IV.4 Phillips-Kurve

Ende der 1950er-Jahre behauptete PHILLIPS (1958) auf Basis einer Untersuchung britischer Daten für den Zeitraum 1861–1957, dass ein inverser Zusammenhang zwischen der Arbeitslosenquote und der Inflationsrate vorliegt. Die grafische Darstellung dieses Zusammenhangs wurde nach ihm ***Phillips-Kurve*** genannt (s. Kasten IV.6). In der Folge wurden Phillips-Kurven auch für andere Länder entdeckt, und SAMUELSON – 1970 zweiter Ökonomie-Nobelpreisträger – und SOLOW (1960) prägten die Sichtweise, dass Phillips-Kurven einen Tradeoff zwischen Arbeitslosigkeit und Inflation darstellen, aus dem der Wirtschaftspolitiker die Kombination aussuchen kann, die ihm als am wenigsten unangenehm erscheint. Dem widersprachen FRIEDMAN (1968) und PHELPS (1970), die argumentierten, dass Wirtschaftspolitiker allerdings einem Irrtum unterliegen, wenn sie glauben, Inflations-Arbeitslosigkeits-Kombinationen aus einem im Zeitablauf stabilen Phillips-Kurven-Tradeoff wählen zu können.

Kasten IV.6: Helmut Schmidt und die Phillips-Kurve

In den Abbildungen III.1 und IV.1 haben wir die Zeitreihen für Arbeitslosigkeit und die Inflation in Deutschland gesehen. Trägt man für einzelne Jahre die Inflationsrate gegen die Arbeitslosenquote ab und verbindet die Punkte aufeinander folgender Jahre, so erhält man die Phillips-Kurve. Wir tragen dabei die Arbeitslosenquote von rechts nach links ab, weil so die resultierende Grafik besser mit der weiter unten hergeleiteten theoretischen Phillips-Kurve vergleichbar ist. Für die 1960er-Jahre ergibt sich eine recht deutlich steigende Phillips-Kurve (s. Abbildung IV.2. Vor diesem Hintergrund ist Helmut Schmidts berühmt gewordene Bemerkung „Fünf Prozent Inflation sind besser als fünf Prozent Arbeitslosigkeit" zu interpretieren. Etwas abgewandelt wird diese Aussage oft in der Form „Lieber ein Prozent mehr Inflation als ein Prozent mehr Arbeitslosigkeit" wiedergegeben. In dieser Form wird sie von dem in Kasten IV.5 zitierten Ergebnis von DI TELLA et al. (2001) bestätigt.

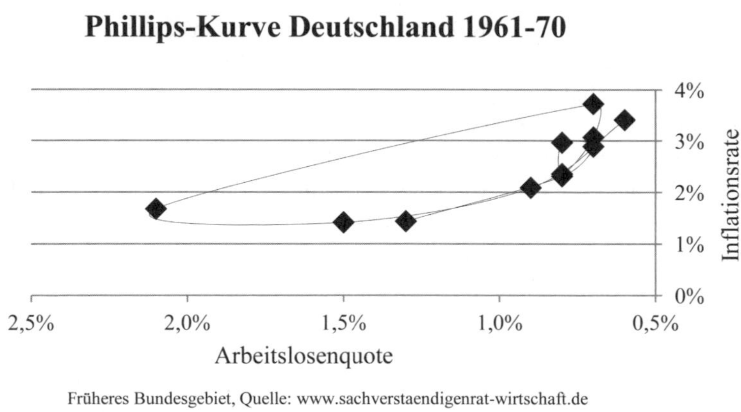

Abbildung IV.2: Phillips-Kurve für Deutschland 1961–70

In diesem Abschnitt lernen wir, warum das so ist. Wir werden sehen, dass dieses Ergebnis sich allein aus dem Arbeitsmarkt herleiten lässt, ohne dass andere Märkte einbezogen werden müssten. Später, in den Abschnitten IV.7 und IV.8, kombinieren wir dieses Ergebnis mit der Quantitätstheorie des Geldes, um Inflation und Beschäftigung simultan zu bestimmen. Hier sind die Annahmen des Modells:

A1: *Die Firmen haben eine Produktionsfunktion $F(L_t)$ mit $F'(L_t) > 0 > F''(L_t)$ und damit eine fallende Arbeitsnachfragefunktion*

$$L_t = (F')^{-1}\left(\frac{W_t}{P_t}\right).$$

A2: *Die Löhne W_t für Periode t werden eine Periode im Voraus, also in $t-1$, gesetzt. Dabei haben die Lohnsetzer ein exogen vorgegebenes Reallohnziel, das einfachheitshalber gleich eins sei. Sie setzen W_t so, dass das Reallohnziel erreicht wird, wenn sich ihre Preiserwartungen P_t^e für Periode t als korrekt erweisen:*

$$\frac{W_t}{P_t^e} = 1.$$

Das gemäß Arbeitsnachfragefunktion zugehörige Beschäftigungsniveau wird mit

$$L^* \equiv (F')^{-1}(1)$$

bezeichnet.

A3: *Es liegen **adaptive Inflationserwartungen** vor. D. h.: Wenn die Lohnsetzer in $t-1$ den Nominallohn für Periode t festlegen, gehen Sie davon aus, dass die Preise in t mit der gleichen Inflationsrate steigen wie in Periode $t-1$ auch:*

$$P_t^e = (1 + g_{P_{t-1}})P_{t-1}.$$

Die Arbeitsnachfragefunktion aus A1 wurde in Abschnitt III.4 ausführlich aus Gewinnmaximierung bei vollkommenem Wettbewerb hergeleitet. In Annahme A2 kann man den Zielreallohn $W_t/P_t = 1$ als den Reallohn interpretieren, bei dem Vollbeschäftigung herrscht. Dann besagt A2, dass die Löhne so gesetzt werden, dass Vollbeschäftigung herrscht, wenn die Inflationsrate korrekt vorhergesagt wird. Wir wählen aber eine andere Interpretation für A2: Wir fassen $W_t/P_t = 1$ als den Reallohn auf, der sich aus gewerkschaftlicher Lohnsetzung (Abschnitt III.7) und dem Effizienzlohnkalkül der Unternehmer (Abschnitt III.8) unter Berücksichtigung von gesetzlichen und durch Lohnersatzleistungen gezogenen Mindestlöhnen (Abschnitt III.6) ergibt. Nachdem wir Gewerkschafts-, Effizienz- und Mindestlöhne in Kapitel III ausführlich untersucht haben, werden der gewerkschaftliche Lohnsetzungsprozess und die Effizienzlohnüberlegungen der Firmen hier nicht noch einmal explizit modelliert. Wir nehmen stattdessen einfach an, dass der Zielreallohn $W_t/P_t = 1$ aus den dort aufgezeigten Gründen über dem markträumenden Reallohn liegt. Unabhängig davon, welche der beiden Interpretationen man wählt, besagt A2, dass die Arbeitnehmer im Lohnsetzungsprozess einen Inflationsausgleich für die erwarteten Preissteigerungen durchsetzen: Anstiege des erwarteten Preisniveaus P_t^e führen zu proportionalen Anstiegen des Nominallohns W_t. Was uns jetzt vordringlich interessiert, ist, wie

Kasten IV.7: Adaptive Inflationserwartungen

Umfrageergebnisse belegen, dass Inflationserwartungen adaptiv, d. h. rückschauend auf vergangene Inflationsraten, gebildet werden. Eine US-Untersuchung von THOMAS (1999) zeigt, dass die Inflationserwartungen in Zeiten steigender Inflationsraten nachhinken und in Zeiten fallender Inflation nur langsam nach unten angepasst werden. Wendepunkte in der Inflationsentwicklung werden nicht vorhergesehen. THOMAS (1999, 133) schließt:

„These regularities suggest a strong adaptive or backward-looking element in the formation of inflation expectations."

Insbes. in Zeiten schnell steigender oder stark rückläufiger Inflationsraten „hinken" die Inflationserwartungen systematisch der sich ändernden Inflationsrate hinterher (s. z. B. DEWALD [2003]).

und inwieweit Schwankungen des Preisniveaus P_t im Nenner des Reallohns W_t/P_t Abweichungen vom strukturellen Beschäftigungsniveau verursachen. Wenn bei der Nominallohnsetzung in $t-1$ das Preisniveau in t immer korrekt vorhergesehen würde (d. h., wenn $P_t = P_t^e$ gälte), dann würde die Beschäftigung gemäß A1 und A2 immer $L_t = (F')^{-1}(1) = L^*$ sein. Gemäß A3 liegen aber möglicherweise Erwartungsirrtümer vor: Weil immer die aktuelle Inflationsrate in die Zukunft extrapoliert wird, wird die Inflation unterschätzt, wenn sie steigt, und überschätzt, wenn sie fällt (s. Kasten IV.7). (Man spricht statt von adaptiven auch von extrapolativen Erwartungen.)

Zusammen spezifizieren die drei Gleichungen A1–A3 ein einfaches Modell, aus dem man den gesuchten Zusammenhang zwischen der Inflation g_{P_t} und der Beschäftigung L_t herleiten kann. Aus A2 und A3 folgt:

$$W_t = (1 + g_{P_{t-1}})P_{t-1}.$$

Der Inflationsausgleich, den die Lohnsetzer durchsetzen, orientiert sich wegen adaptiver Inflationserwartungen an der Inflationsrate der Vorperiode. (In einem Modell mit Produktivitätswachstum wie in Kapitel II würde sich die Lohnsetzung zudem am Produktivitätswachstum orientieren. Das wird hier der Einfachheit halber außen vor gelassen.) Benutzt man die Tatsache, dass gemäß der Definition der Inflationsrate

$$P_t = (1 + g_{P_t})P_{t-1}$$

gilt, so kann man den Reallohn ausdrücken als:

$$\frac{W_t}{P_t} = \frac{1 + g_{P_{t-1}}}{1 + g_{P_t}}.$$

Mit A1 folgt:

$$L_t = (F')^{-1}\left(\frac{1 + g_{P_{t-1}}}{1 + g_{P_t}}\right).$$

Diese Funktion ist die ***Friedmansche Phillips-Kurve***. Sie wird in Abbildung IV.3 durch die Kurve PK veranschaulicht. Zwei Eigenschaften von PK sind wichtig. Erstens: Die Kurve verläuft steigend. Je höher die Inflationsrate g_{P_t}, desto geringer der Reallohn $W_t/P_t = (1+g_{P_{t-1}})/(1+g_{P_t})$, desto höher die Beschäftigung. Zweitens: PK verläuft durch den Punkt $(L_t, 1+g_{P_t}) = (L^*, 1+g_{P_{t-1}})$. Einsetzen von $L_t = L^*$

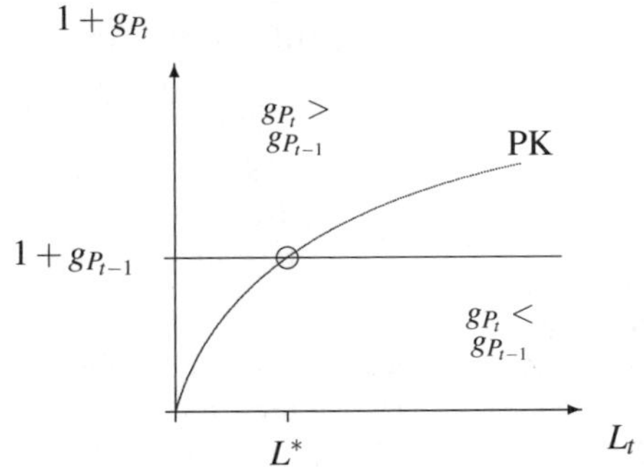

Abbildung IV.3: Friedmansche Phillips-Kurve

und $1 + g_{P_t} = 1 + g_{P_{t-1}}$ in die obige Formel liefert nämlich $L^* = (F')^{-1} = 1$, was gemäß A2 erfüllt ist. Die Friedmansche Phillips-Kurve ist das theoretische Gegenstück zur empirischen Phillips-Kurve (s. Abbildung IV.2). Sie gibt den zentralen Zusammenhang zwischen Beschäftigung und Inflation wieder, der aus dem Geschehen auf dem Arbeitsmarkt hervorgeht. Und sie hat eine überaus wichtige Implikation:

Theorem: *Bei gleich bleibender Inflation entspricht die gleichgewichtige Beschäftigung L_t dem auf dem Arbeitsmarkt bestimmten Beschäftigungsvolumen L^*. Eine höhere Beschäftigung ($L_t > L^*$) ist auf Dauer nur auf Kosten eines permanenten Anstiegs der Inflationsrate ($g_{P_t} > g_{P_{t-1}}$) aufrecht zu erhalten.*

Beweis: Bei konstanter Inflation $g_{P_t} = g_{P_{t-1}}$ ist $W_t/P_t = (1+g_{P_{t-1}})/(1+g_{P_t}) = 1$ und $L_t = (F')^{-1}(1) = L^*$. Weil die Arbeitsnachfragefunktion $L_t = (F')^{-1}(W_t/P_t)$ fallend verläuft (s. Abschnitt III.4), kann $L_t > L^*$ nur gelten, wenn

$$\frac{W_t}{P_t} = \frac{1 + g_{P_{t-1}}}{1 + g_{P_t}} < 1$$

ist, d. h. wenn

$$g_{P_t} > g_{P_{t-1}}$$

gilt. *q. e. d.*

Bei konstanter Inflation erweisen sich die adaptiven Inflationserwartungen als korrekt, der in den Lohnverhandlungen durchgesetzte Inflationsausgleich sichert den Ziel-reallohn $W_t/P_t = 1$, und die Beschäftigung beträgt damit L^*. Steigt dagegen die Inflation, dann erweist sich der auf Basis adaptiver Inflationserwartungen kalkulierte Inflationsausgleich als zu gering, der Reallohn ist niedriger als erwartet und die Beschäftigung mithin höher. (Bei der Vollbeschäftigungs-Interpretation des Modells stellt sich das Problem, dass die Beschäftigung dann höher als bei Vollbeschäftigung ist.) Damit auf Dauer $L_t > L^*$ gelten kann, müssen die Inflationserwartungen Periode für Periode übertroffen werden, d. h. die Inflationsrate muss von Periode zu Periode steigen. Das klingt zunächst vielleicht nicht sonderlich spektakulär, ist es aber, insbes. vor dem zeitgeschichtlichen Hintergrund: Als Friedman und Edmund Phelps Ende der 1960er-Jahre diese Theorie entwickelten und popularisierten, herrschte großes Vertrauen in die Möglichkeiten des Staats, das Wirtschaftsgeschehen in seinem Sinne zu steuern (s. hierzu Kapitel V). Die Friedmansche Phillips-Kurve macht hier viele Hoffnungen zunichte. Sie besagt, dass das Beschäftigungsvolumen, das ohne einen Anstieg der Inflationsrate auf Dauer erreicht werden kann, allein durch das Lohnsetzungsverhalten und die Produktionsfunktion bestimmt ist – d. h. durch die in Kapitel III thematisierten strukturellen Charakteristika des Arbeitsmarkts. Eine permanent höhere Beschäftigung ist nicht bei einer konstanten, *höheren* Inflationsrate erreichbar, sondern nur bei einer ständig *steigenden* Inflationsrate. Eine stabile Phillips-Kurve, d. h. einen im Zeitablauf stabilen Tradeoff zwischen hoher Beschäftigung und niedriger Inflation, gibt es nicht. Insbes. für diese zentrale Einsicht erhielten Friedman 1976 und Phelps 2006 den Ökonomie-Nobelpreis. Die Inflations- und Beschäftigungsentwicklung ab den 1970er-Jahren bestätigte ihre Vorhersage (einer der nicht häufigen Momente, in denen die Volkswirtschaftslehre nicht erst ex post mit Erklärungen aufwartet, sondern eine wichtige und korrekte Prognose abgab, vgl. Kasten II.4). Abbildung IV.4 zeigt die Arbeitslosenquoten-Inflationsraten-Paare für Deutschland für die vier Dekaden bis 2000. Rechts am Rand erkennt man klein die Phillips-Kurve für die 1960er-Jahre aus Abbildung IV.2. Dieser steigende Phillips-Kurven-Zusammenhang erwies sich offensichtlich als nicht im Zeitablauf stabil. Mit ansteigender Sockelarbeitslosigkeit verschoben sich die Phillips-Kurven für die einzelnen Jahrzehnte nach links. Schon aus den Arbeitslosenquoten-Inflationsraten-Paaren der 1960er- und 1970er-Jahre gemeinsam lässt sich kein steigender Zusammenhang mehr ablesen. Der Versuch, die Beschäftigung auf Dauer durch Inflation zu erhöhen, endet

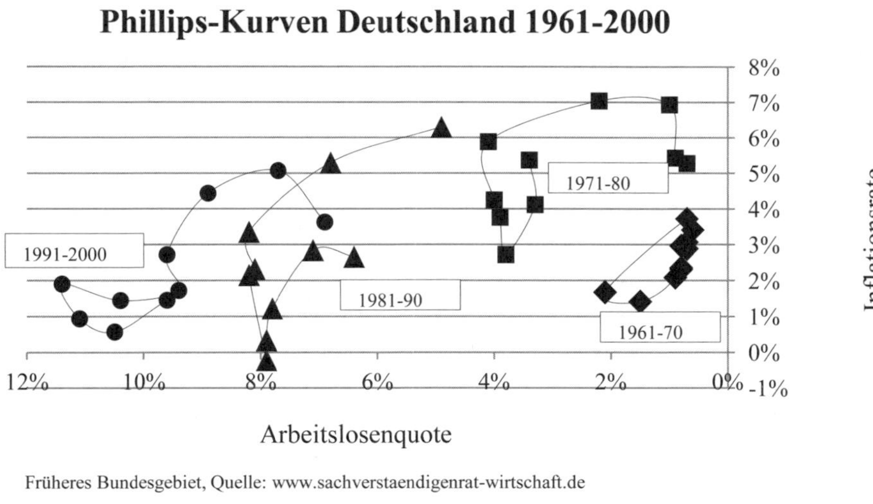

Abbildung IV.4: Phillips-Kurven für Deutschland 1961–2000

in einer Lohn-Preis-Spirale: Vergangene Preisanstiege führen zu Lohnerhöhungen, deren negative Beschäftigungswirkungen durch weitere Inflation konterkariert werden, usw.

Illustrieren wir den Sachverhalt anhand eines numerischen Beispiels: Die Produktionsfunktion laute $Y_t = 4L_t^{1/2}$. Die Arbeitsnachfragefunktion ist dann

$$L_t = 4\left(\frac{W_t}{P_t}\right)^{-2}.$$

Mit der Annahme, dass beim Reallohnziel $W_t/P_t = 1$ die Beschäftigung L^* herrscht, d. h.

$$L^* = 4,$$

folgt

$$\frac{L_t}{L^*} = \left(\frac{W_t}{P_t}\right)^{-2}.$$

Einsetzen des Ausdrucks, der den Reallohn als Funktion der Inflationsraten ausdrückt, ergibt:

$$\frac{L_t}{L^*} = \left(\frac{1+g_{P_{t-1}}}{1+g_{P_t}}\right)^{-2}$$

oder

$$1 + g_{P_t} = \left(\frac{L_t}{L^*}\right)^{\frac{1}{2}}(1 + g_{P_{t-1}}).$$

Aus dieser Formel kann man errechnen, wie sich die Inflationsrate entwickeln muss, damit die Beschäftigung auf Dauer um beispielsweise 2% (d. h. auf $L_t = 4{,}08$) angehoben werden soll ($L_t/L^* = 1{,}02$). Mit anfänglich $g_{P_0} = 3\%$ erhält man $g_{P_1} = 4{,}02\%$ und nachfolgend die Inflationsraten 5,06%, 6,11%, 7,16%, 8,23%, 9,30%, 10,39%, … Grafisch: Mit jedem Anstieg der Inflationsrate ergibt sich, wie in Abbildung IV.5 illustriert, für die Folgeperiode eine „ungünstigere", weiter oben gelegene Phillips-Kurve. Früher oder später gerät man so in den Bereich, in dem neben die herbei geführten Beschäftigungsgewinne die schädlichen Wirkungen von Inflation aus Abschnitt IV.2 treten.

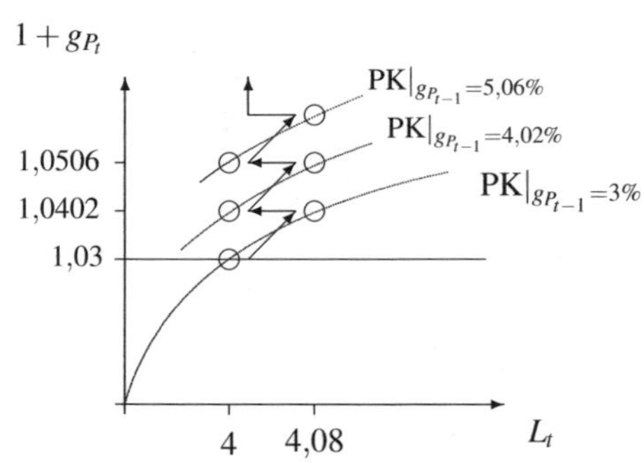

Abbildung IV.5: Instabilität der Phillips-Kurve

In Abschnitt IV.2 haben wir argumentiert, dass bei hoher Inflation und damit auch großen Änderungen der Inflationsraten starke Reallohn- und Beschäftigungsschwankungen resultieren. Dies können wir nun formal in unserem Modell zeigen. Dazu leitet man die Gleichung für den Reallohn,

$$\frac{W_t}{P_t} = \frac{1 + g_{P_{t-1}}}{1 + g_{P_t}},$$

nach der aktuellen Inflationsrate ab:

$$\frac{d\left(\frac{W_t}{P_t}\right)}{dg_{P_t}} = -\frac{1 + g_{P_{t-1}}}{(1 + g_{P_t})^2}.$$

Dividiert man diese Gleichung durch die vorhergehende und multipliziert mit dg_{P_t}, so erhält man die prozentuale Reallohnänderung:

$$\frac{d\left(\frac{W_t}{P_t}\right)}{\frac{W_t}{P_t}} = -\frac{dg_{P_t}}{1 + g_{P_t}}.$$

Notieren wir die Durchschnittswerte von Reallohn, Inflationsrate und Änderung der Inflationsrate jeweils durch Fallenlassen des Zeitindexes. In Abschnitt IV.2 haben wir gesehen, dass die Standardabweichung der Inflationsrate näherungsweise proportional zur Inflationsrate selbst ist. Nehmen wir dementsprechend an, dass $dg_P = kg_P$ (mit $k > 0$) ist. Ersetzt man in der obigen Gleichung die Variablen durch ihre Durchschnittswerte und berücksichtigt diesen Zusammenhang, so erhält man:

$$\frac{d\left(\frac{W}{P}\right)}{\frac{W}{P}} = -k\frac{g_P}{1 + g_P}.$$

Der Bruch auf der rechten Seite steigt monoton von null für $g_P = 0$ auf eins für $g_P \to \infty$. Das bestätigt die in Abschnitt IV.2 gemachte Aussage, dass die mit einer höheren Inflationsrate einher gehenden stärkeren Schwankungen der Inflationsrate die Volatilität der Beschäftigung erhöhen.

Wir haben in diesem Abschnitt unter der Annahme adaptiver Inflationserwartungen allein aus der Betrachtung des Arbeitsmarkts zwei zentrale Resultate über den Zusammenhang zwischen Inflation und Beschäftigung hergeleitet. Erstens: Die bei konstanter Inflationsrate erreichbare durchschnittliche Beschäftigung wird allein auf dem Arbeitsmarkt bestimmt. Zweitens: Um die Schwankungen der Beschäftigung um ihren Durchschnittswert möglichst gering zu halten, muss man die Inflation möglichst stabil halten. Unser Modell in diesem Abschnitt hat aber ein ernstes Defizit: Mit der Friedmanschen Phillips-Kurve verfügen wir über einen Zusammenhang zwischen Beschäftigung und Inflation. Aber um die Gleichgewichtswerte von L_t und g_{P_t} zu bestimmen, brauchen wir einen zweiten Zusammenhang zwischen diesen beiden Größen. Formal: Wir verfügen über eine Gleichung in zwei Unbekannten und brauchen eine zweite Gleichung, um ein lösbares Gleichungssystem zu erhalten. (Effektiv zur Seite gedrängt haben wir dieses Problem, als wir die *für eine gegebene Beschäftigung* notwendige Entwicklung der Inflationsrate berechneten.) Dazu müssen wir Geld in unser Modell einführen.

IV.5 Geld

In jeder modernen Marktwirtschaft werden Markttransaktionen mit Hilfe von ***Geld*** als Zahlungsmittel abgewickelt. Ohne ein solches standardisiertes Zahlungsmittel könnten moderne Marktwirtschaften gar nicht funktionieren. Ohne ein standardisiertes Zahlungsmittel müssten nämlich Unternehmen ihre Beschäftigten mit Produkten entlohnen, und die Beschäftigten müssten die Produkte Stück für Stück gegen die Produkte tauschen, die sie konsumieren wollen. Das geriete deshalb besonders problematisch, weil die Anbieter der Produkte, die ein Konsument haben möchte, i. d. R. nicht die Nachfrager der Produkte sind, mit denen der Konsument in seiner Firma entlohnt wird. Aus diesem Grund müsste mehrfach hin und her getauscht werden, bis jeder hat, was er will. Um wie viel einfacher ist es, wenn die Konsumenten Geld statt Güter verdienen und mit diesem Geld ohne Umwege die Güter erwerben können, die sie haben wollen!

Eine gebräuchliche Definition von Geld ist: die Summe von umlaufendem Bargeld und täglich fälligen Bankeinlagen (Guthaben auf Girokonten). Das sind die Posten, die sofort als Zahlungsmittel einsetzbar sind. In diesem Abschnitt klären wir, wie Geld – so definiert – in die Wirtschaft kommt und ob bzw. wie die Zentralbank die umlaufende Geldmenge steuern kann. Grob gesagt, kommt Bargeld in Umlauf, indem Geschäftsbanken sich Kredite bei der Zentralbank in bar auszahlen lassen und das Bargeld an ihre Kunden weiterreichen. Täglich fällige Bankeinlagen kommen dagegen – ohne direktes Zutun der Zentralbank – zustande, wenn Gutschriften auf täglich fällige Konten von Bankkunden erfolgen. Das grundlegende Problem bei der Kontrolle der umlaufenden Geldmenge besteht also darin, dass die Guthaben auf täglich fälligen Bankkonten nicht direkt von der Zentralbank kontrolliert werden können. Ein zweites Problem besteht darin, dass die Geschäftsbanken aufgenommene Zentralbankkredite möglicherweise nicht zur Gänze auflösen und als Bargeld weiterreichen. Wir betrachten nun im Detail, wie dieser Geldschöpfungsprozess im Rahmen der bestehenden institutionellen Einrichtungen und Bestimmungen abläuft. Wir beschreiben der Reihe nach, 1. was die zentrale Aufgabe von Zentralbanken ist, 2. welche Funktion die Geschäftsbanken wahrnehmen, 3. wie die Zentralbank über Mindestreservevorschriften einen Bedarf an Zentralbankkrediten im Geschäftsbankensektor schafft, 4. wie sie diesen Bedarf mit Hilfe von geldpolitischen Geschäften deckt, 5. welche Vermögensposten zur Geldmenge gerechnet werden und schließlich 6. wie die Zentralbank die im Zusammenspiel mit den Geschäftsbanken entstehende Geldmenge steuern kann. Ab dem August 2007 machte sich die Finanz- und Wirtschaftskrise 2007–09 in den Banken und damit auch in der Zentralbank bemerkbar, und die Geldpolitik wurde in einigen Punkten grundlegend geändert. Im Zuge der EWU-Staatsschuldenkrise wurden weitere fundamentale Änderungen der Geldpolitik vollzogen. Wir beschreiben die Geldpolitik „in normalen Zeiten". D. h.: Wo sich (vorübergehend) Änderungen ergeben haben, beschreiben wir die Geldpolitik, wie sie bis Mitte 2007 betrieben wurde und zitieren die damals aktuellen Zahlen. Am Ende dieses Abschnitts werden die danach vorgenommenen Änderungen erläutert.

1. Die Verantwortung für die Versorgung der Wirtschaft mit Geld liegt bei der ***Zentralbank*** (oder ***Notenbank***), die über das alleinige Recht verfügt, Banknoten zu

Kasten IV.8: EZB und Fed

Die EWU trat Anfang 1999 in Kraft, die gemeinsame Währung, der Euro, wurde Anfang 2002 in Umlauf gebracht. Mittlerweile gehören der EWU siebzehn der 27 EU-Länder an, darunter sechs der sieben (am BIP gemessen) größten (mit Großbritannien als der Ausnahme). Das gemeinsame BIP der EWU betrug 2011 € 9.450 Mrd., d. h. rund 19% des (nicht kaufkraftbereingten) Welt-BIPs. Rund 27% davon entfallen auf Deutschland. Die zehn Länder, die im Zuge der Osterweiterung der EU beitraten, verpflichteten sich mit dem Beitritt im Mai 2004, ebenfalls der EWU beizutreten, sobald sie die dazu notwendigen Konvergenzkriterien erfüllen. Als erste traten Slowenien 2007, die Slowakei 2009 und Estland 2011 in die EWU ein. Die EZB in Frankfurt ist die Zentralbank der EWU. Die nationalen Zentralbanken der beteiligten Länder wie die Deutsche Bundesbank sind nurmehr ausführende Organe im Rahmen des Eurosystems, das sich aus der EZB und diesen Zentralbanken zusammensetzt. (Das Europäische System der Zentralbanken ESZB umfasst zudem die Zentralbanken der EU-Länder, die nicht der EWU angehören.) Art. 127 Abs. 1 des Vertrags über die Arbeitsweise der Europäischen Union (AEUV) legt die Sicherung der Preisstabilität als vorrangiges Ziel der Geldpolitik fest:

„Das vorrangige Ziel des Europäischen Systems der Zentralbanken ... ist es, die Preisstabilität zu gewährleisten. Soweit dies ohne Beeinträchtigung des Zieles der Preisstabilität möglich ist, unterstützt das ESZB die allgemeine Wirtschaftspolitik in der Union".

Zur Wahrung der Preisstabilität strebt die EZB eine Inflationsrate von „nahe 2%" an, gemessen am HVPI für den Euroraum (vgl. Kasten I.3). Ursprünglich lautete das Inflationsziel 0–2%. Nachdem die Inflationsrate sich in den ersten Jahren der EWU um das obere Ende dieses Intervalls bewegte, präzisierte die EZB im Mai 2003, dass dies das Ziel ist. Dieses Inflationsziel ist die zentrale Endzielgröße in der geldpolitischen Strategie der EZB. Daneben nimmt die EZB im Rahmen ihres sogenannten Zwei-Säulen-Konzepts – erstens – eine breit angelegte Beurteilung der Aussichten für die Preisentwicklung vor. Und zweitens legt sie einen Referenzwert für das Wachstum der Geldmenge M3 fest (der Begriff „M3" wird weiter unten erklärt). Bis zum Mai 2003 wurden die beiden Säulen in der umgekehrten Reihenfolge genannt. Die Umordnung kommt einer gewissen Abschwächung der Betonung der Geldmenge gleich. Art. 130 EAUV räumt der EZB vollständige Unabhängigkeit bei der Wahrnehmung ihrer Aufgaben ein:

„Bei der Wahrnehmung der ihnen durch die Verträge und die Satzung des ESZB und der EZB übertragenen Befugnisse, Aufgaben und Pflichten darf weder die Europäische Zentralbank noch eine nationale Zentralbank noch ein Mitglied ihrer Beschlussorgane Weisungen von Organen, Einrichtungen oder sonstigen Stellen der Union, Regierungen der Mitgliedstaaten oder anderen Stellen einholen oder entgegennehmen."

Die Ausführung der Geldpolitik obliegt dem EZB-Direktorium. Das Direktorium besteht aus dem Präsidenten – aktuell Mario Draghi –, dem Vize-Präsidenten und vier weiteren Mitgliedern, die von den Staats- und Regierungschefs der Euro-Länder bestimmt werden. Das wichtigste Beschlussorgan ist der EZB-Rat, der (mit einfacher Mehrheit) die vom Direktorium auszuführende Geldpolitik festlegt. Der EZB-Rat besteht aus den EZB-Direktoriumsmitgliedern und den nationalen Zentralbankpräsidenten der Euro-Länder. Noch haben alle ein Stimmrecht. Steigt die Zahl der EWU-Länder über 18, dann sollen 18 Stimmrechte zwischen den nationalen Zentralbankpräsidenten rotieren. Die nicht in der EWU vertretenen EU-Länder haben im Rahmen des Erweiterten Rats eine beratende Funktion. Details findet man auf der EZB-Website www.ecb.int unter „The European Central Bank".

Die Fed hat nach dem Wortlaut des Federal Reserve Act eine stärkere Verantwortung für die Stabilisierung der Konjunktur. Section 2A umreißt ihre die Aufgabe der Fed wie folgt:

„to promote effectively the goals of maximum employment, stable prices, and moderate long-term interest rates".

Das Inflationsziel der Fed ist (bis 2011 inoffiziell und seit Januar 2012 offiziell) ebenfalls 2%.

drucken und in Umlauf zu bringen (Banknotenmonopol). Die Zentralbank der Europäischen Währungsunion (EWU) ist die ***Europäische Zentralbank (EZB)***, die US-Zentralbank ist das Federal Reserve System (kurz: die ***Fed***) (s. Kasten IV.8). (Den Auftrag zum Prägen von Münzen erteilen die nationalen Regierungen der Euroländer, bedürfen dabei aber der Zustimmung der EZB. Wir sprechen im Folgenden nur von Banknoten, weil die mehr als 97% des Bargeldumlaufs ausmachen.)

2. Die Aktivitäten der Geschäftsbanken lassen sich am einfachsten anhand einer stilisierten Darstellung ihrer Bilanz erläutern.

Aktiva	Passiva
Kr	D
B	ZKr
R	EK

Die Aktiva von Geschäftsbanken lassen sich grob in drei Posten untergliedern. Erstens: Ihr Kerngeschäft ist die Vergabe von Krediten. Die Kredite sind folglich der wichtigste Aktivposten in den Bankenbilanzen. Zweitens verbuchen Banken auf der Aktivseite ihrer Bilanzen die Wertpapiere, die sie halten. Drittens unterhalten Geschäftsbanken Konten bei der Zentralbank. Die Guthaben auf diesen Konten nennt man ***Reserven***. Die Bargeldbestände der Banken sind i.d.R. gering, weil es sich für die Banken lohnen würde, Barguthaben für kurze Fristen verzinslich anzulegen. Daher taucht Bargeldhaltung in unserer stilisierten Bankenbilanz nicht auf. Die drei Arten von Aktiva werden im Wesentlichen aus drei Quellen finanziert: durch die ***Einlagen*** (Depositen) der Bankkunden, durch Kreditaufnahme bei der Zentralbank und durch Eigenkapital. Mit Kr als vergebenen Krediten, B als Wertpapierhaltung und R als Reserven bei der Zentralbank sowie mit D als Depositen (nicht untergliedert nach ihrer Fristigkeit), ZKr als ***Zentralbankkrediten*** und EK als Eigenkapital ergibt sich die oben dargestellte Bilanz des Geschäftsbankensektors. (Investmentbanken haben eine ganz andere Bilanz. Hierzu kommen wir in Abschnitt VIII.5.)

3. Die Geschäftsbanken sind verpflichtet, ***Mindestreserven*** in Höhe eines von der Zentralbank festgelegten Anteils (Mindestreservesatz) ihrer Einlagen auf ihrem Konto bei der Zentralbank zu halten (s. Kasten IV.9). Zweck der Mindestreservepflicht ist es, bei den Geschäftsbanken einen permanenten Bedarf an Zentralbankkrediten (s. Punkt 4) zu schaffen. So „bindet die EZB die Geschäftsbanken an sich" (***Anbindungsfunktion*** der Mindestreserven) und kann durch Änderungen bei der Vergabe von Zentralbankkrediten auf den Geldumlauf Einfluss nehmen. Die Geschäftsbanken unterhalten auf ihrem Konto bei der Zentralbank i.d.R. nur so hohe Reserven, wie sie mindestens unterhalten müssen. Die Überschussreserven, d. h. der Betrag, um den die tatsächlichen Reserven die Mindestreserven übersteigen, belaufen sich in der EWU i. d. R. auf weniger als 1% der Mindestreserven (s. Kasten IV.9). Drücken wir diesen Sachverhalt mit den Symbolen aus der Bilanz der Geschäftsbanken aus. Vernachlässigen wir dabei der Einfachheit halber Überschussreserven gänzlich, und nehmen wir an, dass alle Depositen D mit einheitlichem Satz τ („tau") ($0 < \tau < 1$) mindestreservepflichtig sind. Dann entsprechen die Reserven:

$$R = \tau D.$$

Kasten IV.9: Mindestreserven

In der EWU erstreckt sich die Mindestreservepflicht der Kreditinstitute auf zwei Arten von Passiva: entgegen genommene Einlagen und ausgegebene Schuldverschreibungen (inklusive Geldmarktpapiere). Verbindlichkeiten gegenüber anderen Kreditinstituten und der EZB sind nicht mindestreservepflichtig. (Wir haben oben in unserer Bankenbilanz diese Positionen nicht ausdrücklich getrennt von den Einlagen ausgewiesen. Der Begriff Geldmarktpapiere wird später erläutert.) Für Einlagen und Schuldverschreibungen mit einer Laufzeit oder Kündigungsfrist von bis zu zwei Jahren beträgt der Mindestreservesatz 1% (bis Januar 2012 2%). Für Einlagen mit einer Laufzeit oder Kündigungsfrist von über zwei Jahren, Einlagen in Form von Repogeschäften (d. h. Gelder, deren Überlassung mit der Vereinbarung verbunden ist, dass zu einem festen Zeitpunkt ein Rückkauf erfolgt) und Schuldverschreibungen mit einer Laufzeit oder Kündigungsfrist von über zwei Jahren ist der Mindestreservesatz 0%. Die Tatsache, dass diese Passiva prinzipiell mindestreservepflichtig sind, erlaubt es der EZB, bei Bedarf mit einer bloßen Änderung des Reservesatzes die Reservepflicht auf die längerfristigen Verbindlichkeiten auszudehnen. Die Banken müssen ihr Mindestreservesoll nicht an jedem Tag, sondern nur im Monatsmittel erfüllen. Die Zentralbank zahlt ihnen Zinsen in Höhe des Zinssatzes für Hauptrefinanzierungsgeschäfte (s.u.) auf die Mindestreserven. Ende 2011 betrug die Summe der mit 2% mindestreservepflichtigen Passiva im Euroraum knapp € 11.000 Mrd., die Mindestreserven beliefen sich zum Jahreswechsel auf € 207,0 Mrd. Tatsächlich hielten die Geschäftsbanken Reserven in Höhe von € 209,0 Mrd. Hierin spiegelt sich der allgemeinere Sachverhalt wider, dass die tatsächlichen Reserven i. d. R. um weniger als 1% über die Mindestreserven hinausgehen. Aktuelle Informationen findet man unter „Minimum reserves statistics" im jeweils aktuellen „Statistics Pocket Book", das unter „Publications" auf der EZB-Website www.ecb.int frei zugänglich ist. Die Fed verlangt 10% Mindestreserven auf die mindestreservepflichtigen Passiva und verzinst die Mindestreserven mit einem Satz von 0,1%-Punkten under ihrem Leitzins.

4. Nun kommt das Bargeld ins Spiel. Im Euroraum kommt Geld dann und nur dann in Umlauf, wenn eine Geschäftsbank auf ihrem Konto bei der EZB gutgeschriebene Zentralbankkredite auflöst. (Eine andere, aber sehr ähnliche Methode, die z. B. in den USA genutzt wird, wird unten erwähnt.) Einzelne Akteure können Bargeld von anderen erhalten. Dann wechselt aber nur bereits in Umlauf befindliches Geld seinen Besitzer. Neues Bargeld kommt nur über die Geschäftsbanken in Umlauf. Die EZB vergibt Zentralbankkredite zum überwiegenden Teil im Rahmen ihrer Haupt- und längerfristigen Refinanzierungsgeschäfte. Sie kann den Bestand an Zentralbankkrediten schnell ändern, da die Hauptrefinanzierungsgeschäfte eine Laufzeit von nur einer Woche haben (s. Kasten IV.10). Für unsere makroökonomische Analyse bedeutet das: Die vergebenen Zentralbankkredite ZKr teilen sich auf in einen nicht abgehobenen Teil (die Reserven R, s. die Punkte 2 und 3) und einen abgehobenen Teil (das umlaufende Bargeld BG):

$$ZKr = BG + R.$$

Die alternative – z. B. von der Fed genutzte – Art, Bargeld in Umlauf zu bringen, sind ***Offenmarktgeschäfte*** (s. Kasten IV.10). Dabei kauft die Zentralbank Wertpapiere

Kasten IV.10: Geldpolitische Geschäfte

Die EZB stellt den Geschäftsbanken Zentralbankkredite vor allem durch zwei geldpolitische Geschäfte zur Verfügung: wöchentlich durchgeführte *Hauptrefinanzierungsgeschäfte* (Main refinancing operations) und monatlich durchgeführte *längerfristige Refinanzierungsgeschäfte* (Longer-term refinancing operations). Beide Geschäfte werden als besicherte Kredite abgewickelt. Die Laufzeiten sind eine Woche für Hauptrefinanzierungsgeschäfte und i. d. R. drei Monate für die längerfristigen Refinanzierungsgeschäfte. Anfang August 2007 betrug das Volumen der laufenden Haupt- und längerfristigen Refinanzierungsgeschäfte € 373,3 Mrd. bzw. € 78,7 Mrd. Obwohl es sich bei den Pfandkrediten um Zentralbankkredite handelt, nicht um Offenmarktgeschäfte im engeren Sinne, bezeichnet die EZB sie als Offenmarktgeschäfte. Die Geschäfte werden durch die nationalen Zentralbanken abgewickelt. Die Abwicklung erfolgt durch ein Tenderverfahren (d. h. eine Versteigerung). D. h.: Die EZB schreibt zunächst das Geschäft öffentlich aus, die Banken geben dann Gebote für Zentralbankkredite ab. Diese Gebote umfassen erstens bis zu zehn Zinsgebote und zweitens die Summen, die zu diesen Zinsen nachgefragt werden (Zinstender). Nach dem Ende des Bietprozesses werden die Gebote in der Reihenfolge absteigender Zinssätze bedient, bis das von der EZB festgesetzte Volumen des Geschäfts ausgeschöpft ist, wobei für jedes Gebot der gebotene Zinssatz zu zahlen ist (amerikanisches Zuteilungsverfahren). Die EZB bestimmt für die Hauptrefinanzierungsgeschäfte einen Mindestbietungszinssatz, der aus zwei Gründen eine zentrale Rolle für die Geldpolitik spielt. Erstens liegen die Zinsgebote der Geschäftsbanken i. d. R. im Durchschnitt um weniger als 0,1%-Punkte über dem Mindestbietungszinssatz, so dass er recht exakt die Refinanzierungskosten der Geschäftsbanken bei der Zentralbank angibt. Zweitens hat der Mindestbietungszinssatz ***Leitzins***-Funktion, weil die EZB mit ihm die zukünftige Ausrichtung ihrer Geldpolitik signalisiert. Von diesem Mindestbietungszinssatz für die Hauptrefinanzierungsgeschäfte ist die Rede, wenn es in den Nachrichten heißt: „Die EZB erhöht die Leitzinsen um … “.

Die US-amerikanische Fed arbeitet demgegenüber hauptsächlich mit Offenmarktgeschäften im engeren Sinne. D. h. sie kauft (als Repogeschäft oder auch endgültig) Staatspapiere (Federal funds) von den Banken an. Ihr Leitzins ist die Federal funds rate. Das ist der Zinssatz, zu dem US-Geschäftsbanken sich untereinander mit täglich fälligem Geld refinanzieren.

von den Geschäftsbanken an. Üblicherweise sind die Käufe mit einer Rückkaufvereinbarung versehen (als sogenannte Repo-Geschäfte), wobei der Rückkaufpreis um einen Zinsaufschlag höher ist. Damit resultieren die gleichen Zahlungsströme wie mit einem Kredit in gleicher Höhe und mit gleicher Verzinsung: Kreditvergabe und Wertpapierkäufe führen zu Gutschriften auf den Zentralbankkonten der Geschäftsbanken, Kredittilgung und Wertpapierrückkauf führen zu einer Belastung der Konten

5. Damit kommen wir zur Frage, welche Größen zur umlaufenden Geldmenge zählen. Weil verschiedene Finanztitel verschieden gut zur Abwicklung von Zahlungen geeignet sind, sind verschiedene Definitionen von Geld möglich. Unter jede sinnvolle Definition fällt das umlaufende Bargeld. Daraus ergibt sich eine erste mögliche Gelddefinition:

$$\text{Geldmenge} \equiv \text{umlaufendes Bargeld.}$$

Kasten IV.11: Geld

In den EWU-Ländern betrug Ende 2007 die Geldmenge M1 € 3.828,6 Mrd. Davon entfielen € 626,9 Mrd. oder 16% auf Bargeld und der weitaus größere Teil (€ 3.201,7 Mrd.) auf täglich fällige Einlagen. Mit € 3.506,2 Mrd. an Anlagen mit einer Laufzeit bis zu zwei Jahren und einer Kündigungsfrist von bis zu drei Monaten belief sich M2 auf € 7.334,8 Mrd. Zuzüglich € 1.310,4 Mrd. aus Repogeschäften, Geldmarktfondsanteilen, Geldmarktpapieren und Schuldverschreibungen bis zu zwei Jahren ergab sich eine Geldmenge M3 von € 8.778,8 Mrd.

Diese Definition erscheint aber für praktische Zwecke zu eng, weil täglich fällige Konten jederzeit belastet werden können. Die engste gebräuchliche Gelddefinition – M1 genannt – ist entsprechend die bereits am Anfang dieses Abschnitts erwähnte Summe von Bargeld und täglich fälligen Geldern:

M1 ≡ umlaufendes Bargeld + täglich fällige Gelder.

Breitere Definitionen von Geld nehmen Vermögenstitel hinzu, mit denen nicht direkt Zahlungen abgewickelt werden können, die aber schnell in M1 umgewandelt werden können. In der EWU beispielsweise gelten folgende Definitionen:

M2 ≡ M1 + Einlagen von Nichtbanken bei Banken mit einer Laufzeit bis zu zwei Jahren und einer Kündigungsfrist von bis zu drei Monaten.

M3 ≡ M2 + Repogeschäfte, Geldmarktfondsanteile, Geldmarktpapiere und Schuldverschreibungen von Nichtbanken bei Banken mit bis zu zwei Jahren Laufzeit.

Kasten IV.11 gibt die Höhe dieser Geldmengenaggregate in der EWU an. Übersetzen wir auch dies in die Terminologie, die oben mit der Bilanz der Geschäftsbanken eingeführt wurde. Da dort nicht zwischen Depositen verschiedener Laufzeiten unterschieden wurde, ergibt sich die umlaufende Geldmenge M als die Summe von Bargeldumlauf BG und Depositen D:

$$M = BG + D.$$

6. Schließlich wenden wir uns der Frage zu, ob und – wenn ja – wie die Zentralbank die Höhe der umlaufenden Geldmenge M steuern kann. Vor dem Hintergrund unserer stilisierten Bankenbilanz ergeben sich dabei die zwei am Anfang dieses Abschnitts genannten Probleme. Erstens: In die Geldmenge M geht nicht nur das umlaufende Bargeld BG ein, sondern auch die Bankdepositen D, die die Banken von ihren Kunden entgegen nehmen und die somit nicht der direkten Kontrolle durch die Zentralbank unterliegen. Zweitens: Die Zentralbank kann ihr Angebot an Zentralbankkrediten ZKr bestimmen. ZKr geht aber nicht zur Gänze in die Geldmenge ein, weil ein Teil davon als Reserven R auf den Zentralbankkonten der Geschäftsbanken verbleibt und nicht in Umlauf kommt. Wie wir in Punkt 3 sahen, ist das kein wirkliches Problem, weil die Geschäftsbanken keine nennenswerten Überschussreserven halten. Unter einer zusätzlichen Annahme kann die Zentralbank über das Volumen der Zentralbankkredite ZKr die Geldmenge M steuern. Die Annahme ist: Von ih-

rem Geldvermögen M halten die Individuen einen exogenen Teil m ($0 < m < 1$) als Bargeld und den Rest als Bankeinlagen D. D. h.: Es gilt $BG = mM$, $D = (1-m)M$ und somit

$$BG = \frac{m}{1-m} D.$$

Satz: *Die umlaufende Geldmenge M ist durch die Zentralbankkredite ZKr eindeutig bestimmt:*

$$M = \frac{1}{\tau(1-m) + m} ZKr.$$

Beweis: Aus der Gelddefinition ($M = BG + D$) und der Formel für die Aufteilung des Geldvermögens auf Bargeld und Depositen ($BG = mD/(1-m)$) folgt:

$$M = \frac{1}{1-m} D.$$

Aus der Gleichung für die Zusammensetzung der Zentralbankkredite ($ZKr = R + BG$), der Mindestreservegleichung ($R = \tau D$) und der Formel für die Aufteilung des Geldvermögens auf Bargeld und Depositen folgt:

$$ZKr = \left(\tau + \frac{m}{1-m}\right) D.$$

Teilen der vorletzten Gleichung durch die letzte ergibt:

$$\frac{M}{ZKr} = \frac{\frac{1}{1-m}}{\tau + \frac{m}{1-m}}.$$

Umformen liefert die Formel in dem Satz. *q. e. d.*

Weil τ und m jeweils kleiner als eins sind, ist der Bruch in der Formel in dem Satz größer als eins. D. h. um eine gegebene Geldmenge M zu erreichen, muss die Zentralbank einen kleineren Betrag als Zentralbankkrediten ZKr anbieten. Davon verbleibt zwar ein gewisser Teil als Mindestreserven auf den Konten der Geschäftsbanken bei der Zentralbank, aber die Entstehung zusätzlichen Geldes in Form von Depositen (die ***Geldschöpfung***) überkompensiert diesen Effekt. Den Bruch in der Formel nennt man den ***Geldschöpfungsmultiplikator***. Bei einem Mindestreservesatz von $\tau = 2\%$ und einem Bargeldanteil von $m = 20\%$ beispielsweise ist

$$M = 4{,}63\, ZKr.$$

Im weiteren Verlauf dieses Kapitels können wir wegen des gerade bewiesenen Satzes annehmen, dass die Zentralbank die Geldmenge M festlegt. Auf eine andere Herangehensweise zur Beschreibung der Geldpolitik kommen wir in Kapitel V zu sprechen.

Man beachte, dass wir in diesem Abschnitt nichts über Gold oder andere Edelmetalle gesagt haben, die man lange Zeit für einen essenziellen Bestandteil eines funktionierenden monetären Systems hielt (s. Kasten IV.12), und dies nach dieser Randbemerkung auch nicht nachholen werden. Modernes Geld bezieht seinen Wert nicht aus seinem Materialwert, sondern aus dem Vertrauen, dass entgegen genommenes Geld später für Auszahlungen genutzt werden kann.

Kasten IV.12: „Es werde Geld!“

Geld ist eigentlich sein Geld nicht wert. Von Kupfermünzen abgesehen, sind Materialwert und Produktionskosten von Geld wesentlich geringer als der Nennwert. Z. B. kostet es € 0,16, einen € 500-Schein herzustellen. Historisch wurde dieses „Problem“ oft dadurch gelöst, dass Münzen aus Gold oder anderen Edelmetallen bestanden und/oder die Zentralbank verpflichtet war, das umlaufende Geld in Gold umzutauschen (Golddeckung), in den meisten europäischen Staaten bis ins 20. Jahrhundert hinein, in den USA (mit Unterbrechungen) bis 1971. China hat dagegen eine lange Erfahrung mit ungedeckten Papiergeldern. Nachdem in der Song-Dynastie im Jahr 1024 das erste Papiergeld (Jiaozi) gedruckt worden war, hatten schon dessen Nachfolgewährungen Qianyin (ab 1107 in Umlauf) und Huizi (ab 1160 in Umlauf) keine Metalldeckung mehr (s. VON GLAHN [2005]). Heute existieren keine Einlösungspflichten mehr. Man spricht daher von „Fiat money“ (abgeleitet von „fiat lux“ – „es werde Licht“). Geld wird dennoch als Bezahlung allgemein akzeptiert, weil (wenn) man weiß, dass man selbst wiederum damit bezahlen kann. Dass Geld von der Zentralbank „aus dem nichts (ex nihilo)“ geschaffen wird, ist also zunächst einmal kein Problem. Allerdings muss das Vertrauen der Marktteilnehmer in die Währung gewahrt werden, damit sie Geld als Zahlungsmittel akzeptieren – daher ist Preisstabilität so wichtig.

Kasten IV.13 fasst grundlegende Änderungen in der Geldpolitik der EZB seit Mitte 2007 zusammen.

IV.6 Quantitätsgleichung

Am Ende von Abschnitt IV.4 waren wir bei der Beobachtung stehen geblieben, dass wir mit der Friedmanschen Phillips-Kurve zwar über einen Zusammenhang zwischen Beschäftigung und Inflation verfügen, uns aber ein zweiter Zusammenhang fehlt, um die Gleichgewichtswerte von Beschäftigung und Inflation bestimmen zu können. Diesen zweiten Zusammenhang liefert die ***Quantitätsgleichung***:

$$M_t = \frac{P_t Y_t}{v_t}.$$

Darin bezeichnet M_t die von der Zentralbank (indirekt über das Angebot an Zentralbankkrediten, s. Abschnitt IV.5) exogen bestimmte umlaufende Geldmenge. v_t ist ebenfalls exogen. Die Quantitätsgleichung besagt also, dass das nominale BIP $P_t Y_t$ proportional zur umlaufenden Geldmenge M_t ist. Dahinter stehen drei Prämissen.

1. Mit einer gegebenen Menge Geld M_t kann ein Transaktionsvolumen abgewickelt werden, das proportional zu M_t ist. Mit k_t als exogener durchschnittlicher Häufigkeit, mit der Geld innerhalb des betrachteten Zeitraums seinen Besitzer wechselt, beträgt dieses Transaktionsvolumen

$$k_t M_t.$$

2. In einer monetären Ökonomie werden alle Markttransaktionen mit Geld abgewickelt. Das abzuwickelnde Transaktionsvolumen ist dabei weitaus größer als

Kasten IV.13: Geldpolitik seit Mitte 2007

Die Finanz- und Wirtschaftskrise 2007–09 und die anfolgende EWU-Staatsschuldenkrise stellten die EZB vor neue Herausforderungen, auf die sie mit neuen geldpolitischen Mitteln reagierte. Erstmals Mitte 2007 und danach immer wieder schossen die Zinssätze, die die Geschäftsbanken im Handel zwischeneinander auf dem Interbankenmarkt verlangen, in die Höhe; teils kam der Handel auf dem Interbankenmarkt vollständig zum Erliegen, weil Banken Liquidität horteten, anstatt sie zu verleihen, oder weil sie Solvenzrisiken bei potenziellen Abnehmern vermuteten. Als Antwort hierauf setzte die EZB im Oktober 2008 das Tenderverfahren bei den Haupt- und längerfristigen Refinanzierungsgeschäften aus und ging zur vollen Zuteilung der nachgefragten Kredite an die Geschäftsbanken über (vgl. Kasten IV.10).

Neben dieser Änderung der bekannten geldpolitischen Geschäfte nutzte die EZB ab 2009 vormals ungenutzte Instrumente, insbes. zum Ankauf von Wertpapieren. Im Rahmen ihrer Covered bonds purchase programs (CBPP und CBPP2) kaufte sie bis Ende 2011 von Banken emittierte Pfandbriefe im Volumen von €63,3 Mrd. auf. Und mit ihrem Securities Markets Program (SMP) kaufte sie bis Ende 2011 Staatsanleihen von EWU-Ländern im Wert von €219,2 Mrd. Zudem begegnete sie Engpässen bei den Devisenbeständen der Banken, indem sie Swap-Geschäfte mit ihnen schloss, durch die den Banken Dollars zuflossen, die zu einem festgelegten späteren Zeitpunkt wieder zurück zu verkaufen sind.

Ein Problem hiermit sind die eingegangenen Ausfallrisiken bei den erworbenen Wertpapieren. Die zweite große Befürchtung ist, dass die großzügige Versorgung der Banken mit Liquidität mittelfristig zu Inflation führen wird (zur Theorie hierzu s. Abschnitt IV.7). Ein Gegenargument ist, dass das Geldmengenwachstum sich eher verlangsamte. Weitere Gegenargumente sind, dass die Devisenswapgeschäfte dämpfend wirken (weil die Banken Geld für Devisen hergeben müssen) und dass ein beträchtlicher Teil der aufgenommenen Zentralbankkredite mittels der sogenannten Einlagefazilität trotz geringer Zinsen (0,25% Ende 2011) als „Liquiditätspuffer“ direkt wieder bei der EZB angelegt wird. So liefen Mitte Dezember 2011 Hauptrefinanzierungsgeschäfte im Volumen von €238,0 Mrd. und längerfristige Refinanzierungsgeschäfte im Volumen von €389,0 Mrd.; hinzu kamen €63,3 Mrd., die über CBPP und CBPP2 in Umlauf gebracht wurden, sowie €219,2 Mrd. über SMP; das sind zusammen €909,5 Mrd., also mehr als das Doppelte der €452,0 Mrd. aus laufenden Haupt- und längerfristigen Refinanzierungsgeschäften im August 2007 (s. Kasten IV.10). Dem standen aber €253,7 Mrd. in der Einlagefazilität sowie €200,5 Mrd. anderer liquiditätsabsorbierender Maßnahmen (insbes. Währungsswaps) gegenüber. Per saldo betrug die Liquiditätsversorgung also nur €455,3 Mrd. Im Dezember 2011 machte dann ein längerfristiges Refinanzierungsgeschäft im Volumen von €489,2 Mrd. über drei Jahre Laufzeit Schlagzeilen. Zunächst stieg aber wiederum vor allem das in der Einlagefazilität „geparkte“ Geld, auf €445,7 Mrd. zum Jahreswechsel 2011/12.

das nominale BIP, weil in der Wertschöpfungskette Vorleistungen gehandelt werden (s. Abschnitt I.2). Solange die Strukturen der Wertschöpfungskette gleich bleiben, ist das Gesamtvolumen der Markttransaktionen aber proportional zum nominalen BIP. Mit l_t als exogenem Proportionalitätsfaktor beträgt es:

$$l_t P_t Y_t .$$

3. Das nominale Transaktionsvolumen passt sich so an, dass es mit M_t abgewickelt werden kann.

Zusammen genommen folgt

$$k_t M_t = l_t P_t Y_t,$$

und mit $v_t \equiv k_t / l_t$ erhält man die Quantitätsgleichung. v_t wird ***Geldumlaufgeschwindigkeit*** genannt. Je höher v_t, desto geringer ist die Geldmenge M_t, mit der das sich beim nominalen BIP $P_t Y_t$ ergebende Transaktionsvolumen abgewickelt werden kann. v_t ist um so höher, je häufiger das Geld seinen Besitzer wechselt (je größer k_t) und je geringer das sich aus einem gegebenem BIP ergebende Transaktionsvolumen ist (je kleiner l_t). Wechselt beispielsweise Geld 4,5mal pro Jahr seinen Besitzer ($k_t = 4{,}5$), und ist das Transaktionsvolumen das Doppelte des BIPs ($l_t = 2$), dann kann mit € 4.000 Mrd. Geld ein BIP von € 9.000 Mrd. umgeschlagen werden.

Aus der Quantitätsgleichung folgt, dass ein Anstieg der Geldmenge M_t bei gegebener Geldumlaufgeschwindigkeit v_t zu einer Erhöhung des nominalen BIPs $P_t Y_t$ führt. Haben die Haushalte mehr Euro in der Tasche, so geben sie auch mehr Euro aus, und der Anstieg des Transaktionsvolumens lässt das nominale BIP steigen. Die wichtige Frage ist, ob der nominale BIP-Anstieg ausschließlich in die Preise geht oder ob auch das reale BIP Y_t steigt. Dieser Frage wenden wir uns in den folgenden zwei Abschnitten zu.

IV.7 Inflation auf lange Sicht

Mit der Quantitätsgleichung haben wir den letzten Baustein, den wir für unser monetäres Modell benötigen. Aus A1-A3 haben wir in Abschnitt IV.4 die Friedmansche Phillips-Kurve hergeleitet:

$$L_t = (F')^{-1} \left(\frac{1 + g_{P_{t-1}}}{1 + g_{P_t}} \right).$$

Wir ergänzen nun das Modell A1-A3 um:

A4: *Die Quantitätsgleichung gilt:*

$$M_t = \frac{P_t Y_t}{v_t}.$$

Aus den Quantitätsgleichungen für die Perioden t und $t-1$ folgt

$$\frac{v_t}{v_{t-1}} \frac{M_t}{M_{t-1}} = \frac{P_t}{P_{t-1}} \frac{Y_t}{Y_{t-1}}.$$

Mit Hilfe der Definition von Wachstumsraten und der in Abschnitt II.2 benutzten Näherung folgt weiter

$$(1 + g_{v_t})(1 + g_{M_t}) = (1 + g_{P_t})(1 + g_{Y_t})$$

bzw.

$$g_{v_t} + g_{M_t} \approx g_{P_t} + g_{Y_t}.$$

Kasten IV.14: Geldmengenwachstum im Euroraum

Die in Wachstumsraten ausgedrückte Quantitätsgleichung hat eine wichtige geldpolitische Anwendung. Die EZB hat ein Inflationsziel von nahe 2% (s. Kasten IV.8). Anhand der Quantitätsgleichung in Wachstumsraten ermittelt sie ihren Referenzwert für das M3-Wachstum (s. Kasten IV.8), d. h. die M3-Wachstumsrate, die mit der Einhaltung des Inflationsziels vereinbar ist. Die EZB geht von durchschnittlich (g_{Y_t} =) 2% BIP-Wachstum, und einem Rückgang der Umlaufgeschwindigkeit um 0,5% jährlich aus. So errechnet sie die Wachstumsrate von M3, die für (g_{P_t} ≤) 2% Inflation nicht überschritten werden darf:

$$g_{M_t} \approx 2\% + 2\% - (-0{,}5\%) = 4{,}5\%.$$

Diese Gleichung spielt in der Geldpolitik, insbes. für die EZB, eine wichtige Rolle (s. Kasten IV.14). Auf lange Sicht darf die Inflationsrate nicht permanent ansteigen, soll Geld seine Zahlungsmittelfunktion effektiv wahrnehmen. Betrachten wir also einen Entwicklungspfad für die durch A1-A4 beschriebene Ökonomie, auf dem g_{P_t} konstant ist. Gemäß der Friedmanschen Phillips-Kurve ist dann auch die Beschäftigung konstant: $L_t = L^*$. Gemäß der Produktionsfunktion aus A1 folgt $Y_t = F(L^*)$ und somit $g_{Y_t} = 0$. Zusammen mit der Annahme, dass die Geldumlaufgeschwindigkeit exogen ist, erhalten wir die Antwort auf die Frage, wie die Höhe der im Zeitablauf konstanten Inflationsrate von der Geldmengenwachstumsrate abhängt:

Satz: *Bei konstanter Inflationsrate g_{P_t} gilt*

$$\frac{\partial g_{P_t}}{\partial g_{M_t}} \approx 1.$$

Jeder zusätzliche Prozentpunkt Geldmengenwachstum übersetzt sich in einen zusätzlichen Prozentpunkt Inflation. (Dies liegt nicht daran, dass wir hier eine „statische" Ökonomie ohne Wachstum betrachten. Gemäß $g_{v_t} + g_{M_t} \approx g_{P_t} + g_{Y_t}$ folgt die Aussage des Theorems aus der *Exogenität* von g_{v_t} und g_{Y_t}. Exogenes Produktivitäts-

Kasten IV.15: Geld und Inflation

Die empirische Evidenz für die Behauptung, dass ein schnelleres Geldmengenwachstum langfristig zu höherer Inflation führt und dass dieser Zusammenhang nahezu 1:1 gilt, ist sehr stark. Beispielsweise untersucht DEWALD (2003) dreizehn Industrieländer, darunter Deutschland und die USA, über den Zeitraum 1880–2001. Bei länderweiser Betrachtung erhält er einen nahezu 1:1-Zusammenhang zwischen Inflation und M2-Wachstum. Weiter bildet er für jede Dekade die Durchschnittswerte von Inflation und M2-Wachstum über 11 der 13 Länder (Deutschland und Belgien werden wegen Datenproblemen ausgeklammert). Dabei ergibt sich folgender Zusammenhang (DEWALD [2003, Tab. 4, 23]):

$$g_{P_t} = -3{,}31\% + 0{,}96 g_{M_t}.$$

1%-Punkt mehr Geld liefert 0,96%-Punkte mehr Inflation.

Kasten IV.16: Geld und Inflation in der Song-Dynastie

Dass ein beschleunigtes Geldmengenwachstum zu höherer Inflation führt, zeigt auch ein Blick weiter zurück in die monetäre Historie. Die Ablösung des Jiaozi durch den Qianyin in China (vgl. Kasten IV.12) war eine Folge der Jiaozi-Entwertung, die sich mit dem Anstieg der Geldmenge um den Faktor 19 zwischen 1024 und 1107 ergab. Besonders gravierend wurde das Inflationsproblem bei der Nachnachfolgewährung: Zwischen 1168 und 1264 stieg der Huizi-Umlauf – insbes. durch die Finanzierung von Kriegen mit der Notenpresse – um den Faktor 36 (s. VON GLAHN [2005]). Die Folge:

„China was the first country in the world to discover inflation"

(GOETZMANN [2005, 102]) mit einer Verdoppelung des Reispreises innerhalb von einer Dekade Anfang des 13. Jahrhunderts.

und BIP-Wachstum ändert also nichts an der Schlussfolgerung.) Das ist die Basis von FRIEDMANs (1992, xi) berühmtem Diktum:

> „Inflation is always and everywhere a monetary phenomenon."

Diese Behauptung ist oft getestet und nachdrücklich bestätigt worden (s. die Kästen IV.15 und IV.16). Das beste Beispiel sind Hyperinflationen (s. Kasten IV.1): Zu extrem hohen Inflationsraten kommt es immer erst, wenn (i. d. R. zur Finanzierung ausufernder öffentlicher Ausgaben) „die Notenpresse angeworfen wird" – bei normaler Geldmengenentwicklung wäre gar nicht genügend Geld da, um das explodierende nominale Transaktionsvolumen abzuwickeln.

IV.8 Inflation auf kurze Sicht

Nun lösen wir das Modell A1–A4 allgemein, d. h. ohne Konstanz der Inflationsrate g_{P_t} zu unterstellen. Zur Vereinfachung nehmen wir an, dass die Geldumlaufgeschwindigkeit v_t nicht nur exogen, sondern darüber hinaus im Zeitablauf konstant ist: $v_t = v$. Wir untersuchen, wie sich eine Erhöhung des Geldmengenwachstums und eine Verschlechterung der Angebotsbedingungen kurzfristig auf Beschäftigung und Inflation auswirken. Um die zentralen Ergebnisse möglichst klar herausarbeiten zu können, betrachten wir aus Sicht einer Periode t die spezielle Situation, dass in den (mindestens zwei) Vorperioden das Geldmengenwachstum konstant war und ein langfristiges Gleichgewicht vorlag. Es galt also $L_{t-2} = L_{t-1} = L^*$ und somit $g_{Y_{t-1}} = 0$. Gemäß der in Änderungsraten ausgedrückten Quantitätsgleichung aus dem Vorabschnitt und Konstanz von v gilt weiter $g_{P_{t-1}} = g_{M_{t-1}}$. Zusammengefasst:

$$L_{t-1} = L^*, \quad g_{P_{t-1}} = g_{M_{t-1}}.$$

Ferner ist $1 + g_{Y_t} = Y_t / Y_{t-1} = F(L_t)/F(L^*)$. Einsetzen in die Phillips-Kurve und in die in Änderungsraten ausgedrückte Quantitätsgleichung ergibt:

$$L_t = (F')^{-1}\left(\frac{1 + g_{M_{t-1}}}{1 + g_{P_t}}\right)$$

bzw.

$$1 + g_{M_t} = (1 + g_{P_t}) \frac{F(L_t)}{F(L^*)}.$$

Die Analyse erfolgt grafisch. Wir erweitern das Phillips-Kurven-Diagramm aus Abbildung IV.3 um eine zweite Kurve (QG), die den Quantitätsgleichungszusammenhang ausdrückt (s. Abbildung IV.6). Die Phillips-Kurve PK verläuft, wie in Abschnitt IV.4 gesehen, steigend durch den Punkt $(L_t, 1 + g_{P_t}) = (L^*, 1 + g_{M_{t-1}})$. Die zweite Gleichung bestimmt die QG-Kurve. Die QG-Kurve verläuft fallend: Steigt bei gegebenem g_{M_t} die Beschäftigung L_t, so muss die Inflationsrate g_{P_t} sinken, damit die rechte Seite der obigen Gleichung nicht größer wird als die linke. Inhaltlich: Das Geldmengenwachstum begrenzt gemäß der Quantitätsgleichung das Wachstum des nominalen BIPs (s. Abschnitt IV.6). Je schneller die Beschäftigung L_t und damit das reale BIP $Y_t = F(L_t)$ wachsen, desto geringer muss folglich die Inflationsrate g_{P_t} sein. $L_t = L^*$ und $g_{P_t} = g_{M_t}$ erfüllen gemeinsam die Formel. Also verläuft die QG-Kurve durch den Punkt $(L_t, 1 + g_{P_t}) = (L^*, 1 + g_{M_t})$. Das Gleichgewicht der durch A1–A4 beschriebenen Ökonomie ergibt sich grafisch als Schnittpunkt von PK- und QG-Kurve. Als Maßstab für die Untersuchung von Änderungen 1. des Geldmengenwachstums und 2. der Produktivität betrachten wir zunächst einen Referenzfall.

Referenzfall: Das Geldmengenwachstum bleibt im Vergleich zur Vorperiode konstant. D. h.: $g_{M_t} = g_{M_{t-1}}$. In diesem Fall verläuft die QG-Kurve durch den Punkt $(L_t, 1 + g_{P_t}) = (L^*, 1 + g_{M_{t-1}})$ und schneidet dort die Phillips-Kurve PK. Beschäftigung und Inflation lassen sich, von diesem Schnittpunkt ausgehend, an der waagerechten bzw. der senkrechten Achse ablesen. Sie bleiben im Vergleich zur Vorperiode konstant:

$$L_t = L^*, \; g_{P_t} = g_{M_{t-1}}.$$

Dies ist der Referenzpunkt für die folgende Analyse.

1. Angenommen, das Geldmengenwachstum steigt nun von $g_{M_{t-1}}$ auf g_{M_t} $(> g_{M_{t-1}})$. Was passiert mit Beschäftigung und Inflation? Die Antwort lässt sich im linken Bild von Abbildung IV.6 ablesen. Die QG-Kurve ordnet jedem Beschäftigungsniveau L_t eine höhere Inflationsrate g_{P_t} zu, d. h. sie verschiebt sich nach oben.

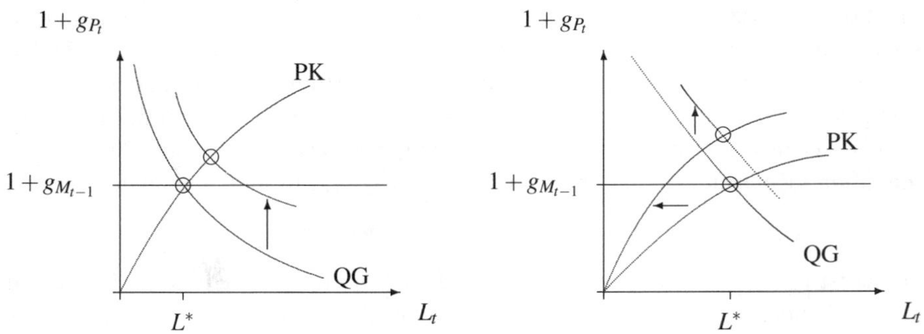

Abbildung IV.6: Geldmengenexpansion und Stagflation

Kasten IV.17: Stagflation

Nach den beiden Ölpreisschocks erlebten die westlichen Industrienationen zwei Phasen der Stagflation. Trotz jeweils hoher Inflation war die Arbeitslosigkeit nicht niedrig, wie es bei einer stabilen Phillips-Kurve der Fall hätte sein müssen. Im Gegenteil: Die westlichen Industrienationen befanden sich simultan in Rezessionen. In Abbildung IV.4 spiegelt sich das in der Linksbewegung von der Phillips-Kurven wider.

Hierin spiegeln sich die inflationären Wirkungen der beschleunigten Geldmengenexpansion wider. Das Gleichgewicht liegt rechts oberhalb des Referenzpunkts auf der Phillips-Kurve PK, Beschäftigung L_t und Inflation g_{P_t} steigen:

$$L_t > L^*, \; g_{P_t} > g_{M_{t-1}}.$$

Anders als auf lange Sicht geht also kurzfristig die Geldmengenexpansion nicht voll in die Preise, sondern sie erhöht auch das reale BIP. Das liegt daran, dass der Anstieg der Inflation wegen festgeschriebener Nominallöhne (A2) die Reallöhne senkt, d. h. der Phillips-Kurven-Tradeoff ausgenutzt wird. Umgekehrt führt eine Verlangsamung des Geldmengenwachstums zu sinkender Inflation und abnehmender Beschäftigung.

2. Als nächstes untersuchen wir eine Verringerung der Produktivität der Unternehmen. Das bilden wir durch ein Absinken der Produktionsfunktion $F(L_t)$ sowie der Grenzproduktivitätsfunktion $F'(L_t)$ ab. Das wird uns zum Begriff „Stagflation" führen. Überlegen wir, welche Abweichungen vom Referenzfall das nach sich zieht (s. das rechte Bild in Abbildung IV.6). Das Absinken von $F'(L_t)$ bedeutet, dass die Arbeitsnachfragefunktion $L_t = (F')^{-1}(W_t/P_t)$ jedem Reallohn ein geringeres Beschäftigungsniveau zuordnet. D. h. die Phillips-Kurve verschiebt sich nach links. In der Gleichung für die QG-Kurve wird $F(L_t)$ im Zähler auf der rechten Seite kleiner (die Produktionsfunktion im Nenner bezieht sich auf die Vorperiode, hier ändert sich also nichts). Damit die Gleichung erfüllt bleibt, muss jeder Beschäftigung L_t eine höhere Inflationsrate g_{P_t} zugeordnet werden – die QG-Kurve verschiebt sich aufwärts. Da der negative Produktivitätsschock die Produktion senkt, müssen die Preise steigen, damit abzuwickelndes und abwickelbares Transaktionsvolumen übereinstimmen (s. Abschnitt IV.6). Das Gleichgewicht liegt oberhalb des Gleichgewichts im Referenzfall. Ist die Verschiebung von PK relativ zu der von QG stark genug, dann ist das Gleichgewicht ferner durch eine rückläufige Beschäftigung gekennzeichnet:

$$L_t < L^*, \; g_{P_t} > g_{M_{t-1}}.$$

Diese unangenehme Kombination von Stagnation und Inflation bezeichnet man als ***Stagflation*** (s. Kasten IV.17). Umgekehrt führt ein Anstieg der Produktivität zu sinkender Inflation bei möglicherweise steigender Beschäftigung.

IV.9 Monetarismus

Die in diesem Kapitel angestellten Überlegungen bilden das theoretische Fundament des ***Monetarismus***. Halten wir noch einmal die grundlegenden Ergebnisse fest: 1. Das

Beschäftigungsniveau, das bei konstanter Inflation erreicht wird, wird allein auf dem Arbeitsmarkt bestimmt (s. Abschnitt IV.4). *Auf lange Sicht*, d. h. bei konstanter Inflation, ist die durchschnittliche Beschäftigung also unabhängig von der Höhe der Inflationsrate, es gibt keinen langfristigen Tradeoff zwischen hoher Beschäftigung und niedriger Inflation. Geldmengenanstiege gehen voll in die Preise, die Inflationsrate steigt 1:1 mit der Wachstumsrate der Geldmenge (s. Abschnitt IV.7). 2. *Auf kurze Sicht* besteht ein Tradeoff zwischen dem Beschäftigungsniveau und Anstiegen der Inflationsrate (s. Abschnitt IV.4). Eine Erhöhung des Geldmengenwachstums erhöht kurzfristig sowohl die Inflation als auch BIP und Beschäftigung (s. Abschnitt IV.8). Aus diesen zentralen theoretischen Ergebnissen leiten die Monetaristen zwei wichtige und einflussreiche Forderungen an die Geldpolitik ab: 1. Zentralbankunabhängigkeit und 2. die Durchführung der Geldpolitik mittels einer Geldmengenregel.

1. Hintergrund der Forderung nach ***Zentralbankunabhängigkeit*** ist, dass eine von politischen Motiven geleitete Steuerung der Geldmenge zu zielgerichtet herbeigeführten, aber letztlich unnützen Schwankungen der Geldmenge führen kann. Regierungen haben Anreize, vor Wahlen kurzfristige Beschäftigungsgewinne auf Kosten von Inflation herbeizuführen – auch wenn die Disinflation nach der Wahl zu entsprechenden Beschäftigungseinbußen führt –, wenn der Wähler die hohe Beschäftigung am Wahltag bei seiner Stimmabgabe honoriert. Dies bedeutet unnötig starke Schwankungen von Geldmenge, Inflation und Beschäftigung. Zentralbankunabhängigkeit ist ein Commitment (eine Selbstbindung), die Geldpolitik von wahltaktischen Manövern zu isolieren und damit zu verstetigen, d. h. die von der Geldpolitik zielgerichtet herbeigeführten Geldmengenschwankungen möglichst einzuengen. (Zentralbankunabhängigkeit ist auch ein Commitment, Budgetdefizite nicht mit der Notenpresse zu finanzieren, was für die Vermeidung von hoher Inflation von zentraler Bedeutung ist, vgl. die Abschnitte IV.2 und IV.7.) Die Geldpolitik sollte daher an eine unabhängige Zentralbank delegiert werden, die allein darauf verpflichtet ist, die Geldwertstabilität zu gewährleisten.

2. In der geldpolitischen Praxis kann es sich als durchaus schwierig erweisen, die Geldmenge möglichst konstant zu halten, selbst wenn das das Ziel der Geldpolitik ist. Im Modell aus Abschnitt IV.5 beispielsweise sind für Konstanz der Geldmenge bei Schwankungen des Barhaltungskoeffizienten im Zeitablauf Änderungen des Volumens der Zentralbankkredite notwendig, die diese Schwankungen exakt kompensieren. Praktischer: Schichten Anleger Finanzvermögen zwischen Geldkomponenten und Nicht-Geld hin und her (z. B. durch das Auflösen von Aktiendepots in einer Baisse), dann ändern sich die Geldmengenaggregate. Solche Umschichtungen von Finanzvermögen zwischen monetären und nicht-monetären Titeln können insbes. durch Finanzinnovationen angestoßen werden. Weil die Geldpolitik auf das *durchschnittliche* Beschäftigungsniveau keinen Einfluss hat, sollte sie darauf abzielen – so die Monetaristen –, die Schwankungen der Geldmenge möglichst weitgehend zu reduzieren, um so die Schwankungen der Beschäftigung um ihren Durchschnittswert zu minimieren. Der nahe liegende Ratschlag der Monetaristen, wie das zu erreichen ist, lautet: Die unabhängige Zentralbank sollte eine ***Geldmengenregel*** verfolgen. D. h. ihr sollte als zentrale Zielgröße ein Geldmengenwachstumsziel vorgegeben werden, auf dessen Erreichung sie ihre Anstrengungen zu konzentrieren hat. Weil mit steigendem durch-

Kasten IV.18: Zentralbankunabhängigkeit

In den 1970er-Jahren gingen unter dem Einfluss von Friedmans Monetarismus Zentralbanken rund um die Welt zu größerer Unabhängigkeit und zu expliziten Geldmengenzielen über. Die wachsende Unabhängigkeit der Zentralbanken hat einen wesentlichen Beitrag zur Bekämpfung der Inflation geleistet. Hyperinflationen gibt es in den Industrienationen mit ihren unabhängigen Zentralbanken nicht mehr. Selbst zweistellige Inflationsraten sind seit Anfang der 1980er-Jahre nicht wieder aufgetreten. Statistische Studien bestätigen einen starken negativen Zusammenhang zwischen Zentralbankunabhängigkeit und Inflation. So ordnen ALESINA und SUMMERS (1993) 17 Länder nach steigender Zentralbankunabhängigkeit auf einer Skala von 1 bis 4 ein (mit 4 für die Bundesbank, 3,5 für die Fed, 2 für die Bank of England und die Banque de France). Das Ergebnis ihrer Studie ist (ALESINA and SUMMERS [1993, 154]):

„a near perfect negative correlation between inflation and central bank independence".

Wie wir später sehen werden (Kasten V.7), sind Geldmengenziele mittlerweile weitgehend wieder aufgegeben worden. Dies ändert aber nichts an der nachhaltigen Aufmerksamkeit, die Zentralbanken angesichts der resultierenden Inflationsrisiken auf die Geldmengenentwicklung richten.

schnittlichen Geldmengenwachstum gemäß unserem Modell die durchschnittliche Inflationsrate steigt (s. Abschnitt IV.7) und mit höherer durchschnittlicher Inflationsrate größere Schwankungen der Inflationsrate beobachtet werden (s. Abschnitt IV.2), sollte in dieser „k-Prozent-Geldmengenregel" ein relativ kleines k gewählt werden.

Einflussreich vertreten von Friedman, waren diese geldpolitischen Forderungen maßgeblich für einschneidende Änderungen der Geldpolitik seit den 1970er-Jahren (s. Kasten IV.18).

IV.10 Rationale Erwartungen

Die Art und Weise, in der wir die bisher in diesem Kapitel behandelten Modelle analysiert haben, entbehrt nicht einer gewissen Arroganz. Warum? Weil wir die ganze Zeit davon ausgehen, dass wir schlauer sind als die Individuen, die unsere Modelle „bewohnen". Diesen Individuen haben wir adaptive Inflationserwartungen unterstellt: Sie extrapolieren naiv die Inflation der Vorperiode in die Zukunft (A3 in Abschnitt IV.4). Wir dagegen bauen Modelle, die ergeben, wie hoch die Inflationsrate *wirklich* sein wird (plastisch zu sehen in Abbildung IV.6). Robert Lucas wies seit dem Anfang der 1970er-Jahre (LUCAS [1972]) mit Vehemenz auf diese Asymmetrie hin und machte einen Alternativvorschlag, für den er 1995 den Ökonomie-Nobelpreis erhielt: Nehmen wir fairerweise doch an, dass die Bewohner unserer Modelle genauso schlau sind wie wir. Sie kennen die Modellökonomie, in der sie wohnen, genauso gut wie wir, wenn wir sie von außen betrachten. Und sie bilden ihre Erwartungen über Makro-Variablen so wie wir, indem sie die Modellgleichungen lösen und die Lösungen als Erwartungen verwenden. Man spricht dann von ***rationalen Erwartungen***. In unserem einfachen Modell ist das viel leichter, als man vielleicht zunächst erwartet (es sei denn, man hat rationale Erwartungen). Es liegt nämlich keinerlei Unsicherheit vor, so dass rationale Erwartungen gleichbedeutend mit korrekten Erwartungen sind (man spricht dann synonym auch von ***perfekter Voraussicht***), d. h. erwartete Größen entsprechen den wirklich realisierten Größen. Das klingt immer noch, als führe es zu ernsten Schwierigkeiten, weil es eine Zirkularität in die Modelle trägt: Die erwarteten Größen haben einen Einfluss auf die wirklichen, die wiederum den erwarteten entsprechen. Tatsächlich gerät die Analyse trotz (oder wegen) dieser Zirkularität nicht schwieriger, sondern wesentlich einfacher. Darüber hinaus eröffnen sich neue profunde Einsichten bezüglich der Wirksamkeit der Geldpolitik. Ersetzen wir also die Annahme adaptiver Inflationserwartungen im Modell aus Abschnitt IV.4 (A3) durch:

A3: *Die Inflationserwartungen sind rational:*

$$P_t^e = P_t.$$

Aus A1, A2 und dieser neuen Annahme A3 folgt dann:

Theorem: *Der Reallohn entspricht immer dem Zielreallohn und die Beschäftigung immer L^*:*

$$\frac{W_t}{P_t} = 1, \; L_t = (F')^{-1}(1) \equiv L^*.$$

Beweis: Die Formel für W_t/P_t folgt aus A2 und A3, die Formeln für L_t aus A1 und der Definition von L^* in A2. *q. e. d.*

Dieses Theorem wird nach den Urhebern (SARGENT und WALLACE [1975]) das ***Sargent-Wallace-Politikunwirksamkeitstheorem*** (Policy inefficacy theorem) genannt. Es handelt sich hierbei wieder einmal um ein sehr unscheinbares und doch spektakuläres Ergebnis. Im Zusammenhang mit Friedmans Zurückweisung einer stabilen Phillips-Kurve sprach man von einer monetaristischen Revolution. Die Theorie rationaler Erwartungen geht noch einen Schritt weiter. Sie besagt, dass die Beschäftigung mit Geldpolitik *überhaupt* nicht über die angebotsseitig bestimmte natürliche Beschäftigung L^* gehoben werden kann, weder langfristig noch kurzfristig, weder bei konstanter noch bei sich beschleunigender Inflation. Aufgrund der Wichtigkeit dieses Ergebnisses erhielt der Monetarismus mit rationalen Erwartungen einen eigenen Namen – ***neuklassische Ökonomik*** – und Thomas Sargent 2011 den Ökonomie-Nobelpreis. Die neuklassische Ökonomik lieferte weitere Munition für die monetaristische Forderung nach unabhängigen, regelgebunden handelnden Zentralbanken (vgl. Kasten IV.18). Laut Sargent-Wallace-Politikunwirksamkeitstheorem kann – leider – mit Inflation die Wirtschaft nicht angekurbelt werden. Es gibt aber auch eine positive Lesart des Theorems. Im Modell mit adaptiven Inflationserwartungen aus Abschnitt IV.4 führt ***Disinflation*** (d. h. ein Absenken der Inflation, eine Wanderung nach links unten auf der Phillips-Kurve) zu Beschäftigungs- und BIP-Einbußen. Bei rationalen Erwartungen ist Disinflation dagegen nicht mit Beschäftigungs- und BIP-Einbußen verbunden. Das folgt direkt aus der Beobachtung, dass die Beschäftigung unabhängig von der Inflationsrate ist.

In den Abschnitten IV.7 und IV.8 haben wir das Phillips-Kurven-Modell (A1–A3) aus Abschnitt IV.4 um die Quantitätsgleichung (A4) erweitert, um Preisniveau und Inflationsrate bestimmen zu können. Verfahren wir nun analog mit unserem Modell mit rationalen Erwartungen, indem wir es um A4 aus Abschnitt IV.7 ergänzen, d. h. die Gültigkeit der Quantitätsgleichung annehmen. Der Einfachheit nehmen wir dabei wieder an, dass die Geldumlaufgeschwindigkeit v_t $(= v)$ im Zeitablauf konstant ist: $M_t = P_t Y_t / v$. Gemäß Sargent-Wallace-Politikunwirksamkeitstheorem gilt $L_t = L^*$ und damit $Y_t = F(L^*)$. Es folgt:

$$P_t = \frac{vM_t}{F(L^*)}.$$

Mit der analogen Formel für die Vorperiode,

$$P_{t-1} = \frac{vM_{t-1}}{F(L^*)},$$

folgt

$$g_{P_t} = g_{M_t}.$$

Die Inflationsrate entspricht immer der Wachstumsrate der Geldmenge, nicht nur auf lange Sicht. Bei rationalen (statt adaptiven) Erwartungen ist Inflation also nicht nur auf lange Sicht, sondern wirklich „immer und überall ein monetäres Phänomen“. Das unterstreicht die Sichtweise, dass man mit aktiver Geldpolitik wenig zu gewinnen, aber viel zu verlieren hat, und erhärtet damit die Forderung nach einer unabhängigen und regelgebunden handelnden Zentralbank.

Ist die in diesem Abschnitt eingeführte Annahme rationaler Inflationserwartungen der alternativen Annahme adaptiver Inflationserwartungen überlegen? Zweifel sind angebracht. Erstens belegen die in Kasten IV.7 erwähnten Umfrageergebnisse, dass adaptive Erwartungen verbreitet sind. Zweitens sind Disinflationsprozesse – anders als das bei rationalen Erwartungen der Fall sein sollte – i. d. R. mit schmerzhaften Rezessionen verbunden. Drittens liefern auch direkte Tests des neuklassischen Modells wenig bestätigende Resultate (s. Kasten IV.19). Empirisch kann die Hypothese rationaler Erwartungen also schwerlich Überlegenheit gegenüber rückschauend gebildeten Erwartungen reklamieren. Dennoch ist die Hypothese in der makroökonomischen Theorie dominierend (und wir verfolgen sie im folgenden Abschnitt weiter). Das stärkste – methodische – Argument für rationale Erwartungen ist: Erwartungen können auf nur eine Art und Weise korrekt sein, aber auf beliebig viele Arten und Weisen inkorrekt. Somit macht man sich gegen den Vorwurf der Beliebigkeit angreifbar, sobald man nicht Rationalität der Erwartungen annimmt.

IV.11 Zeitinkonsistenz der Geldpolitik

Kydland und Prescott (1977) und Barro und Gordon (1983) untermauern das monetaristisch-neuklassische Argument für eine regelgebundene Geldpolitik weiter: Sie zeigen, dass es für die Zentralbank von Vorteil sein kann, sich mittels einer geldpolitischen Regel geldpolitischer Entscheidungsspielräume zu entledigen.

Kasten IV.19: Tests des neuklassischen Modells

Nach der Theorie rationaler Erwartungen beeinflussen Geldmengenänderungen und Schwankungen der Inflationsrate das BIP nur insoweit, wie sie nicht rational vorhersehbar sind (wir gehen hier bei der Argumentation über den engen Rahmen unseres kleinen neuklassischen Modells hinaus, in dem es keine Unsicherheit über die Geldmenge gibt). Damit bietet sich folgender von BARRO (1977) vorgeschlagene zweistufige Test der neuklassischen Theorie an: Man schätzt zuerst eine Gleichung, mit der man Geldmengenprognosen machen kann. Die Änderung der Geldmenge gemäß dieser Prognose wird dann mit der rational erwarteten Geldmenge und dem geldpolitisch gewollten Teil der Geldmengenänderung identifiziert. Die Abweichungen der Geldmenge von der Prognose werden mit den unerwarteten Geldmengenänderungen, d. h. den nicht kontrollierbaren Geldmengenschwankungen gleichgesetzt. Die neuklassische Hypothese lässt sich dann wie folgt formulieren: Die unerwarteten Geldmengenänderungen beeinflussen das BIP, die rational erwarteten Geldmengenänderungen nicht. Erste ökonometrische Überprüfungen dieser Hypothese lieferten bestätigende Ergebnisse. Nach und nach gewannen aber die Studien die Oberhand, die die Hypothese verwarfen. Einflussreich war dabei eine Studie von MISHKIN (1982) für die USA 1954–76. In dieser Studie erweist sich von den jeweils 20 aktuellsten Quartalswerten für die unerwarteten Geldmengenänderungen nur der letzte als statistisch signifikant. Dagegen haben die acht jüngsten Werte des erwarteten Geldmengenwachstums einen signifikanten und quantitativ erheblich größeren Einfluss auf das BIP. MISHKIN (1982, 40) schließt:

„anticipated monetary policy does not appear to be less important than unanticipated monetary policy; rather the opposite seems to be the case".

Der Grund ist ein ***Zeitinkonsistenzproblem der Geldpolitik***. Angenommen, im neuklassischen Modell aus dem vorangegangenen Abschnitt hat die Zentralbank ein Beschäftigungsziel, das oberhalb von L^* liegt (zur Interpretation von L^* vgl. Abschnitt IV.4). Wegen rationaler Erwartungen kann sie dieses Ziel nicht erreichen – das besagt das Sargent-Wallace-Politikunwirksamkeitstheorem. Die Tatsache, dass sie aber stets *versucht ist*, es zu erreichen, hat eine wichtige Rückwirkung auf das Lohnsetzungsverhalten. Angenommen, die von der Zentralbank präferierte Inflationsrate ist null, und sie hat keine geldpolitische Regel. Wenn sie Nullinflation ankündigt, und die Lohnsetzer schenken dieser Ankündigung Glauben und verzichten entsprechend auf einen Inflationsausgleich bei den Lohnforderungen, dann hat die Zentralbank anschließend einen Anreiz, – abweichend von ihrer Ankündigung – durch Inflation den Reallohn zu senken, damit die Beschäftigung ihrem Beschäftigungsziel näher kommt. Die Ankündigung, ihre präferierte Inflationsrate von null zu realisieren, ist also nicht zeitkonsistent. Das antizipieren die Lohnsetzer. Sie setzen die Lohnforderungen so hoch an, dass die Zentralbank keinen Anreiz hat, die Inflationsrate noch über das Niveau heraus zu erhöhen, das zur Beschäftigung L^* führt. Im Endeffekt wäre es für die Zentralbank besser, die Inflationsrate auf null festzuschreiben und sich die Möglichkeit diskretionärer Entscheidungen zu nehmen (s. Kasten IV.20). So würde die Beschäftigung L^* ohne Inflation erreicht. U.a. für diese Einsicht erhielten Finn Kydland und Edward Prescott 2004 den Ökonomie-Nobelpreis.

Kasten IV.20: Homers Odyssee

Verschiedene Anekdoten illustrieren Zeitinkonsistenz und Commitments. Die bekannteste stammt aus dem Zwölften Gesang von Homers *Odyssee*, in dem Odysseus (die Zentralbank) sich an den Mast fesseln lässt (sich einer Regel unterwirft), um nicht dem Gesang der Sirenen zu folgen (Inflation zu kreieren):

„Erstlich erreichet dein Schiff die Sirenen; diese bezaubern / Alle sterblichen Menschen, wer ihre Wohnung berühret. / Welcher mit törichtem Herzen hinanfährt, und der Sirenen / Stimme lauscht, dem wird zu Hause nimmer die Gattin / Und unmündige Kinder mit freudigem Gruße begegnen; / Denn es bezaubert ihn der helle Gesang der Sirenen, / Die auf der Wiese sitzen, von aufgehäuftem Gebeine / Modernder Menschen umringt und ausgetrockneten Häuten. / Aber du steure vorbei, und verkleibe die Ohren der Freunde / Mit dem geschmolzenen Wachse der Honigscheiben, daß niemand / Von den andern sie höre. Doch willst du selber sie hören; / Siehe dann binde man dich an Händen und Füßen im Schiffe, / Aufrecht stehend am Maste, mit festumschlungenen Seilen: / Daß du den holden Gesang der zwo Sirenen vernehmest. / Flehst du die Freunde nun an, und befiehlst die Seile zu lösen; / Eilend feßle man dich mit mehreren Banden noch stärker!"

(Homer [8. Jhdt. v. Chr./2006, 142]).

Betrachten wir das im Rahmen des neuklassischen Modells aus dem vorangegangenen Abschnitt genauer. Wir vereinfachen dabei die Analyse, indem wir in A1 aus Abschnitt IV.4 eine konkrete Produktionsfunktion unterstellen:

A1: *Die Firmen haben die Produktionsfunktion* $F(L_t) = L_t^\alpha$ *mit* $0 < \alpha < 1$ *und damit die Arbeitsnachfragefunktion*

$$L_t = \left(\frac{\alpha P_t}{W_t}\right)^{\frac{1}{1-\alpha}}.$$

Die Nachfragefunktion ergibt durch Auflösen der Bedingung $F'(L_t) = \alpha L_t^{\alpha-1} = W_t/P_t$ nach L_t. A2 aus Abschnitt IV.4 wird unverändert beibehalten: Die Löhne werden eine Periode im voraus so gesetzt, dass bei korrekten Erwartungen das Reallohnziel erreicht wird. Aus der Arbeitsnachfrage in A1 folgt, dass die Beschäftigung beim Zielreallohn $W_t/P_t = 1$

$$L^* \equiv \alpha^{\frac{1}{1-\alpha}}$$

ist. Wir nehmen wieder an, dass beim Zielreallohn Arbeitslosigkeit vorliegt: $L^* < \bar{L}$. Mithilfe der Definition der Inflationsrate $g_{P_t} = P_t/P_{t-1} - 1$ folgt:

$$L_t = L^* \left[\frac{P_{t-1}(1 + g_{P_t})}{W_t}\right]^{\frac{1}{1-\alpha}}.$$

A3 wird aus Abschnitt IV.10 übernommen, die Erwartungen sind rational. Um das Entscheidungsverhalten der Zentralbank untersuchen zu können, müssen wir etwas über ihre Präferenzen sagen. Wir unterstellen, dass ihre Präferenzen durch eine „Verlustfunktion" ausgedrückt werden können, die angibt, wie stark die Aversion der

Zentralbank gegen Arbeitslosigkeit und Inflation ist. Diese Funktion laute:

$$V_t = \frac{\delta}{2}(\bar{L} - L_t)^2 + \frac{1}{2}g_{P_t}^2, \quad \delta > 0.$$

Darin gibt δ das relative Gewicht an, das die Zentralbank auf Arbeitslosigkeit $\bar{L} - L_t$ im Vergleich zu Inflation g_{P_t} legt. Unabhängig davon, wie die Geldpolitik gemacht wird, beträgt die Beschäftigung in einem Gleichgewicht mit rationalen Erwartungen $L_t = L^*$. Das – an ihrer Verlustfunktion gemessen – Beste, was aus Sicht der Zentralbank in einem Gleichgewicht mit rationalen Erwartungen möglicherweise zu erreichen ist, ist diese Beschäftigung L^* bei Nullinflation und somit

$$V_t = \frac{\delta}{2}(\bar{L} - L^*)^2.$$

Wir zeigen nun, dass das mit Regelbindung erreicht wird, während bei diskretionärem Entscheidungsspielraum ein höherer Verlust resultiert.

Bei ***regelgebundener Geldpolitik*** gilt:

A4: *Die Zentralbank setzt* $g_{P_t} = 0$ *exogen fest.*

Dann ist $P_t = P_{t-1}$. Der Zielreallohn gemäß A1 wird erreicht, indem $W_t = P_{t-1}$ gesetzt wird. Die Beschäftigung ist L^*, und es ergibt sich der obige minimale Verlust.

Bei ***diskretionärer (aktiver) Geldpolitik*** gilt stattdessen:

A4: *Die Zentralbank wählt, nachdem die Lohnsetzer* W_t *gewählt haben, die Inflationsrate* g_{P_t}, *die ihre Verlustfunktion* V_t *minimiert.*

Das Minimierungsproblem für die Zentralbank aus A4 ergibt sich, indem die unter A1 abgeleitete Gleichung für die Beschäftigung L_t in die Verlustfunktion eingesetzt wird:

$$V_t = \frac{\delta}{2}\left\{\bar{L} - L^*\left[\frac{P_{t-1}(1 + g_{P_t})}{W_t}\right]^{\frac{1}{1-\alpha}}\right\}^2 + \frac{1}{2}g_{P_t}^2.$$

Die Bedingung erster Ordnung für ein Minimum ist

$$\frac{\partial V_t}{\partial g_{P_t}} = -\delta\left\{\bar{L} - L^*\left[\frac{P_{t-1}(1 + g_{P_t})}{W_t}\right]^{\frac{1}{1-\alpha}}\right\}$$

$$\frac{1}{1-\alpha}\left[\frac{P_{t-1}(1 + g_{P_t})}{W_t}\right]^{\frac{1}{1-\alpha}}\frac{1}{1 + g_{P_t}}L^* + g_{P_t} = 0.$$

Der erste Summand in der Ableitung gibt an, um wie viel der Verlust durch die Beschäftigungsgewinne aus zusätzlicher Inflation abnimmt. Der zweite Summand (g_{P_t}) ist gemäß der Definition der Verlustfunktion der zusätzliche Verlust durch zusätzliche Inflation.

Fragen wir zunächst, ob Nullinflation und Beschäftigung L^* ein Gleichgewicht mit rationalen Erwartungen darstellen. Bei erwarteter Nullinflation wird in den Lohnverhandlungen $W_t = P_{t-1}$ gesetzt. Damit vereinfacht sich die Bedingung erster Ordnung für das Verlustminimierungsproblem der Zentralbank zu

$$\delta\left[\bar{L} - L^*(1 + g_{P_t})^{\frac{1}{1-\alpha}}\right]\frac{1}{1-\alpha}(1 + g_{P_t})^{\frac{\alpha}{1-\alpha}}L^* = g_{P_t}.$$

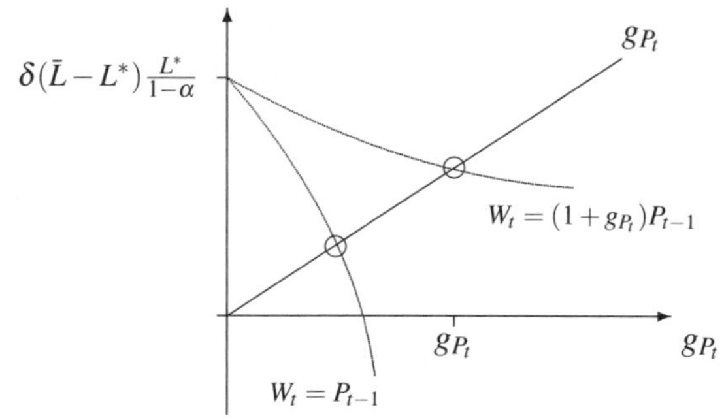

Abbildung IV.7: Zeitinkonsistenz der Geldpolitik

Das Problem hier ist, dass $g_{P_t} = 0$ diese Bedingung nicht erfüllt: Wie in Abbildung IV.7 dargestellt, ist die Verlustreduktion durch Mehrbeschäftigung (die mit $W_t = P_{t-1}$ gekennzeichnete Kurve) zunächst höher als der zusätzliche Verlust durch zusätzliche Inflation (die Gerade g_{P_t}). Die aus Sicht der Zentralbank beste Inflationsrate wird durch den Schnittpunkt der beiden Kurven festgelegt (die Funktion nimmt für $g_{P_t} = (\bar{L}/L^*)^{1-\alpha} - 1$ (> 0) den Wert null an, also existiert links davon ein Schnittpunkt). Die Lohnsetzer wissen also, dass die Zentralbank auf Lohnsetzung, die von Nullinflation ausgeht, mit positiver Inflation reagieren würde. Das widerspricht der Annahme rationaler Erwartungen (A3). Es gibt also kein Gleichgewicht mit Nullinflation. Das ist das Zeitkonsistenzproblem der Geldpolitik.

Wie erhalten wir das Gleichgewicht mit rationalen Erwartungen? Indem wir wie in Abschnitt IV.10 die erwartete und die realisierte Inflationsrate gleichsetzen: $W_t = P_t^e = P_t = (1+g_{P_t})P_{t-1}$ (s. A2, A3 und die Definition der Inflationsrate). Einsetzen in die Bedingung erster Ordnung und Vereinfachen liefert:

$$\delta(\bar{L} - L^*)\frac{1}{1-\alpha}\frac{1}{1+g_{P_t}}L^* = g_{P_t}.$$

Wie in Abschnitt IV.10 macht das Einbauen dieser „Schleife“ die Formeln nicht komplizierter, sondern einfacher. In Abbildung IV.7 stellt die mit $W_t = (1 + g_{P_t})P_{t-1}$ gekennzeichnete (fallende) Kurve die linke Seite der Bedingung dar. Bis zum (eindeutigen) Schnittpunkt mit der (steigenden) Geraden g_{P_t} wiegen die Beschäftigungsgewinne durch zusätzliche Inflation in der Verlustfunktion schwerer als die zusätzliche Inflation selbst, danach kehrt sich die Situation um. Der Schnittpunkt der beiden Kurven determiniert also die (eindeutige) gleichgewichtige Inflationsrate.

Theorem: *Mit regelgebundener Geldpolitik kann die Beschäftigung L^* bei Nullinflation erreicht werden. Mit diskretionärer Politik ergibt sich bei gleicher Beschäftigung eine positive Inflationsrate.*

Die gleichgewichtige Inflationsrate bei diskretionärer Geldpolitik hat die zu erwartenden Eigenschaften. Z. B. ist sie um so höher, je größeres Gewicht die Verlustfunktion auf Beschäftigung legt: Ein Anstieg von δ verschiebt die fallende Funktion in Abbildung IV.7 aufwärts und damit den Schnittpunkt mit der steigenden Geraden nach rechts. Man erkennt auch, dass der „Inflationsbias" diskretionärer Geldpolitik daraus resultiert, dass die Zentralbank das bei rationalen Erwartungen nicht erreichbare Beschäftigungsziel $\bar{L}$ verfolgt. Würde sie sich stattdessen mit L^* zufrieden geben und entsprechend $\bar{L}$ in ihrer Verlustfunktion V_t durch L^* ersetzen, dann wäre $g_{P_t} = 0$ die eindeutige Lösung der Bedingung erster Ordnung für Verlustminimierung.

Ein Zahlenbeispiel: Ist $\delta = 2$, $\bar{L} = 0{,}25$ und $\alpha = 0{,}4$, so dass $L^* = 0{,}2172$, dann ist die beste Antwort der Zentralbank auf die Erwartung von Nullinflation $g_{P_t} = 1{,}90\%$, im Gleichgewicht mit rationalen Erwartungen wird die gleichgewichtige Inflationsrate $g_{P_t} = 2{,}32\%$ korrekt antizipiert.

Dieses Ergebnis – die Überlegenheit von Regeln gegenüber diskretionärem Enscheiden – ist eines der zentralen Resultate der monetären Makroökonomik:

> „If there is anything about which modern macroeconomics is clear however – and on which there is substantial consensus – it is that policy rules have major advantages over discretion in improving economic performance"

(TAYLOR [1993, 197]). Es ist von erheblicher Bedeutung dafür, wie Zentralbanken heute Geldpolitik machen. Wir kommen hierauf zurück, wenn wir im nächsten Kapitel das Verhalten der Zentralbank über den Konjunkturzyklus beschreiben. Hier noch zwei Bemerkungen. Erstens: Der Begriff Regel bzw. Regelbindung beinhaltet nicht, dass eine Regel explizit in den Statuten der Zentralbank niedergeschrieben wäre. Worauf es ankommt, ist, dass die Entscheidungsabläufe in der Zentralbank so organisiert sind, dass sie nicht an kurzfristigen Beschäftigungsgewinnen orientiert sind, sondern den Marktteilnehmern signalisieren, dass die Inflation langfristig niedrig gehalten wird. Zweitens: Zentralbankunabhängigkeit ist eine notwendige Bedingung hierfür. Eine Zentralbank, die den Weisungen der Politik unterworfen ist, wird eine solche Geldpolitik nicht durchhalten können, wenn kurzfristige Beschäftigungsgewinne politisch opportun erscheinen.

Weiterführende Literatur

Die Kosten von Inflation fasst BRIAULT (1995) zusammen. BRUNO und EASTERLY (1996) geben einen kompakten und abgewogenen Überblick über den Zusammenhang zwischen Inflation und Wachstum. Eine umfassende Darstellung aller wichtigen institutionellen Details der EZB und ihrer Geldpolitik liefern GÖRGENS et al. (2008, Kap. I-III). Aktuelle und historische Zahlen zur Geldpolitik der EZB finden sich auf ihrer Website www.ecb.int. Alle wichtigen institutionellen Regelungen für die Fed und ihre Geldpolitik findet man in MISHKIN (2004). FRIEDMAN (1968) und LUCAS (1977) bieten berühmte und gut lesbare verbale Einführungen in die monetaristische bzw. die neuklassische Theorie. Eine bündige Zusammenfassung der theoretischen Entwicklungen von Monetarismus und Neuklassik findet sich in ARNOLD (2002, Kap. 3 und 4). Die neuere Literatur stützt sich auf Modelle mit Maximierungsverhalten (vgl. die Hinweise auf weiterführende Literatur in Kapitel II). Einen guten Einstieg bietet WALSH (2003, Kap. 2 und 3). Hierauf baut die momentan maßgebliche Monografie zur Geldtheorie *Interest and Prices* von WOODFORD (2003) auf, die allerdings sehr anspruchsvoll ist und vertiefte Kenntnisse in Makroökonomik und Finanzmarkttheorie voraussetzt. Die Zeitinkonsistenzdebatte hat eine breite spieltheoretische Literatur zur Geldpolitik losgetreten, die

z. B. in CUKIERMAN (1992) und ILLING (1997) zusammengefasst ist. Einen breiten Überblick über neue geldtheoretische Entwicklungen und institutionelle Details liefert HOLTEMÖLLER (2008).

Zusammenfassung der Grundüberlegung dieses Kapitels

1. Hohe Inflation ist ein ernstes Problem, weil sie mit großen Schwankungen der Inflationsrate einher geht, die starke Beschäftigungsschwankungen verursachen. Analog schwankt der reale Wert anderer nominaler Einkommensarten, was z. B. die private Vermögensanlage und die unternehmerische Investitionsplanung erschwert. Hinzu kommen Preisänderungskosten, Verzerrungen relativer Preise und kalte Progression. Heute haben die modernen Industrienationen die Inflation unter Kontrolle.

2. Bei Lohnsetzung unter adaptiven Inflationserwartungen ergibt sich die Friedmansche Phillips-Kurve. Das bei konstanter Inflation erreichbare Beschäftigungsniveau ist allein durch das Lohnsetzungsverhalten bestimmt, eine höhere Beschäftigung kann nur bei steigender Inflation erreicht werden.

3. Die Quantitätsgleichung besagt, dass das nominale BIP proportional zur Geldmenge ist. Geldmengenanstiege erhöhen also das nominale BIP.

4. Auf lange Sicht (bei konstanter Inflation) bedeutet ein Prozentpunkt mehr Geldmengenwachstum ein Prozentpunkt zusätzliche Inflation. In diesem Sinne ist „Inflation immer und überall ein monetäres Phänomen".

5. Auf kurze Sicht legen Phillips-Kurve und Quantitätsgleichung gemeinsam die Gleichgewichtswerte von Beschäftigung und Inflation fest. Die Inflationsrate kann aufgrund einer steigenden Geldmenge und/oder infolge sich verschlechternder Angebotsbedingungen steigen. Im zweiten Fall kommt es zu Stagflation.

6. Der Monetarismus betont die begrenzten Erfolgsaussichten und die schädlichen Folgewirkungen von Geldmengenänderungen und propagiert vor diesem Hintergrund das Delegieren der Geldpolitik an eine unabhängige Zentralbank, die einer Geldmengenregel folgt.

7. Rationale Erwartungen liegen vor, wenn die Individuen im Modell die Modellgleichungen lösen und die erhaltenen Lösungen als ihre Erwartungen verwenden. Ohne Unsicherheit sind rationale Erwartungen daher korrekte Erwartungen.

8. Bei korrekten Erwartungen gibt es nicht einmal eine im Zeitablauf instabile Phillips-Kurve vom Friedman-Typ. Das gleichgewichtige Beschäftigungsniveau ist allein durch das Lohnsetzungsverhalten bestimmt (Sargent-Wallace-Politikunwirksamkeitstheorem).

9. Diskretionäre Geldpolitk ist bei rationalen Erwartungen regelgebundener Politik unterlegen, weil die Durchsetzung niedriger Inflation an einem Zeitinkonsistenzproblem scheitert.

Schlüsselbegriffe

Inflation
Inflationsrate
Realzins
Menu costs
Inflationsaversion
reale und monetäre Modelle

Phillips-Kurve
adaptive Inflationserwartungen
Friedmansche Phillips-Kurve
Geld
Zentralbank (Notenbank)
EZB
Fed
Reserven
Einlagen
Mindestreserven
Anbindungsfunktion
Zentralbankkredite
Offenmarktgeschäfte
Leitzins
Geldmarkt
Geldschöpfung
Geldschöpfungsmultiplikator
Quantitätsgleichung
Geldumlaufgeschwindigkeit
Stagflation
Monetarismus
Zentralbankunabhängigkeit
Geldmengenregel
rationale Erwartungen
perfekte Voraussicht
Sargent-Wallace-Politikunwirksamkeits-theorem
neuklassische Ökonomik
Zeitinkonsistenzproblem der Geldpolitik
regelgebundene Geldpolitik
diskretionäre (aktive) Geldpolitik
Disinflation

Kapitel V

Konjunktur

„The world needs more global demand."
Larry Summers, Chef-Wirtschaftsberater von US-Präsident Barack Obama im März 2009

V.1 Konjunkturzyklen

Wie wir in Kapitel II (Kasten II.1) sahen, wächst die Arbeitsproduktivität seit vielen Jahrzehnten mit einer durchschnittlichen jährlichen Rate von gut 2%. Die Arbeitsstunden pro Beschäftigter sanken um durchschnittlich 0,5% pro Jahr, und die Anzahl von Beschäftigten stieg um 0,5–1,5%. Damit wuchs das reale BIP um ca. 2–3% pro Jahr. Während all dieser Jahrzehnte betrug das Wachstum des BIPs aber nicht gleichmäßig jedes Jahr 2–3%. Der Wachstumsprozess ist vielmehr durch ***Konjunkturzyklen*** gekennzeichnet: Phasen von rund fünf bis sieben Jahren Länge, während derer das BIP-Wachstum zunächst im Aufschwung über den Durchschnittswert hinaus steigt (i. d. R. bis auf 3–5%) und anschließend im Abschwung (der Rezession) darunter fällt (i. d. R. auf 1% bis −1%, in der tiefen Rezession 2009 infolge der Finanzkrise ab 2007 weit darunter, bis auf −5,1%, s. Abbildung V.1). Mit anderen Worten: Das BIP schwankt mit gewisser Regelmäßigkeit um einen steigenden Trend. Das wird stilisiert in Abbildung V.2 veranschaulicht. Dieses zyklische Verhalten des BIPs steht insbes. wegen der Probleme im Abschwung im Zentrum des wirtschaftspolitischen Interesses. In der Presse hat sich mittlerweile die „technische Definition"

Reales BIP-Wachstum in Deutschland 1970-2011

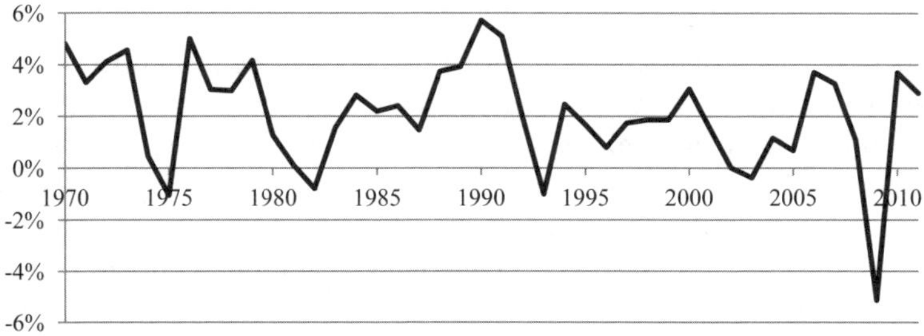

Bis 1990: früheres Bundesgebiet in 1995er-Preisen, ab 1991: Deutschland auf Vorjahrespreisbasis,
Quellen: www.sachverstandigenrat-wirtschaft.de, www.destatis.de

Abbildung V.1: BIP-Wachstum in Deutschland 1970–2011

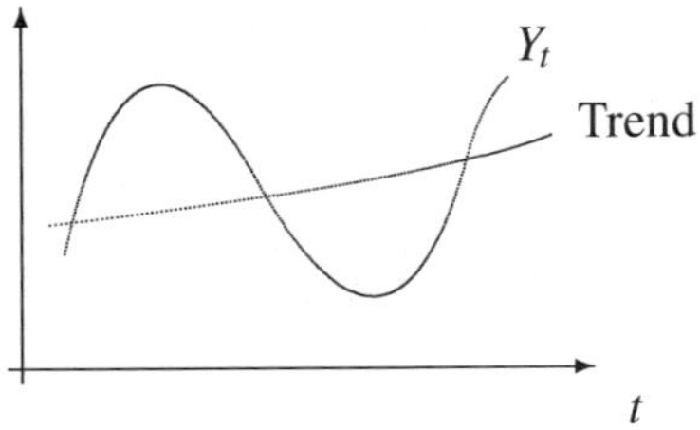

Abbildung V.2: Trend und zyklische Komponente des BIPs

durchgesetzt, nach der eine Rezession vorliegt, wenn das BIP saisonbereinigt zweimal nacheinander im Vergleich zum jeweiligen Vorquartal fällt. (Die Unterteilung des BIPs in Trend und zyklische Komponente ist eine Wissenschaft für sich, mit der wir uns an dieser Stelle aber nicht aufhalten wollen. Zur Überprüfung, ob die technische Definition einer Rezession erfüllt ist, bedarf es keiner Trendbereinigung.) Viele wichtige Makro-Größen weisen deutliche Regelmäßigkeiten im Konjunkturzyklus auf. Manche Variablen verhalten sich ***prozyklisch***, d. h. sie steigen im Aufschwung und fallen im Abschwung: z. B. Investitionen, Konsum, Zinsen, Geldmengenwachstum und Inflation. Andere Größen sind ***antizyklisch*** und fallen im Aufschwung: z. B. die Arbeitslosigkeit. Wieder andere Variablen sind ***azyklisch***, d. h. sie ändern sich nicht systematisch im Verlauf eines Konjunkturzyklus. Das trifft z. B. auf die Reallöhne zu. Von besonderem Interesse sind dabei sogenannte ***vorlaufende Indikatoren***, die – egal ob pro- oder antizyklisch – konjunkturelle BIP-Schwankungen bereits im Vorhinein ankündigen. Hierzu zählen Lagerinvestitionen, Gewinne, Auftragseingänge und das Geschäftsklima (in Deutschland regelmäßig erhoben in Form des ifo-Geschäftsklimaindex, s. Abschnitt V.12). Schwankungen des BIPs, begleitet von den genannten Regelmäßigkeiten anderer Makro-Variablen, werden auch in allen anderen Industrienationen beobachtet. Und rund um die Welt wird es als eine Hauptaufgabe der Wirtschaftspolitik angesehen, diese Konjunkturschwankungen zu glätten, um damit die BIP-Ausfälle und die Anstiege der Arbeitslosigkeit in Rezessionen zu verkleinern.

In diesem Kapitel untersuchen wir, warum das BIP nicht gleichmäßig wächst, sondern Konjunkturzyklen aufweist, und was die Wirtschaftspolitik zur Stabilisierung des BIPs tun kann. Abschnitt V.2 argumentiert, warum man Konjunkturschwankungen am besten „keynesianisch", d. h. durch die aggregierte Nachfrage, erklärt, und nicht mit Modellen, die die Angebotsseite in den Vordergrund stellen. Abschnitt V.3 stellt das einfachste keynesianische Modell zur BIP-Bestimmung vor, das Einkommen-Ausgaben-Modell, in dem die Investitionen exogen sind. Abschnitt V.4 erklärt, dass Zinsabhängigkeit der Investitionen eine bessere Annahme ist. Abschnitt V.5 stellt heraus, dass das Verhalten von Zentralbanken gut durch eine Regel beschrieben werden kann (vgl. Abschnitte IV.9 und IV.11), nach der die Zinsen gesteuert werden. Hiermit ausgerüstet, entwickeln wir in den Abschnitten V.6 und V.7 unser grundlegendes Konjunkturmodell, das IS-TR-Modell. Darin bestimmen aggregierte Nachfrage und die Zinsregel der Zentralbank simultan das BIP und die Zinsen. Das IS-TR-Modell ist eine moderne Alternative zum bekannten IS-LM-Modell, mit dem

HICKS (1937), Ökonomie-Nobelpreisträger 1972, nur ein Jahr nach dem Erscheinen der *General Theory* die Essenz der keynesianischen Theorie in zwei Formeln zusammenfasste. Die Abschnitte V.8–V.10 diskutieren Maßnahmen zur Stabilisierung der Konjunktur. Abschnitt V.11 argumentiert vor dem Hintergrund unseres Konjunkturmodells, warum Deflation (ein Sinken des Preisindex, negative Inflationsraten) schädlich sein kann. Die Modelle in diesem Kapitel sind statisch, erklären also nur die Bestimmung des BIPs in einem Zeitpunkt, sie erklären nicht die Bewegungen im Zeitablauf, d. h. Konjunktur*zyklen*. Das wird in Abschnitt V.12 verbal, ohne ein Modell, nachgeholt.

V.2 Real business cycles versus Keynes

Was sind die Gründe für Konjunkturschwankungen? Warum wächst das BIP mal langsamer, mal schneller? Die sogenannte ***Real-business-cycle- (RBC-) Schule*** (und ihr Vorläufer, die klassische Theorie von vor 1936) sieht hierin das Ergebnis sich ändernder Produktionsbedingungen in einem vollkommenen Marktsystem. Das Interessante am RBC-Ansatz ist, dass er Wachstum und Konjunktur auf die gleiche Art und Weise, in einem einzigen Modell, erklärt. Die Ökonomie wird durch ein leicht variiertes Solow-Modell (vgl. Abschnitt II.5) beschrieben, in dem im Durchschnitt positiver, aber fluktuierender technischer Fortschritt sowohl im Durchschnitt positives Wachstum als auch Konjunkturzyklen erklärt. Konkret liegen der RBC-Theorie zwei zentrale Prämissen zugrunde. Erstens: Das technische Wissen A_t in der Produktionsfunktion $Y_t = K_t^{\alpha}(A_t L_t)^{1-\alpha}$ (s. Abschnitt II.5) wächst nicht gleichmäßig, sondern im Zeitablauf schwankend: Manchmal gibt es viel technischen Fortschritt (A_t wächst stark), manchmal wenig oder vielleicht sogar Rückschritt (A_t steigt schwach oder fällt). Zweitens: Die drei Inputs der Produktionsfunktion bestimmen sich alle angebotsseitig, der Kapitalstock K_t durch die Investitionen der Vergangenheit, das technische Wissen A_t durch technischen Fortschritt und die Beschäftigung L_t als Vollbeschäftigungsniveau in einem vollkommenen Arbeitsmarkt (s. Abschnitt III.5), wobei (anders als wir das in diesem Buch tun) ein lohnelastisches, d. h. mit steigenden Löhnen zunehmendes Arbeitsangebot unterstellt wird (vgl. Abschnitt III.3). Die unterstellten Schwankungen des technischen Wissens liefern einen Ansatz zur Erklärung von konjunkturellen Schwankungen des BIPs: Bei großen technischen Fortschritten ist das BIP-Wachstum wegen hoher Produktivität ohnehin hoch. Zudem wird dann viel investiert und, weil die Löhne hoch sind (und das Arbeitsangebot lohnelastisch ist), viel Arbeit angeboten, was die expansiven Impulse noch verstärkt. Spiegelbildlich verursacht langsamer technischer Fortschritt eine Rezession.

Das zentrale Problem dieser Angebotssichtweise ist, dass 1. ungleichmäßiger technischer Fortschritt in Verbindung mit 2. prozyklischen Investitionen und 3. prozyklischem Arbeitsangebot eine theoretisch zwar durchaus elegante, aber empirisch nicht tragfähige Erklärung für Konjunkturzyklen liefert. 1. Es ist weder in Expansionen und noch weniger in Rezessionen erkennbar, welche produktivitätssteigernden bzw. -mindernden Einflüsse die BIP-Schwankungen auslösen sollten. Wenn die tech-

Kasten V.1: Weltwirtschaftskrise

		1930	1931	1932	1933	kumuliert
D	Wachstum	−7,0%	−10,8%	−9,6%	/	−25%
	Inflation	−5,4%	−9,3%	−11,2%	/	−23,8%
USA	Wachstum	−10,0%	−8,9%	−13,4%	−2,8%	−31,0%
	Inflation	−2%	−8%	−10%	−5%	−23%

Die Weltwirtschaftskrise (Great Depression) 1929–33 ist der bislang schwerste konjunkturelle Einbruch in der kapitalistischen Geschichte. Sie begann mit dem Crash an der New Yorker Börse. Nachdem der Dow-Jones-Industrial-Average-(DJIA-) Index von seinem Höchstwert von 381 Punkten im September 1929 auf 326 am 22. Oktober 1929 gefallen war, fiel er innerhalb einer Woche (mit dem „Schwarzen Freitag“, dem 25. Oktober 1929) auf 230 Punkte. In den vier Jahren bis 1933 sank das reale US-BIP um über 30%, erst 1939 wurde wieder das Niveau von 1929 erreicht. Die Industrieproduktion sank gleichzeitig um über die Hälfte und die Investitionen um über drei Viertel, während die Arbeitslosenquote von 3,2% auf 25,2% (36,3% unter den Industriearbeitern) stieg. Der DJIA-Index fiel weiter bis auf 41 Punkte im Juli 1932, und das Preisniveau sank um durchschnittlich 6,3% jährlich. Das führte zum einen zu hohen Realzinsen (Zinsen minus Inflation, s. Abschnitt IV.2) von über 6% trotz eines Nominalzinses von nahe null. Zum anderen blähte die Deflation die Schuldenlast von Firmen und Haushalten auf (Schuldendeflation). Der Anteil des Schuldendiensts am BIP stieg von 9% in 1929 auf 20% in 1933. Die aggregierten Unternehmensgewinne waren negativ. Bis Februar 1933 gingen monatlich Banken mit Einlagen zwischen $ 4,7 Mio. und $ 471,4 Mio. Pleite. Nach Bankenpleiten mit einem Einlagenvolumen von $ 3,3 Mrd. wurden im März 1933 die Banken geschlossen (Bank holiday). Bis zu diesem Zeitpunkt waren seit 1930 über 50% der amerikanischen Banken Pleite gegangen.

In Deutschland fiel das reale BIP in den Jahren 1930, 1931 und 1932 mit jährlichen Raten von 7,0%, 10,8% und 9,6%, insgesamt also um 25,0% bis zum Tiefpunkt 1932. Die Industrieproduktion sank um 40%. Die Arbeitslosigkeit stieg währenddessen von 2,3 Millionen im März 1930 auf 6,0 Millionen im März 1932, unter Industriearbeitern betrug 1932 die Quote 43,8%. Deflationsraten von 5,4%, 9,3% und 11,2%, mitbegründet durch eine per Notverordnung der Brüning-Regierung verordnete 10%-ige Preissenkung (Deflationspolitik) senkten den Preisindex innerhalb von drei Jahren um 23,8%. Neben der Deflationspolitik betrieb Deutschland zudem eine Hochzins- und Sparpolitik. Bei Nominalzinsen von durchweg über 7% stieg der Realzins 1932 auf 19,6%. Auch Deutschland erlebte eine Bankenkrise. Am Ende der Weltwirtschaftskrise brach die Weimarer Republik zusammen, und die Nationalsozialisten kamen, nachdem sie schon bei den Reichstagswahlen 1930 stark hinzu gewonnen hatten, an die Macht. Die meisten anderen Industrieländer waren von der Weltwirtschaftskrise ebenfalls erheblich betroffen.

nologischen Anstöße so wichtig für die Konjunktur sind, fragen die Kritiker suggestiv, „warum liest man nichts über sie im *Wall Street Journal*?". 2. Weil der Kapitalstock eine Bestandsgröße ist, die durch Investitionen im Verlauf vieler Jahre aufgebaut wurde, verändert er sich durch die Investitionen eines Quartals oder eines Jahres prozentual nur schwach. 3. In Abschnitt III.3 haben wir gesehen, dass das Arbeitsangebot allenfalls nur schwach lohnelastisch ist, so dass die Beschäftigung in einem Vollbeschäftigungsgleichgewicht nicht stark schwanken kann. Wichtiger noch: Die Beschäftigungsschwankungen über den Konjunkturzyklus resultieren zum größten Teil aus Bewegungen in die und aus der Arbeitslosigkeit, nicht aus Änderungen der gearbeiteten Stunden pro Beschäftigter. Will man das als ein Arbeitsangebots-, nicht als ein Arbeitslosigkeitsphänomen erklären, so muss man behaupten, dass im Verlauf des Konjunkturzyklus eine beträchtliche Anzahl von Erwerbstätigen den Arbeitsplatz in Rezessionen wegen als zu niedrig empfundener Löhne freiwillig aufgibt, um sich im nächsten Aufschwung einen neuen Job zu suchen. MUSSA (1998, 384) formuliert dieses Problem sehr pointiert:

> „The notion that adverse downward movements in total technology cause recessions is just plain silly. This is the theory according to which the 1930s should be known not as the Great Depression but as the Great Vacation."

Schaut man ins *Wall Street Journal* oder in eine andere Zeitung, dann wird folgerichtig die konjunkturelle Entwicklung nicht hauptsächlich vor dem Hintergrund von Angebotsbedingungen diskutiert, sondern vielmehr, indem gefragt wird, wie sich die Konsum*nachfrage*, die Investitions*nachfrage*, die Staats*nachfrage* und die Export*nachfrage* entwickeln werden. Wenn die RBC-Sichtweise korrekt wäre, dann wären all diese Diskussionen irrelevant, weil sie allenfalls erklärten, wie sich das angebotsseitig bestimmte BIP auf die einzelnen Nachfragekomponenten verteilte (das ist Says Theorem, das weiter unten genauer erläutert wird). Die Mehrheit der Ökonomen hält aber die RBC-Erklärung für nicht tragfähig und führt Konjunkturschwankungen auf Bewegungen der (gesamtwirtschaftlichen) ***aggregierten Nachfrage*** zurück. Dies ist die Sichtweise, die KEYNES (1936) unter dem Eindruck der ***Weltwirtschaftskrise*** 1929–33 (s. Kasten V.1) in seiner *General Theory of Employment, Interest and Money* prägte und mit der er die Konjunkturtheorie revolutionierte. In den Kapiteln II und III haben wir Wachstum und Arbeitslosigkeit von der Angebotsseite her erklärt. In diesem Kapitel kommen wir zur keynesianischen Erklärung von Konjunkturschwankungen von der Nachfrageseite her. Damit folgen wir, wie gesagt, weiter dem ökonomischen Mainstream, wie er beispielsweise in SOLOWS (1997, 230) Antwort auf die Frage „Is There a Core of Usable Macroeconomics We Should All Believe In?" Ausdruck findet:

> „I think it is part of the common core of macroeconomics that the trend movement is predominantly driven by the supply side of the economy [...] In my picture of the usable common core of macroeconomics, [...] fluctuations are predominantly driven by aggregate demand impulses"

V.3 Einkommen-Ausgaben-Modell

Wir beginnen mit dem einfachsten keynesianischen Modell, dem ***Einkommen-Ausgaben-Modell***. Das Einkommen-Ausgaben-Modell setzt sich aus vier Bausteinen zusammen:

A1: *Der Konsum ergibt sich aus der Konsumfunktion:*

$$C = \bar{C} + c(Y - T), \quad \bar{C} > 0,\ 0 < c < 1.$$

A2: *Die Investitionen I sind exogen.*

A3: *Die Güternachfrage Y^d setzt sich aus Konsum C, Investitionen I und den ebenfalls exogenen Staatsausgaben G zusammen:*

$$Y^d \equiv C + I + G.$$

A4: *Die Firmen produzieren genau so viel wie nachgefragt wird:*

$$Y = Y^d.$$

A1 unterstellt die Gültigkeit der Konsumfunktion aus Abschnitt II.4. Wir betrachten in diesem Kapitel eine geschlossene Volkswirtschaft (ohne Auslandseinkommen). Vernachlässigen wir ferner Produktionsabgaben und Abschreibungen. Dann stimmt das Volkseinkommen mit dem BIP Y überein, und A1 besagt, dass der Konsum eine Funktion des verfügbaren Einkommens $Y - T$ ist. (Die Berücksichtigung von Abschreibungen wäre hier anders als in Kapitel II einfach zu erledigen, weil wir ein statisches Modell betrachten, in dem die Abschreibungen auf den in der Vergangenheit akkumulierten Kapitalstock eine exogene Größe sind.) Die Konstante $\bar{C}$ nennen wir hier den autonomen (d. h. von Einkommensänderungen unabhängigen) Konsum. Gemäß A2 hängen die Investitionen von keiner endogenen Variable des Modells ab, auch beispielsweise nicht von den Zinsen. Dies wird sich als eine entscheidende Annahme herausstellen, die wir später ausführlich diskutieren. Gemäß A3 setzt sich die Nachfrage nur aus den heimischen Nachfragekomponenten zusammen. Importe und Exporte werden in Kapitel VI eingeführt. Nach A4 produzieren die Firmen nicht auf Lager, sondern orientieren sich an der aktuellen Nachfragesituation.

Einsetzen von A1 in A3 ergibt die aggregierte Nachfragefunktion:

$$Y^d = \bar{C} + c(Y - T) + I + G.$$

Einsetzen in A4 und Auflösen nach Y liefert:

Satz: *Das gleichgewichtige BIP entspricht*

$$Y = \frac{\bar{C} - cT + I + G}{1 - c}.$$

Grafisch ergibt sich dieses Y aus dem Diagramm in Abbildung V.3. Darin sind über Y die oben hergeleitete aggregierte Nachfragefunktion Y^d und die Funktion $Y = Y$ (d. h. die 45 °-Linie) abgetragen. $Y^d = Y$ gilt da, wo die aggregierte Nachfragekurve Y^d die

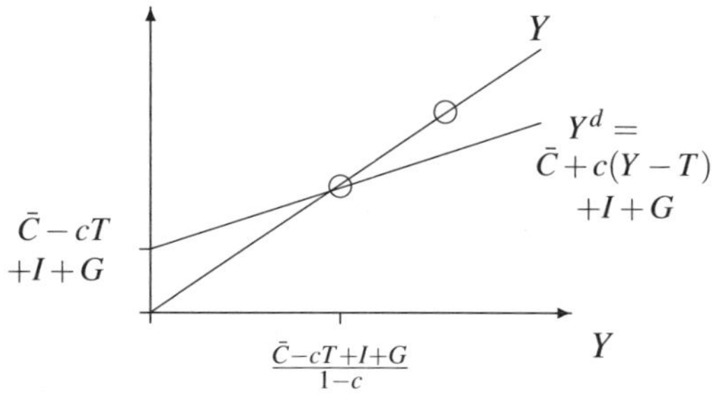

Abbildung V.3: Einkommen-Ausgaben-Modell

45 °-Linie $Y = Y$ schneidet. Wir nehmen an, dass der Ordinatenschnitt der aggregierten Nachfragefunktion (der Zähler im Ausdruck für Y in dem Satz) positiv ist. Weil die Steigung c der aggregierten Nachfragekurve Y^d zwischen 0 und 1 liegt, gibt es dann einen solchen Schnittpunkt. Abbildung V.3 illustriert auch, warum höhere BIP-Niveaus nicht als Gleichgewicht in Frage kommen: Für $Y > (\bar{C} - cT + I + G)/(1-c)$ ist $Y^d < Y$ – es ist nicht genügend aggregierte Nachfrage vorhanden, damit das BIP vollständig abgesetzt werden könnte. Folglich werden die Firmen ein solches BIP von vornherein nicht auf den Markt bringen.

Um die gleichgewichtige Beschäftigung L zu bestimmen, muss das Modell um einen fünften Baustein ergänzt werden:

A5: *Die Produktionsfunktion lautet* $Y = F(L)$. *Die Nachfrage der Firmen nach Arbeit beträgt*

$$L = F^{-1}(Y).$$

In der Produktionsfunktion sind wie schon in Kapitel III das Kapital K_t und das technische Wissen A_t exogen und daher nicht ausdrücklich aufgeführt (vgl. Abschnitt IV.4). A5 besagt, dass die Unternehmen gerade so viel Arbeit nachfragen, wie sie zur Herstellung des gleichgewichtigen BIPs Y benötigen. (Man darf die Inverse der Produktionsfunktion $F^{-1}(Y)$ nicht mit der Arbeitsnachfragefunktion $(F')^{-1}(W/P)$, d. h. der Inversen der Grenzproduktivitätsfunktion, verwechseln.) Das gleichgewichtige Beschäftigungsniveau erhält man, indem man das Gleichgewichts-BIP in A5 einsetzt:

$$L = F^{-1}\left(\frac{\bar{C} - cT + I + G}{1-c}\right).$$

Das keynesianische Einkommen-Ausgaben-Modell verkörpert die Essenz der keynesianischen Theorie und macht dabei einen recht schlichten Eindruck. Was ist dann so revolutionär an der keynesianischen Theorie? Revolutionär an ihr ist, dass sie die bis 1936 vorherrschende klassische Theorie mit ihrer Fixierung auf die Angebotsseite (und damit die RBC-Schule im Vorgriff gleich mit) umdreht und auf den Kopf stellt. Stellen wir die Bestimmung des BIPs in den Angebotstheorien aus den Kapiteln II und III einerseits und im Einkommen-Ausgaben-Modell andererseits gegenüber. In der Wachstumstheorie (Kapitel II) bestimmen die Faktorausstattungen (K_t und L_t)

und die Technologie (A_t) direkt über die Produktionsfunktion und unabhängig von der Nachfrageseite das BIP $Y_t = K_t^{\alpha}(A_t L_t)^{1-\alpha}$. Bei Arbeitslosigkeit (Kapitel III) muss man erst bestimmen, welcher Teil L^* (bzw. L_I) des Arbeitsangebots ($\overline{L}$) Beschäftigung findet. Aber dies entscheidet sich allein auf dem Arbeitsmarkt, und die Produktionsfunktion liefert dann wieder das BIP $Y = F(L^*)$. Wir mussten nicht einmal ein Wort dazu sagen, wie sich Y auf Konsum und Investitionen verteilt! (Wir taten das trotzdem am Rande, am Schluss von Abschnitt III.5.) Kurz: Die *Beschäftigung bestimmt sich angebotsseitig, und die Produktionsfunktion bestimmt dann das BIP.* Im Einkommen-Ausgaben-Modell dagegen bestimmen Konsum-, Investitions- und Staatsnachfrage über den Gütermarkt das BIP. Die (invertierte) Produktionsfunktion wird dann benutzt, um die zur Herstellung notwendige Beschäftigung $L = F^{-1}(Y)$ zu ermitteln. Kurz: *Das BIP bestimmt sich nachfrageseitig, und die Produktionsfunktion bestimmt dann die Beschäftigung.* BIP und Beschäftigung werden also auf genau umgekehrte Art und Weise bestimmt – das ist die ***keynesianische Revolution***.

Wie kommt es zu diesem Widerspruch – angebotsseitige Bestimmung des BIPs in der klassischen Theorie gegenüber nachfrageseitiger Bestimmung in der keynesianischen Theorie? Vernachlässigten die Klassiker die Nachfrageseite zu Recht oder zu Unrecht? Jedenfalls hatten sie dabei ein gutes Argument, nämlich ***Says Theorem***. Laut SAY (1803) *schafft sich jedes Angebot seine Nachfrage*. Um zu sehen, wie das funktioniert, vernachlässigen wir einfachheitshalber neben Abschreibungen, Auslandseinkommen und Produktionsabgaben auch noch Einkommensteuern ($T = 0$) und Staatsausgaben ($G = 0$). Weil das Volkseinkommen mit dem BIP übereinstimmt, entsteht im Produktionsprozess Einkommen in Höhe des BIPs Y. Dieses Einkommen verteilen die Haushalte auf Konsum C und Ersparnis. Wird die Ersparnis in vollem Umfang als Investitionskapital nachgefragt (Ersparnis $= I$), so folgt Says Theorem:

$$Y = C + \text{Ersparnis} = C + I \equiv Y^d.$$

Sowohl in der klassischen Theorie (hier gemäß Says Theorem) als auch im keynesianischen Einkommen-Ausgaben-Modell (hier gemäß A4) gilt also $Y = Y^d$. Dennoch liegt der grundlegende Unterschied zwischen den beiden Theorien in eben dieser Formel begründet. $Y = Y^d$ spielt nämlich in den beiden Theorien völlig unterschiedliche Rollen. In der klassischen Theorie schafft sich jedes Angebot Y seine Nachfrage, d. h. $Y = Y^d$ gilt *für jedes* Y. Im keynesianischen Einkommen-Ausgaben-Modell gibt es dagegen nur *ein einziges* Y, bei dem $Y = Y^d$ gilt, nämlich das gleichgewichtige BIP $Y = (\bar{C} + I)/(1 - c)$. Es ist auch ganz transparent, warum Says Theorem hier nicht gilt: Die Voraussetzung, dass jede Ersparnis in vollem Umfang in Investitionen umgesetzt wird, ist verletzt. Steigt Y über das gleichgewichtige BIP hinaus, dann steigt der Konsum um den Bruchteil c des Anstiegs von Y. Der verbleibende Teil $1 - c$ wird gespart, aber nicht in Investitionen umgesetzt, denn die sind nach A2 ja exogen. Folglich steigt Y^d nur um den Bruchteil c des Y-Anstiegs, das zusätzliche Angebot schafft sich nicht seine Nachfrage (zum Fall, dass auch die Investitionen steigen, s. Aufgabe V.10).

An dieser Stelle muss eine wichtige Anmerkung zur Interpretation des Einkommen-Ausgaben-Modells gemacht werden. Wir wollen das Einkommen-Ausgaben-Modell ja nur zur Erklärung von Konjunkturschwankungen heranziehen, d. h. zur

Erklärung der Abweichungen des BIPs vom Trend und nicht zur Erklärung des Trends selbst (s. Abschnitte V.1 und V.2). Das Trend-BIP $Y^* \equiv F(L^*)$ ergibt sich – wie in Kapitel III erklärt – aus der Produktionsfunktion $Y = F(L)$ und der auf dem Arbeitsmarkt bestimmten Beschäftigung bei rein struktureller Arbeitslosigkeit $L = L^*$. In Kapitel IV (s. insbes. Abschnitt IV.4) haben wir L^* als die Beschäftigung beim Zielreallohn der Lohnsetzer interpretiert und gezeigt, dass bei konstanter Inflation die Beschäftigung im Durchschnitt L^* ist. Wir müssen daher das Einkommen-Ausgaben-Modell wie folgt interpretieren. Im Mittel entspricht das BIP $Y^* \equiv F(L^*)$, und es gilt

$$Y^* = \bar{C} + c(Y^* - T) + I + G.$$

D. h. beim durchschnittlichen BIP Y^* (linke Seite der Gleichung) ist die aggregierte Nachfrage (rechte Seite) gerade so hoch, dass das Y^* abgesetzt werden kann. Das geht nicht aus dem Einkommen-Ausgaben-Modell hervor, sondern das ist die Interpretation, die wir wählen, um es als ein Konjunkturmodell interpretieren zu können. Das Einkommen-Ausgaben-Modell erklärt, was passiert, wenn sich, von dieser Situation ausgehend, die autonome Konsumnachfrage $\bar{C}$ und/oder die Investitionsnachfrage I vorübergehend ändert: Sinkt $\bar{C}$ oder I, dann fällt Y unter seinen Trendwert Y^* und L unter L^*, und neben der strukturellen Arbeitslosigkeit $\overline{L} - L^*$ existiert auch noch ***konjunkturelle Arbeitslosigkeit*** im Umfang $L^* - L$. Steigt $\bar{C}$ oder I, dann steigt Y über Y^* und L über L^*, und die Arbeitslosigkeit $\overline{L} - L$ fällt unter das strukturelle Niveau $\overline{L} - L^*$, d. h. die konjunkturelle Arbeitslosigkeit ist negativ. (Hier begehen wir wieder eine gewisse Ungenauigkeit, wenn wir das Einkommen-Ausgaben-Modell derart zum Phillips-Kurven-Modell aus Kapitel IV in Beziehung setzen: Weil L^* dort gewinnmaximierend gewählt wird, würden die Unternehmen beim herrschenden Reallohn auch dann nicht mehr produzieren als Y^*, wenn die Nachfrage dazu ausreichend wäre.) Das ist die grundlegende keynesianische Erklärung für die konjunkturellen Abweichungen des BIPs vom Trend. Noch einmal: Die Sichtweise, dass das Trend-BIP angebotsseitig auf dem Arbeitsmarkt und über die Produktionsfunktion bestimmt wird und die konjunkturellen Schwankungen um den Trend durch die aggregierte Nachfrage, ist nicht eine *Implikation* unseres Modells, sondern eine mögliche *Interpretation*. In Abschnitt V.2 wurde mit der RBC-Schule bereits eine makroökonomische Denkrichtung genannt, die diese Sichtweise nicht teilt, sondern – im Gegenteil – die konjunkturellen Schwankungen der Angebotsseite zuschreibt. Es gibt auch die umgekehrte Sichtweise: Manche keynesianische Ökonomen interpretieren neben der Konjunktur auch den Trend als ein Nachfragephänomen. Logisch ist auch hiergegen nichts einzuwenden. Wenn der autonome Konsum und die Investitionen dauerhaft so niedrig sind, dass Y^* nicht abgesetzt werden kann, dann liegt ein dauerhaftes Nachfrageproblem vor. Man spricht in diesem Zusammenhang von säkularer Stagnation. Man sollte daher, auch wenn das ein in erster Näherung überaus nützliches und weithin akzeptiertes Vorgehen ist, die Zuordnung des Trends zur Angebotsseite und der Konjunktur zur Nachfrageseite nicht verabsolutieren.

Das Einkommen-Ausgaben-Modell hat zur Wirkweise von Geldpolitik nichts zu sagen, da Zinsen oder Geld in den Modellbausteinen A1–A5 nicht vorkommen. Es liefert aber erste wichtige Einsichten in die Wirkweise von ***Fiskalpolitik***, d. h. von Änderungen dG und dT der Staatsausgaben G bzw. der Steuern T. Als expansive

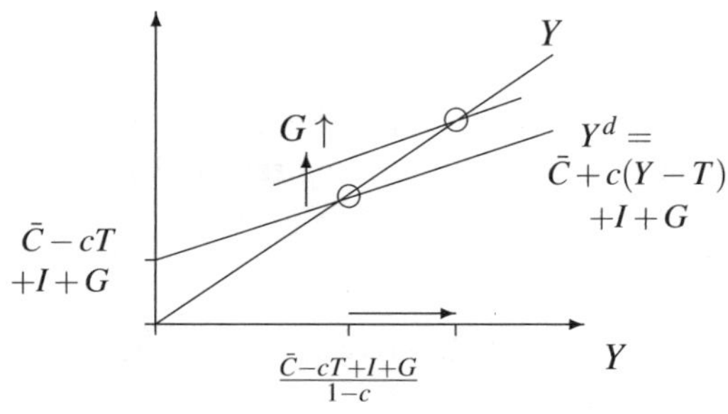

Abbildung V.4: Fiskalpolitik im Einkommen-Ausgaben-Modell

konjunkturpolitische Maßnahmen kann man schuldenfinanzierte zusätzliche Staatsausgaben ($dG > 0, dT = 0$), steuerfinanzierte zusätzliche Staatsausgaben ($dG > 0$, $dT = dG$) sowie schuldenfinanzierte Steuersenkungen ($dG = 0$, $dT < 0$) unterscheiden. Mit umgekehrten Vorzeichen ergeben sich kontraktive konjunkturelle Maßnahmen. Grafisch (Abbildung V.4) ist zu erkennen, dass Staatsausgabenerhöhungen und Steuersenkungen über eine Aufwärtsverschiebung der Y^d-Kurve das BIP erhöhen. Um Genaueres zu sagen, muss man die Formel für das gleichgewichtige BIP total differenzieren (Abschnitt A.6):

$$dY = \frac{-c\,dT + dG}{1-c}.$$

Damit erhält man unmittelbar:

Satz: *Schuldenfinanzierte Staatsausgabenerhöhungen führen zu*

$$\frac{dY}{dG} = \frac{1}{1-c} > 1,$$

steuerfinanzierte zu

$$\frac{dY}{dG} = 1$$

und schuldenfinanzierte Steuersenkungen zu

$$\frac{dY}{dT} = \frac{-c}{1-c}.$$

Drei Dinge sind bemerkenswert. 1. Schuldenfinanzierte Erhöhungen erhöhen das BIP um mehr als die Erhöhung der Staatsausgaben (s. Kasten V.2). Man nennt den entsprechenden Proportionalitätsfaktor $1/(1-c)$ daher den ***keynesianischen Multiplikator***. 2. Bei Steuerfinanzierung wirkt Fiskalpolitik weniger expansiv; das BIP steigt um genau den Betrag, um den die Staatsausgaben wachsen (s. Kasten V.3). 3. Auch schuldenfinanzierte Steuersenkungen kurbeln die Konjunktur an. In Verbindung hiermit

Kasten V.2: Die (Un-) Wirksamkeit schuldenfinanzierter Fiskalpolitik

Zur Bekämpfung der Wirtschaftskrise legte die US-Regierung 2009 ein $-780-Mrd.-Konjunkturprogramm („Stimulus plan") auf.Hier sind zwei vor dem Hintergrund der Überlegungen in diesem Abschnitt interessante Argumente gegen das Programm von zwei der renommiertesten Finance-Professoren (Ende 2011 auf den Plätzen 2 bzw. 16 im Ranking „Top 10% authors in the field of Finance" von RePEc). FAMA (2009) schreibt:

„Government bailouts and stimulus plans seem attractive when there are idle resources – unemployment. Unfortunately, bailouts and stimulus plans are not a cure. The problem is simple: bailouts and stimulus plans are funded by issuing more government debt. (The money must come from somewhere!) The added debt absorbs savings that would otherwise go to private investment. In the end, despite the existence of idle resources, bailouts and stimulus plans do not add to current resources in use. They just move resources from one use to another."

Und COCHRANE (2009):

„If the government borrows a dollar from you, that is a dollar that you do not spend, or that you do not lend to a company to spend on new investment. Every dollar of increased government spending must correspond to one less dollar of private spending. Jobs created by stimulus spending are offset by jobs lost from the decline in private spending. We can build roads instead of factories, but fiscal stimulus can't help us to build more of both. This form of 'crowding out' is just accounting, and doesn't rest on any perceptions or behavioral assumptions."

Das Argument ist beide Male, dass es eine gegebene Menge an Sparkapital gibt und dass durch schuldenfinanzierte Staatsausgaben ein Teil davon absorbiert wird und nur der verbleibende Rest in Investitionen umgesetzt wird. Im Einkommen-Ausgaben-Modell sind beide Annahmen verletzt: Bei steigenden Staatsausgaben steigt mit dem BIP auch die Ersparnis, so dass trotz steigender Kapitalnachfrage der öffentlichen Hand die exogenen Investitionen finanziert werden können. Dem Fama-Cochrane-Modell liegt also ein anderes Modell zu Grunde (z.B. das aus Übungsaufgabe V.10). (Akzeptiert man die Konsumfunktion, dann ist die Annahme konstanter Ersparnis genau dann erfüllt, wenn das BIP exogen ist – das soll aber eigentlich *gezeigt* werden ...) Das wirklich Irritierende ist die Behauptung, das vorgebrachte Argument beruhe nicht auf Annahmen, sondern sei schon aus buchhalterischen Gründen korrekt.

werden in der Steuerpolitik oft die ***Selbstfinanzierungseffekte*** von Steuersenkungen betont. Damit ist Folgendes gemeint: Werden die Steuersätze um $x\%$ gesenkt, dann sinken die Steuereinnahmen um weniger als um $x\%$, weil die Steuersatzsenkung die Wirtschaft ankurbelt und so die Bemessungsgrundlagen wachsen, auf die die reduzierten Steuersätze angewendet werden. (Dieser Effekt ist im Einkommen-Ausgaben-Modell, so wie wir es hier anschauen, nicht ausdrücklich thematisierbar, weil die Steuereinnahmen T exogen sind. S. hierzu Aufgabe V.7.) Diese Ankurbelung der Wirtschaft betrifft sowohl die Konjunktur als auch (mehr noch) die Angebotsseite der Ökonomie. Die Diskussion um Selbstfinanzierungseffekte ist teils recht blumig (s. Kasten V.4). Als Essenz sollte man sich merken, dass ein solider Haushälter sich nicht auf Selbstfinanzierungseffekte verlassen sollte.

Kasten V.3: Finanzierung der Flutschäden 2002

Im Sommer 2002 richteten Hochwasser an der Donau, der Mulde und insbesondere an der Elbe in Deutschland Schäden in Höhe von rund € 9 Mrd. an. Zunächst waren die Schäden auf bis zu € 15 Mrd. beziffert worden, und die Bundesregierung schnürte ein € 9-Mrd.-Hilfspaket, das sie in erster Linie durch eine Aufschiebung der für 2003 vorgesehenen Steuersenkungen finanzierte, also de facto durch eine Steuererhöhung relativ zum ursprünglichen Plan für 2003. Die Opposition kritisierte, das sei eine kontraktive Fiskalpolitik (und schlug Schuldenfinanzierung der zusätzlichen Staatsausgaben vor). Stimmt das? Das Einkommen-Ausgaben-Modell gibt die Antwort: Die konjunkturellen Wirkungen der Hilfsgelder wären mit Schuldenfinanzierung stärker als mit der Steuerfinanzierung. Aber selbst mit Steuerfinanzierung ergeben sich expansive, nicht kontraktive Impulse.

Kasten V.4: Selbstfinanzierungseffekte und die Laffer-Kurve

Ende 1974 zeichnete US-Ökonom Arthur Laffer in einer Bar in Washington während eines Essens mit Mitarbeitern aus dem Reagan-Stab einen ∩-förmigen Zusammenhang zwischen Durchschnittssteuersatz (auf der waagerechten Achse) und erzieltem Steueraufkommen (auf der senkrechten Achse) auf eine Serviette. Diese Kurve drückt die Hypothese aus, dass bei bereits hohen Steuersätzen weitere Erhöhungen das Steueraufkommen mindern, indem sie die Bemessungsgrundlage überproportional erodieren lassen. Umgekehrt bedeutet das, dass sich in diesem Bereich Steuersatzsenkungen *zu mehr als 100%* selbstfinanzieren! Die Gültigkeit der nach ihrem Urheber benannten ***Laffer-Kurve*** wurde in den USA unter der Reagan-Regierung mit einer Senkung des Spitzensteuersatzes von 70% in 1980 auf 28% in 1988 getestet. (Laffer und die Reagan-Regierung setzten dabei mehr auf strukturelle als auf konjunkturelle Selbstfinanzierungseffekte.) Die versprochenen 100%-igen Selbstfinanzierungseffekte blieben aus, und das Budgetdefizit der USA stieg drastisch an, auf 4,8% im Durchschnitt der Jahre 1983–88, bis einschließlich 1995 fiel es nicht mehr auf unter 3%. Eine einflussreiche Gruppe von Angebotstheoretikern argumentiert seitdem, dass die Selbstfinanzierungseffekte groß sind, wenn sie auch nicht 100% betragen. Empirische Studien, auch für Deutschland, ergeben aber meist, wenn überhaupt, recht geringe Selbstfinanzierungseffekte.

V.4 Investitionsnachfrage

Eine Schwäche des Einkommen-Ausgaben-Modells ist die Annahme A2, nach der die Investitionen I exogen sind. Es gibt zumindest eine Makro-Größe, von der man vermuten sollte, dass sie einen entscheidenden Einfluss auf die Nachfrage nach Investitionsgütern hat: den Zinssatz. Die Nachfrage nach Investitionsgütern setzt den Einsatz von Finanzmitteln voraus. Verfügen Unternehmen über die notwendigen Finanzmittel (Eigenfinanzierung), dann muss die Investition lohnender sein als eine Finanzanlage. Je höher der Zinssatz, für desto weniger Investitionsvorhaben ist diese Bedingung erfüllt. Verfügen Unternehmen nicht über die Finanzmittel, so müssen sie sie am Finanzmarkt aufnehmen (Fremdfinanzierung), und die Investition muss sich

Kasten V.5: Investitionsfinanzierung

Innenfinanzierung ist viel wichtiger als gemeinhin angenommen: Firmen finanzieren rund zwei Drittel ihrer Investitionsausgaben durch einbehaltene Gewinne. Eine weitere zentrale Beobachtung hinsichtlich der Investitionsfinanzierung rund um die Welt ist, dass praktisch das gesamte verbleibende Drittel Außenfinanzierung aus festverzinslichen Titeln besteht: Bankkrediten, festverzinslichen Anleihen etc. In Deutschland spielen dabei Bankkredite die Hauptrolle: In anderen Ländern, vor allem den USA, gibt es einen tieferen Markt für Unternehmensanleihen, der insbesondere von den großen Unternehmen genutzt wird. Für kleine Unternehmen sind aber, ähnlich wie in Deutschland, Banken der wichtigste Kapitalgeber. Dies rechtfertigt unser Vorgehen, einen festen Zinssatz als Argument in die Investitionsfunktion zu schreiben. Was ist mit Aktien, auf die ja kein fester Zins gezahlt wird, sondern Dividenden, deren Höhe von der Geschäftslage des Unternehmens abhängt? Aktien sind als Instrument der Unternehmensfinanzierung überraschend unwichtig: Weniger als 5% des externen Kapitals werden – in Deutschland wie auch anderswo – mit Aktienemissionen erhoben. Der Aktienmarkt, über den jeden Tag in den Nachrichten berichtet wird, ist praktisch ein reiner Sekundärmarkt, der für die Vermögensanlage wichtig ist, für die Finanzierung von Investitionen aber wesentlich weniger wichtig als andere Finanzierungsquellen (s. BREALEY and MYERS [1996, Abschnitt 14-4]).

nach Schuldendienst als lohnend erweisen. Je höher der Zinssatz, desto weniger Investitionsvorhaben erfüllen diese Anforderung. Unabhängig davon, ob eigen- oder fremdfinanziert wird, nimmt also mit steigendem Zinssatz die Zahl rentabler Investitionsprojekte und damit die Nachfrage nach Investitionsgütern ab:

$$I = I(i)$$

mit $I'(i) < 0$. i ist dabei als der langfristige Realzins aufzufassen, denn hierauf kommt es an, wenn es um die Durchführung von Investitionsprojekten geht (vgl. Abschnitt IV.2). In Abschnitt V.6 werden wir ein Konjunkturmodell analysieren, das anders als das Einkommen-Ausgaben-Modell Zinsabhängigkeit der Investitionen unterstellt. Kasten V.5 fasst einige Fakten zur Investitionsfinanzierung zusammen (mehr hierzu in Kapitel VII).

V.5 Zinssteuerung und Taylor-Regel

Eine zweite Schwäche des Einkommen-Ausgaben-Modells – neben der Exogenität der Investitionen – ist, dass es nicht zur Untersuchung von Geldpolitik verwendet werden kann, weil es weder Zinssätze noch die Geldmenge enthält (s. Abschnitt V.3). Auch diese Schwäche soll im IS-TR-Modell in Abschnitt V.6 behoben werden. Dazu erklären wir in diesem Abschnitt vorab, wie die Geldpolitik der Zentralbank über den Konjunkturzyklus in unserem Konjunkturmodell beschrieben wird. Wir werden dabei anders vorgehen als in Kapitel IV, wo betont wurde, dass die Zentralbank über die Festlegung der Zentralbankgeldmenge indirekt die umlaufende Geldmenge kontrollieren kann. Konkret lassen wir uns von drei Vorüberlegungen 1. zur Regelbindung

Kasten V.6: Keine ausdrücklichen Regeln

Dass Zentralbankstatuten keine ausdrücklichen Regeln fixieren, hat einen guten Grund: Während solche Regeln gut funktionieren würden, solange nichts Außergewöhnliches passiert, ist aktiver geldpolitischer Spielraum in Zeiten schwerer Krisen unabdingbar. So versorgten die Zentralbanken die Geschäftsbanken beispielsweise nach dem Börsen-Crash im Oktober 1987, dem Long-Term-Capital-Management-Beinahe-Kollaps im September 1998, den Terroranschlägen vom 11. September 2001, dem argentinischen Staatsbankrott Ende 2001, nach dem Lehman-Kollaps im September 2008 und in der EWU-Staatsschuldenkrise mit großen Mengen zusätzlicher Liquidität. Eine starre Regelbindung würde in solchen Situationen den Finanzsektor unnötig destabilisieren.

der Geldpolitik, 2. zu den Instrumenten der Geldpolitik und 3. zu den für die Geldpolitik maßgeblichen Einflussfaktoren leiten.

1. In Abschnitt IV.11 wurde der große Vorteil regelgebundener gegenüber aktiver (diskretionärer) Geldpolitik diskutiert: Ohne eine Regel resultiert aus diskretionären geldpolitischen Entscheidungen ein inflationärer Bias. Wie in Abschnitt IV.11 gesagt, nehmen Zentralbanken diese wichtige Einsicht sehr ernst. Auch wenn ihre Statuten keine explizite geldpolitische Regel definieren, legen Zentralbanken doch Wert auf eine berechenbare Geldpolitik (s. Kasten V.6). D. h.: Sie verhalten sich so, als ob sie einer Regel folgten.

2. Bei der Untersuchung von Inflation in Kapitel IV haben wir betont, dass die Zentralbank über die Zentralbankgeldmenge die umlaufende Geldmenge steuern kann (s. Abschnitt IV.5). Der Monetarismus stellte die Wichtigkeit der Geldmengenentwicklung für die Inflation (s. Abschnitt IV.7) heraus. Folgerichtig machten in den 1970er-Jahren unter dem Einfluss des Monetarismus viele Zentralbanken Geldmengenziele zu einem Eckpfeiler ihrer geldpolitischen Strategie (Kasten IV.18, Abschnitt IV.9). Weil sich die Geldmengenziele aber als nur schwer einzuhalten erwiesen, haben mittlerweile alle wichtigen Zentralbanken ihre Geldmengenziele wieder aufgegeben (s. Kasten V.7). Wegen der davon ausgehenden Inflationsgefahren achten Zentralbanken dennoch darauf, dass die Geldmengenentwicklung mittel- bis langfristig nicht „aus dem Ruder läuft" (Exogenität des Geldes auf lange Sicht, s. Kasten V.7). Auf kurze Sicht versuchen sie aber, ein möglichst stabiles monetäres Umfeld zu schaffen, indem sie die (Leit-) Zinssätze stabilisieren und die damit einher gehenden Schwankungen der Geldmenge hinnehmen (Endogenität des Geldes auf kurze Sicht). Konkret bedeutet das: Die EZB steuert auf kurze Sicht den Mindestbietungszinssatz für die Hauptrefinanzierungsgeschäfte, d. h. – näherungsweise – die Refinanzierungskosten der Geschäftsbanken, und die Fed steuert die Federal funds rate, zu der Geschäftsbanken auf dem Interbankengeldmarkt Tagesgeld handeln (s. Kasten IV.10).

3. Welche Größen sind für die Ausrichtung der Geldpolitik maßgeblich? Die EZB hat die primäre Aufgabe, die Inflation zu kontrollieren. Darüber hinaus soll sie zur Stabilisierung der Konjunktur beitragen, insoweit wie das nicht mit Preisstabili-

Kasten V.7: Geldmengenziele

Wie in Abschnitt IV.9 gesagt, führten in den 1970er-Jahren viele Zentralbanken Geldmengenziele ein. So hatte die Bundesbank von 1975 bis 1987 ein Ziel für das Wachstum der Zentralbankgeldmenge und von 1988 bis 1998 ein M3-Wachstumsziel. Die angekündigten Geldmengenziele wurden aber oft nicht eingehalten und teilweise sehr deutlich und dauerhaft verfehlt. Beispielsweise tolerierte die Bundesbank in den elf Jahren mit einem M3-Ziel viermal ein Überschießen und weitere viermal einen Wert am oberen Rand eines 2–3%-Korridors. Das lag einerseits an mangelnder Kontrollierbarkeit der Geldmenge (der Zusammenhang zwischen Zentralbankgeld und Geldmenge ist nicht so stabil wie im einfachen Modell aus Abschnitt IV.5), andererseits aber auch an mangelndem Willen, die Ziele durchzusetzen. Folgerichtig wurden Geldmengenziele seit Ende der 1970er-Jahre weniger betont und ab den frühen 1980er-Jahren ausdrücklich wieder aufgegeben. Die EZB hat ebensowenig wie die Fed ein Geldmengenziel. Dennoch misst die EZB der Geldmengenentwicklung eindeutig ein größeres Gewicht bei als die Fed. Als zweite Säule ihrer geldpolitischen Strategie betont die EZB den Referenzwert von 4,5% M3-Wachstum (s. Kasten IV.14). Allerdings tolerierte die EZB M3-Wachstum von über 6% jährlich zwischen 2001 und 2008. Mit Blick auf die Fed ist bezeichnend, dass Fed-Chairman Alan Greenspan in den letzten zehn Reden vor seinem Amtsende im Frühjahr 2006 das Wort „Geld“ nicht verwendete.

Kasten V.8: Taylor-Regeln

Nach Taylors Ad-hoc-Vorschlag einer Zinsregel für die ersten Jahre der Greenspan-Ära wurde eine Vielzahl von Regeln statistisch geschätzt, mit denen das Zinssetzungsverhalten von Zentralbanken beschrieben werden kann. Das gelingt mit Regeln des von Taylor eingeführten Typs mit der Inflationsrate und der prozentualen Abweichung des BIPs vom Trend recht gut. Allerdings muss eine Änderung vorgenommen werden, damit die geschätzten Taylor-Regeln das stufenweise, sich über einen längeren Zeitraum hinziehende, Senken und Erhöhen der Zinsen treffend beschreiben können: Man schätzt zunächst einen der aktuellen Inflation und der aktuellen BIP-Entwicklung angemessenen Zins i_t^* und dann das Tempo, mit dem der Zins i_t, ausgehend vom Vorperiodenwert i_{t-1}, an i_t^* angenähert wird.

Mit Quartalsdaten für den Euroraum von 1999 bis Mitte 2005 erhalten BELKE und POLLEIT (2007) so die folgende Taylor-Regel für die EZB:

$$i_t = 0{,}75 i_{t-1} + 0{,}25 i_t^*$$

mit

$$i_t^* = 2\% + 0{,}49\,\text{Inflation} + 1{,}94\,\frac{\text{BIP}-\text{Trend-BIP}}{\text{Trend-BIP}}.$$

Für die Fed schätzen sie für den gleichen Zeitraum:

$$i_t = 0{,}87 i_{t-1} + 0{,}13 i_t^*$$

mit

$$i_t^* = 3\% + 2{,}57\,\text{Inflation} + 1{,}98\,\frac{\text{BIP}-\text{Trend-BIP}}{\text{Trend-BIP}}.$$

Beide Zentralbanken reagieren danach etwas stärker auf Konjunkturschwankungen als von Taylors Ad-hoc-Regel vorgesehen. Auffällig ist, dass die EZB hiernach die Zinsen bei einem Anziehen der Inflation westentlich weniger stark erhöht als die Fed, deren Reaktion noch stärker ist als von Taylor vorgesehen.

tät konfligiert. Die Fed nennt die Erreichung von hoher Beschäftigung und Inflation gleichberechtigt als Ziele der Geldpolitik (s. Kasten IV.8). Das lässt sich verallgemeinern: Die wichtigsten bestimmenden Größen der Geldpolitik sind die Inflationsrate und das BIP: Auf steigende Inflation und/oder ein stark über den Trend hinaus steigendes BIP reagiert die Zentralbank mit kontraktiver Geldpolitik (d. h. steigenden Zinsen), auf fallende Inflation und abkühlende Konjunktur mit einer Lockerung der Geldpolitik (d. h. fallenden Zinsen).

Diese drei Vorüberlegungen legen nahe, dass sich in der – aus der Natur der Sache heraus auf die kurze Frist abstellenden – Konjunkturanalyse die Geldpolitik am besten wie folgt beschreiben lässt: 1. durch eine Regel, 2. die den Notenbankzinssatz in Beziehung setzt 3. zur Inflationsrate und zum BIP. TAYLOR (1993) bestätigte dies in einer überaus einflussreichen Studie für die US-Geldpolitik. Er zeigte, dass sich die Fed bei der Steuerung der Federal funds rate i zwischen 1987 und 1992 ziemlich exakt gemäß folgender einfacher Regel verhielt:

$$i = 4\% + 1{,}5(\text{Inflation} - 2\%) + 0{,}5\,\frac{\text{BIP}-\text{Trend-BIP}}{\text{Trend-BIP}}.$$

D. h.: Pro Prozentpunkt, den die Inflationsrate über 2% stieg, hob sie die Federal funds rate um 1,5%-Punkte, und pro Prozentpunkt, den das BIP über seinen Trend stieg, um 0,5%-Punkte. Die Tatsache, dass der Koeffizient der Inflationsrate größer als eins ist, bedeutet, dass die Zentralbank so kräftig auf Inflationsanstiege reagiert, dass der Realzins (d. h. die Differenz von Zinsen und Inflation, s. Abschnitt IV.2) zunimmt. Eine solche Reaktion wird als „Taylor-Prinzip" bezeichnet. Nachfolgende Studien bestätigten, dass das Verhalten von Zentralbanken auch in anderen Ländern, inklusive Deutschland, sehr gut durch eine derartige Geldpolitikregel beschrieben werden kann, nach der der Notenbankzins i von der Inflationsrate und dem BIP abhängt (s. Kasten V.8). Solche Zinsregeln werden nach ihrem „Entdecker" ***Taylor-Regeln*** genannt. John Taylors Nachweis, dass sich das Verhalten der Fed unter Chairman Greenspan gut durch eine einfache Regel beschreiben ließ, war insbes. vor dem Hintergrund bemerkenswert, dass Greenspans Kommunikationspolitik durch bewusste Unverständlichkeit geprägt war: Die Presse nannte ihn das „Orakel von Washington", selbst sagte er von sich: „If I turn out to be particularly clear, you've probably misunderstood what I've said." Weitere Arbeiten zeigten, dass einfache Taylor-Regeln in einem unsicheren ökonomischen Umfeld in dem Sinne eine optimale Geldpolitik darstellen können, dass ein gewichtetes Mittel von BIP-Variabilität und Inflationsvariabilität minimiert wird. Angesichts all dessen beschreiben wir im Folgenden die Geldpolitik durch eine Taylor-Regel anstatt durch ein Geldmengenziel. Hier ist die Taylor-Regel für unser Konjunkturmodell:

$$i = i_{TR} + \Omega(Y).$$

Darin ist i_{TR} eine positive Konstante. $\Omega(Y)$ („Omega") ist eine steigend verlaufende Funktion ($\Omega'(Y) > 0$) mit $\Omega(Y^*) = 0$. i_{TR} ist demnach der durchschnittliche Zins, um den i schwankt, wenn Y um Y^* schwankt. (Wir könnten statt des BIPs Y, wie es die Original-Taylor-Regel vorsieht, explizit die prozentuale Abweichung des BIPs vom Trend $(Y - Y^*)/Y^*$ als Argument der Funktion nehmen. Weil Y^* hier exogen

Kasten V.9: Zinsstruktur

Fed-Chairman Greenspan erhöhte zwischen Juli 2004 und März 2006 die Federal funds rate von ihrem historischen Tiefstand bei 1,0% sukzessive in 0,25%-Punkte-Schritten auf 4,5%. Dabei zeigte sich eindrücklich, dass der Zusammenhang zwischen kurz- und langfristigen Zinsen loser ist, als das unsere Vermischung der beiden Größen nahe legt: Die Zinsen für 10-jährige Staatsanleihen blieben fast konstant, nach 4,50% im Juli 2004 standen sie im März 2006 bei 4,72%. Greenspan nannte dieses Verhalten in seinem halbjährlichen Bericht an den Kongress im Juli 2005 als „ungewöhnlich" und angesichts der Leitzinserhöhungen „besonders überraschend".

ist, ist das nur eine Frage der Notation, und wir wählen die bequemere Möglichkeit.) In dieser Taylor-Regel taucht die Inflationsrate nicht ausdrücklich auf. Inflation ist dennoch der Hauptgrund dafür, dass der Zins i mit steigendem BIP steigt. Aus Abschnitt IV.4 wissen wir ja, dass die Inflation fällt oder steigt, je nachdem, ob Y unterhalb oder oberhalb von Y^* liegt. Die Zentralbank reagiert auf die sinkende Inflation bei $Y < Y^*$ mit niedrigen Zinsen und auf den zunehmenden Inflationsdruck bei $Y > Y^*$ mit hohen Zinsen – daher $\Omega'(Y) > 0$. Außerdem kommt in $\Omega'(Y) > 0$ das antizyklische Element der Geldpolitik zum Ausdruck: Je schlechter die konjunkturelle Lage (je kleiner Y), desto niedrigere Zinsen i setzt die Zentralbank und umgekehrt. Diese antizyklische Geldpolitik ist ausdrücklich regelgebunden (sie folgt der Taylor-Regel). Diskretionäre (aktive) Geldpolitik kommt demgegenüber in Änderungen der Taylor-Regel selbst zum Ausdruck. Wenn wir im Folgenden aktive Geldpolitik untersuchen wollen, betrachten wir dazu Änderungen von i_{TR}.

Eine weitere wichtige Annahme haben wir implizit gemacht. Der Zins i in der Taylor-Regel ist der nominale Refinanzierungszins für Geschäftsbanken. Der Zins i in der Investitionsfunktion ist dagegen, wie oben gesagt, der reale Kapitalmarktzins für langfristige Unternehmenskredite, mit denen Investitionen finanziert werden. Das sind zwei verschiedene Zinssätze. Trotzdem verwenden wir das gleiche Symbol i. Die Rechtfertigung hierfür ist, dass die beiden Zinssätze nicht unabhängig voneinander sind, sondern über die Zinsstruktur in einem positiven Zusammenhang zueinander stehen (der hier nicht ausdrücklich modelliert wird): Die Zentralbank kontrolliert die Kapitalmarktzinsen nicht direkt, beeinflusst sie aber über die Refinanzierungskonditionen. Senkt beispielsweise die Zentralbank die Refinanzierungskosten, dann drückt Wettbewerb im Bankensektor die Kreditzinsen. Dadurch sinken auch die Kapitalmarktzinsen, weil Firmen Abnehmer für niedriger verzinsliche Anleihen finden. Bei steigenden Refinanzierungskosten müssen die Banken die Kreditzinsen erhöhen, um ihre Liquidität zu sichern, was die Firmen zwingt, auch auf ihre Anleihen höhere Zinsen zu zahlen, um Abnehmer zu finden. Man kann die Investitionsfunktion $I(i)$ demzufolge als eine zusammengesetzte Funktion interpretieren, die für jeden Refinanzierungszins die Investitionsnachfrage beim damit einher gehenden Kapitalmarktzins angibt. Einfachheitshalber unterscheiden wir aber im Folgenden oft nicht ausdrücklich zwischen Refinanzierungskosten und Kapitalmarktzinsen und nennen sowohl das i in der Taylor-Regel als auch das i in der Investitionsfunktion „den Zins" (s. jedoch Kasten V.9).

V.6 IS-TR-Modell

Wir verfügen jetzt über alle notwendigen Bausteine, um das ***IS-TR-Modell*** zusammenzustellen:

A1: *Der Konsum genügt der Konsumfunktion*

$$C = \bar{C} + c(Y - T), \quad \bar{C} > 0,\ 0 < c < 1.$$

A2: *Die Investitionen sind zinsabhängig:*

$$I = I(i)$$

mit $I'(i) < 0$.

A3: *Die Güternachfrage* Y^d *setzt sich aus Konsum* C*, Investitionen* I *und den exogenen Staatsausgaben* G *zusammen:*

$$Y^d \equiv C + I + G.$$

A4: *Die Firmen produzieren genau soviel wie nachgefragt wird:*

$$Y = Y^d.$$

A5: *Die Zentralbank folgt der Taylor-Regel*

$$i = i_{TR} + \Omega(Y)$$

mit $\Omega(Y^*) = 0$ *und* $\Omega'(Y) > 0$.

Die Annahmen A1–A4 sind abgesehen von der in Abschnitt V.4 erklärten Zinsabhängigkeit der Investitionen identisch zum Einkommen-Ausgaben-Modell aus Abschnitt V.3. A5 ist die in Abschnitt V.5 ausführlich erklärte Taylor-Regel.

Analog zu Abschnitt V.3 liefern A1, A3 und A4 die Formel

$$Y = \frac{\bar{C} - cT + I + G}{1 - c}.$$

Einziger Unterschied zu Abschnitt V.3 ist, dass gemäß A2 die Investitionen jetzt vom Zins abhängen. Das hat zur Folge, dass diese Gleichung jetzt anders als in Abschnitt V.3 nicht direkt das gleichgewichtige BIP liefert, sondern einen Zusammenhang zwischen BIP Y und Zins i, die sogenannte IS-Gleichung:

$$Y = \frac{\bar{C} - cT + I(i) + G}{1 - c}.$$

Wegen $I'(i) < 0$ ist dieser Zusammenhang fallend: Steigen die Zinsen i, so sinken die Investitionsgüternachfrage $I(i)$ und damit auch die Güternachfrage Y^d und das gleichgewichtige BIP Y. Rechnerisch:

$$\frac{dY}{di} = \frac{I'}{1 - c} < 0.$$

Grafisch lässt sich der Zusammenhang zwischen Y und i durch eine fallende Kurve darstellen, die sogenannte ***IS-Kurve*** (s. das linke Bild in Abbildung V.5). Die IS-Kurve

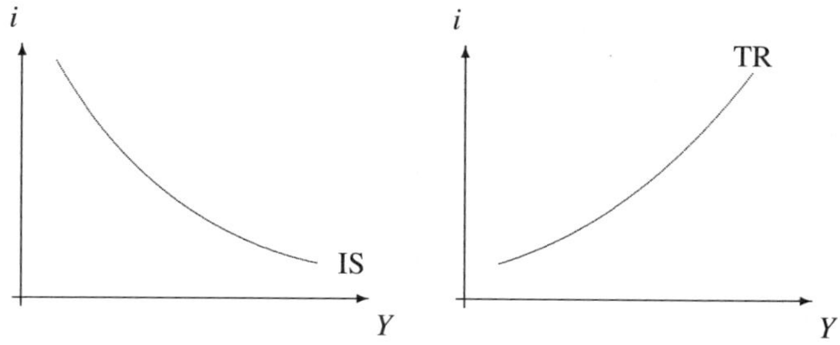

Abbildung V.5: IS-Kurve und TR-Kurve

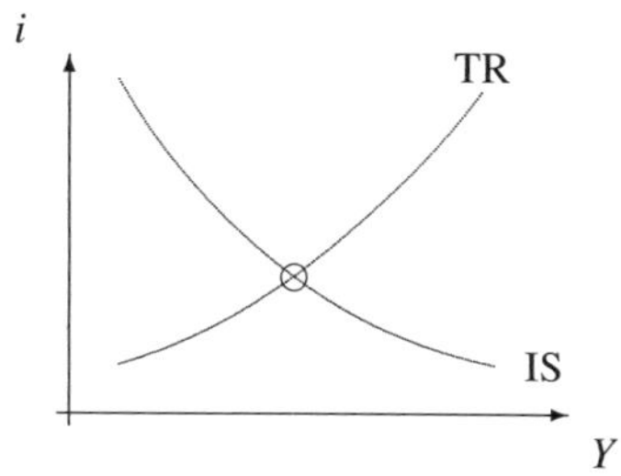

Abbildung V.6: Gleichgewicht

ergibt sich grafisch, indem man die Y^d-Kurve in Abbildung V.3 nach unten verschiebt und die kleiner werdenden Y-Werte des Schnittpunkts mit der 45 °-Linie gegen den steigenden Zinssatz abträgt.

Wir stehen damit vor dem Problem, dass wir nicht einen konkreten Wert für Y haben, sondern eine Gleichung in den zwei Unbekannten Y und i, bzw. grafisch, dass wir nicht einen Gleichgewichtspunkt haben, sondern eine ganze Kurve von Gütermarktgleichgewichten. Wir haben aber auch eine zweite Gleichung in Y und i: die Taylor-Regel in A5. Die Taylor-Regel ist als ***TR-Kurve*** in das rechte (Y, i)-Diagramm in Abbildung V.5 eingezeichnet. In der positiven Steigung

$$\frac{di}{dY} = \Omega'(Y) > 0$$

spiegelt sich die antizyklische regelgebundene Komponente der Geldpolitik wider.

Das Gleichgewicht des Modells ergibt sich grafisch als Schnittpunkt der IS-Kurve und der TR-Kurve (Abbildung V.6). Wir nehmen an, dass die Kurven so verlaufen, dass ein Schnittpunkt existiert. Weil die IS-Kurve fällt und die TR-Kurve steigt, gibt es dann genau einen Schnittpunkt. Um das Gleichgewicht (wie im Einkommen-Ausgaben-Modell) rechnerisch bestimmen zu können, müssen spezifische funktionale Formen für die Investitionsfunktion $I(i)$ und die Funktion $\Omega(Y)$ aus der Taylor-Regel angenommen werden. Das geschieht in den Übungsaufgaben zu diesem Kapitel, hier belassen wir es bei der „allgemeinen" Formulierung. Auch so lassen sich einige wichtige Ergebnisse festhalten. Zunächst einmal sieht man, dass sich – wie im Einkommen-Ausgaben-Modell und damit die klassische Lehre auf den Kopf stellend – das gleichgewichtige BIP rein nachfrageseitig bestimmt, allein durch das Geschehen auf dem Gütermarkt und das Verhalten der Zentralbank. Die Implikationen für Beschäftigung sowie Fiskal- und Geldpolitik werden in den folgenden Abschnitten erörtert.

V.7 Beschäftigung

Um die gleichgewichtige Beschäftigung L zu bestimmen, muss man – analog zum Einkommen-Ausgaben-Modell – auf die Produktionsfunktion zurückgreifen:

A6: *Die Produktionsfunktion lautet* $Y = F(L)$. *Die Nachfrage der Firmen nach Arbeit beträgt*

$$L = F^{-1}(Y).$$

Die Firmen beschäftigen so viele Arbeiter, wie sie zur Ausbringung des rein nachfrageseitig auf dem Gütermarkt bestimmten gleichgewichtigen BIPs Y brauchen. Y legt also $L = F^{-1}(Y)$ fest, und nicht umgekehrt. Das ist die in Abschnitt V.3 angesprochene keynesianische Revolution. Ebenso wenig wie mit dem Einkommen-Ausgaben-Modell aus Abschnitt V.3 soll hiermit allerdings bestritten werden, dass die Angebotsseite den Trend bestimmt und die aggregierte Nachfrage nur die konjunkturellen Schwankungen um diesen Trend. Man interpretiert das Modell daher am besten wie folgt. Es gilt:

$$Y^* = \bar{C} + c(Y^* - T) + I(i_{TR}) + G.$$

D.h.: Nehmen das BIP Y und der Zins i ihre jeweiligen Durchschnittswerte Y^* (s. Abschnitt IV.4) bzw. i_{TR} (s. Abschnitt V.5) an, dann ist gerade ausreichend viel aggregierte Nachfrage vorhanden. Das ist wiederum keine *Implikation* des Modells, sondern eine *Interpretation*. Das IS-TR-Modell erklärt dann, warum das BIP um Y^* schwankt, wenn die autonomen Nachfragekomponenten schwanken.

V.8 Fiskalpolitik und Geldpolitik

Das IS-TR-Modell aus Abschnitt V.6 können wir benutzen, um sowohl Fiskal- als auch Geldpolitik zu untersuchen. Nehmen wir zunächst eine grafische Analyse der Wirkungen von Fiskalpolitik vor. Analog zum Vorgehen in Abschnitt V.3 ermittelt man für einen gegebenen Zins i das totale Differential der IS-Gleichung als:

$$dY = \frac{-c\,dT + dG}{1 - c}.$$

Hieraus ergibt sich für schuldenfinanzierte Staatsausgabenerhöhungen ($dG > 0$, $dT = 0$)

$$\frac{dY}{dG} = \frac{1}{1 - c} > 1,$$

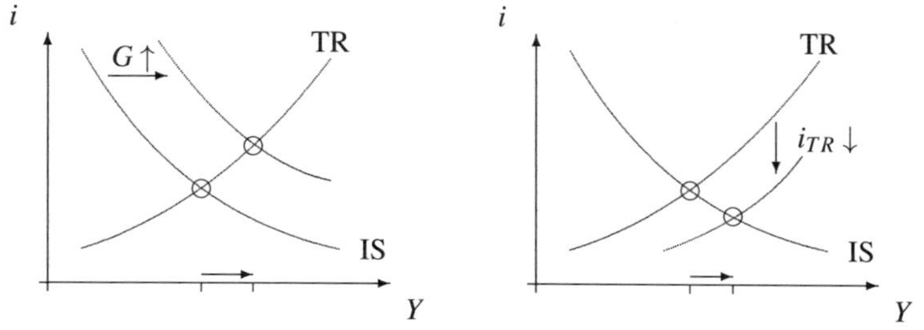

Abbildung V.7: Fiskal- und Geldpolitik

für steuerfinanzierte Staatsausgabenerhöhungen ($dG = dT > 0$)

$$\frac{dY}{dG} = 1$$

und für schuldenfinanzierte Steuersenkungen ($dG = 0$, $dT < 0$)

$$\frac{dY}{dT} = \frac{-c}{1-c}.$$

Anders als in Abschnitt V.3 sind das aber *nicht* die Erhöhungen des gleichgewichtigen BIPs, sondern die Beträge, um die sich die IS-Kurve nach rechts verschiebt (s. das linke Bild in Abbildung V.7), denn den Zins haben wir ja beim Differenzieren konstant gehalten. Aus Abbildung V.7 erkennt man, dass im Gleichgewicht der Zins aber nicht konstant ist. Im neuen Gleichgewicht, dem neuen Schnittpunkt von IS-Kurve und TR-Kurve, ist der Zins höher, weil die Zentralbank auf den expansiven Impuls gemäß Taylor-Regel mit höheren Zinsen reagiert. Drei Aussagen lassen sich über die Effektivität der Fiskalpolitik machen:

1. Fiskalpolitik ist effektiv. Das gleichgewichtige BIP steigt.

2. Fiskalpolitik ist weniger effektiv als im Einkommen-Ausgaben-Modell. Denn die IS-Kurve verschiebt sich hier um den Betrag nach rechts, um den im Einkommen-Ausgaben-Modell das gleichgewichtige BIP ansteigt, und aus Abbildung V.7 sieht man, dass hier der Anstieg des gleichgewichtigen BIPs geringer ausfällt als die Verschiebung der IS-Kurve. Der Grund hierfür ist, dass die antizyklische regelgebundene Geldpolitik, wie sie in der Taylor-Regel zum Ausdruck kommt, auf den expansiven Impuls mit Zinssteigerungen reagiert, die zu einer Verdrängung (Crowding out) von Investitionen führen.

3. Wie effektiv Fiskalpolitik genau ist, hängt von der Steigung der TR-Kurve ab, d. h. davon, wie stark antizyklisch die Geldpolitik ist. Grafisch ist nur eines klar: Bei Steuerfinanzierung steigt das gleichgewichtige BIP um weniger als die zusätzlichen Staatsausgaben, weil die IS-Kurve sich um dG verschiebt und der Gleichgewichtspunkt um weniger.

Rechnerisch erhält man die Auswirkungen von Fiskalpolitik, indem man die IS-Gleichung und die Taylor-Regel total differenziert, ohne dabei i konstant zu halten.

Beschränken wir uns der Kürze halber auf schuldenfinanzierte Staatsausgabenanstiege, so erhalten wir:

$$dY = \frac{I'di + dG}{1 - c}$$

und

$$di = \Omega' dY.$$

Substituieren von di aus der zweiten Gleichung in die erste ergibt

$$dY = \frac{I'\Omega' dY + dG}{1 - c}.$$

Durch Auflösen nach dY/dG folgt:

$$\frac{dY}{dG} = \frac{1}{(1 - c) - I'\Omega'}.$$

Wegen $I' < 0$ und $\Omega' > 0$ ist der Nenner positiv und größer als $1 - c$. Daraus folgen die oben genannten Eigenschaften 1 und 2. Man sieht ferner: Die Fiskalpolitik wirkt um so expansiver, je weniger Investitionen verdrängt werden (je kleiner I' im Absolutbetrag ist) und je schwächer die Zentralbank mit Zinsanstiegen auf BIP-Anstiege reagiert (je kleiner Ω' ist). Kasten V.10 vermittelt einen Eindruck von der Höhe keynesianischer Multiplikatoren in der Praxis.

Kasten V.10: Staatsausgabenmultiplikator

Angenommen, die marginale Konsumquote der Haushalte ist 80%: $c = 0{,}8$. D. h. von einem zusätzlichen Euro Einkommen werden 80 Cent ausgegeben und 20 Cent gespart. Dann ergibt sich aus dem Einkommen-Ausgaben-Modell ein Staatsausgabenmultiplikator für kreditfinanzierte Staatsausgaben in Höhe von

$$\frac{dY}{dG} = \frac{1}{1 - c} = 5.$$

D. h.: € 1 Mrd. zusätzlicher Staatsausgaben erhöht das BIP um stattliche € 5 Mrd. Bei Berücksichtigung proportionaler Einkommensteuern (s. Aufgabe V.7) und zinsabhängiger Investitionen sinkt der Multiplikator. Dementsprechend ging man in der Blütezeit des Keynesianismus in den 1950er- und 1960er-Jahren von Multiplikatoren in einer Größenordnung von $dY/dG = 3$ aus. Jüngere Erfahrungen mit Fiskalpolitik lassen dies als zu optimistisch erscheinen. Um dies zu überprüfen, werteten Bryant et al. (1988) die Ergebnisse von zwölf der wichtigsten makroökonometrischen Modelle aus, die von Forschungsinstitutionen und Regierungen eingesetzt werden. Diese Modelle bestätigen den Pessimismus, was große Staatsausgabenmultiplikatoren angeht: Im Durchschnitt ergaben sie einen Wert von 1,2. Ferner entfaltet sich die maximale Wirkung aufs BIP erst mit einer erheblichen Verzögerung von rund zwei Jahren. Mit dem Auflegen der Konjunkturpakete in der Finanz- und Wirtschaftskrise 2007–09 (s. Kasten V.11) flammte die Diskussion über die Höhe der Multiplikatoren wieder auf. Optimisten rechneten mit einem Multiplikator von 1,5, Pessimisten eher mit einem Wert von 0,5.

Kasten V.11: Fiskal- und Geldpolitik in der Finanz- und Wirtschaftskrise 2007–09

Nach dem Lehman-Kollaps im September 2008 stürzte die Weltwirtschaft für ein halbes Jahr mit einem Tempo ab wie seit der Weltwirtschaftskrise 1929–33 (vgl. Kasten V.1) nicht mehr. In den neun Monaten ab dem April 2008 fiel die weltweite Industrieproduktion mit −13% schneller als in den ersten neun Monaten der Weltwirtschaftskrise ab Juni 1929 (s. EICHENGREEN und O'ROURKE [2009]). In Deutschland fiel die monatliche Industrieproduktion in den vier Monaten von September 2008 bis Januar 2009 saisonbereinigt um 29%. Zum Vergleich: 1930 war die Industrieproduktion in Deutschland um 14% niedriger als 1929.

Im Unterschied zur Weltwirtschaftskrise griffen diesmal Fiskal- und Geldpolitik beherzt ein. Fast alle maßgeblichen Industrienationen legten Konjunkturpakete auf, und die Zentralbanken senkten die Zinsen auf historische Tiefstände. In Deutschland wurde zunächst im Herbst 2008 das „Konjunkturpaket I" beschlossen, das sich als viel zu klein erwies, und dann im Januar 2009 das „Konjunkturpaket II" mit einem Volumen von 1,5% des BIPs im Jahr 2009. Neben Infrastrukturinvestitionen, die durch beschleunigte Vergabeverfahren schnell angestoßen werden konnten, umfasste das Paket insbes. die insgesamt € 5 Mrd. schwere „Abwrackprämie", mit der der Kauf eines Neu- oder Jahreswagens bei gleichzeitigem Verschrottung eines mindestens neun Jahre alten Autos mit € 2.500 subventioniert wurde. Die EZB senkte ihre Leitzinsen von 4,25% im Oktober 2008 bis Mai 2009 auf 1,0%.

Während in der Weltwirtschaftskrise die Industrieproduktion weltweit und auch in Deutschland schließlich um 40% gefallen waren, war im Februar 2009 der Tiefpunkt der Wirtschaftskrise durchschritten.

Die hier skizzierte antizyklische Fiskalpolitik erfolgt zum Teil „automatisch", durch das Wirken so genannter ***automatischer Stabilisatoren***: Bei schlechter Konjunktur steigen die Ausgaben des Staats für Lohnersatzleistungen, während seine Steuereinnahmen sinken, und umgekehrt in Aufschwungphasen. Das wirkt über ein antizyklisches Budgetdefizit stabilisierend auf die Konjunktur und kann analog zu regelgebundener Geldpolitik (s. Abschnitt V.5) als eine regelgebundene Fiskalpolitik interpretiert werden.

Das regelgebundene Element der Geldpolitik dämpft Nachfrageimpulse. Fragen wir nun, wie sich aktive Geldpolitik, d. h. eine Änderung der Parameter der Taylor-Regel, auswirkt. Nehmen wir an, dass die Zentralbank i_{TR} senkt, also bei jedem BIP weniger hohe Zinsen setzt. Vor dem Hintergrund des in Abschnitt V.7 Gesagten müssen wir das als eine temporäre Maßnahme interpretieren. Denn würde i_{TR} und damit i dauerhaft sinken, dann würde das BIP dauerhaft steigen, was unserer Interpretation des IS-TR-Modells zuwider läuft, derzufolge die aggregierte Nachfrage nicht den Trend, sondern nur die Abweichungen davon beeinflusst. Grafisch wirkt sich die Senkung von i_{TR} wie folgt aus. Die TR-Kurve verschiebt sich nach unten (rechtes Bild in Abbildung V.7). Das führt zu einem neuen IS-TR-Schnittpunkt mit niedrigeren Zinsen und höherem BIP. Auch aktive Geldpolitik, die über sinkende Zinsen die Investitionsnachfrage ankurbelt, ist also ein wirksames Instrument zur Erhöhung des gleichgewichtigen BIPs. Für algebraische Ergebnisse muss man wieder die IS-

Gleichung und die Taylor-Regel total ableiten:

$$dY = \frac{I'di}{1-c}$$

und

$$di = di_{TR} + \Omega' dY.$$

Substituiert man hier di aus der ersten in die zweite Gleichung, so erhält man

$$\frac{(1-c)dY}{I'} = di_{TR} + \Omega' dY$$

und durch Umformen

$$\frac{dY}{di_{TR}} = \frac{1}{\frac{1-c}{I'} - \Omega'}.$$

Mit dem Nenner ist der Bruch negativ. Also steigt das gleichgewichtige BIP, wenn i_{TR} sinkt. Der Anstieg ist um so stärker, je stärker die Investitionen auf den Zinssatz reagieren (je größer I' im Absolutbetrag ist). Zusammengefasst:

Satz: *Mit Fiskalpolitik und mit aktiver Geldpolitik kann das gleichgewichtige BIP temporär gesteigert werden.*

Die Reaktion der Wirtschaftspolitik auf Finanz- und Wirtschaftskrise 2007–09 ist ein Lehrbuchbeispiel für den Einsatz von Fiskal- und Geldpolitik (s. Kasten V.11).

V.9 Probleme der Fiskalpolitik und der Geldpolitik

In der Praxis sind Fiskalpolitik und Geldpolitik mit vielerlei Problemen behaftet, aufgrund derer die Stabilisierung von Konjunkturzyklen eine weitaus schwierigere Aufgabe ist, als es im einfachen IS-TR-Modell den Anschein hat. Ein grundlegendes Problem sowohl mit Fiskal- als auch mit Geldpolitik sind lange ***Wirkungsverzögerungen***. In Kasten V.10 wurde gesagt, dass Fiskalpolitik ihren maximalen Effekt erst nach zwei Jahren entfaltet. Ähnliches gilt für die Geldpolitik. Hinzu kommen weitere Verzögerungen, die entstehen, weil es erstens aufgrund von Datenproblemen Zeit dauert, einen verlässlichen Eindruck von der konjunkturellen Lage zu bekommen, und zweitens bis zur Implementierung einer Maßnahme weitere Zeit verstreicht. Bei rund fünfjährigen Konjunkturzyklen besteht die Gefahr, dass expansive Maßnahmen, die in der Rezession ergriffen werden, erst im nächsten Aufschwung wirken und umgekehrt.

Ein grundlegendes Problem der Geldpolitik ist, dass die konjunkturellen Entwicklungen in den Teilregionen eines Währungsraums möglicherweise nicht parallel verlaufen, so dass eine Region eine expansivere Geldpolitik bräuchte als eine andere. Dieses Problem ist in der EWU mit ihren siebzehn Mitgliedsländern naturgemäß stark ausgeprägt. Auch die Fiskalpolitik hat über die Wirkungsverzögerungen hinausgehende weitere Probleme:

1. Soll Fiskalpolitik in Rezessionen das BIP möglichst stark erhöhen, so sollte sie schuldenfinanziert werden. Wird nicht im Gegenzug bei guter Konjunktur ein Budget-

überschuss erwirtschaftet, so kommt es zu wachsender Staatsverschuldung und damit zu einer zunehmenden Belastung der öffentlichen Haushalte durch den Schuldendienst. Abschnitt V.A.1 wirft einen genaueren Blick auf den Zusammenhang zwischen laufenden Budgetdefiziten und dem daraus resultierenden Schuldenstand sowie insbes. auf die Frage, wann eine Finanzpolitik nicht mehr nachhaltig ist.

2. Die Haushalte wissen, dass für fiskalpolitische Zwecke aufgenommene Schulden über kurz oder lang aus Steuermitteln zurückgezahlt werden müssen. Möglicherweise schränken sie daher ihren Konsum ein und sparen für die Zeit zusätzlicher Steuerlasten. Das dämpft den expansiven Impuls der Staatsausgaben. Im Extremfall ist es denkbar, dass die Haushalte den Konsum um exakt den Betrag einschränken, um den die Staatsausgaben zunehmen, so dass der expansive Impuls vollständig neutralisiert wird (Ricardianische Äquivalenz). Das ist aber höchstens in der Theorie so.

3. In einer offenen Volkswirtschaft mit internationalem Handel und internationalem Kapitalverkehr ist Fiskalpolitik nicht so effektiv wie in der in diesem Kapitel betrachteten geschlossenen Volkswirtschaft. Das wird in Kapitel VI ausführlich begründet. Der grundlegende Mechanismus ist aber vor dem Hintergrund des hier behandelten Modells schon verständlich: Bei expansiver Fiskalpolitik steigen die Zinsen. Das macht das Inland für Finanzanlagen attraktiver. Folglich steigt die Nachfrage nach Inlandswährung, und die Inlandswährung wertet auf. Das verschlechtert die Wettbewerbsposition der heimischen Exporteure. Sinkende Exporte dämpfen den expansiven fiskalischen Impuls.

V.10 Lohnpolitik

Als eine dritte expansive konjunkturpolitische Maßnahme neben Fiskal- und Geldpolitik wird oft ***Lohnpolitik*** angeführt, d. h. Lohnerhöhungen mit dem Ziel einer Erhöhung der aggregierten Nachfrage. Als ökonomische Ratio wird hierfür oft der Begriff der keynesianischen Theorie ins Spiel gebracht. Überlegen wir kurz, inwieweit die hier und in Kapitel III angestellten Untersuchungen eine Begründung dafür liefern, dass höhere Löhne zu einem höheren BIP führen.

In einer naiven Fassung lässt sich das Argument wie folgt fassen: „Bei höheren Löhnen ist die aggregierte Nachfrage höher, weil die Konsumenten mehr Geld in der Tasche haben.“ In dieser Form ist das Argument nicht zu halten. In Abschnitt I.3 haben wir gesehen, dass sich das Volkseinkommen auf Arbeitnehmerentgelte einerseits und Vermögens- und Gewinneinkommen andererseits aufteilt. Sinken bei gleich bleibendem Volkseinkommen mit jedem Euro zusätzlichen Lohneinkommens die Gewinn- und Vermögenseinkommen um einen Euro, dann haben die Konsumenten als Gesamtheit *nicht* mehr Geld in der Tasche, das Volkseinkommen verteilt sich nur anders auf die Einkommensarten.

Diese Überlegung verweist auf eine stichhaltigere Form des Kaufkraftarguments: „Bei höheren Löhnen ist die aggregierte Nachfrage höher, weil diejenigen Konsumenten mehr Geld in der Tasche haben, die einen großen Teil ihres Einkommens ausgeben.“ In der Tat ist davon auszugehen, dass Bezieher von Gewinn- und Vermögenseinkommen einen höheren Teil ihres Einkommens sparen als Lohneinkommensempfänger, und daher ist bei gleich bleibendem Volkseinkommen die aggregierte

Nachfrage höher, wenn Lohnsteigerungen aus Gewinneinkommen Lohneinkommen machen. In Anhang V.A.2 zu diesem Kapitel findet sich ein Modell, das das bestätigt.

Legt also die keynesianische Theorie Lohnpolitik als ein drittes Instrument zur Konjunkturglättung neben Fiskal- und Geldpolitik nahe? Die Antwort kann aus zwei Gründen trotz allem kein klares „Ja" sein. Erstens gehen von einer Lohnänderung weitere Effekte auf die aggregierte Nachfrage aus. Insbesondere kann die Investitionsnachfrage sinken, weil bei steigende Löhne die Eigenfinanzierungsspielräume reduzieren und Investitionen unrentabel werden lassen. Zweitens ist die in der bisherigen Argumentation eingefügte Klausel *bei gleich bleibendem Volkseinkommen* essenziell. Wird das BIP und damit das Volkseinkommen nicht allein auf der Nachfrageseite bestimmt (wie in Anhang V.A.2), sondern spielt dabei auch die Angebotsseite eine Rolle, dann sind weitere Bedenken angebracht. Wie wir in Kapitel III gesehen haben, führen Reallohnerhöhungen zu einer sinkenden Arbeitsnachfrage der Unternehmen und damit zu einem sinkenden Güterangebot. Zudem kann verschlechterte Wettbewerbsfähigkeit zu Produktionsverlagerungen führen. Damit steigende Löhne das BIP erhöhen, muss also der expansive Effekt auf den Konsum schwerer wiegen als die kontraktiven Effekte auf die Investitionsnachfrage und die Angebotsseite der Ökonomie. KEYNES (1936) selbst sah angesichts dessen und angesichts der Inflationsschwankungen, die von Lohnsatzänderungen ausgelöst werden, konstante Nominallöhne als die beste Art der Lohnpolitik an. Mittlerweile herrscht ein breiter Konsens, dass die Angebotseffekte von Lohnänderungen so wichtig sind, dass expansive Lohnpolitik das BIP – trotz möglicher expansiver Nachfragewirkungen – nicht erhöht, sondern senkt. Das bedeutet auch, dass man ohne Weiteres „Keynesianer" sein kann und fiskal- und geldpolitische Maßnahmen für effektiv halten kann, ohne notwendigerweise auch expansive Lohnpolitik als einen geeigneten Weg der Konjunkturstabilisierung ansehen zu müssen.

V.11 Deflation

Kapitel IV befasste sich mit den schädlichen Auswirkungen (s. Abschnitt IV.2) und den Ursachen (s. Abschnitte IV.7 und IV.8) von hoher Inflation, d. h. einem schnellen Ansteigen des aggregierten Preisindex. Es wurde erklärt, wie die Industrienationen mit der Herstellung von Zentralbankunabhängigkeit das Inflationsproblem in den Griff bekommen haben (s. Abschnitt IV.9). Ein Problem, das sich mit der Erreichung niedriger Inflationsraten neu (besser: von Neuem, vgl. Kasten V.1) stellt, ist ***Deflation***, d. h. ein Absinken des aggregierten Preisindex. Ebenso wie Inflation kann Deflation zu gravierenden ökonomischen Problemen führen. Das ist der Grund dafür, dass die EZB im Mai 2003, an ihrer Definition von Preisstabilität als 0–2% Inflation festhaltend, erklärte, dass sie mittelfristig das obere Ende dieses Intervalls anstrebe (s. Kasten IV.8). Hier sind die Gründe, weshalb Deflation so problematisch ist:

1. Bei Lohnsetzung eine Periode im Voraus (wie in Kapitel IV) bedeutet unerwartete Deflation, dass die Reallöhne steigen und so die Arbeitsnachfrage sinkt.
2. Noch gravierender ist ein Problem, auf das bereits FISHER (1933) im Zusammenhang mit der Weltwirtschaftskrise 1929–33 (s. Kasten V.1) hinwies: Deflation

bedeutet, dass die Unternehmen und Haushalte ihre Schulden aus nominal sinkenden Umsätzen bzw. Einkommen bedienen müssen. Diese Erschwerung des Schuldendiensts senkt Investitions- und Konsumnachfrage und schwächt damit die Konjunktur.

3. Aus einem weiteren Grund investieren die Unternehmen und konsumieren die Haushalte weniger, wenn die Preise sinken: Später bekommen sie die Investitions- und Konsumgüter ja billiger. Das verschärft die negativen konjunkturellen Wirkungen sinkender Preise.

4. Gibt bei Deflation der Nominalzins nicht nach, dann ergibt sich ein hoher Realzins, der die Investitionen bremst. Das war in der Weltwirtschaftskrise in Deutschland der Fall (s. Kasten V.1). Bei positiver Inflation kann dagegen der Realzins sogar negativ werden, wenn nämlich der Nominalzins unter die Inflationsrate fällt. Und je höher die Inflationsrate, desto negativer kann der Realzins werden. Höhere Inflation vergrößert also den Spielraum für die Geldpolitik, mittels niedriger Zinsen die Konjunktur anzukurbeln. Dies nahm IWF-Chefökonom Olivier Blanchard im Februar 2010 zum Anlass, Inflationsziele von 4% statt der verbreiteten 2% vorzuschlagen.

V.12 Zyklen

Das laufende Kapitel ist (vorsichtig) mit „Konjunktur", und nicht mit „Konjunkturzyklen", überschrieben. Der Grund ist, dass wir gar keine dynamischen Modelle angeschaut haben, in denen Zyklen – d. h. sich *im Zeitablauf* periodisch wiederholende Muster – auftauchen könnten. Unser (bescheideneres) Ziel war es zu verstehen, warum das BIP *zu einem gegebenen Zeitpunkt* aus konjunkturellen Gründen vom Trend abweichen kann. Zum Schluss dieses Kapitels wollen wir etwas über Dynamiken sagen. Weil das formal schwierig zu handhaben ist, belassen wir es bei verbalen Erklärungen. Die Frage, wie es zu Konjunkturzyklen kommt, lässt sich in zwei Teilfragen aufteilen: 1. Welche Anstöße setzen Konjunkturzyklen in Gang? 2. Wie „verarbeitet" die Ökonomie diese konjunkturellen Impulse?

1. Die Abweichungen des gleichgewichtigen BIPs vom Trend werden vornehmlich von der aggregierten Nachfrage bestimmt. ***Konjunkturelle Impulse*** (etwas gewöhnungsbedürftig auch konjunkturelle ***Schocks*** genannt) sind dementsprechend in erster Linie exogene Änderungen der Nachfragekomponenten Konsum, Investitionen, Staatsausgaben und Exporte (letztere sind im in diesem Kapitel behandelten Modell nicht vorhanden, sie werden erst im folgenden Kapitel ausführlich behandelt). Keynes betonte vor allem Schwankungen der Investitionsnachfrage. Aber auch Beispiele für durch die anderen Nachfragekomponenten ausgelöste Konjunkturzyklen sind nicht schwer zu finden (s. Kasten V.12), und Angebotsschocks können ebenfalls konjunkturelle Anstöße geben.

2. Wie verarbeitet die Ökonomie diese konjunkturellen Impulse? Eine wichtige Eigenschaft von Konjunkturbewegungen ist, dass sie *selbstverstärkende Kräfte* entfalten: BIP-Anstiege erhöhen den Bedarf an Kapazitätserweiterungen, verbessern die Gewinnaussichten, führen zu einer optimistischeren Grundhaltung der Konsumenten und Unternehmen und vereinfachen die Bedienung von Schulden. Ein BIP-Abschwung löst spiegelbildlich die entgegen gesetzten Effekte aus. Dadurch

Kasten V.12: Beispiele für konjunkturelle Impulse

Konsum: 2001–02 führte schwacher Konsum zu schlechter Konjunktur in Deutschland, während in den USA der starke Konsum eine tiefe Rezession verhinderte. Aufgrund des weiter schwachen Konsums wuchs Deutschland auch in den Folgejahren wesentlich langsamer als die USA.
Investitionen: Starke Investitionen in Informationstechnologie (IT) trieben von 1991 bis 2001 den längsten Aufschwung der US-Geschichte.
Staatsausgaben: Nach der Vereinigung begann Deutschland 1990 mit dem schuldenfinanzierten Wiederaufbau der neuen Bundesländer und verzeichnete 1991 und 1992 Wachstumsraten von 5,1% und 1,9% (s. Abbildung V.1), während sich das restliche Europa und zunächst noch auch die USA in der Rezession befanden.
Nettoexporte: Die Abhängigkeit der deutschen Volkswirtschaft mit ihrer Außenhandelsquote (Anteil der Exporte am BIP) von mittlerweile über 40% (mehr hierzu im nächsten Kapitel) ist sprichwörtlich. Der Beginn der Rezession in 2008 führte das wieder schmerzlich vor Augen.

Besonderes Augenmerk als ein konjunktureller Impulsgeber gilt seit den 1970er-Jahren dem Ölpreis. Mit dem ersten Ölpreisschock stieg der Ölpreis Anfang 1974 auf über $ 12, pro Barrel (d. h. 159 Liter), mit dem zweiten Ölpreisschock bis Anfang 1981 auf über $ 35. Verglichen mit Juli 2008 waren die Verbraucherpreise damals um den Faktor 0,212 bzw. 0,396 geringer. In Preisen von Juli 2008 entsprechen die damaligen Ölpreise also ($ 12/0,212 =) $56,60 bzw. ($ 35/0,396 =) $88,38. Es folgten zwei tiefe Rezessionen (s. Abbildung V.1). Ein Anstieg des Ölpreises betrifft sowohl die aggregierte Nachfrage als auch die Angebotsbedingungen: Zum einen wird mehr Nachfrage im Ausland und damit weniger im Inland wirksam; zum anderen verteuert sich die Produktion in energieintensiven Branchen. Deutschland importiert knapp eine Milliarde Barrel Rohöl pro Jahr. D. h. ein Ölpreisanstieg um € 10 pro Barrel kostet Deutschland rund € 10 Mrd. Allerdings verkrafteten Deutschland und die restliche Weltwirtschaft die Ölpreisanstiege in den 2000er-Jahren (auf $ 147 je Barrel im Juli 2008) wesentlich besser als die Ölpreisschocks der 1970er- und 1980er-Jahre.

Kasten V.13: Konjunkturzyklen

Die vorkeynesianische Literatur sah in Überinvestitionen der Unternehmen den entscheidenden Grund für das Ende des Aufschwungs und den oberen Wendepunkt. In der Nachkriegszeit gerieten die Überinvestitionstheorien etwas in Vergessenheit. Kontraktive Geldpolitik, die auf die Senkung der Inflation in der Expansion abzielt, war der übliche Grund für das Ende von Aufschwüngen. Konrad Adenauer verglich Zinsanhebungen der Deutschen Bundesbank mit dem „Fallbeil für die kleinen Leute“. Mit Hinblick auf die Fed prägte Paul Samuelson den Ausdruck „recessions made in Washington“, und laut Rüdiger Dornbusch gilt: „None of the postwar expansions died of old age, they were all murdered by the Fed.“

Auf wiederkehrendes Interesse stieß die Überinvestitionstheorie mit der Asien-Krise 1997, in der einige südostasiatische Schwellenländer mit zuvor exorbitant hohen Investitionsquoten in tiefe Rezessionen stürzten (mehr hierzu in Kapitel VIII), sowie mit der Rezession 2001 in den Industrienationen, die nach dem Ende des IT-Booms von großen Kapazitätsüberhängen in der IT-Industrie gekennzeichnet waren.

gewinnen ein beginnender Aufschwung bzw. eine beginnende Rezession an Fahrt. Eine zweite wichtige Eigenschaft von Konjunkturbewegungen ist, dass *stabilisierende Kräfte* wirken, die das BIP zurück zum Trend ziehen. So steigen im Aufschwung Löhne und Zinsen und dämpfen die Gewinnentwicklung. In der Konkurrenz der Firmen um Kapital können sich Finanzierungsengpässe ergeben. Mit dem Eintreten der Kapazitätseffekte der Erweiterungsinvestitionen sinkt der Bedarf an weiteren Kapazitätserweiterungen. Oft müssen die Firmen feststellen, dass sie in der Euphorie des Aufschwungs überinvestiert haben und jetzt über zu große Kapazitäten verfügen. Steigende Inflation ruft ferner die Zentralbank mit weiteren Zinsanstiegen auf den Plan (s. Kasten V.13). All das wirkt auf sinkende Investitionen hin. Und umgekehrt für den Abschwung. Diese stabilisierenden Kräfte sind um so stärker, je weiter sich das BIP vom Trend entfernt. Selbstverstärkende und stabilisierende Kräfte haben gegenläufige Auswirkungen auf das BIP, und ihr Kräftespiel ist für zyklische BIP-Bewegungen verantwortlich. Im Aufschwung dominieren zunächst die selbstverstärkenden Kräfte. Mit zunehmender Abweichung vom Trend werden die stabilisierenden Kräfte aber stärker und führen über den oberen Wendepunkt in den Abschwung. Während sich das BIP nun von oben dem Trend nähert, werden einerseits mit schrumpfender Distanz zum Trend die stabilisierenden Kräfte schwächer und andererseits, weil der Abschwung an Schwung gewinnt, die selbstverstärkenden Kräfte stärker. Aus diesem Grund erfolgt nicht eine „weiche Landung“ auf der Trendlinie, sondern ein Überschießen zu BIP-Werten unterhalb des Trends. Während der weiteren Abwärtsbewegung gewinnen die stabilisierenden Kräfte – sinkende Löhne und Zinsen, sinkende Inflation, expansivere Geldpolitik – an Bedeutung, bis sie schließlich schwerer wiegen als die selbstverstärkenden. Der untere Wendepunkt ist erreicht, und die konjunkturelle Erholung setzt ein. Weil mit zunehmender Nähe zum Trend die stabilisierenden Kräfte ihre Bedeutung verlieren, überschießt das BIP in den Bereich oberhalb des Trends. Von da an wiederholt sich der gesamte Prozess. Kurz: In der Nähe vom Trend dominieren die selbstverstärkenden Kräfte. Sie bedingen, dass die Ökonomie von einer Seite des Trends auf die andere schießt, anstatt weich auf der Trendlinie zu landen. Mit zunehmender Entfernung vom Trend dominieren die stabilisierenden Kräfte und sind somit für die konjunkturellen Wendepunkte verantwortlich.

Tatsächliche Konjunkturzyklen sehen natürlich nie so regelmäßig aus wie hier beschrieben. Denn das, was man beobachtet, sind die komplexen Überlagerungen von immer neuen konjunkturellen Impulsen und den sich gegenseitig überlagernden Dynamiken, die davon ausgelöst werden. Dementsprechend schwierig ist es, zukünftige konjunkturelle Entwicklungen mit einigem Vorlauf vorherzusagen. ***Konjunkturprognosen*** stützen sich daher einerseits auf eine Prognose von möglichen konjunkturellen Anstößen und andererseits auf eine Analyse der ablaufenden Dynamiken. Eine herausgehobene Rolle bei der Konjunkturprognose spielen Stimmungsbarometer wie der ifo-Geschäftsklimaindex (s. Kasten V.14). Trotz aller Bemühungen sind Konjunkturprognosen sehr stark fehlerbehaftet (s. Kasten V.15). Das deutet darauf hin, dass für den Konjunkturverlauf die unvorhersehbaren konjunkturellen Impulse bedeutsamer sind als die selbstverstärkenden und stabilisierenden Kräfte des ökonomischen Systems.

Kasten V.14: Geschäftsklima

Besondere Beachtung unter den makroökonomischen Stimmungsbarometern genießt der vom Münchner ifo Institut ermittelte Geschäftsklimaindex. Zur Berechnung des ifo-Index befragt das ifo Institut monatlich 7.000 Unternehmen des Verarbeitenden Gewerbes, des Bauhauptgewerbes, des Großhandels und des Einzelhandels nach ihrer Einschätzung der momentanen Geschäftslage einerseits und der Erwartungen für die nächsten sechs Monate andererseits. Aus den geäußerten Einschätzungen werden Indizes für die Geschäfts*lage* bzw. die Geschäfts*erwartungen* gebildet, die dann zum Geschäftsklima gemittelt werden. Der aktuelle Maßstab ist ein Wert von 100, gemessen im Jahr 2005. Ende 2011 lagen die Werte für Geschäftslage und -erwartungen bei 116,7 bzw. 98,4 und mittelten sich zum Geschäftsklimawert von 107,2. Die Wichtigkeit des ifo-Geschäftsklimaindex resultiert daraus, dass er sich recht gut als ein vorlaufender Indikator bewährt hat. Eine nützliche Faustregel – die so genannte „Dreimal-Regel" – besagt, dass der Geschäftsklimaindex recht zuverlässig einen baldigen konjunkturellen Wendepunkt anzeigt, sobald er in der Rezession drei Monate in Folge steigt bzw. im Aufschwung drei Monate hintereinander fällt. Allgemeiner erhält man eine recht robuste positive Korrelation im Bereich von 0,75 zwischen ifo-Index und BIP, wenn man den Index zu Quartalswerten mittelt. Dabei weisen insbesondere die Geschäftserwartungen einen Vorlauf von ein bis zwei Quartalen auf (s. Hüfner und Schröder [2002]). Ein anderes viel beachtetes Stimmungsbarometer ist der ZEW-Konjunkturindikator, der sich auf eine Befragung von 350 professionellen Analysten und institutionellen Anlegern vornehmlich aus dem Bankensektor stützt.

Kasten V.15: Konjunkturprognosen

Prognosen für die BIP-Wachstumsrate des folgenden Jahres haben durchschnittliche Fehler in der Größenordnung von einem bis eineinhalb Prozentpunkten. Das ist angesichts der üblichen Schwankungsbreiten von BIP-Wachstumsraten (s. Abbildung V.1) sehr viel. Konjunkturverläufe werden also i. d. R. relativ schlecht prognostiziert. Das muss nicht an der Schwäche von Prognosemodellen liegen. Vielmehr kann dies die Folge davon sein, dass ständig neue Impulse (vgl. Kasten V.12) die Konjunktur beeinflussen. Die Schwierigkeiten bei der Konjunkturprognose lassen sich plastisch anhand des Extrembeispiels der Weltwirtschaftskrise 1929–33 illustrieren (s. Kasten V.1). Die renommiertesten Prognostiker der Zeit, aus Harvard und Yale, wurden von der Weltwirtschaftskrise überrascht. Noch zwei Monate nach dem Börsencrash urteilte der Harvard Economic Service im Dezember 1929:

„a depression seems improbable, and continuance of business recession is all that is in prospect. This justifies a forecast of recovery of business next spring, with further improvement in the fall, so that 1930, as a whole, should prove at least a fairly good year"

(zitiert nach Dominguez et al. [1988, 606]). Noch interessanter: Dominguez et al. zeigen, dass auf Basis der verfügbaren Daten auch mit den heute verfügbaren Analysemethoden die Weltwirtschaftskrise nicht vorhergesagt worden wäre:

„the Depression was unforecastable"

(Dominguez et al. [1988, 605]).

V.A.1 Staatsschuldarithmetik

Dieser Appendix stellt den Zusammenhang zwischen den Budgetdefiziten einzelner Jahre und dem daraus resultierenden Schuldenstand her. Dazu haben die statischen Modelle im laufenden Kapitel nichts zu sagen. Der Einfachheit halber belassen wir es hier bei purer Arithmetik, d. h. wir benutzen keine Theorie, die uns sagt, wie sich das BIP bestimmt, sondern wir untersuchen nur, wie sich bei gegebener BIP-Entwicklung laufende Budgetdefizite auf den Schuldenstand auswirken. Die auftauchenden Variablen interpretieren wir hier als nominale, d. h. Euro-Größen. Beim BIP wird das durch die Benennung Y_t^n betont. Die Budgetgleichung des Staats lautet

$$D_t = (1 + i_{t-1})D_{t-1} - T_{t-1} + G_{t-1}$$

mit D_t als Schuldenstand in Zeitpunkt t in Euro und i_{t-1} als Schuldzins auf den Schuldenstand in $t-1$. Gemäß dieser Budgetgleichung wächst der Schuldenstand um das Budgetdefizit $i_{t-1}D_{t-1} + G_{t-1} - T_{t-1}$, d. h. die Differenz von Schuldendienst $i_{t-1}D_{t-1}$ und Primärüberschuss $T_{t-1} - G_{t-1}$. Teilen durch

$$\frac{Y_t^n}{1 + g_{Y_t^n}} = Y_{t-1}^n$$

liefert

$$(1 + g_{Y_t^n})\frac{D_t}{Y_t^n} = \frac{(1 + i_{t-1})D_{t-1} - (T_{t-1} - G_{t-1})}{Y_{t-1}^n}.$$

Nehmen wir an, dass die Wachstumsrate des nominalen BIPs $g_{Y_t^n}$ $(= g_{Y^n})$, der Zinssatz i_{t-1} $(= i)$ und der Primärüberschuss relativ zum BIP $(T_{t-1} - G_{t-1})/Y_{t-1}^n$ $(= p)$ konstant sind. Da es hier um die langfristige Entwicklung des Schuldenstands geht, sollten diese konstanten Werte als Durchschnittswerte über die Konjunkturzyklen hinweg interpretiert werden. Dann entwickeln sich die Schulden relativ zum BIP D_t/Y_t^n $(= d_t)$ gemäß

$$d_t = \frac{(1 + i)d_{t-1} - p}{1 + g_{Y^n}}.$$

Die Entwicklung von d_t gemäß dieser Differenzengleichung lässt sich analog zu Abschnitt II.5 mit einem Bild mit d_{t-1} und d_t an den Achsen untersuchen (s. Abbildung V.A.1). Die rechte Seite der Gleichung ist dann eine Gerade mit Steigung $(1 + i)/(1 + g_{Y^n})$, die die senkrechte Achse bei $-p/(1 + g_{Y^n})$ schneidet. Im Durchschnitt über mehrere Jahre ist der (Nominal-) Zins deutlich höher als die Wachstumsrate des nominalen BIPs $i > g_{Y^n}$. Deshalb beschränken wir uns auf die Betrachtung dieses Falls. Die Steigung der Geraden, die den Zusammenhang zwischen d_{t-1} und d_t angibt, ist dann größer als eins. Damit haben wir das „Problem“,

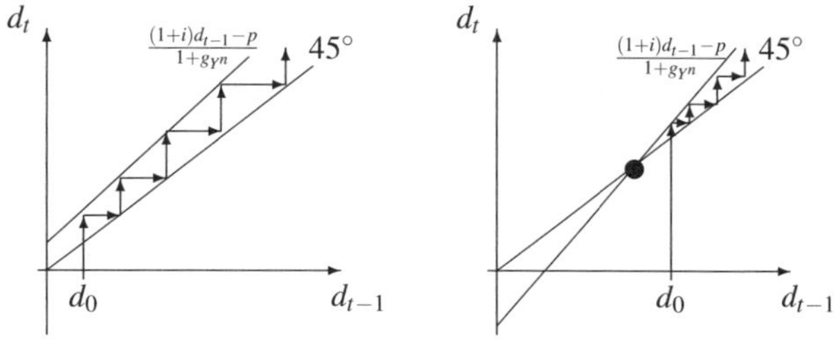

Abbildung V.A.1: Entwicklung der Schuldenquote

Kasten V.16: Staatsschuldarithmetik

Ein Beispiel: Die durchschnittlichen nominalen Zinsen seien 5% ($= i$). Das reale BIP-Wachstum sei durchschnittlich 1,5% und die Inflationsrate 2%, so dass $g_{Y^n} =$ 3,5%. Dann muss ein Land, um die Schuldenquote bei d_0 konstant zu halten, einen Primärüberschuss relativ zum BIP von $p = (5\% - 3{,}5\%)b = 1{,}5\% d_0$ realisieren. Das sind für eine Schuldenquote von 60% ($= d_0$), d. h. die im Maastricht-Vertrag vorgesehene Obergrenze für EWU-Länder, 0,9%, 1,2% für 80% Schuldenquote bzw. 1,5% für 100%. Die dazugehörigen Budgetdefizite sind ($g_{Y^n} d_0 =$) 2,1%, 2,8% bzw. 3,5%.

dass – anders als in Abschnitt II.5 – die Entwicklung immer von einem Steady state (einem Schnittpunkt der Geraden mit der 45 °-Linie) weg führt: Die Entwicklung der Schuldenquote ist ein instabiler Prozess. Wie problematisch das ist, hängt von der Finanzpolitik ab. Ist der Primärüberschuss negativ ($p < 0$), dann liegt ein wirkliches Problem vor: Von einer positiven Schuldenquote d_0 ausgehend, „explodieren" die Schulden unweigerlich (s. das linke Bild in Abbildung V.A.1). Um die Schuldenquote am BIP zu stabilisieren, muss man folglich zuallererst „einen positiven Primärüberschuss fahren". Das Instabilitätsproblem ist damit aber noch nicht gelöst: Mit $p > 0$ gibt es nun einen positiven Steady state ($d_t = d_{t-1} = d$) für die Schuldenquote: $d = p/(i - g_{Y^n})$. Aber für $d_0 \neq d$ führt die Entwicklung von diesem Steady state weg, nicht zu ihm hin (rechtes Bild in Abbildung V.A.1). Für dieses Problem gibt es jedoch eine Lösung: Zwar ist d_0 gegeben, den Primärübschuss p kann aber die Finanzpolitik bestimmen. Will sie die momentane Schuldenquote d_0 auf Dauer beibehalten, dann muss sie einen Primärüberschuss $p = (i - g_{Y^n})d_0$ realisieren. Das Budgetdefizit relativ zum BIP darf entsprechend $i d_0 - p = g_{Y^n} d_0$ betragen. Soll die Schuldenquote auf einem niedrigeren als dem aktuellen Wert stabilisiert werden, dann muss eine Konsolidierungsphase mit höherem Primärüberschüssen und geringeren Defiziten vorgeschaltet werden. Ein Beispiel findet sich in Kasten V.16.

V.A.2 Lohnpolitik

In diesem Anhang betrachten wir ein Modell, in dem höhere Löhne das gleichgewichtige BIP steigern, weil die marginale Konsumquote aus Lohneinkommen höher ist als aus Gewinneinkommen. Das Modell ergibt sich mit zwei Änderungen aus dem Einkommen-Ausgaben-Modell aus Abschnitt V.3. Zum einen werden in Annahme A1 unterschiedliche Konsumquoten aus den beiden Einkommensarten eingebaut. Das Preisniveau wird als eine exogene Variable behandelt, d. h. es wird Preisrigidität unterstellt. Mehr hierzu in Kasten VI.10 in Kapitel VI. Damit wir vorgegebene Lohnänderungen untersuchen können, wird auch der Nominallohn als exogen behandelt.

A1: *Die Konsumfunktion lautet:*

$$C = \bar{C} + c_W\left(\frac{WL}{P} - T_W\right) + c_\pi\left(\frac{\pi}{P} - T_\pi\right), \quad \bar{C} > 0,\ 0 < c_\pi < c_W < 1,$$

wobei c_W und c_π die marginalen Konsumquoten aus Lohneinkommen und Gewinneinkommen sind, T_W und T_π die Steuern auf diese beiden Einkommensarten und

$$\pi \equiv PY - WL$$

die Gewinne.

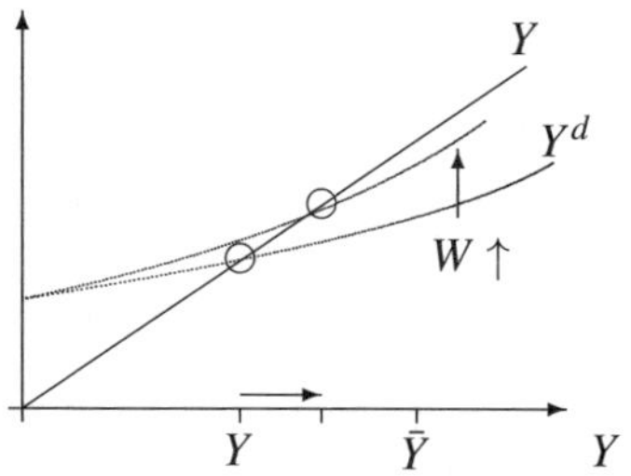

Abbildung V.A.2: Lohnpolitik

A2: *Die Investitionen I sind exogen.*

A3: *Die Güternachfrage Y^d setzt sich aus Konsum C, Investitionen I und den ebenfalls exogenen Staatsausgaben G zusammen:*

$$Y^d \equiv C + I + G.$$

A4: *Die Firmen produzieren genau soviel wie nachgefragt wird:*

$$Y = Y^d.$$

A5: *Die Produktionsfunktion lautet $Y = F(L)$. Die Nachfrage der Firmen nach Arbeit beträgt*

$$L = F^{-1}(Y).$$

A6: *Löhne und Preise sind rigide: W und P sind exogen.*

$L = F^{-1}(Y)$ ist als Umkehrfunktion der konkav steigenden Produktionsfunktion eine konvex steigende Funktion (s. Abschnitt A.9). Setzt man $L = F^{-1}(Y)$ und die Gewinnfunktion in A1 ein, so erhält man:

$$C = \bar{C} + (c_W - c_\pi)\frac{WF^{-1}(Y)}{P} - c_W T_W - c_\pi T_\pi + c_\pi Y.$$

Mit A2-A4 folgt:

$$Y = \bar{C} + (c_W - c_\pi)\frac{WF^{-1}(Y)}{P} - c_W T_W - c_\pi T_\pi + c_\pi Y + I + G.$$

Die rechte Seite ist die Güternachfrage Y^d. Diese Gleichung legt das gleichgewichtige BIP Y fest. Eine rechnerische Lösung ist nicht möglich, ohne die Produktionsfunktion genauer zu spezifizieren. Alles Wichtige ist aber grafisch ersichtlich (s. Abbildung V.A.2). Mit $F^{-1}(Y)$ verläuft auch die Y^d-Kurve konvex steigend. Es wird angenommen, dass sie die 45 °-Linie schneidet. Analog zum Einkommen-Ausgaben-Modell liegt dann das Gleichgewicht im Schnittpunkt der beiden Kurven. Weil Y^d konvex ist, gibt es weiter rechts noch einen zweiten Schnittpunkt. Wir konzentrieren uns auf den linken. In einer dynamischen Version des Modells würde sich der rechte Punkt als instabil erweisen. Wir können ihn einfach „aussortieren", indem wir annehmen, dass das Vollbeschäftigungs-BIP $\bar{Y}$ zwischen den beiden Schnittpunkten liegt, so dass nur der linke realisierbar ist, der rechte nicht. Ein Anstieg des Lohnsatzes W erhöht die aggregierte Nachfrage Y^d, weil die marginale Konsumquote aus Lohneinkommen höher ist als aus Gewinneinkommen ($c_W > c_\pi$). Mit der Aufwärtsdrehung von Y^d steigt auch das gleichgewichtige BIP Y (Abbildung V.A.2). Das beweist die Behauptung, dass expansive Lohnpolitik das BIP erhöhen kann.

Weiterführende Literatur

Das Einkommen-Ausgaben-Modell sowie Diskussionen der IS-Kurve finden sich in so gut wie jedem Makroökonomik-Lehrbuch. Einen Überblick über die Forschung zu Taylor-Regeln – insbes. zur Optimalität einfacher Regeln – bietet der von TAYLOR (1999) herausgegebene Sammelband. Das hier betrachtete IS-TR-Modell ist in einführenden Lehrbüchern seltener zu finden. Stattdessen wird i. d. R. das IS-LM-Modell vorgestellt. ROMER (David, nicht Paul) (2000) ist einer der Hauptfürsprecher des hier verfolgten Ansatzes. Das wichtigste Projekt in der Konjunkturtheorie der letzten zwanzig Jahre ist die sogenannte Mikrofundierung der Theorien. Darunter versteht man das Vorgehen, Verhaltensfunktionen wie etwa die Konsumfunktion nicht per Annahme ins Modell einzubringen, sondern aus der nutzenmaximierenden Wahl eines Konsumprofils über die Zeit herzuleiten (vgl. die Hinweise auf weiterführende Literatur in Kapitel II). Aus „alter" keynesianischer Theorie und neuer mikrofundierter Theorie hat sich mittlerweile eine mikrofundierte keynesianische Theorie herausgebildet, die wahlweise als „neokeynesianische Theorie" oder „neoklassische Synthese" bezeichnet wird. Darin werden eine Gütermarktgleichgewichtsbedingung und eine Zinsregel optimierend hergeleitet, so dass das hier behandelte IS-TR-Modell als Vorläufer dieser Synthese angesehen werden kann. WOODFORDs (2003) aktuell maßgebliche Monografie zur monetären Makroökonomik (vgl. die Hinweise auf weiterführende Literatur zu Kapitel IV) ist eine Standardreferenz. Charakteristisch für diese Modelle ist, dass sie nicht mehr „von Hand" lösbar sind, sondern „kalibriert" (d. h. numerisch spezifiziert) und am Computer simuliert werden müssen. Angesichts dessen lässt sich darüber streiten, ob die neokeynesianische Theorie neben ihrem methodischen auch einen nützlichen inhaltlichen Beitrag zur Makroökonomik leistet. JERGER und LANDMANN (2002) diskutieren Lohnpolitik. In ARNOLD (2002) findet sich eine Anzahl von Modellen mit zyklischen Dynamiken.

Zusammenfassung der Grundüberlegung dieses Kapitels

1. Der Wachstumsprozess ist durch erhebliche Schwankungen des BIPs um seinen Trend gekennzeichnet. Diese Schwankungen nennt man Konjunkturzyklen.

2. Trend-BIP und strukturelle Arbeitslosigkeit werden auf der Angebotsseite der Ökonomie bestimmt. Die konjunkturellen Schwankungen um den Trend werden „keynesianisch" durch Schwankungen der aggregierten Nachfrage verursacht. Das ist keine Implikation, sondern eine Interpretation der Theorie.

3. Das Einkommen-Ausgaben-Modell ist das einfachste keynesianische Modell. Es zeigt, warum bei exogenen Investitionen das BIP bei nur struktureller Arbeitslosigkeit möglicherweise nicht in voller Höhe nachgefragt wird und wie Fiskalpolitik durch zusätzliche Staatsnachfrage helfen kann.

4. Das operative Verhalten von Zentralbanken lässt sich gut durch die Taylor-Regel beschreiben: Bei steigendem BIP und steigender Inflation werden die Zinsen erhöht und umgekehrt.

5. Bei zinsabhängigen Investitionen bestimmen Gütermarkt und Taylor-Regel simultan das gleichgewichtige BIP (IS-TR-Modell). Wie im Einkommen-Ausgaben-Modell kann die aggregierte Nachfrage bei rein struktureller Arbeitslosigkeit zu klein sein.

6. Expansive Fiskalpolitik erhöht das gleichgewichtige BIP. Das durch die Taylor-Regel festgelegte regelgebundene Element der Geldpolitik dämpft konjunkturelle Schwankungen. Aktive Geldpolitik, d. h. Änderungen der Taylor-Regel, erhöhen kurzfristig das BIP. Verzögerungen bei der Implementierung

und bis zur Wirkung erschweren den gezielten Einsatz von Fiskal- und Geldpolitik.

7. Höhere Löhne führen bei einem gegebenen Volkseinkommen zu einer höheren Konsumnachfrage. Höhere Löhne senken aber die Investitionen und das aggregierte Angebot. Der Nettoeffekt ist theoretisch unklar und in der Realität negativ.

8. Deflation führt zu steigenden Reallöhnen, zu steigenden Realzinsen, zu einer steigenden realen Schuldenlast und zum Aufschieben von Konsum. Sie macht es unmöglich, mit negativen Realzinsen die Konjunktur anzukurbeln.

9. Alle Nachfragekomponenten kommen als konjunkturelle Impulsgeber in Frage. Die Interaktion von selbstverstärkenden und stabilisierenden Kräften ist für die zyklische Antwort des BIPs auf diese Impulse verantwortlich. Die selbstverstärkenden Kräfte bedingen dabei, dass die Ökonomie von einer Seite des Trends auf die andere überschießt, und die stabilisierenden Kräfte bedingen die konjunkturellen Wendepunkte.

Schlüsselbegriffe

Konjunkturzyklen
prozyklisch, antizyklisch, azyklisch
vorlaufende Indikatoren
Real-business-cycles- (RBC-) Schule
aggregierte Nachfrage
Weltwirtschaftskrise
Einkommen-Ausgaben-Modell
keynesianische Revolution
Says Theorem
konjunkturelle Arbeitslosigkeit
Fiskalpolitik
keynesianischer Multiplikator
Selbstfinanzierungseffekte
Laffer-Kurve
Taylor-Regel
IS-TR-Modell
IS-Kurve
TR-Kurve
automatische Stabilisatoren
Wirkungsverzögerungen
Lohnpolitik
Deflation
konjunkturelle Impulse (Schocks)
Konjunkturprognose

Kapitel VI

Internationaler Handel und internationaler Kapitalverkehr

„I sympathise, therefore, with those who would minimise, rather than with those who would maximise, economic entanglement between nations. Ideas, knowledge, art, hospitality, travel – these are the things which should of their nature be international. But let goods be homespun whenever it is reasonably and conveniently possible; and, above all, let finance be primarily national."
KEYNES *(1933, 756)*

VI.1 Einleitung

Die Theorien zu Wachstum, Arbeitslosigkeit, Inflation und Konjunktur in den Kapiteln II–V ignorieren weitgehend internationale Wirtschaftsbeziehungen. Das ist im Zeitalter der Globalisierung – mit intensivem internationalen Handel mit Gütern und Dienstleistungen sowie großen internationalen Kapitalströmen – eine allzu stark vereinfachende Annahme. Wir müssen daher der Frage nachgehen, inwieweit unsere Ergebnisse bei Vorliegen von Auslandsbeziehungen weiter gelten bzw. inwieweit sie modifiziert werden müssen (ab und zu haben wir das bereits angesprochen). Das ist die Aufgabe dieses Kapitels. Abschnitt VI.2 fasst zunächst einige grundlegende empirische Fakten über den Globalisierungsprozess zusammen. Abschnitt VI.3 argumentiert, dass unsere Theorien zu Wachstum, Arbeitslosigkeit und Inflation auch in Volkswirtschaften mit Auslandsbeziehungen die maßgeblichen Zusammenhänge abbilden. Wo wir intensiver nachbessern müssen, ist bei unserer Konjunkturtheorie. Abschnitt VI.4 erläutert kurz den weiteren Gang der Untersuchung in diesem Kapitel. Die Abschnitte VI.5–VI.8 leisten einige konzeptionelle Vorarbeiten. In Abschnitt VI.9 erweitern wir dann das IS-TR-Modell aus Abschnitt V.6 um internationalen Handel und grenzüberschreitenden Kapitalverkehr bei flexiblen Wechselkursen. Abschnitt VI.10 diskutiert die Wirksamkeit von Fiskal- und Geldpolitik. In den Abschnitten VI.11 und VI.12 kommen wir dann zu festen Wechselkursen und zeigen, wie ein Land mit einem festen Wechselkurs in eine Währungskrise geraten kann. Vor diesem Hintergrund fragen wir in Abschnitt VI.13, unter welchen Vorbedingungen es für ein Land vorteilhaft ist, seinen Wechselkurs zu fixieren.

VI.2 Globalisierung

Der ***Globalisierung***sprozess der vergangenen 60 Jahre hat aus ökonomischer Sicht zwei wichtige Komponenten: zum einen wachsenden internationalen Güter- und

Dienstleistungshandel und zum anderen zunehmende internationale Kapitalströme. Zwei wichtige einleitende Bemerkungen zum ***internationalen Kapitalverkehr***. Erstens: Man unterscheidet Portfolioinvestitionen und Direktinvestitionen. Portfolioinvestitionen bedingen Ansprüche ausschließlich auf finanzielle Leistungen. Hierunter fallen Kredite, festverzinsliche Wertpapiere, kleinere Aktienpakete, Geldmarktpapiere und Finanzderivate. Eine Direktinvestition liegt dagegen vor, wenn durch den Erwerb von Unternehmenseigentum bzw. -beteiligungen im Ausland neben den finanziellen Ansprüchen auch Kontrollrechte an den betroffenen Unternehmen erworben werden, z. B. durch den Kauf einer ausländischen Firma oder die Gründung eines Tochterunternehmens. Diese Bedingung gilt bei Beteiligungen von 10% und mehr am Kapital ausländischer Unternehmen als erfüllt (weshalb kleine Aktienpakete zu den Portfolioinvestitionen gezählt werden). Zweitens: Wenn hier von Kapitalverkehr die Rede ist, ist mit dem Begriff „Kapital" etwas anderes gemeint als in Kapitel II. Dort ging es um *physisches* Kapital, z. B. Maschinen, Geräte, Computer, Gebäude etc. Hier geht es dagegen um *Finanz*kapital, d. h. um *Ansprüche auf Zahlungen in der Zukunft* in Form von festverzinslichen Wertpapieren, Aktien, Krediten etc. Das sind zwei völlig verschiedene Dinge. Man kann physisches Kapital ohne Finanzkapitalbewegungen handeln (eine deutsche Firma exportiert eine Fräsmaschine an eine ausländische Firma, die mit den Erlösen aus ihrer Produktion bezahlt). Und ebenso können Finanzkapitalbewegungen ohne Handel von physischem Kapital vorliegen (ein deutscher Konsument finanziert einen Hauskauf mit einem Fremdwährungskredit bei einer ausländischen Bank).

Der internationale Handel wächst seit dem Ende des 2. Weltkriegs deutlich schneller als das BIP. Beide Komponenten des internationalen Kapitalverkehrs – Portfolio- und Direktinvestitionen – wachsen seit den 1970er-Jahren dramatisch (s. Kasten VI.1). In diesen Entwicklungen spiegeln sich einerseits sinkende Transaktionskosten wider (insbes. – durch technischen Fortschritt in der Telekommunikation – für den Transport von Informationen). Andererseits ist der Globalisierungsprozess aber auch das angestrebte Ergebnis wirtschaftspolitischer Entscheidungen. Der Güter- und Dienstleistungshandel wird seit 1950 Schritt für Schritt liberalisiert, zuerst im Rahmen des General Agreement on Tariffs and Trade (GATT), jetzt durch dessen Nachfolgerin, die Welthandelsorganisation (WTO). Und die Explosion der Kapitalströme begann erst mit dem 1961 in Kraft getretenen „OECD Code of Liberalisation of Capital Movements". In Artikel 1 heißt es darin grundsätzlich:

> „Members shall progressively abolish between one another . . . restrictions on movements of capital to the extent necessary for economic co-operation"

(OECD [2005]). Diese Vorgabe wurde durch die Abschaffung von Kontrollen zuerst ab 1964 bei langfristigen Transaktionen, später ab 1989 auch für kurzfristige Kapitalströme präzisiert. Durch die Umsetzung in nationales Recht ist die von der OECD geförderte Liberalisierung des internationalen Kapitalverkehrs seit Anfang der 1990er-Jahre faktisch abgeschlossen.

Aus der Liberalisierung des Warenhandels und des Kapitalverkehrs verspricht man sich Wohlfahrtgewinne für die beteiligten Länder. Beim Warenhandel sind das die Handelsgewinne, die die mikroökonomische Außenwirtschaftstheorie in Aussicht

Kasten VI.1: Globalisierung

Der Welthandel wuchs zwischen 1950 und 1998 wesentlich schneller als das Welt-BIP (s. die unten stehende Tabelle aus MADDISON [2001]): um 6,4% pro Jahr und damit um den Faktor ($1{,}064^{48} =$) 19,6, verglichen mit einem Wachstum des Welt-BIPs von 3,9% jährlich (Faktor $1{,}039^{48} = 6{,}3$). Damit verdreifachte sich der Wert der Exporte in Relation zum Welt-BIP von 5,5% auf 17,2%. Nach WTO-Angaben betrug das Welthandelsvolumen in den Jahren 1998 und 2010 (nicht kaufkraftbereinigt) $ 6.844,6 Mrd. bzw. $ 17.929,5 Mrd. (s. www.wto.org). Laut IWF betrug das Welt BIP in den Jahren 1998 und 2010 $ 30.098,4 Mrd. bzw. $ 62.909,3 Mrd. (vgl. Kasten I.6). Also stieg das Welthandelsvolumen von 22,7% auf 28,5% des Welt-BIPs. Auch wenn die 1998er-Zahl nicht exakt mit den Maddison-Zahlen übereinstimmt, wird deutlich, dass der Welthandel weiter schneller wuchs als das Welt-BIP. Diese Entwicklung spiegelt sich auch in länderweisen Zahlen wider. In Deutschland beispielsweise stieg das Verhältnis von Exporten zum BIP zwischen 1950 und 1998 von 6,2% auf 38,9% und bis 2011 weiter auf 50,1% (vgl. Kasten I.4). Die zehn wichtigsten Abnehmer deutscher Exporte und Lieferanten deutscher Importe waren 2010 jeweils sieben EU-Länder, die USA, China und die Schweiz (s. www.destatis.de).

Exporte/BIP 1870–1998[a]

	1870	1913	1950	1998
Deutschland	9,5%	16,1%	6,2%	38,9%
USA	2,5%	3,7%	3,0%	10,1%
Japan	0,2%	2,4%	2,2%	13,4%
Welt	4,6%	7,9%	5,5%	17,2%

[a]Quelle: MADDISON (2001, Tabelle F-5, 363).

Die durch internationalen Kapitalverkehr aufgebauten Auslandsvermögenspositionen sind ein Vielfaches des BIPs. Deutschland z. B. hatte Ende 2010 Guthaben von € 6.341,8 Mrd. im Ausland und Verbindlichkeiten in Höhe von € 5.390,6 Mrd. gegenüber dem Ausland, also Nettoauslandsguthaben von € 951,2 Mrd. Eine hervorgehobene Rolle im internationalen Kapitalverkehr spielen die Banken: Auf sie entfielen im Jahr 2010 44,6% der Auslandsaktiva und 48,8% der Auslandsverbindlichkeiten. 16,6% der Forderungen und 12,6% der Verbindlichkeiten waren Direktinvestitionen (s. www.bundesbank.de). Das Handelsvolumen auf den internationalen Finanzmärkten übersteigt wiederum diese Bestände um ein Vielfaches. An den Devisenmärkten der Welt wurden 2008 *pro Handelstag* Devisen im Wert von $ 3.200 Mrd. gehandelt, also ungefähr das deutsche BIP *eines Jahres*.

Interessant ist, dass es schon einmal, vor dem 1. Weltkrieg, eine Phase ausgeprägter wirtschaftlicher Globalisierung gegeben hatte (s. die Tabelle oben). Nach den beiden Weltkriegen dauerte es bis in die 1980er-Jahre hinein, bis das Verhältnis der Exporte zum BIP in den Industrienationen wieder den Wert von 1913 erreichte. Auch die Kapitalströme waren zu der Zeit groß, weil die Industrienationen erhebliche Teile ihrer Ersparnis in den damaligen Kolonien investierten.

stellt: Zum einen können sich Länder auf die Produkte spezialisieren, bei denen sie einen komparativen Kostenvorteil haben. Zum anderen können im Weltmarkt Größenvorteile intensiver ausgenutzt werden als in nationalen Märkten. Auch was die Kapitalmärkte anbetrifft, verspricht die Theorie mehrere Vorteile:

1. Der wichtigste Vorteil ist, dass Kapital dorthin fließen kann, wo es am effektivsten eingesetzt werden kann. Das erhöht die BNEs aller beteiligten Länder (s. Anhang VI.A am Ende dieses Kapitels).

2. Durch die Möglichkeit, Geld im Ausland anzulegen, kann das Risiko von Portfolios reduziert werden (Diversifikation). Insbes. kann man das Risiko vermeiden, erhebliche Vermögensverluste zu erleiden, wenn der heimische Aktienmarkt fällt (während die Auslandsmärkte sich besser entwickeln).

3. Der Weltfinanzmarkt ist aufgrund seiner Größe liquider, als ein nationaler Finanzmarkt das sein kann. D. h. es ist für Anbieter von Finanzprodukten leichter, einen Käufer zu finden, und Nachfrager finden leichter einen Anbieter.

4. Der internationale Finanzmarkt eröffnet die Möglichkeit, unerwünschte Konsumschwankungen zu vermeiden. Sind z. B. zur langfristig lukrativen Erschließung von Rohstoffen hohe Investitionen notwendig, so müssen diese Investitionen nicht aus inländischer Ersparnis finanziert werden. Stattdessen kann man sich beim Ausland verschulden, die Schulden aus den Erlösen des Rohstoffverkaufs bedienen und muss so nicht erst Konsumverzicht leisten. Oder auf kürzere Sicht: Bei schlechter Konjunktur muss der Konsum weniger stark eingeschränkt werden, wenn man Auslandsguthaben auflösen kann, die man in guten Zeiten angelegt hat.

VI.3 Wachstum, Arbeitslosigkeit und Inflation

In den vorangegangenen vier Kapiteln haben wir Wachstum, Arbeitslosigkeit, Inflation und Konjunktur in „geschlossenen“ Volkswirtschaften ohne Auslandsbeziehungen untersucht. Nun machen die in Abschnitt VI.2 gemachten Beobachtungen klar, dass der Euroraum, die EU, die USA und Deutschland erst recht nicht auch nur näherungsweise geschlossene Volkswirtschaften sind. Heißt das, dass all die Mühen, die wir uns bis zu dieser Stelle gemacht haben, umsonst waren? Glücklicherweise nein. Zunächst einmal macht man sich das Leben wesentlich leichter, wenn man mit dem Einfachen beginnt und dann Komplikationen hinzufügt; die bisher behandelten Theorien für geschlossene Volkswirtschaften waren ja anspruchsvoll genug. Darüber hinaus werden wir nun sehen, dass unsere Theorien zu Wachstum, Arbeitslosigkeit und Inflation auch für die „offenen“ Volkswirtschaft die wesentlichen Zusammenhänge abbilden. Schwieriger wird es, wenn wir die Rolle von internationalem Waren- und Kapitalverkehr im Konjunkturzyklus untersuchen. Das wird uns in den folgenden Abschnitten dieses Kapitels beschäftigen. Zunächst aber zu Wachstum, Arbeitslosigkeit und Inflation.

Hinsichtlich *Wachstum* gibt es – neben Warenhandel und Kapitalverkehr – ein weiteres wichtiges Merkmal einer globalisierten Welt: internationale Wissensdiffusion. Wir haben in Kapitel II gesehen, dass für langfristiges Wachstum Technologie der entscheidende Faktor ist. Nun macht die Verbreitung (Diffusion) technischen

Wissens nicht an Ländergrenzen halt. Das in wissenschaftlichen Ergebnissen oder in innovativen Produkten verkörperte technische Wissen steht dem Ausland ebenso zur Verfügung wie dem Inland, auch wenn selbstverständlich Patente die Nutzung einschränken. Hiervon können insbes. technologisch rückständige Länder profitieren. Sie müssen, indem sie im Ausland bereits vorhandene Technologien adaptieren, den technischen Wandel von der agrarisch geprägten Ökonomie zur Industrienation nicht im Schneckentempo des Industrialisierungsprozesses Westeuropas gehen. Ausländische Direktinvestitionen haben sich dabei als sehr effektives Mittel des Technologietransfers erwiesen. Die Entwicklung Japans von 1960 bis 1990 sowie der südostasiatischen „Tiger"-Nationen (Hongkong, Singapur, Südkorea, Taiwan) seit 1970 sind die Standardbeispiele. China und Indien durchlaufen seit den 1980er- bzw. 1990er-Jahren eine ähnliche ökonomische Entwicklung. Internationaler Güter- und Dienstleistungshandel sowie internationaler Kapitalverkehr können diesen Prozess potenziell beschleunigen. Es sei an das Dollar-Kraay-Ergebnis erinnert, demzufolge die Länder, die nach 1980 „globalisierten", anschließend durchschnittlich viermal so schnell wuchsen wie die Länder, die weiterhin nicht „globalisierten" (s. Kasten II.14).

Für hoch entwickelte Industrienationen, die bereits mit State-of-the-art-Technologien arbeiten, ist internationale Wissensdiffusion naturgemäß weniger entscheidend. Hier wird laut Solow-Modell (Abschnitt II.5) das Tempo des Produktivitätswachstums vom Tempo des technischen Fortschritts vorgegeben. Ob internationaler Güter- und Dienstleistungshandel und internationaler Kapitalverkehr das Tempo des Wachstums beeinflussen, hängt also davon ab, ob sie das Tempo des technischen Fortschritts ändern. Vor dem Hintergrund der Theorie endogenen technischen Fortschritts (Abschnitt II.6) sind aus zwei Gründen Zweifel hieran angebracht.

1. Internationaler Handel hat diverse gegenläufige Auswirkungen auf die Innovationsanreize, die sich tendenziell wechselseitig aufheben: Der schärfere Wettbewerb im Weltmarkt schmälert die Gewinne und damit die Innovationsanreize. Dem steht entgegen, dass der relevante Markt größer ist.

2. Selbst wenn der Nettoeffekt auf die Innovationsanreize positiv wäre, würde das nicht automatisch positive Wachstumswirkungen implizieren. In Kasten II.5 haben wir gesehen, dass Vervielfachungen der Beschäftigtenzahlen in F&E nicht von steigenden Wachstumsraten begleitet wurden.

Für das Wachstum in hoch entwickelten Industrienationen sind internationale Wirtschaftsbeziehungen also nicht entscheidend. Die zentralen Einsichten werden von unserem Wachstumsmodell aus Kapitel II erfasst. Für das Wachstum in Entwicklungs- und Schwellenländern spielt internationale Wissensdiffusion eine wichtige Rolle. Um das zu verstehen, brauchen wir aber auch kein gesondertes Modell.

Müssen wir unsere Theorie der *Arbeitslosigkeit* mit Hinblick auf die offene Volkswirtschaft in wesentlichen Teilen modifizieren? Der wichtigste Einwand gegen die Arbeitsmarktmodelle aus Kapitel III ist, dass sie die Tatsache ignorieren, dass inländische Arbeitskräfte mit ausländischen in Wettbewerb stehen, auch wenn sie durch Ländergrenzen getrennt sind. Denn auch wenn Regulierung verhindert, dass ausländische Arbeitnehmer an den inländischen Produktionsstätten tätig werden, kann ja bei freiem internationalem Handel die Produktion ins Ausland verlagert werden (***„Offshoring"***). Diese Problematik betrifft aus Sicht der modernen Industrienationen in erster Linie die geringer qualifizierten Erwerbspersonen, weil deren Tätigkeiten am leichtesten in Niedriglohnländer verlagert werden können (Auslagerungen betreffen in der Regel zuerst die Fertigung, während z. B. die Entwicklung vor Ort bleibt). Die Niedriglohnkonkurrenz wirkt dabei ganz ähnlich wie technischer Fortschritt, der primär gut qualifizierte Erwerbspersonen begünstigt (s. Abschnitt III.10): Er setzt die Löhne von gering Qualifizierten relativ zu hoch Qualifizierten unter Druck. Auf einem flexiblen Arbeitsmarkt führt das zu einer verstärkten Spreizung der Löhne. Wird dies durch Arbeitsmarktinstitutionen verhindert, dann entsteht Arbeitslosigkeit, die sich unter gering Qualifizierten konzentriert. Bis in die 1990er-Jahre hinein war es unter Ökonomen Konsens, dass ungleichmäßiger technischer Fortschritt hierbei wesentlich wichtiger war als Niedriglohnkonkurrenz. Maßgeblich für diese Position war Krugman. Ein wichtiges Argument war, dass die wichtigsten Handelspartner von Industrienationen andere Industrienationen sind und das Volumen des Handels mit Niedriglohnländern i. d. R. 2% des BIPs nicht überstieg. Mit der Expansion nicht nur der Konzerne, sondern auch mittelständischer Unternehmen in die mittel- und osteuropäischen wie auch in die ostasiatischen Nationen, insbes. China, ist der Lohndruck aber zunehmend spürbar geworden (vgl. die Bemerkungen zum Abfallen der Lohnquote in Kasten I.5). In Deutschland gelingt es Großunternehmen seit Anfang der 2000er-Jahre regelmäßig, mit der Drohung der Produktionsverlagerung Lohnforderungen zu dämpfen (vgl. Kasten III.16). Auch Krugman billigt Niedriglohnkonkurrenz mittlerweile – vor dem Hintergrund seit den 1990er-Jahren stark gestiegener Importe aus diesen Ländern – einen größeren Einfluss auf den Arbeitsmarkt zu. Wie bereits in Abschnitt III.10 bemerkt, dürfen wir also bei der Betrachtung des Arbeitsmarkts Niedriglohnkonkurrenz nicht außer Acht lassen.

Über *Inflation* haben wir in Kapitel IV gelernt, dass sie – vielleicht etwas weniger allumfassend, als das Diktum es behauptet – „immer und überall ein monetäres Phänomen" ist. Hier ist die wichtigste Ergänzung mit Blick auf die offene Volkswirtschaft die Möglichkeit ***importierter Inflation***. Hiermit ist der Preisanstieg gemeint, der sich ergibt, wenn importierte Produkte und Vorprodukte sich verteuern. Ob aus einem solchen „importierten" inflationären Anstoß anhaltende Inflation wird, hängt aber davon ab, wie die Geldpolitik reagiert. Nur wenn sie die Inflation mit laxer Geldpolitik akkommodiert, wird die Inflationsrate auf Dauer höher sein. Und da die Kontrolle der Geldmenge der heimischen Zentralbank unterliegt (bzw. im Euroraum der gemeinsamen Zentralbank der zugehörigen Länder), ist Inflation ein inländisches Problem. Daher brauchen wir keine gesonderte Inflationstheorie für die offene Volkswirtschaft. Die zentralen Einsichten liefert die Theorie aus Kapitel IV.

Unsere Modelle für geschlossene Volkswirtschaften sind also nicht nur der einfachste Zugang zu Wachstum, Arbeitslosigkeit und Inflation, sondern auch für die offene Volkswirtschaft gut zu gebrauchen, weil Wachstum, Arbeitslosigkeit und Inflation weitgehend von inländischen Faktoren bestimmt werden. Es verbleibt, den Einfluss von Auslandsbeziehungen auf die Konjunktur zu untersuchen. Insbes. ist zu klären, was Auslandsbeziehungen für die Wirksamkeit der Konjunkturpolitik bedeuten. Dazu erweitern wir im Rest dieses Kapitels das IS-TR-Modell aus Abschnitt V.6 um Auslandsbeziehungen. Das resultierende Modell (mit LM-Kurve statt mit Taylor-

Regel) wurde Anfang der 1960er-Jahre von FLEMING (1962) und MUNDELL (1961, 1963) entwickelt. Robert Mundell erhielt hierfür und für seine hierauf aufbauende Arbeit zu optimalen Währungsräumen 1999 den Ökonomie-Nobelpreis.

VI.4 Ausblick

Eine zentrale Frage bezüglich Konjunktur in der offenen Volkswirtschaft ist, welche Auswirkungen die internationalen Wirtschaftsbeziehungen auf die Effektivität von Fiskal- und Geldpolitik haben. Die Antwort auf diese Frage ist auch ohne ein Modell recht klar (vgl. Abschnitt V.9). Um die Wirksamkeit von Fiskal- und Geldpolitik in der offenen Volkswirtschaft mit flexiblen Wechselkursen einschätzen zu können, reicht es aus, die folgenden vier Fragen zu stellen:

1. Wie ändern sich durch die konjunkturpolitische Maßnahme die Zinsen, wenn man die internationalen Interdependenzen zunächst ignoriert?
2. Was bedeutet das für die Finanzkapitalströme ins und aus dem Ausland?
3. Wie ändern sich demzufolge die Nachfrage nach Euro und der Wechselkurs?
4. Was folgt daraus für die Importe und Exporte?

Zuerst zur Fiskalpolitik. 1. Expansive Fiskalpolitik erhöht zunächst mit dem BIP auch die Zinsen (s. Abschnitt V.8). 2. Dadurch werden Finanzanlagen im Inland relativ zum Ausland attraktiver, so dass 3. die Euro-Nachfrage zunimmt und der Euro sich verteuert (aufwertet). 4. Dadurch werden Auslandsprodukte im Inland in Euro gerechnet billiger und Inlandsprodukte in Auslandswährung gerechnet im Ausland teurer. Folglich steigen die Importe und sinken die Exporte. Beides schmälert die Nachfrage nach heimischen Produkten, und es gilt daher: *Bei flexiblen Wechselkursen ist Fiskalpolitik weniger effektiv als in der geschlossenen Volkswirtschaft.* Zur Geldpolitik: 1. Expansive Geldpolitik kurbelt die Investitionen an, indem sie die Zinsen senkt (s. Abschnitt V.8). 2. Diese Zinssenkung macht Finanzanlagen im Inland relativ zum Ausland unattraktiver, 3. die Euro-Nachfrage sinkt, und der Euro wird billiger. 4. Diese Abwertung macht die Exporte in Auslandswährung billiger und die Importe in Euro teurer. Folglich steigen die Exporte und sinken die Importe, die Nachfrage nach heimischen Produkten wächst. Somit gilt: *Bei flexiblen Wechselkursen ist Geldpolitik effektiver als in der geschlossenen Volkswirtschaft.* Dieses und weitere Resultate werden nun aus der oben angesprochenen erweiterten Version des IS-TR-Modells hergeleitet.

VI.5 Kleine offene Volkswirtschaft

Es gibt wichtige Rückwirkungen zwischen offenen Volkswirtschaften. Beispielsweise verstärken Handelsbeziehungen tendenziell expansive konjunkturelle Impulse (internationaler Konjunkturzusammenhang). Denn mit steigendem BIP steigen die heimischen Importe, d. h. die Exporte des Auslands und damit das BIP und die Importe des Auslands, d. h. unsere Exporte. Ein anderes Beispiel: Preisänderungen im Inland haben Auswirkungen auf das Preissetzungsverhalten von Konkurrenten im Ausland, was auf die heimischen Konsumenten und Produzenten zurückwirkt. Oder drittens: Steigen die Zinsen im Inland, so müssen auch Kapitalnehmer im Ausland höhere Zinsen zahlen, weil sie sonst kein Kapital bekommen. Will man diese und andere Rückwirkungen in einem Makro-Modell berücksichtigen, dann droht das ganze Projekt zu komplex zu werden. Unsere Abhilfe besteht darin, all diese Rückwirkungen einfach zu ignorieren. Wir betrachten eine sogenannte ***kleine offene Volkswirtschaft***, die gemessen an der Weltwirtschaft so klein ist, dass sie das Geschehen im Rest der Weltwirtschaft nicht beeinflusst. In den Beispielen von oben: Die Importe des Inlands sind gemessen am Welt-BIP so gering, dass sie die Auslandskonjunktur nicht in nennenswertem Maße beeinflussen. Das Preissetzungsverhalten im Rest der Welt bleibt unbeeinflusst davon, wie die Preise im Inland variieren. Und Zinsänderungen im Inland haben keinen Einfluss auf die Renditen in den Weltfinanzmärkten. Die Annahme, dass die betrachtete Volkswirtschaft klein ist, lässt sich für ein Land wie Deutschland, das rund 4% des Welt-BIPs ausmacht, recht gut rechtfertigen, schlechter aber für die USA oder den Euroraum, die jeweils rund ein Fünftel des Welt-BIPs repräsentieren (s. Kasten I.6) („Hustet Amerika, kriegt Europa eine Grippe“). Der wichtigste Zusammenhang, den man so außen vor lässt, ist der internationale Konjunkturzusammenhang über Importe und Exporte. Das ist inhaltlich eine große Lücke, für die Theorie aber kein Problem, weil man, um diesen Zusammenhang zu verstehen, kein Modell braucht.

VI.6 Wechselkurse, Preise und Kaufkraftparität

Eine zentrale Größe bei der makroökonomischen Analyse der kleinen offenen Volkswirtschaft ist der Wechselkurs. Ein ***Wechselkurs*** (in Mengennotierung) gibt den Preis einer Währung in Einheiten einer anderen Währung an. So kostete z. B. im Januar 1999 der neu eingeführte Euro $ 1,18/€. Man kommt mit Wechselkursen leicht durcheinander, weil man sie immer auch „anders herum“ (in Preisnotierung) angeben kann (s. Kasten VI.2). So entspricht ein Euro-Kurs von $ 1,18/€ einem Dollar-Kurs von € 0,85/$. In unserem Modell bezeichnet S den Wechselkurs definiert als *Preis von Inlandswährung in Auslandswährung* (Dollar pro Euro). Diese Notation entspricht der üblichen Praxis, was die Euro-Wechselkurse angeht. Sie hat ferner den Vorzug, dass ein Anstieg von S eine ***Aufwertung*** bedeutet (die Inlandswährung wird teurer) und umgekehrt ein fallender Wechselkurs S eine ***Abwertung*** (die Inlandswährung wird billiger). Wertet der Euro gegenüber dem Dollar auf, dann wertet der Dollar spiegelbildlich gegen den Euro ab, und umgekehrt. Wir nehmen im Folgen-

Kasten VI.2: Euro-Dollar-Wechselkurs

Der DM-Dollar-Kurs wurde anders herum, als Preis der Auslandswährung (Dollar) in Inlandswährung (D-Mark) notiert, z. B. mit DM 4,00/$ im Bretton-Woods-Währungssystem nach 1961. Der Euro-Dollar-Kurs wird aber in der hier benutzten Notation angegeben, z. B. als $ 1,18/€ bei der Einführung Anfang 1999, $ 0,83/€ beim bisherigen Tiefstand im Oktober 2000 oder $ 1,60/€ beim bisherigen Höchststand im Juli 2008 (s. Abbildung VI.1).

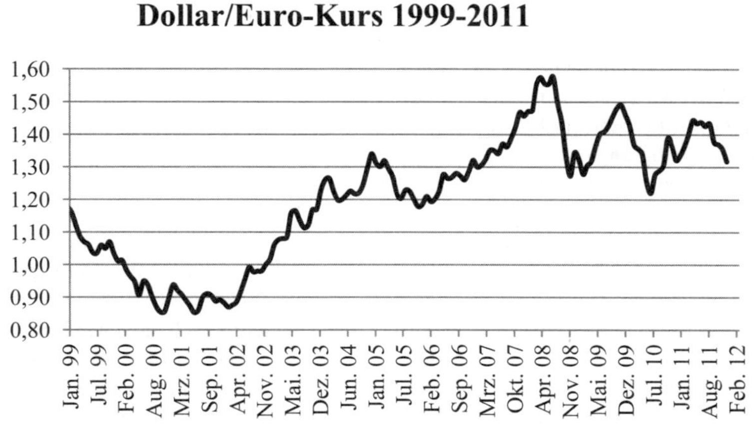

Quelle: datastream

Abbildung VI.1: Euro-Dollar-Kurs

den bis einschließlich Abschnitt VI.10 an, dass der ***Wechselkurs flexibel*** ist, so dass, je nach Marktgegebenheiten Auf- und Abwertungen möglich sind. Formal bedeutet das, dass S in unserem Modell für die offene Volkswirtschaft eine endogene, d. h. vom Modell bestimmte, Variable ist (vgl. Abschnitt I.5). Wir nennen – der Anschaulichkeit halber – manchmal die Inlandswährung Euro und die Auslandswährung Dollar. Das bedeutet keine Beschränkung der Allgemeinheit der Analyse. Den allgemeinen Fall erhält man unmittelbar, indem man die Worte „Euro“ und „Dollar“ durch die Begriffe „Inlandswährung“ bzw. „Auslandswährung“ ersetzt.

Den so definierten Wechselkurs S nennt man auch nominalen Wechselkurs. Davon unterscheidet man den realen Wechselkurs. Mit P als Inlandspreisniveau und P^* als Auslandspreisniveau ist der ***reale Wechselkurs*** als

$$\frac{PS}{P^*}$$

definiert. P ist der Preis von im Inland erzeugten Gütern in Inlandswährung (Euro). Malnehmen mit dem nominalen Wechselkurs, dem Preis von Inlandswährung in Auslandswährung (Dollar pro Euro), ergibt den Preis von im Inland erzeugten Gütern in Auslandswährung (Dollar). Kostet beispielsweise ein Auto in Deutschland € 20.000 und der Euro \$ 1,25/€, dann kostet das Auto in Deutschland in Dollar umgerechnet \$ 25.000. Kostet es im Dollar-Raum \$ 30.000, dann beträgt der reale Wechselkurs 0,83. Der reale Wechselkurs ist also ein Maß für den relativen Preis von inländischen Gütern verglichen mit ausländischen Gütern, jeweils angegeben in Auslandswährung. Je höher PS/P^*, desto geringer ist die Wettbewerbsfähigkeit der heimischen Produzenten im Weltmarkt. (Wir gehen hier über die Unterscheidung von einzelnen Preisen und dem Preisindex hinweg.)

Kasten VI.3: Kaufkraftparität

Dass Kaufkraftparität nicht gilt, ist an folgender Überlegung einfach zu erkennen. Güterpreise sind recht rigide, d. h. sie werden nicht ständig an wechselnde Marktgegebenheiten angepasst, sondern über ausgedehnte Zeiträume hinweg konstant gehalten (s. Kasten VI.10 unten). Nominale Wechselkurse sind dagegen hochgradig volatil. Im vorigen Abschnitt sahen wir, dass der Euro in seinen ersten zwei Jahren um 30% gegen den Dollar abwertete. Wie in Abbildung VI.1 zu sehen, wertete er in den drei Jahren ab Anfang 2002 um 50% auf und in den zwei Jahren ab Anfang 2006 nochmals um ein Drittel. Durchschnittliche monatliche Wechselkursänderungen betragen rund 2,5–3%. So belief sich die Standardabweichung der monatlichen DM/$-Wechselkursänderungen zwischen 1973 und 1998 auf 2,81%. Der entsprechende Wert für den Währungsindex der jetzigen Euro-Währungen belief sich auf 2,56% (MUSSA et al. [2002, 38]). In der Definition des realen Wechselkurses PS/P^* ist also P/P^* auf kurze Sicht rigide und S hochgradig volatil. Folglich sind reale Wechselkurse hochgradig volatil und nicht ständig gleich eins, wie Kaufkraftparität es verlangt. Bei sorgfältiger statistischer Analyse kann man eine gewisse Tendenz der realen Wechselkurse in Richtung der Kaufkraftparitätswerte feststellen. Diese Anpassung geschieht aber sehr langsam: Abweichungen von Kaufkraftparitätswerten haben eine Halbwertzeit von etwa drei Jahren (s. ROGOFF [1996]).

Schon bevor wir unser Modell kennen lernen, gibt es eine begründete Vermutung, wie hoch der reale Wechselkurs ist: eins. Warum? Das ist die Anwendung des „Gesetzes des einheitlichen Preises“ (Law of one price) auf die offene Volkswirtschaft. Man spricht in diesem Zusammenhang von ***Kaufkraftparität*** (vgl. Abschnitt I.4). Ist $PS < P^*$, dann sind Güter im Inland (in Dollar gerechnet) billiger als im Ausland, so dass Arbitragegewinne durch Kauf im Inland und Export ins Ausland möglich sind. Die Käufe im Inland lassen dann die heimischen Preise steigen, bis das Gesetz eines Preises ($PS = P^*$) erfüllt ist. Umgekehrt sichern Auslandskäufe und Importe ins Inland, dass P fällt, wenn $PS > P^*$ ist. Allerdings ist Kaufkraftparität empirisch keine gute Annahme. Das Gesetz eines Preises ist im internationalen Kontext praktisch ständig verletzt (s. Kasten VI.3). Dass Kaufkraftparität so deutlich verletzt wird, hat verschiedene Gründe. Erstens: Handelsbarrieren und Transportkosten verhindern die preisangleichende Arbitrage. Zweitens: Für nicht handelbare Güter ist Arbitrage von vornherein nicht möglich. Drittens: Kaufkraftparität verlangt gar nicht gleiche Preisindizes PS und P^*, weil verschiedene Länder verschiedene Güterkörbe konsumieren. Viertens: In beiden Ländern unterbleiben Preisanpassungen wegen impliziter Verträge (s. Kasten VI.10 unten). Trotz dieser Erklärungen spricht ROGOFF (1996) vom „Purchasing power parity puzzle“, weil die Deutlichkeit, mit der Kaufkraftparität verletzt wird, so erheblich ist.

VI.7 Zahlungsbilanz

Die offene Volkswirtschaft grenzt sich von der geschlossenen dadurch ab, dass sie Güter und Dienstleistungen sowie Finanzkapital mit der übrigen Welt handelt. In diesem Abschnitt zeigen wir, dass man den Güter- und Dienstleistungshandel einerseits und den Kapitalverkehr andererseits nicht getrennt voneinander betrachten kann: *Der Überschuss im Güter- und Dienstleistungshandel (d. h. – etwas ungenau – der Saldo der Leistungsbilanz) ist nämlich stets genauso groß wie der Überschuss der Kapitalvergabe ans Ausland über die Kapitalaufnahme im Ausland.* Weil dieses Ergebnis zentral für das Verständnis der Makroökonomik offener Volkswirtschaften ist, beweisen wir es in diesem Abschnitt auf drei verschiedenen Wegen: 1. Mit Hilfe von Überlegungen zur Zahlungsbilanzstatistik, 2. mit Hilfe der Gleichgewichtsbedingung für den Gütermarkt und 3. mit der Gleichgewichtsbedingung für den Devisenmarkt.

1. In der ***Zahlungsbilanz*** werden die ökonomischen Transaktionen zwischen Inländern und Ausländern verbucht. Sie ist für Länder mit intensiven Handelsbeziehungen ein wichtiger Teil der VGR (vgl. Kapitel I). Die Zahlungsbilanz lässt sich grob in zwei Teile untergliedern: die Leistungsbilanz, in der die Warenhandelstransaktionen verbucht werden, und die Kapitalbilanz, in der die Änderungen der finanziellen Ansprüche von Inländern gegenüber Ausländern sowie von Ausländern gegenüber Inländern aufgezeichnet werden.

Die ***Leistungsbilanz*** setzt sich aus drei Bestandteilen zusammen. Auf zwei davon sind wir bereits in Abschnitt I.3 gestoßen: erstens die Exporte und Importe von Gütern und Dienstleistungen, die zum Außenbeitrag saldiert werden, und zweitens die Auslandseinkommen, die zum Saldo der Erwerbs- und Vermögenseinkommen (Primäreinkommen) aus der übrigen Welt saldiert werden. Der dritte Bestandteil der Leistungsbilanz sind die laufenden Übertragungen ohne Gegenleistung. Hierunter fallen insbes. die Heimatüberweisungen von Bürgern mit ausländischer Herkunft und die Leistungen an internationale Organisationen wie die EU. Subtrahiert man von den geleisteten die empfangenen Übertragungen, so erhält man den Saldo der laufenden Übertragungen. Den Saldo der Leistungsbilanz erhält man, indem man den Außenbeitrag und den Saldo der Primäreinkommen aus der übrigen Welt addiert und den Saldo der laufenden Übertragungen subtrahiert. Weist die Leistungsbilanz einen positiven Saldo auf, so spricht man von einem ***Leistungsbilanzüberschuss***, bei einem negativen Saldo liegt ein ***Leistungsbilanzdefizit*** vor. Aktuelle Zahlen für Deutschland finden sich in Kasten VI.4.

In der ***Kapitalbilanz*** werden Veränderungen in den unterschiedlichen Posten des Auslandsvermögens aufgezeichnet. Dabei werden Direktinvestitionen und Portfolioinvestitionen unterschieden (vgl. Abschnitt VI.2), wobei letztere in Wertpapiertransaktionen und den übrigen Kapitalverkehr unterteilt werden, der wiederum zum großen Teil aus Kreditvergabe und -aufnahme besteht. Weiter werden per saldo geleistete Vermögensübertragungen wie Schenkungen, Erbschaften und Schuldenerlasse sowie die Veränderung der Währungsreserven der nationalen Zentralbank hinzu gezählt. Aktuelle Zahlen für Deutschland sind wiederum in Kasten VI.4 zusammengefasst.

Fassen wir die Überlegungen zur Zahlungsbilanz zusammen, dann wird deutlich, warum der Saldo der Leistungsbilanz dem Saldo der Kapitalbilanz entsprechen muss. Der Saldo der Leistungsbilanz gibt an, in welchem Umfang Inländer – durch Handelstransaktionen und durch Auslandseinkommen – netto Ansprüche gegen Ausländer erworben haben (auf die sie nicht durch laufende Übertragung wieder verzichtet haben). Dieser Saldo *ist* der Anstieg des Auslandsvermögens (abzüglich netto geleisteter

Kasten VI.4: Zahlungsbilanz Deutschland 2010

Zahlungsbilanz Deutschland 2010 (Mrd. €)[a]

	Außenbeitrag	135,10
+	Saldo der Erwerbs- und Vermögenseinkommen	44,48
–	Saldo der laufenden Übertragungen	38,09
=	Saldo der Leistungsbilanz	141,50
	Saldo der Direktinvestitionen	45,92
+	Saldo der Wertpapiertransaktionen	142,53
+	Saldo des übrigen Kapitalverkehrs (einschl. Kredite)	–49,76
+	Saldo der Vermögensübertragungen	0,64
+	Veränderung der Währungsreserven	1,61
=	Saldo der Kapitalbilanz	140,94
	ungeklärter Restposten	0,56

[a]Quelle: www.bundesbank.de.

Die deutsche Zahlungsbilanzstatistik wird von der Bundesbank geführt. Die Daten sind unter www.bundesbank.de frei erhältlich. Die obige Tabelle zeigt die Daten für das Jahr 2010. Aus einem Außenbeitrag von € 135,10 Mrd. und Nettoauslandseinkommen von € 44,48 Mrd. (hier gibt es kleine Abweichungen zu den Zahlen des Statistischen Bundesamts) resultierte nach Abzug des Saldos der laufenden Übertragungen von € 38,09 Mrd. ein Anstieg des Auslandsvermögens um € 141,50 Mrd. In welcher Form verwendete Deutschland diese neuen Ansprüche? Per saldo wurden € 45,92 Mrd. im Ausland direkt investiert, und es wurden um € 142,53 Mrd. mehr Wertpapiere im Ausland erworben als von Ausländern in Deutschland. Dem steht ein Defizit im „übrigen Kapitalverkehr" in Höhe von € 49,76 Mrd. gegenüber, das vor allem aus daraus resultiert, dass die Kreditvergabe der Banken im Ausland per saldo rückläufig war. Vermögen im Wert von € 0,64 Mrd. wurde netto übertragen, und die Bundesbank erhöhte ihre Währungsreserven um € 1,61 Mrd. Das ergibt in der Summe € 140,94 Mrd. Es verbleibt ein ungeklärter Restposten von € 0,56 Mrd. (dieser Restposten betrug auch schon einmal über € 30 Mrd.).

Vermögensübertragungen), also das, was in der Kapitalbilanz aufgezeichnet wird. So wie von zwei Firmen, die wechselseitig Leistungen füreinander erbringen, am Jahresende nach Aufrechnung der Rechnungen gegeneinander eine der Firmen Forderungen aus Lieferungen und Leistungen gegen die andere in ihrer Bilanz verbuchen kann, so erwirbt ein Land Ansprüche gegen das Ausland, wenn es mehr ins Ausland exportiert als von dort importiert. Wenn alle Transaktionen ganz exakt erfasst würden, dann würde diese Rechnung bis auf den Cent aufgehen. Daher wird in der Zahlungsbilanzstatistik ein „ungeklärter Restposten" verbucht, der die Rechnung aufgehen lässt.

In der theoretischen Analyse im weiteren Verlauf dieses Kapitels vernachlässigen wir laufende Übertragungen und Auslandseinkommen, so dass der Saldo der Leistungsbilanz der Differenz von Exporten und Importen (dem Außenbeitrag) entspricht. Wir bezeichnen den Saldo der Leistungsbilanz mit LB und sprechen der Kürze halber einfach von „der Leistungsbilanz". Wir ignorieren ferner Vermögensübertragungen und zunächst auch Änderungen der Währungsreserven der Zentralbank und bezeichnen den Saldo der Kapitalbilanz (der Kürze halber im Folgenden auch „die Kapitalbilanz" genannt) mit *KB*. Dann lässt sich der Sachverhalt „Saldo der Leistungsbilanz gleich Saldo der Kapitalbilanz" kurz schreiben als:

$$LB = KB\,.$$

Diese Gleichung leiten wir nun auf zwei weiteren Wegen her. Wir fassen dabei *LB* und *KB* jeweils als Euro-Größen auf, d. h. den Euro-Betrag, um den die Exporte die Importe bzw. die Kapitalexporte die Kapitalimporte übersteigen.

2. Die erste alternative Herleitung leitet die Gleichung $LB = KB$ aus der Gleichgewichtsbedingung für den Gütermarkt her. Bezeichne *Ex* die Exportmenge und *Im* die Importmenge. Dann beträgt die aggregierte Nachfrage nach heimischen Produkten in Euro

$$P\,Y^d \equiv P\,C + P\,I + P\,G + P\,Ex - \frac{P^*}{S} Im\,.$$

Hierzu vier Bemerkungen. Erstens: Der Grund, weshalb von Exporten, privatem Konsum, Investitionen und Staatsnachfrage die Importe subtrahiert werden müssen, um die aggregierte Nachfrage nach im Inland hergestellten Gütern zu erhalten, wurde bereits in Abschnitt I.3 im Zusammenhang mit der BIP-Verwendungsrechnung erläutert: C, I und G enthalten die Nachfrage nach im Ausland hergestellten Gütern, und die muss herausgerechnet werden, will man die Nachfrage nach im Inland produzierten Gütern ermitteln. Dabei ist – zweitens – zu berücksichtigen, dass der Importwert $P^* Im$ eine Dollar-Größe ist. Man muss diesen Importwert daher durch den Wechselkurs S (in Dollar pro Euro) teilen, um den Importwert in Euro $P^* Im/S$ zu erhalten. Drittens: Ohne Außenhandelsbeziehungen (d. h. mit $Ex = Im = 0$) kann man P herauskürzen und erhält die aus Kapitel V bekannte reale aggregierte Nachfrage: $Y^d \equiv C + I + G$. Hier muss man dagegen aufpassen, dass man konsistent in einer einheitlichen Währung rechnet. Viertens: Wir begehen hier eine Ungenauigkeit. Um ganz korrekt zu argumentieren, müssten wir C, I und G jeweils in die inländisch erzeugte und die importierte Komponente unterteilen und dann durch Bewertung mit P bzw. P^*/S gleichnamig machen. Wenn nicht Kaufkraftparität herrscht, ist das nicht exakt das Gleiche.

In einem Gütermarktgleichgewicht gilt $P\,Y = P\,Y^d$ und damit

$$P\,Y = P\,C + P\,I + P\,G + P\,Ex - \frac{P^*}{S} Im\,.$$

Umformen liefert:

$$P\,Ex - \frac{P^*}{S} Im = P\,\{[(Y - T) - C] - [I + (G - T)]\}\,.$$

Ignorieren wir im weiteren Verlauf dieses Kapitels neben Übertragungen und Auslandseinkommen auch noch Abschreibungen und Produktionsabgaben. Dann stimmt wie in Kapitel V das reale Volkseinkommen mit dem realen BIP Y überein (vgl. Abschnitt I.3), und wir können die Begriffe daher im Folgenden synonym verwenden. Dann steht in der ersten eckigen Klammer auf der rechten Seite die reale Ersparnis der heimischen Konsumenten, d. h. der Teil des Volkseinkommens nach Steuern $Y - T$, der nicht für Konsumgüter C ausgegeben wird. Davon wird – in der zweiten eckigen Klammer – die reale heimische Kapitalnachfrage subtrahiert, ausgeübt von den Unternehmen mit ihren Investitionen I und vom Staat mit seinem Budgetdefizit $G - T$. Der Ausdruck in den geschwungenen Klammern ist also der Teil der heimischen realen Ersparnis, der nicht von den inländischen Kapitalnachfragern absorbiert wird und daher im Ausland angelegt wird, und die rechte Seite der Gleichung ist der entsprechende Euro-Betrag, d. h. die Kapitalbilanz *KB*. Da der Ausdruck auf der linken Seite der Leistungsbilanz in Euro *LB* entspricht, erhalten wir wiederum:

$$LB = KB\,.$$

Die Erklärung für dieses Resultat ist analog zu der oben vor dem Hintergrund der Zahlungsbilanz gegebenen. Wird mehr exportiert als importiert ($LB > 0$), dann steigt das Auslandsvermögen ($KB > 0$). Zur Finanzierung eines Leistungsbilanzdefizits ($LB < 0$) muss ein Land sich dagegen beim Ausland neu verschulden ($KB < 0$).

3. Schließlich lässt sich die Gleichung $LB = KB$ aus der Gleichgewichtsbedingung für den Devisenmarkt hereiten. Das ist für unsere Zwecke wichtig, weil wir $LB = KB$ im Folgenden oft als Gleichgewichtsbedingung für den Devisenmarkt interpretieren und Situationen mit $LB \neq KB$ als Ungleichgewichte auf dem Devisenmarkt. Devisenangebot und Devisennachfrage stammen aus jeweils zwei Quellen. Zum einen tragen Exporte zum Devisenangebot bei, und zwar unabhängig davon, ob sie in Euro abgerechnet werden (und die Ausländer Devisen anbieten, um an die benötigten Euro zu kommen) oder in Auslandswährung (und die inländischen Exporteure die erlösten Devisen anbieten, um ihre Kosten in Euro zahlen und ihre Gewinne in Euro ausschütten zu können). Zum anderen bedeuten Kapitalimporte ein Devisenangebot, wiederum unabhängig davon, ob sie in Euro denominiert sind (so dass die ausländischen Kapitalgeber Devisen anbieten, um Euro verleihen zu können) oder in Auslandswährung (und der inländische Kapitalnachfrager, z. B. um eine Investition durchzuführen, die aufgenommenen Devisen in Euro umtauscht). Spiegelbildlich setzt sich die Devisennachfrage unabhängig von der Denominierung aus den Importen und den Kapitalexporten zusammen. In einem Devisenmarktgleichgewicht, in dem Devisenangebot und -nachfrage gleich hoch sind, entspricht folglich die Summe von Exporten $P\,Ex$ und Kapitalimporten KIm der Summe von Importen P^*Im/S und Kapitalexporten KEx:

$$P\,Ex + KIm = \frac{P^*}{S}Im + KEx\,.$$

(Es kommt hier nicht darauf an, wie sich die einzelnen Summanden aus Mengen und Preisen ergeben. Jeder der vier Summanden ist eine Euro-Größe, so dass die Summen auf beiden Seiten der Gleichung Sinn ergeben und zueinander in Beziehung gesetzt werden können.) Umgeformt:

$$P\,Ex - \frac{P^*}{S}Im = KEx - KIm\,.$$

Mit $LB \equiv P\,Ex - P^*Im/S$ und $KB \equiv KEx - KIm$ folgt zum dritten Mal:

$$LB = KB\,.$$

Kasten VI.5: „Global imbalances"

Der Beginn des 21. Jahrhunderts war durch ungewöhnlich hohe nationale Leistungsbilanzsalden gekennzeichnet: 2007 gab es Leistungsbilanzdefizite von 5,3% vom BIP (d. h. $ 700 Mrd.) in den USA, 3,8% in Großbritannien sowie 10% und mehr in acht EU-Nationen (Lettland, Bulgarien, Estland, Litauen, Griechenland, Rumänien, Spanien, Portugal). Dem standen Leistungsbilanzüberschüsse von 11,3% in China, 7,6% in Deutschland, 4,8% in Japan und über 15% in sechs ölexportierenden Ländern (Kuwait, Katar, Saudi-Arabien, Vereinigte Arabische Emirate, Bahrain, Norwegen) gegenüber (s. www.imf.org).

Eine Sonderstellung nahm dabei China ein, weil dort der Leistungsbilanzüberschuss mit einem massiven Aufbau von Währungsreserven einher ging, auf über $ 1.500 Mrd. Ende 2007. (Und der Trend ging ungebrochen weiter: Im März 2011 stiegen die chinesischen Währungsreserven auf über $ 3.000 Mrd.) Dies sorgte (und sorgt) für erhebliche Verstimmungen in den US-chinesischen Beziehungen: Die USA argumentierten, die chinesische Zentralbank, die People's Bank of China (PBC), finanziere den chinesischen Leistungsbilanzüberschuss auf Kosten der amerikanischen Exportindustrie. China hielt entgegen, dass im US-Leistungsbilanzdefizit zum Ausdruck komme, dass die US-Bürger nicht genügend sparten, um Investitionen und Budgetdefizit zu finanzieren, so dass sie auf ausländisches Kapital – von Zentralbanken oder anderen – angewiesen waren, und das spiegele sich im Leistungsbilanzdefizit wider.

Unabhängig davon, welche Position man in dieser Diskussion bezieht, wurde mit dem Beginn der weltweiten Rezession 2008 klar, dass die „Global imbalances" für beide Seiten – Überschussländer wie Defizitländer – gefährlich sind: Länder mit einem Defizit in Leistungs- und Kapitalbilanz sind auf ausländisches Kapital angewiesen; Länder mit einem Überschuss in Leistungs- und Kapitalbilanz sind dagegen auf ausländische Nachfrage angewiesen, und geht die zurück, dann sind sie – wie Deutschland – am härtesten von dem Rückgang betroffen oder müssen – wie China – die größten Konjunkturprogramme auflegen.

Wir haben das Ergebnis $LB = KB$ absichtlich bereits vor der Analyse des IS-TR-Modells mit außenwirtschaftlichen Beziehungen – aus „Buchhaltergleichungen" – hergeleitet, um herauszustellen, dass es „theoriefrei" ist, und nicht eine Besonderheit eines bestimmten Modells. Dieses Resultat ist schon für sich genommen wichtig, weil es hilft, Entwicklungen in der globalen Volkswirtschaft zu verstehen (s. Kasten VI.5). Darüber hinaus liefert es Aufschlüsse über die Beurteilung von Leistungsbilanzdefiziten. Es ist ohne eine Theorie unbestimmt, ob in der Gleichung $LB = KB$ die Kausalität einseitig von einer Seite zur anderen geht. Oft wird argumentiert, ein Leistungsbilanzdefizit ($LB < 0$) sei ein Anzeichen für mangelnde Wettbewerbsfähigkeit, es kann aber auch das Spiegelbild von einer hohen Nachfrage nach inländischen Kapitalanlagen ($KB < 0$) sein. Umgekehrt wird i. d. R. ein hoher Leistungsbilanzüberschuss ($LB > 0$) als Indikator hoher Wettbewerbsfähigkeit interpretiert, er kann aber auch Kapitalflucht aus dem Inland ($KB > 0$) widerspiegeln (s. Kasten VI.6). Unsere Gleichung $LB = KB$ warnt vor monokausalen Erklärungsmustern.

Beziehen wir Währungsreserven wieder in unsere Überlegungen ein. KEx sei der Saldo der Kapitalbilanz. Wir haben gesehen, dass der Aufbau von Währungsreserven

Kasten VI.6: „Pathologischer Exportboom“

Hans-Werner Sinn, Präsident des ifo Instituts, vertrat ab 2003 die Sichtweise, dass die hohen deutschen Exporte und der positive Leistungsbilanzüberschuss nicht hohe Wettbewerbsfähigkeit widerspiegelten, sondern die Tatsache, dass das deutsche Kapital ins Ausland drängt. Im Jahr 2003 war Deutschland „Exportweltmeister“ im Güterhandel und „Vize-Exportweltmeister“ im Handel mit Gütern und Dienstleistungen (hinter den USA) – zu einem Zeitpunkt hoher Löhne und hoher Arbeitslosigkeit (s. Kapitel III). Gleichzeitig sanken die Nettoinvesitionen (d. h. die Investitionen minus Abschreibungen) in Deutschland von permanent über 8% des BIPs bis ins Jahr 2000 auf 3,0% im Jahr 2003. Sinns Interpretation: Kapitalanleger waren nicht mehr bereit, am Standort Deutschland zu investieren, sondern schafften ihr Erspartes ins Ausland, und der Leistungsbilanzüberschuss von 2,2% misst (wie äquivalent auch der Saldo der Kapitalbilanz), in welchem Umfang (SINN [2005]). Man kann diese Interpretation akzeptieren, ohne sie auch für die Exporterfolge in den späten 2000er- und 2010er-Jahren zu übernehmen.

ein Kapitalexport durch die Zentralbank ist, so dass $LB = KEx+$ Änderung der Währungsreserven gilt. Was muss ein Land tun, das einen Leistungsbilanzüberschuss LB realisieren möchte, der den Saldo der Kapitalbilanz KEx übersteigt? Antwort: Seine Zentralbank muss im Umfang $LB - KEx$ Währungsreserven ankaufen. So gibt praktisch die Zentralbank den ausländischen Käufern den Kredit, den die brauchen, um die heimischen Exporte zu bezahlen (s. auch Kasten VI.7). Eine solche Situation wird vom Ausland i.d.R. kritisch – als Wettbewerbsverzerrung zu Gunsten der Exportindustrie – gesehen (s. wieder Kasten VI.5).

VI.8 Determinanten von Leistungsbilanz und Kapitalbilanz

Um weitere inhaltliche Ergebnisse zu produzieren, müssen wir nun die Analyse von Buchhaltergleichungen hinter uns lassen und makroökonomische Verhaltensfunktionen für die Leistungsbilanz und die Kapitalbilanz formulieren. Die Leistungsbilanz

$$LB \equiv P\,Ex - \frac{P^*}{S}Im = P\left(Ex - \frac{P^*}{PS}Im\right)$$

hängt in erster Linie ab: 1. vom heimischen BIP Y und 2. vom realen Wechselkurs PS/P^*.

1. Mit steigendem BIP und Volkseinkommen Y steigt die Nachfrage nicht nur nach inländischen, sondern auch nach ausländischen Gütern – die Importe Im steigen. Demgegenüber spielt das heimische BIP für die Exportnachfrage Ex, die das Ausland bei uns ausübt, keine Rolle (kleine offene Volkswirtschaft, s. Abschnitt VI.5). Daher fällt bei zunehmendem Y der Saldo der Leistungsbilanz LB.

2. In Abschnitt VI.6 haben wir gesehen, dass im internationalen Kontext Wettbewerb nicht das Gesetz eines Preises erzwingt, Kaufkraftparität ($PS/P^* = 1$) gilt nicht. Dennoch steigt die Wettbewerbsfähigkeit der heimischen Industrie, wenn der in Dollar umgerechnete Inlandspreis PS relativ zum Auslandspreis P^* (d. h. der rea-

Kasten VI.7: TARGET-Kredite in der EZB

Die nationalen Zentralbanken der Euro-Länder können sich wechselseitig Kredite geben. Weil diese Kredite technisch über das TARGET2- (Trans-European Automated Real-time Gross Settlement Express Transfer 2) System der EZB abgewickelt werden, spricht man von TARGET2-Krediten. Das Volumen der von der Bundesbank an andere nationale Euro-Zentralbanken vergebenen Kredite findet man auf der Website der Bundesbank www.bundesbank.de, indem man über „Statistik" zur Rubrik „Außenwirtschaft" geht und bei den „Tabellen" die „Auslandsposition der Deutschen Bundesbank in der Europäischen Währungsunion" anklickt. Darin ist die Netto-TARGET2-Kreditvergabe als „Sonstige Forderungen an Ansässige in anderen EU-Ländern" aufgeführt.

Im Februar 2011 machte Sinn auf eine bis dahin übersehene bedeutsame Entwicklung im Kapitalverkehr zwischen den Euro-Ländern aufmerksam: Die TARGET2-Position der Deutschen Bundesbank, die bis Ende 2006 stets unter € 30 Mrd. gelegen hatte, stieg ab 2007 stark an und belief sich zum Jahresende 2010 auf € 326 Mrd. (Und der Trend ging beschleunigt weiter: Im November 2011 beliefen sich die TARGET2-Forderungen der Bundesbank auf € 495 Mrd.) Spiegelbildlich bauten die EWU-Krisenländer Griechenland, Irland, Portugal und Spanien (die „GIPS-Länder") bis Ende 2010 TARGET2-Verbindlichkeiten von € 340 Mrd. auf. Wie weiter von SINN und WOLLMERSHÄUSER (2011) bemerkt, entspricht der Anstieg der TARGET2-Verbindlichkeiten dieser vier Länder in den Jahren 2008–10 (€ 321 Mrd.) fast ihrem kumulierten Leistungsbilanzdefizit im gleichen Zeitraum (€ 365 Mrd.). D. h. schon ab Anfang 2008 wurden die Leistungsbilanzdefizite der GIPS-Länder nicht mehr durch private Anleger finanziert, sondern (zu 88%) durch TARGET2-Kredite innerhalb der EZB.

Die TARGET2-Terminolgie deutet an, dass es sich nur um ein Verrechnungsproblem handeln könnte. Dass das nicht so ist, macht man sich am besten klar, indem man die Kreditvergabetransaktionen ohne und mit TARGET2-Kredite vergleicht. Nehmen wir dabei an, dass Deutschland im Handel mit den GIPS-Ländern einen € 100-Mrd.-Leistungsbilanzüberschuss erwirtschaftet und dass der gesamte private internationale Kapitalverkehr über die Geschäftsbanken läuft. Ohne Kreditgeschäfte zwischen den nationalen Zentralbanken nutzen deutsche Banken € 100 Mrd. aus Einlagen deutscher Sparer, um Kredit an GIPS-Banken zu vergeben, die die an die Abnehmer der deutschen Waren weiterreichen:

$$\text{deutsche Banken} \xrightarrow{\text{€ 100 Mrd.}} \text{GIPS-Banken.}$$

Mit TARGET2-Krediten leihen die deutschen Geschäftsbanken die € 100 Mrd. der Bundesbank, die sie an die GIPS-Zentralbanken verleiht, die sie an die GIPS-Geschäftsbanken weiter verleihen,die dann Kredite für die Abnehmer deutscher Waren ausgeben:

$$\text{deutsche Banken} \xrightarrow{\text{€ 100 Mrd.}} \text{Bundesbank} \xrightarrow{\text{€ 100 Mrd.}} \text{GIPS-Zentralbanken} \xrightarrow{\text{€ 100 Mrd.}} \text{GIPS-Banken.}$$

Der wesentliche Unterschied liegt in der Haftung bei einem Ausfall der GIPS-Banken (infolge eines Ausfalls von deren Kreditnehmern): Die Verluste trägt nun die EZB (in deren Namen Bundesbank und GIPS-Zentralbanken handeln) und 27% davon – gemäß ihrem Kapitalanteil – die Deutsche Bundesbank. Als die deutschen Geschäftsbanken nach 2007 nicht mehr bereit waren, die Ausfallrisiken der GIPS-Geschäftsbanken zu tragen, sprang die Deutsche Bundesbank auf diese Art und Weise ein.

le Wechselkurs) sinkt, der Euro also real abwertet. Die Leistungsbilanz ändert sich dann aus zwei Gründen. Zum einen hat man zwei *Mengeneffekte*: Steigende Wettbewerbsfähigkeit führt zu steigenden Exportmengen *Ex* und sinkenden Importmengen *Im*. Das wirkt beides auf eine Verbesserung der Leistungsbilanz hin. Zweitens liegt aber ein gegenläufiger *Preiseffekt* vor: Wegen der realen Abwertung müssen die Importgüter mit einem höheren Euro-Betrag bezahlt werden, der Faktor $P^*/(PS)$ vor den Importen *Im* steigt. Weil damit mehr Kaufkraft ins Ausland abfließt, senkt das tendenziell den Saldo der Leistungsbilanz. Ob die reale Abwertung den Saldo der Leistungsbilanz erhöht oder senkt, hängt davon ab, ob die Mengeneffekte stärker sind als der Preiseffekt oder umgekehrt. Man geht davon aus, dass die Mengeneffekte auf kurze Sicht schwach, auf längere Sicht aber stark sind. Auf kurze Sicht schränken bestehende – implizite und explizite – Verträge sowie ein Mangel an Substitutionsmöglichkeiten die Mengenreaktionen ein, die auf längere Sicht dann aber voll zum Tragen kommen. Entsprechend geht man davon aus, dass auf kurze Sicht der Preiseffekt stärker wiegt als die Mengeneffekte, so dass die reale Abwertung zu einem fallenden Leistungsbilanzüberschuss führt, während auf mittlere Sicht die Mengeneffekte stärker sind als der Preiseffekt, so dass die Leistungsbilanz zunimmt. Trägt man diese Reaktion der Leistungsbilanz auf eine reale Abwertung gegen die Zeit ab, so erhält man einen J-förmigen Verlauf. Man nennt diese Kurve daher die ***J-Kurve*** (s. Kasten VI.8). Bei einer realen Aufwertung drehen sich die Effekte um. Wir nehmen im Folgenden an, dass der untersuchte Zeithorizont lang genug ist, so dass sich die vollen Mengenreaktionen einstellen können und schwerer wiegen als der Preiseffekt (s. Aufgabe VI.7).

Zur Vereinfachung der Formeln werden wir unserem Modell in den folgenden Abschnitten sowohl das Inlands- als auch das Auslandspreisniveau auf eins festsetzen: $P = P^* = 1$. (Wie weiter unten erläutert, sind die Preise in dem Modell exogen, sonst dürfte man das selbstverständlich nicht.) Gemäß den vorangegangenen Überle-

Kasten VI.8: J-Kurve

Die Gültigkeit eines J-Kurven-Zusammenhangs ist der Gegenstand wiederkehrender Kontroversen. LEONARD und STOCKMAN (2001) finden Evidenz für einen schwachen J-Kurven-Zusammenhang. Sie untersuchen 271 mindestens fünf Quartale andauernde Phasen aus dem Zeitraum 1974–97, während derer eine Währung real gegenüber einer anderen Währung abwertete (relativ zum Trend der Wechselkursentwicklung). Sie unterteilen Abwertungsphasen in drei Teilphasen: Anfang, Mitte und Ende. In der Anfangsphase liegen in 56% der Fälle fallende Leistungsbilanzüberschüsse vor. (Genauer: Das Verhältnis von Leistungsbilanz und BIP fällt im abwertenden Land relativ zum aufwertenden trendbereinigt.) In der Mitte liegen bereits in 64% der Fälle verbesserte Leistungsbilanzen vor, am Ende in 70% der Fälle. Das ist konsistent mit der J-Kurven-Beschreibung. Ein ähnliches Bild erhält man, wenn man nur die statistisch signifikanten Leistungsbilanzänderungen betrachtet. Allerdings sinken die Leistungsbilanzüberschüsse in der Anfangsphase nur sehr schwach – der Bogen des „J" ist wenig ausgeprägt. Für unsere Zwecke ist aber ohnehin nur die „normale" positive Reaktion der Leistungsbilanz auf die Abwertung auf mittlere Sicht wichtig.

gungen unterstellen wir, dass die Leistungsbilanz eine fallende Funktion von Y und S ist:

$$LB = LB(Y, S)$$

mit

$$\frac{\partial LB(Y, S)}{\partial Y} < 0 \,, \quad \frac{\partial LB(Y, S)}{\partial S} < 0 \,.$$

Die Normierung $P = 1$ hat eine weitere bequeme Konsequenz. Aus der Definition der Leistungsbilanz folgt damit $LB = Ex - P^* Im/S$. Damit lässt sich die Gütermarktgleichgewichtsbedingung aus Abschnitt VI.7 als

$$Y = C + I + G + LB$$

schreiben. D. h. LB ist gleichzeitig der Euro-Betrag, der in der Devisenmarktgleichgewichtsbedingung $LB = KB$ auftaucht, und die reale Nettoauslandsnachfrage in der Gütermarktgleichgewichtsbedingung.

Für die Kapitalbilanz ist in erster Linie die erwartete Renditedifferenz zwischen inländischen und ausländischen Finanzanlagen ausschlaggebend. Die Differenz der erwarteten Renditen setzt sich wiederum aus zwei Komponenten zusammen: 1. der Zinsdifferenz und 2. der erwarteten Wechselkursänderung.

1. Für unsere kleine offene Volkswirtschaft ist der Auslandszins exogen (Abschnitt VI.5). Daher gilt: Je höher der heimische Zins i, desto attraktiver ist – sowohl für heimische als auch für ausländische Anleger – die Kapitalanlage im Euroraum, desto geringer ist folglich der Saldo der Kapitalbilanz des Euroraums.

2. Für inländische Kapitalexporteure ist eine Euro-Aufwertung während des Zeitraums der Auslandsanlage nachteilig, weil sie nach erfolgter Euro-Aufwertung verteuerte Euro aus ihrem Dollar-Kapital zurückkaufen müssen. Die ausländischen Anleger, die für die Kapitalimporte des Euroraums verantwortlich sind, profitieren dagegen von einer Euro-Aufwertung, weil sie für jeden Euro Kapital mehr Dollar erhalten. Folglich gilt: Eine erwartete Euro-Aufwertung macht Kapitalexporte unattraktiver und Kapitalimporte attraktiver, wirkt also – ebenso wie hohe inländische Zinsen – auf eine abnehmende Kapitalbilanz hin. Wir werden diesen Einfluss von Wechselkursänderungen auf die Kapitalbilanz im Folgenden aber aus zwei Gründen ignorieren, einem methodischen und einem inhaltlichen. Erstens: Um Wechselkurs*änderungen* thematisieren zu können, bräuchten wir ein dynamisches Modell, wir wollen hier aber das statische IS-TR-Modell auf die offene Volkswirtschaft erweitern. Zweitens: Empirisch ist die Prognose von Wechselkursänderungen kaum möglich. MEESE und ROGOFF (1983) zeigten, dass man mit der „naiven" Erwartung, dass der Wechselkurs sich nicht ändern wird, im Durchschnitt nicht schlechter abschneidet als mit elaborierten Prognosen von Wechselkursänderungen (s. Kasten VI.9). Das rechtfertigt unser Vorgehen, Wechselkursänderungserwartungen außen vor zu lassen. Es verbleiben dann die Zinsen als zentrale Bestimmungsgröße der Kapitalbilanz, und wir schreiben:

$$KB = KB(i)$$

mit

$$KB'(i) < 0 \,.$$

Kasten VI.9: Erwartete Wechselkursänderungen

Eine „naive“ Wechselkursprognose ist, dass der Wechselkurs bei dem Wert bleiben wird, bei dem er sich aktuell befindet. Eine Möglichkeit, eine elaborierte Wechselkursprognose aufzustellen, besteht darin, Daten über mögliche Bestimmungsgrößen des Wechselkurses – z. B. Geldmenge, BIP, Zinsen und Inflationsraten – zu sammeln, mit diesen Daten eine Schätzung der vergangenen Wechselkursentwicklung vorzunehmen und diese Schätzung in die Zukunft zu extrapolieren. Um immer aktuelle Prognosen machen zu können, muss man dabei Periode für Periode die jeweils aktuellsten Daten hinzunehmen und die Bestimmungsgleichung für den Wechselkurs neu schätzen (rollende Regressionen). MEESE und ROGOFF (1983) untersuchten auf diese elaborierte Art und Weise die bilateralen Wechselkurse des Dollars zu D-Mark, Yen und britischem Pfund sowie zu einem gewichteten Mittel dieser drei Währungen für den Zeitraum März 1973 bis Juni 1981. Sie stellten für jeden der vier bilateralen Wechselkurse rollende Ein-, Sechs- und Zwölf-Monats-Prognosen auf. Als erklärende Variablen verwendeten sie Geldmengen, BIPs und Zinsen sowie wahlweise zusätzlich die Inflationsraten. Damit die Prognosen möglichst akkurat sind, benutzten sie bei der Extrapolation in die Folgeperiode die wirklichen Werte für die erklärenden Variablen. Bei der Ein-Monats-Prognose für den Juli 1977 beispielsweise schätzten sie eine Gleichung für den Wechselkurs auf Basis von Daten bis Juni 1977 und setzten in die geschätzte Gleichung dann die wirklichen Werte von Geldmengen, BIPs und Zinsen sowie wahlweise zusätzlich Inflationsraten im Juli 1977 ein. Dieses Vorgehen schließt Fehlprognosen der erklärenden Variablen als Ursache von Wechselkursfehlprognosen aus. Die Frage ist: Wie schneidet die elaborierte Prognose im Vergleich zur naiven Prognose ab? Die Aufsehen erregende Antwort ist: nicht besser. Der durchschnittliche Prognosefehler ohne bzw. mit Inflation als erklärende Variable ist 3,13% bzw. 3,36% für die Ein-Monats-Prognosen, 9,75% bzw. 10,33% für die Sechs-Monats-Prognosen und 15,17% bzw. 15,69% für die Ein-Jahres-Prognosen. Mit der naiven Prognose, dass der Wechselkurs sich nicht ändert, lag man immer besser: Die resultierenden durchschnittlichen Prognosefehler waren 2,99%, 8,21% und 12,48% (MEESE und ROGOFF [1983, Table 1, 13]). Etliche nachfolgende Studien bestätigten das Ergebnis, dass sich Wechselkursänderungen nicht prognostizieren lassen. Die übliche Erklärung ist Kapitalmarkteffizienz (s. unten Abschnitt IX.2): Wenn sich Wechselkursänderungen prognostizieren ließen, dann lägen unausgeschöpfte Profitmöglichkeiten durch Währungsspekulation vor.

VI.9 IS-TR-EG-Modell

Wir verfügen jetzt über alle Bausteine, die wir brauchen, um ein Konjunkturmodell für die kleine offene Volkswirtschaft mit internationalem Handel und internationalem Kapitalverkehr zu bauen. Das Modell, das wir im Rest dieses Kapitels untersuchen, ist eine direkte Erweiterung des IS-TR-Modells aus Abschnitt V.6. Hier sind die Annahmen des Modells:

A1: *Der Konsum genügt der Konsumfunktion*

$$C = \bar{C} + c(Y - T)\,, \quad \bar{C} > 0,\, 0 < c < 1\,.$$

A2: *Die Investitionen sind zinsabhängig:*

$$I = I(i)$$

mit $I'(i) < 0$.

A3: *Die Leistungsbilanz genügt*

$$LB = LB(Y, S)$$

mit $\partial LB/\partial Y < 0$ *und* $\partial LB/\partial S < 0$. *Die Volkswirtschaft ist „klein": P^* ist exogen, einfachheitshalber: $P^* = 1$. Der Wechselkurs ist flexibel: S ist endogen.*

A4: *Die Preise sind rigide: P ist exogen, einfachheitshalber: $P = 1$.*

A5: *Die Güternachfrage Y^d setzt sich aus Konsum C, Investitionen I, den exogenen Staatsausgaben G und der Leistungsbilanz LB zusammen:*

$$Y^d \equiv C + I + G + LB\,.$$

A6: *Die Firmen produzieren genau soviel wie nachgefragt wird:*

$$Y = Y^d\,.$$

A7: *Die Zentralbank folgt der Taylor-Regel*

$$i = i_{\mathrm{TR}} + \Omega(Y)$$

mit $\Omega(Y^*) = 0$ *und* $\Omega'(Y) > 0$.

A8: *Die Kapitalbilanz* $[(Y - T) - C] - [I + (G - T)]$ *genügt*

$$KB = KB(i)$$

mit $KB'(i) < 0$.

Die Annahmen A1, A2, A5 und A6 entsprechen den Annahmen A1-A4 des IS-TR-Modells aus Abschnitt V.6 mit dem einzigen Unterschied, dass in der Güternachfragegleichung A5 die Leistungsbilanz als zusätzliche Nachfragekomponente auftaucht (vgl. Abschnitt VI.7). A3 ist die in Abschnitt VI.8 eingeführte Verhaltensfunktion. A4 (rigide Preise) ist durch die Beobachtung motiviert, dass Preise nicht ständig an sich ändernde Marktbedingungen angepasst werden, sondern über ausgedehnte Zeiträume hinweg konstant gehalten werden (s. Kasten VI.10). Die Normierung $P = 1$ erlaubt es uns, wie im vorangegangenen Abschnitt erklärt, die Leistungsbilanz LB als eine Nachfragekomponente in der realen Güternachfrage (A5) zu behandeln. Gemäß der Taylor-Regel A7 (Annahme A5 in Abschnitt V.6) reagiert die Zentralbank mit Zinserhöhungen auf BIP-Anstiege (obwohl es wegen der Annahme rigider Preise in der laufenden Periode nicht zu Inflation kommen kann). Hinzu kommt als Annahme A8 die Kapitalbilanz, wie sie in Abschnitt VI.8 eingeführt wurde. Dass die Kapitalbilanz $[(Y - T) - C] - [I + (G - T)]$ entspricht, folgt aus der Normierung $P = 1$ (vgl. Abschnitt VI.7). Wir könnten noch die Annahme hinzufügen, dass ein Devisenmarktgleichgewicht herrscht. Und in der Tat wird die Devisenmarktgleichgewichtsbedingung $LB = KB$ im Folgenden eine sehr wichtige Rolle spielen. Es wäre

Kasten VI.10: Preisrigidität

Preise werden oft über ausgedehnte Zeiträume hinweg konstant gehalten. In einer zwischen 1990 und 1992 von BLINDER (1994) in den USA durchgeführten Interviewstudie erweist sich eine einzige Preisänderung pro Jahr als typisch. Konstanz der Preise kann prinzipiell zwei Gründe haben. Erstens: Es gab keine betriebswirtschaftlichen Gründe, die Preise häufiger zu ändern. Zweitens: Obwohl es Gründe dazu gab, wurden die Preise nicht geändert. Nur im zweiten Fall würde man von Preisrigidität sprechen. Laut der Auskunft der Firmen spielt Preisrigidität eine Rolle: Üblicherweise warten Firmen rund ein Vierteljahr ab, bevor sie auf geänderte wirtschaftliche Rahmenbedingungen mit Preisanpassungen reagieren. Die Unternehmen wurden weiter nach den Gründen für diese verzögerte Preisanpassung gefragt. Dabei erweisen sich mehrere Gründe als wichtig:

1. Menu costs: Angesichts der Preisänderungskosten wird auf eine Preisänderung verzichtet (vgl. Kasten IV.4).
2. Der zu ändernde Preis ist vertraglich für eine gewisse Zeit festgeschrieben, wie typischerweise bei Mieten sowie beim Bezug von Energie und regelmäßig gelieferten Produkten.
3. Der Preis ist zwar nicht explizit vertraglich festgeschrieben, aber es existiert ein ***impliziter Kontrakt*** zwischen Lieferant und Abnehmer. Der Kunde erwartet vom Verkäufer, dass er ein Produkt zu nicht ständig wechselnden Preisen erwerben muss. Und der Verkäufer bietet ihm diese Kalkulationssicherheit, um ihn als Kunden an sein Unternehmen zu binden. So wird mit einem impliziten Vertrag Preissicherheit für den Abnehmer gegen Absatzsicherheit für den Anbieter getauscht.
4. Die Firmen in einem Markt haben ein gemeinsames Interesse an einer koordinierten Preissenkung. Aber weil keine als erste die Preise ändern will, wartet jede Firma darauf, dass die anderen den Anfang machen.
5. Statt des Preises werden andere Parameter des gehandelten Objekts variiert, z. B. Lieferzeiten, Kundendienstleistungen oder Qualität.

aber redundant, die Gleichung $LB = KB$ als eine gesonderte Annahme hinzuzufügen, denn – wie wir in Abschnitt VI.7 gesehen haben – folgt dies bereits aus der Gütermarktgleichgewichtsbedingung. Das Modell A1-A8 ist – kurz gesagt – das IS-TR-Modell aus Abschnitt V.6, angepasst auf eine kleine offene Volkswirtschaft mit internationalem Handel und internationalem Kapitalverkehr. Wir analysieren im Folgenden das Modell anhand von drei Kurven im (Y, i)-Diagramm: der IS-Kurve, der TR-Kurve und der EG-Kurve, die die (Y, i)-Kombinationen darstellt, die ein Devisenmarktgleichgewicht bilden.

Die IS-Kurve kann man analog zum Vorgehen in Abschnitt V.6 aus A1-A6 herleiten:

$$Y = \frac{\bar{C} - cT + I(i) + G + LB(Y, S)}{1 - c} .$$

Totales Differenzieren und Auflösen nach dY/di zeigt, dass die IS-Kurve fällt:

$$\frac{dY}{di} = \frac{I'}{1 - c - \frac{\partial LB}{\partial Y}} < 0 .$$

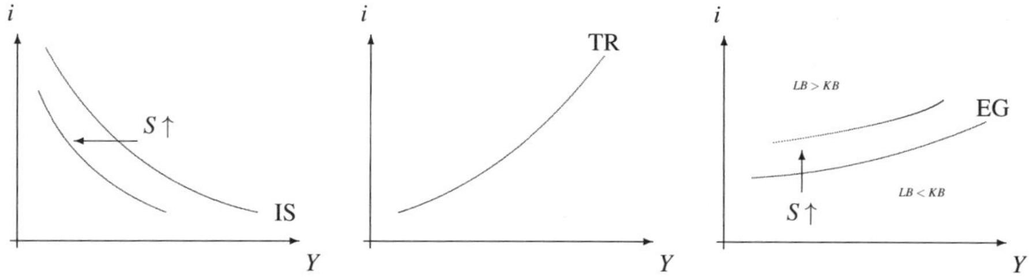

Abbildung VI.2: IS-, TR- und EG-Kurve

Darin drückt sich aus, dass bei steigendem Zins die Investitionen und damit das BIP in einem Gütermarktgleichgewicht sinken. Neu ist hier, dass – gemäß obiger Gleichung – die Lage der IS-Kurve vom Wechselkurs S abhängt. Bei einer Aufwertung der heimischen Währung (S steigt) verschlechtert sich wegen $\partial LB/\partial S < 0$ die Leistungsbilanz. Das BIP in einem Gütermarktgleichgewicht wird also bei jedem Zinssatz kleiner, d. h. die IS-Kurve ordnet jedem Zins i ein kleineres BIP Y zu, sie verschiebt sich nach links (linkes Bild in Abbildung VI.2). Umgekehrt führt eine Abwertung zu einer Rechtsverschiebung der IS-Kurve. Formal ergibt sich das durch totales Differenzieren und Umformen:

$$\frac{\partial Y}{\partial S} = \frac{\frac{\partial LB}{\partial S}}{1 - c - \frac{\partial LB}{\partial Y}} < 0.$$

Die TR-Kurve ergibt sich genau wie in Kapitel V aus der Taylor-Regel A7. Die TR-Kurve steigt (mittleres Bild in Abbildung VI.2). Für ihren Verlauf spielen die außenwirtschaftlichen Verflechtungen keine Rolle.

Wie in Abschnitt VI.7 gezeigt und oben bereits gesagt, impliziert die Gütermarktgleichgewichtsbedingung, dass $LB = KB$ gilt, was auch als Gleichgewichtsbedingung für den Devisenmarkt interpretiert werden kann (was sich im Folgenden als nützlich erweisen wird). Mit den Verhaltensfunktionen aus A3 und A8 folgt:

$$LB(Y, S) = KB(i)\ .$$

Diese Gleichung legt eine weitere Kurve im (Y, i)-Diagramm fest (rechtes Bild in Abbildung VI.2). Jede (Y, i)-Kombination auf dieser Kurve stellt ein Devisenmarktgleichgewicht dar. Wir nennen die Kurve die ***EG-Kurve*** mit EG für ***externes Gleichgewicht*** und das Gesamtmodell A1-A8 das ***IS-TR-EG-Modell***. Während IS- und TR-Kurve wenig bzw. unverändert aus dem IS-TR-Modell übernommen werden konnten, ist die EG-Kurve neu, und wir müssen einige Fragen in Bezug auf diese Kurve beantworten: 1. Steigt oder fällt die EG-Kurve (für einen gegebenen Wechselkurs)? 2. Wie flach oder steil verläuft sie? 3. Was lässt sich über (Y, i)-Werte abseits der EG-Kurve sagen? 4. Wie beeinflussen Wechselkursänderungen die Lage der EG-Kurve?

1. Verläuft die EG-Kurve für einen gegebenen Wechselkurs steigend oder fallend? Durch totales Differenzieren (mit S konstant) und Umformen erhält man:

$$\frac{di}{dY} = \frac{\frac{\partial LB}{\partial Y}}{KB'} > 0\ .$$

Das „>"-Zeichen ergibt sich aus den Annahmen $\partial LB/\partial Y < 0$ (A3) und $KB' < 0$ (A8). Die EG-Kurve verläuft also steigend. Inhaltlich lässt sich die positive Steigung wie folgt erklären: Ausgehend von einem Devisenmarktgleichgewicht ($LB = KB$), sinkt bei steigendem Einkommen Y wegen zunehmender Importe der Leistungsbilanzsaldo (A3). Um $LB = KB$ wiederherzustellen, muss auch der Saldo der Kapitalbilanz sinken, und dazu muss der Zins steigen (A8).

2. Wie groß die Zinsanstiege di sind, die bei einem um dY steigendem BIP ein Devisenmarktgleichgewicht ($LB = KB$) wiederherstellen, hängt davon ab, wie mobil das Finanzkapital international ist. Je höher die Kapitalmobilität ist, desto größere Änderungen der Kapitalbilanz werden von einer gegebenen Zinsänderung di ausgelöst. Je höher die Kapitalmobilität ist, desto kleiner ist folglich der Zinsanstieg di, der $LB = KB$ wieder herstellt, desto kleiner ist die Steigung di/dY der EG-Kurve, d. h. desto flacher verläuft sie. Angesichts der hohen Mobilität von Kapital auf den internationalen Finanzmärkten unterstellen wir in unserem Modell ***hohe Kapitalmobilität*** in dem Sinne, dass die EG-Kurve flacher verläuft als die TR-Kurve. Diese Annahme erscheint vor dem Hintergrund der weit vorangeschrittenen Liberalisierung der Weltfinanzmärkte inhaltlich geboten. Sie erlaubt es uns im Folgenden, mühsame Fallunterscheidungen (hohe versus geringe Kapitalmobilität) zu umgehen.

3. Betrachten wir Punkte (Y, i) abseits der EG-Kurve. Unterhalb der EG-Kurve ist i kleiner als für ein Devisenmarktgleichgewicht ($LB = KB$) notwendig. Weil LB nicht von i abhängt (A3) und weil $KB' < 0$ ist (A8), bedeutet das $LB < KB$. Die Devisennachfrage aus der Kapitalbilanz ist größer als das Devisenangebot aus der Leistungsbilanz, es herrscht eine Devisenübernachfrage. Oberhalb der EG-Kurve liegt die umgekehrte Situation vor. Weil i größer ist als für $LB = KB$ notwendig, gilt $LB > KB$. Das Devisenangebot aus dem Leistungsbilanzüberschuss übersteigt die Devisennachfrage aus der Kapitalbilanz, es herrscht ein Devisenüberangebot.

4. Der Wechselkurs S ist Lageparameter der EG-Kurve. Bei gegebenem Y gilt:

$$\frac{\partial i}{\partial S} = \frac{\frac{\partial LB}{\partial S}}{KB'} > 0 \,.$$

D. h. eine Aufwertung (S steigt) verschiebt die EG-Kurve nach oben, eine Abwertung (S sinkt) nach unten. Intuitiv: Ausgehend von einem Devisenmarktgleichgewicht ($LB = KB$), senkt eine Aufwertung den Leistungsbilanzüberschuss LB (A3). Damit weiterhin $LB = KB$ gelten kann, muss auch die Kapitalbilanz abnehmen, der Zins i also bei jedem BIP Y steigen. Und umgekehrt für eine Abwertung.

Wir sind nun in der Lage, das Gleichgewicht unserer IS-TR-EG-Ökonomie mit internationalem Handel und internationalem Kapitalverkehr zu ermitteln. IS-Gleichung, TR-Gleichung und EG-Gleichung sind drei Gleichungen in den drei endogenen Variablen Y, i und S und legen somit die Gleichgewichtswerte dieser drei Variablen fest. Wir konzentrieren uns zunächst auf eine grafische Veranschaulichung des Gleichgewichts. Dazu zeichnen wir die IS-Kurve, die TR-Kurve und die EG-Kurve zusammen in ein (Y, i)-Diagramm (Abbildung VI.3). Einen Schnittpunkt von IS- und TR-Kurve nennen wir nun ein ***internes Gleichgewicht***, in Abgrenzung vom externen Gleichgewicht, das vorliegt, wenn die Kapitalbilanz der Leistungsbilanz ent-

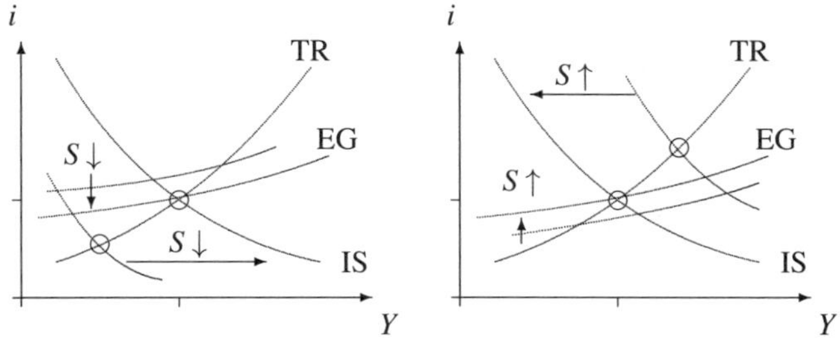

Abbildung VI.3: Gleichgewicht

spricht und somit der Devisenmarkt im Gleichgewicht ist (s. o.). Ein Gleichgewicht liegt vor, wenn ein internes und externes Gleichgewicht vorliegt, d. h. in einem gemeinsamen Schnittpunkt von IS-, TR- und EG-Kurve.

Betrachten wir im linken Bild in Abbildung VI.3 zunächst die weiter links gelegene der beiden eingezeichneten IS-Kurven und die obere EG-Kurve. Links unten ist ein internes Gleichgewicht zu sehen, das kein externes Gleichgewicht ist, es liegt unterhalb der EG-Kurve. Der Zins i und das BIP Y sind relativ niedrig, so dass man an eine rezessive konjunkturelle Situation denken kann. Weil das interne Gleichgewicht unter der EG-Kurve (auf der $LB = KB$ gilt) liegt, gilt $LB < KB$, und es herrscht eine Devisenübernachfrage. Das sieht zunächst nach einem Problem aus: Im IS-TR-Model schneiden sich die fallende IS-Kurve und die steigende TR-Kurve, und der Schnittpunkt ist ein Gleichgewicht – hier ist ein Gleichgewicht ein Schnittpunkt von IS-, TR- und EG-Kurve, aber diese drei Kurven schneiden sich (im Allgemeinen und in der dargestellten Situation) nicht in einem Punkt. Gibt es also kein Gleichgewicht? Die Antwort ist: Doch, und es stellt sich über eine Wechselkursanpassung ein. Wegen der Devisenübernachfrage steht die Auslandswährung unter Aufwertungsdruck, d. h. der Euro spiegelbildlich unter Abwertungsdruck. Die resultierende Euro-Abwertung (S fällt) führt über steigende Wettbewerbsfähigkeit zu einem höheren Leistungsbilanzüberschuss (LB steigt, A3). Das hat zwei Konsequenzen für die Lage der Kurven (s.o.). Erstens verschiebt sich die IS-Kurve nach rechts, weil bei jedem Zins Y im Gütermarktgleichgewicht höher ist. Zweitens verschiebt sich die EG-Kurve nach unten. Denn bei gleichem BIP Y sind ist LB höher, so dass für $LB = KB$ auch die Kapitalbilanz einen höheren Wert annehmen muss, der Zins mithin sinken muss. So wandert das interne Gleichgewicht auf der TR-Kurve auf die EG-Kurve zu, bis das interne Gleichgewicht (der IS-TR-Schnittpunkt) ein externes Gleichgewicht ist (auf der EG-Kurve liegt). (Wir nehmen hier und im Folgenden immer an, dass ein solcher Schnittpunkt aller drei Kurven für einen geeigneten Wechselkurs existiert.) Wenn man das ursprüngliche interne Gleichgewicht als eine rezessive konjunkturelle Situation interpretiert, ist hier Folgendes passiert: Die wegen niedriger Zinsen vorherrschende Devisenübernachfrage hat zu einer Abwertung der heimischen Währung geführt, die die Konjunktur stabilisiert hat. Der flexible Wechselkurs wirkt hier also als ein automatischer Stabilisator.

Das rechte Bild in Abbildung VI.3 stellt den umgekehrten Fall dar. Betrachten wir zunächst die rechte IS-Kurve und die untere EG-Kurve. Im internen Gleichgewicht rechts oben auf der TR-Kurve sind das BIP Y und die Zinsen i hoch. Das spiegelt gute Konjunktur mit einem Devisenüberangebot, d. h. einer Euro-Übernachfrage wider ($LB > KB$). Wegen der Euro-Übernachfrage wertet der Euro auf (S steigt), und der Saldo der Leistungsbilanz sinkt, wodurch sich die IS-Kurve nach links verschiebt und die EG-Kurve nach oben, und zwar bis das interne Gleichgewicht auf der EG-Kurve liegt. Die Wechselkursanpassung, die das Devisenmarktgleichgewicht herstellt, wirkt hier die Konjunktur dämpfend.

Zusammengefasst: *Bei flexiblem Wechselkurs stellen im IS-TR-EG-Modell Wechselkursanpassungen ein internes und externes Gleichgewicht her. Diese Wechselkursanpassungen wirken die Konjunktur stabilisierend.*

Wie im Einkommen-Ausgaben-Modell aus Abschnitt V.3 und im IS-TR-Modell aus Abschnitt V.6 wird das gleichgewichtige BIP rein nachfrageseitig bestimmt, durch die Gütermarktgleichgewichtsbedingung, die Zinsregel der Zentralbank und hier zusätzlich durch die Gleichgewichtsbedingung für den Devisenmarkt. Wie dort bestimmt sich die Beschäftigung über die Produktionsfunktion:

A9: *Die Produktionsfunktion lautet $Y = F(L)$. Die Nachfrage der Firmen nach Arbeit beträgt*

$$L = F^{-1}(Y) \, .$$

Die Unternehmen fragen soviel Arbeit nach, wie sie zur Herstellung des gleichgewichtigen BIPs Y benötigen. Das BIP bestimmt die Beschäftigung, und nicht umgekehrt. Hierin spiegelt sich ein weiteres Mal die keynesianische Revolution wider (vgl. Abschnitte V.3 und V.7). Wie gehabt, interpretieren wir das Modell wie folgt: Die durchschnittliche Beschäftigung L^* und das durchschnittliche BIP $Y^* \equiv F(L^*)$ werden auf dem Arbeitsmarkt bestimmt. Es wird angenommen, dass bei Y^* die Nachfrage gerade ausreichend ist. Dann erklärt das IS-TR-EG-Modell, wie die Ökonomie auf Schwankungen der autonomen Nachfragekomponenten um ihre jeweiligen Durchschnittswerte reagiert (vgl. Abschnitt V.7).

VI.10 Fiskal- und Geldpolitik

Wir untersuchen jetzt im IS-TR-EG-Modell zunächst grafisch, dann rechnerisch die Effektivität von Fiskal- und Geldpolitik.

Satz: *Bei expansiver Fiskalpolitik dämpft eine Aufwertung den Anstieg des BIPs.*

Beweis: Im linken Bild von Abbildung VI.4 befindet sich links unten ein internes und externes Gleichgewicht, wie es im vorigen Abschnitt beschrieben wurde. Expansive Fiskalpolitik (beispielsweise ein schuldenfinanzierter Anstieg von G) verschiebt die IS-Kurve nach rechts, so dass sich ein neues internes Gleichgewicht oben rechts auf der TR-Kurve ergibt (vgl. Abschnitt V.8). An der Y-Achse lässt sich der BIP-Anstieg ablesen, der resultieren würde, wenn sich der Wechselkurs nicht ändern und die Ökonomie in dem neuen internen Gleichgewicht verbleiben würde. Allerdings ist das neue interne Gleichgewicht kein externes Gleichgewicht. Wegen der Annahme hoher Kapitalmobilität (die TR-Kurve verläuft steiler als die EG-Kurve) liegt es oberhalb der EG-Kurve. Damit liegt wieder die Situation im rechten Bild von Abbildung VI.3 vor: Die Zinsen sind für ein Devisenmarktgleichgewicht ($LB = KB$) zu hoch, das Devisenangebot aus dem Leistungsbilanzsaldo ist größer als die Devisennachfrage aus der Kapitalbilanz ($LB > KB$). Aufgrund dieses Devisenüberangebots wertet die Auslandswährung ab, der Euro spiegelbildlich auf (S steigt). Die Euro-Aufwertung verschiebt die IS-Kurve nach links und die EG-Kurve nach oben, bis das interne Gleichgewicht auf der EG-Kurve liegt. Bei diesem Übergang zum neuen externen Gleichgewicht sinkt das BIP. Das beweist den Satz. *q. e. d.*

Spiegelbildlich lässt sich zeigen, dass die Wirkungen expansiver diskretionärer Geldpolitik in der offenen Volkswirtschaft noch verstärkt werden:

Satz: *Bei expansiver aktiver Geldpolitik verstärkt eine Abwertung den Anstieg des BIPs.*

Beweis: Im rechten Bild von Abbildung VI.4 befindet sich links ein internes und externes Gleichgewicht. Die Zentralbank senkt nun i_{TR}, so dass sich die TR-Kurve abwärts verschiebt. So ergibt sich weiter rechts unten auf der IS-Kurve ein neues internes Gleichgewicht (vgl. Abschnitt V.8). Das neue interne Gleichgewicht ist kein externes Gleichgewicht, es liegt unter der EG-Kurve. Die Zinsen sind zu niedrig für ein Devisenmarktgleichgewicht ($LB = KB$), die Kapitalbilanz nimmt einen zu hohen Wert an ($LB < KB$), es herrscht eine Übernachfrage nach Auslandswährung. Das ist die im linken Bild von Abbildung VI.3 wiedergegebene Situation. Wie dort gesehen, wertet die Auslandswährung angesichts der Übernachfrage auf und der Euro spiegelbildlich ab (S sinkt). Die Euro-Abwertung verschiebt die IS-Kurve nach rechts und die EG-Kurve nach unten, bis das interne Gleichgewicht auf der EG-Kurve liegt. Beim Übergang zum neuen externen Gleichgewicht steigt das BIP nochmals. *q. e. d.*

Die Erklärung für diese beiden Ergebnisse wurde bereits in den Abschnitten V.9 und VI.4 gegeben: Expansive Fiskalpolitik führt über steigende Zinsen und eine erhöhte Nachfrage nach inländischen Finanzanlagen zu einer Euro-Aufwertung, die die Leistungsbilanz verschlechtert und so die expansiven Impulse dämpft; expansive

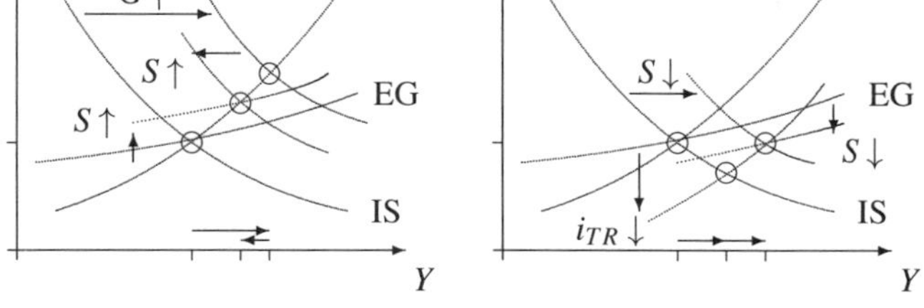

Abbildung VI.4: Fiskal- und Geldpolitik

Geldpolitik führt über sinkende Zinsen und eine sinkende Nachfrage nach inländischen Finanzanlagen zu einer Euro-Abwertung, die die Exporte ankurbelt und so die expansiven Impulse verstärkt.

Oft werden die Auswirkungen außenwirtschaftlicher Beziehungen auch durch Formulierungen wie „Fiskalpolitik ist in der offenen Volkswirtschaft weniger effektiv als in der geschlossenen und Geldpolitik effektiver" ausgedrückt. Bei solchen Aussagen ist Vorsicht geboten, weil zwei unterschiedliche Ökonomien – eine offene und eine geschlossene – miteinander verglichen werden und man daher genau sagen muss, welche beiden. Wir gehen nun dieser Frage nach, indem wir die Auswirkungen von Fiskal- und Geldpolitik rechnerisch untersuchen. Wir ersetzen dazu in der IS-Gleichung die Leistungsbilanz $LB(Y, S)$ durch die Kapitalbilanz $KB(i)$:

$$Y = \frac{\bar{C} - cT + I(i) + G + KB(i)}{1-c}\,.$$

Diese Gleichung und die TR-Kurve sind zwei Gleichungen in den zwei Unbekannten Y und i. (Randbemerkung: Wir hätten das Gleichgewicht des Modells grafisch auch in einem (Y, i)-Diagramm anhand dieser zwei Gleichungen analysieren können. Das wäre formal einfacher gewesen als die Analyse mit IS-, TR- und EG-Kurve. Allerdings wären die zentralen Mechanismen des Modells weniger transparent geworden. In den beiden obigen Sätzen geht es ja explizit um die Auswirkungen von Wechselkursänderungen, und die würden in der modifizierten Güter- *und* Devisenmarktgleichgewichtsbedingung „untergehen". In den Rechenaufgaben am Ende dieses Kapitels bietet sich aber natürlich das einfachere Vorgehen an, mit dem wir uns jetzt befassen.) Beginnen wir wieder mit Fiskalpolitik, und beschränken wir uns dabei wie in Abschnitt V.8 auf schuldenfinanzierte Staatsausgabenanstiege ($dG > 0$, $dT = 0$). Totales Differenzieren der modifizierten IS-Gleichung und der Taylor-Regel ergibt

$$dY = \frac{(I' + KB')di + dG}{1-c}$$

und

$$di = \Omega' dY\,.$$

Auflösen nach dY/dG liefert:

$$\frac{dY}{dG} = \frac{1}{1 - c - (I' + KB')\Omega'}\,.$$

Bei aktiver Geldpolitik ($di_{\mathrm{TR}} < 0$) fällt der Term dG im totalen Differential der IS-Kurve oben weg, und das totale Differential der Taylor-Regel lautet:

$$di = di_{\mathrm{TR}} + \Omega' dY\,.$$

Auflösen nach dY/di_{TR} ergibt:

$$\frac{dY}{di_{\mathrm{TR}}} = \frac{1}{\frac{1-c}{I'+KB'} - \Omega'} < 0\,.$$

Die entsprechenden Ausdrücke für die geschlossene Ökonomie aus Abschnitt V.8 erhält man, indem man $KB' = 0$ setzt. Der Term KB' (< 0) macht dY/dG kleiner (weil er den Nenner größer macht) und dY/di_{TR} im Betrag größer (weil er den Bruch im Nenner des Doppelbruchs im Betrag kleiner macht). Das deutet auf die Richtigkeit der Aussage „Fiskalpolitik ist in der offenen Volkswirtschaft weniger effektiv als in der geschlossenen und Geldpolitik effektiver" hin. Der Haken bei der Sache ist, dass in den Ausdrücken für dY/dG und dY/di_{TR} die Funktionen $I'(i)$ und $\Omega'(Y)$ auftauchen. Diese Funktionen müssen für offene und geschlossene Volkswirtschaft bei den jeweiligen Gleichgewichtswerten Y und i ausgewertet werden, und – das ist der zentrale Punkt – diese Gleichgewichtswerte von Y und i sind im Allgemeinen in der offenen und in der geschlossenen Volkswirtschaft unterschiedlich voneinander. Vergleicht man eine offene und eine geschlossene Ökonomie mit jeweils gleicher marginaler Konsumquote c, gleicher Investitionsfunktion $I(i)$ und gleicher Funktion $\Omega(Y)$ aus der Taylor-Regel, dann muss die Aussage, dass in der offenen Volkswirtschaft Fiskalpolitik weniger effektiv und Geldpolitik effektiver wird, wie folgt eingeschränkt werden:

Satz: *Ausgehend von identischen Gleichgewichtswerten Y und i, ist Fiskalpolitik in der offenen Volkswirtschaft weniger effektiv als in der geschlossenen und Geldpolitik effektiver.*

Ein Fall, in dem der Zusatz „Ausgehend von identischen Gleichgewichtswerten ..." abdingbar ist, liegt vor, wenn $I(i)$ und $\Omega(Y)$ linear sind. Dann sind die jeweiligen Ableitungen Konstanten, und es macht keinen Unterschied, ob man sie beim Gleichgewicht der offenen oder beim Gleichgewicht der geschlossenen Ökonomie auswertet (s. die Übungsaufgaben zu diesem Kapitel). Im Allgemeinen beweisen unsere Rechnungen die Gültigkeit der Behauptung nur mit diesem Zusatz.

Überlegen wir abschließend, welche Bedeutung die Annahmen, 1. dass wir eine kleine offene Volkswirtschaft (vgl. Abschnitt VI.5) und 2. dass Wechselkursänderungserwartungen keine Rolle spielen (vgl. Abschnitt VI.8), für diese Ergebnisse haben. 1. In einer „großen" offenen Volkswirtschaft sind die BIP-Anstiege durch expansive Fiskal- und Geldpolitik tendenziell größer, weil zusätzliche Importe auch im Ausland das BIP steigern, was wiederum dessen Importe, d. h. die heimischen Exporte erhöht. 2. Die Annahme, dass die erwartete Wechselkursänderung keine Rolle spielt, ist im Zusammenhang mit Fiskal- und Geldpolitik etwas kritisch. Beide Maßnahmen haben einen klar bestimmbaren Einfluss auf den Wechselkurs: Expansive Fiskalpolitik führt zu einer Aufwertung, expansive Geldpolitik zu einer Abwertung. Anleger mit rationalen Erwartungen (s. Abschnitt IV.10) würden das antizipieren. Die Aufwertung bei expansiver Fiskalpolitik macht, wenn sie vorhergesehen wird, die Finanzanlage im Inland lohnender. Deshalb reicht ein geringerer Zinsanstieg aus, um ein externes Gleichgewicht mit $LB = KB$ wiederherzustellen. Diese zinsdämpfende Wirkung der Aufwertung ist der Effektivität der Fiskalpolitik zuträglich. Umgekehrt müssen bei einer antizipierten Abwertung infolge expansiver Geldpolitik die Zinsen höher sein, damit $LB = KB$ gilt, was die Effektivität der Geldpolitik dämpft. D. h.: Die Unterschiede bei der Effektivität konjunkturpolitischer Maßnahmen in der offenen gegenüber der geschlossenen Volkswirtschaft werden kleiner, wenn die hervorgerufenen Wechselkursänderungen antizipiert werden.

VI.11 Fester Wechselkurs

Heute schwanken drei der vier wichtigsten Währungen – Euro, Dollar und Yen – frei gegeneinander. Das motiviert unsere Konzentration auf flexible Kurse bis hierher. Andererseits gab es während der gesamten modernen Währungshistorie stets große (globale) oder kleinere Versuche, Festkurssysteme zu errichten. Das Bretton-Woods-System (BWS) und das Europäische Währungssystem (EWS) sind die wichtigsten Beispiele aus der Nachkriegszeit (s. Kasten VI.11). Viele Entwicklungs- und Schwellenländer binden noch heute ihre Währung fest an den Dollar oder auch an den Euro. China als mittlerweile zweitgrößte Volkswirtschaft der Welt kontrolliert weiterhin den

Kasten VI.11: Festkurssysteme

Nach 1880 (in der Globalisierungsphase vor dem 1. Weltkrieg, vgl. Kasten VI.1) fixierten die wichtigsten Industrienationen ihre Wechselkurse mit dem Goldstandard-System. Die (Mehrzahl der) teilnehmenden Länder garantierten dabei, heimische Währung zu einem gegebenen Preis in Gold einzutauschen (einige Länder gingen keine Goldeinlösungspflicht ein, z. B. Österreich und Russland). Die länderweisen Goldpreise determinierten direkt bilaterale Wechselkurse. Nachdem das System im 1. Weltkrieg aufgegeben wurde, belebte man es in der Zwischenkriegszeit neu. Nach dem erneuten Zusammenbruch im 2. Weltkrieg wurde 1944 das BWS ins Leben gerufen, das die Wechselkurse der wichtigsten Währungen ohne eine Golddeckung fixierte. Nach dem mit dem Ausscheiden der großen europäischen Länder (Großbritannien im Juni 1972, Italien im Februar 1973, EWG-Länder im März 1973) faktisch vollzogenen Zusammenbruch des BWS bemühten sich die westeuropäischen Länder um feste bilaterale Wechselkurse untereinander, wenn auch nicht zum Dollar. Das Ergebnis dieser Bemühungen war das EWS, das die Schwankungen der beteiligten Währungen um festgelegte Paritäten auf i. d. R. 2,25% nach unten und oben begrenzte, 1992/93 aber zusammenbrach (mehr dazu später). In Europa stellt sich seit dem Beginn der EWU die Frage nach dem Wechselkurssystem nicht mehr. Ernsthafte Bemühungen, den Dollar- oder Yen-Kurs des Euros zu fixieren, gibt es nicht. Dennoch ist es keine Übertreibung zu sagen, dass Deutschlands Währungspolitik (wie auch die anderer Länder) die meiste Zeit seit der Explosion des Welthandels im Zuge der Industrialisierung mit der Herstellung von festen Kursen zu zumindest einer Teilmenge seiner wichtigsten Handelspartner befasst war. China hatte von 1994 bis Juli 2005 seine Währung zum Kurs von Yuan 8,28/$ an den Dollar gekoppelt. Seitdem steuert die PBC offiziell den Yuan-Kurs gegen einen Währungskorb aus Dollar, Yen, Won, Euro und anderen Währungen. In den drei Jahren bis Mitte 2008 ließ die PBC den Kurs auf Yuan 6,81/$ fallen (d. h. seine Währung gegen den Dollar aufwerten). Nachdem sie ihn durch die Wirtschafts- und Finanzkrise auf diesem Niveau zwei Jahre konstant gehalten hatte, stieg der Yuan ab Mitte 2010 wieder gegen Dollar, auf 6,31/$ zum Jahreswechsel 2011/12. Das ist in der Summe eine 31,2%-Aufwertung des Yuan gegen den Dollar seit 2005. Zuzüglich 6,9%-Punkte kumulierter Inflationsdifferenz in den Jahren 2005–11 ergibt das eine reale Yuan-Aufwertung von 38,1%. Das ist nicht weniger, als die USA in 2005 an Aufwertung in den nächsten Jahren erwartet hätten, um das in Kasten VI.5 angesprochene Leistungsbilanzproblem abzumildern.

Kurs des Yuan gegen einen Währungskorb. Vorrangiges Ziel von multilateral vereinbarten Festkurssysteme ist es, die mit Wechselkursschwankungen einhergehende Planungsunsicherheit für Importeure und Exporteure und – nach erfolgter Finanzmarktliberalisierung – Wechselkursrisiken für internationale Anleger zu vermeiden. Wenn ein Land dagegen seine Währung unilateral an eine andere bindet, kommt oft hinzu, dass ein recht niedriger Kurs für die heimische Währung festgesetzt wird, um der heimischen Exportindustrie einen Wettbewerbsvorteil zu verschaffen (s. wieder Kasten VI.11). Weil feste Wechselkurse also in den Industrienationen über Jahrzehnte hinweg das Objekt erheblicher währungspolitischer Bemühungen waren und in Entwicklungs- und Schwellenländern immer noch Anwendung finden, untersuchen wir nun unser IS-TR-EG-Konjunkturmodell für die kleine offene Volkswirtschaft auch für den Fall eines festen Wechselkurses.

Festkurssysteme haben zwei zentrale Bestandteile. 1. Fixierte Wechselkurse und 2. Spielregeln, nach denen die Teilnehmerländer die Wechselkurse verteidigen. 1. Dass in einem Festkurssystem Kurse fixiert werden müssen, ist trivial. Das ist aber nicht alles. Die bloße Erklärung, der bilaterale Wechselkurs sei auf einem bestimmten Niveau fixiert, ist wirkungslos. Erklärten beispielsweise EZB und Fed heute, dass ihr Wechselkurs ab sofort bei \$ 1/€ fixiert ist, und ist diese Erklärung ihr einziger Beitrag zur Wechselkursfixierung, so würde das am Euro-Dollar-Kurs nichts ändern. Was also müssen die an einem Festkurssystem beteiligten Zentralbanken tun, um einen fixierten Wechselkurs zu verteidigen? Die Antwort ist: 2. *Sie müssen sich verpflichten, so auf dem Devisenmarkt zu intervenieren, dass beim fixierten Wechselkurs das Angebot an und die Nachfrage nach Devisen gleich hoch sind.* Das – nicht die Verkündung des Kurses – ist das kritische Element eines Festkurssystems. Ist beim fixierten Euro-Dollar-Wechselkurs das Netto-Dollar-Angebot aus unserem Leistungsbilanzsaldo größer als die Netto-Dollar-Nachfrage aus unseren Nettokapitalexporten, dann müssen EZB und/oder Fed das Netto-Dollar-Überangebot mit Euro aufkaufen. Übernimmt die EZB diese Aufgabe, dann baut sie Dollar-Währungsreserven auf. Die Fed müsste dagegen ihre Euro-Währungsreserven einsetzen. Liegt umgekehrt beim fixierten Kurs eine Netto-Dollar-Übernachfrage vor, dann müssen EZB und Fed die überschüssig nachgefragten Dollar gegen Euro verkaufen. Dazu müsste die EZB ihre Dollar-Währungsreserven einsetzen, oder die Fed müsste Euro-Währungsreserven aufbauen. Bei einer unilateralen Fixierung der eigenen Währung gegen eine andere Währung muss die heimische Zentralbank allein für ein Devisenmarktgleichgewicht sorgen, d. h. überschüssig angebotene Devisen aufkaufen bzw. überschüssig nachgefragte auf den Markt bringen. Der Einsatz von Währungsreserven zur Wechselkursverteidigung ist dabei durch den Bestand an Währungsreserven begrenzt. Auch Devisenankäufe haben ihre Probleme: Erstens wird durch Dollar-Käufe der Euro-Umlauf erhöht, was inflationär wirkt (s. Kapitel IV). Zweitens ist die ständige Anhäufung von Devisenreserven i. d. R. politisch ungewollt. Daraus folgt, dass eine Konstellation, in der auf dem Devisenmarkt systematisch ein Überangebot oder eine Übernachfrage vorliegt, nicht dauerhaft Bestand haben kann. Auf kurze Sicht können die beteiligten Zentralbanken durch Interventionen Devisenangebot und -nachfrage zum Ausgleich bringen. Auf Dauer muss der Devisenmarkt auch ohne Währungsreservenan- und -verkäufe im Gleichgewicht sein, und wenn der Wechselkurs das wegen einer Fixierung nicht sicher stellen kann, dann muss ein anderer Mechanismus an seine Stelle treten.

In einem Festkurssystem gelten also wesentlich andere Regeln als bei flexiblen Kursen. Wir zeigen nun anhand unseres IS-TR-EG-Konjunkturmodells für die kleine offene Volkswirtschaft aus Abschnitt VI.9, dass das eine überaus wichtige Konsequenz hat: *Autonomie der Geldpolitik, eine Fixierung des Wechselkurses und freier Kapitalverkehr lassen sich nicht gleichzeitig realisieren* – man spricht daher mit Hinblick auf diese drei Ziele vom ***magischen Dreieck der offenen Volkswirtschaft***. Insbes. bedeutet das, dass in einer offenen Volkswirtschaft mit uneingeschränkter Kapitalmobilität der Wechselkurs nur auf Kosten einer Aufgabe der geldpolitischen Autonomie fixiert werden kann.

Theorem: *Von den drei Zielen Autonomie der Geldpolitik, Wechselkursfixierung und freier Kapitalverkehr sind nur zwei simultan realisierbar.*

Beweis: Bei einem festen Wechselkurs S ist die Position der IS-Kurve festgelegt (vgl. Abbildung VI.2). Autonomie der Geldpolitik bedeutet, dass die Zentralbank die Lage der TR-Kurve ebenfalls exogen festlegt. Freier Kapitalverkehr schließlich bedeutet, dass die Funktion $KB(i)$ nicht durch Reglementierungen beeinflusst wird. Zusammen mit der Exogenität des Wechselkurses S bedeutet das, dass auch die Lage der EG-Kurve fix ist. Betrachten wir die (Y, i)-Diagramme in Abbildung VI.5. Ein interner und externer Gleichgewichtspunkt ist ein gemeinsamer Schnittpunkt von IS-, TR- und EG-Kurve. Weil die Lage jeder der drei Kurven fixiert ist, schneiden sie sich aber im Allgemeinen nicht in einem Punkt. I. d. R. gibt es vielmehr drei Schnittpunkte von jeweils zwei Kurven, aber kein simultanes internes und externes Gleichgewicht. Das beweist, dass die drei Ziele Wechselkursfixierung, Autonomie der Geldpolitik und freier Kapitalverkehr im Allgemeinen nicht gleichzeitig erreicht werden können.

Es verbleibt zu zeigen, dass zwei der drei Ziele immer simultan realisierbar sind. Dazu konzentrieren wir uns zunächst auf die untere der beiden eingezeichneten TR-Kurven im linken Bild und auf die obere TR-Kurve im rechten Bild von Abbildung VI.5. Im linken Bild liegt dann das interne Gleichgewicht unter der EG-Kurve, so dass eine Devisenübernachfrage ($LB < KB$) herrscht. Im rechten Bild liegt das interne Gleichgewicht über der EG-Kurve und damit ein Devisenüberangebot ($LB > KB$)

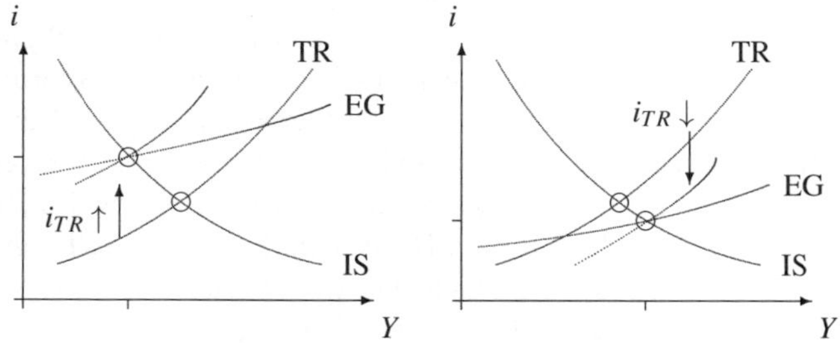

Abbildung VI.5: Fester Wechselkurs

vor (s. Abschnitt VI.9). Wir zeigen nun, dass ein internes und externes Gleichgewicht erreicht wird, sobald eines der drei Ziele aufgegeben wird.

1. Der wichtigste Fall besagt, dass der Wechselkurs fixiert werden kann, wenn dazu die Autonomie der Geldpolitik aufgegeben wird. In Abbildung VI.5 kommt die Aufgabe der geldpolitischen Autonomie darin zum Ausdruck, dass die Zentralbank ihre Taylor-Regel $i = i_{\text{TR}} + \Omega(Y)$ (A7) so ändert, dass die TR-Kurve durch den IS-EG-Schnittpunkt verläuft. Im linken Bild mit einer Devisenübernachfrage ($LB < KB$) in der Ausgangssituation muss die Taylor-Regel gegebenen Einkommen höhere Zinsen zuordnen, d. h. die Geldpolitik muss restriktiver werden, damit der Zins auf ein Niveau steigt, bei dem die Kapitalbilanz den Saldo der Leistungsbilanz nicht mehr übersteigt. Umgekehrt muss die Zentralbank beim im rechten Bild illustrierten Devisenüberangebot ($LB > KB$) den Zins für gegebene BIPs senken, d. h. die Geldpolitik lockern. Die resultierende Zinssenkung führt zu einem Anstieg der Kapitalbilanz und damit zu $LB = KB$.

2. Ohne die Wechselkursfixierung ist S eine endogene Variable. Anpassungen des flexiblen Wechselkurses sorgen dann dafür, dass ein internes und externes Gleichgewicht vorliegt. Das wurde in Abschnitt VI.9 bereits beschrieben. Im linken Bild in Abbildung VI.5 liegt die im linken Bild von Abbildung VI.2 wiedergegebene Situation vor. Wegen einer Devisenübernachfrage ($LB < KB$) wertet der Euro ab (S fällt). Die IS- und die EG-Kurve wandern so weit nach rechts, bis sie sich auf der TR-Kurve schneiden. Im rechten Bild liegt die Situation aus dem rechten Bild von Abbildung VI.2 vor, eine Aufwertung (S steigt) beseitigt auf Kosten von BIP-Einbußen (Y sinkt) das aufgrund der zu hohen Zinsen vorliegende Devisenüberangebot ($LB > KB$).

3. Die dritte Möglichkeit, ein internes und externes Gleichgewicht herzustellen, besteht darin, durch Kapitalverkehrsbeschränkungen die Funktion $KB(i)$ so zu manipulieren, dass sich die EG-Kurve in den IS-TR-Schnittpunkt verschiebt. Die im linken Bild von Abbildung VI.5 vorliegende Devisenübernachfrage ($LB < KB$) könnte man durch Kapitalexportkontrollen abbauen. Umgekehrt werden beim im rechten Bild illustrierten Devisenüberangebot ($LB > KB$) Kapitalimportbeschränkungen benötigt, um ein Devisenmarktgleichgewicht ($LB = KB$) herzustellen. *q. e. d.*

Die Mobilität von Finanzkapital ist das gewollt herbeigeführte Resultat der Finanzmarktliberalisierung (s. Abschnitt VI.2). In Abschnitt VI.9 haben wir gesehen, wie ein flexibler Wechselkurs für ein Gleichgewicht auf dem Devisenmarkt sorgt. Bei sich rasch ändernden Rahmenbedingungen, insbes. auf den internationalen Finanzmärkten, sind dabei rasche und starke Wechselkursänderungen zu erwarten. Die beobachtete hohe Volatilität von Wechselkursen (s. Kästen VI.2 und VI.3) ist Ausdruck hiervon. Am liebsten würde man natürlich die Vorzüge freien Kapitalverkehrs bei stabilen Wechselkursen in Anspruch nehmen. In diesem Abschnitt haben wir gesehen, warum das nur auf Kosten einer Aufgabe der geldpolitischen Autonomie möglich ist. Auf kurze Sicht können Währungsreservenan- und -verkäufe Devisenangebot und -nachfrage zum Ausgleich bringen. Auf Dauer muss der Devisenmarkt aber auch ohne Interventionen im Gleichgewicht sein. Die Geldpolitik muss folglich so ausgerichtet werden, dass beim fixierten Kurs Devisenangebot und -nachfrage in Einklang mit-

Kasten VI.12: Das Ende von BWS und EWS

Das Ende des BWS 1973 und der Zusammenbruch des EWS 1992/93 sind Musterbeispiele für das magische Dreieck der offenen Volkswirtschaft. Das BWS brach bereits kurz nach dem Beginn der Finanzmarktliberalisierung zusammen. Laut magischem Dreieck hätten die Teilnehmerländer nach der Errichtung des BWS auf die Autonomie der Geldpolitik verzichten müssen. Als der Dollar unter Abwertungsdruck und die D-Mark unter Aufwertungsdruck gerieten, hätten die USA die Zinsen erhöhen und Deutschland die Zinsen senken müssen. Hierzu waren aber weder die USA (aus konjunkturellen Erwägungen) noch Deutschland (vor dem noch nicht verblassten Hintergrund der Hyperinflation 1923 und der zurückgestauten Inflation bis 1948, s. Kästen IV.1 und IV.5) bereit. Es stellte sich kein externes Gleichgewicht ein, so dass in großem Umfang Devisenmarktinterventionen vorgenommen werden mussten und Anpassungen der Kurse (Realignments) notwendig waren, bevor die Wechselkursfixierung schließlich aufgegeben wurde.

Die Situation 1992 im EWS war ähnlich, mit der gleichen Rolle für Deutschland. Während sich die anderen europäischen Länder in einer Rezession befanden, erlebte Deutschland den Vereinigungsboom mit 5,1% bzw. 1,9% Wachstum in den Jahren 1991 und 1992 und hohen Zinsen. Die D-Mark stand unter Aufwertungsdruck, praktisch alle anderen EWS-Währungen unter Abwertungsdruck. Deutschland hätte die Zinsen senken müssen, war hierzu aber angesichts von 3,6% bzw. 5,1% Inflation in den Jahren 1991 und 1992 nicht bereit. Das externe Gleichgewicht stellte sich nicht ein, die Wechselkursfixierung musste aufgegeben werden.

einander stehen. Wenn die Länder eines Festkurssystems trotz freien Kapitalverkehrs nicht bereit sind, die Autonomie über die Geldpolitik aufzugeben, dann bricht ihr Festkurssystem zusammen. BWS und EWS sind Lehrbuchbeispiele hierfür (s. Kasten VI.12).

VI.12 Währungskrisen: erste Generation

Bei fixiertem Wechselkurs besteht die Gefahr von Währungskrisen. Eine ***Währungskrise*** liegt vor, wenn der feste Wechselkurs aufgegeben werden muss und die heimische Währung anschließend in erheblichem Umfang abwertet oder wenn die heimische Regierung und die Zentralbank eine drohende Abwertung nur mit hohem Einsatz – d. h. starken Zinserhöhungen, der Einführung von Kapitalverkehrskontrollen und/oder einem erheblichen Abfluss von Währungsreserven – verhindern können (s. Kasten VI.13).

Eine erste „Generation“ von Währungskrisenmodellen sieht den Ursprung einer Währungskrise in dem im vorigen Abschnitt behandelten magischen Dreieck der offenen Volkswirtschaft: Ein Land mit festem Wechselkurs, das trotz freien Kapitalverkehrs autonome Geldpolitik betreibt, muss in Währungsprobleme geraten. Die Tatsache, dass sich Währungskrisen – insbes. in Schwellenländern – häufen, nachdem der internationale Kapitalverkehr liberalisiert worden ist (s. Kasten VI.14), ist ein Beleg für diese Sichtweise. Ohne Kapitalmobilität steht ja die Autonomie der Geld-

Kasten VI.13: EWS-Währungskrise 1992–93

Im August 1992 gerieten die Währungsrelationen im EWS unter erheblichen Druck. Zunächst wurden die unter Abwertungsdruck stehenden Währungen noch durch Stützungskäufe stabilisiert, durch die sich die Währungsreserven der Deutschen Bundesbank im Jahr 1992 um DM 27,04 Mrd. erhöhten. Ab September 1992 gab es dann diverse Abwertungen: im September 1992 die Lira um 7% und die Peseta um 5%, im November Peseta und Escudo um 6%, im Januar 1993 das irische Pfund um 20%, im Mai Peseta und Escudo um nochmals 8% bzw. 6,5%. Nach und nach gaben einige Länder die festen Kurse ganz auf: Finnland, Großbritannien und Italien im September 1992, Schweden im November (nachdem die schwedische Zentralbank die Notenbankzinsen zwischenzeitlich auf 500% angehoben hatte), Norwegen im Dezember. Nachdem auch der französische Franc im Juli 1993 unter enormen Abwertungsdruck geriet, wurde im August das Währungsband von 2,25% auf 15% nach oben und unten verbreitert, was das faktische Ende des EWS war (KENEN [1995, 152–155]). Die Abwertungen der Währungen gegenüber der D-Mark nach der faktischen Freigabe der Kurse waren teils erheblich: Das britische Pfund beispielsweise wertete bis Anfang 1993 um 20% ab (von DM 2,95/£ auf DM 2,40/£, die Lira um ein Drittel von DM 1,33/1.000 Lire auf DM 1,00/1.000 Lire (KENEN [1995, 174]). Interessanterweise bewegte sich der Franc dagegen nach seiner Freigabe kaum.

Kasten VI.14: Währungskrisen in Lateinamerika

In Lateinamerika hat man wiederholt beobachtet, dass Währungskrisen bald nach der Finanzmarktliberalisierung passieren. Argentinien erlebte nach der Finanzmarktliberalisierung 1977 Währungskrisen in 1981, 1986 und 2001, Brasilien nach der Liberalisierung 1975 in 1986, 1991 und 1999, Mexiko nach ersten Liberalisierungsschritten 1974 in 1982 und nach der endgültigen Liberalisierung 1991 wieder in 1994–95 (KAMINSKY und REINHART [1999, 478]). Die Abwertungsraten in Währungskrisen sind teils sehr groß. So fiel der Kurs des argentinischen Peso nach seiner Freigabe Ende 2001 innerhalb eines Jahres von $ 1/Peso auf $ 0,30/Peso, d. h. der Peso verlor in einem Jahr 70% seines Werts gegenüber dem Dollar. Anders ausgedrückt: Anlagen in Peso mussten sich mit 230% verzinsen, nur um den Nominalwert in Dollar zu erhalten.

politik nicht im Spannungsverhältnis zu einem festen Wechselkurs. Was das Modell aus dem vorangegangenen Abschnitt nicht erklärt, ist das Krisenhafte an diesen Währungskrisen: 1. die aufkommenden und anwachsenden Spekulationswellen und 2. die Verteidigungsversuche der Zentralbanken. Dieser Abschnitt wirft einen Blick hierauf.

1. Damit massive Spekulation entsteht, müssen zwei Bedingungen erfüllt sein. Erstens muss eine große Menge Spekulationskapital vorhanden sein. Diese Bedingung ist in Zeiten liberalisierter Finanzmärkte ganz offensichtlich erfüllt. Zweitens muss die Spekulation gegen eine Währung den Kapitalbesitzern ein genügend günstiges Rendite-Risiko-Verhältnis in Aussicht stellen. Auch diese Bedingung ist erfüllt. Denn die Spekulation gegen eine fixierte Währung ist praktisch risikolos, weil man im günstigen Fall viel gewinnen kann und im ungünstigen Fall nicht viel verliert (ähnlich wie bei einer Put-Option). Eine unter Abwertungsdruck (sagen wir: gegenüber

Kasten VI.15: Soros' Spekulation gegen das britische Pfund

Im September 1992 gelangte Hedge-Fonds-Manager George Soros zu internationaler Berühmtheit. Angesichts der drohenden Abwertung des britischen Pfunds (s. Kasten VI.13) tätigte Soros in Milliarden-Umfang Pfund-Leerverkäufe. D. h.: Er lieh sich Pfund mit der Verpflichtung zur späteren „Rückgabe" und tauschte sie in andere Währungen ein (s. u. Abschnitt IX.5). Auf diese Art und Weise profitiert man von einer Pfund-Abwertung, weil man die zurückzugebenden Pfund dann billiger einkaufen kann. Soros' Rechnung ging auf: Am Tag der Abwertung verdiente er umgerechnet $ 1 Mrd. Umstritten ist die Frage, ob das zusätzliche Angebot der ausgeliehenen Pfund selbst für die Pfund-Abwertung mitverantwortlich war. Das wird mit der Bezeichnung von Soros als „the man who broke the Bank of England" suggeriert. Allerdings erscheint angesichts der gigantischen Umfänge des Devisenhandels (vgl. Kasten VI.1) der Einfluss einzelner, selbst großer, Anleger doch eher begrenzt.

dem Dollar) stehende Währung wird nämlich nicht in einer Währungskrise überraschend aufwerten. Wie kann ein ausländischer Anleger hieraus Profit schlagen? Er muss sich in der unter Abwertungsdruck stehenden Währung verschulden und das aufgenommene Geld in der Währung anlegen, gegen die die betroffene Währung womöglich abwertet. Ohne Abwertung kann er bei Fälligkeit zur alten Parität den Währungsbetrag kaufen, den er zur Tilgung der aufgenommenen Schulden braucht. Kommt es dagegen zu einer Abwertung, d. h. verbilligt sich die angegriffene Währung, dann erhält er das benötigte Geld billiger. Die möglichen Verluste für den Spekulanten sind mit dieser Strategie auf die Zinszahlungen bei Aufrechterhaltung der Fixierung begrenzt. Dem stehen hohe mögliche Gewinne gegenüber, die realisiert werden, wenn die Währung unter spekulativem Druck abwertet, denn dann geht die Abwertungsrate schnell in den zweistelligen Prozentbereich (s. Kasten VI.15 und Übungsaufgabe VI.19).

2. Zentralbanken stemmen sich aus mehreren Gründen mit Währungsreservenverkäufen und mit teils drastischen Zinserhöhungen gegen den Abwertungsdruck. Erstens bedeutet eine Abwertung, deren Umfang nicht abzusehen ist, Unsicherheit für Importeure und Exporteure. Zweitens werden die Importe, inklusive Vorleistungen, in Inlandswährung gerechnet teurer, was zu steigenden Konsumentenpreisen und Produktionskosten führt (importierte Inflation). Drittens verursacht die Abweichung von der festgelegten Parität einen Verlust an Ansehen für die verantwortlichen Politiker und Institutionen. In Entwicklungs- und Schwellenländern ist der feste Wechselkurs oft ein Kernstück eines ökonomischen Reformprogramms, und ein Scheitern kostet die Verantwortlichen ihre Ämter. Viertens mindert die Aufgabe der Parität die Glaubwürdigkeit möglicher zukünftiger Fixierungen. Das führt zum einen von Neuem zu Unsicherheit bei internationalem Handel und internationalem Kapitalverkehr. Zum anderen macht mangelnde Glaubwürdigkeit weitere spekulative Attacken in der Zukunft wahrscheinlicher. Vor dem Hintergrund dieser Tatsachen ist es leicht verständlich, warum Währungen unter Abwertungsdruck nicht sanft und allmählich abwerten, sondern zunächst verteidigt werden und erst unter zunehmendem spekulativen Druck schließlich schlagartig einbrechen.

VI.13 Feste oder flexible Kurse?

Nachdem wir nun gesehen haben wie ein System mit flexiblen Kursen funktioniert (Abschnitt VI.9) und wie ein Festkurssystem funktioniert (Abschnitt VI.11), wenden wir uns abschließend der Frage zu, unter welchen Vorbedingungen es für ein Land vorteilhaft ist, seine Währung an eine andere Währung zu koppeln. Listen wir dazu die direkten und indirekten Folgen einer Wechselkursfixierung auf. Die direkten Folgen der Fixierung sind:

1. Es liegt Planungssicherheit für Importeure, Exporteure und ausländische Kapitalgeber vor (s. Abschnitt VI.8 und VI.11).

2. Konjunktur stabilisierende Wechselkursanpassungen bleiben aus. Insbes. entfällt die expansive Wirkung einer Abwertung bei niedrigem BIP und niedrigen Zinsen (s. Abschnitt VI.9).

Die wichtigste indirekte Folge ist die Notwendigkeit zur Aufgabe der Autonomie der Geldpolitik (s. Abschnitt VI.11).

3. Die Geldpolitik muss in den Dienst der Verteidigung des Wechselkurses gestellt werden. Expansive Geldpolitik zur Stabilisierung der Konjunktur ist nicht möglich.

4. Die erzwungene Nichtautonomie der Geldpolitik kann aber auch gewünscht sein. Ist in Ländern mit Problemen bei der Kontrolle der Geldmenge die Wechselkursfixierung ein wichtiges politisches Ziel, dann ist die Ankündigung, den Kurs zu verteidigen, glaubwürdiger als die Ankündigung, das Geldmengenwachstum zu kontrollieren (vgl. Abschnitt IV.11). Mit Wechselkursfixierung kann also „Glaubwürdigkeit“ bei der Inflationsbekämpfung „importiert“ werden.

Hinzu kommt das in Abschnitt VI.12 thematisierte Problem:

5. Festkurssysteme sind anfällig für spekulative Attacken. Daher läuft ein Land Gefahr, Opfer einer Währungskrise zu werden, wenn es seinen Wechselkurs fixiert.

Es ist vorteilhaft für ein Land, seinen Wechselkurs zu fixieren, wenn die Vorteile 1 und 4 gewichtiger sind als die Nachteile 2, 3 und 5. Das ist tendenziell der Fall, wenn folgende Bedingungen vorliegen:

1. Das Land hat eine hohe Außenhandelsquote, was tendenziell in kleinen Ländern der Fall ist.

2. Die Konjunktur ist relativ synchron zu der der Handelspartner (es liegen i. d. R. „symmetrische Schocks“ vor), so dass Wechselkursschwankungen wenig zur Stabilisierung beitragen können.

3. Das Land ist nicht so sehr auf eine autonome Geldpolitik angewiesen, z. B. weil wegen starker Inflationsaversion die Geldpolitik ohnehin nur schwach dosiert wird oder weil wegen einer guten Haushaltslage expansive Fiskalpolitik zur konjunkturellen Stabilisierung eingesetzt werden kann.

4. Das Land ist stark auf den Import von Glaubwürdigkeit angewiesen, weil es ansonsten Probleme damit hat, eine Anti-Inflationspolitik glaubhaft zu machen.

5. Die Gefahr spekulativer Attacken ist gering. Dazu darf die Währung nicht überbewertet fixiert sein, und das Land sollte über möglichst hohe Währungsreserven verfügen.

Grob gesagt, erscheint ein fester Wechselkurs also vorteilhaft für kleine Länder mit Spielraum für Fiskalpolitik und mit Problemen bei der Inflationskontrolle. Die

Kasten VI.16: Währungssysteme in der Praxis

In der Praxis sind völlig flexible Kurse und starre Fixierungen die Enden eines breiten Spektrums möglicher Wechselkursregimes. Mögliche Zwischenlösungen sind:

1. Keine Fixierung, aber Devisenmarktinterventionen zur Beeinflussung des Wechselkurses,
2. Festlegung von Zielzonen (Target zones) statt Zielkursen,
3. Bewegliche Ziele (Crawling pegs), z. B. eine festgelegte Abwertungsrate gegenüber dem Dollar,
4. Fixierung mit möglichen Anpassungen (Realignments).

All das gab und gibt es in der Praxis, inklusive Mischformen. Im EWS gab es Zielzonen, und Realignments waren möglich. Chile legte in den 1980er-Jahren ein bewegliches Band gegen einen Währungskorb fest. Man kann bei festen Kursen weiter danach unterscheiden, wie rigide die Fixierung erfolgt:

1. Sie kann einfach nur verkündet werden, so dass sie leicht reversibel ist.
2. Die Geldpolitik kann an ein Currency board (Währungsbehörde) delegiert werden, das gesetzlich dazu verpflichtet ist, den Wechselkurs zu verteidigen.
3. Die heimische Währung kann ganz aufgegeben und eine ausländische Währung zum gesetzlichen Zahlungsmittel erklärt werden, z. B. der Dollar (Dollarisierung) oder der Euro (Euroisierung).

Der IWF zählte Ende 1999 unter 185 Ländern 51 mit freiem Floating, 45 mit fixierten Kursen und 89 mit „mittleren" Wechselkursregimen. OBSTFELD und ROGOFF (1995) („The mirage of fixed exchange rates") weisen darauf hin, dass viele der vom IWF als Festkurssysteme klassifizierten Systeme nicht sonderlich rigide sind: 1995 hatten nur sechs größere Länder mit offenem Kapitalmarkt seit mehr als fünf Jahren einen festen Kurs. Und REINHART (2000) („The mirage of floating exchange rates") weist darauf hin, dass auch die Länder ohne feste Kurse in aller Regel am Devisenmarkt intervenieren. Zusammen genommen folgt, dass de facto Zwischenlösungen deutlich in der Mehrzahl sind. Die zentralen Ausnahmen sind auf der einen Seite die USA, die mit „Benign neglect" den Dollar wirklich floaten lassen, und auf der anderen Seite einige kleine Länder, die dollarisiert (Ecuador) bzw. euroisiert (Kosovo, Montenegro) haben, Currency boards eingerichtet haben (Hongkong, Bulgarien, bis Ende 2001 Argentinien) oder seit Langem einen festen Kurs verteidigen (die 14 CFA-Franc-Länder in Westafrika mit fester Franc- bzw. jetzt Euro-Bindung) (s. FRANKEL et al. [2002]).

Tatsache, dass eine Wechselkursfixierung aber immer Vor- und Nachteile hat, spiegelt sich darin wider, dass oft weder freies Floaten noch starre Fixierungen gewählt werden, sondern Zwischenlösungen (s. Kasten VI.16).

VI.A BNE-Gewinne durch internationalen Kapitalverkehr

Betrachten wir eine kleine offene Volkswirtschaft (vgl. Abschnitt VI.5) mit Cobb-Douglas-Produktionsfunktion $F(K,L) = K^\alpha L^{1-\alpha}$ $(0 < \alpha < 1)$. Gewinnmaximierung bei vollkommenem Wettbewerb (s. Abschnitt III.4) liefert

$$\frac{W}{P} = (1-\alpha)\frac{K^\alpha L^{1-\alpha}}{L}\,.$$

Vernachlässigen wir wie immer Abschreibungen aufs Kapital. Dann beträgt die Verzinsung des eingesetzten Kapitals

$$i = \frac{K^{\alpha} L^{1-\alpha} - \frac{W}{P} L}{K} = \alpha \frac{K^{\alpha} L^{1-\alpha}}{K} = \alpha K^{\alpha-1} L^{1-\alpha}$$

(vgl. Übungsaufgabe III.8). Es herrsche Vollbeschäftigung ($L = \bar{L}$), und einfachheitshalber sei $\bar{L} = 1$, so dass

$$i = \alpha K^{\alpha-1} .$$

Das im Besitz der Inländer befindliche physische Kapital ist $\bar{K}$. Wir vergleichen nun die Gleichgewichte 1. bei Autarkie (d. h. ohne Warenhandel und Kapitalverkehr) und 2. bei freiem Handel mit Waren und Finanzkapital und zeigen, dass das Einkommen der Inländer (das BNE) in der zweiten Situation höher ist.

1. In Autarkie entspricht der Kapitaleinsatz K dem Kapitalbesitz der Inländer $\bar{K}$. Das BIP ist $\bar{K}^{\alpha}$. Der Zins ist $i = \alpha \bar{K}^{\alpha-1} = \bar{i}$, so dass

$$\bar{K} = \left(\frac{\alpha}{\bar{i}}\right)^{\frac{1}{1-\alpha}} .$$

2. Bei freiem Handel kann inländisches Kapital ins Ausland exportiert werden und ausländisches physisches Kapital im Inland eingesetzt werden. Hierdurch erwerben Inländer finanzielle Ansprüche gegen Ausländer, bzw. sie verschulden sich beim Ausland. Hier werden also physisches Kapital und Finanzkapital simultan gehandelt (vgl. die Bemerkungen zur Unterscheidung der beiden Arten von Kapital in Abschnitt VI.2). Dementsprechend interpretieren wir die Nettokapitalexporte *NKEx* hier als eine Mengengröße (nicht als einen Euro-Betrag). Da die Volkswirtschaft „klein" ist, hat sie keinen Einfluss auf den Weltmarktzins, $i = i^*$ ist jetzt also exogen. Das BIP beträgt $(\bar{K} - NKEx)^{\alpha}$. Mit den Auslandseinkommen $i^* NKEx$ ergibt sich das BNE:

$$BNE = (\bar{K} - NKEx)^{\alpha} + i^* NKEx .$$

Es ist nicht selbstverständlich, dass das BNE höher ist als das BIP in Autarkie. Ein Land, für das $i^* > \bar{i}$ gilt, exportiert Kapital ($NKEx > 0$). Das bringt zwar Auslandseinkommen, reduziert aber das BIP. Umgekehrt steigt für Kapital importierende Länder ($i^* < \bar{i}$ und $NKEx < 0$) das BIP, daraus müssen aber die Auslandsschulden bedient werden. Trotzdem gilt:

Satz: *Für alle $i^* \neq \bar{i}$ ist das BNE bei Freihandel höher als das BIP in Autarkie.*

Beweis: Bei Freihandel wird die Menge eingesetzten Kapitals $K = \bar{K} - NKEx$ durch $\alpha(\bar{K} - NKEx)^{\alpha-1} = i^*$ bestimmt, so dass

$$\bar{K} - NKEx = \left(\frac{\alpha}{i^*}\right)^{\frac{1}{1-\alpha}}$$

und

$$NKEx = \left(\frac{\alpha}{\bar{i}}\right)^{\frac{1}{1-\alpha}} - \left(\frac{\alpha}{i^*}\right)^{\frac{1}{1-\alpha}} .$$

Betrachten wir die Differenz von Freihandels-BNE und Autarkie-BIP: $BNE - \bar{K}^{\alpha} = (\bar{K} - NKEx)^{\alpha} + i^* NKEx - \bar{K}^{\alpha}$. Einsetzen der vorangegangenen Formeln ergibt:

$$BNE - \bar{K}^{\alpha} = \left(\frac{\alpha}{i^*}\right)^{\frac{\alpha}{1-\alpha}} + i^* \left[\left(\frac{\alpha}{\bar{i}}\right)^{\frac{1}{1-\alpha}} - \left(\frac{\alpha}{i^*}\right)^{\frac{1}{1-\alpha}}\right] - \left(\frac{\alpha}{\bar{i}}\right)^{\frac{\alpha}{1-\alpha}} .$$

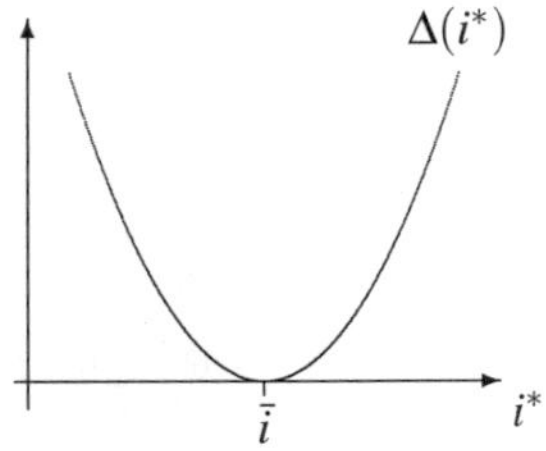

Abbildung VI.A.1: BNE-Gewinne

Definieren wir die rechte Seite der Gleichung als $\Delta(i^*)$ („Delta"). Offensichtlich ist $\Delta(\bar{i}) = 0$. Um den Satz zu beweisen, müssen wir $\Delta(i^*) > 0$ für alle $i^* \neq \bar{i}$ zeigen. Umformen liefert

$$\Delta(i^*) = (1-\alpha)\left(\frac{\alpha}{i^*}\right)^{\frac{\alpha}{1-\alpha}} + i^*\left(\frac{\alpha}{\bar{i}}\right)^{\frac{1}{1-\alpha}} - \left(\frac{\alpha}{\bar{i}}\right)^{\frac{\alpha}{1-\alpha}}.$$

Die Ableitung

$$\Delta'(i^*) = -\left(\frac{\alpha}{i^*}\right)^{\frac{1}{1-\alpha}} + \left(\frac{\alpha}{\bar{i}}\right)^{\frac{1}{1-\alpha}}$$

erfüllt $\Delta'(\bar{i}) = 0$ und steigt mit i^* (s. Abbildung VI.A.1). Das beweist $\Delta(i^*) > 0$ für $i^* \neq \bar{i}$. *q. e. d.*

Weiterführende Literatur

Aktuelle Zahlen zur Entwicklung des Welthandels gibt es frei auf der WTO-Website www.wto.org. Aktuelle deutsche Zahlen für den internationalen Kapitalverkehr liefert die Bundesbank in der Außenwirtschaftsstatistik (www.bundesbank.de). Daten für 145 Länder bis 2004 erhält man frei über den Link zu LANE und MILESI-FERRETTI (2006) auf der IWF-Website (www.imf.org). Daten zur Entwicklung der Währungsreserven gibt es im COFER-Datensatz ebenfalls auf der IWF-Website. Das Fleming-Mundell-Modell, d. h. die Erweiterung des IS-LM-Modells auf die offene Volkswirtschaft mit internationalem Handel und internationalem Kapitalverkehr findet sich in so gut wie jedem Lehrbuch der monetären Außenwirtschaftstheorie, z. B. KRUGMAN et al. (2011, Kap. 17). Teil III in KRUGMAN et al. (2011) liefert auch einige Erweiterungen und Ergänzungen des Modells. Die moderne internationale Makroökonomik fußt – wie die moderne Wachstumstheorie – auf Modellen mit Maximierung (s. die Hinweise auf weiterführende Literatur in Kapitel II). Das Standardwerk sind die *Foundations of International Macroeconomics* von OBSTFELD und ROGOFF (1996). Eine Brücke zu dieser sehr aufwändigen Literatur schlägt HARMS (2008) mit seiner *Internationalen Makroökonomik*.

Zusammenfassung der Grundüberlegung dieses Kapitels

1. Die wichtigsten ökonomischen Entwicklungen im Globalisierungsprozess sind wachsender internationaler Handel mit Gütern und Dienstleistungen sowie zunehmender internationaler Kapitalverkehr.

2. Eine technologisch rückständige offene Volkswirtschaft profitiert von Wissens-Spillovers, die ein schnelleres Wachstum ermöglichen. Niedriglohnkonkurrenz stellt Industrienationen analog zu ungleichmäßigem tech-

nischen Fortschritt vor die Wahl zwischen stärkerer Lohnspreizung und Arbeitslosigkeit unter gering Qualifizierten. Steigende Importpreise und/oder eine Abwertung führen zu importierter Inflation. Abgesehen hiervon erfassen unsere Theorien für Wachstum, Arbeitslosigkeit und Inflation aus den vorangegangenen Kapiteln die zentralen Zusammenhänge auch in der offenen Volkswirtschaft.

3. Für eine kleine offene Volkswirtschaft ist das Geschehen im Rest der Weltwirtschaft parametrisch gegeben. Bei der Analyse kleiner offener Volkswirtschaften gibt es daher keine internationalen Rückwirkungen zu beachten.

4. Der Saldo der Leistungsbilanz entspricht dem Saldo der Kapitalbilanz.

5. In der offenen Volkswirtschaft mit flexiblem Wechselkurs bestimmen IS-Kurve, TR-Kurve und EG-Kurve die Gleichgewichtswerte für BIP, Zins und Wechselkurs. Das BIP bestimmt sich nachfrageseitig. Wechselkursanpassungen stabilisieren die Konjunktur.

6. Eine Aufwertung dämpft in der offenen Volkswirtschaft mit flexiblem Wechselkurs und hoher Kapitalmobilität die Wirksamkeit von Fiskalpolitik. Von expansiver Geldpolitik geht dagegen ein zusätzlicher expansiver Impuls aus, weil Zinssenkungen zu einer Abwertung und einem steigenden Leistungsbilanzüberschuss führen.

7. Von den drei Zielen Wechselkursfixierung, Kapitalmobilität und Autonomie der Geldpolitik können höchstens zwei simultan erreicht werden (magisches Dreieck der offenen Volkswirtschaft).

8. Bei falsch fixiertem Wechselkurs droht eine Währungskrise. Gerät eine Währung erst einmal unter Abwertungsdruck, so ist sie kaum zu verteidigen, weil Spekulation gegen die Währung praktisch risikolos ist.

9. Eine Wechselkursfixierung erscheint insbes. für kleine Länder mit Spielraum für Fiskalpolitik und mit Problemen bei der Kontrolle der Inflation vorteilhaft.

Schlüsselbegriffe

internationaler Kapitalverkehr
internationaler Handel
Globalisierung
Offshoring
importierte Inflation
kleine offene Volkswirtschaft
Wechselkurs
Aufwertung, Abwertung
flexibler Wechselkurs
realer Wechselkurs
Kaufkraftparität
Zahlungsbilanz
Leistungsbilanz
Kapitalbilanz
Leistungsbilanzüberschuss
Leistungsbilanzdefizit
J-Kurve
implizite Kontrakte
Preisrigidität
EG-Kurve
externes Gleichgewicht
IS-TR-EG-Modell
hohe Kapitalmobilität
internes Gleichgewicht
Festkurssystem
magisches Dreieck der offenen Volkswirtschaft
Währungskrisen

Kapitel VII

Investitionsfinanzierung

„Businessmen when you make a deal
Do you know who you can trust?“
AC/DC, „Dog eat dog“, *Let There Be Rock*, Atlantic Records (1978).

VII.1 Einleitung

Der Finanzsektor ist ein integraler Bestandteil der Volkswirtschaft: Ohne ein funktionierendes Finanzsystem, das Kapital von Sparern an Unternehmen mit Investitionsprojekten vermittelt, kann eine Ökonomie nicht langfristig wachsen; Verknappungen der Kapitalvergabe in einem funktionierenden Finanzsystem haben merkliche konjunkturelle Konsequenzen; und Bankenkrisen, in denen die Kreditvergabe drastisch eingeschränkt wird, ziehen in aller Regel schwerwiegende realwirtschaftliche Folgen nach sich. Die Finanz- und Wirtschaftskrise 2007–09 ist ein besonders gravierender Fall. Beispiele sind aber in der Finanzgeschichte zahlreich (Asien-Krise 1997/98, Japans „verlorenes Jahrzehnt“ nach dem Platzen der Aktien- und Immobilien-Bubbles Ende 1989 etc.). Dieses und die folgenden beiden Kapitel beschäftigen sich mit den makroökonomisch relevanten Problemen auf Finanzmärkten. Gegenstand des laufenden Kapitels ist die originäre Aufgabe von Finanzmärkten: die Finanzierung von Investitionen. Nach einigen Vorbemerkungen in Abschnitt VII.2 beginnen wir das Kapitel in Abschnitt VII.3, indem wir einen fundamentalen Interessenkonflikt zwischen Kapitalgeber und Kapitalnehmer in einer Kreditbeziehung herausarbeiten. In einem vollkommenen Kapitalmarkt macht das keine Probleme (Abschnitt VII.4). Wie Abschnitt VII.5 zeigt, funktioniert ein Markt mit asymmetrischer Information in Form „versteckter Eigenschaften“ wegen des fundamentalen Interessenkonflikts aber nach ganz anderen Gesetzen und wesentlich schlechter als vollkommene Märkte. Abschnitt VII.6 zeigt, dass Aktienemissionen als eine Alternative zur Kreditfinanzierung keine einfache Lösung der Probleme sind. In Abschnitt VII.7 wird gezeigt, dass asymmetrische Information in Form „versteckter Handlungen“ ganz ähnliche Konsequenzen hat. Besser gehandhabt werden können die Informationsprobleme in langfristigen Geschäftsbeziehungen zwischen Kapitalgebern und -nehmern (Abschnitt VII.8). Abschnitt VII.9 fasst die makroökonomischen Implikationen der Theorien zusammen. Abschnitt VII.10 wendet sich Staatsbankrotten zu und widerlegt die scheinbare Analogie zu langfristigen Geschäftsbeziehungen zwischen Banken und ihren Kunden.

VII.2 Vorbemerkungen

In diesem Abschnitt treffen wir einige begriffliche Konventionen und erläutern einige implizite Annahmen, die in diesem und den nächsten Kapiteln benutzt werden.

1. Mit Kapital ist weiterhin durchgängig *Finanz*kapital gemeint, nicht physisches Kapital. D. h. es geht weiter um Ansprüche auf Zahlungen in der Zukunft (s. Abschnitt VI.2).

2. Wir gehen in diesem Kapitel meistenteils davon aus, dass die Investitionsfinanzierung mit festverzinslichen Schuldtiteln erfolgt. In Kasten V.5 haben wir gesehen, dass sich diese Annahme mit Blick auf die Daten insbes. für Deutschland und Europa gut rechtfertigen lässt: Die Investitionsfinanzierung erfolgt zum überwiegenden Teil über Bankkredite. Im angelsächsischen Raum nehmen große Unternehmen daneben Rückgriff auf den Markt für Unternehmensanleihen (Corporate bonds). Jeweils wird eine feste Rückzahlung vereinbart (s. auch Kasten VII.1).

3. Kredite und Unternehmensanleihen sind im Rahmen unserer Modelle zunächst perfekte Substitute. Es spielt also – theoretisch – keine Rolle, ob bei der Vergabe von Sparkapital an Unternehmen Finanzintermediäre zwischengeschaltet sind. Wir wählen durchgängig die erste Interpretation: Banken vergeben Kredite an Unternehmen und refinanzieren sich auf dem Einlagenmarkt. Wir behalten im Hinterkopf, dass Finanzierung durch Unternehmensanleihen eine äquivalente Interpretation ist. Die Begriffe „Kapitalgeber“ und „Kapitalnehmer“ beziehen sich auf den Kreditmarkt (und nicht auf die Refinanzierung der Banken bei den Sparern): Kapitalgeber sind die Banken, Kapitalnehmer die Unternehmen. Später wird die Wichtigkeit von Bank-Kunde-Beziehungen für den Zugang zu Kapital betont. In diesem Kontext sind Kredite und Unternehmensanleihen nicht mehr perfekte Substitute.

Kasten VII.1: Kredite

Kapitalvergabe wurde aus zwei Gründen eine Notwendigkeit: Spezialisierung und Abgaben. Mit der Sesshaftwerdung und der Spezialisierung von Menschen auf bestimmte Tätigkeiten (z. B. Ackerbau, Fischerei etc.) wurde Tausch eine Notwendigkeit. Da Einnahmen und Ausgaben in einer arbeitsteiligen Gesellschaft nicht bei jedem immer synchron anfallen, ergab sich damit auch der Bedarf, Zahlungen zeitlich zu verschieben, d. h. Kapital aufzunehmen bzw. zu vergeben. Darüber hinaus erhoben staatliche und religiöse Institutionen Abgaben, zu deren Bezahlung gegebenenfalls auf Kapital zurückgegriffen werden musste. Die ältesten dokumentierten Darlehen stammen aus der sumerischen Tempelwirtschaft 2.400 v. Chr. Die Bewohner der mesopotamischen Städte hatten dem Priesterfürsten Anteile ihrer Gerstenproduktion auszuhändigen. Nicht pünktlich erfolgte Zahlungen wurden als Darlehen verbucht (s. VAN DE MIEROOP [2005]). Aus der Zeit ab 1820 v. Chr. liegen entzifferte Keilschrifttexte vor, die explizit die Kreditvergabe in Silber und Gerste mit standardisierten Zinsen von 20% bzw. einem Drittel regelten:

„One and one-sixth shekels silver, to which the standard interest is to be added, Ilshubani, the son of Nabi-ilishu, received from Shamash and from Sin-tajjar. At harvest time he will repay the silver and the interest“

(zitiert nach VAN DE MIEROOP [2005, 21]). Der frühe Gebrauch von Kredit und Zinsen spiegelt sich auch in den alttestamentarischen Zinsverboten wider, z. B. in 5. Mose 23, 30:

„Du sollst von deinem Bruder nicht Zinsen nehmen.“

4. Die Modelle zur Investitionsfinanzierung haben zunächst (bis einschließlich Abschnitt VII.7) eine gemeinsame sehr einfache zeitliche Struktur: Sie umfassen zwei Perioden. In der ersten Periode wird Kapital B aufgenommen und investiert.

5. In der zweiten Periode werden die Payoffs (Erträge) R aus den Investitionen realisiert. Die Erträge sind aus Sicht der ersten Periode Zufallsvariablen (s. Abschnitt A.15). Wir gehen durchweg davon aus, dass durch ***Diversifikation***, d. h. die Vergabe von Kapital an „viele" Unternehmen die projektspezifischen Risiken komplett eliminiert werden können: Ist die Erfolgswahrscheinlichkeit eines Investitionsprojekts p dann gilt bei Finanzierung eines einzelnen Projekts: Mit Wahrscheinlichkeit p gelingt es, mit der Gegenwahrscheinlichkeit $1 - p$ nicht. Bei Finanzierung von „vielen" Projekten gilt dagegen: Mit 100% Wahrscheinlichkeit gelingt ein Anteil p der Projekte und ein Anteil $1 - p$ nicht. Das lässt sich durch zwei vorgeschaltete Annahmen rechtfertigen. Erstens, dass die projektspezifischen Risiken unabhängig voneinander sind (s. Abschnitt A.15). Und zweitens, dass die Anzahl von Projekten unendlich groß ist. Um diese zweite Annahme treffen zu können, muss man annehmen, dass es (nicht abzählbar viele, sondern) ein „Kontinuum von Projekten" gibt. Was das bedeutet, wird in Anhang VII.A.1 erklärt.

6. Auch ohne das Vorliegen von Unsicherheit beim Anteil erfolgreicher finanzierter Projekte bedeuten Ausfallrisiken, dass die Rendite auf ausgeliehenes Geld nicht der vertraglichen Verzinsung des vergebenen Kapitals entspricht. Wir bezeichnen den Zinssatz, zu dem Kapital gehandelt wird, als r. Die Rendite, die damit erwirtschaftet wird, nennen wir $i(r)$.

7. Wir gehen durchgehend von rationalen Erwartungen aus. D. h. die Bewohner unserer Modelle bilden ihre Erwartungen über jede Variable genauso wie wir, wenn wir die Modelle lösen (s. Abschnitt IV.10). Das ist hier recht einfach, weil es i. d. R. keine „Schleifen" zu berücksichtigen gibt. Rationalität der Erwartungen bedeutet dann nur, dass als erwarteter Wert einer Zufallsvariablen der mathematische Erwartungswert verwendet wird (s. Abschnitt A.15). Z. B. ist die erwartete Rendite eines Investitionsprojekts $E(R)/B - 1$.

8. Da die Erträge der Banken sicher sind, erübrigt es sich, Annahmen über die Risikoeinstellung der Banken oder der Sparer, bei denen sie sich refinanzieren, zu machen. Über die Kapitalnehmer nehmen wir durchgehend an, dass sie risikoneutral sind (zu den Begriffen „Risikoaversion" und „Risikoneutralität" als Kennzeichen der Risikoeinstellung s. Anhang VII.A.2).

9. Die betrachteten Modelle sind reale Modelle (s. Abschnitt IV.3). D. h. wir ignorieren Inflation und gehen davon aus, dass man mit einem Euro in verschiedenen Zeitpunkten gleich viel kaufen kann (bzw. dass die notwendige Kaufkraftbereinigung bereits durchgeführt ist).

10. Dennoch ist ein Euro in zwei verschiedenen Zeitpunkten nicht das Gleiche. Bei einem Zins von i auf Bankeinlagen sind für einen Sparer x Euro in Periode 2 genauso viel Wert wie $x/(1 + i)$ Euro in Periode 1, denn Anlage hiervon ergibt ja einen Euro in Periode 2. Der ***Barwert*** von x Euro morgen ist also $x/(1 + i)$ Euro heute. i wird also als Realzins interpretiert (vgl. Abschnitt IV.2).

VII.3 Ein fundamentaler Interessenkonflikt

In den nun folgenden Abschnitten untersuchen wir eine einfache Version von STIGLITZ' und WEISS' (1981) Pionierarbeit zu asymmetrischer Information auf dem Kreditmarkt. Für diese und weitere Arbeiten zu asymmetrischer Information erhielt Stiglitz 2001 den Nobelpreis für Ökonomie. Im laufenden Abschnitt zeigen wir, dass bei festverzinslichen Schulden ein fundamentaler ***Interessenkonflikt*** zwischen Kapitalgebern und -nehmern besteht: Während die Kapitalgeber unter Projekten mit gleicher erwarteter Rendite diejenigen mit geringem Risiko vorziehen, bevorzugen die Kapitalnehmer die mit hohem Risiko. Das lässt sich wie folgt erklären: Bei ohnehin schon hohen Erträgen profitiert nur der Kapitalnehmer von weiteren Anstiegen, weil der vereinbarte Zins die Rendite des Kapitalgebers nach oben beschränkt. Bei ohnehin absehbarer Insolvenz leidet nur der Gläubiger unter weiter sinkenden Projekterträgen, weil die Verluste des Schuldners durch die eingebrachten Sicherheiten nach unten begrenzt sind. Weil der Kapitalnehmer stärker von Ausschlägen nach oben profitiert und weniger unter Ausschlägen nach unten leidet, bevorzugt er riskantere Projekte. Formulieren wir die Entscheidungssituation exakter:

A1: *Eine Firma kann ein Investitionsprojekt mit unsicherem Ertrag R durchführen und braucht dazu B Einheiten Kapital, wobei $B < E(R)$ ist, so dass das Projekt eine positive erwartete Rendite $E(R)/B - 1$ hat. Ein Kapitalgeber verleiht Kapital zum Zins r. Die Firma steuert kein Eigenkapital bei, sichert aber ihre Schulden mit Sicherheiten S ab, wobei $S < B$ ist, so dass die Sicherheiten allein nicht ausreichen, um die Schulden zu tilgen.*

Das Projekt wird also vollständig fremdfinanziert, aber durch Sicherheiten abgesichert. Alternativ könnte man annehmen, dass die Firmeninhaber Eigenkapital beischießen, das dann ähnlich wirken würde wie die Sicherheiten. Der Gewinn des Unternehmens (Kapitalnehmers) aus dem Projekt ist:

$$\pi^{KN} \equiv \max\{R - (1 + r)B, -S\}.$$

Reicht der Projektpayoff R nicht aus, um den Schuldendienst $(1+r)B$ zu leisten, dann ist die Firma Bankrott und haftet mit den eingebrachten Sicherheiten. (Andere Kosten als Kapitalkosten werden nicht explizit berücksichtigt. Man kann R als Gewinn nach allen anderen Kostenarten interpretieren.) Die Verluste sind durch die eingebrachten Sicherheiten S nach unten begrenzt. Sobald $R-(1+r)B$ größer ist als $-S$, steigt der Gewinn der Kapitalnehmer 1:1 mit dem Ertrag der Investition (s. auch Kasten VII.2). Die Rückzahlung an den Kapitalgeber ist

$$\pi^{KG} \equiv \min\{(1 + r)B, S + R\}.$$

Er bekommt höchstens den vereinbarten Rückzahlungsbetrag $(1 + r)B$. Wenn Sicherheiten S und Projektertrag R zusammen dazu nicht ausreichen, dann hat der Gläubiger Anspruch auf die gesamte Konkursmasse $S + R$. Abbildung VII.1 illustriert den fundamentalen Interessenkonflikt: π^{KN} verläuft bis $R = (1+r)B-S$ flach, dann steigend, π^{KG} verläuft bis $R = (1 + r)B - S$ steigend, dann flach. Der Kapitalnehmer profitiert stärker von hohen Erträgen und leidet weniger unter niedrigen.

Kasten VII.2: Eigenkapital als Option

π^{KN} ist der Gewinn der Unternehmenseigentümer, d. h. der Eigenkapitalgeber. Man spricht mit Bezug auf diesen Gewinn auch vom „Optionscharakter des Eigenkapitals". Dahinter steht folgende Überlegung: Eine Call-Option verbrieft das Recht zum Kauf einer Aktie (oder eines anderen Vermögensgegenstands) zu einem festgelegten Ausübungspreis an einem Stichtag oder innerhalb eines vereinbarten Zeitraums. Die Wahrnehmung der Option ist genau dann lohnend, wenn der Aktienkurs Q über dem Ausübungspreis A liegt. Ansonsten verfällt die Option. Die Auszahlung der Call-Option ist also

$$\max\{Q - A, 0\}$$

oder abzüglich des Kaufpreises P für die Option:

$$\max\{Q - A - P, -P\}.$$

Die Analogie zu π^{KN} ist offensichtlich. Trägt man den Wert der Option gegen den Kurs Q der zugrunde liegenden Aktie ab, so ergibt sich die gleiche konvexe, geknickte Form wie für π^{KN} in Abbildung VII.1. Eigenkapital kann noch in einem anderen Sinne als Option aufgefasst werden, s. hierzu Übungsaufgabe VII.7.

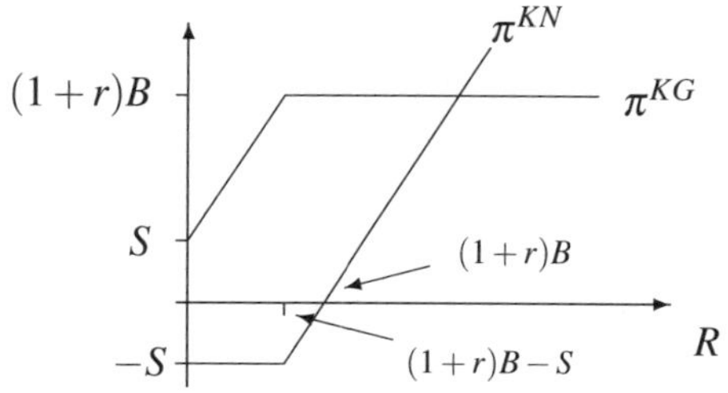

Abbildung VII.1: Fundamentaler Interessenkonflikt

Gehen wir einen Schritt weiter.

A2: *Es gebe J verschiedene Projekte vom in A1 beschriebenen Typ, die durch einen Index $j = 1, \ldots, J$ unterschieden werden. Die Projekte können klappen oder schief gehen. Im Misserfolgsfall liefern sie alle einen Ertrag von $R = 0$. Die Payoffs verschiedener Projekte sind unabhängig voneinander. Die Projekte unterscheiden sich in Hinblick auf ihre Erfolgswahrscheinlichkeiten p_j und auf die Erträge im Erfolgsfall R_j. Im Erwartungswert sind sie aber alle gleich gut: Sie liefern alle die gleiche erwartete Rendite*

$$E(R) = p_j R_j.$$

Die Projekte sind in der Reihenfolge fallender Erfolgswahrscheinlichkeiten p_j geordnet, d. h. $p_1 > p_2 > \cdots > p_J$.

A1 ist recht allgemein: Die Eigenschaften der Verteilung von R (d. h. die möglichen Werte für R und die zugehörigen Wahrscheinlichkeiten) werden nicht festgelegt. A2 geht hier ins Detail und spezifiziert die Verteilung von R auf eine sehr einfache Art und Weise. Weil alle Projekte den gleichen Erwartungswert haben, kann man die Projekte mit niedrigerer Erfolgswahrscheinlichkeit p_j (und daher mit höherem Ertrag im Erfolgsfall R_j) unzweideutig als riskanter bezeichnen (bei der allgemeinen Formulierung ist es nicht trivial, den Begriff „riskanter“ anhand der Eigenschaften der Verteilungsfunktion der Payoffs zu definieren).

Berechnen wir die erwarteten Payoffs für Kapitalnehmer und Kapitalgeber aus Projekt j. Mit Wahrscheinlichkeit p_j glückt das Projekt, der Kapitalnehmer erhält $R_j-(1+r)B$ und der Kapitalgeber $(1+r)B$. Mit der Gegenwahrscheinlichkeit $1-p_j$ schlägt das Projekt fehl, und der Kapitalnehmer verliert seine Sicherheiten S, die an den Kapitalgeber übergehen. Somit ergeben sich ein erwarteter Gewinn von

$$E(\pi_j^{KN}) = p_j[R_j - (1+r)B] + (1-p_j)(-S)$$

für den Kapitalnehmer und eine erwartete Rückzahlung von

$$E(\pi_j^{KG}) = p_j(1+r)B + (1-p_j)S$$

an den Kapitalgeber. Dabei haben wir $R_j \geq (1+r)B$ für alle realisierten Projekte vorausgesetzt. Das ist keine Beschränkung der Allgemeinheit, denn Projekte, deren Payoff im Erfolgsfall nicht ausreicht, um die Schulden zu bedienen, werden sicher nicht realisiert, weil sie das Unternehmen mit Sicherheit die Sicherheiten kosten. Mit $p_j R_j = E(R)$ lässt sich der erwartete Gewinn des Kapitalnehmers schreiben als:

$$E(\pi_j^{KN}) = E(R) - S - p_j[(1+r)B - S].$$

Die erwartete Rückzahlung an den Kapitalgeber lässt sich auch als

$$E(\pi_j^{KG}) = S + p_j[(1+r)B - S]$$

ausdrücken. Zusammen genommen folgt:

$$E(\pi_j^{KG}) + E(\pi_j^{KN}) = E(R).$$

Die erwarteten Payoffs von Kapitalnehmer und -geber (s. Abbildung VII.2) zusammen entsprechen dem erwarteten Ertrag des Investitionsprojekts, die Verteilung von $E(R)$ auf die Vertragsparteien ist ein Nullsummenspiel. Wegen $S < B$ liegt gemäß den obigen Formeln für $E(\pi_j^{KN})$ und $E(\pi_j^{KG})$ für alle Zinssätze $r \geq 0$ ein systematischer Zusammenhang zwischen der Aufteilung der Erträge auf Kapitalgeber und -nehmer und dem Risiko der Projekte vor: je höher das Risiko (je geringer die Erfolgswahrscheinlichkeit p_j), desto höher der erwartete Gewinn des Kapitalnehmers

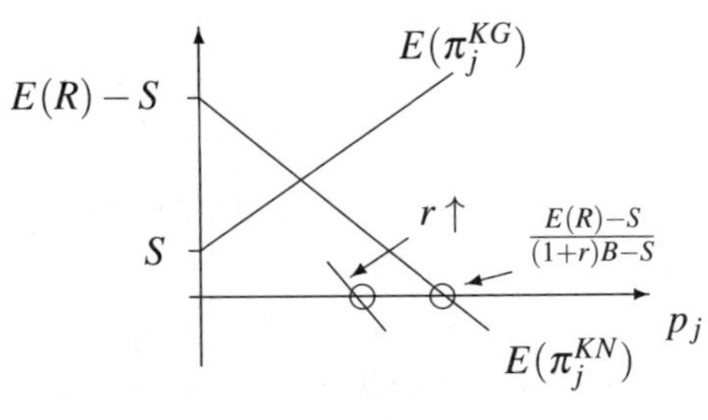

Abbildung VII.2: Risiko und Ertrag

$E(\pi_j^{KN})$ und desto geringer die erwartete Rückzahlung des Kapitalgebers $E(\pi_j^{KG})$. Das ist der oben genannte fundamentale Interessenkonflikt:

Satz: *Von Investitionsprojekten mit gleichem erwarteten Ertrag bevorzugen Kapitalgeber die sichereren und Kapitalnehmer die riskanteren.*

VII.4 Vollkommener Kapitalmarkt

In diesem Abschnitt zeigen wir, dass der fundamentale Interessenkonflikt zwischen Gläubigern und Schuldnern in einem vollkommenen Kapitalmarkt keine Probleme verursacht: Im Kreditmarktgleichgewicht werden alle Projekte finanziert. Im vollkommenen Kapitalmarkt können Kapitalgeber die Inhaber unterschiedlicher Projekte j unterscheiden und jeweils adäquate Risikoaufschläge in die Kreditzinsen einbauen. Hier sind die zusätzlichen Annahmen, die ein ***vollkommener Kapitalmarkt*** erfüllt:

A3: *Für jedes Projekt j gibt es ein Kontinuum von Länge N_j (> 0) von Unternehmen, die dieses Investitionsprojekt j, aber kein anderes Investitionsprojekt, durchführen können.*

A4: *Die Kapitalgeber wissen ebenso wie die Unternehmen, welcher Risikoklasse j ein Unternehmen zugehört.*

A5: *Die Unternehmen fragen genau dann Kapital nach, wenn der erwartete Gewinn aus der Realisierung ihres Investitionsprojekts nicht-negativ ist, d. h., wenn*

$$E(\pi_j^{KN}) \geq 0$$

gilt.

A6: *Die Banken machen beim Marktzins r Nullgewinne, und es gibt keine Möglichkeit für sie, mit einem anderen Zins positive Gewinne zu machen.*

A7: *Es existiert eine stetige Kapitalangebotsfunktion $S(i)$, die das Kapitalangebot S in Abhängigkeit vom Zinssatz i angibt: $S = S(i)$. Bis zum Zinssatz von null wird kein Kapital angeboten ($S(0) = 0$), für positive Zinssätze steigt das Kapitalangebot ($S' > 0$). Bei einem Zinssatz i in Höhe der erwarteten Rendite der Investitionen $E(R)/B - 1$ ist das Kapitalangebot S größer als der Kapitalbedarf für alle Projekte:*

$$S\left[\frac{E(R)}{B} - 1\right] > \sum_{j=1}^{J} N_j B.$$

A3 ordnet Projekten Firmen zu, die in der Lage sind, die Projekte zu realisieren. Wie in Abschnitt VII.2 bemerkt, bedeutet die Annahme, dass es ein Kontinuum von Firmen gibt, die ein gegebenes Projekt j durchführen können, dass die Banken die projektspezifischen Risiken perfekt diversifizieren können: Von den durchgeführten Projekten von Typ j gelingt genau ein Anteil p_j, und der Rest geht schief. Im Folgenden sprechen wir oft von „N_j Unternehmen“, wenn es exakter „ein Kontinuum von Länge N_j von Unternehmen“ heißen müsste. A4 unterstellt ***symmetrische Information***. Nicht nur die Kapitalnehmer kennen ihr Risiko, auch die Kapitalgeber auf der anderen Seite des Kreditmarkts unterliegen keiner Unsicherheit über die Risikocharakteristika ihrer potenziellen Kunden. Laut A5 ist ein erwarteter Gewinn von null hinreichend, um die Unternehmen zum Investieren zu bewegen. Die Schwelle von null kann man durch beliebige andere Werte ersetzen. Dass die Unternehmer nur auf die erwarteten Gewinne schauen und nicht auf die Streuung, bedeutet, dass sie risikoneutral sind (s. Anhang VII.A.2). Nach A6 ist der Kreditmarkt kompetitiv. Wettbewerb zwingt die Banken, die Rendite, die sie auf ihre Kapitalvergabe erwirtschaften, komplett als Einlagenzinsen i an die Sparer durchzureichen. Sie würden natürlich gern höhere (positive) Gewinne machen, aber gemäß A6 gibt es keine Möglichkeit dazu. A7 ändert eine Tradition, der wir seit dem Anfang dieses Buches folgen. Seit Abschnitt II.4 haben wir das Konsumverhalten durch die Konsumfunktion $C = \bar{C} + c(Y - T)$ beschrieben. Daraus ergibt sich, wenn Volkseinkommen und BIP übereinstimmen, ein Kapitalangebot, das allein durch das Nettoeinkommen $Y - T$ bestimmt wird:

$$S = (Y - T) - C = (1 - c)(Y - T) - \bar{C}.$$

Hiervon abweichend, unterstellen wir mit Annahme A7 nun, dass das Kapitalangebot vom Einlagenzins abhängt. In den vorangegangenen Kapiteln hätte Zinsabhängigkeit der Ersparnis die Analyse mehr (in Kapitel II) oder weniger (in Kapitel V) erschwert, ohne die Kernergebnisse zu verändern. Daher haben wir auf diese nahe liegende Annahme verzichtet. Jetzt, wo wir uns Kapitalmärkten zuwenden, wollen wir das nachholen. Dass das Symbol S sowohl für die Sicherheiten als auch für das Kapitalangebot verwendet wird, sollte nicht für Verwirrung sorgen. Die Ungleichung in A7 besagt, dass das Kapitalangebot ausreicht, um alle Investitionsprojekte zu finanzieren, wenn den Sparern ein Zins in Höhe der erwarteten Rendite der Projekte geboten wird. Diese Annahme erspart uns im Folgenden einige Fallunterscheidungen.

Überlegen wir, wie das Gleichgewicht auf dem vollkommenen Kapitalmarkt aussieht. Da die Banken keine Marktmacht haben (A6), weil sie wegen Diversifikation auch keine Risiken haben (A3), und weil sie die Kapitalnehmer unterscheiden können (A4), erzielen sie mit jeder einzelnen Projektklasse j eine erwartete Rückzahlung $E(\pi_j^{KG})$, die gerade ihre Refinanzierungskosten $(1+i)B$ deckt. Benutzt man die Formel für $E(\pi_j^{KG})$ aus dem vorigen Abschnitt, so folgt:

$$E(\pi_j^{KG}) = S + p_j[(1 + r)B - S] = (1 + i)B.$$

Diese Gleichung gibt für jedes Projekt j den Kreditzins r an, den der Kapitalgeber verlangen muss, um seinen Einlegern den Einlagenzins i zahlen zu können. Das ist offensichtlich für jedes Projekt ein anderer Kreditzins: Je geringer die Erfolgswahrscheinlichkeit p_j (d. h. je riskanter das Projekt), desto höher der Zins r. Die unterschiedlichen Ausfallwahrscheinlichkeiten spiegeln sich also in differenzierten

Risikoaufschlägen wider. Der Zusammenhang $E(\pi_j^{KG}) + E(\pi_j^{KN}) = E(R)$ aus dem vorangegangenen Abschnitt lässt sich damit als

$$E(\pi_j^{KN}) = E(R) - (1+i)B$$

schreiben, und die Bedingung A5 dafür, dass es sich lohnt, Projekt j zu realisieren ($E(\pi_j^{KN}) \geq 0$) lautet damit:

$$i \leq \frac{E(R)}{B} - 1.$$

D. h.: Bei Nullgewinnen für die Banken und den zum Einlagenzins i gehörigen nach Risiko gestaffelten Kreditzinsen wird in ein Projekt genau dann investiert, wenn i nicht größer ist als die erwartete Rendite $E(R)/B - 1$ der Projekte. Diese Bedingung gilt für alle Risikoklassen j. Für $i \leq E(R)/B - 1$ fragen also alle $\sum_{j=1}^{J} N_j$ Unternehmen je B Einheiten Kapital nach. Für $i > E(R)/B - 1$ fragt kein Unternehmen Kapital nach. Die Kapitalnachfrage bei den zum Einlagenzins i gehörigen risikoangepassten Kreditzinsen r lautet demnach:

$$I(i) = \begin{cases} \sum_{j=1}^{J} N_j B; & \text{für } i \leq \frac{E(R)}{B} - 1 \\ 0 & \text{für } i > \frac{E(R)}{B} - 1 \end{cases}.$$

Diese Kapitalnachfragefunktion $I(i)$ und die Kapitalangebotsfunktion $S(i)$ (aus A7) bestimmen gemeinsam den gleichgewichtigen Einlagenzins i sowie Kapitalangebot und -nachfrage in einem Kapitalmarktgleichgewicht mit $S(i) = I(i)$. Dies wird in Abbildung VII.3 grafisch illustriert. Die Kapitalnachfragefunktion $I(i)$ verläuft bis $i = E(R)/B - 1$ waagerecht, dann fällt sie auf null. Die Kapitalangebotskurve $S(i)$ verläuft per Annahme steigend. Gemäß der Ungleichung in A7 liegt sie bei $i = E(R)/B - 1$ oberhalb von $I(i)$. Folglich gilt:

Satz: *Es gibt einen eindeutigen Gleichgewichtszins i, der $I(i) = S(i)$ erfüllt. Bei diesem Zinssatz werden alle Investitionsprojekte finanziert.*

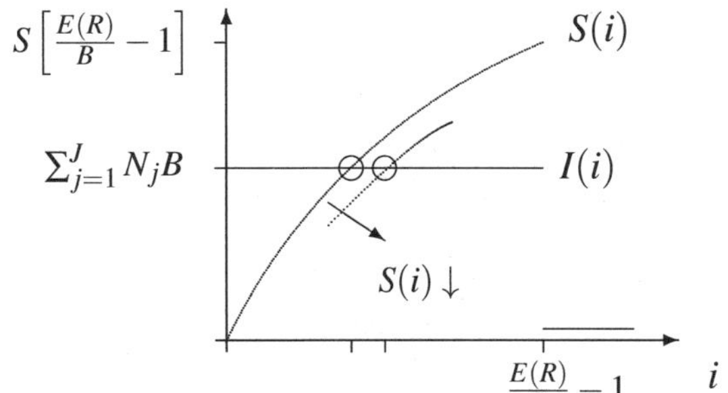

Abbildung VII.3: Vollkommener Kapitalmarkt

Mit Hilfe von Abbildung VII.3 kann man auch die Auswirkungen von Änderungen der Parameter des Kapitalmarkts untersuchen. In der Abbildung werden beispielhaft die Konsequenzen eines Rückgangs des Kapitalangebots illustriert (bei jedem positiven Zins i sinkt das Kapitalangebot, d. h. $S(i)$ verschiebt sich nach unten). Im Gleichgewicht bleibt das Investitionsvolumen $I(i) = \sum_{j=1}^{J} N_j B$ gleich, aber den Sparern muss eine höhere Rendite i auf ihre Einlagen bezahlt werden, damit sie bereit sind, die nachgefragte Menge an Kapital aufzubringen.

VII.5 Adverse Selektion

In Abschnitt VII.3 haben wir den fundamentalen Interessenkonflikt kennen gelernt, der die Beziehung zwischen Kapitalgeber und -nehmer bei festverzinslichen Schulden kennzeichnet. Im vorangegangenen Abschnitt haben wir gesehen, dass dieser Interessenkonflikt in einem vollkommenen Kapitalmarkt nicht zu einem wirklichen Problem führt: Die Investitionsprojekte werden realisiert, da sie eine erwartete Rendite liefern, die ein entsprechendes Kapitalangebot hervorruft. Die Informationsanforderungen, die erfüllt sein müssen, damit das so funktioniert, sind allerdings sehr stark. Wir haben sie in A4 im vorigen Abschnitt ganz ausdrücklich genannt: Die Kapitalgeber haben vollständige Information über das Risiko ihrer potenziellen Kapitalnehmer. Und von dieser Information machen die Banken auch Gebrauch: Um mit jeder Risikoklasse j Nullgewinne zu machen, verlangen sie nach Risikoklassen gestaffelte Zinssätze r – je geringer p_j, desto höher r. Wir ersetzen die Annahme vollständiger Information nun durch die folgende Annahme:

A4: *Abweichend von A4 in Abschnitt VII.4, gelte: Die Kapitalnehmer kennen ihre Klasse j. Die Kapitalgeber können dagegen nicht die Risikoklasse erkennen, der ein Unternehmen angehört.*

Damit liegt ***asymmetrische Information*** vor: *Eine Marktseite* (hier die Kapitalnachfrageseite) *hat Informationen* (hier über die jeweils eigene Risikoklasse), *die die andere Marktseite* (hier die Kapitalgeber) *nicht hat.* Allgemein unterscheidet man zwei verschiedene Typen von asymmetrischer Information: Ist eine *Eigenschaft* nur einer Marktseite bekannt, so spricht man von ***versteckten Eigenschaften***. Das ist hier der Fall. Die nur einer Marktseite bekannte Eigenschaft ist die Risikoklasse der Unternehmen. Ist dagegen eine *Handlung* nur einer Marktseite bekannt, dann spricht man von versteckten Handlungen. Das wäre z. B. der Fall, wenn ein Kapitalnehmer „versteckt" zwischen verschiedenen Verwendungen des Kapitals wählen könnte. Hierzu kommen wir in Abschnitt VII.7. Abgesehen von der Annahme asymmetrischer Information in Form von versteckten Eigenschaften lassen wir das Modell aus dem vorigen Abschnitt völlig unverändert. Wir werden sehen, dass diese recht unspektakulär aussehende Annahme die Ergebnisse völlig auf den Kopf stellt:

1. Wenn nicht alle Unternehmen Kapital nachfragen, dann fragt nicht ein repräsentativer Querschnitt der Unternehmen nach, sondern nur solche mit hinreichend riskanten Projekten.

2. Mit steigendem Kreditzins fallen immer zuerst die sichersten noch vertretenen Unternehmen aus dem Kreis der Kapitalnachfrager hinaus.

3. Immer wenn mit steigendem Zins r die bis dahin jeweils sichersten Unternehmen aufhören, Kapital nachzufragen, sinkt die durchschnittliche Erfolgswahrscheinlichkeit der realisierten Projekte sprunghaft.

4. Deshalb steigt die Rendite, die die Banken ihren Einlegern zahlen können, nicht monoton mit dem Zins r.

Das hat einschneidende Implikationen für das Kapitalmarktgleichgewicht:

5. Es kann passieren, dass im Kapitalmarktgleichgewicht nur die riskanteste Klasse von Kapitalnachfragern mit Investitionskapital versorgt wird. D. h. der Kapitalmarkt kann relativ weitgehend bei seiner Aufgabe versagen, die Unternehmen mit Kapital auszustatten – es liegt „Unterinvestition" vor (s. auch Kasten VII.3).

6. Im Kapitalmarktgleichgewicht kann finanzielle Fragilität vorliegen. D. h. kleine Änderungen in den Rahmenbedingungen des Kapitalmarkts können zu einem sprunghaftem Rückgang des gleichgewichtigen Investitionsvolumens führen.

7. Es kann passieren, dass Kapital – obwohl Unternehmen verschiedener Risikoklassen ja nicht unterschieden werden können – zu zwei verschiedenen Zinssätzen vergeben wird. D. h. das in der Volkswirtschaftslehre so fundamentale Gesetz des einheitlichen Preises, nach dem jedes Gut einen Preis hat, gilt nicht notwendigerweise.

8. Modifiziert man schließlich A2 dahingehend, dass die Projekte riskanterer Unternehmen einen geringeren erwarteten Payoff haben, dann muss das Kapitalmarktgleichgewicht nicht durch Markträumung gekennzeichnet sein. Es kann dann eine Übernachfrage nach Kapital, d. h. Kreditrationierung, vorliegen.

Diese acht Ergebnisse beweisen wir nun der Reihe nach.

1. Die unmittelbare Folge der asymmetrischen Information ist, dass die Banken nicht mehr nach Risikoklassen gestaffelte Zinssätze r verlangen können. Sie können Unternehmen aus verschiedenen Risikoklassen ja nicht unterscheiden und müssen daher jedem Unternehmer, der Kapital nachfragt, denselben Zinssatz r anbieten. Es gibt keine Zinsstruktur nach Risikoklassen mehr, sondern einen einheitlichen Kreditzins r. Mit der Formel für die erwarteten Gewinne der Kapitalnehmer aus Abschnitt VII.3 lautet die Bedingung dafür, dass Investoren mit Projekt j Kapital nachfragen, aus A5:

$$E(R) - S - p_j[(1+r)B - S] \geq 0.$$

Auflösen nach p_j und nach r ergibt

$$p_j \leq \frac{E(R) - S}{(1+r)B - S}$$

bzw.

$$r \leq \frac{1}{B}\left[\frac{E(R) - S}{p_j} + S\right] - 1 \equiv r_j.$$

Die erste Ungleichung besagt, dass bei jedem Zinssatz r die Gesamtheit der Unternehmen in zwei Gruppen unterteilt werden kann: riskante Unternehmen (mit p_j-Werten nicht oberhalb des Werts, den die rechte Seite der Ungleichung festlegt), die Kapital

Kasten VII.3: The market for lemons

1970 erschien im *Quarterly Journal of Economics* George Akerlofs Artikel „The Market for Lemons: Quality Uncertainty and the Market Mechanism". AKERLOF (1970) präsentiert darin das Modell eines Gebrauchtwagenmarkts mit asymmetrischer Information, das den gleichen Komplexitätsgrad hat wie das folgende Beispiel: Es gibt zwei Typen von Gebrauchtwagen, gute und mangelhafte. Die Asymmetrie der Informationsverteilung besteht darin, dass die Mängel den aktuellen Besitzern bekannt, für die potenziellen Käufer aber nicht erkennbar sind. Gute Autos werden von den potenziellen Käufern mit € 20.000 bewertet, von den Inhabern mit € 18.000. Die Bewertungen für die mangelhaften Wagen („Lemons") sind € 10.000 durch die Nachfrager und € 9.000 durch die Besitzer. Es gibt für beide Typen mindestens so viele Nachfrager wie Autos. Es ist dann effizient, dass alle Autos den Besitzer wechseln, weil sowohl die guten als auch die schlechten von den Nachfragern höher bewertet werden. Bei symmetrischer Information würde das auch passieren: Es gäbe einen Markt für gute Autos mit einem Marktpreis zwischen € 18.000 und € 20.000 und einen für schlechte Autos mit einem Preis zwischen € 9.000 und € 10.000 (je nach Verhandlungsmacht von Verkäufern und Käufern), und jeder wüsste, was er auf letzterem kauft. Bei asymmetrischer Information wechseln dagegen möglicherweise nicht alle Autos den Eigentümer. Sei der Anteil der guten Autos 75%. Angenommen, alle Autos – gute und schlechte – werden gehandelt. Dann ist der erwartete Wert eines gekauften Autos aus Käufersicht (75% · €20.000 + 25% · €10.000 =) € 17.500. Wenn sie risikoneutral sind, werden die Nachfrager also höchstens € 17.500 für ein Auto, dessen Qualität sie nicht einschätzen können, zahlen, bei Risikoaversion entsprechend weniger. Bei diesem Preis bieten die Inhaber guter Autos aber ihre Wagen nicht an, weil ihre eigene Bewertung (€ 18.000) höher ist. Also kann es kein Gleichgewicht geben, in dem – wie Effizienz es verlangt – alle Autos gehandelt werden. Im Gleichgewicht dieses Gebrauchtwagenmarkts werden nur schlechte Exemplare gehandelt, zu einem Preis zwischen den Bewertungen von € 9.000 bzw. € 10.000. Das entspricht dem unten genannten Resultat 5, nach dem Handel nur mit schlechten Qualitäten Bestand haben kann. Bevor es veröffentlicht wurde, war das Lemons-Paper bei drei anderen Journals abgelehnt worden, von zweien davon (der *American Economic Review* und der *Review of Economic Studies*), weil es „trivial" sei (s. GANS und SHEPHERD [1994, 171]). Trotz oder wegen seiner Einfachheit war das Akerlof-Paper wegweisend für die Entwicklung der Theorie der asymmetrischen Information. Insbes. für diese dreimal abgelehnte Arbeit erhielt Akerlof 2001 gemeinsam mit Michael Spence und Stiglitz den Nobelpreis für Wirtschaftswissenschaften.

nachfragen, und sichere Firmen (mit p_j-Werten darüber), die kein Kapital nachfragen. Dieses Phänomen nennt man ***adverse Selektion***. Damit ist die erste Behauptung bewiesen:

Satz: *Die Unternehmen lassen sich in einen riskanteren und einen weniger riskanten Teil unterteilen, von denen nur der riskantere Teil Kapital nachfragt.*

2. Die zweite Ungleichung gibt für jede Risikoklasse j den Zins r_j an, bis zu dem es profitabel ist, das Projekt durchzuführen. Dieses Zinsniveau r_j ist um so kleiner, je

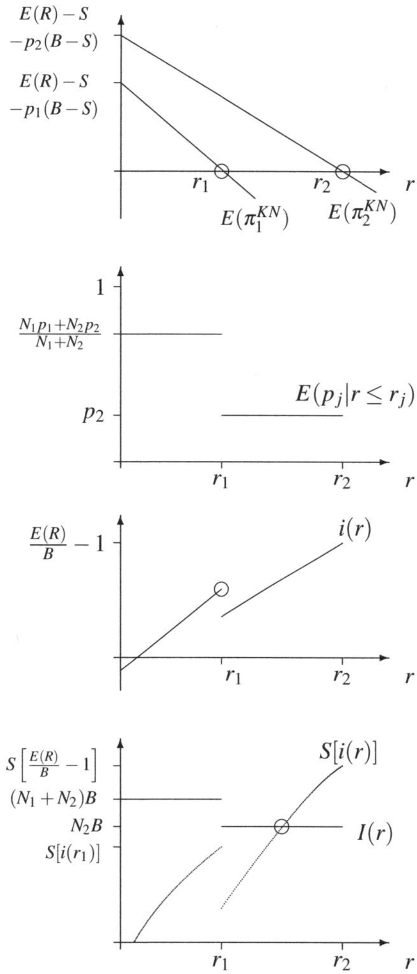

Abbildung VII.4: Kapital nur für die riskantesten Projekte

größer p_j ist. Aus $p_1 > p_2 > \cdots > p_J$ (s. A2) folgt damit $r_1 < r_2 < \cdots < r_J$. D. h.: Weil die Unternehmen j in der Reihenfolge abnehmender Erfolgswahrscheinlichkeiten geordnet sind, sind die Zinssätze, bei denen sie aufhören, Kapital nachzufragen, in aufsteigender Reihenfolge geordnet. Das hat eine wichtige Implikation dafür, wie sich die Risikostruktur der Kapitalnachfrager bei steigendem Zins ändert: Steigt der Zins, dann ist der erste kritische Zins r_j, der erreicht wird, der der sichersten noch vertretenen Risikoklasse (s. das oberste Bild in Abbildung VII.4 für den Fall von nur zwei Risikogruppen). Mit anderen Worten:

Satz: *Mit steigendem Zins r fallen immer zuerst die sichersten noch vertretenen Unternehmen aus dem Kreis der Kapitalnachfrager hinaus.*

Oder: Zinsanstiege verschärfen das Problem adverser Selektion.

3. Bezeichne

$$E(p_j | r \leq r_j)$$

den bedingten Erwartungswert der Erfolgswahrscheinlichkeit der Projekte j, die beim Zins r durchgeführt werden (d. h. für die $r \leq r_j$ gilt), d. h. die durchschnittliche Erfolgswahrscheinlichkeit der Unternehmen, die Kredit nachfragen. Jedesmal, wenn durch einen Zinsanstieg die bis dahin sicherste Risikoklasse (die mit dem höchsten p_j) aus dem Kreis der Kreditnachfrager herausfällt, wird bei der Erwartungswertbildung über niedrigere Erfolgswahrscheinlichkeiten gemittelt. Also gilt (s. das zweite Bild von oben in Abbildung VII.4):

Satz: *Immer wenn mit steigendem Zins r die bis dahin jeweils sichersten Unternehmen aufhören, Kapital nachzufragen, sinkt die durchschnittliche Erfolgswahrscheinlichkeit $E(p_j | r \leq r_j)$ der Kapitalnachfrager unstetig.*

4. Als nächstes untersuchen wir, wie Änderungen des Kreditzinses r die Rendite der Banken ändern. Sei $E(\pi_j^{KG} | r \leq r_j)$ die erwartete Rückzahlung einer Bank auf ausgegebene Kredite. Diese Notation erinnert daran, dass nur Unternehmen aus Risikoklassen j mit $r \leq r_j$ Kredit nachfragen. $E(\pi_j^{KG} | r \leq r_j)$ ergibt sich analog zu $E(\pi_j^{KG})$ in Abschnitt VII.4, nur tritt hier die durchschnittliche Erfolgswahrscheinlichkeit $E(p_j | r \leq r_j)$ aus Resultat 3 an die Stelle der individuellen Erfolgswahrscheinlichkeit p_j:

$$E(\pi_j^{KG} | r \leq r_j) = E(p_j | r \leq r_j)[(1 + r)B - S] + S.$$

Damit ergibt sich die Rendite der Banken auf die ausgegebenen Kredite $i(r)$ wie folgt:

$$i(r) = \frac{E(\pi_j^{KG} | r \leq r_j)}{B} - 1.$$

Einsetzen der Formel für die erwartete Rückzahlung ergibt:

$$i(r) = \frac{E(p_j | r \leq r_j)[(1 + r)B - S] + S}{B} - 1.$$

Anstiege von r wirken sich wie folgt aus: Solange sie nicht dazu führen, dass eine Risikoklasse aus der Menge der Kapitalnehmer herausfällt, ändert sich $E(p_j | r \leq r_j)$ nicht, und damit gilt

$$i'(r) = E(p_j | r \leq r_j) > 0.$$

D. h.: Steigt der Kreditzins um einen Prozentpunkt, dann steigt die Rendite um einen Prozentpunkt malgenommen mit der Wahrscheinlichkeit dafür, dass die vertraglich vereinbarte Rückzahlung erfolgt. Überschreitet r dagegen das Niveau, bei dem die bis dahin sicherste Risikoklasse aufhört, Kapital nachzufragen, fällt mit der durchschnittlichen Erfolgswahrscheinlichkeit $E(p_j | r \leq r_j)$ auch die Rendite $i(r)$ sprunghaft (s. das zweite Bild von unten in Abbildung VII.4).

Satz: *Zwischen den kritischen Zinssätzen $r_1, r_2, \ldots, r_J$ gilt $i'(r) > 0$. Bei den kritischen Zinssätzen springt $i(r)$ unstetig nach unten.*

Eine wichtige Eigenschaft der $i(r)$-Funktion ist, dass sie ihren maximalen Wert bei dem Zins r_J annimmt, bei dem die riskanteste Gruppe (d. h. Gruppe J) aufhört, Kapital nachzufragen. (Diese Eigenschaft wird – beginnend mit STIGLITZ' und WEISS' (1981) Originalarbeit – immer wieder ignoriert, was – wie ARNOLD und RILEY (2009) zeigen – zu Inkonsistenzen bei der Modellanalyse führt.) Dass das globale Maximum von $i(r)$ bei r_J liegt, folgt aus zwei Beobachtungen. Erstens: Für jede Gruppe j, die Kapital nachfragt, muss $E(\pi_j^{KN}) \geq 0$ gelten. Aus $E(\pi_j^{KG}) = E(R) - E(\pi_j^{KN})$ (s. Abschnitt VII.4) folgt für diese Gruppen

$$E(\pi_j^{KG}) \leq E(R).$$

Gemäß der Definition von r_J als der Zins, bei dem Projekt J erwartete Nullgewinne liefert, sind diese beiden Ungleichungen für Klasse J für alle $r < r_J$ strikt: $E(\pi_J^{KN}) > 0$ und $E(\pi_J^{KG}) < E(R)$ für $r < r_J$. Weil sich $E(\pi_j^{KG} | \, r \leq r_j)$ durch „Mitteln" über verschiedene Klassen j inklusive J ergibt, folgt $E(\pi_j^{KG} | \, r \leq r_j) < E(R)$ und somit

$$i(r) = \frac{E(\pi_j^{KG} | \, r \leq r_j)}{B} - 1 < \frac{E(R)}{B} - 1$$

für alle Zinssätze $r < r_J$. Das ist ziemlich einleuchtend: Für den Kapitalgeber kann die Finanzierung von Projekten nicht eine Rendite liefern, die über die einheitliche erwartete Rendite der finanzierten Projekte hinausgeht. Zweitens: Für $r > r_{J-1}$ ist nur noch die riskanteste Unternehmensklasse J im Markt, so dass $E(\pi_j^{KG} | \, r \leq r_j) = E(\pi_J^{KG})$. Bei $r = r_J$ gilt definitionsgemäß $E(\pi_J^{KN}) = 0$ und $E(\pi_J^{KG}) = E(R) - E(\pi_J^{KN}) = E(R)$, so dass

$$i(r_J) = \frac{E(\pi_j^{KG} | \, r_J \leq r_j)}{B} - 1 = \frac{E(\pi_J^{KG})}{B} - 1 = \frac{E(R)}{B} - 1.$$

D. h.: Mit $r = r_J$ landet die gesamte Rendite der realisierten Projekte bei den Kapitalgebern. Weil sie für alle $r < r_J$ kleiner ist, maximiert r_J die Rendite der Banken. Kurz: r_J ist der einzige Zins, bei dem die gesamten Erträge der realisierten Investitionsprojekte an die Kapitalgeber gehen, weil nur mit r_J die gesamten erwarteten Erträge aller realisierten Investitionsprojekte bei den Kapitalgebern landen.

5. Wir haben jetzt alle notwendigen Vorarbeiten erledigt und können uns der Beschreibung des Kreditmarktgleichgewichts bei versteckten Eigenschaften und adverser Selektion zuwenden. Erinnern wir uns, dass die Investitionsprojekte auf einem vollkommenen Kapitalmarkt *alle* finanziert werden (Abschnitt VII.4). Unser erstes Ergebnis zum Kreditmarktgleichgewicht besagt, dass adverse Selektion zu einem „Lemons-Problem" und damit zu Unterinvestition führen kann:

Theorem: *Es kann passieren, dass im Kreditmarktgleichgewicht nur die Unternehmer mit den riskantesten Projekten Investitionskapital bekommen.*

Beweis: Weil das Theorem nur eine Kann-Aussage macht, reicht es für den Beweis aus, ein Beispiel zu konstruieren. Wir konzentrieren uns dabei auf das in Abbildung VII.4 dargestellte Beispiel mit zwei Risikoklassen. Im untersten Bild in der

Abbildung ist der Kreditmarkt dargestellt. Die Nachfrage nach Kapital ist $(N_1+N_2)B$ bis zum Zins r_1 (solange beide Risikoklassen Kapital nachfragen) und dann $N_2 B$ bis zum Zins r_2. Ein Problem bei der Betrachtung unseres Kapitalmarkts ist, dass das Kapitalangebot $S(i)$ eine Funktion des Einlagenzinses ist und nicht eine Funktion des Kreditzinses r, so dass man Kapitalangebot und -nachfrage nicht ohne Weiteres in ein Diagramm einzeichnen kann. Die Nullgewinnannahme für Banken (A6) bedeutet aber, dass der Einlagenzins mit der Rendite der Banken übereinstimmt: $i = i(r)$. Also kann man das Kapitalangebot als zusammengesetzte Funktion $S[i(r)]$ in Abhängigkeit vom Kreditzins r abtragen (s. das unterste Bild in Abbildung VII.4). Zwischen den kritischen Zinssätzen r_j steigt mit $i(r)$ auch $S[i(r)]$:

$$\frac{dS}{dr} = S' i' > 0.$$

An den Sprungstellen von $i(r)$ springt auch $S[i(r)]$ nach unten. Aus A7 und $i(r_2) = E(R)/B - 1$ folgt

$$S[i(r_2)] = S\left[\frac{E(R)}{B} - 1\right] > (N_1 + N_2)B.$$

In der Abbildung sind die Kurven so eingezeichnet, dass darüber hinaus

$$S[i(r_1)] < N_2 B$$

ist. In diesem Fall gibt es ein Gleichgewicht mit Markträumung bei einem Gleichgewichtszins $r > r_1$. Für positive Gewinne bräuchte man eine höhere Rendite $i(r)$. Die gibt es aber nur bei Zinsen r oberhalb des markträumenden Zinssatzes, und da gibt es wegen Markträumung keine (Rest-) Nachfrage mehr. Anders als auf dem vollkommenen Kapitalmarkt erhalten hier nur die riskanteren Unternehmen Investitionskapital. *q. e. d.*

Die Tatsache, dass es statt risikospezifischer Zinssätze einen einheitlichen Zinssatz für gute und für schlechte Risiken gibt, beinhaltet im Vergleich zum vollkommenen Kapitalmarkt eine Quersubventionierung der schlechten Risiken durch die guten Risiken, wenn beide im Markt sind, denn im vollkommenen Kapitalmarkt zahlen ja schlechtere Risiken höhere Zinsen. Diese Mischkalkulation macht es für die guten Risiken unprofitabel, Kapital nachzufragen. So wie schlechte Gebrauchtwagen die guten vom Markt verdrängen können, so verdrängen hier die riskanten Projekte die sicheren vom Markt.

6. Eine zweite wichtige und kritische Eigenschaft des Kapitalmarktgleichgewichts ist, dass es durch ***finanzielle Fragilität*** gekennzeichnet sein kann. Finanzielle Fragilität liegt vor, wenn eine kleine Parameteränderung auf dem Kapitalmarkt zu einem sprunghaften Rückgang des Investitionsvolumens führt (formal: wenn die Gleichgewichtswerte endogener Variablen unstetige Funktionen der Modellparameter sind). Betrachten wir beispielhaft einen Rückgang des Kapitalangebots. In Abschnitt VII.4 haben wir gesehen, dass ein kleiner Rückgang des Kapitalangebots auf dem vollkommenem Kapitalmarkt nicht zu sinkenden Investitionen führt, sondern nur die Refinanzierung eines gleichbleibenden Investitionsvolumens etwas verteuert

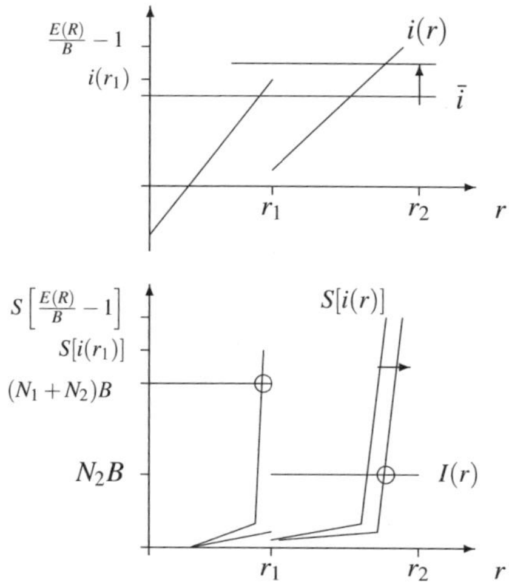

Abbildung VII.5: Finanzielle Fragilität

(s. Abbildung VII.3). Das kann auf dem unvollkommenen Kapitalmarkt mit asymmetrischer Information ganz anders sein:

Theorem: *Es kann finanzielle Fragilität vorliegen, d. h. eine kleine Änderung im Kapitalangebotsverhalten kann zu einem sprunghaften Rückgang der Investitionen führen.*

Beweis: Weil wieder nur eine Kann-Aussage getroffen wird, reicht es wieder aus, ein Beispiel zu konstruieren. Wir konzentrieren uns wieder auf den Fall mit zwei Risikoklassen und konstruieren in Abbildung VII.5 ein Gleichgewicht mit finanzieller Fragilität. Dabei reproduzieren wir nur die unteren beiden Bilder aus Abbildung VII.4. Über das Kapitalangebotsverhalten wird hier angenommen, dass bei niedrigen Einlagenzinsen i nur sehr wenig Kapital angeboten wird (die Kapitalangebotsfunktion im unteren Bild verläuft zunächst sehr flach) und dass das Kapitalangebot steil ansteigt, wenn ein Schwellenwert $\bar{i}$ erreicht wird (s. das obere Bild). In der Ausgangssituation liege nun erstens

$$i(r_1) \text{ knapp über } \bar{i}$$

(oberes Bild), und zweitens sei

$$S[i(r_1)] > (N_1 + N_2)B$$

(unteres Bild). Es gibt dann einen Zinssatz r knapp unter r_1, der den Kapitalmarkt räumt: $S[i(r)] = (N_1 + N_2)B$. Dies ist der Gleichgewichtszins. Höhere Renditen sind nur mit höheren Zinsen möglich, und bei denen gibt es keine (Rest-) Nachfrage. Wie im vollkommenen Kapitalmarkt werden alle $N_1 + N_2$ Investitionsprojekte finanziert (und dabei erfolgt eine Quersubventionierung der riskanten durch die sicheren Kapitalnehmer). Es gibt noch einen zweiten, höheren markträumenden Zinssatz. Es liegt aber kein Gleichgewicht vor, wenn die Kapitalvergabe zu diesem Zins erfolgt. Aus der Tatsache, dass das Kapitalangebot $S[i(r)]$ hier geringer ist als beim niedrigeren markträumenden Zins – $N_2 B$ gegenüber $(N_1 + N_2)B$ – folgt wegen $S' > 0$, dass auch die Rendite $i(r)$ geringer ist. Mit dem Zins r_1, der eine höhere Rendite liefert als der niedrigere markträumende Zins, könnte man also Unternehmen attrahieren und eine höhere Rendite $i(r_1)$ machen.

Ausgehend von dieser Situation, ändere sich nun das Kapitalangebotsverhalten wie folgt: Der Schwellenwert $\bar{i}$, ab dem das Kapitalangebot steil ansteigt, wird geringfügig größer, er steigt über $i(r_1)$, bleibt aber unterhalb von $i(r_2) = E(R)/B - 1$ (sonst wäre A7 verletzt). Die Folge ist: Das Gleichgewicht mit $r < r_1$ verschwindet, weil $i(r_1)$ $(< \bar{i})$ nicht mehr ein ausreichend hohes Kapitalangebot hervorruft. Es stellt sich ein neues Gleichgewicht mit $r > r_1$ ein, ein „Lemons"-Gleichgewicht wie in Resultat 6. Obwohl der Schwellenwert $\bar{i}$, bei dem das Kapitalangebot steil ansteigt, nur geringfügig größer geworden ist, ist der Zins sprunghaft von unterhalb nach oberhalb von r_1 gesteigen, und die Investitionen sind sprunghaft um $N_1 B$ gefallen. In der Ausgangssituation lag demnach finanzielle Fragilität vor. *q. e. d.*

7. Ein fundamentales Gesetz der Volkswirtschaftslehre ist das ***Gesetz des einheitlichen Preises*** (Law of one price): Für jedes Gut gibt es einen Markt, und in jedem Markt gibt es einen Preis, zu dem Anbieter verkaufen und Nachfrager kaufen. Unser drittes Resultat über das Kapitalmarktgleichgewicht besagt, dass dieses fundamentale Gesetz im Kapitalmarkt mit adverser Selektion nicht notwendigerweise gilt:

Theorem: *Es kann ein Zwei-Preis-Gleichgewicht vorliegen, in dem die Kapitalvergabe zu zwei verschiedenen Zinssätzen erfolgt, mit Übernachfrage beim niedrigeren Zins und Markträumung beim höheren.*

Beweis: In Abbildung VII.6, die analog zu den unteren beiden Diagrammen in Abbildung VII.4 und zu Abbildung VII.5 aufgebaut ist, wird ein Beispiel konstruiert. Darin gilt:

$$N_2 B < S[i(r_1)] < (N_1 + N_2)B.$$

D. h. das Kapitalangebot bei r_1 liegt in der Sprungstelle der Kapitalnachfragefunktion. Nachdem sich Resultat 5 auf den Fall $S[i(r_1)] < N_2 B$ konzentrierte und Resultat 6 auf den Fall $S[i(r_1)] > (N_1 + N_2)B$, betrachten wir nun also ein „mittleres" Kapitalangebot bei r_1. Aus der Tatsache, dass $i(r)$ bei r_2 maximal und für $r > r_1$ stetig ist, folgt, dass es einen Zinssatz $\tilde{r}_1 > r_1$ gibt, bei dem $i(\tilde{r}_1) = i(r_1)$ und damit $S[i(\tilde{r}_1)] = S[i(r_1)]$ ist (s. Abbildung VII.6). Wir zeigen zunächst, dass es kein Gleichgewicht mit Kapitalvergabe zu nur einem Zinssatz gibt, und erläutern dann das Zwei-Preis-Gleichgewicht.

Bei den illustrierten Kurvenverläufen gibt es einen Zinssatz r zwischen r_1 und $\tilde{r}_1$, der den Kapitalmarkt räumt (s. das untere Bild). Dieser Zinssatz ist aber aus dem gleichen Grund kein Gleichgewicht wie der höhere markträumende Zins im Beispiel zu finanzieller Fragilität: Man könnte hier mit dem niedrigeren Zins r_1 eine höhere Rendite machen, A6 ist verletzt.

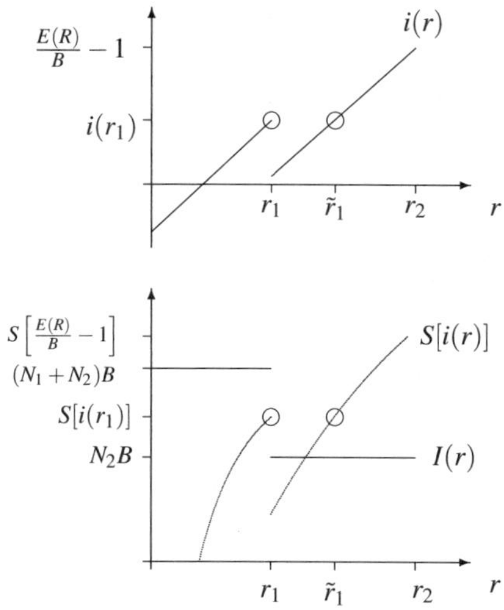

Abbildung VII.6: Zwei-Preis-Gleichgewicht

Beim Zins r_1 herrscht Kapitalübernachfrage. Die Tatsache, dass ein Anstieg von r über r_1 hinaus zunächst die Rendite $i(r)$ senkt, könnte vermuten lassen, dass r_1 trotzdem ein Gleichgewicht darstellt (mit Kreditrationierung). Das ist aber nicht so. Verlangen alle Banken den Zinssatz r_1 und reichen die erwirtschaftete Rendite $i(r_1)$ an ihre Einleger weiter, dann kann eine einzelne Bank mit dem Zins r_2 positive Gewinne machen. Wegen Rationierung bei r_1 gibt es hier eine positive Restnachfrage von Firmen mit riskanten Projekten, und die Rendite ist höher: $i(r_2) = E(R)/B - 1 > i(r_1)$. Die gleiche Überlegung ist auf alle Zinssätze unterhalb des markträumenden anwendbar. Denn für alle r unter dem markträumenden Zins herrscht Übernachfrage, so dass man mit r_2 noch Unternehmen attrahiert, mit denen man die maximale Rendite erwirtschaften kann.

Für Zinsen oberhalb des markträumenden schließlich herrscht ein Kapitalüberangebot, so dass ebenfalls kein Gleichgewicht vorliegen kann: Jede einzelne Bank könnte sich billiger refinanzieren, indem sie Sparern, die ihr Geld sonst nicht loswerden, einen etwas geringeren Zins bietet. Das beweist, dass es kein Gleichgewicht mit Kapitalvergabe zu nur einem Zins r gibt. (Wenn – anders als in dem illustrierten Fall – $S[i(r)]$ für alle $r > r_1$ über $I(r)$ liegt, reicht das letzte Argument aus, um auszuschließen, dass das Kapital zu einem einheitlichen Zins oberhalb von r_1 vergeben wird.)

Wir konstruieren nun ein Zwei-Preis-Gleichgewicht. Nehmen wir an, dass die Banken zuerst Kapital zum Zins r_1 vergeben und anschließend zu $\tilde{r}_1$. Beide Zinssätze erwirtschaften die Rendite $i(r_1)$, also entspricht das Kapitalangebot, wenn die ganze Rendite durchgereicht wird ($i = i(r_1)$), insgesamt $S[i(r_1)]$. Die Menge an Kapital, die bei r_1 vergeben wird, wird mit $\tilde{S}$ ($< S[i(r_1)]$) bezeichnet (und später bestimmt). Der Rest $S[i(r_1)] - \tilde{S}$ (> 0) wird bei $\tilde{r}_1$ vergeben. Bei r_1 fragen beide Risikoklassen Kapital nach. Wegen $\tilde{S} < S[i(r_1)] < (N_1 + N_2)B$ herrscht Übernachfrage, und die

Kreditnachfrager müssen rationiert werden. Wegen versteckter Eigenschaften kann die Rationierung nur nach dem Zufallsprinzip erfolgen. Daher entspricht für jedes Unternehmen die Wahrscheinlichkeit, kein Kapital zu erhalten,

$$1 - \frac{\tilde{S}}{(N_1 + N_2)B}.$$

Damit ergibt sich eine Restnachfrage bei $\tilde{r}_1$ (wo Risikoklasse 1 nicht mehr aktiv ist) in Höhe von

$$\left[1 - \frac{\tilde{S}}{(N_1 + N_2)B}\right] N_2 B.$$

Diese Restnachfrage trifft auf das hierfür verbleibende Kapital in Höhe von

$$S[i(r_1)] - \tilde{S}.$$

Nehmen wir nun an, dass $\tilde{S}$ gerade so hoch ist, dass Restnachfrage und -angebot bei $\tilde{r}_1$ gleich hoch sind:

$$\left[1 - \frac{\tilde{S}}{(N_1 + N_2)B}\right] N_2 B = S[i(r_1)] - \tilde{S},$$

d. h.

$$\tilde{S} = \left(1 + \frac{N_2}{N_1}\right)\{S[i(r_1)] - N_2 B\}.$$

Wir behaupten, dass dies ein Gleichgewicht ist. Um das zu beweisen, ist zu zeigen, dass es für die Banken nicht möglich ist, positive Gewinne zu machen. Wie im oberen Bild in Abbildung VII.6 zu sehen, kann man eine höhere Rendite nur mit $r > \tilde{r}_1$ erreichen. Da gibt es aber keine Restnachfrage. Das beweist, dass die beschriebene Zwei-Preis-Allokation ein Kapitalmarktgleichgewicht darstellt. *q. e. d.*

Man kann das Zwei-Preis-Gleichgewicht als ein Rationierungsgleichgewicht auffassen oder nicht. Einerseits erfolgt bei r_1 Rationierung, andererseits hat jedes rationierte Unternehmen die Chance, bei $\tilde{r}_1$ seine Investition zu finanzieren. Die Firmen mit riskanten Projekten wollen und tun das. Für die Inhaber sicherer Projekte lohnt sich die Durchführung bei $\tilde{r}_1$ nicht, also lassen sie es. Etwas unschön ist folgende Eigenschaft des Gleichgewichts: Die sicheren Unternehmen sind indifferent, ob sie bei r_1 rationiert werden oder nicht, denn das ist ja gerade der Zins, der ihre erwarteten Gewinne $E(\pi_1^{KN})$ auf null drückt. Man könnte daher (um das Gesetz des einheitlichen Preises wiederherzustellen) eine Subvention von „einem Cent" für die ersten $\{(N_1 + N_2)B - S[i(r_1)]\}/B$ Unternehmen ausloben, die erklären, nicht zu investieren. Damit gäbe es keine Übernachfrage mehr bei r_1. (Das „Lemons"-Problem wäre damit nicht gelöst: Es werden immer noch nicht alle Projekte realisiert.) Diese Implikation des Modells lässt sich vermeiden, indem man statt des Zwei-Klassen-Modells die Modellversion mit einem „Kontinuum von Risikoklassen" betrachtet (analog zur Annahme, dass sich in jeder Risikoklasse ein Kontinuum von Unternehmen befindet). In diesem Modell gibt es in einem Zwei-Preis-Gleichgewicht eine masselose marginale Risikoklasse, die indifferent gegenüber der Rationierung ist, aber allen rationierten Unternehmen aus den sichereren Klassen entgehen strikt positive erwartete Gewinne (s. ARNOLD und RILEY [2009]).

8. Kommen wir abschließend zum meist betonten Resultat der Theorie asymmetrischer Information auf Kapitalmärkten: der Möglichkeit von ***Kreditrationierung***. Darunter versteht man eine *Übernachfrage* nach Kapital im Kapitalmarkt*gleichgewicht*. Das rüttelt an einem weiteren zentralen Dogma der Volkswirtschaftslehre, dem ***Gesetz von Angebot und Nachfrage*** (Law of supply and demand), nach dem Markträumung Bestandteil der *Definition* eines Marktgleichgewichts ist. Im Modell, so wie wir es bis jetzt behandelt haben, kann es ein Kreditrationierungsgleichgewicht nicht geben: Wir haben die Fälle $S[i(r_1)] < N_2B$, $S[i(r_1)] > (N_1+N_2)B$ und $N_2B < S[i(r_1)] < (N_1 + N_2)B$ abgehandelt, und es tauchte keines auf. Wie sich gleich herausstellen wird, ist die zentrale Voraussetzung für das mögliche Auftauchen eines Kreditrationierungsgleichgewichts, dass $i(r_1)$ das globale Maximum der Renditefunktion ist. Das wird aber durch die in Resultat 4 bewiesene Tatsache ausgeschlossen, dass $i(r)$ bei r_2 maximal ist. Wir müssen also an unserem Modell etwas ändern, damit es Kreditrationierung hervorbringen kann. Bei der Konstruktion eines Kreditrationierungsgleichgewichts halten wir an dem Zwei-Klassen-Beispiel fest, bleiben bei dem Fall, in dem $S[i(r_1)]$ in der Sprungstelle der Kapitalnachfragefunktion liegt (d. h. $N_2B < S[i(r_1)] < (N_1 + N_2)B$), nehmen nun aber an, dass Projekt 2 nicht nur eine geringere Erfolgswahrscheinlichkeit hat, sondern auch einen geringeren erwarteten Payoff:

A2: *Abweichend von A2 in Abschnitt VII.3, sei*

$$p_1R_1 > p_2R_2.$$

Mit dieser Annahme ist $i(r)$ nicht mehr notwendigerweise bei r_2 maximal, und wir erhalten:

Theorem: *Im Kapitalmarktgleichgewicht kann Kreditrationierung vorliegen.*

Beweis: Der Beweis erfolgt anhand des in Abbildung VII.7 dargestellten Beispiels mit

$$i(r_1) > i(r_2)$$

und

$$N_2B < S[i(r_1)] < (N_1 + N_2)B.$$

Übungsaufgabe VII.17 behandelt ein Zahlenbeispiel, in dem diese Bedingungen simultan erfüllt sind, was beweist, dass dieser Fall tatsächlich auftreten kann. Angenommen, die Banken verlangen den Kreditzins r_1 und zahlen den Einlagenzins $i(r_1)$. Dann herrscht Übernachfrage nach Krediten. Weil $i(r_1)$ das globale Maximum der Renditefunktion $i(r)$ ist, ist es aber nicht möglich, mit irgendeinem anderen Zins positive Gewinne zu machen. Also liegt trotz der Übernachfrage ein Kreditmarktgleichgewicht vor. *q. e. d.*

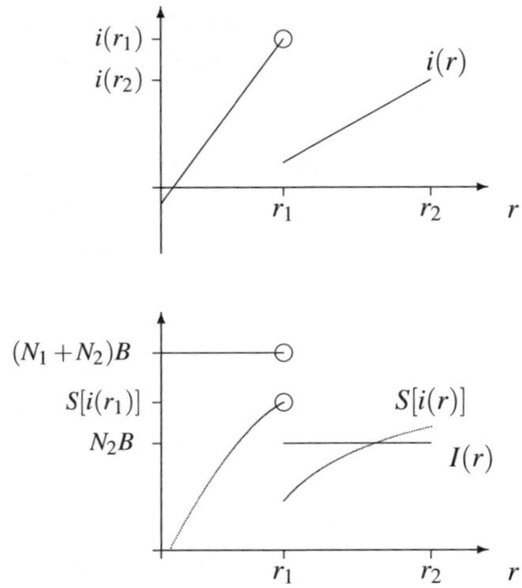

Abbildung VII.7: Kreditrationierung

Die Begriffe Marktgleichgewicht und Markträumung sind also nicht mehr austauschbar – das ist das bekannteste Resultat für Kapitalmärkte mit asymmetrischer Information. Verantwortlich dafür ist adverse Selektion infolge asymmetrischer Information: Normalerweise wird eine Übernachfrage nach Kapital – zum Nutzen der Kapitalgeber – durch einen steigenden Zins r beseitigt. Hier kann ein steigender Zins die Übernachfrage nach Kapital deshalb nicht beseitigen, weil durch verschärfte adverse Selektion (die sicheren Kapitalnachfrager verlassen den Markt) – zu Lasten der Kapitalgeber – die Rendite sinkt. Die Kapitalgeber erhalten zwar von jeder Firma, die zurückzahlt, höhere Zinsen, aber es zahlen um so viel weniger Firmen zurück, dass der Zinsanstieg auf dem Papier bei den tatsächlichen Zahlungen ins Gegenteil umschlägt. Wie im Zwei-Preis-Gleichgewicht sind Klasse-1-Unternehmen indifferent gegenüber der Tatsache, dass sie rationiert werden, und man kann die Übernachfrage beseitigen, indem man die ersten $\{(N_1 + N_2)B - S[i(r_1)]\}/B$ Unternehmen, die auf Investitionen verzichten, mit „einem Cent" subventioniert. Im „Kontinuum-von-Risikoklassen"-Modell würde das aber wieder nicht klappen. Empirisch ist Kreditrationierung schwer nachzuweisen: Die Tatsache, dass ein Unternehmen keinen Kredit bekommen hat, kann daran liegen, dass es kein Angebot erhielt, obwohl es bereit war, den Marktzins zu zahlen, oder aber daran, dass es zwar ein Angebot erhalten hätte, aber nicht bereit war, den Marktzins zu zahlen. Zumindest gibt es einige Evidenz, dass Kreditrationierung eine gewisse Rolle spielt (s. Kasten VII.4).

Es ist verblüffend, welchen einschneidenden Einfluss auf die Funktionsweise des Kapitalmarkts die Berücksichtigung asymmetrischer Information hat.

1. Auf dem vollkommenen Kapitalmarkt werden alle rentablen Investitionsprojekte finanziert. Bei asymmetrischer Information fragt nur eine Negativauslese riskanter Unternehmer Kapital nach.

2. Auf dem vollkommenen Kapitalmarkt führen Zinsänderungen zu stetigen Änderungen von Kapitalangebot und -nachfrage. Bei asymmetrischer Information

Kasten VII.4: Kreditrationierung

Als übliches Indiz für die Relevanz von Kreditrationierung dient die Inanspruchnahme von Verbindlichkeiten aus Lieferungen und Leistungen anstelle der Wahrnehmung von Skonto. Natürlich ist die Gewährung eines Lieferanten*kredits* zunächst einmal das Gegenteil von Kreditrationierung. Der Punkt ist, dass es sich um eine sehr, sehr teure Art von Kredit handelt, so dass die Inanspruchnahme darauf hindeutet, dass der Zugang zu günstigem Kredit verschlossen ist. Ein einfaches Beispiel illustriert, wie teuer ein Lieferantenkredit ist (s. auch Übungsaufgabe VII.18): Eine Rechnung über € 100 enthält ein Zahlungsziel von 30 Tagen und 2% Skonto bei Zahlung innerhalb von zehn Tagen. Es sind € 98 mit Skonto nach zehn Tagen oder € 2 mehr nach weiteren 20 Tagen zu zahlen. D. h. es wird Kredit in Höhe von € 98 zu Zinsen von (2/98 =) 2,04% pro 20 Tage gewährt (vom Kapitalgeber Lieferant an den Kapitalnehmer Käufer). Das entspricht ($1{,}0204^{365/20} - 1 =$) 44,6% pro Jahr! Mit schnell zugänglichem Kredit zu marktüblichen Zinssätzen würde man die Zinskosten verringern können. Geschieht das nicht, dann deutet das darauf hin, dass Kreditrationierung in dem Sinne vorliegt, dass kein alternativer Kredit kurzfristig zugänglich ist. PETERSEN und RAJAN (1994) untersuchen vor diesem Hintergrund das Zahlungsverhalten von über 3.000 kleinen US-Firmen mit weniger als 500 Angestellten aus diversen Branchen. Nur 58% der Firmen in der Studie geben an, mindestens 90% der angebotenen Skonti wahrzunehmen. Anders herum: Fast die Hälfte der Firmen verschuldet sich zumindest zeitweise zu den sehr schlechten Konditionen eines Lieferantenkredits.

führen sie dazu, dass nach und nach die Unternehmer mit den jeweils sichersten Projekten aufhören, Kapital nachzufragen, weshalb

3. jedesmal die durchschnittliche Erfolgswahrscheinlichkeit der Kapitalnehmer und

4. damit auch die Rendite der Kapitalgeber fällt.

Das hat gravierende Auswirkungen auf das Kapitalmarktgleichgewicht. Die folgenden Dinge können im Marktgleichgewicht passieren.

5. Möglicherweise werden nur die riskantesten Investitionsprojekte realisiert, die schlechten Risiken drängen die guten aus dem Markt.

6. Kleine Parameteränderungen können zu sprunghaften Änderungen des gleichgewichtigen Zinssatzes und der gleichgewichtigen Kapitalvergabe führen (finanzielle Fragilität).

7. Das Gesetz des einheitlichen Preises kann verletzt sein. Obwohl die Unternehmen wegen asymmetrischer Information ununterscheidbar sind, wird ihre Kreditnachfrage zu uneinheitlichen Konditionen bedient.

8. Es kann Kreditrationierung vorliegen: Trotz einer Kapitalübernachfrage erhöhen die Banken den Zins nicht, weil Selektionseffekte ihre Rendite senken würden.

So wie die keynesianische Theorie die Makroökonomik mit der Hinwendung zur Nachfrageseite revolutionierte (s. Kapitel V), so revolutionierte die Theorie asymmetrischer Information unser Verständnis davon, wie Märkte, insbes. Kapitalmärkte, funktionieren.

VII.6 Aktienfinanzierung: Eine Lösung der Probleme?

In den Abschnitten VII.3–VII.5 haben wir gesehen, dass die Verwendung festverzinslicher Schuldkontrakte einen fundamentalen Interessenkonflikt zwischen Kapitalgeber und -nehmer aufwirft, dass das in einem vollkommenen Kapitalmarkt mit symmetrisch verteilter Information nicht zu Problemen führt, dass aber in einem Kapitalmarkt mit asymmetrischer Informationsverteilung gravierende Allokationsprobleme resultieren können. In diesem Abschnitt gehen wir der Frage nach, ob man diese Probleme mit einem „besseren" Finanzkontrakt vermeiden kann. Mit Blick auf die Tatsache, dass der Großteil der externen Finanzierung festverzinslich erfolgt (s. Abschnitte V.4 und VII.2), ist die Antwort in der Praxis „nein" – wenn das so einfach wäre, dann würden sich die Vertragsparteien darauf einigen. Wir wollen der Frage aber auch im Rahmen des hier verwendeten Modells – theoretisch – nachgehen und untersuchen, warum das so ist. Dazu führen wir als alternatives Finanzierungsinstrument Aktien ein und rollen die bisherige Analyse in diesem Kapitel noch einmal auf. Wir werden sehen, dass es mit Aktienfinanzierung keinen Interessenkonflikt zwischen Kapitalgebern und -nehmern gibt und dass sowohl im vollkommenen Kapitalmarkt wie auch bei Vorliegen asymmetrischer Information alle Projekte finanziert werden. Bei erstem Hinsehen stellt sich Aktienfinanzierung also tatsächlich als Lösung der Probleme aus Abschnitt VII.5 dar. Bei näherem Hinsehen stellt man jedoch fest, dass in einer etwas allgemeineren Version des Modells Aktienfinanzierung mit ganz ähnlichen Problemen behaftet ist wie Kreditfinanzierung. Das erklärt, weshalb der verbreitete Gebrauch von festverzinslichen Schulden in der Praxis nicht eine offensichtlich ineffiziente Finanzierungsform darstellt.

Wir ersetzen die bisher verwendete Annahme A1 durch:

A1: *Abweichend von A1 in Abschnitt VII.3, stellen Kapitalgeber das Investitionskapital B im Gegenzug für einen Anteil s an den Erträgen R des Projekts bereit.*

Kapitalgeber werden für die Bereitstellung von Kapital in Höhe von B also proportional am Ertrag R der finanzierten Investition beteiligt. Die Tatsache, dass man als Aktionär in der Praxis Ansprüche nicht nur an den Erträgen neuer Invesitionen, sondern am gesamten Unternehmen hält, wird weiter unten berücksichtigt. Hier geht es zunächst darum, *einen* alternativen Finanzkontrakt mit Hinblick darauf zu untersuchen, ob er die Probleme aus dem vorangegangenen Abschnitt behebt. Man kann an ein Start-up-Unternehmen denken, das ohne die durchzuführende Investition noch keine Erträge abwirft. Der Anteil s der Erträge, den die Kapitalgeber bekommen, tritt als Maß für den Preis von Kapital an die Stelle des Kreditzinses r: je höher s, desto teurer ist aus Sicht des Kapitalnehmers die Finanzierung des Investitionsprojekts. Man kann die Kapitalkosten auch explizit mit dem Emissionskurs neuer Aktien ausdrücken: Das Eigentum an jedem einzelnen Unternehmen teile sich auf n Aktien auf (besser: auf ein „Kontinnum" von Aktien mit Länge n, damit die Aktienbestände beliebig teilbar sind). Dann besagt A1, dass die Kapitalgeber sn Aktien für die Bereitstellung von Kapital B erhalten. Die restlichen $(1-s)n$ Aktien behalten die Kapitalnehmer als Alteigentümer. Der Emissionskurs der Aktien ist also $B/(sn)$. Je höher s, desto geringer der Emissionskurs, desto teurer die Finanzierung aus Sicht der

Unternehmen. Es ist aber einfacher, direkt mit den erworbenen Anteilen s anstatt mit dem Aktienkurs zu rechnen, also machen wir das so. Die Annahme, dass die Projekt nur zwei mögliche Ergebnisse haben (Erfolg und Misserfolg), aus A2 ist hier und im Folgenden abdingbar: Die Rendite der Investitionen kann beliebig viele unterschiedliche Ausprägungen haben.

Der erwartete Gewinn ist für Kapitalnehmer jeder Riskoklasse j

$$E(\pi_j^{KN}) = (1-s)E(R).$$

Die erwartete (Dividenden-) Zahlung an die Kapitalgeber ist

$$E(\pi_j^{KG}) = sE(R)$$

für jede Risikoklasse j. Wie in Abschnitt VII.2 gesagt, gehen wir weiter davon aus, dass die Kapitalgeber durch Diversifikation sichere Portfolios zusammenstellen. Es gibt hier keinen Interessenkonflikt: Weil alle Projekte den gleichen erwarteten Payoff liefern, sind sie sowohl aus Sicht der (risikoneutralen) Kapitalnehmer als auch aus Sicht der Kapitalgeber gleich gut.

Wir betrachten zunächst einen vollkommenen Kapitalmarkt. Die Annahmen A3–A7 aus Abschnitt VII.4 werden unverändert beibehalten. Es ist dabei unerheblich, wie viele Risikoklassen j es gibt. Insbes. übernehmen wir die Annahme A4 aus Abschnitt VII.4: Die Kapitalgeber wissen ebenso wie die Unternehmen, welcher Risikoklasse j ein Unternehmen zugehört. Sie könnten daher von Unternehmen mit unterschiedlich riskanten Projekten unterschiedliche Anteile s an den Erträgen fordern (analog zu den nach Ausfallrisiken gestaffelten Kreditzinsen in Abschnitt VII.4). Im Gleichgewicht sind die Anteile s aber für alle Risikoklassen gleich. Gemäß A5 fragen alle Unternehmen für alle $s \leq 1$ Kapital nach. Die Kapitalnachfrage ist also $\sum_{j=1}^{J} N_j B$ für alle $s \leq 1$. Die Rendite auf ausgegebenes Kapital ist

$$i(s) = \frac{E(\pi_j^{KG})}{B} - 1 = s\frac{E(R)}{B} - 1$$

und wegen perfekter Diversifikation sicher. Gemäß A6 ist $i = i(s)$. Das Kapitalangebot $S[i(s)]$ wird bei $s = B/E(R)$ positiv und genügt gemäß A7

$$S[i(1)] = S\left[\frac{E(R)}{B} - 1\right] > \sum_{j=1}^{J} N_j B.$$

Aus Abbildung VII.8 ist unmittelbar ersichtlich:

Satz: *Es gibt einen eindeutigen Wert s, der den Kapitalmarkt räumt. Bei diesem s werden alle Investitionsprojekte finanziert.*

Es ergibt sich also ein Gleichgewicht mit den gleichen Eigenschaften wie bei Schuldenfinanzierung (und symmetrischer Information): Es werden alle Projekte finanziert; weil $S(i)$ im Gleichgewicht jeweils $\sum_{j=1}^{J} N_j B$ ist, ist auch die Rendite i, die die Kapitalgeber erhalten jeweils gleich; damit ist auch der erwartete Gewinn der Kapitalnehmer mit beiden Finanzierungsarten gleich, nämlich $E(\pi_j^{KN}) = E(R) - (1+i)B$.

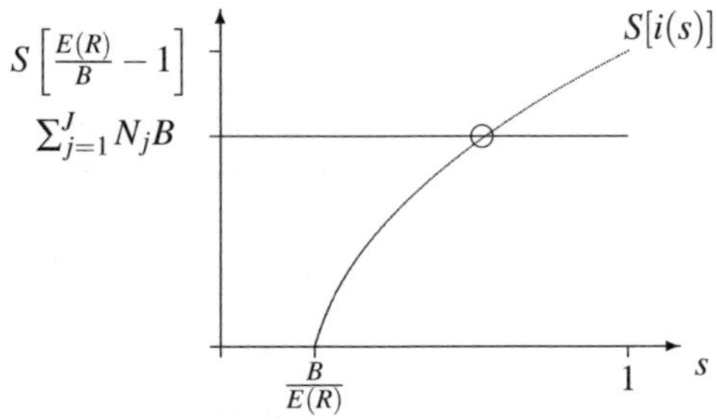

Abbildung VII.8: Aktienmarkt: Kapital für alle Firmen

Dieses Ergebnis – dass unterschiedliche Finanzierungsformen im vollkommenen Kapitalmarkt zu gleichen Ergebnissen führen – ist eine Version des ***Modigliani-Miller-Theorems***. MODIGLIANI und MILLER (1958), die insbes. für den Beweis dieses Theorems 1985 bzw. 1990 den Nobelpreis für Ökonomie erhielten, betonten die Irrelevanz der Finanzierungsform für den Unternehmenwert, d. h. die Summe der Ansprüche aller Kapitalgeber an das Unternehmen. Bei Schuldenfinanzierung betragen in unserem Modell die erwarteten Ansprüche der Eigenkapitalgeber (d.h. der (Fremd-) Kapitalnehmer) $E(\pi_j^{KN}) = E(R) - (1+i)B$ und die der (Fremd-) Kapitalgeber $E(\pi_j^{KG}) = (1+i)B$. Der Unternehmenswert von Firma j ist also $E(\pi_j^{KN}) + E(\pi_j^{KG}) = E(R)$. Bei Aktienfinanzierung betragen die Ansprüche $E(\pi_j^{KN}) = (1-s)$ $E(R)$ bzw. $E(\pi_j^{KG}) = sE(R)$, der Unternehmenswert also wieder $E(R)$ – er ist auch unabhängig davon, ob Schulden- oder Aktienfinanzierung gewählt wird. In unserem Modell folgt das, wie man sieht, daraus, dass der erwartete Payoff der Investition zwischen Kapitalnehmern und -gebern aufgeteilt wird (vgl. Abschnitt VII.3) und dass bei der „Umrechnung" von Zahlungen in Werte keine Risikoprämien anfallen (weil die Kapitalnehmer risikoneutral sind und die Kapitalgeber kein Risiko tragen). Was unser Modell nicht zeigt, ist, dass das Modigliani-Miller-Theorem auch gilt, wenn Vertragsparteien, die Risiko tragen, dafür kompensiert werden. Was unser Modell aber zeigt, ist, dass die Finanzierung nicht nur für den Unternehmenswert irrelevant ist, sondern für das gesamte Marktergebnis, insbes. das gleichgewichtige Investitionsvolumen (vgl. STIGLITZ [1969]).

Betrachten wir nun den Fall asymmetrischer Information. Wir bleiben dabei, dass A1 aus Abschnitt VII.3 durch obige neue Annahme A1 ersetzt ist und ersetzen nun weiter A4 aus Abschnitt VII.4 (symmetrische Information) durch A4 aus Abschnitt VII.5 (asymmetrische Information): Kapitalnehmer kennen ihre jeweilige Risikoklasse, Kapitalgeber nicht. In Abschnitt VII.5 führte die neue Annahme A4 zu ganz unterschiedlichen Ergebnissen. Wie sieht nun – mit Aktienfinanzierung – das neue Kapitalmarktgleichgewicht mit asymmetrischer Information aus? Die Antwort ist: exakt so wie mit vollkommener Information! Der Beweis ist sehr einfach: Die obige Analyse des Falls mit symmetrischer Information bleibt ohne jede Modifikation gültig – die Kapitalgeber hätten ja die Möglichkeit gehabt, die Finanzierungskosten vom Projektrisiko abhängig zu machen, aber sie machten davon nicht

Gebrauch. Die Kapitalnehmer jeder Risikoklasse j erwarten Gewinne $E(\pi_j^{KN}) = (1-s)E(R)$ und fragen für alle $s \leq 1$ Kapital nach. Die Rendite auf Aktienkapital ist $i(s) = sE(R)/B - 1$. Die markträumenden Finanzierungskosten s sind durch $S[i(s)] = \sum_{j=1}^{J} N_j B$ bestimmt.

Satz: *Auch bei asymmetrischer Information werden alle Investitionsprojekte finanziert. s hat im Gleichgewicht den gleichen Wert wie bei symmetrischer Information.*

Dieses Ergebnis wirft neues Licht auf den Geltungsbereich des Modigliani-Miller-Theorems: Bei asymmetrischer Infomation führen unterschiedliche Finanzkontrakte zu unterschiedlichen Marktergebnissen. Das Erreichen der Allokation aus dem vollkommenen Kapitalmarkt (Abschnitt VII.4) durch Aktienfinanzierung bedeutet bei symmetrischer Information Irrelevanz der Finanzierungsform; hier bedeutet es das genaue Gegenteil.

Zwischenfazit: Die Verwendung von Aktienfinanzierung statt Kreditfinanzierung beseitigt den Interessenkonflikt zwischen Kapitalgebern und -nehmern und damit auch all die Allokationsprobleme aus Abschnitt VII.5. Angesichts der geringen Rolle von Aktienemissionen bei der Investitionsfinanzierung in der Praxis bedeutet das, dass sich entweder die Firmen systematisch falsch finanzieren oder wir bei unserem Modell etwas Wichtiges außen vor gelassen haben. Im Folgenden zeigen wir, was das ist: Firmenvermögen, das auch ohne neue Investitionen besteht. Sind verschiedene Unternehmen ohne neue Investitionen verschieden viel wert, und ist für Kapitalgeber nicht ersichtlich, welche Unternehmen wertvoller und welche weniger wertvoll sind (z. B. wegen Schwierigkeiten bei der Einschätzung des Werts immaterieller Vermögensbestandteile), dann taucht ein neues Problem adverser Selektion auf: Das Abtreten eines gegebenen Anteils des Firmenvermögens durch eine Aktienemission kostet um so mehr, je höher dieses Firmenvermögen ist. Daher wird – analog dazu, dass bei steigenden Zinsen zuerst die Unternehmen mit den sichersten Projekten aufhören, Kapital nachzufragen – ein Unternehmen um so eher auf die Durchführung einer Investition verzichten, je wertvoller es ohne die Investition ist (vgl. Myers und Majluf [1984]).

Um das in unserem Modell abbilden zu können, nehmen wir eine weitere Änderung vor: Wir nehmen an, dass die Unternehmen auch ohne die Realisierung ihrer Projekte einen Wert haben. Wir beschränken uns auf das Modell mit zwei Klassen von Unternehmen ($J = 2$). Firmen, die ein j-Projekt durchführen können, haben ohne die Realisierung ihres Projekts materielle und immaterielle Vermögensgegenstände im Wert von V_j. Bei Realisierung der Investition kommt R hinzu. Abweichend von A2, nehmen wir nicht an, dass $j = 1$ für die Klasse mit der höheren Projekterfolgswahrscheinlichkeit steht. Stattdessen sei $j = 1$ die Klasse von Unternehmen mit dem höheren Wert ohne Investition: $V_1 > V_2 > 0$. Ob sie auch sicherer oder aber riskanter ist, spielt keine Rolle. Das oben behandelte Modell ergibt sich demgegenüber mit $V_1 = V_2 = 0$. Die Kapitalgeber kennen nicht die Klasse, der ein Unternehmen angehört (vgl. A4 in Abschnitt VII.5), d. h. sie kennen nicht den Wert V_j eines Unternehmens, an dem sie sich beteiligen. Folglich legen Aktienkontrakte einen für die beiden Klassen einheitlichen Anteil s am Unternehmenswert $V_j + R$ fest, der den Kapitalgebern zusteht. Der erwartete Gewinn für die Alteigentümer der Unternehmen ist entsprechend

$$E(\pi_j^{KN}) = (1-s)[V_j + E(R)].$$

Die Unternehmen fragen Kapital nach, wenn $E(\pi_j^{KN})$ nicht kleiner ist als der Unternehmenswert ohne Realisierung des Projekts. A1 in diesem Abschnitt oben und A5 aus Abschnitt VII.4 müssen also angepasst werden:

A1: *Kapitalgeber stellen das Investitionskapital B im Gegenzug für einen Anteil s an $V_j + R$ bereit.*

A5: *Abweichend von A5 in Abschnitt VII.4, fragen die Unternehmen aus Risikoklasse j Kapital genau dann nach, wenn*

$$E(\pi_j^{KN}) \geq V_j$$

gilt.

Mit der obigen Formel für $E(\pi_j^{KN})$ lässt sich die Bedingung in A5 als

$$s \leq \frac{E(R)}{V_j + E(R)} \equiv s_j$$

schreiben. Änderungen von s senken die erwarteten Gewinne der Firmen mit hohem Wert V_1 stärker als die der Firmen mit niedrigem Wert V_2, und daher hören Unternehmen mit einem höheren Wert V_j bei einem geringeren Wert s_j auf, Kapital nachzufragen, als Firmen mit geringerem Wert: $s_1 < s_2 < 1$. Die erwartete (Dividenden-) Zahlung an die Kapitalgeber beträgt

$$E(\pi_j^{KG}) = s[V_j + E(R)],$$

ihre Rendite ist

$$i(s) = \begin{cases} s\frac{N_1[V_1+E(R)]+N_2[V_2+E(R)]}{(N_1+N_2)B} - 1; & \text{für } 0 \leq s \leq s_1 \\ s\frac{V_2+E(R)}{B} - 1; & \text{für } s_1 < s \leq s_2 \end{cases}.$$

Bei s_1 springt $i(s)$ nach unten, weil die hochwertigen Firmen den Markt verlassen. Wegen $V_1 > V_2$ gilt ferner

$$i(s_1) < s_1\frac{V_1 + E(R)}{B} - 1 = \frac{E(R)}{B} - 1$$

und weiter

$$i(s_2) = s_2\frac{V_2 + E(R)}{B} - 1 = \frac{E(R)}{B} - 1.$$

Mit s anstelle von r verhalten sich Rendite und Kapitalnachfrage ganz analog wie im Modell mit Krediten statt Aktien. All die dort thematisierten Probleme tauchen hier wieder auf. Halten wir hier der Kürze halber nur das „Lemons"-Problem fest. Sei

$$S[i(s_1)] < N_2 B.$$

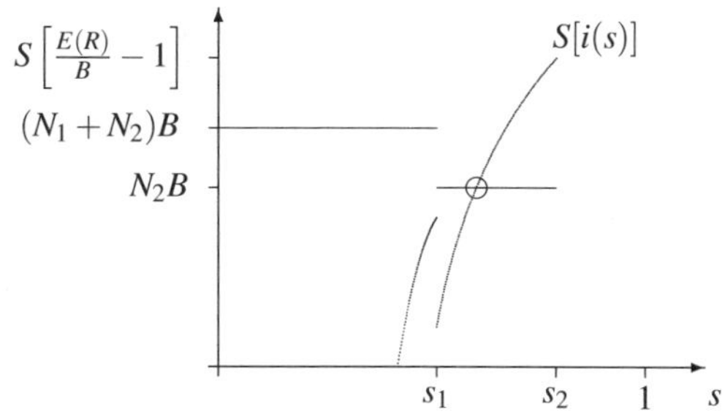

Abbildung VII.9: Aktienmarkt: Kapital nur für Firmen mit geringem Wert

Dann stellt sich, wie in Abbildung VII.9 illustriert, ein Gleichgewicht mit Markträumung ein, in dem nur die Firmen mit geringem Wert ihre Projekte realisieren. Das beweist:

Satz: *Mit Aktienfinanzierung kann es passieren, dass im Kapitalmarktgleichgewicht nur die Unternehmer mit dem geringeren Wert Investitionskapital bekommen.*

Aktienfinanzierung ist also nicht die einfache Lösung aller Probleme des Kreditmarkts, die sie bei erstem Hinsehen zu sein scheint. Die gleichen Probleme asymmetrischer Information tauchen – im Gegenteil – hier wieder auf, diesmal nicht wegen Nicht-Unterscheidbarkeit von Investitionsprojekten, sondern wegen „versteckten Werten ohne Investition“. Aus Sicht der Kapitalgeber gibt es keine Unterscheidung mehr zwischen „guten“ sicheren und „schlechten“ riskanten Unternehmen, denn diese Einteilung resultierte erst aus der Verwendung von festverzinslichen Krediten und dem daraus entstehenden Interessenkonflikt. Aber es gibt stattdessen eine Unterscheidung zwischen „guten“ wertvollen und „schlechten“ geringwertigen Unternehmen, und diese Unterscheidung führt wieder zum „Lemons“-Problem. Fazit: Die Lösung unterschiedlicher Informationsprobleme verlangt unterschiedliche vertragliche Arrangements. Liegt asymmetrische Information in mehreren Dimensionen vor, so besteht wenig Hoffnung, dass man eine praktisch handhabbare Alternative zu einfachen Krediten findet, die die Probleme behebt.

VII.7 Moral hazard

Bisher lag asymmetrische Information in Form versteckter Eigenschaften vor. In diesem und dem folgenden Abschnitt untersuchen wir asymmetrische Information in Form versteckter Handlungen. Hier ist das Modell:

A1: *Unternehmen können Investitionsprojekte mit unsicherem Ertrag R durchführen. Für ein Projekt brauchen sie B Einheiten Kapital. Ein Kapitalgeber verleiht Kapital zum Zins r. Der Einfachheit halber vernachlässigen wir Absicherung durch Sicherheiten ($S=0$).*

A2: *Es gibt zwei verschiedene Investitionsprojekte vom in A1 beschriebenen Typ. Projekt 1 gelingt mit Wahrscheinlichkeit p_1 und liefert dann den Payoff R_1.*

Projekt 2 gelingt mit Wahrscheinlichkeit p_2 *und hat dann den Payoff* R_2. *Im Misserfolgsfall haben beide Projekte einen Ertrag von* $R = 0$. *Projekt 1 hat eine positive erwartete Rendite und die höhere Erfolgswahrscheinlichkeit:* $p_1 R_1 / B - 1 > 0$ *und* $p_1 > p_2$. *Ferner gilt*

$$p_1(R_1 - B) > p_2(R_2 - B).$$

Das impliziert, dass Projekt 1 auch den höheren Erwartungswert hat ($p_1 R_1 > p_2 R_2$*). Allerdings ist Projekt 2 im Erfolgsfall rentabler:*

$$R_2 > R_1.$$

A3: *Es gibt ein Kontinuum von Länge* N *von identischen Unternehmen. Jedes Unternehmen hat die Wahl zwischen den zwei verschiedenen Investitionsprojekten 1 und 2.*

A4: *Die Kapitalgeber können nicht beobachten, welches Projekt ein Unternehmen durchführt.*

A5: *Die Unternehmen realisieren das Investitionsprojekt, das ihnen den höheren erwarteten Gewinn erbringt. Bei gleichen erwarteten Gewinnen entscheiden sie sich für Projekt 1. D. h. Projekt 1 wird realisiert, falls*

$$E(\pi_1^{KN}) \geq E(\pi_2^{KN})$$

gilt. Andernfalls wird Projekt 2 gewählt.

A6: *Die Banken machen beim Marktzins r Nullgewinne, und es gibt keine Möglichkeit für sie, mit einem anderen Zins positive Gewinne zu machen.*

A7: *Die Kapitalangebotsfunktion* $S(i)$ *gibt das Kapitalangebot* S *in Abhängigkeit vom Zinssatz* i *an. Bis zum Zinssatz von null wird kein Kapital angeboten (*$S(0) = 0$*), für positive Zinssätze steigt das Kapitalangebot (*$S' > 0$*). Bei einem Zinssatz* i *in Höhe der erwarteten Rendite von Projekt 1 ist das Kapitalangebot größer als die gesamte Kapitalnachfrage:*

$$S\left(\frac{p_1 R_1}{B} - 1\right) > NB.$$

A1 ist aus Abschnitt VII.3 übernommen. Wir kehren damit nach dem Exkurs im vorangegangenen Abschnitt wieder zu Kreditfinanzierung zurück. Die Vernachlässigung von Sicherheiten dient nur der Einfachheit. Sie hat zur Folge, dass die Unternehmen immer ein Investitionsprojekt durchführen wollen, denn sie haben dabei nichts zu verlieren. Diese Vereinfachung erlaubt es uns, uns ganz auf die Wahl *zwischen* den beiden Projekten zu konzentrieren. Gemäß A2 gibt es wie in den Abschnitten VII.3–VII.6 verschiedene Projekte, hier der weiteren Vereinfachung halber von vornherein nur zwei. Die Projekte unterscheiden sich nicht nur in Hinblick auf die Erfolgswahrscheinlichkeiten, sondern (wie im Modell in Abschnitt VII.5 im Fall mit Kreditrationierung) auch in Bezug auf die erwarteten Erträge: Projekt 1 ist nicht nur sicherer, sondern auch rentabler. Projekt 2 kann eine negative erwartete Rendite haben (vgl. Übungsaufgabe VII.22). Anders als in den Abschnitten VII.4– VII.6 gibt es gemäß A3 nicht unterschiedliche Unternehmen, die sich dadurch unterscheiden, welches Projekt sie durchführen können. Alle Unternehmen sind gleich. Neu ist, dass jedes Unternehmen nun eine Wahl zwischen zwei Projekten hat. Gemäß A4 trifft es diese Wahl „versteckt", es liegen ***versteckte Handlungen*** vor. Diese Informationsasymmetrie ersetzt die versteckten Eigenschaften aus A4 in Abschnitt VII.5. Gemäß A5 macht das die Entscheidungssituation der Unternehmen etwas schwieriger. Die Bedingung dafür, dass ein Projekt durchgeführt wird, ist jetzt nicht mehr, dass die erwarteten Gewinne aus dem Projekt nicht-negativ sind. Diese Bedingung ist ohnehin erfüllt, weil die Unternehmen, wie gesagt, keine Sicherheiten einsetzen. Die Bedingung dafür, dass ein Projekt durchgeführt wird, ist, dass die erwarteten Gewinne aus diesem Projekt größer sind als die aus dem anderen Projekt (bei gleichen erwarteten Gewinnen wird annahmegemäß Projekt 1 gewählt). A6 ist ohne Modifikation aus Abschnitt VII.4 übernommen. In A7 wird angenommen, dass bei der erwarteten Rendite des guten Projekts 1 hinreichend viel Kapital zur Finanzierung aller Unternehmen mobilisiert werden kann.

Weil der maximale Projektertrag R_2 ist und es keine Sicherheiten gibt, brauchen wir nur Zinssätze r zu berücksichtigen, die

$$(1+r)B \leq R_2$$

erfüllen, d. h. Zinssätze

$$r \leq \frac{R_2}{B} - 1 \equiv r_2.$$

Höhere vereinbarte Rückzahlungen könnten ohnehin nie geleistet werden, so dass alle Zinssätze $r > r_2$ zu den gleichen Zahlungen führen wie r_2.

Wir zeigen nun, dass das Modell mit versteckten Handlungen zu ganz ähnlichen Ergebnissen führt wie das Modell mit versteckten Eigenschaften. Wegen der Nichtbeobachtbarkeit der Aktionen (A4) können die Banken den Kreditzins nicht von der getroffenen Wahl des Projekts abhängig machen – es gibt wieder nur einen einzigen Marktzins r. (Hier kann man einwenden, dass an den Realisierungen R_1 bzw. R_2 im Erfolgsfall ex post erkennbar ist, welches Projekt realisiert wurde. Wir nehmen an, dass die Rückzahlung nicht hiervon abhängig gemacht werden kann. Die Notwendigkeit, dies *anzunehmen*, lässt sich vermeiden, wenn die Payoffs der beiden Projekte mit unterschiedlichen Verteilungen in dem gleichen Intervall verteilt sind.) Aus A5 lässt sich damit herleiten, welches Projekt die Unternehmen bei einem gegebenen Kreditzins r bevorzugen. Im Erfolgsfall ist der Unternehmensgewinn $R - (1+r)B$, im Misserfolgsfall, da keine Sicherheiten eingebracht werden, null. Die erwarteten Gewinne der Unternehmen sind also

$$E(\pi_j^{KN}) = p_j[R_j - (1+r)B].$$

Projekt 1 wird Projekt 2 vorgezogen, wenn $E(\pi_1^{KN}) \geq E(\pi_2^{KN})$ ist (A5), d. h. wenn

$$p_1[R_1 - (1+r)B] \geq p_2[R_2 - (1+r)B]$$

gilt. Nach r aufgelöst, lässt sich diese Bedingung schreiben als:

$$r \leq \frac{p_1(R_1 - B) - p_2(R_2 - B)}{(p_1 - p_2)B} \equiv r_1.$$

Das sichere Projekt wird dem riskanten Projekt nur solange vorgezogen, wie der Kreditzins niedrig genug ist. Steigt der Zins über den Wert r_1 hinaus, so gehen die Unternehmen – versteckt handelnd – zum Projekt mit der niedrigeren erwarteten Rendite über. So sinkt zwar die Erfolgswahrscheinlichkeit von p_1 auf p_2, aber im vergleichsweise unwahrscheinlicheren Fall, dass das Projekt gelingt, realisieren die Unternehmen den höheren Payoff R_2. Hier wird wieder der fundamentale Interessenkonflikt zwischen Kapitalgeber und -nehmer deutlich. Dieses Verhalten – *eine für einen selbst vorteilhafte, für den Vertragspartner aber nachteilige versteckte Handlung* (hier: riskantes Investieren) – nennt man ***Moral hazard***. Das Gleichgewicht des Modells wird in Abbildung VII.10 illustriert, die analog zu Abbildung VII.4 in Abschnitt VII.5 aufgebaut ist. Im obersten Diagramm ist das Entscheidungsproblem der Firmen dargestellt. r_1 ist der Zins, bei dem $E(\pi_1^{KN})$ unter $E(\pi_2^{KN})$ fällt. $E(\pi_1^{KN}) = p_1[R_1 - (1+r)B]$ ist ausgewertet beim maximalen Zins $r_2 = R_2/B - 1$ negativ:

$$E(\pi_1^{KN}) = p_1(R_1 - R_2) < 0.$$

Das impliziert, dass r_1 unterhalb des maximalen Zinses liegt. Weil die Banken das verzinste Kapital für $r \leq r_1$ mit Wahrscheinlichkeit p_1 und für $r > r_1$ mit Wahrscheinlichkeit p_2 zurück erhalten (zweites Bild in Abbildung VII.10), beträgt die erwartete Rückzahlung

$$E(\pi^{KG}) = \begin{cases} p_1(1+r)B; \text{ für } r \leq r_1 \\ p_2(1+r)B; \text{ für } r > r_1 \end{cases}$$

und die Rendite $i(r) = E(\pi^{KG})/B - 1$ mithin:

$$i(r) = \begin{cases} p_1(1+r) - 1; \text{ für } r \leq r_1 \\ p_2(1+r) - 1; \text{ für } r > r_1 \end{cases}.$$

Diese Funktion ist im zweiten Bild von unten in Abbildung VII.10 dargestellt. Sie beginnt bei $i(0) = p_1 - 1$, steigt dann, erreicht ein lokales Maximum bei r_1, springt dann unstetig nach unten und steigt wieder bis auf den Wert $i(r_2) = p_2 R_2/B - 1$. Bei Nullgewinnen (A6) ist $i = i(r)$. Damit lässt sich der Kreditmarkt wie im untersten Bild in Abbildung VII.10 illustrieren. Wegen $S' > 0$ verläuft das zusammengesetzte Kapitalangebot $S[i(r)]$ qualitativ so wie die Renditefunktion $i(r)$. Die Kapitalnachfrage ist konstant $I = NB$, weil wegen der Abwesenheit von Sicherheiten alle N Unternehmen immer Kapital nachfragen (s. o.).

Für das Kreditmarktgleichgewicht folgt damit:

Satz: *Im Kreditmarktgleichgewicht kann Kreditrationierung vorliegen. Alternativ kann passieren, dass die riskanten und unrentableren Projekte finanziert werden.*

Beweis: Betrachten wir zunächst das Beispiel in Abbildung VII.10. Darin nimmt – erstens – die Renditefunktion $i(r)$ (und damit auch die Kapitalangebotsfunktion $S[i(r_1)]$) ihr globales Maximum bei r_1 an:

$$i(r_1) > i\left(\frac{R_2}{B} - 1\right).$$

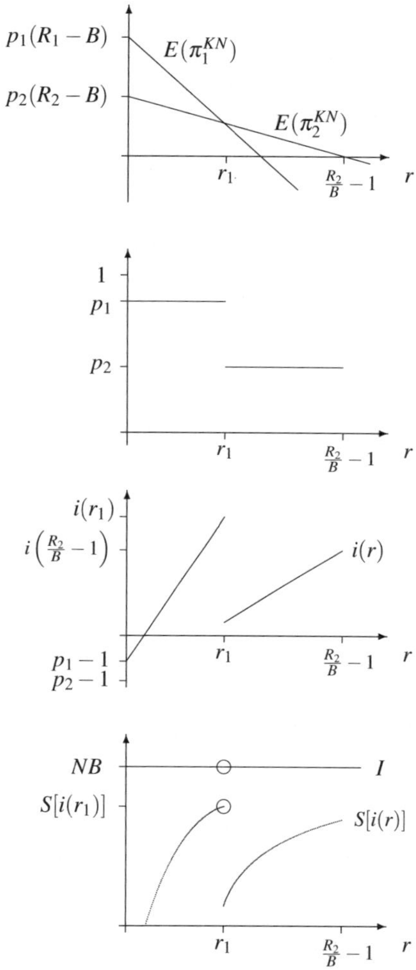

Abbildung VII.10: Moral hazard

Zweitens herrscht bei r_1 Kapitalübernachfrage:

$$NB > S[i(r_1)].$$

Die Banken verlangen den Zins r_1, zahlen $i = i(r_1)$ an ihre Einleger und machen Nullgewinne. Weil r_1 die Rendite maximiert, gibt es keine Möglichkeit, positive Gewinne zu machen. Trotz Übernachfrage nach Kredit steigt der Zins nicht, weil das Moral-hazard-Problem akut werden und die Rendite sprunghaft sinken würde.

Ist dagegen $i(r_2) > i(r_1)$ und $S[i(r_1)] < NB < S[i(r_2)]$, dann stellt sich im Gleichgewicht ein markträumender Zins zwischen r_1 und $R_2/B - 1$ ein, und die Unternehmen realisieren die schlechten Projekte. *q. e. d.*

Angesichts der Tatsache, dass in Abbildung VII.10 die Kapitalnachfrage für *jeden* Zinssatz r über dem Kapitalangebot liegt, mag das Kreditrationierungsergebnis in dem dort illustrierten Fall trivial erscheinen. Das ist es aber nicht: Wenn die Unternehmen nur Projekt 1 durchführen könnten, dann würde die Kapitalangebotsfunktion über r_1 hinaus bis $r = R_1/B - 1$ weiter steigen. Bei diesem Zins wäre $i(R_1/B - 1) = p_1 R_1/B - 1$, und gemäß A7 gilt $S[i(R_1/B - 1)] > NB$. Folglich gäbe es zwischen r_1 und $R_1/B - 1$ einen markträumenden Zins r. Im Gleichgewicht würden bei diesem Zins alle Unternehmen Finanzierung erhalten und ihr Projekt 1 realisieren. Das „Lemons"-Ergebnis in obigem Satz zeigt wieder, dass auch ohne Rationierung der Kapitalmarkt bei der Versorgung der Unternehmen mit Kapital scheitern kann.

Wie im Modell mit versteckten Eigenschaften beseitigt ohne Berücksichtigung von bestehendem Firmenvermögen Aktienfinanzierung diese Probleme. Der erwartete Unternehmensgewinn beträgt $E(\pi_j^{KN}) = (1 - s)p_j R_j$. Wegen $p_1 R_1 > p_2 R_2$ wird für jedes $s \leq 1$ das „gute" Projekt 1 durchgeführt. Die Rendite der Kapitalgeber ist folglich $i(s) = sp_1 R_1/B - 1$, und A7 impliziert $S[i(1)] > NB$, so dass ein Gleichgewicht mit Markträumung existiert, in dem alle Unternehmen Projekt 1 realisieren (so dass das Modigliani-Miller-Theorem nicht gilt). In Situationen mit anderer asymmetrischer Informationsverteilung behebt Aktienfinanzierung aber nicht notwendigerweise das Problem.

VII.8 Langfristige Kreditbeziehungen

Die vorangegangenen Abschnitte haben gezeigt, welche Probleme für das Funktionieren des Kapitalmarkts asymmetrische Information in Form von versteckten Eigenschaften oder versteckten Handlungen nach sich zieht. Man kann dem entgegen halten, dass der Kapitalmarkt augenscheinlich – meistens – nicht so schlecht funktioniert wie in unseren Modellen. Liegt das daran, dass die in den Modellen thematisierten Sachverhalte nicht relevant wären? Das ist nicht der Fall. Der Grund dafür, dass Kapitalmärkte besser funktionieren, als man vor dem Hintergrund der Modelle in diesem Kapitel vielleicht vermuten würde, ist nicht, dass die abgebildeten Mechanismen unwichtig wären, sondern vielmehr dass es in Finanzmärkten Institutionen gibt, die helfen, diese Probleme abzumildern. Von zentraler Bedeutung sind dabei insbes. Banken. Das gilt gerade für Deutschland mit seinem Hausbankensystem (s. Kasten VII.5). In diesem Abschnitt zeigen wir, dass im Rahmen einer langfristig anhaltenden Geschäftsbeziehung zwischen Kapitalgeber und -nehmer 1. die Informationsprobleme potenziell abgemildert werden können und, 2. selbst wenn das nicht gelingt, das Marktergebnis nicht durch die gleichen Allokationsprobleme charakterisiert sein muss wie in der Einmal-Geschäftsbeziehung. Natürlich sind Bankkredite und am Kapitalmarkt platzierte Unternehmensanleihen in diesem Kontext nicht mehr – wie bisher – perfekte Substitute.

1. Im Rahmen von langfristigen Geschäftsbeziehungen haben Banken die Gelegenheit, versteckte Eigenschaften aufzudecken und versteckte Handlungen auszuschließen. Durch ein permanentes intensives Screening der Kreditnachfrager können

Kasten VII.5: Banken in Deutschland

Die zentrale Bedeutung des Hausbankensystems für die Unternehmensfinanzierung in Deutschland ist sprichwörtlich (mit der in Abschnitt V.4 gemachten Einschränkung, dass Innenfinanzierung noch wichtiger ist). Die US-Besatzungsmacht versuchte nach dem 2. Weltkrieg, das System zu zerschlagen, und scheiterte. Praktisch die gesamte externe Finanzierung erfolgt in Deutschland über Bankkredite (vgl. Kasten V.5). Die Bilanzsumme der Banken belief sich im November 2011 mit € 8.457,2 Mrd. auf mehr als das Dreifache des BIPs. Eine Besonderheit des deutschen Bankensystems ist die so genannte ***Drei-Säulen-Struktur***: Der Bankensektor setzt sich aus privaten Kreditbanken (darunter die Großbanken Deutsche Bank und Commerzbank), öffentlich-rechtlichen Banken (Landesbanken und Sparkassen) sowie genossenschaftlichen Banken (Volks- und Raiffeisenbanken) zusammen. Daneben existieren noch Spezialbanken (wie z. B. Bausparkassen). Das Geschäftsziel von öffentlich-rechtlichen Banken und Genossenschaftsbanken ist nicht Gewinnmaximierung. So umreißt § 1 Abs. 2 SpkG den Auftrag der Sparkassen wie folgt: „Die Sparkassen … erbringen ihre Leistungen für die Bevölkerung, die Wirtschaft, den Mittelstand und die öffentliche Hand nach wirtschaftlichen Grundsätzen und den Anforderungen des Marktes. Die Sparkassen fördern die Vermögensbildung breiter Bevölkerungsschichten … Sie tragen zur Verbesserung der Eigenkapitalausstattung insbesondere junger und mittelständischer Unternehmen im Geschäftsgebiet bei … Mit ihrer Aufgabenerfüllung dienen die Sparkassen dem Gemeinwohl.“ Ende 2011 war die Bilanzsumme der Landesbanken und Sparkassen (€ 2.515,6 Mrd.) sowie der Kreditgenossenschaften und ihrer Zentralbanken (DZ Bank und DGZ Bank, € 1.006,2 Mrd.) zusammen höher als die der Kreditbanken (€ 3.203,1 Mrd., s. www.bundesbank.de). Bei den Kreditbanken entfielen zwei Drittel der Bilanzsumme auf die vier Großbanken Deutsche, Commerzbank, UniCredit und Postbank AG.

sie sich auf die Finanzierung von Unternehmen mit einem geeigneten Risikoprofil konzentrieren. Und durch die Überwachung der Verwendung vergebener Gelder und geeignete Vertragsklauseln können sie den Spielraum für versteckte Handlungen einschränken. All das lassen unsere bisherigen Modelle außen vor, in denen die Banken nur sichere Ersparnisse poolen, in riskante Kredite transformieren und, wenn nötig, die Kredite rationieren.

2. Dass der Kreditmarkt besser funktioniert, wenn sich die zugrunde liegenden Probleme auflösen, ist offensichtlich. Weniger trivial ist die Einsicht, dass langfristige Kreditbeziehungen auch dann zur Lösung von Informationsproblemen beitragen können, wenn sich an der (asymmetrischen) Informationsverteilung nichts ändert. Der Grund hierfür ist, dass Unternehmen Anreize haben, gegebene Spielräume für versteckte Handlungen nicht zu ihren Gunsten auszunutzen, wenn ihnen bei Bekanntwerden dieser Tatsache die Beendigung der Kreditbeziehung droht. Verzicht auf Moral hazard kann unter diesen Umständen eine lohnende Investition in ***Reputation*** für einen sorgsamen Umgang mit aufgenommenem Kapital sein. Weil dieser Sachverhalt wichtig und nicht offensichtlich ist, illustrieren wir ihn anhand einer modifizierten Version des Moral-hazard-Modells aus Abschnitt VII.7:

A1: *Unternehmen können Investitionsprojekte mit unsicherem Ertrag R durchführen. Für ein Projekt brauchen sie B Einheiten Kapital. Kapital wird mit Krediten zum Zins r vergeben.*

A2: *Es gibt zwei verschiedene Investitionsprojekte. Projekt 1 gelingt mit Wahrscheinlichkeit p_1 und liefert dann in der Folgeperiode den Ertrag R_1. Im Misserfolgsfall hat es einen Ertrag von $R = 0$. Die erwartete Rendite ist positiv: $p_1 R_1 > B$. Projekt 2 erbringt nie einen für den Kapitalgeber verwertbaren Ertrag (d. h. $R = 0$ mit Sicherheit); es hat aber einen „privaten" Nutzen R^f für die Firma, der bereits in der Periode anfällt, in der investiert wird.*

A3: *Es gibt ein Kontinuum von Länge N von Unternehmen, die alle gleich sind. Jedes Unternehmen hat die Wahl zwischen den zwei verschiedenen Investitionsprojekten 1 und 2.*

A4: *Die Bank kann erst nach der Investition beobachten, welches Projekt das Unternehmen durchgeführt hat. Nach einer Investition in Projekt 1 setzt sie die Geschäftsbeziehung wie gehabt fort (auch wenn das Projekt schief gegangen ist). Stellt sie dagegen fest, dass das Unternehmen Projekt 2 realisiert hat, dann hat sie Zugriff auf das Vermögen des Unternehmens (d. h. in der Vergangenheit angesparte Mittel), und sie beendet die Geschäftsbeziehung. In diesem Fall findet das Unternehmen keinen anderen Kapitalgeber und verschwindet vom Markt.*

A5: *Die Unternehmenseigner diskontieren zukünftige Gewinne mit einer Rate ρ („rho"), die die Rendite des profitablen Projekts übersteigt:*

$$\rho > \frac{p_1 R_1}{B} - 1.$$

Sie nutzen daher die Unternehmensgewinne immer für sofortigen Konsum. Die Unternehmenseigner können sich nicht persönlich verschulden. Die Unternehmen stehen damit vor folgender Wahl: Entweder sie investieren immer in Projekt 1, oder sie investieren einmal in Projekt 2 und verschwinden dann vom Markt. Sie investieren genau dann in Investitionsprojekt 1, wenn der Barwert der Summe der resultierenden Gewinne $E(\pi_1^{KN})$ von der Folgeperiode an mindestens R^f beträgt. Es gilt:

$$R^f > \frac{p_1(R_1 - B)}{1 + \rho}.$$

A6: *Die Banken machen Nullgewinne, und es gibt keine Möglichkeit für sie, mit einem anderen Zins positive Gewinne zu machen.*

A7: *Das Kapitalangebot S der Haushalte hängt positiv vom Zinssatz i auf ihr Kapital ab:*

$$S = S(i), \quad S(0) = 0, \quad S' > 0.$$

Die Kapitalangebotsfunktion genügt

$$S\left(\frac{p_1 R_1 - \rho R^f}{B} - 1\right) \geq NB.$$

A8: *Die in A1–A7 beschriebene Situation wiederholt sich ad infinitum.*

Im Vergleich zum Modell aus Abschnitt VII.7 liegen einige Änderungen vor. Der erste Unterschied besteht darin, dass gemäß A2 eines der Projekte aus Sicht der Kapitalgeber völlig nutzlos ist. Es hat aber dennoch einen Wert R^f für das Unternehmen. Hier gibt es verschiedene Interpretationen: Ausgaben, die nur der Geschäftsleitung zugute kommen („Perks"), wie Marmorfußböden oder ein Kamin im Büro, luxuriöse Firmenwagen, Firmenjets, Geschäftstermine an Urlaubsorten oder auf dem Golfplatz, ein großer Stab, der die Arbeit erledigt (s. Kasten VII.6), eine übermäßige Expansion des Unternehmens, um den eigenen Einflussbereich zu vergrößern, oder die Veruntreuung des Kapitals. Gemäß der zweiten Ungleichung in A5 ist R^f größer als der einmalige erwartete diskontierte Payoff von Projekt 1. Ein zweiter Unterschied besteht darin, dass sich die zunächst asymmetrisch verteilte Information nach erfolgter Investition auflöst, so dass die Bank auf die Realisierung des schlechten Projekts mit einem Zudrehen des Geldhahns reagieren kann (A4). Daher muss die Firma bei der Frage, ob sie das schlechte Projekt realisiert, bedenken, dass sie das den zukünftigen Zugang zum Kreditmarkt kostet (A5). Die Ungleichungen in A5 und A7 stellen si-

Kasten VII.6: Kamine in Büros

Der Kamin im Büro ist ein Symbol, weil er den Weg von der Wall Street in Tom Wolfes Roman *Bonfire of Vanities* (WOLFE [1987]) schaffte. Darin lässt sich Investmentbanker Gene Lopwitz für \$ 350.000 einen offenen Kamin in sein Büro an der Wall Street anbauen. Der spätere Citigroup-Chef Sanford Weill ist (auch) für seine Devise „Kamine bringen Glück" berühmt, im Sinne derer er seine Büros mit offenen Kaminen ausstatten ließ. Ein Objekt im 106. Stock des World Trade Centers brachte ihm in den 1970er-Jahren einen Eintrag ins *Guinness-Buch der Rekorde* für den höchstgelegenen offenen Kamin ein.

Die Diskussion um firmenfinanzierte Annehmlichkeiten für die Manager brandete 2008 mit der Finanzkrise auf. Nachem John Thain Ende 2007 die Führung der von der Finanzkrise schwer angeschlagenen Investmentbank Merrill Lynch übernommen hatte, ließ er zunächst seine Büroräume für \$ 1,2 Millionen renovieren, daunter \$ 68.000 für ein antikes Buffet. Währenddessen war die Bank nach einem Verlust von \$ 15,4 Mrd. im letzten Quartal 2007 zum Überleben auf Staatshilfen angewiesen. Mit Wirkung zum Jahresanfang 2009 wurde sie von der Bank of America übernommen. Später kündigte Thain die Rückerstattung der Renovierungskosten aus eigener Tasche an. Ähnliche Schlagzeilen macht Citigroups Plan, sich 2009 einen neuen Firmenjet für \$ 50 Mio. anzuschaffen, nachdem die Bank \$ 45 Mrd. Staatshilfe erhalten hatte. Auf öffentlichen Druck hin wurde der Auftrag Anfang 2009 storniert.

Erinnerungen wurden wach an den deutschen „Neuen Markt", wo ab 1997 Firmen mit hoch schnellenden Kursen und extravagantem Geschäftsgebahren bekannt wurden, von denen sich im nachhinein herausstellte, dass sie kaum mehr taten, als das Geld, das man ihnen gab, zu verschwenden. Inbegriff ist die Comroad AG, von deren angeblichem Umsatz mehr als 95% auf fingierten Scheingeschäften beruhten. Firmengründer Bodo Schnabel wurde 2002 wegen gewerbsmäßigen Betrugs, Insiderhandels und Kursbetrugs verurteilt und verbüßte eine dreieinhalbjährige Haftstrafe. Erlöse von Aktienemissionen in Höhe von ca. € 30 Millionen waren in seiner Tasche gelandet.

cher, dass der Kreditmarkt bei einmaliger Kreditvergabe nicht funktioniert, wohl aber bei einer langfristigen Kreditbeziehung (s.u.). Diese Situation wiederholt sich immer wieder, bis in alle Zukunft (A8). Weil es kein fest stehendes Ende gibt, ist die Entscheidungssituation der Kapitalnehmer immer die gleiche. Ist es einmal vorteilhaft, Projekt 1 zu realisieren, dann ist es das immer (vgl. A4).

Ohne die Drohung, dass der Zugang zum Kreditmarkt bei unsachgerechter Mittelverwendung in der Zukunft versperrt ist, würde der Kreditmarkt nicht funktionieren. Die Unternehmen würden nur dann das gute Projekt 1 realisieren, wenn

$$\frac{E(\pi_1^{KN})}{1+\rho} = \frac{p_1[R_1 - (1+r)B]}{1+\rho} \geq R^f$$

gilt (R^f muss anders als $E(\pi_1^{KN})$ nicht diskontiert werden, weil es gemäß A2 bereits in der laufenden Periode anfällt). Diese Bedingung kann wegen A5 offensichtlich für keinen positiven Zinssatz r erfüllt sein. Die Banken würden die unsachgerechte Mittelverwendung antizipieren und keine Kredite ausgeben. Es liegt „mehr als ein Lemons-Problem“ vor: Der Kapitalmarkt versagt bei der Vermittlung von Kapital an Unternehmen gänzlich. (Das Gleiche würde sich per Rückwärtsinduktion in einer endlich oft wiederholten Kreditbeziehung ergeben.) Die Frage ist, ob diese Situation durch wiederholte Kreditvergabe wesentlich verbessert werden kann.

Zumindest ist klar, dass die Wiederholung der Kreditvergabe (ohne feststehendes Ende) die Entscheidungssituation der Kapitalnehmer grundlegend verändert (s. A5). Es bestehen nun Anreize, um die Geschäftsbeziehung mit der Bank aufrechtzuerhalten, nicht von der Möglichkeit Gebrauch machen, zum kurzfristigen eigenen Vorteil Kapital in das schlechte Projekt zu investieren. Das folgende Ergebnis besagt, dass in unserem Modell A1-A8 diese Anreize stark genug sind, so dass die komplette Versorgung der Kapitalnehmer mit Kapital gelingt:

Satz: *Im Kreditmarktgleichgewicht herrscht Markträumung, die Banken versorgen die Firmen mit Kapital, und die Firmen investieren das erhaltene Kapital in Projekt 1.*

Beweis: Wir konstruieren ein Gleichgewicht mit einem Zinssatz r, bei dem es für die Unternehmen vorteilhaft ist, das gute Projekt zu realisieren, und die Banken Nullgewinne machen. Weil die Erträge der Durchführung eines Investitionsprojekts in der Folgeperiode realisiert werden, erhalten sie aus wiederholtem Investieren in Projekt 1 den erwarteten Gewinn $E(\pi_1^{KN}) = p_1[R_1 - (1+r)B]$ ab der Folgeperiode in jeder Periode. Der Barwert dieser Zahlungsreihe entspricht wegen Diskontierung mit Rate ρ (A5)

$$\sum_{t=1}^{\infty} \frac{E(\pi_1^{KN})}{(1+\rho)^t} = \sum_{t=1}^{\infty} \frac{p_1[R_1 - (1+r)B]}{(1+\rho)^t}.$$

Den Zähler kann man vor das Summenzeichen ziehen, weil t nicht darin auftaucht, und der verbleibende Bruch lässt sich mit Hilfe der Formel für die geometrische Reihe

(Abschnitt A.13) umformen:

$$\sum_{t=1}^{\infty}\left(\frac{1}{1+\rho}\right)^t = \frac{1}{1+\rho}\sum_{t=0}^{\infty}\left(\frac{1}{1+\rho}\right)^t = \frac{1}{1+\rho}\frac{1}{1-\frac{1}{1+\rho}} = \frac{1}{\rho}.$$

Also beträgt die Summe der Barwerte der Gewinne aus wiederholtem Investieren in Projekt 1

$$\sum_{t=1}^{\infty}\frac{E(\pi_1^{KN})}{(1+\rho)^t} = \frac{p_1[R_1-(1+r)B]}{\rho}.$$

Die Realisierung von Projekt 1 ist die gewinnmaximierende Wahl für die Firmen, wenn dieser Ausdruck nicht kleiner ist als R^f (A5):

$$\frac{p_1[R_1-(1+r)B]}{\rho} \geq R^f.$$

Auflösen nach r liefert:

$$r \leq \frac{R_1 - \frac{\rho R^f}{p_1}}{B} - 1 \equiv r_1.$$

Die erwartete Rückzahlung ist $E(\pi_1^{KG}) = p_1(1+r)B$ für $r \leq r_1$ (d. h. bei Realisierung von Projekt 1) und null für $r > r_1$ (d. h. bei Realisierung von Projekt 2). Die Rendite der Banken entspricht also

$$i(r) = \begin{cases} p_1(1+r)-1; & \text{für } r \leq r_1 \\ -1; & \text{für } r > r_1 \end{cases}$$

(s. das obere Bild in Abbildung VII.11). Das Maximum dieser Funktion liegt bei r_1 und entspricht

$$i(r_1) = \frac{p_1 R_1 - \rho R^f}{B} - 1.$$

Wegen Nullgewinnen (A6) ist $i = i(r)$, und das Kapitalangebot ist $S[i(r)]$. Diese zusammengesetzte Kapitalangebotsfunktion erreicht ihr Maximum bei

$$S[i(r_1)] = S\left(\frac{p_1 R_1 - \rho R^f}{B} - 1\right).$$

Die Ungleichung in A7 besagt, dass dieses Maximum über der Kapitalnachfrage (d. h. NB) liegt. Wie im unteren Diagramm in Abbildung VII.11 illustriert, gibt es folglich ein Kreditmarktgleichgewicht mit Markträumung bei einem Kreditzins unterhalb von r_1, bei dem also Projekt 1 gewählt wird. (Offensichtlich würde man unter der alternativen Annahme $0 < S[i(r_1)] < NB$ analog zur in Abbildung VII.11 dargestellten Situation ein Kreditrationierungsgleichgewicht erhalten, in dem nicht alle Projekte finanziert werden.)

Die Annahme, dass die Unternehmer nicht sparen, sondern ihre Gewinne für sofortigen Konsum nutzen (A5), ist konsistent mit dem Modellergebnis. Für den Fall, dass sie Projekt 2 wählen wollen, würden sie vorab sicher nicht sparen, weil die

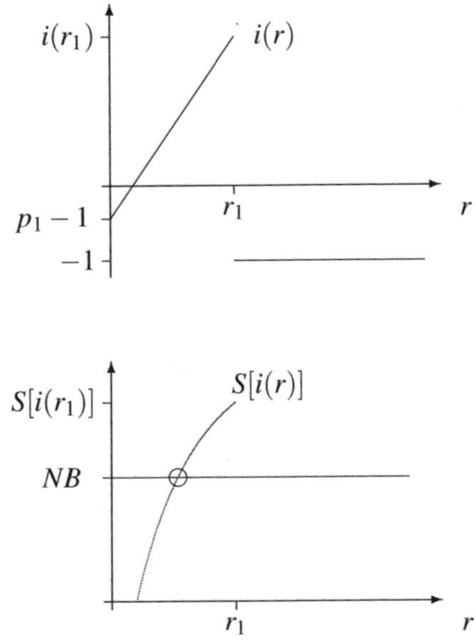

Abbildung VII.11: Langfristige Beziehungen

Fremdkapitalgeber annahmegemäß (A4) Durchgriff auf das angesparte Kapital hätten. Und auch im Gleichgewicht – mit wiederholter Realisierung von Projekt 1 – haben sie keinen Anreiz zu sparen. Denn aus $r < r_1$ sowie der Formel für $i(r_1)$ und der ersten Ungleichung in A5 folgt

$$i(r) < i(r_1) < \rho.$$

Je Euro Ersparnis würden sie in der Folgeperiode $1 + i(r)$ Euro erhalten; die sind ihnen aber aus Sicht des Anlagezeitpunkts nur $[1 + i(r)]/(1 + \rho) < 1$ Euro wert (vgl. Vorbemerkung 10 in Abschnitt VII.2). *q. e. d.*

In Kapitel VI (Kasten VI.10) wurden implizite Kontrakte als ein Grund für Preisrigidität genannt. Hier liegt nun ein impliziter Kontrakt zwischen Kapitalnehmer und -geber vor. Ohne dass das vertraglich durchgesetzt werden könnte, sieht der Kapitalnehmer davon ab, das für den Kapitalgeber nachteilige Projekt 2 zu realisieren, wofür im Gegenzug seine Kreditbeziehung aufrecht erhalten wird. Im Kreditmarktgleichgewicht gelingt so die Versorgung aller Kapitalnehmer mit Investitionskapital. Empirische Studien bestätigen das Ergebnis, dass sich im Rahmen von langfristigen Bank-Kunde-Beziehungen der Zugang zu Kredit für Firmen verbessert (s. Kasten VII.7).

Fazit: In den Abschnitten VII.5-VII.7 haben wir ein recht „düsteres Bild" von Gleichgewichten auf Kapitalmärkten gezeichnet. Wiederkehrenden Finanzkrisen zum Trotz kann man einwenden, dass die Finanzierung von Investitionen meist doch viel reibungsloser verläuft, als die Modelle mit adverser Selektion und Moral hazard das vermuten ließen. Das ist aber für sich genommen kein stichhaltiges Argument

Kasten VII.7: Zugang zu Kredit in langfristigen Bank-Kunde-Beziehungen

PETERSEN und RAJAN (1994) benutzen ihre Daten über die Nutzung von Lieferantenkrediten (s. Kasten VII.4), um zu überprüfen, ob Firmen mit einer anhaltenden Bank-Kunde-Beziehung seltener teure Lieferantenkredite in Anspruch nehmen, d.h. besseren Zugang zu billigerem Kredit haben. Als Maße für die Intensität der Bank-Kunde-Beziehungen einer Firma verwenden sie u.a. die Länge der am längsten bestehenden Geschäftsbeziehung zu einer Bank und die Anzahl von Finanzinstitutionen, bei denen sich die Firma beleiht. Die Idee ist, dass der Zugang zu Kredit um so besser ist, je länger die Beziehung zu den Kapitalgebern bereits andauert und je enger sie ist. Ihre empirische Untersuchung bestätigt das: Der Anteil in Anspruch genommener Skonti steigt um knapp ein Prozent pro einprozentiger Anstieg in der Dauer der längsten Bank-Kunde-Beziehung; der Anteil in Anspruch genommener Skonti steigt um rund neun Prozent pro Anbieter von Kapital weniger.

Kasten VII.8: Basel I und II

1988 veröffentlichte der Basler Ausschuss für Bankenaufsicht das Basel-Abkommen zur Eigenkapitalausstattung von Banken. Der Basler Ausschuss setzt sich aus Vertretern von Zentralbanken und nationalen Finanzaufsichtsbehörden zusammen, u. a. aus Deutschland und allen anderen wichtigen Industrienationen. Treffpunkt des Ausschusses ist die Bank für Internationalen Zahlungsausgleich (BIS) in Basel, zu der der Ausschuss aber in keiner rechtlichen Beziehung steht. Der Basel-Ausschuss hat keine legislative Macht. 1992 wurden aber seine Vereinbarungen zur Eigenkapitalausstattung von Banken in allen großen Industrienationen in nationales Recht umgesetzt, in Deutschland durch die 4. KWG-Novelle. Nach „Basel I" mussten Banken in vorgegebener Höhe Eigenkapital gegen ihre Kredite halten. Kredite an Unternehmen waren mit 8% Eigenkapital zu unterlegen, Kredite an andere Banken in OECD-Ländern mit 1,6%, nur Kredite an die öffentliche Hand in OECD-Staaten unterlagen keiner Eigenkapitalvorschrift.

Zu Beginn des Jahres 2008 trat in Deutschland das Basel-II-Abkommen vollständig in Kraft und ersetzte Basel I. Dazu wurde im Gesetz zur Umsetzung der neu gefassten Bankenrichtlinie und der neu gefassten Kapitaladäquanzrichtlinie vom November 2006 die EU Capital Requirements Directive (CRD) vom Juni 2006 umgesetzt. Die zentrale Neuerung von „Basel II" bestand darin, den Kapitalbedarf für jeden Kredit davon abhängig zu machen, wie riskant der Kreditnehmer ist (anstelle der Basel-I-8%-Pauschalregelung). Die Beurteilung des Kreditrisikos kann dabei entweder durch das externe Rating des Kreditnehmers durch eine Ratingagentur (d. h. Moody's, Standard and Poor's oder Fitch) erfolgen (Standardansatz) oder durch ein bankinternes Risikomodell (d. h. auf internen Ratings basierend, IRB-Ansatz). Zusätzlich schreibt Basel II vor, Eigenkapital gegen operationelle Risiken (Risiken des Versagens interner Verfahren und extern verursachter Störfälle) und Marktrisiken (d. h. Preisrisiken für Aktien- und Devisenbestände etc.) zu halten.

Kasten VII.9: Basel III

Die Bankenkrise 2007–09 deckte zwei Schwachstellen des Basel-II-Abkommens auf. Erstens verfügten die Banken offensichtlich über – gemessen an ihrer Risikoposition – zu wenig Eigenkapital. Zweitens wirkten die Eigenkapitalrichtlinien selbst prozyklisch und verstärkten damit die Krise noch: Bei vorher guter Konjunktur konnten angesichts fallender Ausfallrisiken mit dem vorhandenen Eigenkapital mehr Kredite vergeben werden; mit angesichts verschlechterter Konjunktur steigenden Ausfallrisiken in der Krise stiegen die Eigenkapitalanforderungen, so dass die Kreditvergabe eingeschränkt werden musste und rückfließende Mittel zur Stärkung der Eigenkapitalbasis genutzt wurden anstatt für neue Kredite. Dies gab Anlass zu einer Revision des Basel-Abkommens im Rahmen von „Basel III“ mit dem Ziel, diese Schwachstellen zu beheben.

Basel III unterscheidet drei Arten von Eigenkapital: Die „beste“ Form von Kapital ist das harte Kernkapital oder Tier-1a-Kapital, das im Wesentlichen das eingezahlte Kapital und Gewinnrücklagen umfasst. Das Tier-1b-Kapital (weiches Kernkapital) besteht aus ebenfalls zeitlich unbefristet zur Verfügung stehenden und an Verlusten teilnehmenden Titeln wie z. B. nachrangigen Anleihen (die im Insolvenzfall erst nach den erstklassigen Anleihen bedient werden). Beim Ergänzungskapital oder Tier-2-Kapital handelt es sich um nachrangige Ansprüche mit einer Mindestlaufzeit von fünf Jahren.

Um die Prozyklizität der Eigenkapitalanforderungen zu reduzieren, führte Basel III einen antizyklischen Eigenkapitalpuffer ein, der durch die nationale Bankenaufsicht mit einem Jahr Vorlauf im Bereich 0–2,5% festgelegt wird. Hiermit kann der Kapitalbedarf bei starker Kreditexpansion erhöht und in Rezessionen reduziert werden. Der antizyklische Eigenkapitalpuffer muss aus Kernkapital bestehen.

Nach erfolgter stufenweiser Einführung bis Anfang 2019 ist der Kapitalbedarf von Banken damit wie folgt geregelt: Banken müssen Kernkapital in Höhe von 7–9,5% der risikogewichteten Assets vorhalten. Diese Zahl setzt sich zusammen aus einer Basis-Kernkapitalquote von 4,5%, dem sogenannten Kapitalerhaltungspuffer von 2,5% und dem antizyklischen Eigenkapitalpuffer von 0–2,5%. Wird dieser Wert unterschritten, bleibt die Quote aber über 4,5% plus antizyklischer Eigenkapitalpuffer (d. h. fehlt „nur“ der Kapitalerhaltungspuffer), dann erfolgt nicht die aufsichtsrechtliche Schließung des Instituts, sondern es treten Regelungen über die Begrenzung der Gewinnausschüttung in Kraft, bis der Wert wieder erreicht wird (z. B. dürfen bei unter 0,5% Kapitalerhaltungspuffer gar keine Gewinne ausgeschüttet werden). Darüber hinaus müssen die Banken weitere 1,5% Tier-1b-Kapital sowie weitere 2% Tier-2-Kapital halten, insgesamt also 8,5–11% Tier-1- (d. h. Tier-1a- und Tier-1b-) Kapital und 10,5–13% regulatorisches Eigenkapital (d. h. Tier-1- und Tier-2-Kapital), je nach antizyklischem Puffer. Die ursprünglichen 8% der vorherigen Basel-Abkommen müssen also aus Tier-1-Kapital erbracht und um den antizyklischen Puffer ergänzt werden.

Als eine weitere Begrenzung der Kapitalvergabe tritt ab 2018 eine regulatorische Obergrenze für die Leverage (s. u. Abschnitt VIII.5) in Kraft: Das Tier-1-Kapital muss mindestens 3% der (nicht risikogewichteten) Bilanzsumme entsprechen.

(S. BANH et al. [2011].)

dafür, dass die Theorien mit Problemen befasst wären, die in der Praxis keine Rolle spielten. Eine alternative Erklärung ist, dass es Institutionen und Mechanismen gibt, die helfen, die thematisierten Probleme bei der Investitionsfinanzierung zu überwinden. Das ist die Essenz des laufenden Abschnitts: Dass der Kapitalmarkt meistenteils recht reibungslos funktioniert, liegt nicht daran, dass Probleme asymmetrischer Information unwichtig wären, sondern daran, dass die Banken sie i. d. R. recht gut unter Kontrolle haben.

Allerdings wirft diese Interpretation der Geschäftstätigkeit von Banken ein neues Problem auf: Banken haben selbst für Einleger versteckte Eigenschaften und Raum für versteckte Handlungen – *wenn Banken die Unternehmen kontrollieren, wer kontrolliert dann die Banken?* Die Bedeutung dieser Frage spiegelt sich darin wider, dass der Bankensektor in aller Regel einer der am dichtesten regulierten Sektoren der Volkswirtschaft ist. Es gibt für den Bankensektor 1. Eigenkapitalvorschriften, 2. Aufsichtsbehörden, 3. ein „Sicherheitsnetz“, 4. Einlagensicherung und 5. weitere Regulierungen, zu denen außerhalb des Finanzsektors kein Pendant existiert.

1. Nach dem ***Basel-***Abkommen sind Banken dazu verpflichtet, ausgegebene Kredite mit Eigenkapital zu unterlegen (s. Kästen VII.8 und VII.9).

2. In Deutschland teilen sich nach den §§6 und 7 KWG die Bundesanstalt für Finanzdienstleistungsaufsicht (Bafin) und die Bundesbank die Bankenaufsicht. Nach § 6 Abs. 3 kann die Bafin „im Rahmen der ihr gesetzlich zugewiesenen Aufgaben gegenüber den Instituten und ihren Geschäftsleitern Anordnungen treffen, die geeignet und erforderlich sind, um Verstöße gegen aufsichtsrechtliche Bestimmungen zu unterbinden oder um Missstände in einem Institut zu verhindern oder zu beseitigen, welche die Sicherheit der dem Institut anvertrauten Vermögenswerte gefährden können oder die ordnungsgemäße Durchführung der Bankgeschäfte oder Finanzdienstleistungen beeinträchtigen.“

3. Systemische Bankenkrisen, d. h. Probleme in weiten Teilen des Bankensektors oder in einzelnen für das Funktionieren des Gesamtsystems wichtigen Banken, haben aus Gründen, denen wir uns im Detail in Abschnitt VII.9 zuwenden, gravierende makroökonomische Folgen. Um diese Folgewirkungen zu vermeiden, schützen Staaten in Schieflage geratene „systemisch wichtige“ Banken vor der Pleite: Die öffentliche Hand kann überschuldete Institute rekapitalisieren oder komplett verstaatlichen; sie kann Garantien für Bankverbindlichkeiten aussprechen; sie kann Banken notleidende Assets abkaufen oder sie bei der Auslagerung solcher Assets in „Bad banks“ unterstützen. In der Finanzkrise 2007–09 wurde von einigen dieser Mittel Gebrauch gemacht (s. Kästen VII.10 und VII.11). Das Problem eines solchen regulatorischen Sicherheitsnetzes ist, dass es möglicherweise ein neues Moral-hazard-Problem schafft, indem es als systemisch wichtig erachtete Banken dazu verleitet, in der Aussicht auf staatliche Rettungspakete zu hohe Risiken einzugehen.

4. Einlagensicherungssysteme schützen Banken vor einem plötzlichen Abzug ihrer Einlagen. Hierzu kommen wir im Detail in Kapitel VIII.

5. Traditionell gab es noch weitere Arten der Regulierung des Bankensektors. Eine bemerkenswerte Regelung ist der Glass-Steagall Act in den USA von 1933, der die Trennung von Geschäftsbanken und Investmentbanken vorschrieb, allerdings 1998 abgeschafft wurde. In der modernen Bankenwelt hätte ein neuer Glass-Stegall Act

Kasten VII.10: Soffin

In Antwort auf die Finanzkrise 2007–09 wurde in Deutschland im Oktober 2008 mit dem Finanzmarktstabilisierungsfondsgesetz (FMStFG) der sogenannte „Soffin“ (Sonderfonds Finanzmarktstabilisierung, offiziell: Finanzmarktstabilisierungsfonds) errichtet. Danach kann die (rechtlich unselbständige) Finanzmarktstabilisierungsanstalt (FMSA) im Auftrag des Bundesfinanzministeriums Garantien für Aktiva bis zum Umfang von € 400 Mrd. abgeben, sich an der Rekapitalisierung von Banken beteiligen sowie Banken Wertpapiere abkaufen und Kredite von bis zu € 70 Mrd. vergeben (§§ 6–9 FMStFG). Der Soffin vergab hohe Garantien (u. a. beim Höchststand € 142 Mrd. an die Hypo Real Estate (HRE)). Die Garantien wurden aber nicht in Anspruch genommen und recht bald zurückgeführt. Durch eine Rekapitalisierung in Höhe von € 7,7 Mrd. wurde der Soffin im Oktober 2009 Alleineigentümer der HRE. Die Commerzbank erhielt bis Anfang 2009 € 18,2 Mrd. vom Soffin, der damit 25%-Teilhaber wurde. Weitere € 3,0 Milliarden gingen an die WestLB und € 0,5 Milliarden an die Aareal Bank. Da das vom Soffin vergebene Geld verzinst wird (sobald die empfangende Bank keine Verluste mehr macht) und für die Garantien eine Gebühr erhoben wird, hat der Soffin Einnahmen. Wie hoch der Netto-Verlust des Fonds sein wird, hängt davon ab, wie hoch der Wiederverkaufspreis für die erworbenen Beteiligungen sein wird. Weitere Rekapitalisierungsmaßnahmen im Volumen von insgesamt € 18 Mrd. fielen in den Bundesländern an, die ihre Landesbanken (BayernLB, HSH Nordbank und LBBW) retten mussten.

Kasten VII.11: Bad banks

Mit dem Finanzmarktstabilisierungsfortentwicklungsgesetz wurden im Juli 2009 Bad banks in das FMStFG eingeführt (§6a–d). Banken können danach eine Zweckgesellschaft (ihre „Bad bank“) gründen und riskante Assets mit einem Abschlag gegenüber dem Buchwert an diese Bad bank verkaufen. Damit sind sind die Assets aus der Bilanz der Bank – und damit der Bedarf, Eigenkapital dagegen zu halten – verschwunden; die Risiken sind auf die Bad bank übergangen. Die Bad bank refinanziert den Ankauf der problematischen Assets durch die Emission von Schuldverschreibungen. Damit die Platzierung am Markt gelingen kann, garantiert der Soffin die Bedienung der Schuldverschreibungen. Hierfür zahlt die Bank eine Gebühr an den Soffin. Wenn die Erträge aus den Assets der Bad bank (und die Gebühren) nicht ausreichen, um die Schuldverschreibung zu bedienen, fallen Kosten für den Soffin an.

Als erste Bank in Deutschland gründete die West LB Ende 2009 eine Bad bank, die Erste Abwicklungsanstalt, und übertrug Assets im Volumen von € 77 Mrd. an das neue Institut. Im Oktober 2010 lagerte die HRE € 173 Mrd. an ihre Bad bank, die FMS Wertmanagement, aus. Verluste bei diesen beiden Bad banks bescherten dem Soffin 2010 einen Verlust von über € 4 Mrd.

den großen Vorteil, dass Investmentbanken ihre systemische Wichtigkeit verlören. Für das Funktionieren der Realwirtschaft ist eine funktionierende Kreditvergabe essenziell (s. Abschnitt VII.9). Wenn die hierfür verantwortlichen Geschäftsbanken von den Investmentbanken wirksam getrennt wären (d. h. erstens die Investmentbanken kein Kreditgeschäft haben und sich zweitens auch nicht bei den Geschäftsbanken refinanzieren können), könnte man die Investmentbanken pleite gehen lassen, ohne gravierende realwirtschaftliche Konsequenzen befürchten zu müssen.

Kommen wir zum Abschluss der Ausführungen zu adverser Selektion und Moral hazard noch einmal zur Kapitalstruktur der Unternehmen zurück. In Abschnitt VII.6 haben wir gesehen, dass bei asymmetrischer Information das Modigliani-Miller-Theorem nicht gilt: Unterschiedliche Kapitalstrukturen führen zu unterschiedlichen Marktergebnissen. Die Theorie deutet dabei auf ein nützliches Prinzip bei der Bestimmung der optimalen Kapitalstruktur hin: Ein Unternehmen sollte sich Kapital zunächst dort beschaffen, wo die Informationsasymmetrien am schwächsten ausgeprägt sind. Das ist exakt kompatibel mit den Beobachtungen zur Unternehmensfinanzierung in Kasten V.5: Zunächst nutzt man Eigenmittel, dann wendet man sich an seine Bank, und erst dann geht man an den anonymen Anleihen- oder Aktienmarkt. Das ist das so genannte ***Pecking-order-Prinzip (Hackordnungsprinzip)*** der Unternehmensfinanzierung. Aus einem etwas anderen Blickwinkel betrachtet, liefert die Moral-hazard-Theorie einen weiteren Beitrag zur Erklärung des geringen Aktienanteils an der Unternehmensfinanzierung. Nach JENSEN (1986) verfolgen Manager mit frei verfügbaren Cash flows – im Rahmen der Möglichkeiten – eigene statt Unternehmensinteressen, solange sie damit nicht riskieren, ihr Unternehmen (und damit ihren Job und damit verbundene Annehmlichkeiten) in Gefahr zu bringen (Free cash flow hypothesis). Schulden wirken dann disziplinierend auf das Managerverhalten. Weil sie feste Zahlungsansprüche anstatt Residualansprüche verbriefen, erhöhen sie (bei gleichem Verhalten) das Bankrottrisiko und zwingen so Manager, verschwenderische Aktionen zu unterlassen.

VII.9 Makroökonomische Implikationen

Die Theorie der Investitionsfinanzierung unter asymmetrischer Information in diesem Kapitel hat drei wichtige makroökonomische Implikationen, die wir im folgenden der Reihe nach behandeln. 1. Es besteht eine positive Wechselbeziehung zwischen wirtschaftlichem Wachstum und der Entwicklung des Finanzsystems. 2. Probleme im Bankensektor haben gravierende realwirtschaftliche und fiskalische Kosten. 3. Es ergeben sich weitere Transmissionskanäle der Geldpolitik.

1. Der Investitionsprozess wurde im Solow-Modell in Kapitel II in einer Form modelliert, die vor dem Hintergrund der im laufenden Kapitel behandelten Komplikationen übervereinfachend erscheint: Mit Annahme A3 in Abschnitt II.5 nahmen wir einfach an, dass der Teil des BIPs, der nicht für Konsum verwendet wird, investiert wird ($K_t = Y_{t-1} - C_{t-1}$). Wie die Unternehmen auf dem Kapitalmarkt an das zum Investieren benötigte Kapital kommen – darüber machten wir uns dabei keine Gedanken, Märkte spielten im Solow-Modell ja keine Rolle.

Mittlerweile haben wir gesehen, welche Schwierigkeiten sich dabei ergeben können. Damit wird es verständlich, warum sich unter den wenigen Variablen, die sich in Wachstumsregressionen als robuste Erklärende von Wachstum erweisen, einerseits die tatsächlichen Investitionen befinden (s. Kasten II.6) sowie andererseits institutionelle Variablen, die quantifizieren, wie sicher sich Unternehmen sein können, dass die Erträge ihrer Investitionen ihnen zufließen werden (z. B. die Durchsetzbarkeit von Verträgen oder Rechtsstaatlichkeit, s. Kasten II.15).

2. Unter ***Bankenkrisen*** versteht man systemische Probleme im Bankensektor, die den gesamten Bankensektor (nicht nur einige wenige Banken) betreffen. Bankenkrisen haben gravierende makroökonomische Konsequenzen. Wenn Banken in einer Krise Verluste bei ihren ausgegebenen Krediten oder gehaltenenen Wertpapieren machen, dann müssen sie wegen der Basel-Eigenkapitalvorschriften ihre Kreditvergabe einschränken, und die Investitionsfinanzierung erschwert sich für die Unternehmen (***Disintermediation***). Vor dem Hintergrund des Modigliani-Miller-Theorems müsste man das als überraschend erachten. Denn wäre die Kapitalstruktur irrelevant, dann könnten die Banken ja nach Verlusten frisches Kapital aufnehmen; und wenn das nicht klappt, könnten Unternehmen sich anderweitig finanzieren als bei den Banken (durch Emission von Unternehmensanleihen oder Aktien etc.). Augenscheinlich gelingt weder das Eine noch das Andere: In einer Bankenkrise können Banken nicht frisches Kapital aufnehmen oder mehr Einlagen entgegen nehmen, sondern es erfolgt – im Gegenteil – ein Mittelabfluss (mehr hierzu in Kapitel VIII); und die Unternehmen haben kurzfristig keine Alternative zu Bankkrediten bei der Finanzierung ihrer Investitionen. Der Grund ist eine zweifache Nicht-Irrelevanz der Kapitalstruktur aufgrund von asymmetrischer Information. Zum einen ist bei unvollkommener Information über ihre Profitabilität Kapitalbedarf von Banken ein negatives Signal, weshalb Anleger ihr Geld in andere Finanzanlagen stecken. Zum anderen erfolgt außerhalb der etablierten Kreditbeziehungen zwischen Banken und Unternehmen die Kapitalvergabe nicht vergleichbar effizient. Daher führt die Disintermediation zu Investitions- und Produktionsrückgängen (s. Kasten VII.12).

Bankenkrisen ziehen erhebliche Kosten nach sich: zum einen die direkten Kosten für die in Abschnitt VII.8 genannten regulatorischen Sicherungen, zum anderen die konjunkturellen Kosten, die aus Disintermediation und Einschränkungen der Kreditvergabe resultieren (s. Kasten VII.13).

Kasten VII.12: Japan-Krise

Japan erlebte nach der Deregulierung des Finanzsektors am Ende der 1980er-Jahre einen Kredit-, Aktien- und Immobilienboom sondergleichen. Mit immer teureren Aktien und Immobilien wurde ein schnell wachsendes Kreditvolumen abgesichert. Ende 1989 kollabierten die Aktienkurse, wenig später platzte die Immobilien-Bubble. Japan rutschte in die Rezession. Nun erwiesen sich mehr als 10% der vergebenen Kredite als faul, und gleichzeitig waren die Kreditsicherheiten weitgehend wertlos geworden. Es dauerte mehr als zehn Jahre, bis es den Banken unter Inkaufnahme permanenter bilanzieller Verluste gelungen war, die faulen Kredite in ihren Büchern weitgehend abzuschreiben. Dabei schrumpfte das Volumen ausstehender Kredite zwischen 1991 und 2004 um mehr als 20%. Die japanische Volkswirtschaft wuchs von 1990 bis 2002 mit 1,2% jährlich – nach 6,2% p. a. von 1960 bis 1990. Heute spricht man von Japans „verlorenem Jahrzehnt" („Lost decade").

Kasten VII.13: Kosten von Bankenkrisen

LAEVEN und VALENCIA (2010) ermitteln für systemische Bankenkrisen aus dem Zeitraum 1970–2009 die direkten Kosten für die regulatorischen Sicherungen (Ausgaben für die Rekapitalisierung oder Verstaatlichung überschuldeter Institute, für fällig werdende Garantien für Bankverbindlichkeiten, für den Ankauf von notleidenden Assets von den Banken und für die Überführung notleidender Assets in Bad banks) sowie die makroökonomischen Folgekosten. Für Krisen im Zeitraum 1970–2006 betrugen die direkten Kosten 3,7% des BIPs in Industrieländern und 11,5% in Schwellenländern. Die konjunkturellen Kosten waren noch wesentlich größer. Fallende Steuereinnahmen und expansive Konjunkturpolitik als Antwort auf eine schlechte BIP-Entwicklung erhöhten die Staatsverschuldung in den Industrieländern um 36,2% des BIP und in den Schwellenländern um 12,7% des BIP. Die Bankenkrise 2007–09, die sich auf Industrieländer konzentrierte, wies dort höhere direkte fiskalische Kosten (5,8% des BIPs, in Deutschland nur 1,4%) auf, aber geringere, wenn auch immer noch sehr beträchtliche, Anstiege der Schuldenstandsquoten (25,1%).

3. In Abschnitt V.8 haben wir gesehen, wie die Zentralbank mittels sinkender Zinsen die Investitionstätigkeit kurzfristig beleben und so das BIP erhöhen kann. In Abgrenzung von anderen Wirkungskanälen, denen wir uns jetzt zuwenden, nennt man dies auch den ***Zinskanal der Geldpolitik***. In den Abschnitten VI.4 und VI.10 haben wir ferner gesehen, dass die expansiven Wirkungen von Zinssenkungen bei flexiblem Wechselkurs durch einen ***Wechselkurskanal der Geldpolitik*** verstärkt werden: Sinkende Zinsen führen zu einer abnehmenden Nachfrage nach inländischen Finanztiteln, damit zu einer Euro-Abwertung, steigenden Exporten und einem weiter zunehmenden BIP. Die Kreditmarkttheorien aus dem laufenden Kapitel weisen auf zwei weitere monetäre ***Transmissionskanäle*** hin, den Bilanzkanal und den Bankkreditkanal.

Kreditsicherheiten S entschärfen den in Abschnitt VII.4 behandelten fundamentalen Interessenkonflikt zwischen Kapitalgeber und Kapitalnehmer. Zunehmende Kreditsicherheiten mildern daher die Probleme adverser Selektion und Moral hazards und tragen so dazu bei, dass auf dem Finanzmarkt das Kapital mit weniger „Reibungsverlusten“ von den Sparern zu den Firmen transferiert werden kann. (Formal: Anstiege der Sicherheiten S erhöhen $E(\pi_j^{KG})$ und damit $i(r)$ und $S[i(r)]$. Das führt tendenziell zu einer höheren Kreditvergabe.) Nun hängt der Wert der Kreditsicherheiten eines Unternehmens in zweifacher Hinsicht vom Zinssatz ab. Erstens bedeuten sinkende Zinsen, dass die Bedienung neu aufgenommener sowie überwälzter Schulden billiger wird. Dadurch steigen die Unternehmensgewinne. Werden diese zusätzlichen Gewinne nicht vollständig ausgeschüttet, sondern zumindest teilweise thesauriert, dann nehmen die Sicherheiten der Firma zu. Zweitens bedeuten sinkende Zinsen, dass der Barwert der zukünftigen Cash flows der Firma wächst, weil die zukünftigen Cash flows schwächer abgezinst werden (vgl. Abschnitt VII.2). Auch das erhöht die Kreditsicherheiten der Firma. Geldpolitisch induzierte Zinssenkungen erhöhen also die Investitionen auch dadurch, dass sie die Eigenkapitalposition der Firmen verbessern. Umgekehrt verschlechtern höhere Zinsen die finanzielle Basis von Unternehmen. Das ist der ***Bilanzkanal der Geldpolitik***. Empirische Studien zeigen, dass der Bilanzkanal einen wichtigen Beitrag zur Erklärung der Effektivität geldpolitischer Maßnahmen leistet (s. Kasten VII.14).

Kasten VII.14: Bilanzkanal der Geldpolitik

Nach der Standardtheorie beeinflusst Geldpolitik die Investitionen vor allem über den Zinskanal. Hieran zweifelten Ökonomen schon lange, weil Investitionen scheinbar nicht sehr stark auf Zinsänderungen reagieren. Die Theorie asymmetrischer Information besagt, dass die Geldpolitik trotzdem effektiv sein kann, weil neben dem Zinskanal ein Bilanzkanal der Geldpolitik existiert. Der naheliegendste Weg, die empirische Bedeutung des Bilanzkanals zu überprüfen, besteht darin zu untersuchen, ob für die Firmeninvestitionen neben den Zinsen auch Variablen wichtig sind, die die Bilanzposition der Unternehmen beschreiben, wie z. B. der Cash flow. Man kann auch einen Schritt weiter gehen: Probleme asymmetrischer Information sollten für kapitalarme Firmen gravierender sein als für kapitalreiche Firmen und für kleine gravierender als für große. Ein weiteres Argument für die Relevanz des Bilanzkanals wäre also erbracht, wenn man zeigen kann, dass kapitalarme, kleine Unternehmen stärker auf Cash-flow-Änderungen reagieren als kapitalreiche, große.

Die klassische Studie, die diese beiden Hypothesen überprüft, stammt von FAZZARI et al. (1988). Sie betrachten ausgeschüttete Dividenden als einen Indikator für die Stärke der Unternehmensbilanz (kapitalschwache Unternehmen können es sich nicht leisten, hohe Dividenden auszuschütten). Sie untersuchen das Verarbeitende Gewerbe in den USA für den Zeitraum 1970–84 und bestätigen beide Hypothesen: Der Cash flow hat einen Einfluss auf die Investitionen, und zwar einen um so stärkeren, je schwächer die Bilanzposition ist. Für (kapitalstarke) Firmen mit einem Dividenden-Umsatz-Verhältnis von über 20% beträgt die Korrelation zwischen Investitionen und Cash flow 0,20, für (kapitalschwache) Firmen mit einem Dividenden-Umsatz-Verhältnis von unter 10% ist die Korrelation 0,92.

Eine vergleichbare Studie mit deutschen Daten aus den Jahren 1988–97 liefert VON KALCKREUTH (2001). In einem ersten Schritt bestätigt er einen signifikant positiven Einfluss des Cash flows auf die Investitionen. Dann unterteilt er die Firmen in zwei Gruppen mit guter bzw. schlechter Gesamtkennzahl in der Unternehmensbilanzstatistik der Deutschen Bundesbank (ein Maß für die Kreditwürdigkeit). Dabei stellt sich heraus, dass die weniger kreditwürdigen Unternehmen kaum auf Zinsänderungen reagieren, aber doppelt so stark wie die kreditwürdigeren auf Cashflow-Änderungen. Ähnliche Ergebnisse erhält man bei einer Aufteilung in große und kleine Firmen.

Viele weitere Studien bestätigen die empirische Relevanz des Bilanzkanals der Geldpolitik bei der Erklärung der Effektivität der Geldpolitik. BERNANKE (Fed-Chairman seit Februar 2006) und GERTLER (1995, 27–28) fassen zusammen:

„empirical studies of supposedly 'interest-sensitive' components of aggregate spending have in fact had great difficulty in identifying a quantitatively important effect of the neoclassical cost-of-capital variable. Indeed, the most common finding is that nonneoclassical factors – for example, 'accelerator' variables such as lagged output, sales or cash flow – have the greatest impact on spending.“

Ein weiterer Transmissionskanal der Geldpolitik resultiert aus der oben angesprochenen zweifachen Nicht-Irrelevanz der Kapitalstruktur: Banken können Mittelabflüsse nicht ohne Weiteres durch alternative Refinanzierungsquellen kompensieren, und Unternehmen können eine Verschlechterung ihres Zugangs zu Bankkrediten nicht leicht durch alternative Finanzierungsquellen ausgleichen. Oben hatten wir betont, dass demzufolge Verluste im Bankensektor in Bankenkrisen die Kreditvergabe, die gesamtwirtschaftlichen Investitionen und das BIP senken. Das Gleiche „im Kleinen" passiert bei restriktiver Geldpolitik. Restriktive Geldpolitik bedeutet eine Verteuerung der Refinanzierung der Banken über die Zentralbank. In Abschnitt IV.5 haben wir gesehen, wie der resultierende Rückgang der Zentralbankgeldmenge auch das Volumen der Bankeinlagen und die Geldmenge reduziert. Weil Banken das nicht ohne Weiteres mittels alternativer Refinanzierungsquellen kompensieren können, sinkt die Kreditvergabe, und die Investitionstätigkeit der auf Bankkredite angewiesenen Unternehmen geht zurück. Umgekehrt erhöhen Zinssenkungen die Kreditvergabespielräume und damit das Investitionsvolumen. Das ist der ***Bankkreditkanal der***

Kasten VII.15: Bankkreditkanal der Geldpolitik

Die empirische Relevanz des Bankkreditkanals ist umstritten. Es ist hier schwieriger als beim Bilanzkanal, einen stichhaltigen Test zu finden. Den maßgeblichen Test schlugen KASHYAP et al. (1993) vor: Wenn der Bankkreditkanal eine wichtige Rolle spielt, müssten nach einem kontraktiven geldpolitischen Impuls die Bankkredite stärker abnehmen als andere Finanzierungsquellen wie z. B. Commercial paper (kurzfristige Unternehmensanleihen). D. h. der Anteil der Bankkredite an der Summe von Bankkrediten und Unternehmensanleihen müsste sinken. Bestätigt sich diese Hypothese, so ist das Evidenz für den Bankkreditkanal. Für Deutschland wäre dieser Test ungeeignet, weil Unternehmensanleihen als Mittel der Unternehmensfinanzierung vergleichsweise unbedeutend sind. Aber für die USA ist er potenziell interessant, weil es einen größeren Markt für Unternehmensanleihen gibt.

KASHYAP et al. (1993) gehen dieser Frage anhand von US-Daten für den Zeitraum 1963–89 nach und bestätigen die Hypothese: In Antwort auf kontraktive Geldpolitik sinkt der Anteil der Bankkredite an der Unternehmensfinanzierung.

OLINER und RUDEBUSCH (1996) zweifeln aber an, dass dies etwas mit dem Bankkreditkanal zu tun hat. Sie weisen darauf hin, dass auch in den USA praktisch nur große Firmen Unternehmensanleihen emittieren. Für kleine US-Firmen im Verarbeitenden Gewerbe betrug der Anteil der Unternehmensanleihen an den kurzfristigen Schulden zwischen 1973 und 1991 gerade 0,4%, der der Bankkredite dagegen 83%. Die großen Firmen finanzierten sich demgegenüber zu rund einem Drittel über Commercial paper und nur zu 43% über Bankkredite. Oliner und Rudebusch zeigen, dass der von Kashyap et al. herausgestellte Anstieg des Anteils der Bankkredite an der Unternehmensfinanzierung nur eine Verschiebung der Kapitalvergabe weg von kleinen hin zu großen Firmen bei gleich bleibenden Finanzierungsanteilen *innerhalb* der beiden Gruppen widerspiegelt. Das kann auch als Folge des Bilanzkanals verstanden werden: Das Kapital wandert bei steigenden Zinsen dahin, wo die Information weniger asymmetrisch verteilt ist.

Geldpolitik. Während die empirische Evidenz für den Bilanzkanal sehr überzeugend ist, liefern die Tests des Bankkreditkanals allerdings keine eindeutigen Ergebnisse (s. Kasten VII.15).

VII.10 Staatsbankrott

Ein ***Staatsbankrott (Sovereign default)*** liegt vor, wenn die Regierung eines Landes die Bedienung seiner Schulden aussetzt oder kürzt oder mit den Gläubigern eine Umstrukturierung (z. B. sinkende Zinsen oder einer Verlängerung der Laufzeit) verhandelt. Staaten haben insbes. dann einen Anreiz, die Bedienung ihrer Schulden einzustellen, wenn die Schulden zum großen Teil von Ausländern gehalten werden, weil dann die Kosten der (Teil-) Enteignung nicht bei inländischen, sondern bei ausländischen Gläubigern anfallen. Staatsbankrotte, bei denen ausländische

Kasten VII.16: Staatsbankrotte in Russland und Argentinien

Russland stellte im August 1998 nach massiven Währungsturbulenzen die Bedienung seiner Inlandsschulden ein und verkündete gleichzeitig ein dreimonatiges Moratorium bei der Bedienung seiner Auslandsschulden. Die Russland-Krise war besonders ernüchternd, weil sie gerade zu dem Zeitpunkt passierte, als sich Russland nach dem Einbruch des BIPs um 40% im Zuge der postkommunistischen Umwälzungen nach 1991 auf dem Weg der wirtschaftlichen Erholung zu befinden schien.

Argentinien war bis 2001 ein „IWF-Musterland“, hatte seine Währung, den argentinischen Peso, 1:1 an den Dollar gebunden und viele marktwirtschaftliche Reformen durchgeführt. Allerdings war die Steuererhebung sehr ineffizient (und die Zentralregierung musste Defizite in den Haushalten der Provinzen ausgleichen), weshalb die Staatsschulden, die sich zum großen Teil in den Händen von Ausländern befanden, stark angewachsen waren. Im Januar 2002 stellte Argentinien die Bedienung von $ 82 Mrd. Auslandsschulden ein. Es folgte eine schwere Krise. Der Peso wertete innerhalb eines Jahres bis auf Peso 3,90/$ ab und stabilisierte sich dann bei rund Peso 3/$, das BIP schrumpfte 2001 und 2002 um jeweils mehr als 10%, die Arbeitslosenquote stieg auf 25%, mehrere Regierungen stürzten, in den großen Städten kam es zu Ausschreitungen und Plünderungen. In den Verhandlungen über die Restrukturierung der Schulden schaffte es Argentinien, mit einem Großteil der Gläubiger eine Zahlung von nur 30 Cent pro ausstehender Dollar zu vereinbaren.

De Paoli et al. (2006) zählen weltweit 45 Staatsbankrotte in den Jahren 1970–2000. In 34 davon kam es auch zu einer Währungskrise, in 28 auch zu einer Bankenkrise (mit einer Schnittmenge von 21 „Triple crises“). Auch bei weiterer Rückschau erweisen sich Staatsbankrotte als alles Andere als eine Seltenheit. Nach Reinhart und Rogoff (2008, 3–4) betrug der Anteil aller Länder, die ihre Auslandsschulden nicht wie ursprünglich vereinbart bedienten (d. h. entweder nicht bedienten oder restrukturiert hatten), seit 1800 meist über 10% und viermal (1830–40, 1880, 1940–50 und in den frühen 1990er-Jahren) 40%. Gelos et al. (2004) weisen darauf hin, dass „Defaulter“ schon relativ bald wieder Zugang zum Weltkapitalmarkt haben, im Durchschnitt über zehn Defaults in den 1990er-Jahren bereits nach dreieinhalb Monaten wieder.

Gläubiger Verluste machen, passieren einerseits recht häufig (s. Kasten VII.16), andererseits kann man sich fragen, warum sie nicht noch viel häufiger passieren bzw. warum souveräne Staaten überhaupt am Weltfinanzmarkt Kapital aufnehmen können. Denn anders als für privatrechtliche Institutionen gibt es kein internationales Insolvenzrecht, mit Hilfe dessen Gläubiger ihre Ansprüche gegen Staaten durchsetzen könnten. Kapitalgeber und insbes. andere Staaten können bankrotte Staaten auf gewisse Arten und Weisen sanktionieren (hierzu kommen wir später), aber über wirksame Handhabe verfügen sie nicht. Daher wird ein Land seinen Schuldendienst aus Zahlungsun*willig*keit einstellen, lange bevor es zahlungsun*fähig* in dem Sinne wird, dass es nicht mehr genügend Steuereinnahmen zur Bedienung seiner Schulden generieren kann (zu Zahlungsunfähigkeit, die daraus resultiert, dass es seine Schulden nicht mehr überwälzen kann, kommen wir in Abschnitt VIII.5). Man spricht daher auch von ***strategischem Default***. Warum bedienen also Staaten überhaupt je ihre Auslandsschulden? Implizite Kontrakte (s. Abschnitt VII.8) sehen wie eine Erkläurung für die „freiwillige" Bedienung von Staatsschulden aus: Ein Staat bedient seine Schulden, um sich als verlässlicher Schuldner auch in der Zukunft am Weltfinanzmarkt finanzieren zu können. Wir werden in diesem Abschnitt aber sehen, dass dieses Argument nicht trägt: Ein impliziter Kontrakt, nicht durchsetzbare Ansprüche zu bedienen, kann nie halten. Anschließend diskutieren wir andere Gründe für Rückzahlung.

BULOW und ROGOFF (1989) zeigen, dass ein impliziter Kontrakt zwischen Regierung und Gläubigern nicht die Bedienung von Auslandsschulden erklären kann. Hier ist eine einfache Version ihres Modells:

A1: *Ein Land nimmt in Periode t Kapital in Höhe von I_t (> 0) zu Zinsen r_t (> 0) im Ausland auf, vorausgesetzt die ausländischen Gläubiger antizipieren, dass es die Schulden bedienen wird. Zum gleichen Zins r_t kann es auch Geld im Weltfinanzmarkt anlegen. I_t hat ein Maximum.*

A2: *Die Kapitalgeber haben keine wirksame Möglichkeit, ihre Ansprüche durchzusetzen.*

A3: *Bedient das Land seine Schulden einmal nicht, dann kann es in der Zukunft kein Kapital mehr im Weltfinanzmarkt aufnehmen.*

A4: *Das Land steht damit vor folgender Wahl: Entweder es bedient immer die aufgenommenen Kredite I_t, oder es defaultet einmal. Nach einem Default muss es seine Ausgaben ohne Rückgriff auf den Weltfinanzmarkt bestreiten.*

A5: *Die Situation wiederholt sich ad infinitum.*

Das Modell ähnelt dem aus Abschnitt VII.8, ist aber wesentlich vereinfacht. Es wird keine Entscheidung zwischen verschiedenen Verwendungen von Kapital modelliert, sondern es geht nur um die Finanzierung eines gegebenen Zahlungsstroms (A1). Die Annahme, dass I_t für irgendein t ein Maximum hat (d. h. nicht mit steigendem t immer weiter steigt) dient nur der Handhabbarkeit. Der wesentliche Unterschied zu allen vorhergehenden Modellen in diesem Kapitel ist, dass die Ansprüche der Gläubiger nicht durchsetzbar sind (A2). Bisher konnten zwar Schuldner Geld für Projekte einsetzen, deren Realisierung nicht im Interesse der Gläubiger steht, zumindest hatten die Gläubiger dann aber Durchgriff auf das damit erwirtschaftete Geld. Unsere Interpretation ist, dass es keine juristische Handhabe gegen zahlungsunwillige souveräne Staaten gibt; eine alternative Interpretation ist, dass es sich um ein Land ohne ein funktionierendes Rechtssystem handelt, mit dem Gläubiger ihre Ansprüche durchsetzen können. Die Drohung im Fall von Default (A3) und die Entscheidung über die Bedienung der Schulden (A4) sind analog zu A4 und A5 in Abschnitt VII.8. A3 schließt nicht aus, dass das Land nach einem Default Geld im Ausland *anlegt* (statt aufnimmt). Es gibt wieder keine letzte Periode (A5), so dass implizite Kontrakte nicht sofort per Rückwärtsinduktion ausgeschlossen werden können. Das zentrale Ergebnis dieses Abschnitts ist, dass die Bedienung der Schulden im Sinne eines impliziten Kontrakts wie in Abschnitt VII.8 nicht gelingen kann. Einen Schritt zurück bedeutet das, dass die Bedingung, dass die Gläubiger antizipieren, dass Schulden bedient werden (A1), nicht erfüllt ist, und daher die Kapitalvergabe nicht erst erfolgt.

Theorem: *Es gibt keinen impliziten Kontrakt, bei dem das Land seine Schulden bedient.*

Wir führen die Annahme, dass das Land im Rahmen eines impliziten Kontrakts immer seine Schulden bedient, zum Widerspruch. Wir zeigen, dass es spätestens in der Periode nach der maximalen Kapitalaufnahme den impliziten Kontrakt bricht und seine Schulden nicht mehr bedient. Wir zeigen, dass das Land das eingesparte Geld benutzen kann, um erstens in der Folge stets seine laufenden Ausgaben zu finanzieren und zweitens noch ein Auslandsvermögen aufzubauen, das immer positiv bleibt (A3 schließt ja nur Verschuldung im Weltfinanzmarkt nach einem Default aus). D. h. durch eine teilweise Auflösung dieses Vermögens kann das Land zusätzlichen Konsum – im Vergleich zur Situation mit Bedienung der Schulden – finanzieren.

Beweis: Sei T die Periode nach der (bzw. einer) mit maximaler Kreditaufnahme (d. h. $t = T-1$ maximiert I_t). Wenn das Land seine Auslandsschulden immer bedient, zahlt es in jeder Periode $\tau \geq T$ den Schuldendienst $(1 + r_{\tau-1})I_{\tau-1}$ ans Ausland und erhält neues Kapital in Höhe von I_τ. Netto zahlt es also jeweils

$$(1 + r_{\tau-1})I_{\tau-1} - I_\tau$$

ans Ausland. Wir betrachten nun einen Default in T. Wir nehmen zunächst an, dass das Land in der Folge stets gleich hohe Steuern erhebt und gleich hohe Ausgaben tätigt wie bei Bedienung der Schulden; alles, was es ändert, ist, dass es das gegenüber der Bedienung der Auslandsschulden eingesparte Geld im Weltfinanzmarkt anlegt. Sei A_{T+t} das so aufgebaute Auslandsvermögen in $T + t$. Wir behaupten nun, dass für alle $T + t$

$$A_{T+t} = \left[\prod_{\tau=T}^{T+t}(1 + r_{\tau-1})\right] I_{T-1} - I_{T+t}$$

gilt und dies stets positiv ist ($t = 0, 1, 2, \dots$). Die Gültigkeit der Formel für $t = 0$ ist offensichtlich:

$$A_T = (1 + r_{T-1})I_{T-1} - I_T.$$

Denn die rechte Seite ist die eingeparte Nettozahlung ans Ausland in T. Wegen $I_{T-1} \geq I_T$ und $r_{T-1} > 0$ ist $A_T > 0$. Für $t > 0$ gilt

$$A_{T+t+1} = (1 + r_{T+t})A_{T+t} + (1 + r_{T+t})I_{T+t} - I_{T+t+1}.$$

Im Vergleich zur Periode $T + t$ kommt das verzinste Auslandsvermögen der Vorperiode $(1 + r_{T+t})A_{T+t}$ hinzu. Die Formel für A_{T+t} ist (per Induktion) bewiesen, wenn aus ihrer Gültigkeit die analoge Formel für A_{T+t+1} folgt. Einsetzen von A_{T+t} in die vorhergehende Formel und Vereinfachen liefert

$$A_{T+t+1} = \left[\prod_{\tau=T}^{T+t+1} (1 + r_{\tau-1})\right] I_{T-1} - I_{T+t+1}.$$

Das komplettiert den Induktionsbeweis. Aus $r_{\tau-1} > 0$ und $I_{T-1} \geq I_{T+t}$ folgt

$$A_{T+t} > I_{T-1} - I_{T+t} \geq 0$$

für alle $t = 0, 1, 2, \ldots$ D. h. das Auslandsvermögen bleibt stets positiv.

Ausgehend von dieser Situation, in der das Land seinen Konsum gleich belässt und ein stets positives Auslandsvermögen aufbaut, kann es den gesamtwirtschaftlichen Konsum (ein wenig) steigern, so dass das Auslandsvermögen trotzdem noch positiv bleibt. Das beweist, dass es sich lohnt, den impliziten Kontrakt spätestens in der Periode nach der mit der maximalen Kreditaufnahme zu brechen. Der implizite Kontrakt kommt mithin gar nicht erst zustande. *q. e. d.*

Der Beweis ist einfacher, wenn $I_t = I$ konstant ist (oder allgemeiner nicht steigend). Default in einer beliebigen Periode T bedeutet dann, dass das Land nur die konstante Kreditsumme I anstatt Zins und Tilgung $(1 + r_{T-1})I$ für die Schulden aus der Vorperiode bezahlt. Die eingesparten Mittel $r_{T-1}I$ können für zusätzlichen Konsum in T genutzt werden. Auch in den Folgeperioden können die gegenüber der Bedienung des impliziten Kontrakts eingesparten Mittel $r_{T+t}I$ $(t = 0, 1, 2, \ldots)$ für zusätzlichen Konsum (anstatt zum Aufbau von Auslandsvermögen) genutzt werden, ohne dass je wieder eine Kapitalaufnahme nötig würde. Im oben behandelten allgemeinen Fall kann es nach einem Default dagegen Perioden geben, in denen die Einsparung $(1 + r_{T+t-1})I_{T+t-1} - I_{T+t}$ negativ ist, so dass das Auslandsvermögen sinkt. Der Beweis des Theorems zeigt, dass das Land aber den Default-Zeitpunkt so wählen kann, dass vorher ein genügend hohes Auslandsvermögen aufgebaut wurde, so dass es stets positiv bleibt.

Implizite Kontrakte bieten also trotz der scheinbaren Analogie zu Moral-hazard-Situationen keine theoretische Erklärung für die Bedienung nicht durchsetzbarer Ansprüche von ausländischen Gläubigern. Ohnehin – kann man einwenden – bieten sie keine praktische Erklärung, weil offenbar keine Drohungen der Form von Annahme A3 umgesetzt werden: In der jüngeren Vergangenheit erhielten Staaten schon durchschnittlich nur dreieinhalb Monate nach einem Default wieder Geld aus dem Ausland (s. Kasten VII.16). Was sind dann die Gründe dafür, dass die Mehrzahl der Staaten ihre Verbindlichkeiten dennoch meistens wie vereinbart bedient?

Ein erster Grund ist, dass Staaten, nachdem sie einmal einen Default erklärt haben, Kapital aus dem Ausland i. d. R. nur zu schlechteren Konditionen erhalten. Der

Staatsbankrott verschließt also nicht den Zugang zu ausländischem Kapital, verteuert es aber. Wichtiger als das erscheint, dass ein Staatsbankrott Kosten für die private Wirtschaft des Landes nach sich zieht. 1. Durch den Staatsbankrott verschlechtert oder verteuert sich möglicherweise der Zugang zu ausländischem Kapital auch für die Bürger und Unternehmen des Landes. 2. I. d. R. wird mit der Aussetzung der Bedienung der Auslandsschulden auch der Schuldendienst auf die von Inländern gehaltenen Schuldtitel eingestellt. Das betrifft insbes. Staatspapiere, die von den Geschäftsbanken gehalten werden. Deshalb folgen auf einen Staatsbankrott oft eine Bankenkrise, Disintermediation und Rezession. 3. Neben diesen Verlusten auf ihre Aktiva müssen die Banken dann auch noch einen Verlust an Vertrauen in die Rückzahlung ihrer Einlagen hinnehmen. Denn ein Staat, der Zins- und Tilgungszahlungen an die Banken aussetzt, kann schwer als ein glaubhafter Lender of last resort (s. Abschnitt VIII.4) für die Banken gerade stehen. 4. Spätestens wenn neben dem Staat auch noch die Banken in Zahlungsprobleme geraten, wird das Kapital aus dem Land fliehen und die Währung unter Abwertungsdruck setzen. Bei Auslandsschulden in Auslandswährung erschwert das den Schuldendienst weiter (Details hierzu in Abschnitt VIII.6). 5. In der Folge einer Währungskrise ergibt sich als weiteres Problem bei der Kapitalaufnahme im Ausland, dass die Bereitschaft der Gläubiger, Kredite in Inlandswährung zu vergeben, abnimmt. Die Erhöhung des Anteils der Schulden, der in Auslandswährung denominiert ist, macht das Land gegen das gleiche Problem in der Zukunft anfällig. Die Summe dieser Kosten für den privaten Sektor wiegt in Bezug auf die Frage, warum ein Land überhaupt je Auslandsschulden zurückzahlt, viel schwerer als die fiskalischen Kosten für die Regierung.

Ein Staatsbankrott wirft also Kosten auf, auch wenn man schon bald wieder Geld im Weltfinanzmarkt aufnehmen kann. Das führt zur Frage, wann ein Land trotz dieser Kosten entscheiden wird, mit der vertragskonformen Bedienung seiner Schulden aufzuhören. Weil die Kosten sich aus verschiedenen Komponenten zusammensetzen, die schwerer oder weniger schwer wiegen können, kann man keine pauschale Antwort ge-

Kasten VII.17: EWU-Staatsschuldenkrise

Die EWU-Staatsschuldenkrise begann Ende 2009, als Zweifel daran aufkamen, dass Griechenland seine Staatsschulden bedienen (können) würde. Griechenland hatte zu dem Zeitpunkt Staatsschulden in Höhe von €299 Mrd., d. h. 127% seines BIPs. Schon mit dem ersten Rettungspaket vom Mai 2010 waren harte Sparauflagen verbunden. Anhaltende Proteste auf den Straßen verdeutlichen, dass Politiker bei ihrer Entscheidung über Bedienung der Schulden oder Default von der Wählerstimmung nicht unabhängig sein können. Abbildung VII.12 veranschaulicht, dass sich nicht aus Erfahrungswerten ein Schwellenwert ablesen lässt, bei dem die Schulden nicht mehr bedient werden, weil aktuelle Schuldenstände nicht nur absolut, sondern auch in Relation zum BIP in Friedenszeiten selten sind. Griechenland selbst ist eine Ausnahme mit Staatsschuldenquoten jenseits von 200% in den 1840er- und 1850er-Jahren und wieder in den 1890er- und 1900er-Jahren. Griechenland befand sich aber auch mit einer Pause 1879–1893 von 1826 bis 1897 durchgehend im Default und ab 1932 für noch einmal 33 Jahre!

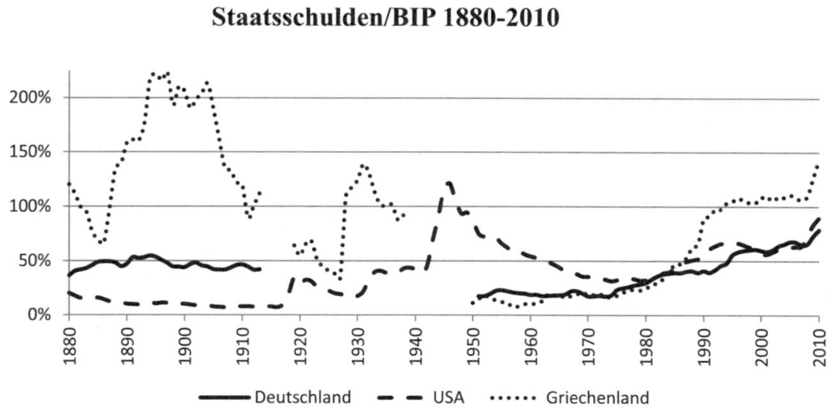

Deutschland: alle öffentlichen Haushalte, USA und Griechenland: Zentralstaat,
Quelle: www.reinhartandrogoff.com/data/

Abbildung VII.12: Staatsschuldenquote 1880–2010

ben. Auch ein Blick in die Historie gibt wenig Anhaltspunkte, weil Schulden in Höhe von 80–120% des BIPs, wie sie heute ganz üblich sind, früher in Friedenszeiten nicht die Regel waren (s. Kasten VII.17). (Nach Kriegen konnten Länder mit hohen Schulden durch schnelles Wachstum „aus ihren Schulden herauswachsen“. So hatten die USA ihre Staatsschuldenquote von 121% nach dem Zweiten Weltkrieg bis 1958 wieder halbiert, s. Abbildung VII.12.) Ein Land mit einem internationalen Finanzplatz kann sich einen Default schlechter leisten. Ein Default ist um so eher im Interesse des Landes, je höher der Teil der Schulden ist, der in der Hand von ausländischen Anlegern ist. Schlussendlich treffen die Entscheidung Politiker, deren Wiederwahlchancen davon abhängen, was die Meinung der Wähler zu Bedienung der Schulden oder Default ist.

VII.A.1 Perfekte Diversifikation bei einem Kontinuum von Projekten

Betrachten wir ein Investitionsprojekt mit Erfolgswahrscheinlichkeit p, das jeweils von N Firmen $k = 1, 2, \ldots, N$ durchgeführt wird. Die Kapitalnachfrage pro Projekt ist B, die gesamte Kapitalnachfrage also NB. x^k sei eins, wenn das Projekt von Firma k gelingt, und null sonst. Der Erwartungswert von x^k ist also $E(x^k) = p \cdot 1 + (1-p) \cdot 0 = p$, und die Varianz ist $\sigma^2_{x^k} = p(1-p)^2 + (1-p)(-p)^2 = p(1-p)$. Sei $x = \sum_{k=1}^{N} x^k$ die Anzahl und $\bar{x} = x/N$ der Anteil gelungener Projekte. Aus Anhang A.15 wissen wir, dass $\sigma^2_{\bar{x}} = \sigma^2_x / N^2$ gilt, also

$$\sigma^2_{\bar{x}} = \frac{p(1-p)}{N^2}.$$

Komplette Eliminierung der projektspezifischen Risiken gelingt also nur im Grenzfall der Finanzierung einer unendlich großen Anzahl N von Projekten, d. h. mit unendlich viel Investitionskapital NB; für endliches N bleibt die Varianz $\sigma^2_{\bar{x}}$ positiv. Um dieses Problem zu

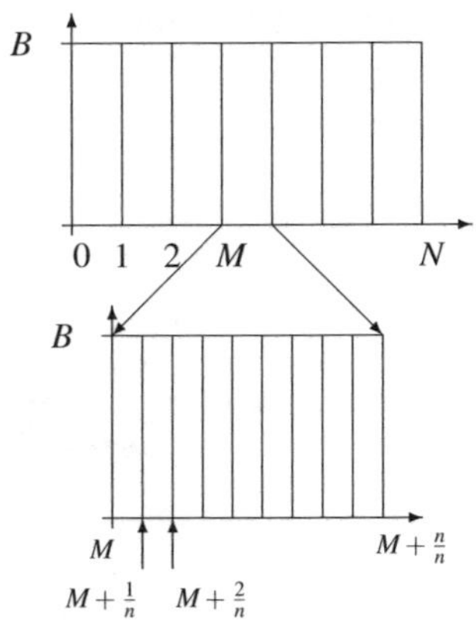

Abbildung VII.A.1: Kontinuum von Projekten

beheben, ersetzt man die abzählbare Menge von Firmen durch ein „Kontinuum von Masse N von Firmen". Dieser Anhang erläutert, wie das zu interpretieren ist.

Beginnen wir mit der Kapitalnachfrage. Bei abzählbar vielen Projekten identifizieren wir die Firmen mit den ganzen Zahlen im Intervall $(0, N]$. Und bei der Ermittlung der gesamten Kapitalnachfrage hat jede Firma k das Gewicht eins:

$$I = \sum_{k=1}^{N} 1 \cdot B = NB.$$

Die Idee bei der Bildung eines Kontinuums von Firmen besteht darin, die Anzahl von Firmen zu erhöhen und gleichzeitig das Gewicht jeder einzelnen Firma zu reduzieren. Jedes Teilintervall $(M, M+1]$ von $(0, N]$ $(M = 0, 1, \ldots, N-1)$ wird in n Subintervalle von Länge $1/n$ aufgeteilt (s. Abbildung VII.A.1). Jede Firma wird mit einer der Nn Zahlen $0+1/n,\ 0+2/n, \ldots,$ $N-1+(n-1)/n,\ N-1+n/n$ benannt, und jede Firma erhält nun bei der Ermittlung der Gesamtnachfrage nach Kapital das Gewicht $1/n$. Das ändert – unabhängig von der Größe von n – nichts an der Gesamtnachfrage:

$$I = \sum_{k=1}^{Nn} \frac{1}{n} B = Nn \frac{1}{n} B = NB.$$

Nun lässt man $n \to \infty$ gehen. D. h. man fasst eine einzelne Firma als einen (masselosen) Punkt im Intervall $(0, N]$ mit verschwindendem Gewicht und die Gesamtheit von Firmen als ein Kontinuum von Länge (Masse) N auf. Der „Trick" hier ist, dass so die Anzahl von Firmen unendlich groß und damit das Gesetz der großen Zahlen (s. Anhang A.16) anwendbar wird, ohne dass gleichzeitig die Gesamtnachfrage nach Kapital $I = NB$ unendlich groß wird.

Das Gesetz der großen Zahlen besagt, dass die Wahrscheinlichkeit dafür, dass der Durchschnittswert $\bar{x}$ von unabhängigen Zufallsvariablen x^k weniger als ein beliebig kleines „epsilon" von seinem Erwartungswert $E(\bar{x})$ entfernt ist, mit gegen unendlich gehender Anzahl von Zufallsvariablen gegen eins geht. Im hier betrachteten Fall der durchschnittlichen Anzahl erfolgreicher Projekte $\bar{x}$ bedeutet das:

$$P\left(|\bar{x} - p| < \epsilon\right) = 1 \text{ für } Nn \to \infty$$

für jedes $\epsilon > 0$. Das ist die Rechtfertigung dafür, dass im laufenden Text davon ausgegangen wird, dass die Kredit*portfolios* der Banken einen risikolosen Ertrag abwerfen. N kann durch eine beliebige positive Zahl ersetzt werden: Jedes Kreditportfolio mit positiver Masse von Kreditnehmern ist risikolos.

Eine andere nützliche Eigenschaft der Kontinuum-Interpretation ist, dass Ergebnisse der Form „Im Gleichgewicht werden 100,5 Projekte finanziert" Sinn ergeben: Weil Projekte nicht mit ganzen Zahlen identifiziert werden, sondern mit Punkten auf der Zahlengeraden, gibt es keine Ganzzahligkeitsprobleme.

VII.A.2 Risikoaversion und -neutralität

Ein Individuum bezieht aus Konsum c Nutzen gemäß der Nutzenfunktion $U(c)$ mit $U'(c) > 0$. Der Konsum c ist eine Zufallsvariable, d. h. es gibt mindestens zwei verschiedene Ausprägungen. Das Individuum bewertet c gemäß der Erwartungsnutzenfunktion (Von-Neumann-Morgenstern-Nutzenfunktion) $E[U(c)]$. Die Definition von ***Risikoaversion*** ist:

$$E[U(c)] < U[E(c)].$$

D. h.: Das Individuum ist risikoavers, wenn sein Nutzen aus dem sicheren Erwartungswert höher ist als der Erwartungsnutzen. Die Definition von ***Risikoneutralität*** ist:

$$E[U(c)] = U[E(c)].$$

Das risikoneutrale Individuum bewertet den unsicheren Konsum genauso hoch wie den sicheren Erwartungswert davon. Der folgende Satz besagt, dass die Krümmung der Nutzenfunktion entscheidend dafür ist, ob Risikoaversion bzw. -neutralität vorliegt:

Satz: *Ist $U''(c) < 0$ für alle c, dann liegt Risikoaversion vor. Ist $U''(c) = 0$ für alle c, dann liegt Risikoneutralität vor.*

Beweis: Sei $U''(c) < 0$, d. h. U ist rechtsgekrümmt (s. Abschnitt A.9). Legt man in einem beliebigen Punkt eine Tangente an die Funktion, dann liegt die Funktion bei jedem anderen Punkt unter dieser Tangente. Insbes. gilt:

$$U(c) < U[E(c)] + U'[E(c)][c - E(c)], \quad c \neq E(c)$$

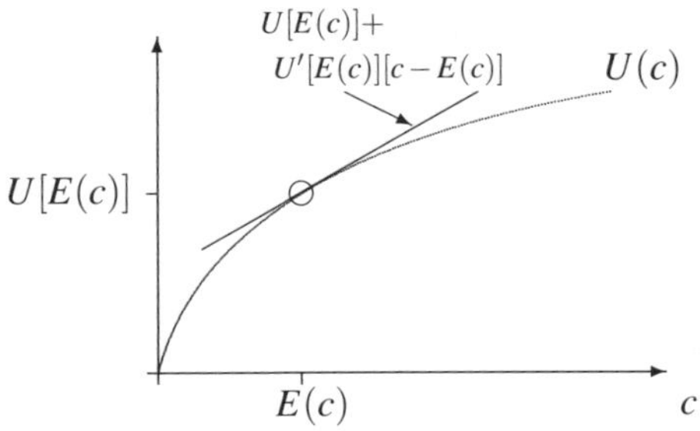

Abbildung VII.A.2: Risikoaversion

(s. Abbildung VII.A.2). Die Tatsache, dass es mindestens zwei verschiedene Ausprägungen von c gibt, impliziert, dass es solche $c \neq E(c)$ gibt. Bilden den Erwartungswerts auf beiden Seiten der Ungleichung liefert

$$E[U(c)] < U[E(c)] + U'[E(c)]E[c - E(c)],$$

wobei davon Gebrauch gemacht wurde, dass $U[E(c)]$ und $U'[E(c)]$ sicher sind. Mit $E[c - E(c)] = 0$ folgt

$$E[U(c)] < U[E(c)],$$

die Definition von Risikoaversion. Bei $U''(c) = 0$ sind alle „<“-Zeichen durch „=“-Zeichen zu ersetzen, und es ergibt sich die Definition von Risikoneutralität. *q. e. d.*

Ein risikoaverses Individuum berwertet eine unsichere Zahlung geringer als den Erwartungswert davon. Mit anderen Worten: Für den Tausch einer sicheren gegen eine unsichere Zahlung verlangt es eine Risikoprämie. Bei Risikoneutralität ($U''(c) = 0$) ist der (positive) Grenznutzen konstant, so dass $U'(c) = a$ für eine Konstante $a > 0$ gilt. Die Nutzenfunktion lautet also $U(c) = ac + b$ mit b als einer weiteren Konstanten, und der Erwartungsnutzen ist

$$E[U(c)] = aE(c) + b\,.$$

Maximierung von $E[U(c)]$ ist offensichtlich äquivalent zu Maximierung von $E(c)$. Hiervon wird in den Abschnitten VII.4–VII.9 durchgängig implizit Gebrauch gemacht: Die Kapitalnehmer erwirtschaften π_j^{KN}; wegen Risikoneutralität kommt es ihnen nur auf $E(\pi_j^{KN})$ an. Bei $E[U(c)] > U[E(c)]$ spricht man von Risikofreude. Risikofreude liegt bei $U''(c) > 0$ für alle c vor. Zum Beweis muss man nur die „<“-Zeichen in dem Beweis oben durch „>“-Zeichen ersetzen. Diese Risikoeinstellung ist aber nur bei kleinen Einsätzen (z. B. beim Lotto) relevant, weniger bei Finanztransaktionen, die das persönliche Vermögens in nennenswertem Umfang beeinflussen.

Weiterführende Literatur

Einen ausgezeichneten Einstieg in die Literatur zu asymmetrischer Information in Finanzmärkten und anderen Märkten bietet Hillier (1997). Freixas und Rochet (1997, Kapitel 5) diskutieren die interessantesten Weiterentwicklungen des Stiglitz-Weiss-Modells. Das Modell mit einem Kontinuum von Risikoklassen wird von Arnold und Riley (2009) analysiert. De Meza und Webb (1987) diskutieren Aktien- versus Schuldenfinanzierung. Die Analyse des Moral-hazard-Modells mit langfristigen Kreditbeziehungen ist im Kern eine Anwendung des Folk-Theorems aus der Spieltheorie, das in Mas-Colell et al. (1995, Kap. 12, Appendix A) rigoros dargestellt wird. Ausführliche Abhandlungen von Bankenkrisen liefern Reinhart und Rogoff (2008) und Rochet (2008). Görgens et al. (2008) diskutieren geldpolitische Transmissionskanäle im Detail. Einen guten Einstieg in die Literatur zu Risikoaversion und -neutralität sowie Entscheidungen unter Unsicherheit bieten Danthine und Donaldson (2005, Part II). Uhlig (1996) behandelt die wahrscheinlichkeitstheoretischen Probleme des „Law of large numbers for large economies“ aus Anhang VII.A.1. Nicht behandelt wurden hier kontrakttheoretische Ansätze für Finanzmarktprobleme. Freixas und Rochet (1997, Kapitel 4) bieten einen elementaren Einstieg. Von allgemeiner Vertragstheorie zu Anwendungen in Finanzmärkten führt Schweizer (1999).

Zusammenfassung der Grundüberlegung dieses Kapitels

1. Bei festverzinslichen Schuldkontrakten besteht ein fundamentaler Interessenkonflikt zwischen Kapitalgeber und Kapitalnehmer. Weil der Kapitalnehmer stärker von Ausschlägen nach oben profitiert und weniger unter Ausschlägen nach unten leidet, bevorzugt er riskantere Projekte.

2. Reicht die erwartete Rendite der Projekte aus, um genügend Ersparnis zur Finanzierung aller Projekte zu mobilisieren, dann werden auf einem vollkommenen Kapitalmarkt (mit vollkommener Information) trotz des fundamentalen Interessenkonflikts alle Investitionsprojekte finanziert.

3. Bei asymmetrischer Information über Kapitalnehmer funktioniert der Kapitalmarkt viel schlechter als bei vollkommener Information. Bei versteckten Eigenschaften werden im Gleichgewicht wegen adverser Selektion möglicherweise nur die riskantesten Projekte finanziert, es kann finanzielle Fragilität, ein Zwei-Preis-Gleichgewicht oder Kreditrationierung vorliegen.

4. Bei Aktien- statt Kreditfinanzierung ergeben sich ganz ähnliche Probleme.

5. Bei versteckten Handlungen der Kapitalnehmer ergeben sich ebenfalls ähnliche Probleme. Unternehmer investieren in aus Sicht der Kapitalgeber zu riskante Projekte (Moral hazard). Es werden möglicherweise nur riskante, schlechte Projekte durchgeführt, oder es kann zu Kreditrationierung kommen.

6. Die Aufrechterhaltung einer langfristigen Kreditbeziehung bietet Anreize, nicht von Spielraum für versteckte Handlungen entgegen den Interessen der Kapitalgeber Gebrauch zu machen.

7. Verluste in weiten Teilen des Bankensystems führen zu einer Bankenkrise mit Disintermediation, rückläufigen Investitionen und BIP-Einbußen. Geldpolitik beeinflusst Investitionen und BIP auch über den Bilanzkanal und den Bankkreditkanal.

8. Staaten haben Anreize, Auslandsschulden zu bedienen, auch wenn das weder rechtlich noch durch einen impliziten Kontrakt durchsetzbar ist, insbes. um schädliche Rückwirkungen auf die Privatwirtschaft zu vermeiden.

Schlüsselbegriffe

Diversifikation
Barwert
Kapitalstruktur
fundamentaler Interessenkonflikt zwischen Kapitalgeber und -nehmer
vollkommener Kapitalmarkt
symmetrische Information
asymmetrische Information
versteckte Eigenschaften
adverse Selektion
finanzielle Fragilität
Gesetz des einheitlichen Preises
Kreditrationierung
Gesetz von Angebot und Nachfrage
Modigliani-Miller-Theorem
versteckte Handlungen
Moral hazard
Reputation
Drei-Säulen-Struktur des deutschen Bankensystems
Basel-Abkommen
Pecking-order-Prinzip (Hackordnungsprinzip)
Bankenkrise
Disintermediation
Zinskanal der Geldpolitik
Wechselkurskanal der Geldpolitik
Transmissionskanäle der Geldpolitik
Bilanzkanal der Geldpolitik
Bankkreditkanal der Geldpolitik
Staatsbankrott (Sovereign default)
strategischer Default
Risikoaversion
Risikoneutralität

Kapitel VIII

Liquidität

„In traditional bank runs, say during the Great Depression, it was the depositors that took their money out of the banks. Two changes have taken place since then. First, in most countries, depositors are now largely insured, so they have few incentives to run. And banks and other financial institutions largely finance themselves in money markets, through short-term 'wholesale funding'. Modern runs are no longer literally runs: what happens is that institutions which are perceived as being at risk can no longer finance themselves on these markets. The result is, however, the same as in the old bank runs: faced with a decrease in their ability to borrow, institutions have to sell assets."
BLANCHARD *(2009, 10)*

VIII.1 Einleitung

Das traditionelle Geschäftsmodell von Banken besteht darin, mit den Einlagen von Kunden Kredite an Unternehmen und Haushalte zu refinanzieren. Im vorangegangenen Kapitel haben wir die Probleme betrachtet, denen sie sich bei der Gewährung von Krediten gegenüber sehen. Aber selbst wenn diese Probleme auf der Aktivseite der Bilanz unter Kontrolle sind, beinhaltet das traditionelle Geschäftsmodell von Banken ein anderes Problem: Die Kundeneinlagen auf der Passivseite der Bilanz sind im Durchschnitt wesentlich kurzfristiger als die Kredite auf der Aktivseite – den Einlegern wird Liquidität (die schnelle Verfügbarkeit) ihrer Guthaben zugesichert, aus den liquiden Einlagen werden dann langfristige, illiquide Kredite gemacht. Banken achten darauf, dass die Fälligkeitstermine ihrer Kredite so gestaffelt sind, dass regelmäßig Gelder an sie zurückfließen, und sie halten einen Puffer an Wertpapieren, die sie schnell verkaufen können, um an Liquidität zu kommen. Dennoch: Wenn alle Einlagen so schnell wie möglich abgezogen würden, könnte eine Bank aus eigener Kraft nicht genügend Geld aufbringen, um ihre Verbindlichkeiten zu bedienen. Dieses Liquiditätsproblem ist der Gegenstand des laufenden Kapitels. Wir betrachten zunächst in Abschnitt VIII.2 das Problem etwas genauer. In Abschnitt VIII.3 analysieren wir es dann mit Hilfe eines Modells. Bis hierhin vernachlässigen wir Regulierungen zur Lösung des Problems, weshalb man analog zu Kapitel VII (vgl. Abschnitt VII.8) einwenden kann, dass das System nicht so schlecht funktioniert, wie es die Theorie beschreibt. Wie in Kapitel VII muss man aber natürlich so vorgehen, wenn man zunächst das Problem identifizieren will, zu dessen Lösung die Regulierungen dienen. Diese Regulierungen sind Gegenstand des Abschnitts VIII.4. In Abschnitt VIII.5 argumentieren wir, dass das Liquiditätsproblem allgemeinere Bedeutung hat und sich auch bei anderen Finanzinstitutionen stellt, mit ähnlichen Schlussfolgerungen für die Notwendigkeit von Regulierung. Abschnitt VIII.6 wendet sich vor dem Hintergrund des Liquiditätsproblems noch einmal Bankenkrisen zu.

VIII.2 Bank runs und Sonnenflecken

Die §§ 17–19 Insolvenzordnung (InsO) unterscheiden zwei Formen der Insolvenz: Überschuldung und Zahlungsunfähigkeit. Überschuldung liegt vor, wenn der Wert der Aktiva eines Unternehmens – z. B. aufgrund von fehlgeschlagenen Investitionen – unter den Wert der Verbindlichkeiten fällt. ***Zahlungsunfähigkeit (Illiquidität)*** liegt vor, wenn der Wert der Aktiva zwar höher ist als der Wert der Verbindlichkeiten, die Aktiva aber nicht schnell genug verfügbar sind, um den laufenden Zahlungsverpflichtungen nachzukommen. (Drohende Zahlungsunfähigkeit nach §18 InsO liegt vor, wenn das voraussichtlich in der Zukunft passieren wird, und ist ebenfalls Eröffnungsgrund für ein Insolvenzverfahren.) Einem überschuldeten Unternehmen müsste man Geld ohne Gegenleistung zukommen lassen, damit es den Geschäftsbetrieb aufrecht erhalten kann. Einem illiquiden Unternehmen müsste man zur Aufrechterhaltung des Geschäftsbetriebs Geld nur leihen, bis es über hinreichend viele seiner langfristigen Aktiva verfügen kann. Keine andere Art von Unternehmen ist vergleichbar anfällig für Illiquidität wie Banken. Das liegt an der ***Fristentransformation***, die Banken durchführen. Sie finanzieren sich durch Depositen, die teils – wie z. B. Girokonten – täglich fällig sind, und verleihen das Geld zu einem großen Teil in Form von langfristigen Unternehmens- und Hypothekenkrediten. Ihre Aktiva sind also im Durchschnitt wesentlich weniger liquide als ihre Passiva (s. auch Kasten VIII.1). Alternativ zum Vorgehen in Abschnitt IV.5 lässt sich ihre Bilanz stilisiert auch wie folgt darstellen:

Aktiva	Passiva
kurzfristige Aktiva	kurzfristige Passiva
langfristige Aktiva	langfristige Passiva
	EK

Die Tatsache, dass Banken eine Fristentransformation durchführen, ist meistens kein gravierendes Problem, weil der Liquiditätsbedarf planbar ist. Banken haben viele Einleger, so dass sie Diversifikationseffekte (vgl. Abschnitt VII.2) ausnutzen können: Die Unsicherheit über die individuellen Abhebungen mittelt sich im Aggregat heraus, so dass Banken aus Erfahrungswerten recht genau ableiten können, wie viel Geld sie kurzfristig verfügbar haben müssen. Diese Rechnungen brechen aber zusammen, wenn plötzlich die Einleger ihr Geld schneller abheben wollen als üblich. Will im Extremfall jeder so schnell wie möglich an sein Geld, so folgt aus der Tatsache, dass die Banken eine Fristentransformation durchführen, dass sie illiquide werden (wenn nicht Sicherungssysteme das verhindern, was wir ja bis Abschnitt VIII.4 außen vor lassen). Das wäre natürlich problematisch – kann man einwenden –, aber warum sollten plötzlich alle abheben? Die Antwort ist: Wenn die Banken gezwungen sind, ihre Aktiva vorzeitig unter Wert zu liquidieren, um die Ansprüche ihrer Einleger zu befriedigen, dann wird aus Illiquidität Überschuldung, und die Bankkunden, die nicht schnell abheben, würden am Ende mit leeren Händen vor ihrer bankrotten Bank stehen. Wenn also alle anderen Einleger ihre Guthaben schnell auflösen, dann ist es rational, das

Kasten VIII.1: Fristentransformation

§ 11 Abs. 1 KWG verlangt: „Die Institute müssen ihre Mittel so anlegen, dass jederzeit eine ausreichende Zahlungsbereitschaft (Liquidität) gewährleistet ist.“ Das Nähere wird per Rechtsverordnung geregelt. Die relevante Verordnung ist die Liquiditätsverordnung (LiqV). Darin bezeichnet die Liquiditätskennzahl das Verhältnis von täglich bis zu einem Monat verfügbaren Zahlungsmitteln und täglich bis zu einem Monat fälligen Zahlungsverpflichtungen. Nach § 2 Abs. 1 darf die Liquiditätskennzahl den Wert eins nicht unterschreiten. Das klingt zunächst so, als dürften Banken keine Fristentransformation durchführen. Nach § 4 Abs. 1 LiqV gehen aber beispielsweise täglich fällige Verbindlichkeiten gegen Kunden (d. h. Guthaben auf Girokonten) nur mit einem Gewicht von 10% in die Zahlungsverpflichtungen ein. Das eröffnet Spielraum für eine signifikante Fristentransformation: Pro Euro Geld auf Girokonten reicht es aus, zehn Cent täglich verfügbar anzulegen.

Kasten VIII.2: Bank runs

In den Industrienationen gab es Bank runs bis zur Finanzkrise 2007–09 seit Langem nicht mehr. Im 19. und frühen 20. Jahrhundert standen sie aber an der Tagesordnung. In den USA beispielsweise gab es zwischen 1884 und 1914 sechs Bankpaniken mit Runs auf weite Teile des Bankensystems. Die massivsten Bank runs fanden in den Industrienationen – auch in Deutschland – während der Weltwirtschaftskrise 1929–33 statt (s. Kasten V.1). Der erste Bank run in einem Industrieland nach fast 75 Jahren erfolgte im September 2007 auf die damals achtgrößte britische Bank, Northern Rock. Mervyn King, Präsident der Bank of England, hatte trotz offensichtlicher Liquiditätsprobleme der Bank mit Hinweis auf Moral hazard (warum sollte eine Bank solide wirtschaften, wenn sie im Schadensfall von staatlicher Unterstützung weiterleben kann?) angekündigt, auf Maßnahmen zur Rettung zu verzichten. Daraufhin bildeten sich Schlangen von Einlegern vor den Northern-Rock-Filialen, die innerhalb von vier Tagen rund £ 2 Mrd. abhoben. Nach wenigen Tagen beugte sich King dem Druck der britischen Regierung und gab eine Garantie für alle Einlagen von Northern Rock ab. In einer Anhörung argumentierte er kurz darauf, die Fernsehbilder von den Schlangen vor den Northern-Rock-Filialen hätten ein Einschreiten zur Wiederherstellung des Vertrauens notwendig gemacht. Ironischerweise passierte der erste Bank run in einem Industrieland seit fast 75 Jahren damit ausgerechnet in dem Land, das das Bank-run-Problem im 19. Jahrhundert als erstes unter Kontrolle bekommen hatte: Seit dem Run auf Overend und Gurney 1866 war keine Bank in Großbritannien mehr durch eine Panik zu Fall gebracht worden. In Entwicklungs- und Schwellenländern sind Bank runs auch in der jüngeren Vergangenheit weniger unüblich. Z. B. bildeten sich während der Argentinien-Krise 2001/02 lange Schlangen vor den Banken.

auch zu tun. Das bedeutet: Wenn der Geschäftsbetrieb wie üblich läuft und die Abhebungen wie üblich getätigt werden, dann sind die Banken stabil. Erwarten die Einleger dagegen, dass die jeweils anderen Einleger ihre Guthaben schnell abheben wollen, dann heben sie ihre Guthaben schnell ab, und die betroffenen Banken gehen pleite. Es kommt zu ***Bank runs*** (s. Kasten VIII.2): Vor den Banken bilden sich lange Schlangen von Menschen, die hoffen, weit genug vorne zu stehen, so dass sie ihre Einlagen vor der Zahlungsunfähigkeit noch ausgezahlt bekommen.

Kasten VIII.3: Sonnenflecken

Sonnenflecken sind mit einem Teleskop sichtbare dunkle Stellen auf der Sonnenoberfläche. Die Sonnenfleckenaktivität folgt ca. 11jährigen Zyklen. Der jüngste komplette Zyklus zunehmender und wieder abnehmender Sonnenfleckenaktivität endete 2008. Bereits in den Konjunkturtheorien des 19. Jahrhunderts spielten Sonnenflecken eine Rolle – allerdings nicht als ein bewusst unsinniger Mechanismus zur Koordination von Erwartungen in Theorien mit multiplen Gleichgewichten, sondern als Fundamentaldaten. JEVONS (1884) hatte als Dauer eines Sonnenfleckenzyklus 10,45 Jahre errechnet und als durchschnittliche Dauer eines Konjunkturzyklus 10,44 Jahre. Daraus schloss er:

„Judging this close coincidence of results according to the theory of probabilities, it becomes highly probable that two periodic phenomena, varying so nearly in the same mean period, are connected as cause and effect"

(JEVONS [1884, 215]).

Diese Situation ist ein Beispiel für ***multiple Gleichgewichte*** bzw. ***selbsterfüllende Erwartungen***. Man spricht auch von ***Sonnenfleckengleichgewichten***. Die ersten beiden Begriffe sind selbsterklärend: Es gibt nicht ein Gleichgewicht, sondern mehrere (normaler Geschäftsbetrieb und Bank run), und es passiert das, was erwartet wird. Was hat das mit Sonnenflecken zu tun? Wenn das passiert, was erwartet wird, dann ergibt sich – einen Schritt weiter gedacht – ein überraschendes Ergebnis: Ökonomisch eigentlich „unwichtige" Dinge, die keinen Einfluss auf die wirtschaftlichen Fundamentaldaten haben, können dennoch einen Einfluss auf das realwirtschaftliche Geschehen nehmen, nämlich dann, wenn sie die Erwartungen der Marktteilnehmer beeinflussen. Sonnenflecken werden als ein – möglichst unsinnig klingender – Mechanismus zur Koordination von Erwartungen angeführt, um zu pointieren, dass Erwartungen manchmal umschlagen, ohne dass es dafür eine Erklärung zu geben scheint, die mit wirtschaftlichen Fundamentaldaten etwas zu tun hat (s. aber Kasten VIII.3). Erwarten die Bankeinleger, dass bei schwacher Sonnenfleckenaktivität der Bankensektor stabil ist, dann heben sie nicht frühzeitig ab, und der Bankensektor ist stabil. Erwarten sie, dass bei starker Sonnenfleckenaktivität Bank runs stattfinden, dann heben sie schnell ab, und Bank runs finden statt. Diese Erwartungen sind rational (im Sinne der Definition aus Abschnitt IV.10), denn das, was passiert, wird ja korrekt vorhergesehen.

VIII.3 Diamond-Dybvig-Modell

Die Ideen aus dem vorangegangenen Abschnitt werden nun anhand des Modells von DIAMOND und DYBVIG (1983) formalisiert. Hier ist das Diamond-Dybvig-Modell:

A1: *Eine Bank hat eine gerade Anzahl N von Kunden, von denen jeder über eine Einheit Kapital verfügt. Es gibt drei Zeitpunkte 1, 2 und 3. Im Zeitpunkt 1 deponieren die Konsumenten ihr Kapital bei der Bank.*

A2: *Die Bank kann in Zeitpunkt 1 in zwei verschiedene Projektarten investieren: einerseits in kurzfristige Projekte, die in Zeitpunkt 2 eine Rendite von null* *abwerfen, und andererseits in langfristige Projekte, die in Zeitpunkt 3 einen sicheren Payoff von $R > 1$ pro investierte Einheit Kapital erbringen. Wird die langfristige Anlage in Zeitpunkt 2 vorzeitig liquidiert, dann ist der Payoff pro investierte Einheit Kapital $L < 1$, die Rendite mithin negativ. Die Bankkunden können in Periode 2 abgehobene Mittel selbst bis zum Zeitpunkt 3 unverzinst aufheben. Sei I die langfristige Investition pro Bankkunde. Dann wird in die langfristige Anlage NI investiert und in die kurzfristige $N(1 - I)$, und die Zahlungsströme der Bank lassen sich anhand der folgenden Tabelle veranschaulichen.*

	1	*2*	*3*
kurzfristig	$-N(1-I)$	$N(1-I)$	
langfristig	$-NI$		RNI
		LNI	LNI

Der Liquidationserlös L ist hinreichend klein, so dass

$$N > \frac{2}{1-L}$$

gilt.

A3: *Die eine („ungeduldige") Hälfte der Konsumenten präferiert es, im Zeitpunkt 2 („früh") zu konsumieren, die andere („geduldige") Hälfte der Konsumenten bevorzugt es, im Zeitpunkt 3 („spät") zu konsumieren. Zum Zeitpunkt der Einlage wissen sie noch nicht, ob sie früh oder spät konsumieren wollen – ihr Liquiditätsbedarf ist unsicher.*

A4: *Die Bank kann nicht beobachten, wer früh und wer spät konsumieren möchte.*

A5: *Die Bank bietet Sichteinlagekontrakte (täglich fällige Gelder) an, die die Einleger berechtigen, ihre Einlage entweder unverzinst in Zeitpunkt 2 oder mit Satz $R - 1$ verzinst in Zeitpunkt 3 abzuheben. Sie investiert jeweils $N/2$ kurz- bzw. langfristig. Reichen die Mittel der Bank nicht aus, um alle gewünschten Abhebungen zu bedienen, so werden die Ansprüche bedient, bis die Mittel aufgebraucht sind („first come, first served"). Die übrigen Ansprüche können dann nicht bedient werden.*

Die Geradzahligkeitsannahme in A1 sichert, dass die Einleger in eine ungeduldige und eine geduldige Hälfte unterteilt werden können (alternativ könnte man analog zu Kapitel VII ein „Kontinuum von Einlegern" unterstellen). A2 modelliert auf die einfachst mögliche Art und Weise verschieden liquide Investitionsmöglichkeiten für die Bank. Die langfristige Anlage repräsentiert Kreditvergabe an Unternehmen und Haushalte, die kurzfristige geringer verzinsliche Anlagemöglichkeiten in liquiden Assets. Gemäß A3 gibt es unterschiedliche Liquiditätspräferenzen, und im Zeitpunkt der Geldanlage liegt Liquiditätsunsicherheit vor, die sich erst in Zeitpunkt 2 auflöst. A4 besagt, dass wieder asymmetrische Information in Form von versteckten Eigenschaften vorliegt: Auch nachdem sich die Liquiditätsunsicherheit aufgelöst hat, ist die

Liquiditätspräferenz der Bankkunden nur den Kunden selbst, nicht aber der Bank bekannt. Gemäß A5 nehmen die Banken eine Fristentransformation vor: Obwohl sie die Hälfte ihres Kapitals langfristig anlegen, bieten sie jedem Einleger die Möglichkeit, sein Geld frühzeitig (unverzinst) abzuheben. Die Erlöse $N/2$ aus der kurzfristigen Anlage reichen aus, um den $N/2$ ungeduldigen Konsumenten ihre Einlagen unverzinst auszuzahlen. Die Erlöse $RN/2$ aus der langfristigen Anlage reichen aus, um der geduldigen Hälfte der Konsumenten ihre Einlagen mit Faktor R verzinst auszuzahlen. In Anhang VIII.A bieten Banken stattdessen das Verzinsungsmuster an, das den Nutzen der Einleger maximiert. Weil alle wichtigen Ergebnisse unabhängig davon sind, mit welchen Sätzen sich die Einlagen verzinsen, ist A5 eine nützliche vereinfachende Annahme.

Betrachten wir Gleichgewichte des Modells. Der Sichteinlagekontrakt (A5) sichert den Konsumenten für ihre Einlage von 1 in Zeitpunkt 1 eine Abhebung von entweder 1 in Zeitpunkt 2 oder von R in Zeitpunkt 3 zu, wie in folgender Tabelle dargestellt.

1	2	3
		R
-1		
	1	

Wir betrachten nacheinander die zwei in Abschnitt VIII.2 bereits unterschiedenen Fälle: 1. Alle Einleger erwarten, dass alle anderen Einleger gemäß ihrer Liquiditätspräferenz abheben. 2. Alle Einleger erwarten, dass alle anderen Anleger ihre Positionen in Zeitpunkt 2 auflösen wollen. (Fälle, in denen einige, aber nicht alle geduldigen Konsumenten früh abheben, betrachten wir nicht.)

Die $N/2$ ungeduldigen Konsumenten können nicht bis 3 mit ihrer Abhebung warten, weil sie bereits in 2 konsumieren wollen. Sie haben zusammen Ansprüche in Höhe von $N/2$. Das entspricht genau den Mitteln, die der Bank ohne vorzeitige Liquidierung langfristiger Anlagen in 2 zur Verfügung stehen.

1. Die geduldigen Konsumenten haben dagegen eine Wahl. Betrachten wir einen solchen Einleger. Wir beginnen mit dem Fall, in dem er erwartet, dass alle anderen geduldigen Einleger erst in 3 abheben. Er kann nun in Zeitpunkt 2 seine Einlage unverzinst zurückfordern oder nicht. Um ihn bedienen zu können, muss die Bank $1/L$ Einheiten der langfristigen Anlage liquidieren, wodurch sie die benötigten Mittel in Höhe von ($L\ (1/L) =$) 1 erhält. Das setzt voraus, dass $1/L \leq N/2$ ist. In diesem Fall erhält der Einleger sein Kapital zurück. (Dies ist bei hinreichend großen Banken – mit hinreichend vielen Einlegern – der „Normalfall". Der Vollständigkeit der Analyse halber müssen wir aber auch den umgekehrten Fall abhandeln.) Ist dagegen $1/L > N/2$, dann reicht selbst die komplette Liquidation der $N/2$ langfristig angelegten Einheiten Kapital nicht aus, um die Ansprüche zu befriedigen. In diesem Fall hängt es von seiner „Position in der Schlange" vor der Bank (wo er und die Ungeduldigen sich treffen) ab, ob er bedient wird oder nicht (er darf nicht der Letzte sein). Da er somit im besten Fall sein Kapital unverzinst zurück erhält, ist es sicher vorteilhaft für ihn, bis 3 zu warten. Denn wenn er – wie alle Anderen – wartet, dann muss die Bank nichts liquidieren, und der Anleger bekommt $R > 1$. D. h.: *Erwarten alle geduldigen Anleger,*

dass alle jeweils anderen geduldigen Anleger spät abheben, dann ist es für sie optimal, auch spät abzuheben. Es existiert somit ein Gleichgewicht, in dem der Geschäftsbetrieb „normal" läuft: Die Bank hat ihre Anlagen so disponiert, dass sie die gegen sie gestellten Ansprüche trotz der Fristentransformation jederzeit und ohne Liquidation der langfristigen Anlage erfüllen kann.

2. Betrachten wir nun einen geduldigen Anleger, der erwartet, dass alle anderen geduldigen Anleger bereits in 2 abheben. Die Tabelle oben gibt die *vertraglichen* Abhebemöglichkeiten an. Der Anleger muss aber in Betracht ziehen, dass möglicherweise die *tatsächlichen* Abhebemöglichkeiten davon abweichen.

Beginnen wir mit zwei Vorüberlegungen. Zuerst überlegen wir, wie viele Mittel die Bank maximal kurzfristig verfügbar machen kann. Aus der kurzfristigen Anlage ist $N/2$ verfügbar. Zudem erbringt die vollständige Liquidierung der langfristigen Anlage $N/2$ einen Erlös von $LN/2$. Insgesamt verfügt die Bank bei kompletter Liquidierung der langfristigen Anlage also über:

$$N\frac{L+1}{2}.$$

Zweite Vorüberlegung: Kann die Bank aus diesen maximal verfügbaren Mitteln in Zeitpunkt 2 die Ansprüche von allen Einlegern bis auf einen bedienen? $N-1$ Einleger haben einen Anspruch auf die unverzinste Rückzahlung einer Einheit Kapital. In der Summe sind ihre Ansprüche also $N-1$, und die Bedingung dafür, dass die Bank alle Einleger bis auf einen kurzfristig auszahlen kann, ist

$$N\frac{L+1}{2} \geq N-1.$$

Auflösen nach N ergibt $N \leq 2/(1-L)$. Das widerspricht der Ungleichung in Annahme A2. D. h.: Selbst wenn die Bank die langfristige Anlage vollständig liquidiert, so dass in Zeitpunkt 3 keine Aktiva mehr vorhanden sind, kann sie in 2 nicht die Ansprüche aller Anleger bis auf einen erfüllen.

Nun zur Entscheidungssituation des geduldigen Anlegers, der erwartet, dass alle anderen geduldigen Anleger bereits in 2 abheben. Er hat zwar einen vertraglichen Anspruch auf die verzinste Rückzahlung R in 3, weiß aber, dass die langfristige Anlage, aus der die Zahlung an ihn erwirtschaftet werden soll, bis dahin komplett liquidiert werden muss, weil die Bank selbst damit nicht die in 2 gegen sie gerichteten Ansprüche bedienen kann. Er weiß also, dass er, wenn er erst in 3 seine Ansprüche geltend macht, überhaupt nichts erhalten wird. Die Alternative ist, wie die Anderen in Zeitpunkt 2 „zur Bank zu rennen". Weil die Bank nicht $N-1$ Kunden bedienen kann, kann sie die dann geltend gemachten Ansprüche aller N Kunden erst recht nicht bedienen. Gemäß der First-come-first-served-Annahme (A5) erhalten nur die ersten $N(L+1)/2$ ($< N-1$) Einleger in der Schlange ihr Geld zurück. Wenn sich die Positionen der einzelnen Einleger in der Schlange vor der Bank rein zufällig ergeben, dann erhält der betrachtete Anleger also mit Wahrscheinlichkeit $(L+1)/2$ sein Geld zurück:

1	2	3
		0
-1		
	1 mit W'keit $\frac{L+1}{2}$	

Das ist weniger als versprochen – aber besser als nichts mit Sicherheit in Zeitpunkt 3. Daher hebt der Einleger, der erwartet, dass alle Anderen früh abheben, auch früh ab. Und weil dieses Kalkül für jeden Einzelnen gilt, folgt: *Erwarten alle geduldigen Anleger, dass alle jeweils anderen geduldigen Anleger früh abheben, dann heben alle Geduldigen früh ab.* Es existiert also ein zweites Gleichgewicht, in dem nur die Konsumenten bedient werden, die früh genug bei der Bank sind, in dem also ein Bank run stattfindet.

Damit haben wir das Ergebnis aus dem vorigen Abschnitt formal hergeleitet. Es liegen multiple (nämlich zwei) Gleichgewichte vor, und die Erwartungen in Bezug darauf, welches Gleichgewicht realisiert wird, sind selbsterfüllend. Damit gewinnen ökonomisch eigentlich irrelevante Dinge wie Sonnenflecken einen Einfluss auf die reale Wirtschaft, wenn sie zur Koordinierung von Erwartungen dienen:

Theorem: *Erwartet jeder geduldige Anleger, dass die jeweils anderen Geduldigen bei schwacher Sonnenfleckenaktivität spät und bei starker Sonnenfleckenaktivität früh abheben, dann sind bei schwacher Sonnenfleckenaktivität die Banken stabil, und bei starker Sonnenfleckenaktivität kommt es zu Bank runs.*

Vier Bemerkungen hierzu. Erstens: Die Erwartungen sind rational. Denn die Individuen sehen ja das, was passiert, korrekt voraus. Man könnte einwenden, dass das Bank-run-Gleichgewicht bei rationalen Erwartungen nicht passieren kann, weil das andere Gleichgewicht ja für alle besser ist. Das ist aber falsch. Bank runs können passieren, obwohl das für alle schlecht ist. Wir haben ja gerade gezeigt, dass es für jeden Einzelnen vernünftig ist, zur Bank zu laufen, wenn die Anderen das auch tun. Individuelle Rationalität impliziert nicht kollektive Effizienz. Zweitens: Das Liquiditätsproblem, das sich hier stellt, ist direkte Folge der asymmetrischen Information (A4). Könnten die Banken ungeduldige und geduldige Konsumenten unterscheiden, so könnten sie in den Einlagekontrakten festschreiben, dass nur Ungeduldige früh bedient werden. Das Bank-run-Gleichgewicht verschwände, und die Stabilität des Bankensektors stünde nicht in Frage. Wegen asymmetrischer Information sind solche Kontrakte aber nicht möglich. Drittens: In Abschnitt VII.9 haben wir auf die makroökonomischen Folgen von Bankenkrisen hingewiesen. Dort resultierte eine Bankenkrise, wenn signifikante Teile des Bankensystems simultan Abschreibungen auf ihre Aktiva erleiden. Betreffen die in diesem Abschnitt thematisierten Liquiditätsprobleme nicht nur einzelne Banken, sondern treten sie als systemisches Problem auf, das weite Teile des Bankensystems betrifft, dann liegt wiederum eine Bankenkrise vor. Der Unterschied zu den oben behandelten liegt darin, dass die Probleme hier von der Passivseite der Bankenbilanzen herrühren. Die Konsequenzen sind aber ähnlich wie in Abschnitt VII.9: Mittelabflüsse aus dem Bankensektor führen zu Disintermediation, die Investitionstätigkeit geht zurück, und das BIP schrumpft. So werden die Bank runs als ein maßgeblicher Grund dafür angesehen, warum die Weltwirtschaftskrise (s. Kasten VIII.2) zum schlimmsten konjunkturellen Einbruch in der Geschichte der Industrienationen wurde. Und auch in der Finanzkrise 2007–09 spielten Liquiditätsprobleme im Geschäftsbankensektor und darüber hinaus eine wichtige Rolle (s. Kasten VIII.4). Viertens: Aus der Tatsache, dass es in den Industrienationen nach der Weltwirtschaftskrise fast 75 Jahre lang keine Bank runs gab (s. Kasten VIII.2), darf nicht geschlossen werden, dass die hier thematisierten Liquiditätsprobleme unwichtig waren oder sind. Was hierin zum Ausdruck kommt, ist vielmehr, dass für mehrere Jahrzehnte die für die Regulierung des Bankensektors verantwortlichen Institutionen

Kasten VIII.4: Liquidität und die Finanzkrise 2007–09

Im Frühjahr 2007 wurde offensichtlich, dass die Zahlungsausfälle bei US-Hypothekenkrediten an Kunden mit geringer Bonität (Subprime mortgages) dramatisch zunehmen würden. Diese Hypothekenkredite waren zum großen Teil in so genannten Mortgage-backed securities (MBS) gebündelt (verbrieft) und verkauft worden (mehr hierzu in Kasten IX.1). Einen großen Teil der MBS hielten die großen halbstaatlichen US-Hypothekenfinanzierer „Fannie Mae" und „Freddie Mac" (bzw. sie garantierten den Inhabern die planmäßige Zahlung von Zins und Tilgung auf die zugrunde liegenden Kredite). Die Vermutung, dass der verbleibende Großteil der MBS an Anleger außerhalb des Bankensektors verkauft worden war, stellte sich als falsch heraus. Zum einen hatten Geschäftsbanken in den USA und in Europa in großem Umfang MBS in ihrer Bilanz. Zum anderen hatten sie – wie man erst jetzt wahrnahm – speziell hierfür und meist im Ausland Zweckgesellschaften gegründet. Diese Zweckgesellschaften arbeiteten außerhalb des regulierten Bankensystems ohne nennenswertes Eigenkapital und refinanzierten ihre MBS-Bestände i. d. R. sehr kurzfristig, um so von den niedrigen Kurzfristzinsen zu profitieren. Ähnlich operierten die großen Investmentbanken und einige Hedge-Fonds. Wegen der Fristentransformation, die diese weitgehend unregulierten Finanzinstitute vornahmen, spricht man von „Schattenbanken" („Shadow banks", s. auch Abschnitt VIII.5).

In der Finanzkrise 2007–09 trafen Verluste im Bankensektor (vgl. Abschnitt VII.9) und Liquiditätsprobleme aufeinander, und es erwies sich als schwer, die relative Wichtigkeit der beiden Probleme treffend einzuschätzen. Im September 2007, nachdem die ersten Hedge-Fonds gerettet werden mussten und die Schieflage der ersten Banken erkennbar geworden war, schätzte der IWF in seinem Global Financial Stability Report die bevorstehenden Verluste auf \$ 200 Mrd. Bereits zu diesem Zeitpunkt hatten Banken vorher unbekannte Probleme bei der kurzfristigen Refinanzierung untereinander, weil sich wechselseitiges Misstrauen in die Solvenz der Institute ausbreitete. Bis April 2009 erhöhte der IWF seine Schätzung für den weltweiten Abschreibungsbedarf auf Kredite und Wertpapiere auf über \$ 4.000 Mrd. Diese Zahl wurde anschließend wieder um rund ein Drittel nach unten korrigiert. Zwischenzeitlich war mit der Pleite der US-Investmentbank Lehman Brothers im September 2008 der Interbankengeldmarkt, auf dem sich die Banken wechselseitig kurzfristig Geld leihen, komplett zusammengebrochen. Die Banken sahen sich damit simultan der Notwendigkeit hoher Abschreibungen auf ihre Assets und einem gravierenden Liquiditätsproblem gegenüber. Schrumpfendes Eigenkapital zwang sie zur Einschränkung der Kreditvergabe (s. Abschnitt VII.8), und angesichts der Refinanzierungsprobleme wurde verfügbares Geld liquide „geparkt", anstatt zur Kreditvergabe genutzt. Die resultierende Disintermediation (vgl. Abschnitt VII.9) führte für die drei Quartale ab dem vierten Quartal 2008 zum steilsten konjunkturellen Einbruch der Weltkonjunktur seit der Weltwirtschaftskrise, der nur durch massive fiskalpolitische Programme und extrem expansive Geldpolitik gestoppt werden konnte (vgl. Kasten V.11).

diese Probleme „im Griff hatten". Die Finanzkrise 2007–09 führte schmerzhaft vor Augen, dass selbst dieser Jahrzehnte alte Erfolg nicht ohne Weiteres in die Zukunft extrapoliert werden darf. *Wie* die Liquiditätsprobleme erfolgreich kontrolliert wurden, ist der Gegenstand des nächsten Abschnitts.

VIII.4 Maßnahmen gegen Bank runs

Bank runs passieren, wenn sich Bedenken verbreiten, ob Einlagen sicher sind. Die Mindestreservepflicht der Banken (s. Abschnitt IV.5) und Basel-Eigenkapitalrichtlinien (s. Abschnitt VII.8) wirken dem in gewissem Maße entgegen, sind aber nicht ausreichend, um das Problem effektiv einzudämmen. Das Diamond-Dybvig-Modell aus dem vorangegangenen Abschnitt legt drei gezielte ***Maßnahmen gegen Bank runs*** nahe: 1. Einlagenversicherung, 2. einen Lender of last resort und 3. die Möglichkeit zur Aussetzung der Zahlungsverpflichtung.

1. In eine ***Einlagenversicherung*** zahlen Banken Prämien ein, im Gegenzug erhalten sie in einer Liquiditätskrise Mittel aus dem von der Einlagenversicherung aufgebauten Vermögen. Betrachten wir die Wirkungsweise der Einlagenversicherung vor dem Hintergrund des Diamond-Dybvig-Modells. Nehmen wir an, aus Prämien wird ein Versicherungspool von

$$\frac{N}{2} - 1$$

aufgebaut. Dann weiß jeder geduldige Konsument, dass die Bank selbst dann nichts von ihrer langfristigen Anlage liquidieren muss, wenn alle bis auf ihn früh zur Bank rennen. Denn kurzfristige Ansprüche in Höhe von $N - 1$ können aus den Erträgen der kurzfristigen Anlage ($N/2$) und der Versicherungssumme ($N/2 - 1$) gedeckt werden. Weil jeder Konsument also sicher sein kann, im Zeitpunkt 3 die vertraglich vereinbarte Abhebung R vornehmen zu können, haben die Geduldigen keinen Anreiz, früh abzuheben, und es stellt sich das Gleichgewicht mit „normalem Geschäftsbetrieb" ein. Im Endeffekt ist es gar nicht nötig, dass die Einlagenversicherung tätig wird. Ein glaubwürdiges Commitment, im Falle eines Liquiditätsengpasses einzuspringen, reicht aus, um es gar nicht erst zum Versicherungsfall kommen zu lassen. Praktisch gibt es aber zwei Probleme. Erstens zieht die Einlagenversicherung – wie andere Versicherungen auch – ein Moral-hazard-Problem nach sich: Ist nicht schnell und exakt feststellbar, ob die Zahlungsunfähigkeit einer Bank Folge von Illiquidität oder von Überschuldung ist, dann weiß die Bank, dass sie bei Überschuldung möglicherweise Geld aus der Einlagenversicherung erhält. Das schafft Anreize zu riskanten versteckten Handlungen (s. Abschnitt VII.7). Zweitens stößt eine Einlagenversicherung in einer systemischen Krise, die nicht nur einzelne Banken, sondern weite Teile des Bankensektors betrifft, an ihre Grenzen, weil die eingezahlten Versicherungsprämien nicht ausreichend sind, um das ganze System zu stabilisieren.

2. Ganz analog wie eine Einlagenversicherung wirkt ein ***Lender of last resort (LLR)***. Erklärt die Zentralbank oder die Regierung glaubhaft, sie werde, wenn nötig, Liquidität im Umfang von $N/2 - 1$ pro Bank in Zeitpunkt 2 bereitstellen, dann haben geduldige Konsumenten keinen Anreiz, früh abzuheben. Diese Lehrbuchweis-

heit stammt bereits von BAGEHOT (1873). Wie eine Einlagenversicherung muss ein LLR theoretisch nie tätig werden, sondern nur ein glaubwürdiges Commitment leisten. Anders als bei einer Einlagenversicherung kann auch die Ankündigung, eine „teure“ systemische Bankenkrise zu vermeiden, glaubhaft sein, wenn der LLR kurzfristig genügend neues Geld schaffen (Zentralbank) bzw. sich schnell ausreichend verschulden (Staat) kann. Aber selbst Zentralbank und Regierung können in ihrer Funktion als LLR an Grenzen stoßen, wenn der Bankensektor zu groß geworden ist (s. unten VIII.5). Praktisch schafft ein LLR das gleiche Moral-hazard-Problem wie eine Einlagenversicherung, wenn Illiquidität und Überschuldung nicht klar zu trennen sind.

3. Eine dritte Möglichkeit, wie man im Diamond-Dybvig-Modell Bank runs vermeiden kann, ist die Möglichkeit zur ***Aussetzung der Zahlungsverpflichtung***. Ist die Bank berechtigt, ihre Zahlungen im Zeitpunkt 2 auf den Umfang zu begrenzen, den sie ohne Liquidierung langfristiger Anlagen leisten kann (d. h. auf $N/2$), dann wissen die geduldigen Anleger wiederum, dass sie in 3 wie vertraglich vereinbart mit R bedient werden. Weil sie in Zeitpunkt 2 nur schlechter abschneiden können, heben sie nie früh ab – ein Bank run findet nicht statt. Wie eine Einlagenversicherung und ein LLR ist auch dieses Instrument „kostenlos“, weil es funktioniert, ohne je angewendet werden zu müssen. Die Kästen VIII.5 und VIII.6 geben einen Überblick über Maßnahmen gegen Bank runs in der Praxis.

VIII.5 Moderne Bank runs

Wir haben Bank runs als ein Problem von Geschäftsbanken mit Depositen- und Kreditgeschäft behandelt und Einlagenversicherung und LLR als Lösungen des Problems. Problem und Lösung sind aber viel allgemeiner. Andere wichtige Beispiele sind 1. Investmentbanken und 2. andere Anlagegesellschaften, 3. offene Immobilienfonds und 4. Staatshaushalte.

1. Das Geschäftsmodell einer Investmentbank sieht ganz anders aus als das einer Geschäftsbank (s. Abschnitt IV.5). Zum einen erwirtschaften Investmentbanken einen Großteil ihrer Erträge mit Geschäften, die nicht in ihrer eigenen Bilanz auftauchen, z.B. mit Provisionen für Handel mit Papieren, die sich im Besitz von Kunden befinden, mit Privat- und Firmenkundenberatung, mit der Durchführung von M&A (Mergers and acquisitions), mit der Platzierung von Wertpapieren am Markt im Auftrag des Emittenten etc. Zum anderen unterscheidet sich die Bilanz einer Investmentbank deutlich von der einer Geschäftsbank. Auf der Aktivseite finden sich statt Unternehmens- und Hypothekenkrediten vor allem Wertpapiere aller Art, die auf eigene Rechnung gehandelt werden. Und i. d. R. haben Investmentbanken kein Filial- und Depositengeschäft, über das sie sich refinanzieren. Sie verfügen einerseits über ein beträchtliches Eigenkapital. Andererseits „leveragen“ („hebeln“) sie die Erträge durch die Aufnahme von Fremdkapital, z. B. die Aufnahme von Krediten bei Geschäftsbanken oder die Emission von Schuldverschreibungen. D. h.: Sie erhöhen die erwartete Rendite des Eigenkapitals, indem sie nicht nur das Eigenkapital selbst, sondern zusätzlich Fremdkapital „für sich arbeiten“ lassen (s. Kasten VIII.7). Oft wird das Fremdkapital recht

Kasten VIII.5: Maßnahmen gegen Bank runs

Bis zur Zeit der Weltwirtschaftskrise war die Aussetzung der Zahlungsverpflichtung („Bank holidays") das gängige Instrument gegen Bank runs. Dieses Instrument wird in den Industrienationen nicht mehr genutzt, sondern stattdessen Einlagensicherungssysteme und ein LLR.

In Deutschland gibt es mehrere parallele Systeme der Einlagenversicherung. Zunächst schreibt das Einlagensicherungs- und Anlegerentschädigungsgesetz (EAEG) eine 100%-ige Sicherung von Einlagen bis zur Höhe von € 100.000 vor. Die Banken sind nach EAEG verpflichtet, dazu Entschädigungseinrichtungen bei der Kreditanstalt für Wiederaufbau (KfW) zu unterhalten. Über diese gesetzliche Einlagensicherung hinaus unterhalten die Banken in Deutschland freiwillige Einlagensicherungsfonds. Für die privaten Kreditbanken ist das der Einlagensicherungsfonds des Bundesverbandes deutscher Banken, der die volle Rückzahlung der Einlagen bis zu einer Höhe von 30% des haftenden Eigenkapitals der betreffenden Bank zusagt. Für die Sparkassen gibt es regionale Stützungsfonds und einen Haftungsverbund. Die Genossenschaftsbanken unterhalten den Garantiefonds des Bundesverbands der Deutschen Volksbanken und Raiffeisenbanken.

In der Finanzkrise 2007–09 haben die EZB und die Bundesregierung deutlich klar gemacht, dass sie sich als LLR für die europäischen bzw. deutschen Banken verstehen. Die EZB gab angesichts des Zusammenbruchs des Interbankengeldmarkts (vgl. Kasten VIII.4) im Oktober 2008 auch formal das Versteigerungsverfahren für die Haupt- und längerfristigen Refinanzierungsgeschäfte (s. Kasten IV.10) auf und bediente stattdessen die gesamte Liquiditätsnachfrage der Banken, soweit sie Sicherheiten stellen konnten. Ferner machte im Oktober 2008 die Bundeskanzlerin Merkel unmissverständlich deutlich, dass auch die öffentliche Hand einspringen würde, um Verluste auf Bankeinlagen zu verhindern, auch wenn dazu kein Gesetz verabschiedet wurde (andere europäische Länder gaben ähnliche Garantieerklärungen ab). Die Notwendigkeit zu diesen Maßnahmen von EZB und Regierung ergab sich aus dem systemischen Charakter der Krise. So betrug das Volumen des Einlagensicherungsfonds des Bundesverbandes deutscher Banken 2008 rund € 4,6 Mrd. Das reicht aus, um eine einzelne Bank zu retten, aber nicht um ein Bankensystem in einer systemischen Krise zu stützen.

Island ist ein Beispiel dafür, dass der Bankensektor eines Landes so groß werden kann, dass nicht einmal mehr die Regierung als LLR einspringen kann. Ende 2008 betrugen die Auslandsschulden der isländischen Banken ISK 10.598,2 Mrd – mehr als das Siebenfache des BIPs von ISK 1.468,1 Mrd.! Als die isländischen Banken 2008 in Schieflage gerieten, war klar, dass eine Garantie der isländischen Regierung allein für diese Schulden nicht glaubhaft sein könnte. Der IWF und die skandinavischen Länder gewährten im November 2008 Hilfskredite im Volumen von über € 4 Mrd. (was bei einem Wechselkurs von rund ISK 160/€, wo er sich ab dem Frühjahr 2009 einpendelte, rund ISK 650 Mrd. entspricht. Island war damit das erste westeuropäische Land seit 1976, das IWF-Hilfe in Anspruch nahm.

kurzfristig aufgenommen, um hohe Langfristzinsen zu vermeiden. Ein Bank run in Form einer Schlange von Kunden vor einer Filiale, die ihre Konten räumen wollen, kann bei einer Investmentbank nicht passieren, weil die Finanzierung nicht durch ein Filialnetz erfolgt, sondern am Kapitalmarkt. Der Ursprung des Bank-run-Problems steckt aber auch in ihrem Geschäftsmodell: Sie führen eine Fristentransformation durch, d. h. sie beleihen sich kurzfristiger, als sie anlegen, und müssen, um ihre Ak-

Kasten VIII.6: Liquidität und Basel III

Parallel zu den Änderungen der Eigenkapitalrichtlinien (s. Kasten VII.9) wurden vom Basler Ausschuss für Bankenaufsicht auch neue international einheitliche Regelungen für das Liquiditätsmanagement von Banken beschlossen, die bis 2018 in Kraft treten. Dieses *Internationale Rahmenwerk zur Messung, den Standards und der Überwachung des Liquiditätsrisikos* wird üblicher Weise mit unter dem Begriff „Basel III" subsumiert. Die neuen Regeln sollen zum einen die kurzfristige Liquidität der Banken sichern und zum anderen eine strategische Planung der Refinanzierung unterstützen, die die Wahrscheinlichkeit von Liquiditätsproblemen vermindert. Dazu müssen die Banken Stressszenarien durchspielen und sicherstellen, dass auch in diesen Stresssituationen ihre Liquidität gewahrt bleibt.

Die kurzfristige Liquiditätsposition wird mit der Liquiditätsdeckungskennzahl (Liquidity Coverage Ratio, LCR) überprüft. Die LCR setzt die kurzfristig liquiden Aktiva in Bezug zu Mittelabflüssen in einem 30-Tage-Stressszenario und darf den Wert eins nicht unterschreiten (vgl. die Liquiditätskennzahl in Kasten VIII.1). So soll vermieden werden, dass Banken in kurzen Stresssituationen in Zahlungsprobleme geraten. Die Net Stable Funding Ratio (NSFR) setzt analog die innerhalb eines Jahres verfügbaren Mittel zu den Mittelabflüssen innerhalb eines Jahres in einem Stressszenario in Beziehung und darf nicht unter den Wert eins sinken.

Kasten VIII.7: Leverage

Mit ***Leverage*** kann man die Eigenkapitalrendite (wenn es gut läuft) in beliebige Höhen schrauben („there's no magic in leverage"). Betrachten wir z. B. eine Bank, die Eigenkapital EK und Fremdkapital FK, auf das sie den Zins i zahlen muss, anlegt. Mit x als (Gesamtkapital-) Rendite auf das eingesetzte Kapital beträgt die Eigenkapitalrendite

$$EKR = \frac{x\,EK + (x-i)FK}{EK}$$

oder mit $l \equiv FK/EK$ als Leverage

$$EKR = x + (x-i)l.$$

(Mit Berücksichtigung von nicht bilanzwirksamen Provisionsgeschäften erhöht sich die Eigenkapitalrendite entsprechend.) Für $x > i$ kann man jede EKR mit einer bestimmten Leverage l erreichen. Bei einer Rendite von im Erfolgsfall $x = 6\%$ und Fremdkapitalkosten von 5% erreicht man $EKR = 25\%$ mit $l = 19$. Das von den Investmentbanken in der 2000er-Jahren ausgerufene Ziel von 25% Eigenkapitalrendite ist nicht abwegig, weil man dazu nicht – wie oft fälschlich unterstellt – Anlagen mit einer Rendite in entsprechender Höhe braucht, sondern nur eine genügend hohe Leverage. So erhöhten die fünf großen Wall-Street-Investmentbanken (Bear Stearns, Goldman Sachs, Lehman Brothers, Merrill Lynch und Morgan Stanley) in den 2000er-Jahren, um die Renditeziele zu erreichen, ihre Leverage auf im Durchschnitt 30. Die Bilanz von Lehman z. B. wies 2007 Aktiva im Wert von \$ 691 Mrd. bei einem Eigenkapital von \$ 22 Milliarden auf (weitere nicht bilanzwirksame Verpflichtungen z. B. aus Zweckgesellschaften kamen noch hinzu).

Das Problem mit hoher Leverage ist, dass schon kleine Verluste auf das Gesamtkapital das gesamte Eigenkapital aufzehren und so zur Insolvenz führen: $EKR = -100\%$ gilt für $x = (i\,l-1)/(l+1)$. Im Zahlenbeispiel und mit einer Leverage von 19 liefert das $x = -0{,}25\%$. Bei $l > 1/i$ (im Beispiel: $l > 20$) tritt die Insolvenz sogar bei geringer positiver Rendite x ein.

tiva zu refinanzieren, ihre Schulden bei Fälligkeit überwälzen. Das Resultat ist das, was BLANCHARD (2009, 9) die „moderne Version von Bank runs" nennt und in dem Zitat am Anfang dieses Kapitels erklärt: Verlieren die Kapitalgeber das Vertrauen in eine Investmentbank, dann gelingt es der Bank nicht mehr, ihre Schulden zu überwälzen, und sie muss Aktiva liquidieren. Bei langfristig ausgelegten Anlagen hat das Kosten. Und die Kosten steigen, wenn das Problem nicht nur einzelne Institute betrifft, sondern den ganzen Sektor. Dann führt der Angebotsanstieg aufgrund der kollektiven Notverkäufe („Fire sales") zu einem Preisverfall, der die Liquidationserlöse schmälert und somit weitere Notverkäufe notwendig macht. Es ist kein Run in Form von Schlangen von Einlegern vor Bankfilialen zu sehen – aber das Problem ist das gleiche. Bis zur Finanzkrise 2007–09 bestand der „regulatorische Konsens", dass Staat und Zentralbank LLR für Geschäftsbanken sind, im Gegenzug aber die gesicherten Institute regulieren (s. Abschnitt VII.8), während Investmentbanken unreguliert sind, dafür aber auch ohne LLR auskommen müssen. Nachdem dieses Prinzip bei Lehman einmal auf ein großes Institut angewendet wurde, ist klar, dass das so bald nicht wieder geschehen wird – auch ohne eine formale Ankündigung wird der Staat Großbanken retten, die „too big to fail" oder „too conncected to fail" sind.

2. In Kasten VIII.4 wurden bereits zwei andere Finanzvehikel angesprochen, deren Geschäftsmodell durch eine erhebliche Fristentransformation gekennzeichnet ist: Hedge-Fonds und von Banken gegründete außerbilanzielle Zweckgesellschaften (Schattenbanken). Die Anteilseigner eines Hedge-Fonds können nach Ablauf einer Haltefrist („Lock-in period") von typischer Weise rund zwei Jahren ihre Anteile jederzeit zurückgeben und so den Fonds zur Liquidation von Assets zwingen. An die Stelle von Runs vor Bankfilialen treten hier Anteilsrückgaben der Eigentümer des Fonds. Wurde ein Fonds von einer Großbank aufgelegt, dann springt diese möglicherweise als LLR ein und kauft die angebotenen Anteile auf. Viele Hedge-Fonds arbeiten aber ohne LLR und müssen bei einem Run abgewickelt werden. Das Geschäftsmodell der Zweckgesellschaften, die in der Finanzkrise 2007–09 Schlagzeilen machten, ähnelt dem von Investmentbanken: Langfristige Investitionen in MBS (deren Cash flow aus den über die Jahre verteilten Zins- und Tilgungszahlungen auf die zugrunde liegenden Hypothekenkredite besteht) wurden mit kurzfristigen Schulden (i. d. R. dreimonatigen Schuldverschreibungen) am Kapitalmarkt refinanziert. Auch hier gibt es keine Filialen und daher keine Bank runs im wörtlichen Sinne. Wenn aber der Kapitalmarkt das Vertrauen in eine Zweckgesellschaft verliert, kann die ihre Schuldverschreibungen nicht mehr am Markt platzieren und ist illiquide. In der Krise 2007–09 spielten die Banken, die die Zweckgesellschaften zunächst ausgegliedert hatten, die Rolle des LLR, indem sie die Assets der nicht mehr refinanzierungsfähigen Zweckgesellschaften wieder auf ihre Bilanz nahmen.

3. Offene Immobilienfonds sind ein weiteres Beispiel für eine Anlageklasse, die aufgrund einer signifikanten Fristentransformation gegen Illiquidität anfällig ist und bei der dieses Problem in Deutschland ab dem Jahr 2005 deutlich sichtbar wurde (s. Kasten VIII.8).

4. Ein letztes, makroökonomisch besonders bedeutsames Beispiel sind Staatshaushalte. Die Analogie ist nicht ganz offensichtlich, zumal Staaten keine Bilanzen aufstellen, die Mechanismen sind aber ganz ähnlich. Offensichtlich ist, dass Staaten

Kasten VIII.8: Offene Immobilienfonds

Offene Immobilienfonds sind gemäß Investmentgesetz (InvG) in Immobilien investierte Sondervermögen, die von einer Investmentgesellschaft für die Anleger verwaltet werden und in Deutschland bis 2011 dadurch charakterisiert waren, dass die Anleger ihre Anteile jederzeit zurückgeben konnten – eine extreme Form der Fristentransformation. Unsere Analyse legt nahe, dass offene Immobilienfonds folglich stark gegen Runs anfällig sein sollten. In diesem Fall kann ein Fonds schließen, d. h. die Rücknahme von Anteilen aussetzen. Das ist eine erste Maßnahme gegen Runs, analog zur Aussetzung der Zahlungsverpflichtung für eine Geschäftsbank. Daneben existierte lange Zeit ein LLR: Die Fonds werden i.d.R. von großen Banken aufgelegt, und man ging davon aus, dass sie im Falle sich häufender Anteilsrückgaben die zur Vermeidung von Notverkäufen notwendige Liquidität bereitstellen würden. Diese Erwartung wurde in Deutschland im Jahr 2005 durch die Deutsche Bank grundlegend erschüttert. Im Dezember 2005 schloss die Deutsche-Bank-Tochter DB Real Estate den Fonds Grundbesitz Invest. Die Deutsche Bank widerstand Appellen, die Schließung zu verhindern. Das war die erste Schließung eines offenen Immobilienfonds in Deutschland, seit diese Anlageform in den 1960er-Jahren an den Markt gegangen war. Fünf Jahre später waren € 24 Mrd. in sieben Fonds eingefroren, weitere drei (Degi Europa, KanAm US-Grundinvest, Morgan Stanley P2 Value) befanden sich in Abwicklung. Die Anfälligkeit der Anlageklasse gegen Runs war offensichtlich, und es begann die Diskussion um die Novellierung der betreffenden Paragrafen im InvG mit dem Ziel, die Fristentransformation abzuschwächen. Die Novellierung erfolgte mit dem Anlegerschutz- und Funktionsverbesserungsgesetz (AnFuG) im April 2011. Damit sind Anteilsrückgaben über € 30.000 pro Kalenderhalbjahr erst nach einer zweijährigen Haltefrist und mit einer einjährigen Kündigungsfrist möglich. Zunächst bewirkte das Gesetz eher das Gegenteil: Anleger nutzten die Übergangsfrist, um ihr Kapital aus der Anlageklasse abzuziehen, und noch im April mussten vier weitere Fonds schließen. Letztendlich bedeutet die Einführung von Halte- und Kündigungsfristen aber eine Reduktion der Fristentransformation und damit eine geringere Anfälligkeit gegen Runs.

Verbindlichkeiten haben, die sie auf der Passivseite einer Bilanz zusammenstellen müssten, wenn sie eine führten: ihre Staatsschulden. Die „Forderungen“, die den Staatsschulden gegenüber stehen, sind in erster Linie die Steuereinnahmen, die für den Schuldendienst eingesetzt werden können. Damit ist die „Fristentransformation“ deutlich: Schuldenberge von 75% oder 100% des BIPs oder mehr können nicht aus den Haushalten weniger Jahre abgetragen werden. Was diesen Schuldenbergen gegenübersteht, sind die Steuereinnahmen künftiger Jahr*zehnte*. Neu emittierte Staatsschulden haben in den Industrienationen eine durchschnittliche Laufzeit von 6–7 Jahren. D. h. Jahr für Jahr wird in einem durchschnittlichen Land rund ein sechstel seiner Schulden fällig, bei einem Schuldenstand von 75% oder 100% also Schulden im Wert von rund 15% des BIPs. Wenn der Markt nicht bereit ist, die zu überwälzenden Schulden wieder zu halten, wird ein Land illiquide. Das ist noch einmal in einem ganz traditionellen Kontext die moderne Version von Bank runs. Da die Bedienung von Schulden nicht nur Zahlungs*fähig*keit, sondern darüber hinaus Zahlungs*willig*keit voraussetzt (s. Abschnitt VII.10), müssen hoch verschuldete Länder, um liquide zu bleiben, dem Markt sehr deutlich klar machen, dass sie nicht davon abrücken werden, ihre Schulden auch in Zukunft zu bedienen. Für den Fall dennoch auftretender Finanzierungsschwierigkeiten braucht man einen supranationalen LLR, der dem Land Liquidität zur Verfügung stellt (s. Kasten VIII.9). Das Problem dabei ist die Trennung von Illiquidität und Insolvenz: Ein LLR soll solvente, aber illiquide Schuldner stützen. Wenn die Schuldner wirklich nur illiquide und nicht insolvent sind, dann kostet das nichts (s. Abschnitt VIII.4). Wenn aber die Liquiditätshilfen geleistet werden, bevor Schuldenstand und Haushaltspolitik in einem Verhältnis zueinander stehen, das dauerhafte Zahlungsfähig- und -willigkeit (s. Abschnitt VII.10) sichert, dann wird der LLR Abschreibungen auf seine Kredite vornehmen müssen, wenn sie nicht vorrangig gegenüber allen anderen Ansprüchen bedient werden. Dieses Problem wird dadurch verfschärft, dass das Vorhandensein eines LLR die Anreize zu einer soliden Haushaltspolitik reduziert, weil Lasten im Falle eines Default aufs Ausland abgewälzt werden können (das Moral-hazard-Problem eines LLR aus Abschnitt VIII.4).

Kasten VIII.9: EWU-Staatsschuldenkrise

Nachdem die Industrienationen Jahrzehnte lang ohne sichtliche Probleme ihre Staatsschulden am Kapitalmarkt überwälzen und erhöhen konnten, kamen im Frühjahr 2010 Zweifel daran auf, dass Griechenland seine Staatsschulden von damals rund € 300 Mrd. (ca. 115% seines BIPs) bedienen würde. Im Mai 2010 beschlossen EU, EWU-Staaten und IWF ein Rettungspaket über € 110 Mrd. Soforthilfe. Als längerfristige Maßnahme richteten die Euro-Staaten einen LLR ein. Diese Funktion spielte zunächst die European Financial Stability Facility (EFSF). Die EFSF wurde berechtigt, bis zu € 440 Mrd. Schulden aufzunehmen, um insolventen Euro-Ländern beizuspringen; hinzu kommen € 250 Mrd. vom IWF und € 60 Mrd. Mrd. von der EU – das ist der sogenannte € 750 Mrd.-„Rettungsschirm". Irland und Portugal erhielten im November 2010 bzw. im Mai 2011 Kreditzusagen aus dem Rettungsschirm in Höhe von € 63 Mrd. bzw. € 78 Mrd. Im Juli 2011 erhielt Griechenland weitere € 109 Mrd. Von den maximal € 440 Mrd. hätte die EFSF nur € 255 Mrd. ausleihen können, ohne ihr Triple-A-Rating zu riskieren. Daher wurde ihre „Lending capacity" im Juli 2011 auf € 780 Mrd., davon nun € 440 Mrd. Triple-A, aufgestockt. Nicht Teil davon sind darin die Staatsanleihenankäufe der EZB (€ 219 Mrd. bis November 2011, vgl. Kasten IV.13) sowie die Kredite zwischen den nationalen Zentralbanken (s. Kasten VI.7). Im Vorfeld des Krisengipfels im Juli 2011 wurde zudem mit den privaten Gläubigern (d. h. vor allem Banken und Versicherungen) ausgehandelt, dass die auf 50% ihrer Forderungen gegen Griechenland verzichten. Da dieser Schuldenschnitt „einvernehmlich" ausgehandelt wurde, stellt er formal keinen Default dar.

Die EFSF wird im Juli 2012 durch den European Stability Mechanism (ESM) abgelöst, der dauerhaft Euro-Krisenländern beistehen können soll. Damit hat die EWU formal einen permanenten LLR, der das Liquiditätsproblem bei der Überwälzung von Staatsschulden beheben soll. Es ist aber klar, dass auch der ESM nicht glaubhaft für die italienischen Staatsschulden garantieren kann (die 2013 über € 2.000 Mrd. steigen). Das kann nur die EZB, indem sie ankündigt, notfalls das Geld zum Ankauf der Staatsanleihen, die nicht am Markt platziert werden können, in Umlauf zu bringen.

VIII.6 Internationale Bankenkrisen

Wir haben nun zwei Typen von Bankenkrisen kennen gelernt. Banken können einerseits durch Abschreibungen auf ihre Aktiva in Probleme geraten (Abschnitt VII.9). Andererseits können sie durch Bedenken hinsichtlich ihrer Solvenz in Probleme bei der Refinanzierung geraten (Abschnitt VIII.3). In diesem Abschnitt untersuchen wir die Konsequenzen ***internationaler Bankenkrisen***. Darunter verstehen wir Bankenkrisen, die dadurch gekennzeichnet sind, dass sich die betroffenen Banken zu einem nennenswerten Anteil im Ausland refinanziert haben. Eine so definierte internationale Bankenkrise kann natürlich erst nach vollzogener Finanzmarktliberalisierung passieren, ohne die Ausländer nicht Geld in inländische Banken stecken könnten. Auffällig ist, dass dies allzu häufig auch passiert: Wie schon in Kasten VI.14 gesehen, folgt auf die Liberalisierung des internationalen Kapitalverkehrs in Entwicklungs- und Schwellenländern häufig eine Währungskrise, und diese Währungskrise ist oft das Spiegelbild einer internationalen Bankenkrise.

Die Standard-„Anatomie" einer internationalen Bankenkrise lässt sich stilisiert wie folgt beschreiben: Ein aufstrebender „Emerging market" liberalisiert seinen Kapitalverkehr. Der abzusehende wirtschaftliche Aufstieg führt zu hohen Kapitalzuflüssen. Dieses Geld fließt zum einen in den Bankensektor, der nach neuen Anlagen für das zufließende Geld suchen muss, und zum anderen in Aktien und Immobilien, die als vielversprechende Wertanlagen erscheinen. Bei zu hohen Kapitalzuflüssen finanzieren die Banken zunehmend weniger rentable Investitionsprojekte, und die Aktienkurse und Immobilienpreise werden in die Höhe getrieben. Die im Wert gestiegenen Aktien und Immobilien werden wiederum zur Absicherung von Bankkrediten für weitere Investitionen eingesetzt. Damit ist der Boden bereitet für eine Bankenkrise von einem der beiden oben analysierten Typen. Zum einen kann sich herausstellen, dass die Investitionen nicht die erwarteten Erträge abwerfen, und fallende Aktienkurse und Immobilienpreise stellen den Wert der Sicherheiten in Frage. Zum anderen haben die Banken hohe Verbindlichkeiten zu überwälzen, und die Institutionen zur Stabilisierung des Bankensektors sind möglicherweise noch nicht genügend etabliert, um das Vertrauen in die Banken wirksam zu sichern.

Bis hierher sind das die gleichen Mechanismen, die auch in einer „nationalen Bankenkrise" nach einem durch inländisches Kapital finanzierten Investitionsboom (vgl. Abschnitt VII.9). In einer internationalen Bankenkrise kommt nun i. d. R. eine Währungskrise hinzu. Aus den Banken abgezogenes Geld wird aufgrund allgemeinen Misstrauens nicht in einer anderen Anlageform in dem von der Bankenkrise betroffenen Land bleiben, sondern ganz aus dem Land abgezogen werden. Das daraus resultierende zusätzliche Angebot setzt die Inlandswährung unter Abwertungsdruck. Bei diesem Zusammentreffen von einer Bankenkrise und – daraus hervorgehend – einer Währungskrise spricht man von ***„Twin crises"*** oder einer ***Zwillingskrise***. Die Tatsache, dass sie ein Teil einer Zwillingskrise ist, erklärt, warum Währungskrisen so oft mit schwer wiegenden realwirtschaftlichen Problemen einher gehen. Im Falle einer Währungskrise, die (wie in Abschnitt VI.12) nur die Folge einer falschen Wechselkursfixierung ist, sollten sich die Probleme durch die Anpassung des Wechselkurses ohne große volkswirtschfaftliche Kosten beheben lassen. Um die $LB <$

KB-Situation zu beheben, muss die Währung abwerten. Das zieht zwar importierte Inflation nach sich, stimuliert aber die Exporte und damit die Konjunktur. Eine Währungskrise, die Teil von einer Zwillingskrise ist, ist demgegenüber schmerzhaft, weil die mit ihr einher gehende Bankenkrise Disintermediation, rückläufige Investitionen und BIP-Rückgänge verursacht.

Das Tückische an einer Zwillings-Währungskrise ist, dass die üblichen Maßnahmen gegen Währungskrisen hier die Bankenkrise noch verschärfen, wenn die Auslandsschulden zu einem nennenswerten Teil in Auslandswährung aufgenommen wurden. Auslandsschulden werden oft in Auslandswährung denominiert, um die Kapitalgeber vor Währungsrisiken zu schützen. Das Währungsrisiko ist aber dadurch natürlich nicht verschwunden, sondern es wird von den Kapitalnehmern im Inland getragen. In einer aus einer Fehlbewertung der heimischen Währung resultierenden „$LB < KB$-Währungskrise" erhöht die Zentralbank die Zinsen, um die Kapitalabflüsse einzudämmen, und es erfolgt eine kontrollierte Abwertung, um den Druck von der Währung zu nehmen. In einer Zwillingskrise verteuert die Zinserhöhung die Refinanzierung der bereits angeschlagenen Banken und verschärft so die Bankenkrise (wegen der Fristentransformation, die sie vornehmen, steigen die Erträge auf ihre Aktiva erst langsamer). Und die Abwertung verteuert den Schuldendienst für die in Auslandswährung aufgenommenen Schulden in Inlandswährung (weil jeder Dollar nun teurer erkauft werden muss). Abwertungsraten von 50% und damit eine Verdoppelung der Schuldenlast in Inlandswährung sind dabei keine Seltenheit, und oft ist mehr als die Hälfte der gesamten Auslandsschulden betroffen. In einer Zwillingskrise steckt die Wirtschaftspolitik daher in einem unauflösbaren Dilemma: Was die Währungskrise bekämpft, verschärft die Schuldenkrise.

Eine weitere bemerkenswerte Eigenart von internationalen Bankenkrisen ist ihre zeitliche und geografische Ballung. Für solche Anballungen von Krisen gibt es prinzipiell zwei Erklärungen. Erstens: Die Länder leiden unter ähnlichen fundamentalen „Schocks" (Common shocks). Oder zweitens: Es gibt „Ansteckungseffekte" (***„Contagion"***). Für Ansteckungseffekte gibt es wiederum vier Erklärungen. 1. Handelsverflechtungen: Krise, Abwertung und Rezession in einem Land reduzieren über sinkende Importe und möglicherweise steigende Exporte die aggregierte Nachfrage bei Handelspartnern. 2. Kreditverflechtungen: Anleger, die in einem Krisenland Geld verlieren, müssen oder möchten ihre Liquiditätsposition verbessern, indem sie Guthaben in anderen Ländern auflösen, was dort zu einer Liquiditätskrise führen kann. 3. Aufdeckung von Information: Eine fundamental begründete Krise in einem Land kann darauf aufmerksam machen, dass in anderen Ländern ähnliche fundamentale Probleme vorliegen. In diesen drei Fällen ist das Überschwappen der Krise auf andere Länder durch die realwirtschaftlichen Verflechtungen zwischen den betroffenen Ländern begründet und insofern nicht vermeidbar. Der unglücklichste Fall liegt vor, wenn Contagion resultiert, weil 4. Krisen nicht fundamental begründet, sondern Sonnenflecken-Phänomene sind, und eine Krise in einem Land lediglich die Erwartungen dahingehend koordiniert, dass auch das Nachbarland „fallen" wird. Das Lehrbuchbeispiel für eine internationale Bankenkrise mit all ihren Elementen – Währungskrise, Auslandsschulden in Auslandswährung, Ansteckung und tiefer Rezession – ist die Asien-Krise 1997/98 (s. Kasten VIII.10).

Kasten VIII.10: Asien-Krise 1997/98

Die Asien-Krise, die 1997/98 mit Indonesien, Malaysia, den Philippinen, Südkorea und Thailand nacheinander fünf Länder erfasste, die vorher als einige der vielversprechendsten Schwellenländer galten, war eines der einschneidendsten ökonomischen Ereignisse der 1990er-Jahre. Noch 1997 flossen netto \$ 64 Mrd. an ausländischem Kapital in die Region, 1998 flossen \$ 9 Mrd. ab – eine Umkehr der Nettokapitalströme um \$ 73 Mrd. innerhalb eines Jahres. Bis Ende 1998 wertete die indonesische Rupie um 70% gegen den Dollar ab, die Währungen der anderen vier Länder um jeweils rund 30%. Alle fünf Länder gerieten in tiefe Rezessionen. 1998 verzeichnete Indonesien −13,1% BIP-Wachstum, Thailand −10,8%. Die Krisenländer hatten ihre Finanzmärkte erst Anfang der 1990er-Jahre liberalisiert. In der ersten Hälfte der 1990er-Jahre waren sie „Defizitländer" mit einer negativen Leistungsbilanz (1996 zwischen 3,4% vom BIP in Indonesien und 8,0% vom BIP in Thailand) und somit positiven Nettokapitalimporten. So baute sich eine Auslandsverschuldung von zwischen 22,9% vom BIP in Südkorea und 59,7% vom BIP in Indonesien bzw. zwischen 42,4% der jährlichen Exporte in Malaysia und 221,4% der jährlichen Exporte in Indonesien auf. Der Anteil der Auslandsschulden, der in Auslandswährung denominiert war, betrug 1996 zwischen 63,6% in Indonesien und 84,5% in Malaysia. Hohe Kapitalzuflüsse bei ohnehin hohen inländischen Sparquoten führten zu sehr hohen Investitionen, deren Rentabilität zwischen 1993 und 1996 in Malaysia, Südkorea und Thailand um jeweils mehr als 20% niedriger war als 1987–92. Ende 1996 geriet zunächst das Vertrauen in die thailändischen Banken ins Wanken, von dort aus schwappte die Krise in die anderen vier Länder über (s. CORSETTI et al. [1998a]).

VIII.A Optimaler Kontrakt im Diamond-Dybvig-Modell

In diesem Anhang geben wir die Annahme auf, dass die Verzinsungen im Diamond-Dybvig-Modell wahlweise null in Periode 2 oder $R-1$ in Periode 3 betragen. Stattdessen nehmen wir an, dass die Zinssätze i_2 für Periode 2 und i_3 für Periode 3 so gesetzt werden, dass der Erwartungsnutzen der Konsumenten aus den resultierenden Konsumniveaus $1+i_2$ bzw. $1+i_3$ maximiert wird. Dazu müssen wir A5 neu fassen:

A5: *Die Bank bietet Sichteinlagekontrakte (täglich fällige Gelder) an, die die Einleger berechtigen, entweder $1+i_2$ in Zeitpunkt 2 abzuheben oder $1+i_3$ in Zeitpunkt 3. Der Erwartungsnutzen der Einleger aus den vertraglichen Abhebemöglichkeiten ist*

$$E(U) = \frac{1}{2}U(1+i_2) + \frac{1}{2}U(1+i_3)$$

mit $U' > 0$ und $U'(0) = \infty$. Es liegt Risikoaversion vor: $U'' < 0$. Die kurzfristigen Investitionen $N(1-I)$ und die langfristigen Investitionen NI werden so gewählt, dass früh die Ansprüche der ungeduldigen Konsumenten bedient werden können und spät die Ansprüche der geduldigen Konsumenten. Abweichend von A5 in Abschnitt VIII.3, werden die Verzinsungen i_2 und i_3 so gewählt, dass der obige Erwartungsnutzen maximal ist. Reichen die Mittel der Bank nicht aus, um alle gewünschten Abhebungen zu bedienen, so werden die Ansprüche bedient, bis die Mittel aufgebraucht sind (first come, first served). Die übrigen Ansprüche können dann nicht bedient werden.

Damit in 2 die kurzfristigen Ansprüche ohne Liquidation gerade bedient werden können, muss

$$N(1-I) = \frac{N}{2}(1+i_2)$$

gelten: Die Ansprüche stehen auf der rechten Seite, die verfügbaren Mittel auf der linken. Um in 3 die mit i_3 verzinste Einlage an die geduldige Hälfte auszahlen zu können, muss analog

$$RNI = \frac{N}{2}(1+i_3)$$

gelten. Löst man die erste Gleichung nach I auf, so ergibt sich

$$I = \frac{1-i_2}{2}.$$

Einsetzen in die zweite Gleichung ergibt

$$1+i_3 = R(1-i_2).$$

Einsetzen liefert den Erwartungsnutzenfunktion als eine Funktion von i_2 allein:

$$E(U) = \frac{1}{2}U(1+i_2) + \frac{1}{2}U[R(1-i_2)].$$

Ableiten nach i_2 und Nullsetzen liefert die Bedingung erster Ordnung für ein Optimum:

$$\frac{d\,[E(U)]}{di_2} = \frac{1}{2}U'(1+i_2) - \frac{1}{2}RU'[R(1-i_2)] = 0.$$

Die Bedingung zweiter Ordnung ist erfüllt:

$$\frac{d^2[E(U)]}{di_2^2} = \frac{1}{2}U''(1+i_2) + \frac{1}{2}R^2U''[R(1-i_2)] < 0.$$

Die Bedingung erster Ordnung bestimmt den optimalen Zins i_2 für Abhebungen in 2. Wegen $U'(0) = \infty$ geht der erste Term auf der rechten Seite der Bedingung gegen unendlich, wenn i_2 gegen -1 geht. Weil mit steigendem i_2 ferner der erste Term fällt und der zweite Term steigt, bestimmt die Bedingung erster Ordnung eindeutig einen Wert $i_2 > -1$. Wir nehmen an, dass dieser optimale Wert nicht-negativ ist:

$$i_2 \geq 0.$$

$i_3 = R(1-i_2) - 1$ ergibt den zugehörigen Zins für Abhebungen in 3 und $I = (1-i_2)/2$ die benötigten langfristigen Investitionen pro Einleger. Wegen $R > 1$ und $U'' < 0$ impliziert die Bedingung erster Ordnung, dass der langfristige Zins höher ist als der kurzfristige:

$$1+i_2 < R(1-i_2) = 1+i_3.$$

Von hier an verläuft die Argumentation parallel zu Abschnitt VIII.3. *Wenn alle geduldigen Konsumenten erwarten, dass alle jeweils anderen spät abheben, dann heben alle spät ab*, weil die Verzinsung in 3 höher ist als in 2. Es gibt aber auch ein Bank-run-Gleichgewicht. Liquidiert die Bank die langfristigen Anlagen in 2 komplett, dann verfügt sie über

$$N(1-I) + LNI.$$

Wollen alle Einleger bis auf einen früh abheben, dann werden Ansprüche von

$$(N-1)(1+i_2)$$

gegen die Bank wirksam. Die Aktiva reichen zur Bedienung der Ansprüche nicht aus, falls

$$N(1-I)+LNI<(N-1)(1+i_2)$$

gilt. Um die Gültigkeit dieser Ungleichung zu beweisen, vereinfachen wir zunächst und ersetzen I durch $(1-i_2)/2$:

$$1-N\frac{1-i_2}{2}(1-L)<(N-1)i_2.$$

Umformen liefert

$$1-\frac{N}{2}(1-L)<\left(\frac{L+1}{2}N-1\right)i_2.$$

Wegen der Ungleichung $N>2/(1-L)$ in A2 ist die linke Seite negativ. Diese Bedingung impliziert auch $N>2/(L+1)$, was sicher stellt, dass der Klammerausdruck auf der rechten Seite positiv ist. Mit $i_2\geq 0$ folgt die Gültigkeit der Ungleichung. Also gilt: *Wenn alle geduldigen Konsumenten erwarten, dass alle jeweils anderen früh abheben, dann heben alle früh ab*, weil sie sicher sind, in 3 gar nichts zu bekommen. Das Gleichgewicht kann also entweder durch normalen Geschäftsbetrieb im Bankensektor oder durch Bank runs gekennzeichnet sein. Es stellt sich das Gleichgewicht ein, das erwartet wird. Wenn die Einleger ihre Erwartungen mittels der Beobachtung von Sonnenfleckenaktivität koordinieren, dann entscheiden Sonnenflecken darüber, ob es zu einem Bank run kommt oder nicht.

Das Modell mit $i_2=0$ aus dem laufenden Text lässt sich aus dem hier betrachteten Modell mit Maximierung ableiten, z. B. indem man unterstellt, dass die Nutzenfunktion U logarithmisch ist. Die Bedingung erster Ordnung für ein Erwartungsnutzenmaximum lautet dann

$$\frac{d\,[E(U)]}{di_2}=\frac{1}{2}\frac{1}{1+i_2}-\frac{1}{2}R\frac{1}{R(1-i_2)}=0$$

und liefert unabhängig vom Wert, den man für R annimmt, $i_2=0$.

Weiterführende Literatur

Die interessantesten Erweiterungen des Diamond-Dybvig-Modells werden von FREIXAS und ROCHET (1997, Kapitel 9) diskutiert. Eine aktuelle Bestandsaufnahme findet sich im Themenheft der *Federal Reserve Bank of Richmond Quarterly Review* aus dem ersten Quartal 2010. Eine knappe Einführung ins Thema Twin crises gibt DORNBUSCH (2001). LAEVEN und VALENCIA (2008) präsentieren umfassende Daten zu Banken-, Währungs- und Zwillingskrisen. Eine detaillierte Studie der Asien-Krise nehmen CORSETTI et al. (1998a, b) vor.

Zusammenfassung der Grundüberlegung dieses Kapitels

1. Aufgrund der Fristentransformation, die sie durchführen, sind Banken prinzipiell anfällig gegen Bank runs. Wegen selbsterfüllender Erwartungen können ökonomisch eigentlich irrelevante Variablen wie Sonnenflecken einen Einfluss auf die Realwirtschaft nehmen.

2. Mit einer Einlagenversicherung oder einem LLR können Bank runs von vornherein vermieden werden, wenn glaubhaft ist, dass Banken in einem Liquiditätsengpass die Mittel bekommen, die sie brauchen.

3. Finanzinstitute, die eine Fristentransformation vornehmen, indem sie sich am Kapitalmarkt kurzfristig refinanzieren, sind anfällig gegen Runs, die nicht als Schlangen vor Filialen sichtbar werden. Sie brauchen daher ebenso einen LLR oder andere Sicherungen wie Geschäftsbanken.

4. Bei Bankeinlagen von Ausländern folgt auf eine Bankenkrise i. d. R. eine Währungskrise. Bei Auslandsschulden in Auslandswährung steckt die Wirtschaftspolitik dann in einem Dilemma, weil sowohl Zinserhöhungen zur Stabilisierung der Währung als auch eine Abwertung die Bankenkrise verschärfen.

Schlüsselbegriffe

Zahlungsunfähigkeit (Illiquidität)
Fristentransformation
Bank run
multiple Gleichgewichte
selbsterfüllende Erwartungen
Sonnenfleckengleichgewichte
Maßnahmen gegen Bank runs
Einlagenversicherung
Lender of last resort (LLR)
Aussetzung der Zahlungsverpflichtung
Leverage
internationale Bankenkrise
Twin crises (Zwillingskrise)
Contagion (Ansteckungseffekte)

Kapitel IX

Bubbles

„The fact is, that the owners of savings not finding, in adequate quantities, their usual kind of investments, rush into anything that promises speciously, and when they find that these specious investments can be disposed of at a high profit, they rush into them more and more. The first taste is for high interest, but that taste soon becomes secondary. There is a second appetite for large gains to be made by selling the principal which is to yield the interest. So long as such sales can be effected the mania continues; when it ceases to be possible to effect them, ruin begins."
BAGEHOT *(1873)*

IX.1 Einleitung

Die Kurse von Aktien und anderen Anlagen steigen oft über einen ausgehnten Zeitraum hinweg an und stürzen anschließend wieder ab. Ein solches Platzen von Bubbles auf Aktien- oder anderen Märkten führt zu Vermögensverlusten (zumindest auf dem Papier) und Abschreibungsbedarf in den Bilanzen der Inhaber der an Wert verlierenden Papiere und kann so in eine realwirtschaftliche Krise münden. Die Finanz- und Wirtschaftskrise 2007–09, die mit Abschreibungen auf verbriefte US-Hypothekenkredite (MBS) ihren Anfang nahm, führte dies schmerzhaft vor Augen. Nachdem wir uns in den beiden vorangegangenen Kapiteln mit der Entstehung von finanziellen Ansprüchen durch die Finanzierung von Investitionen und die Hereinnahme von Depositen beschäftigt haben, wenden wir uns nun dem Handel von Finanzprodukten auf Finanzmärkten zu. Kasten IX.1 vermittelt einen Eindruck von der enormen Größe dieser Märkte. Im Zentrum des laufenden Kapitels steht die Frage, wie Bubbles zustande kommen und welche makroökonomischen Konsequenzen ihr Platzen hat. In Abschnitt IX.2 wird das Grundmodell dieses Kapitels vorgestellt. Es ist ein Modell mit vollständiger Rationalität aller Anleger. Abschnitt IX.3 erklärt die Bestimmung des fundamentalen Werts eines Assets. Abschnitt IX.4 zeigt, dass in diesem Modell keine Bubbles auftauchen können: Der Gleichgewichtskurs entspricht immer dem fundamentalen Wert. Abschnitt IX.5 diskutiert irrationales Anlegerverhalten als einen alternativen Grund für Fehlbepreisungen. In Abschnitt IX.6 kommen wir zu Ponzi-Spielen, einer verbreiteten Form des Betrugs auf Finanzmärkten. Die makroökonomischen Implikationen der Theorie werden in Abschnitt IX.7 diskutiert.

IX.2 Kapitalmarkteffizienz

Im Jahr 1967 befragte das U.S. Senate Committee on Banking and Currency Nobelpreisträger Samuelson nach den Konsequenzen der wachsenden Vielfalt und Komple-

Kasten IX.1: Finanzmärkte

Ende 2010 betrug das Volumen laufender Kredite weltweit rund $ 105.000 Mrd., wovon umgerechnet $ 5.000 Mrd. auf Deutschland entfielen (s. www.cia.gov). Nach Angaben der Bank für Internationalen Zahlungsausgleich (BIZ) belief sich der Wert der weltweit umlaufenden Bonds auf ca. $ 95.000 Mrd. (wovon sich rund ein Drittel im Besitz von Ausländern – d. h. außerhalb des Lands der jeweiligen Emission – befand). Einen großen Anteil hatten hieran naturgemäß – bei einer Staatsverschuldung von im internationalen Durchschnitt 60% vom BIP – Staatspapiere. Die Aktienmarktkapitalisierung (der Marktwert umlaufender Aktien) betrug weltweit ca. $ 55.000 Mrd., wovon $ 1.430 Mrd. auf die Deutsche Börse entfielen (s. www.world-exchanges.org). Diese Volumina standen in Relation zu einem nicht kaufkraftbereinigten Welt-BIP von gemäß IWF World Economic Outlook Database $ 62.000 Mrd. (vgl Kasten I.6).

Neben diesen „traditionellen" Märkten wachsen seit den 1970er-Jahren die Märkte für ***Derivate***, d. h. Finanzprodukte, deren Auszahlungen von der Wertentwicklung eines zugrunde liegenden Assets abhängen, mit enormem Tempo. Die am weitesten verbreiteten Derivate sind Futures, mit denen Währungen, Aktien, Rohstoffe o.ä. auf Termin ge- und verkauft werden; Optionen, mit denen das Recht (aber nicht die Pflicht), in der Zukunft ein zugrunde liegendes Asset zu kaufen (Call-Option) oder zu verkaufen (Put-Option), erworben wird; und Swaps, mit denen verschiedene Zahlungsströme gegeneinander getauscht werden, z. B. riskante gegen sichere Zinszahlungen oder Zahlungen in unterschiedlichen Währungen. Man unterscheidet auf Handelsplattformen börslich gehandelte Produkte (Exchange traded derivatives, ETD) und bilateral („over the counter", OTC) gehandelte Produkte. Das Volumen von Derivatemärkten wird mit dem Kontraktwert (Notional value) ausgedrückt, dem Wert des zugrunde liegenden Assets, an das die Wertentwicklung des Derivats geknüpft ist. Werden z. B. die Zinsen aus einem Kredit über $ 1 Million mit Ausfallrisiko gegen einen sicheren Zahlungsstrom getauscht, dann ist der Kontraktwert $ 1 Million (auch wenn bei geringem Ausfallrisiko die getauschten Zahlungen nur wenig voneinander abweichen bzw. bei Nichtausfall die Positionen verrechnet werden und überhaupt keine Zahlungen erfolgen). Börsenhandel findet insbes. mit Futures und Optionen statt. Die Kontraktwerte beliefen sich gemäß BIZ Ende 2010 auf $ 22.000 Mrd. bzw. $ 46.000 Mrd. Den Kontraktwert der OTC-Derivate schätzte die BIZ auf $ 610.000 Mrd.

Neben dem Wachstum der Derivatemärkte ist eine weitere große Entwicklung der 1990er- und 2000er-Jahre die zunehmende ***Verbriefung*** von Krediten. Dabei werden die Zahlungsansprüche aus einer Menge von Krediten gebündelt und am Markt verkauft. So entsteht eine Asset-backed security (ABS, forderungsbesichertes Papier). Handelt es sich bei den gebündelten und verkauften Forderungen um Hypothekenkredite (Mortgages), dann spricht man auch von einer MBS (vgl. Kasten VIII.4).

xität von Finanzprodukten und -institutionen. Auf die Frage danach, was – die damals noch relativ neuen – Investmentfonds eigentlich leisten, überraschte Samuelson mit der folgenden Antwort:

> „A typical mutual fund is providing nothing for the mutual fund owners which they could not get by throwing a dart at the stock market page and getting 20 stocks at random."

MALKIEL (1973, 24) griff diese Bemerkung in seinem Buch *A Random Walk Down Wall Street* auf:

> „A blindfolded monkey throwing darts at a newspaper's financial pages could select a portfolio that would do just as well as one carefully selected by the experts."

Ein nach dem Zufallsprinzip zusammengestelltes Aktienportfolio schneide also genauso gut ab wie ein professionell gemanagetes. Ob das exakt zutrifft, darüber lässt sich diskutieren (s. Kasten IX.2). Bei erstem Hören stellt man sich aber zunächst einmal die Frage, warum das überhaupt so sein sollte. Soll das heißen, dass die Kurse von Aktien von irrationalen Anlegern zufällig hin und her bewegt werden, so dass die Informationen der professionellen Anleger über die Profitabilität der Unternehmen für die Kurse keine Rolle spielen? Soll mit dem Darts-Beispiel ausgesagt werden, dass Börsen Kasinos sind, und nicht Handelsplätze, an denen sich Unternehmensbewertungen aus den individuellen Einschätzungen der Anleger über die die Gewinnaussichten für die Unternehmen herausbilden?

Kasten IX.2: Darts-Werfen

Im Oktober 1988 begann das *Wall Street Journal (WSJ)* mit Bezug auf das Burton-Malkiel-Buch, die Darts-Hypothese zu überprüfen. Die WSJ-Börsenseite wurde monatlich auf ein Dartboard geheftet, Redakteure mit unverbundenen Augen (statt der „blindfolded monkeys") warfen vier Darts darauf, Aktien der getroffenen Firmen wurden gekauft und (bis 1991 einen Monat, dann) sechs Monate gehalten. Das so gebildete „Darts-Portfolio" trat in Wettbewerb zu einem von professionellen Anlegern zusammengestellten Vier-Aktien-Portfolio.

Zehn Jahre und 100 Wettbewerbe später vermeldete das WSJ 1998 einen Zwischenstand von 61:39 für die professionellen Anleger (den DJIA-Index schlugen sie allerdings nur 51:49). An den halbjährlichen Renditen gemessen, war das Ergebnis aber eindeutiger: Während die Darts 4,5% lieferten, erzielten die Profis 10,8% (und der DJIA 6,8%). Nach 14 Jahren und 142 Durchläufen wurde der Wettbewerb 2002 bei einem Endstand von 87:55 sowie 10,2% für die Profis gegen 3,5% für das Darts-Portfolio (und 5,6% für den DJIA) eingestellt.

Ob die Tatsache, dass die Profis besser abschneiden, zeigt, dass Samuelson und Malkiel falsch lagen, ist unklar. Ein wichtiges Gegenargument – aufgrund dessen Malkiel selbst den Dartboard-Wettbewerb für „guten Journalismus", aber keinen guten Test seiner Hypothese hält – ist, dass Profi-Tipps, die im WSJ von Hunderttausenden gelesen werden, Kaufdruck erzeugen und so selbst die Rendite in die Höhe treiben (Price pressure effect). Dies wird von LIANG et al. (1995) bestätigt, die mit Daten aus 120 Wettbewerben bis 1991 feststellen, dass die von den Profis ausgewählten Aktien am Tag des Erscheinens im WSJ und am Tag danach zusammen um 3,7%-Punkte besser abschneiden als der Gesamtmarkt. Zwei weitere Kritikpunkte sind, dass die Profis im Durchschnitt Aktien mit mehr Risiko und geringeren Dividenden auswählten (das WSJ berechnete nur die Aktienkursentwirklung, nicht die Gesamtrendite inklusive Dividenden).

Die Antwort ist: Nein – im Gegenteil! Die Behauptung, dass man mit Darts genauso gute Portfolios zusammenstellen kann wie mit einer professionellen Analyse von Unternehmensdaten, basiert auf der Prämisse, dass der Markt Informationen über Unternehmen schnell und effizient verarbeitet. Wäre ein Unternehmen gemessen an den vorliegenden Informationen über seine Gewinnaussichten zu niedrig bewertet (was genau „zu niedrig" dabei bedeutet, wird in Abschnitt IX.3 geklärt), dann ließe sich mit seinen Aktien eine höhere Rendite erwirtschaften als mit alternativen Anlagen. Der Markt wäre informationsineffizient, wenn diese Situation Bestand haben könnte. Nutzen professionelle Anleger dagegen die Situation aus, indem sie schnell in die Aktie investieren, bis ihr Kurs die vorliegenden Informationen widerspiegelt, dann kann eine solche Unterbewertung nicht von Dauer sein. Umgekehrt kann eine dauerhafte Überbewertung gemessen an den vorliegenden Informationen nicht vorliegen, wenn rationale Händler eine zu hoch bewertete Aktie schnell loszuwerden versuchen. Ein effizienter Kapitalmarkt ist also dadurch charakterisiert, dass alle vorliegenden Informationen in die Kurse eingepreist sind. Das bedeutet im Umkehrschluss, dass sich die Kurse dann und nur dann ändern, wenn neue Informationen eintreffen. Weil aber das Eintreffen neuer Informationen definitionsgemäß nicht vorhersagbar ist, sind Kursänderungen nicht vorhersagbar. Die Höhe der Kurse spiegelt Gewinnaussichten wider: Profitable Firmen sind teuer und unprofitable billig. Weder für teure noch für billige Firmen kann man aber die künftigen Kursänderungen prognostizieren. Das ist die Motivation für die Behauptung, dass Portfoliozusammenstellung nach dem Zufallsprinzip genauso gut funktioniert wie mit fundamentaler Analyse.

Das führt zu einem scheinbaren Paradoxon: Weil alle Informationen in den Preisen sind, sind alle Anlagestrategien gleich gut, aber damit hat niemand einen Anreiz, Informationen zu sammeln und aus den Ergebnissen Handelsstrategien abzuleiten. Wie sind dann die Informationen in die Preise gelangt? (Auf diese Frage spielt der alte Witz an, in dem ein Ökonom sich nicht nach einem € 10-Schein bückt, der vor seinen Füßen liegt, und erklärt, da könne ja kein Geldschein liegen, weil das eine unausgenutzte Profitmöglichkeit wäre.) Der Markt muss also etwas anders funktionieren: Die Kosten der Beschaffung von Information müssen sich dadurch auszahlen, dass Derjenige, der die Information in den Markt bringt (d. h. bei guten neuen Informationen kauft und bei schlechten verkauft), einen Gewinn einstreicht, bevor die Information allgemein bekannt wird und auch andere Marktteilnehmer sie ausnutzen können. Informationseffizienz liegt vor, wenn diese kurzfristigen Gewinne gerade die Kosten der Informationsbeschaffung aufwiegen (s. GROSSMAN und STIGLITZ [1980]). Ist die Informationsbeschaffung nicht allzu teuer und diffundieren erhobene Informationen schnell, dann erwirtschaften die professionellen Anleger, die die Information in den Markt bringen, eine kleine Überrendite.

Bevor wir zu einem kleinen Modell der Preisbildung auf Finanzmärkten kommen, klären wir einen wichtigen Begriff: „Random walk". Betrachten wir eine Zufallsvariable Q_t im Zeitablauf, d. h. eine Variable, deren Realisierung in verschiedenen Zeitpunkten t jeweils stochastisch ist. Man sagt, dass Q_t einem ***Random walk (Zufallspfad)*** folgt, wenn der Wert der Zufallsvariablen in der Folgeperiode $t + 1$ der momentane Wert Q_t plus eine zufällige Änderung ε_{t+1} („epsilon") mit Erwartungswert null ist. (Eine Zufallsvariable mit Erwartungswert null nennt man White noise oder weißes Rauschen.) Formal:

$$Q_{t+1} = Q_t + \varepsilon_{t+1}$$

mit

$$E_t(\varepsilon_{t+1}) = 0,$$

wobei das Symbol E_t für den Erwartungswert aus Sicht von Periode t steht (s. Abschnitt A.15). (Randbemerkung: Korrekt wäre es hier, von einem *Martingal* statt von einem Random walk zu sprechen. Streng genommen, liegt ein Random walk nämlich nur unter der zusätzlichen Annahme vor, dass ε_t im Zeitablauf identisch und unabhängig verteilt ist, d. h. dass ein gegebener ε_t-Wert unabhängig von vorhergegangenen Realisierungen immer die gleiche Wahrscheinlichkeit hat. Es ist aber üblich – wie in dem Titel von Malkiels oben erwähntem Buch –, von einem Random walk zu sprechen, auch wenn diese zusätzliche Annahme nicht erfüllt ist.) Eine wichtige Eigenschaft eines Random walks ist, dass die beste Prognose für Q_{t+1} der aktuelle Wert ist bzw. dass die erwartete Änderung null ist:

$$E_t(Q_{t+1}) = E_t(Q_t + \varepsilon_{t+1}) = Q_t + E_t(\varepsilon_{t+1}) = Q_t$$

bzw.

$$E_t(Q_{t+1} - Q_t) = E_t(\varepsilon_{t+1}) = 0.$$

Nun zu unserem Aktienmarktmodell. Betrachten wir ein Unternehmen mit Aktienkurs Q_t in t. Die von diesem Unternehmen in t ausgeschüttete Dividende pro Aktie wird mit D_t (≥ 0) bezeichnet. Der Handel mit Aktien findet nach Ausschüttung der Dividenden statt. Der sichere Zinssatz i ist im Zeitablauf konstant. Erwartungswerte von Variablen aus Sicht von Periode t werden mit dem Erwartungswertoperator E_t gekennzeichnet. Als wir in Abschnitt IV.10 rationale Erwartungen einführten, haben wir einfach den Erwartungswert des Preisniveaus durch das wirkliche Preisniveau ersetzt. Das funktionierte aber nur wegen der Annahme, dass keine Unsicherheit vorliegt (so dass aus rationalen Erwartungen perfekte Voraussicht wurde).

Die zentrale Annahme des Modells ist Risikoneutralität. D. h.: Wir nehmen an, dass für die Anleger nur die Höhe der erwarteten Zahlungen eine Rolle spielt, nicht deren Streuung um ihren Erwartungswert (s. Abschnitt VII.A.2). Man kann zu Recht einwenden, dass das für die Anlageentscheidungen von Individuen keine besonders passende Annahme ist, weil so außer Acht bleibt, dass Anleger für riskantere Assets höhere Risikoprämien verlangen. Für unsere Zwecke ist diese vereinfachende Annahme aber akzeptabel, denn es geht uns ja in diesem Kapitel nicht in erster Linie darum, die korrekten Risikoprämien für die Bepreisung riskanter Assets zu ermitteln, sondern um die Frage, ob Kurse überhaupt risikoadäquate Fundamentalwerte widerspiegeln oder vielmehr Bubbles enthalten können. Hier ist das Modell:

A1: *Der Kauf einer Aktie zum Kurs Q_t liefert das gleiche erwartete Vermögen wie die festverzinsliche Anlage des gleichen Betrags Q_t:*

$$E_t(Q_{t+1} + D_{t+1}) = (1 + i)Q_t.$$

A2: *Der Kurs Q_t ist stets nicht-negativ.*

Weil nach Ausschüttung der Dividende gehandelt wird, erwirbt man durch den Kauf einer Aktie in t Anspruch auf die Dividende D_{t+1}. Auf der linken Seite der Gleichung in A1 steht also das erwartete Vermögen durch Aktienkauf in t und Wiederverkauf in $t+1$. Kosten der Informationsbeschaffung werden dabei vernachlässigt. Auf der rechten Seite steht das Vermögen, das durch festverzinsliche Anlage des Kaufpreises erzielt wird. Wegen Risikoneutralität müssen die beiden erwarteten Vermögensniveaus gleich hoch sein. Wäre die linke Seite größer als die rechte, dann wäre Aktienanlage im Erwartungswert profitabler als festverzinsliche Anlage. Die Anleger könnten sich nun festverzinslich verschulden und das aufgenommene Geld in Aktien investieren. Ihr erwartetes Vermögen würde sich um $E_t(Q_{t+1} + D_{t+1}) - (1+i)Q_t$ (> 0) pro Q_t geliehene Euro erhöhen. Es gibt hier keine Obergrenzen für die Höhe der eingenommenen Positionen. Also würden sich die Anleger unbegrenzt verschulden wollen und unbegrenzt Aktien nachfragen. Es würden eine Übernachfrage nach Aktien und damit kein Gleichgewicht vorliegen. Umgekehrt würde bei $E_t(Q_{t+1} + D_{t+1}) < (1+i)Q_t$ festverzinsliche Anlage eine höhere Rendite liefern als die Aktie. Niemand würde die Aktie nachfragen, so dass ein Überangebot vorläge. (Es bestünden darüber hinaus Anreize zu Leerverkäufen. Hierzu kommen wir in Abschnitt IX.5.) Die Annahme von Risikoneutralität vereinfacht die Analyse dabei in zweifacher Hinsicht. Erstens käme bei Risikoaversion auf der rechten Seite der Gleichung eine Risikoprämie hinzu, deren Höhe zu bestimmen wäre. Zweitens wären die Risikoprämien für verschiedene Aktien voneinander abhängig. Wegen Risikoneutralität können wir demgegenüber die Aktien einzeln betrachten: A1 gilt für jede einzelne Aktie, Interdependenzen zwischen den Gleichungen für verschiedene Aktien gibt es nicht. Die Aussage von Annahme A2 ist selbstverständlich: Kein Aktionär ist gezwungen, jemals Kapital nachzuschießen, also kann eine Aktie keinen negativen Wert haben. Wir sprechen durchweg von einer Aktie und ihrem Kurs, die Überlegungen lassen sich aber auf beliebige andere Finanzprodukte (sowie weitere Anlagegüter wie z. B. Häuser) anwenden, die gekauft und wiederverkauft werden können.

Ein Großteil der Handelstransaktionen auf Aktienmärkten zielt darauf ab, aus kurzfristigen Kursschwankungen zu profitieren. Bei solchen Geschäften spielen Dividenden keine Rolle, und der Anlagehorizont ist so kurz, dass auch Zinseffekte vernachlässigbar sind. Aus A1 folgt dann sofort:

Satz: *Für $D_t \approx 0$ und $i \approx 0$ folgt der Aktienkurs Q_t näherungsweise einem Random walk.*

Beweis: Die Gleichung aus A1 vereinfacht sich zu

$$E_t(Q_{t+1} - Q_t) \approx 0.$$

Wir haben oben bereits gesehen, dass gilt: „Random walk“ impliziert „erwartete Kursänderung gleich null“. Um den Satz zu beweisen, müssen wir die Umkehrung dieser Aussage beweisen: „Erwartete Kursänderung gleich null“ impliziert „Random walk“. Wir führen einen einfachen Widerspruchsbeweis. Sei ε_{t+1} die Änderung des Kurses zwischen t und $t+1$:

$$Q_{t+1} - Q_t = \varepsilon_{t+1}.$$

Nehmen wir an, dass $E_t(\varepsilon_{t+1}) \neq 0$ ist, d. h. Q_t kein Random walk. Dann folgt

$$E_t(Q_{t+1} - Q_t) = E_t(\varepsilon_{t+1}) \neq 0.$$

Das widerspricht A1. Also muss die Annahme $E_t(\varepsilon_{t+1}) \neq 0$ falsch und Q_t ein Random walk sein. *q. e. d.*

Das ist die Version des Modells, die implizit der verbalen Argumentation am Anfang dieses Abschnitts zugrunde liegt: Die erwartete Kursänderung kann nicht positiv sein, weil das eine unausgenutzte Profitmöglichkeit wäre. Und sie kann nicht negativ sein, weil dann niemand Aktien halten würde. Das ist das bekannteste Ergebnis zur Bepreisung von Assets bei Risikoneutralität. Die Abwesenheit von unausgeschöpften Profitmöglichkeiten impliziert Random-walk-Verhalten der Asset-Preise. (Das wurde bereits von BACHELIER (1900) vorweg genommen, bevor die heute verwendete Terminologie überhaupt existierte.) Weil das für alle Anlagemöglichkeiten gilt, sind alle Anlagestrategien gleich gut, denn keine Anlageform stellt systematisch Gewinne in Aussicht. Die Tatsache, dass auch seltsam anmutende Strategien nicht wesentlich schlechter abschneiden als die Strategien von professionell gemanageten Fonds, spiegelt also keineswegs Irrationalität des Markts wider. Sie ist vielmehr Ausdruck davon, dass nur neue, d. h. nicht vorhersehbare, Informationen den Kurs bewegen. Trifft diese Beschreibung auf einen Markt zu, so spricht man von ***Kapitalmarkteffizienz*** in diesem Markt. Frühe empirische Untersuchungen lieferten eine gute Bestätigung des Random-walk-Ergebnisses (s. Kasten IX.3). JENSEN (1978, 95) ging Ende der

Kasten IX.3: Random-walk-Verhalten von Aktienkursen

Empirische Studien unterscheiden verschiedene Formen von Kapitalmarkteffizienz. Jeweils geht es darum, dass zukünftige Kursentwicklungen nicht vorhersagbar sind. Der Unterschied bei den verschiedenen Konzepten liegt darin, dass man die Vorhersage mit verschiedenen erklärenden Variablen probiert. *Schwache* Kapitalmarkteffizienz liegt vor, wenn die Kursentwicklung einer Aktie nicht aus dem vergangenen Kursverlauf erklärt werden kann. *Semi-starke* Kapitalmarkteffizienz liegt vor, wenn auch andere allgemein zugängliche Daten (z. B. Unternehmensberichte, Zinsen, Makro-Variablen etc.) keine Prognose erlauben. *Starke* Kapitalmarkteffizienz liegt vor, wenn zukünftige Kursentwicklungen selbst mit Insiderinformationen nicht prognostizierbar sind. Frühe Studien konzentrierten sich auf schwache Kapitalmarkteffizienz. In einer klassischen Arbeit untersuchte FAMA (1965) die Korrelation zwischen aufeinanderfolgenden Kursänderungen für die 30 Aktien, die zwischen Ende 1957 und September 1962 den Dow Jones Industrial Average (DJIA) bildeten. Die Korrelation zwischen den prozentualen Kursänderungen aufeinander folgender Handelstage betrug zwischen −0,123 (für Goodyear) und 0,118 (für Alcoa) und im Durchschnitt 0,026 (FAMA [1965, 72]). Für Korrelationen mit zwei bis zehn Tagen Verzögerung ergeben sich durchweg noch kleinere Werte. Auch gelang es regelmäßig nicht, Handelsstrategien zu entwerfen, bei denen die Kursgewinne die Gebühren für die getätigten Geschäfte deckten. Vor diesem Hintergrund ist das Jensen-Zitat aus dem laufenden Text zu verstehen.

1970er-Jahre so weit zu sagen:

> „I believe there is no other proposition in economics which has more solid empirical evidence supporting it than the Efficient Market Hypothesis.“

Seit der Finanz- und Wirtschaftskrise, die mit der Fehlbewertung von US-Hypothekenkrediten ihren Anfang nahm, wird oft vom „Tod der Effizienzmarkthypothese“ gesprochen. Das bezieht sich auf etwas Anderes als das, was wir hier als Kapitalmarkteffizienz bezeichnen. Was für tot erklärt wird, ist die Sichtweise, dass Kurse von Aktien und anderen Assets stets ihrem fundamentalen Wert – d. h. der Summe der diskontierten Cash flows, die sie generieren – entsprechen. Diesem Thema wenden wir uns in den nachfolgenden Abschnitten zu. Auch gegen die Kapitalmarkteffizienzhypothese in der hier behandelten Form – kurzfristige Aktienkursbewegungen sind kaum prognostizierbar – hat sich mittlerweile einige Kritik geregt (s.u. Kasten IX.3). Sie bleibt aber ein wichtiger Referenzpunkt bei der Erklärung kurzfristiger Kursbewegungen. Wenn sie oft und deutlich verletzt wäre, dann gäbe es (noch) mehr Händler, die schnell reich werden, indem sie die zu erwartenden Kursbewegungen ausnutzen.

IX.3 Fundamentalwert

Kapitalmarkteffizienz besagt, dass auf kurze Sicht Kurs*änderungen* ungefähr null sind. Damit ist noch nichts über das *Niveau* der Kurse gesagt. Darum geht es in diesem und den folgenden Abschnitten. Im laufenden Abschnitt bestimmen wir den fundamentalen Kurs einer Aktie, die folgenden Abschnitte befassen sich dann mit der Frage, ob Abweichungen von diesem fundamentalen Wert auftreten können.

Es gibt einen Fall, in dem der Fundamentalwert leicht zu bestimmen ist: Wenn die Dividenden D_t im Zeitablauf unabhängig und identisch verteilt sind, so dass $E_t(D_{t+1}) = D$ für alle t gleich ist. In diesem Fall ist die Folge der zukünftigen Dividenden von jedem Zeitpunkt an die gleiche, nämlich $D, D, D, \ldots$ Daher liegt es nahe, nach einem im Zeitablauf gleichbleibenden Gleichgewichtskurs Q_t zu suchen. Bei konstantem Kurs gilt $Q_{t+1} = Q_t$. Damit folgt aus A1

$$Q_t = \frac{D}{i},$$

und die Prämisse, dass der Kurs konstant ist, bestätigt sich. Der gleichgewichtige Kurs ist um so höher, je höher die erwarteten Dividenden D sind und je schwächer die Diskontierung (je kleiner i) ist. Weil sich der Kurs allein durch diese beiden fundamentalen Faktoren bestimmt, nennt man ihn den ***Fundamentalwert*** der Aktie.

Der einfache Spezialfall liefert auch einen Hinweis darauf, wie sich der Fundamentalwert für den Fall nicht konstanter erwarteter Dividenden ergibt. D/i ist der Barwert der erwarteten Dividenden ab der Folgeperiode, d. h. der Barwert der Zahlungsreihe $D, D, D, \ldots$ bei Diskontierung mit Rate i (vgl. Abschnitt VII.8). Diese Eigenschaft lässt sich verallgemeinern:

Satz: *Sei $i > 0$. Dann löst*

$$Q_t = \sum_{j=1}^{\infty} \frac{E_t D_{t+j}}{(1+i)^j}$$

die Gleichung in A1 (vorausgesetzt die rechte Seite der Gleichung ist beschränkt).

Beweis: Wir müssen zeigen, dass der angegebene Kurs die Gleichgewichtsbedingung aus A1 erfüllt. Die Gleichung in dem Satz gilt für alle t, also kann man t durch $t+1$ ersetzen:

$$Q_{t+1} = \sum_{j=1}^{\infty} \frac{E_{t+1} D_{t+1+j}}{(1+i)^j}$$

oder ausgeschrieben

$$Q_{t+1} = \frac{E_{t+1} D_{t+2}}{1+i} + \frac{E_{t+1} D_{t+3}}{(1+i)^2} + \cdots .$$

Addieren von D_{t+1} auf beiden Seiten der Gleichung und Ausklammern von $1+i$ auf der rechten Seite ergibt

$$Q_{t+1} + D_{t+1} = (1+i)\left[\frac{D_{t+1}}{1+i} + \frac{E_{t+1} D_{t+2}}{(1+i)^2} + \frac{E_{t+1} D_{t+3}}{(1+i)^3} + \cdots\right].$$

Nun werden auf beiden Seiten Erwartungen aus Sicht von Periode t gebildet. Das bedeutet, dass man auf der rechten Seite Erwartungen aus Sicht von t darüber bildet, was man in $t+1$ für die Perioden $t+2, t+3$ etc. erwarten wird. Nach dem Gesetz iterierter Erwartungen (s. Abschnitt A.17) gilt: $E_t(E_{t+1} D_{t+j}) = E_t D_{t+j}$ für $j = 1, 2, 3, \ldots$ Man erwartet, morgen für übermorgen zu erwarten, was man heute für übermorgen erwartet. (Wenn D_t im Zeitablauf unabhängig – aber nicht notwendigerweise identisch – verteilt ist, ist das trivial, weil sich dann die Wahrscheinlichkeitsverteilung für D_{t+j} im Zeitablauf nicht verändert, aus Sicht von t also identisch mit der aus Sicht von $t+1$ ist.) Damit folgt:

$$E_t(Q_{t+1} + D_{t+1}) = (1+i)\left[\frac{E_t D_{t+1}}{1+i} + \frac{E_t D_{t+2}}{(1+i)^2} + \frac{E_t D_{t+3}}{(1+i)^3} + \cdots\right].$$

Die Summe in den eckigen Klammern ist die ausgeschriebene Fassung des Ausdrucks für Q_t in dem Satz, so dass

$$E_t(Q_{t+1} + D_{t+1}) = (1+i) Q_t .$$

$D_t \geq 0$ impliziert, dass Annahme A2 erfüllt ist. *q. e. d.*

Wie im einfachen Spezialfall oben ist also der Barwert der erwarteten Dividenden ab der Folgeperiode – der Fundamentalwert der Aktie – ein gleichgewichtiger Kurs. Die Gleichung in A1 setzt die Variable Q_t in zwei aufeinander folgenden Zeitpunkten in Beziehung zueinander. Sie ist also eine Differenzengleichung (s. Abschnitt A.2). Weil Q_{t+1} dabei eine Zufallsvariable ist, deren Erwartungswert gebildet werden muss, spricht man von einer Erwartungsdifferenzengleichung. Wir haben „per Versuch" *eine* Lösung für diese Erwartungsdifferenzengleichung gefunden. Was wir damit noch nicht geklärt haben, ist ob es nicht auch andere Kurse gibt, die die Erwartungsdifferenzengleichung aus A1 und die Nichtnegativitätsbedingung A2 erfüllen. Das ist der Gegenstand des folgenden Abschnitts.

IX.4 Die Unmöglichkeit rationaler Bubbles

Aktienkurse entsprechen *nicht* stets dem fundamentalen Wert der Aktien. Direkte Evidenz für diese Aussage liefert SHILLERS (1981) Nachweis, dass Aktienkurse wesentlich volatiler sind, als sie es wären, wenn nur Fundamentaldaten eine Rolle spielten (***Excess volatility***, s. Kasten IX.4). Einerseits sind Aktienkurse kurzfristig sehr volatil. Zum anderen kommt es immer wieder zu sich aufblähenden und anschließend platzenden ***Bubbles***: Startend vom Fundamentalwert, beginnt der Kurs zuerst langsam zu steigen. Die Medien transportieren eine Geschichte, die erklärt, aufgrund welcher neuartigen Entwicklung die steigenden Kurse gerechtfertigt sind (den Handel mit Kolonien, sinkende Transportkosten durch den Eisenbahnbau, die ostasiatischen Wachstumswunder, die durch Neuerungen in der IT hervor gebrachte „New economy", ein permanent höheres Produktivitätswachstum etc.) Anleger beginnen, in den Markt einzusteigen, weil sie hoffen, durch späteren Wiederverkauf von weiter gestiegenen Preisen profitieren zu können (s. das Zitat am Anfang dieses Kapitels). Der Preisauftrieb beschleunigt sich und zieht weitere Anleger in den Markt, bereits aktive Anleger erhöhen ihre Einsätze. Wenn erkennbar wird, dass diese Kursentwicklung nicht anhalten kann und die fundamentalen Erklärungen für die gestiegenen Kurse einer Überprüfung nicht standhalten, „platzt" die Bubble, und der Kurs fällt zurück in Richtung seines Fundamentalwerts (s. Kästen IX.5 und IX.6). Dieses Muster kann man nicht nur bei Aktien beobachten, sondern auch bei anderen Anlagegütern, die man in der Hoffnung auf Wiederverkauf zu weiter gestiegenen Preisen kaufen kann (s. Kästen IX.7 und IX.8). In diesem Abschnitt überprüfen wir, ob solche Bubbles in dem Modell aus Abschnitt IX.2 auftauchen können, d. h. ob die Erwartungsdifferenzengleichung aus A1 weitere Lösungen neben dem Fundamental-

Kasten IX.4: Excess volatility

SHILLER (1981) untersuchte in einer klassischen Studie die langfristige monatliche Entwicklung des S&P 500 im Zeitraum 1870–1979 und des DJIA im Zeitraum 1928–79. Er berechnete die Fundamentalkurse, die sich als Barwert der realisierten Dividendenströme ergeben, und verglich sie mit den tatsächlichen Kursen. SHILLERS (1981, 421) Ergebnis ist:

„stock prices are too volatile".

Für den S&P 500 ist die Standardabweichung der tatsächlichen Kurse (50,12) mehr als 5,5-mal so hoch wie die des Fundamentalkurses (8,97), für den DJIA mehr als 13-mal so hoch (355,9 gegenüber 26,8). Das steht nicht im Widerspruch zu den in Kasten IX.3 erwähnten Studien, die die Random-walk-Hypothese bestätigen, zeigt aber, dass aus diesen Studien nicht gefolgert werden darf, dass Bubbles nicht Bestandteil von Aktienkursen sein können.

Kasten IX.5: Bubbles auf Aktienmärkten

Die Aktienindizes der westlichen Industrienationen durchliefen seit 1996 zwei Bubble-Phasen. Der DAX notierte im März 2000 bei 8.136 Punkten, dreieinhalbmal so hoch wie Anfang 1996. Im März 2003 lag er mit 2189 Punkten zeitweilig unter dem Wert von Anfang 1996. Bis Juli 2008 stieg er wieder auf 8.151 Punkte, bis März 2009 fiel er auf 3.589 Punkte (s. Abbildung IX.1). Damit verlief der DAX weitgehend parallel zum DJIA. Der DJIA erreichte im August 1999 seinen damaligen Höchststand von 11.429 Punkten. Zu dieser Zeit erschienen bei renommierten Verlagen Bücher mit Titeln wie *DOW 40,000. Strategies for Profiting from the Greatest Bull Market in History* (ELIAS [1999]) und *DOW 100,000. Fact or Fiction* (KADLEC [1999]) (die in den Titeln gemachten Prognosen galten für die Jahre 2016 bzw. 2020). Bis Oktober 2002 fiel er stattdessen bis auf 7.181 Punkte. Dann stieg er bis Oktober 2007 wieder bis auf 14.280 Punkte, um anschließend bis März 2009 auf 6.440 Punkte zu fallen. Noch dramatischer ist die Entwicklung des japanischen Nikkei-225-Index. Der stieg von Anfang 1988 bis Ende 1989 von 21.551 auf 38.957 Punkte. Nach einem Tiefstand von 7.661 Punkten im Mai 2003 erholte er sich zwischenzeitlich bis auf 18.300 Punkte im Februar 2007, fiel dann aber bis März 2009 auf 7.021 Punkte. (All diese Zahlen erhält man frei auf www.yahoo.de unter „Finanzen".)

Abbildung IX.1: Monatliche DAX-Entwicklung

kurs aus Abschnitt IX.3 hat. Die Antwort ist (leider): Nein, Bubbles kann man mit dem bisher betrachteten Modell nicht erklären.

Im Rahmen unseres Modells ist eine Bubble B_t eine Abweichung des Marktkurses vom Fundamentalkurs: $B_t = Q_t - F_t$. Ein Kurs $Q_t = F_t + B_t$, der sich aus dem fundamentalen Kurs und einer Bubble zusammensetzt, erfüllt A1, falls

$$E_t[(F_{t+1} + B_{t+1}) + D_{t+1}] = (1 + i)(F_t + B_t).$$

Kasten IX.6: Bubbles und Handelsstrategien

Bei Bubbles setzen sich Trends kurzfristig fort, längerfristig kehren sie sich um. Empirische Studien zeigen, dass sich dieses Muster von kurzfristigem „Momentum" und längerfristiger „Mean reversion" allgemeiner auch in weniger ausgeprägten Kursausschlägen wiederfindet.

Bei langfristiger Mean reversion lohnt es sich, Aktien, deren Kurs über einen längeren Zeitraum gefallen sind, zu kaufen und zu halten, und in der Vergangenheit erfolgreiche Aktien zu verkaufen. DE BONDT und THALER (1985) stellten dementsprechend für den US-Markt für jedes Jahr von 1930 bis 1977 „Loser portfolios" (die 35 Aktien mit der schlechtesten Wertentwicklung in den vorhergehenden drei Jahren) und „Winner portfolios" (die 35 Aktien mit der besten Wertentwicklung in den vorhergehenden drei Jahren) zusammen und überprüften die Wertentwicklung in den folgenden drei Jahren. Im Einklang mit langfristiger Trendumkehr entwickelte sich das Verliererportfolio um 19,6% besser als der Gesamtmarkt und das Gewinnerportfolio um 5,0% schlechter. Hätte man also das Verliererportfolio durch den Leerverkauf von Gewinnern finanziert, dann hätte man eine Rendite von 24,6% pro drei Jahre bzw. 7,6% pro Jahr gemacht (wie Leerverkäufe funktionieren, wird weiter unten beschrieben).

Bei kurzfristigem Momentum lohnt es sich umgekehrt, die Gewinner der jüngeren Vergangenheit kurzfristig zu halten, und umgekehrt. Dies bestätigten JEGADEESH und TITMAN (1993) für den US-Markt, indem sie für den Zeitraum 1965–89 monatlich Gewinnerportfolios aus den erfolgreichsten 10% der Aktien in den vergangenen sechs Monaten und Verliererportfolios aus den in der Formationsperiode am schlechtesten performenden 10% der Aktien bildeten. In den sechs Folgemonaten lieferte das Gewinnerportfolio eine monatliche Rendite von 0,8%, das Verliererportfolio verlor weitere 0,2%. Finanzierte man das Gewinnerportfolio durch Leerverkauf des Verliererportfolios, so ergab sich eine monatliche Rendite von 1,0% bzw. 12,0% pro Jahr. Die 1%-Monatsrendite wurde von Nachfolgestudien auch für andere Zeiträume und andere Aktienmärkte bestätigt. AUGUST et al. (2000) untersuchten die Momentum-Strategien für 418 deutsche Aktien im Zeitraum 1973–97. Gewinnerportfolio und Verliererportfolio (analog gebildet) schnitten in den sechs Monaten nach der Zusammenstellung 3,5% besser bzw. 2,9% schlechter als der Gesamtmarkt ab. Die Finanzierung des Gewinnerportfolios durch Leerverkauf der Verlierer lieferte also 6,4% Rendite bzw. 13,2% pro Jahr.

Da diese Handelsstrategien ausschließlich von vergangenen Kursbewegungen abhängen, wird selbst schwache Kapitalmarkteffizienz (vgl. Kasten IX.3) in Zweifel gezogen. Andererseits ist klar, dass die Ausnutzung des Momentums in Bubbles sehr riskant ist, weil man noch vor dem Platzen kauft. So weisen AUGUST et al. (2000) darauf hin, dass ihre Momentum-Strategie mit zwölf (statt sechs) Monaten Formationsperiode zwar im Durchschnitt über den Zeitraum 1973–97 eine Rendite von 12,4% lieferte, die Bandbreite aber zwischen plus 54,3% und minus 40,7% lag.

Kasten IX.7: Berühmte Bubbles

Bubbles gibt es solange, wie es organisierten Handel mit Anlagegütern – Aktien und anderen – gibt. Die drei klassischen Beispiele sind die ***Tulpenmanie (Tulipmania)*** 1636–1637, die Mississippi-Bubble 1719–1720 und die South-Sea-Bubble 1720.

1636 begann in Holland eine fieberhafte Spekulation mit Tulpenzwiebeln. Die Preise für verschiedene Sorten von Tulpenzwiebeln stiegen von Jahresanfang 1637 bis zum Höhepunkt der Spekulation Anfang Februar 1637 auf das Drei- bis 50-fache. Eine „Semper-Augustus"-Zwiebel kostete da mehr als ein Haus in bester Lage in Amsterdam. GARBER (1990) weist darauf hin, dass die Preisanstiege möglicherweise nicht reine Spekulation waren, sondern teils auch Fundamentalwerte widerspiegelten. Die Spekulation konzentrierte sich nämlich primär auf seltene und nur schwer zu züchtende Tulpenzwiebeln, die (wie man später erst feststellte, aufgrund einer Virusinfektion) besonders schöne, mosaikartige Muster aufwiesen. Im Laufe des Jahres 1637 fielen die Preise der meisten Zwiebelsorten aber um rund 90%, einige Jahre später waren sie dann praktisch völlig wertlos. Viele Holländer, die während der Spekulation ihre Berufe aufgegeben hatten, um sich an Tulpenzüchtung und -handel zu beteiligen, standen nach dem Ende der Tulpenmanie ohne Beruf und Vermögen da.

1719–1720 gab es große Spekulationswellen mit den Aktien der französischen Mississippi Company und der britischen South Sea Company, die jeweils im Besitz von Monopolrechten für den Handel mit Kolonien waren. Der Kurs der Mississippi-Company-Aktien stieg von 150 livres im August 1717 über 1.000 livres im Juli 1719 und 5.000 livres im August 1719 bis auf 10.000 livres Anfang Dezember 1719. Der South-Sea-Company-Kurs stieg zwischen Januar und August 1720 von £120 auf £950. Der Erfolg der South Sea Company trat in England eine ganze Welle von dubiosen AG-Gründungen los, eine davon nannte sich

„a company for carrying on an undertaking of great advantage, but nobody knows what it is"

und platzierte erfolgreich ihre Aktien am Markt. Die Mississippi-Bubble platzte nach fehlgeschlagenen Versuchen, den Kurs zu stabilisieren, im Mai 1720. Der Kurs verfiel allein in diesem Monat von 9.000 livres auf 5.000 livres, bis Dezember 1720 weiter auf 1.000 livres und bis September 1721 schließlich auf 500 livres. Der Chef der Mississippi Company, John Law, musste aus Frankreich fliehen. Die South-Sea-Bubble platzte im September 1720 mit einem Abrutschen des Kurses von £775 Ende August auf £290 Anfang Oktober. Einige der Gesellschafter wurden inhaftiert. Dem Verkäufer der Unternehmung, deren Geschäft niemand kannte, gelang unerkannt die Flucht mitsamt seinen Erlösen. Unter den Verlierern der South-Sea-Spekulation befand sich Isaac Newton, der zunächst im Frühjahr 1720 mit £3.500 in den Markt einstieg und im April 1720 mit 100% Gewinn wieder aus, dann aber auf dem Höhepunkt der Bubble noch einmal investierte und £20.000 verlor, woraufhin er 1721 bemerkte:

„I can calculate the motions of the heavenly bodies, but not the madness of people."

Viele interessante Details zu diesen und anderen Krisen liefern KINDLEBERGER und ALIBER (2005).

Kasten IX.8: US-Hauspreis-Bubble bis 2006

Bubbles können in allen Märkten auftauchen, in denen Anlagegüter gekauft und in der Hoffnung auf weiter steigende Preise gehalten werden können. Am besten geeignet für diese Art von Spekulation sind wegen der Tiefe und Liquidität Finanzmärkte. Mit der Tulpenmanie 1636–1637 sind wir aber bereits auf ein Nicht-Finanz-Beispiel gestoßen. Ein wichtiges aktuelles Beispiel ist der US-Häusermarkt zu Beginn des 21. Jahrhunderts. Der meist beachtete Hauspreisindex für die USA ist der von Robert Shiller gemeinsam mit Karl Case entwickelte und nach ihnen benannte Case-Shiller Home Price Index, der die Hauspreisentwicklung in bis 2000 zehn und seitdem zwanzig US-Metropolregionen misst. Der 10-City Composite verlief bis Ende der 1990er-Jahre flach. Ende 1998 lag er mit 90,14 nur rund 10% höher als zu Beginn des Jahrzehnts (82,47). 1998–99 beschleunigte sich das Wachstum im Jahresvergleich über 6% auf 10%. Der 20-City Composite verdoppelte sich bei einer jährlichen Wachstumsrate von 12,5% zwischen Januar 2000 und Dezember 2005. Am 16. Juni 2005 bemerkte der *Economist* mit Blick auf die Hauspreisanstiege insbes. in den USA, aber auch in anderen Ländern: „it looks like the biggest bubble in history." Mit abflachenden Wachstumsraten wuchs der 20-City Composite noch bis Juli 2006 auf seinen Höchststand von 206,52 Punkten. Von da aus fiel er bis April 2009 um rund ein Drittel auf 139,26 Punkte. (Die Daten sind auf www.standardandpoors.com frei erhältlich.) Wie bei jeder Bubble stellt sich nach dem Platzen die Frage, ob schon vor dem Platzen erkennbar war, dass es sich um eine Bubble handelte. Zumindest einer hatte das erkannt: US-Hedge-Fonds-Manager John Paulson wettete ab 2006 auf einen Kollaps des Subprime-Segments des US-Häusermarkts und erzielte so als Manager seiner Hedge-Fonds 2007 ein Jahreseinkommen von \$ 3,7 Mrd. – den größten Gewinn in der Geschichte der Finanzspekulation.

Da der fundamentale Kurs A1 erfüllt (d. h. $E_t(F_{t+1}+D_{t+1}) = (1+i)F_t$), vereinfacht sich diese Gleichung zu

$$E_t(B_{t+1}) = (1+i)B_t.$$

D. h.: Bei einem überbewerteten Asset muss sich der nicht fundamental begründete Teil des Kurses ebenso wie der fundamentale Teil im Erwartungswert mit Rate i verzinsen, damit Anleger bereit sind, das Asset zu halten; und bei einer Aktie, die man zu einem Kurs unterhalb des fundamentalen Werts kaufen kann, muss die negative Bubble im Erwartungswert um den Faktor $1+i$ zunehmen, damit die Aktie nicht attraktiver ist als die sichere Anlage.

Betrachten wir die folgende Bubble:

$$B_{t+1} = \begin{cases} \frac{(1+i)B_t}{1-p}; & \text{W'keit } 1-p \\ \eta_{t+1}; & \text{W'keit } p \end{cases}.$$

Dabei ist p $(0 < p < 1)$ die exogene „Platzwahrscheinlichkeit". Die Wahrscheinlichkeit, dass die Bubble in t Perioden noch nicht geplatzt ist, ist also $(1-p)^t$. Solange sie nicht platzt, bläht sich die Bubble Periode für Periode um den Faktor $(1+i)/(1-p)$ (> 1) auf. Nach dem Platzen in t fällt sie auf den Wert η_{t+1} („eta"), eine Zufallsvariable mit Erwartungswert $E_t(\eta_{t+1}) = 0$. Zweifaches Erwartungswertbilden bestätigt, dass sich die Bubble B_t im Erwartungswert mit Rate i verzinst, so dass A1 erfüllt ist:

$$E_t(B_{t+1}) = (1-p)\frac{(1+i)B_t}{1-p} + pE_t(\eta_{t+1}) = (1+i)B_t.$$

Das Problem mit dieser Bubble ist, dass A2 aber nicht erfüllt ist: Bläht sich eine negative Bubble lang genug auf, dann wird, wenn der Fundamentalwert eine Obergrenze hat, der Kurs negativ. Angenommen, B_0 ist negativ. Mit Wahrscheinlichkeit $(1-p)^t$ ist die negative Bubble nach t Perioden noch nicht geplatzt und hat sich auf den Wert

$$B_t = \left(\frac{1+i}{1-p}\right)^t B_0$$

aufgebläht. Sei $\bar{F}$ eine Obergrenze von F_t. Dann ist $Q_t = F_t + B_t$ spätestens nach

$$t = \frac{\ln\left(\frac{\bar{F}}{-B_0}\right)}{\ln\left(\frac{1+i}{1-p}\right)}$$

Perioden negativ – im Widerspruch zu A2.

Kann man andere Bubbles konstruieren, die dieses Problem nicht aufweisen? Die Antwort ist: nein. Negative Bubbles können immer so groß werden, dass der Kurs negativ wird.

Theorem: *Wenn F_t eine Obergrenze hat, dann gibt es kein B_t mit $B_t < 0$ für irgendein t, so dass $Q_t = F_t + B_t$ ein Gleichgewichtskurs ist.*

Beweis: Für eine negative Bubble $B_t < 0$ folgt aus $E_t(B_{t+1}) = (1+i)B_t$, dass

$$E_t(B_{t+1}) < \left(1 + \frac{i}{2}\right) B_t.$$

Eine negative Bubble verzinst sich im Erwartungswert mit Rate i, wird also im Erwartungswert negativer, als sie bei Verzinsung mit Rate $i/2$ würde. Diese Ungleichung kann nur erfüllt sein, wenn mit positiver Wahrscheinlichkeit

$$B_{t+1} < \left(1 + \frac{i}{2}\right) B_t$$

gilt. Nehmen wir an, zu irgendeinem Zeitpunkt – ohne Beschränkung der Allgemeinheit $t = 0$ – ist eine negative Bubble ($B_0 < 0$) Bestandteil des gleichgewichtigen Aktienkurses. Dann ist mit positiver Wahrscheinlichkeit

$$B_t < \left(1 + \frac{i}{2}\right)^t B_0$$

für $t = 1, 2, 3, \ldots$ Mit $\bar{F}$ als einer Obergrenze von F_t ist $Q_t = F_t + B_t$ spätestens nach

$$t = \frac{\ln\left(\frac{\bar{F}}{-B_0}\right)}{\ln\left(1 + \frac{i}{2}\right)}$$

Perioden negativ. Das widerspicht A2. Also kann es eine negative Bubble von vornherein nicht geben. *q. e. d.*

Aus der Tatsache, dass es negative Bubbles nicht geben kann, folgt weiter, dass positive Bubbles nie entstehen können:

Satz: *Ist* $B_0 = 0$, *dann ist* $B_t = 0$ *für alle* $t = 1, 2, \ldots$

Beweis: Aus $E_0(B_1) = (1 + i)B_0$ und $B_0 = 0$ folgt

$$E_0(B_1) = 0.$$

D. h.: Weil sich auch eine Bubble von null im Erwartungswert mit Rate i verzinsen muss, muss die für die Folgeperiode erwartete Bubble null sein. Weil es aber keine negativen Bubbles geben kann, ist $B_1 = 0$ mit 100% Wahrscheinlichkeit, weil sonst $E_0(B_1) > 0$ wäre. $B_t = 0$ für alle folgenden Zeitpunkte $t = 2, 3, \ldots$ folgt per Induktion. *q. e. d.*

Die einzige verbleibende mögliche Fehlbepreisung besteht darin, dass im Startzeitpunkt $B_0 > 0$ ist und diese Bubble dann im Erwartungswert mit Rate i wächst. Verschwindet diese Bubble aber irgendwann, dann kann nie eine neue entstehen. Ein Beispiel ist die oben betrachtete Bubble, die mit der Wahrscheinlichkeit $1 - p$ um den Faktor $(1+i)/(1-p)$ wächst und mit der Gegenwahrscheinlichkeit platzt. Dabei muss aber wegen der Unmöglichkeit negativer Bubbles η_t nicht nur im Erwartungswert, sondern in allen Umweltzuständen null sein. Ist die also anfängliche Bubble geplatzt, entsteht keine neue.

IX.5 Behavioral Finance

Das Modell aus Abschnitt IX.2 ist nicht in der Lage, Bubbles zu erklären. Dafür sind zwei implizite Voraussetzungen des Modells verantwortlich, die simultan verletzt sein müssen, damit es Bubbles geben kann. 1. Es muss Akteure geben, die ihre Handelspositionen auf Basis von irrationalen Handlungsmustern einnehmen. 2. Es darf den rationalen Akteuren nicht möglich sein (bzw. es darf nicht in ihrem Interesse liegen), stets die entgegengesetzten Positionen einzunehmen.

1. Daran, dass in Aktienmärkten Akteure mit irrationalen Handelsmustern aktiv sind, kann es keine Zweifel geben. Die ***Behavioral Finance*** hat eine Vielzahl irrationaler Verhaltensmuster aufgedeckt (s. Kasten IX.9). Daniel Kahneman und Vernon Smith erhielten für ihre Arbeiten auf diesem Gebiet 2002 den Ökonomie-Nobelpreis. Dass es irrationale Anleger gibt allein, ändert aber nichts an den bisherigen Ergebnissen. Die Resultate im vorangegangenen Abschnitt basieren auf der Gültigkeit der Gleichgewichtsbedingung in A1. Wie in Abschnitt IX.2 erklärt, ist die Idee dahinter, dass andernfalls rationale Händler eine Übernachfrage nach Aktien ausüben (wenn die linke Seite größer als die rechte ist) oder ein Überangebot vorliegt (wenn die linke Seite kleiner als die rechte ist). (Die von den rationalen Händlern eingenommenen Handelsstrategien werden im weiteren Verlauf dieses Abschnitts noch genauer beschrieben.) Solange also die Bedingung in A1 erfüllt sein muss, damit rationale Händler keine unausgeschöpften Profitmöglichkeiten „liegen lassen", gibt es auch keine Bubbles – unabhängig davon, ob andere Akteure irrationale Handelsmuster verfolgen. Das ist die Verallgemeinerung des Kapitalmarkteffizienz-Resultats aus Ab-

Kasten IX.9: Nicht-rationales Verhalten auf Finanzmärkten

Es scheint offensichtlich, dass auf Finanzmärkten Anleger aktiv sind, die nicht „rational" handeln. Bubble-artige Kursverläufe weisen insbes. auf die Bedeutung von Positive-feedback trading (d. h. Kaufen bei steigenden und Verkaufen bei fallenden Kursen) und/oder Bandwagon effects (Kaufen, wenn andere kaufen, und umgekehrt) hin. Vor diesem Hintergrund versuchen experimentelle Ökonomen, in speziell dazu konstruierten Entscheidungssituationen irrationale Verhaltensweisen zu isolieren (s. BARBERIS und THALER [2003, Abschnitt 3]).

Eine offensichtliche Abweichung zum Modell aus Abschnitt IX.2 liegt in der Erwartungsbildung. Im Modell haben wir rationale Erwartungen unterstellt, d. h. dass die Individuen Einschätzungen der Eintrittswahrscheinlichkeiten verschiedener Zustände bilden, die mit den objektiven Eintrittswahrscheinlichkeiten übereinstimmen. Im Widerspruch dazu überschätzen Individuen kleine Wahrscheinlichkeiten und unterschätzen große. Oft sind Individuen überoptimistisch, insbes. mit Hinblick auf Entwicklungen, auf die sie selbst Einfluss nehmen (Over-optimism). (So wie weit mehr als die Hälfte der Autofahrer meint, zur besseren Hälfte der Autofahrer zu gehören.) Anfängliche Einschätzungen werden angesichts neu eintreffender Informationen zu selten aufgegeben (Anchoring). Wenn sie doch aufgegeben werden, fallen die Revisionen zu schwach aus (Belief perseverance). Das liegt u. a. daran, dass Individuen zu viel Vertrauen in die Güte ihrer eigenen Einschätzungen haben (Overconfidence). Zudem gehen Erwartungsänderungen teils in die falsche Richtung, weil vernachlässigt wird, dass kleine Stichproben nicht repräsentativ sind (Sample size neglect). Ein Beispiel für Over-optimism und Overconfidence sind die Einschätzungen von Aktienkursentwicklungen. Z. B. untersuchte DE BONDT (1998) die Ein-Monats-Prognosen von 45 professionellen US-Anlegern für den DJIA und für eine Aktie, die sie selbst im Portfolio hatten, in den Jahren 1994 und 1995. Der DJIA und die „eigene" Aktie stiegen im Beobachtungszeitraum um durchschnittlich 1,08% bzw. 1,79% monatlich. Die Vorabschätzungen der professionellen Anleger betrugen 0,83% bzw. 2,41%. D. h. die Anleger waren nicht überoptimistisch in Bezug auf den DJIA, wohl aber mit Blick auf die von ihnen selbst ausgewählten Aktien. Mit Blick auf Overconfidence wurden die Anleger auch nach den Unter- und Obergrenzen eines 80%-Konfidenzintervalls gefragt (in das der Kurs in einem Monat mit 80% Wahrscheinlichkeit fällt). Dieses Intervall war durchschnittlich 4,29%-Punkte breit, obwohl das wirkliche 80%-Konfidenzintervall 7,25%-Punkte breit war – nicht 20%, sondern 40% der realisierten Renditen lagen außerhalb des angegebenen Intervalls (s. DE BONDT [1998, 839]).

Aber selbst ohne Erwartungsirrtümer verhalten sich Individuen nicht zwingend „rational". Das wichtigste Gegenbeispiel ist das sogenannte Framing: Individuen entscheiden in der gleichen Entscheidungssituation (d. h. bei gleichen Payoffs) unterschiedlich, je nachdem wie die Situation beschrieben wird. Z. B. ist die Bereitschaft, Geld zu investieren, um so höher, je positiver die Anlagemöglichkeit umschrieben wird. Ferner neigen Individuen dazu, einzelne Entscheidungen einzeln zu treffen, ohne die Interdependenzen mit anderen Entscheidungen zu berücksichtigen (Narrow framing). Sie halten zu lange an schlechten Anlagen fest, um Verluste nicht realisieren zu müssen (Loss aversion).

schnitt IX.2: Auf kurze Sicht liefern alle Handelsstrategien – rational oder irrational – einen erwarteten Gewinn von null; mit Zinsen und Dividenden entspricht die Rendite jeder Handelsstrategie dem Zins i.

2. Die Erwartungsdifferenzengleichung in A1 ist nur dann notwendig für die Abwesenheit von unausgeschöpften Profitmöglichkeiten, wenn die rationalen Händler hinreichend große Positionen einnehmen können. Verfügen die rationalen Händler nur über eine begrenzte Menge Kapital, und liegt immer noch Unterbewertung vor, wenn sie dieses Kapital vollständig einsetzen, dann nutzen sie die Unterbewertung aus, so gut es geht – ihr begrenztes Kapital erlaubt keine weiteren Gewinne –, und dennoch bleibt die Fehlbewertung bestehen.

Im weiteren Verlauf dieses Abschnitts betrachten wir ein Modell mit rationalen ***Arbitrageuren*** *und* irrationalen ***Noise tradern*** sowie mit Beschränkungen für die Handelspositionen der Arbitrageure. In diesem Modell sind Fehlbewertungen möglich. Bezeichne x_t den Euro-Betrag, den die Noise trader in Periode t in das betrachtete Asset investieren. x_t ist exogen – es geht nicht um die (psychologischen) Determinanten der Noise-trader-Nachfrage, sondern um ihren Einfluss auf den Marktpreis. Der (endogene) Betrag, den die Arbitrageure anlegen, wird mit y_t bezeichnet. Die Arbitrageure haben zudem die Möglichkeit, Leerverkäufe vorzunehmen. Beim ***Leerverkauf (Short sale)*** einer Aktie leiht man sich eine Aktie und verkauft sie direkt wieder (obwohl sie einem ja gar nicht gehört). Um sie am Ende der Leihperiode zurückgeben zu können, muss man sie dann kaufen. Das zahlt sich aus, wenn der Kurs zwischenzeitlich gefallen ist, so dass der Verkaufserlös den Kaufpreis übersteigt, führt aber umgekehrt bei steigendem Kurs zu Verlusten. (Zur Absicherung des Verleihers muss der Leerverkäufer daher zunächst einen festgelegten Anteil des Volumens seiner Leerverkäufe auf dem sogenannten Margin-Account (Einschusskonto) halten. Steigen die Kurse, dann erhält er einen Margin call und muss Geld auf dieses Konto nachschießen. S. Kasten IX.10.) Die Anzahl leer verkaufter Aktien wird mit s_t bezeichnet. Die Handelsposition der Arbitrageure ist beschränkt: Sie können maximal Kapital im Umfang von $\bar{y}$ aufbringen, und die maximale Anzahl von Leerverkäufen ist $\bar{s}$. Gründe für diese Beschränkungen werden am Ende dieses Abschnitts diskutiert. Im Modell sind $\bar{y}$ und $\bar{s}$ exogen. Wir nehmen im folgenden an, dass die Dividenden konstant sind ($D_t = D$), so dass auch der Fundamentalkurs konstant ist ($F_t = D/i = F$, s. Abschnitt IX.3). Der Einfachheit halber konzentrieren wir uns auf die Möglichkeit einer Fehlbepreisung in einer einzelnen Periode. Hier ist das Modell:

A1: *Die Arbitrageure investieren wie folgt: 1. Ist* $E_t(Q_{t+1} + D) > (1+i)Q_t$, *dann investieren sie* $\bar{y}$ *und realisieren keine Leerverkäufe; 2. ist* $E_t(Q_{t+1} + D) < (1+i)Q_t$, *dann investieren sie nichts und verkaufen* $\bar{s}$ *Aktien leer; 3. ist* $E_t(Q_{t+1} + D) = (1+i)Q_t$, *dann sind sie indifferent bezüglich der Höhe ihrer Investitionen in die Aktie und ihrer Leerverkäufe.*

A2: *Die Noise trader investieren* $x_0 = x$ *in Periode* 0 *und* $x_t = NF$ *in* $t = 1, 2, 3, \ldots$

A1 ist die Verallgemeinerung von A1 in Abschnitt IX.2 auf den Fall beschränkter Handelspositionen. Die Arbitrageure nutzen die Profitmöglichkeiten aus, so gut es

Kasten IX.10: Leerverkäufe

Leerverkäufe haben – wie die meisten Finanzgeschäfte – eine lange Geschichte. 1602 wurde die Dutch East India Company als eine der ersten AGs überhaupt an der neu gegründeten Amsterdamer Börse gelistet. Nach massiven, von Leerverkäufen begleiteten Kursverlusten im Jahr 1609 erbat das Unternehmen bei der holländischen Regierung ein Leerverkaufsverbot, da diese Transaktionen „zum Nachteil einer großen Zahl von Aktienbesitzern, im Speziellen vieler Witwen und Waisen, die sich aufgrund falscher Gerüchte zum Verschleudern ihrer Anteile hinreißen ließen“, seien. 1610 erfolgte ein allgemeines Leerverkaufsverbot. Dieses Geschehen – fallende Kurse, Gewinne durch Leerverkäufe, dann Leerverkaufsverbote – wiederholt sich immer wieder, z. B. nach der Mississippi-Bubble in Frankreich und der South-Sea-Bubble in Großbritannien 1720 (vgl. Kasten IX.7). In Deutschland verbot die Bafin zuletzt nach der Lehman-Pleite im September 2008 und nach dem 25%-Kursrutsch an der deutschen Börse in den ersten neun August-Tagen 2011 vorübergehend Leerverkäufe der Aktien von Banken und Versicherungen. Ähnliche Verbote wurden an den anderen großen Börsenplätzen erlassen. Eine oft praktizierte Leerverkaufsrestriktion ist die sogenannte „Uptick rule“, nach der Leerverkäufe nur nach einem Kursanstieg getätigt werden dürfen. Das soll kumulativen Abwärtsprozessen Vorschub leisten. Eine andere Restriktion ist das Verbot sogenannter „Naked short sales“. Bei diesen Geschäften wird nicht eine Aktie ausgeliehen und zurückgegeben, sondern es wird einfach versprochen, auf Termin eine Aktie zu liefern (hier wird die Analogie zur Emission einer Aktie durch den Leerverkäufer noch deutlicher). Hier ist das Problem, dass das Volumen der Leerverkäufe nicht durch die Menge verleihbarer Aktien begrenzt wird. Leerverkaufsrestriktionen sind aber eher durch Missfallen daran, dass jemand gewinnt, wenn andere verlieren, und durch Populismus („die Politik stellt sich der schädlichen Spekulation entgegen“) motiviert als durch Evidenz, dass sie Kursverluste auslösen würden – hierfür spricht empirisch recht wenig (kritisiert wird oft, dass Leerverkäufer Anreize haben, negative Gerüchte zu streuen).

Eine wichtige Eigenschaft von Leerverkäufen ist, dass die Verlustmöglichkeiten unbegrenzt sind (wohingegen man bei „Long-Positionen“ immer nur sein eingesetztes Kapital, also maximal 100% verlieren kann). Das wurde im Oktober 2008 am Beispiel der VW-Aktie deutlich. Bis September 2008 notierte sie um die € 200. Leerverkäufer spekulierten auf fallende Kurse. Als sie geborgte Aktien zurückgeben mussten, stellten sie fest, dass sich das Angebot stark verknappt hatte, weil Porsche seine strategische Position auf 74% der Anteile erhöht hatte. Da das Land Niedersachsen weitere 20% hält, waren nur noch ca. 6% der Aktien am Markt erhältlich, aber Leerverkäufer hatten schätzungsweise doppelt so viele Aktien geliehen und verkauft. Als Folge stieg der Preis der VW-Aktie kurzfristig auf € 1.005 an, woraufhin einige an der Spekulation beteiligte Hedge-Fonds schließen mussten.

geht: Bei Unterbewertung mobilisieren sie alles verfügbare Kapital für ihre Investitionen, und bei Überbewertung realisieren sie so viele Leerverkäufe wie möglich. Nur wenn alle Profitmöglichkeiten eliminiert sind, sind sie bereit, dazwischen liegende Investitionsniveaus zu realisieren. A2 führt die Noise trader mit, wie gesagt, exogener Nachfrage in das Modell ein. In $t = 0$ investieren sie möglicherweise sehr wenig oder sehr viel; in den Folgeperioden sorgt ihre Nachfrage aber – wie wir gleich sehen werden – ohne Zutun der Arbitrageure für fundamentale Kurse. Eine Nichtnegativitätsannahme für Q_t wird nicht benötigt.

Die Markträumungsbedingung lautet:

$$(N + s_t)Q_t = x_t + y_t.$$

Die linke Seite der Gleichung ist der Wert des Angebots in Euro. Leerverkäufe s_t wirken in der Periode t, in der sie getätigt werden, vorübergehend wie ein zusätzliches Angebot: Die Käufer der s_t geliehenen und wiederverkauften Aktien nehmen die Aktien in ihr Portfolio auf, ohne dass sie aus dem Portfolio der Verleiher (die sie ja eine Periode später wiederbekommen) verschwinden. Ignoriert man, wie Leerverkäufe tatsächlich abgewickelt werden (mit Aktienleihe und -rückgabe), kann man das auch ganz explizit annehmen: Man kann annehmen, dass die Arbitrageure ein neues Wertpapier emittieren, das die Zahlung von $Q_{t+1} + D$ in $t + 1$ verbrieft. Dieses Wertpapier ist aus Sicht der Käufer ein perfektes Substitut für eine Aktie, weil es den gleichen Zahlungsstrom generiert. Daher kann man annehmen, dass es *einen* Markt für Aktien *und* dieses neue Wertpapier gibt, mit einem einheitlichen Preis Q_t und einem Angebot, das der Summe der Anzahl angebotener Aktien N und der Anzahl von diesen neuen Wertpapieren s_t entspricht. Die rechte Seite der Markträumungsbedingung ist die Marktnachfrage in Euro.

Angenommen, die Arbitrageure sind in $t = 1, 2, 3, \ldots$ inaktiv: Sie investieren nichts und tätigen keine Leerverkäufe (d. h. $y_t = s_t = 0$). Mit $x_t = NF$ vereinfacht sich die Markträumungsbedingung zu

$$Q_t = F.$$

Mit $Q_{t+1} = F = Q_t$ und $D = iF = iQ_t$ folgt $Q_{t+1} + D = (1 + i)Q_t$. D. h. die Arbitrageure sind gemäß A1 indifferent bezüglich ihrer Anlage, und die unterstellte Entscheidung $y_t = s_t = 0$ konsistent mit A1. Also ist $Q_t = F$ ein Gleichgewichtskurs in den Perioden $t = 1, 2, 3, \ldots$ Wir nehmen im Folgenden an, dass dieser Gleichgewichtskurs in den Perioden $t = 1, 2, 3, \ldots$ realisiert wird (ignorieren also die Frage, ob es in diesen Perioden Bubbles geben kann) und konzentrieren uns ganz auf die Frage, ob eine Über- oder Unterbewertung in $t = 0$ vorliegen kann. Der Einfachheit halber lassen wir bei Variablen in Periode 0 den Zeitindex fallen, so dass z. B. x die Noise-trader-Investitionen und Q der gleichgewichtige Kurs in $t = 0$ ist. Die Antwort auf die Frage nach der Möglichkeit von Fehlbewertungen ist: ja.

Satz: *1. Ist $x \leq NF$, dann stellt sich für $\bar{y} \geq NF - x$ der fundamentale Kurs $Q = F$ ein, und für $\bar{y} < NF - x$ herrscht Unterbewertung ($Q < F$). 2. Ist $x > NF$, dann stellt sich für $\bar{s} \geq x/F - N$ der fundamentale Kurs $Q = F$ ein, und für $\bar{s} < x/F - N$ herrscht Überbewertung ($Q > F$).*

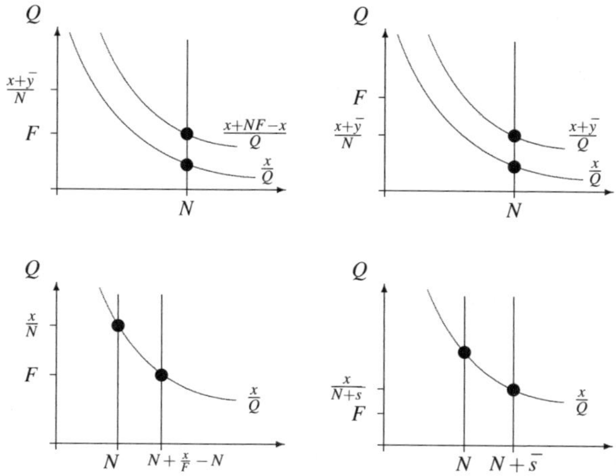

Abbildung IX.2: Angebot und Nachfrage im Aktienmarkt

In Tabellenform:

	Parameter	Kurs
$x \leq NF$	$\bar{y} \geq NF - x$	fundamental: $Q = F$
	$\bar{y} < NF - x$	unterbewertet: $Q < F$
$x > NF$	$\bar{s} \geq x/F - N$	fundamental: $Q = F$
	$\bar{s} < x/F - N$	überbewertet: $Q > F$

Beweis: Wegen $Q_1 = F$ und $D = iF$ ist $Q_1 + D = (1 + i)F$. Damit vereinfacht sich A1 für $t = 0$ wie folgt: 1. Ist $Q < F$, dann investieren die Arbitrageure $\bar{y}$; 2. ist $Q > F$, dann verkaufen sie $\bar{s}$ Aktien leer; 3. ist $Q = F$, dann sind sie indifferent bezüglich der Höhe ihrer Investition in die Aktie.

1. Sei zunächst $x \leq NF$. Ist $\bar{y} \geq NF - x$, dann wird gemäß der Markträumungsbedingung ($(N + s)Q = x + y$) mit $y = NF - x$ ($\leq \bar{y}$) und $s = 0$ der Fundamentalkurs erreicht:

$$Q = \frac{x + y}{N + s} = \frac{x + (NF - x)}{N} = F$$

(s. das obere linke Bild in Abbildung IX.2). Dies ist ein Gleichgewichtskurs, weil bei $Q = F$ die Arbitrageure indifferent zwischen verschiedenen Investitionsniveaus sind und damit insbes. bereit, $y = NF - x$ zu investieren. Andere Gleichgewichte mit $s = 0$ gibt es nicht: Bei kleineren y-Werten als $y = NF - x$ würde die Aktie unterbewertet sein: $Q < F$. Das ist inkonsistent mit A1, denn bei Unterbewertung würden die Arbitrageure das gesamte verfügbare Kapital einsetzen ($y = \bar{y}$). Für größere y-Werte würde der Kurs über den Fundamentalkurs getrieben: $Q > F$. Das würde Verluste für die Arbitrageure bedeuten, was der Annahme widerspricht, dass sie eine positive Menge Kapital einsetzen ($y > NF - x \geq 0$).

Es gibt noch Gleichgewichte mit $s > 0$, in denen aber auch immer $Q = F$ ist. $s > 0$ verlangt $Q \geq F$. Wäre $Q > F$, dann gäbe es Verluste auf Aktien, so dass $y = 0$ wäre. Aus der Markträumungsbedingung folgt dann $Q < F$, ein Widerspruch. Also gilt $Q = F$, wenn $s > 0$. y und s müssen also so im Verhältnis zueinander stehen, dass $F = (x + y)/(N + s)$ ist.

Ist dagegen $\bar{y} < NF - x$, dann gilt für alle $y \leq \bar{y}$:

$$Q = \frac{x + y}{N} \leq \frac{x + \bar{y}}{N} < \frac{x + (NF - x)}{N} = F$$

(oberes rechtes Bild in Abbildung IX.2). D. h. es herrscht Unterbewertung, so dass es sich lohnt, alles verfügbare Kapital zu investieren: $y = \bar{y}$ und

$$Q = \frac{x + \bar{y}}{N} < F.$$

Short sales sind in diesem Fall unprofitabel. Es kommt zu Unterbewertung, weil die Arbitrageure nicht über genügend Kapital verfügen, um die Lücke zwischen fundamentaler Marktkapitalisierung NF und Noise-trader-Nachfrage x zu schließen.

2. Sei nun $x > NF$. Ist $\bar{s} \geq x/F - N$, dann wird mit $s = x/F - N$ $(\leq \bar{s})$ und $y = 0$ der Fundamentalwert erreicht:

$$Q = \frac{x + y}{N + s} = \frac{x}{N + \left(\frac{x}{F} - N\right)} = F$$

(unteres linkes Bild in Abbildung IX.2). Das ist ein Gleichgewicht. Es gibt keine anderen Gleichgewichte mit $y = 0$: Kleinere s-Werte bedeuten, dass trotz Überbewertung $(Q > F)$ der Spielraum für Leerverkäufe nicht vollständig ausgenutzt wird. Größere s-Werte würden den Kurs unter F drücken, so dass das Einnehmen einer Long- statt einer Short-Position angezeigt wäre.

Es gibt noch Gleichgewichte mit $y > 0$. $y > 0$ verlangt $Q \leq F$. $Q < F$ würde $s = 0$ implizieren, so dass aus Markträumung $Q > F$ folgt, ein Widerspruch. Also gilt $Q = F$, wenn $y > 0$ ist, und y und s müssen $F = (x + y)/(N + s)$ erfüllen.

Bei $\bar{s} < x/F - N$ gilt für alle $s \leq \bar{s}$:

$$Q = \frac{x}{N + s} \geq \frac{x}{N + \bar{s}} > \frac{x}{N + \left(\frac{x}{F} - N\right)} = F.$$

Wegen Überbewertung werden alle realisierbaren Leerverkäufe durchgeführt: $s = \bar{s}$ und

$$Q = \frac{x}{N + \bar{s}} > F$$

(unteres rechtes Bild in Abbildung IX.2). *q. e. d.*

Das ist das zentrale theoretische Resultat der Behavioral Finance: Wenn rationale und irrationale Anleger interagieren, kommt es nicht notwendigerweise zu fundamentalen Preisen. Die Aktie ist unterbewertet, wenn bei geringer Noise-trader-Nachfrage die Arbitrageure über zu wenig Kapital verfügen, und überbewertet, wenn bei hoher Noise-Trader-Nachfrage Leerverkaufsrestriktionen binden. Fehlbepreisungen folgen aus zu kleinen Werten für $\bar{y}$ und $\bar{s}$, d. h. aus ***Grenzen der Arbitrage (Limits of arbitrage)***.

Kasten IX.11: Twin shares

Das Lehrbuchbeispiel für Grenzen der Arbitrage sind die „Twin shares" von Royal Dutch und Shell. 1907 schlossen sich die Unternehmen mit der Vereinbarung zusammen, künftige Gewinne im Verhältnis 60:40 auszuschütten, ohne formell die Selbständigkeit aufzugeben (so dass beide Unternehmen jeweils an der Börse notiert blieben). Ab diesem Zeitpunkt hätten Royal-Dutch-Aktien zu 150% des Kurses von Shell-Aktien gehandelt werden müssen (denn der Anteil an den gemeinsamen Gewinnen ist ja um 50% höher). Tatsächlich lag die Royal-Dutch-Aktie noch 1980–83 fast permanent um 25–35% unter diesem Wert. Nach einem steilen Anstieg lag sie dann zwischen 1985 und 1995 i. d. R. um 5% darüber (s. Barberis und Thaler [2003, Unterabschnitt 2.3.1]).

Wir haben $\bar{y}$ und $\bar{s}$ als exogen behandelt. D. h. die Grenzen der Arbitrage, die zu Fehlbewertungen führen können, sind exogen gezogen. Über die Grenzen des Modells hinaus gedacht, stellen sich die Fragen, *warum* das maximal verfügbare Kapital $\bar{y}$ bzw. das maximale Volumen an Leerverkäufen $\bar{s}$ möglicherweise begrenzt sind bzw. warum es möglicherweise gar nicht im Interesse der Arbitrageure liegt, sich mit ihren Positionen „gegen den Wind zu lehnen". Im Modell ist der Zeitpunkt der Preiskorrektur ($t = 1$) sicher und nah. Tatsächlich kann es dagegen Jahre und Jahrzehnte dauern, bis sich Fehlbepreisungen korrigieren (s. Kasten IX.11). D. h. Investitionen bzw. Short-Positionen müssen möglicherweise über lange Zeiträume aufrecht erhalten werden, um schließlich Gewinne realisieren zu können. Das ist schwierig, wenn mit externem Kapital spekuliert wird und dabei asymmetrische Information vorliegt. Angenommen, ein Fonds investiert in einer negativen Bubble in unterbewertete Papiere. Der Fonds weist Wertverluste aus, solange die Bubble noch negativer wird. Interpretieren schlechter informierte Geldgeber diese Verluste als ein Signal für schlechtes Management, dann ziehen sie möglicherweise ihr Geld ab, und dem Fonds fehlt gerade dann das Kapital, wenn die Unterbewertung noch zugenommen hat (s. Shleifer und Vishny [1997] und Arnold [2009]). Auch ein Fonds, der in einer positiven Bubble eine Short-Position einnimmt, kann in Probleme geraten. Die steigenden Kurse lassen seine Short-Position zunehmend verlustreich erscheinen, und Margin calls werden fällig. Währenddessen verbuchen seine Konkurrenten mit Long-Positionen Handelsgewinne, was wiederum als ein Signal für schlechtes Management (fehl-) interpretiert werden kann. Vor diesem Hintergrund werden dem Fonds möglicherweise nach Auslaufen eines Kontrakts nicht weitere Aktien geliehen. Er muss dann seine Positionen schließen, ohne einen Gewinn aus der erst später eintretenden Kurskorrektur realisiert zu haben, und das obwohl die Überbewertung noch zugenommen hat und die Short-Position damit noch höhere Gewinne verspricht. Allgemeiner stellt sich das Problem: Wenn Fonds-Manager gemäß kurzfristigen Erfolgen relativ zu anderen Fonds vergütet werden, dann hat jeder einzelne einen Anreiz, mit der Herde zu laufen, anstatt sich „gegen den Wind zu lehnen".

Fazit: Während Noise trader in einem effizienten Kapitalmarkt die gleichen Gewinne machen wie rationale Anleger auch, führt ihr Noise trading in einem Markt mit

Grenzen der Arbitrage zu Fehlbepreisungen, wenn die Arbitrageure nicht in der Lage dazu sind oder keine Anreize dazu haben, Positionen aufzubauen, mit denen sie den Einfluss der Noise trader auf die Marktpreise konterkarieren.

IX.6 Ponzi-Spiele

Ponzi-Spiele sind eine verbreitete Form von Betrug auf Finanzmärkten. Sie sind außerdem so etwas Ähnliches wie Bubbles, so dass sie ein guter Schlusspunkt für die theoretische Analyse in diesem Kapitel sind. Ein ***Ponzi-Spiel*** (oder Schneeballsystem) funktioniert wie folgt. Ein Manager nimmt Einlagen entgegen. Er verfügt über keine Investitionsmöglichkeit, die ihm eine nennenswerte Rendite erbrächte. Dennoch verspricht er den Anlegern eine positive – möglicherweise sehr hohe – Verzinsung auf ihre Einlagen. Er zahlt den Anlegern zunächst die Einlagen inklusive der versprochenen Verzinsung aus. Da er über keine nennenswerte Investitionsmöglichkeit verfügt, muss er dazu auf die Einlagen neuer Anleger zurückgreifen. Das geht solange gut, wie neue Anleger in ausreichender Anzahl hinzu strömen. Es gibt verschiedene Strategien, für einen Zustrom zu sorgen. Man kann die Anleger aktiv dazu bewegen, ihre eigenen Nachfolger anzuwerben (z. B. durch die Weiterverbreitung eines Kettenbriefs). Man kann auch gar nichts tun und darauf setzen, dass Geheimniskrämerei und die anfängliche Auszahlung hoher Renditen als Signale dafür interpretiert werden, dass man eine so gute Anlagestrategie hat, dass man sie auf keinen Fall preisgeben will. Früher oder später muss aber der Zustrom neuer Anleger stoppen. Dann wird der Manager zahlungsunfähig, und das Ponzi-Spiel endet. Ein einstufiges Ponzi-Spiel ist ein einfacher Kreditbetrug: Aufgenommenes Geld wird nicht zurückgezahlt.

Betrachten wir ein Beispiel. Die Teilnahme an einem Ponzi-Spiel kostet € 100. Das Spiel beginnt mit einem Anleger. Von Stufe zu Stufe soll sich die Teilnehmerzahl verfünffachen. Die Rückzahlung erfolgt, indem aus den Teilnahmegebühren neuer Anleger die jeweiligen Vorgänger und Vorvorgänger je € 10 erhalten. Diese Zahlungen erfolgen am Ende jeder Stufe, in der das Spiel noch läuft. Da, solange das Spiel gut geht, jeder Teilnehmer fünf Nachfolger und 25 Nachnachfolger hat, werden den Teilnehmern ($30 \cdot$ €$10 =$) € 300, d. h. 200% Rendite in Aussicht gestellt. Nachdem die Zahlungen an die Vor- und Vorvorgänger gezahlt sind, versucht der Manager, die nächste Stufe mit wieder fünfmal so vielen Teilnehmern wie in der aktuellen voll zu bekommen. Gelingt dies nicht mehr, dann ist das Spiel beendet (und der Manager muss schleunigst untertauchen). Man könnte das auch finanzwirtschaftlicher formulieren: Ein Manager eröffnet einen Fonds. Auf € 100 Einlage verspricht er 50% Zinsen in einem Monat und weitere 150% in zwei Monaten. Wir bleiben aber bei der Spiel-Teilnehmer-Terminologie.

Überlegen wir, wer wie viel an dem Ponzi-Spiel verliert oder gewinnt. Die Verlierer sind diejenigen Mitspieler, die in den letzten beiden Stufen vor dem Zusammenbruch des Spiels zugetreten sind. Die Anleger der letzten Stufe haben gerade eingezahlt, wenn das Spiel endet, verlieren also ihren gesamten Einsatz. Ihre Rendite ist -100%. Die Anleger der vorletzten Stufe erhalten je € 10 für ihre Nachfolger, also zunächst 50% Rendite, müssen dann aber, weil das Spiel endet, das eingesetzte Kapital abschreiben. Ihre Rendite ist also −50%. Die Gewinner des Spiels sind die früher zugetretenen Mitspieler, die die versprochenen 200% Rendite erhalten, und der Manager. Die Gewinne des Managers ermittelt man am einfachsten, indem man die Gewinne addiert, die er mit jedem einzelnen Zutreter nach Abzug der Zahlungen an die jeweiligen Vorgänger und Vorvorgänger macht. Für den ersten Anleger (Stufe 0 des Spiels) ist der Gewinn € 100, weil der Spieler keine Vorgänger hat. An jedem der fünf Anleger der Stufe 1 des Spiels verdient er €90, weil je € 10 an den ersten Anleger abgeführt werden. Alle weiteren Anleger haben einen Vorgänger und einen Vorvorgänger und liefern dem Manager daher einen Gewinn von € 80. Da im Rahmen des Ponzi-Spiels nichts weiter passiert, außer dass Geld zwischen Mitspielern und Manager verschoben wird, entspricht die Summe der Verluste, die die Anleger der letzten zwei Stufen machen, der Summe der Gewinne von früheren Anlegern und Manager. Das Problem mit Ponzi-Spielen liegt darin, dass Viele verlieren und Wenige gewinnen. Nehmen wir an, das Spiel bricht nach Stufe 4 zusammen. Von den $(1 + 5 + 25 + 125 + 625 =)$ 781 Anlegern verlieren dann $(125 + 625 =)$ 750, d. h. 96% aller Anleger. Die 625 Anleger aus Stufe 4, also 80% aller Anleger, verlieren alles. Die 31 Anleger der Stufen 0 bis 2 gewinnen je €200. Der große Gewinner des Ponzi-Spiels ist der Manager mit einem Gesamtgewinn von (1·€100 + 5·€90 + 775·€80 =) € 62.550. Der Verlust der Spieler der Stufen 3 und 4 (125·€50 + 625·€100 =) € 68.750 entspricht dem Gewinn von früheren Anlegern und Manager (31·€200+€ 62.550 = €68.750). Das alles ist in der folgenden Tabelle zusammengefasst. Beispiele für Ponzi-Spiele finden sich in Kasten IX.12.

Stufe	Teilnehmer	Gewinn für Manager pro Spieler	Gewinn für Manager gesamt	Gewinn für Spieler pro Spieler	Gewinn für Spieler gesamt
0	1	100	100	200	200
1	5	90	450	200	1.000
2	25	80	2.000	200	5.000
3	125	80	10.000	−50	−6.250
4	625	80	50.000	−100	−62.500
Summe	781		62.550		−62.550

Ein Ponzi-Spiel ähnelt der in Abschnitt IX.4 erwähnten Bubble, die sich mit Wahrscheinlichkeit $1 - p$ um den Faktor $(1 + i)/(1 - p)$ aufbläht und mit der Gegenwahrscheinlichkeit platzt:

$$B_{t+1} = \begin{cases} \dfrac{(1+i)B_t}{1-p}; & \text{W'keit } 1-p \\ \eta_{t+1}; & \text{W'keit } p \end{cases}.$$

Betrachten wir, um die Ähnlichkeit zu erkennen, die offenen Ansprüche aus einem Ponzi-Spiel. Formulieren wir das Ponzi-Spiel etwas allgemeiner als oben. Die Teilnehmerzahl soll in jeder Stufe um den Faktor K wachsen (oben: $K = 5$). D. h.: Beginnend mit einem Spieler in Stufe $t = 0$, beträgt die Zahl von Spielern, die in Stufe t neu hinzu kommen, K^t. Aus der Teilnahmegebühr der in Stufe t hinzu kommen-

Kasten IX.12: Ponzi-Spiele

1920 stellte Charles Ponzi, damals bereits wegen Betrugs in Kanada vorbestraft, Anlegern in Boston 50% Rendite innerhalb von 45 Tagen in Aussicht. Diese Erträge sollten aus einem Arbitragegeschäft mit Briefmarken erwirtschaftet werden. Rücksendecoupons, die Amerikaner ihren Briefen ins Ausland beilegten, waren teurer als das zur Rücksendung benötigte Porto im Ausland. Also waren Arbitragegewinne möglich, indem man Briefmarken aus dem Ausland importierte und zum Beifügen zu Briefen ins Ausland zu einem Preis über dem Einkaufspreis, aber unter dem Preis für Rücksendecoupons in den USA verkaufte. Natürlich waren aber keine Renditen in der Größenordnung von 50% in 45 Tagen zu realisieren. Doch auch nachdem das klar war, hörte Ponzi nicht auf, weitere Einlagen entgegenzunehmen. Eine Zeitlang konnte er auch die versprochenen Renditen aus den Einlagen neu hinzu kommender Anleger auszahlen. Beim Zusammenbruch des Ponzi-Spiels hatten über 10.000 Anleger fast $ 10 Millionen investiert. Ponzi musste für zehn Jahre ins Gefängnis. Als einer von ganz wenigen Kriminellen hat er es fertig gebracht, dass sein Verbrechen seinen Namen trägt.

Oft gelingen Ponzi-Spiele in gerade transformierten neuen Marktwirtschaften. So investierten 1994 über zehn Millionen russische Bürger in die sogenannte MMM-Pyramide, die 1.000% Verzinsung in Aussicht stellte und einige Nachahmer fand. 1997 beteiligte sich in Albanien die Hälfte der Bevölkerung an einem Ponzi-Spiel, das 100% Verzinsung in sechs Monaten versprach. Beim Kollaps entsprach das Volumen der Einlagen dem albanischen BIP eines Jahres. Jeder sechste Albaner verlor sein gesamtes Vermögen, was gewalttätige Unruhen auslöste.

Auch in Deutschland wird weiter Ponzi gespielt. 1990–92 lockte Jürgen Harksen in Hamburg mit einer versprochenen Rendite von 1.300% u. a. Dieter Bohlen und Udo Lindenberg an. 1998–2001 spielten 3.000 Einwohner der Region Bad Bergzabern beim Ponzi-Spiel der Firma Commodity Trading Services mit. Besonders ärgerlich für deutsche Anleger: Bei Verstreichen eines Kündigungstermins nicht abgezogene Mittel gelten nach einem (im November 2008 bestätigten) BFH-Urteil aus 1995 als ausgezahlt und wieder angelegt, die zwischenzeitlichen Scheingewinne sind somit zu versteuern. So bleiben den Anlegern nicht nur Verluste, sondern zudem Steuerschulden.

Das größte Ponzi-Spiel der Finanzgeschichte flog im Dezember 2008 auf. Der ehemalige Chef der US-Technologiebörse Nasdaq Bernard Madoff wurde festgenommen, weil sich seine Investmentfirma als ein riesiges Ponzi-Spiel erwiesen hatte. Er hatte mit den herein genommenen Geldern seit 13 Jahren überhaupt nicht mehr investiert, sondern nur Renditen an Altanleger ausgezahlt, über die guten und schlechten Jahre hinweg konstant 10%. Zunächst war von einem Verlust für die Anleger von $ 50 Mrd. die Rede. Mittlerweile geht man von rund $ 17 Mrd. aus. Wirtschaftsprüfer Harry Markopolos hatte schon 2005 (anonym) die US-Börsenaufsicht Securities and Exchange Commission (SEC) in einem 19-seitigen Schreiben mit dem Titel „The World's Largest Hedge Fund is a Fraud" ziemlich unmissverständlich gewarnt:

„Scenario # 2 (**Highly likely**) Madoff Securities is the world's largest Ponzi scheme."

Dies führte aber nicht zu Ermittlungen. Im Juni 2009 wurde Madoff zu 150 Jahren Haft verurteilt.

den Spieler werden jeweils P Euro an die jeweiligen Vorgänger und Vorvorgänger gezahlt (oben: $P = 10$). Die offenen Ansprüche der Teilnehmer gegen den Manager des Spiels nach Stufe t werden mit B_t bezeichnet. Für jedes $t \geq 1$, in dem das Spiel noch läuft, betragen diese offenen Ansprüche

$$B_t = P(K + K^2)K^t + PK^2K^{t-1}.$$

Der erste Summand auf der rechten Seite gibt die Ansprüche der K^t neu zugetretenen Spieler wieder: je P Euro für jeden der K Nachfolger und für jeden der K^2 Nachnachfolger. Der zweite Summand entspricht den noch offenen Ansprüchen der K^{t-1} Spieler, die in der vorangegangenen Stufe $t-1$ zugetreten sind. Diese Spieler haben in t bereits P Euro für ihre K Nachfolger erhalten, jetzt stehen noch die Zahlungen für die K^2 Nachnachfolger aus. Die Ansprüche aller früher hinzugekommenen Anleger wurden bereits vereinbarungsgemäß bedient. Ausklammern liefert:

$$B_t = P(2K + K^2)K^t.$$

Läuft das Spiel auch in $t + 1$ noch, dann ist

$$B_{t+1} = P(2K + K^2)K^{t+1} = KB_t.$$

Werden nach t dagegen keine weiteren Mitspieler gefunden, dann bricht das Spiel zusammen, und der Manager verschwindet mit dem verbliebenen Geld, so dass die Ansprüche auf null sinken. Die offenen Ansprüche aus einem Ponzi-Spiel entwickeln sich also gemäß der Gleichung

$$B_{t+1} = \begin{cases} KB_t; & \text{Spiel läuft noch} \\ 0; & \text{Spiel ist beendet} \end{cases}.$$

Hier ist die Ähnlichkeit zu einer positiven Bubble offensichtlich. B_t wächst jeweils um einen konstanten Faktor, bis die Bubble platzt bzw. bis das Spiel endet. Der wesentliche Unterschied ist, dass sich eine Bubble im Marktgleichgewicht aus den Anlageentscheidungen der Marktteilnehmer entwickelt, während ein Ponzi-Spiel von einem Manager initiiert wird, der sich damit strafbar macht.

IX.7 Makroökonomische Implikationen

In diesem Abschnitt fassen wir die gesamtwirtschaftlichen Folgen von Bubbles auf Aktien- und anderen Märkten zusammen. 1. Bubbles reduzieren die Nützlichkeit der zugrunde liegenden Assets als Wertanlagen. 2. Bubbles haben Vermögenseffekte, die tendenziell die Konjunkturzyklen verstärken. 3. Bubbles in Verbindung mit Bankenkrisen ziehen hohe gesamtwirtschaftliche Kosten nach sich. 4. Sie stellen die Geldpolitik vor neue Probleme.

Rufen wir uns vorab noch einmal die Unterscheidung zwischen physischem (Sach-) Kapital und Finanzkapital in Erinnerung (s. Abschnitte VI.2 und VII.2): Das Sachkapital umfasst Produktionsanlagen und dauerhafte Konsumgüter, Finanzkapital ist definiert als Ansprüche auf Zahlungen. Direkt relevant für den Wohlstand von Individuen ist nur das Sachkapital in Form der vorhandenen dauerhaften Konsumgüter und der Konsummöglichkeiten in der Zukunft, die das Produktivkapital

Kasten IX.13: Bubbles und Vermögensanlage

Der Bundesverband Investment und Asset Management (BVI) präsentierte in der Pressemitteilung „Börsenturbulenzen mit langfristigen Aktienfonds-Sparplänen überstehen“ vom Januar 2009 (alle Gebühren berücksichtigende) Berechnungen über die Renditen von Sparplänen, mit denen über lange Horizonte eine konstante monatliche Summe in deutsche Aktienfonds investiert wird. Mit einer monatlichen Einzahlung von € 100 erwirtschaftete man zwischen Anfang 1979 und Ende 2008 ein Vermögen von € 106.046. Das entspricht einer Rendite von 6,4% jährlich auf die insgesamt € 36.000 Einzahlungen. In den 20 Jahren ab Anfang 1989 machte man aus € 24.000 Einzahlungen ein Vermögen von € 33.611, was eher magere 3,2% Rendite pro Jahr bedeutet, weniger als mit festverzinslicher Anlage. In den zehn Jahren ab Anfang 1999 mit den zwei großen Bubbles, in denen der DAX über 8.000 Punkte stieg (s. Kasten IX.5), wurde aus € 12.000 Einzahlungen ein Vermögen von € 10.125. Die Rendite war –3,4% pro Jahr.

schafft. Individuell bedeutet Finanzkapital Wohlstand, weil Ansprüche auf Zahlungen geltend gemacht und somit Konsum finanziert werden kann. Gesamtwirtschaftlich sind die aktuellen und zukünftigen Konsummöglichkeiten aber durch den Bestand an Sachkapital begrenzt (finanzielle Ansprüche gegen Ausländer außer Acht lassend). Vermögenspreisanstiege in Bubbles schaffen also keinen Wohlstand, und finanzielle Verluste durch das Platzen von Bubbles „vernichten“ nicht unmittelbar Wohlstand – Bubbles sind nur durch die realwirtschaftlichen makroökonomischen Rückwirkungen wohlstandsrelevant. Mit diesen Rückwirkungen müssen wir uns befassen, wenn es um die gesamtwirtschaftlichen Folgen von Bubbles geht.

1. Die direkte Folge von Bubbles ist zusätzliche Volatilität für Anleger. Diese zusätzliche Volatilität ist um so schmerzhafter für die Anleger, je wichtiger die Rolle der Bubble-behafteten Assets für ihre individuelle Vermögensplanung ist. Dass Individuen ihr gesamtes Vermögen in einer Bubble verspielen (s. Kasten IX.7) oder in einem Ponzi-Spiel verlieren (s. Kasten IX.12), sind Extrembeispiele. Dass ein Anleger, der sein Vermögen auf dem Höhepunkt einer Bubble in Aktien umschichtet, nach zwanzig Jahren eine Rendite von −80% hat, ebenfalls (s. Kasten IX.5). Die Schwankungen auf Aktienmärkten sind aber von einer Größenordnung, die nicht nur Umschichtungen auf dem Höhepunkt einer Bubble betrifft (s. Kasten IX.13).

2. In der Konsumfunktion, die wir in Abschnitt II.4 eingeführt und anschließend in Abschnitt II.5 im Solow-Modell sowie in den Kapiteln V und VI in unseren Konjunkturmodell verwendet haben, hängt der Konsum vom verfügbaren Einkommen ab. Tatsächlich sollte man davon ausgehen, dass der Konsum nicht allein vom Einkommen abhängt, sondern darüber hinaus vom Vermögen: Bei hohem Finanzvermögen wird man einen größeren Teil des Einkommens für Konsum ausgeben, bei geringerem Vermögen mehr sparen, um Vermögen aufzubauen. Diesen positiven Einfluss des Finanzvermögens auf den Konsum bezeichnet man als ***Vermögenseffekt (Wealth effect)***. Die empirische Relevanz des Vermögenseffekts ist allerdings umstritten. Insoweit wie er wirksam ist, bewirkt er, dass Bubbles Konjunkturschwankungen verstärken. Bubbles blähen sich im Aufschwung auf, und ihr Platzen fällt in (oder ver-

Kasten IX.14: Die Finanz- und Wirtschaftskrise 2007–09

Für das Zustandekommen der Wirtschafts- und Finanzkrise 2007–09 ist das Zusammentreffen von vier Dingen verantwortlich, die wir nun alle theoretisch abgehandelt haben: 1. Moral hazard, 2. Bubbles, 3. Leverage und 4. Liquidität. Die Krise nahm mit zu laxer Kreditvergabe an US-Hauskäufer ihren Anfang. Dass die Banken, die die Hypothekenkredite ausgaben, zu wenig auf die Bonität ihrer Kunden achteten, hat zwei Gründe: 1. Weil sie davon ausgehen konnten, dass sie die Kredite als MBS verbrieft weiterverkaufen würden, mussten sie sich keine Sorgen um ihre Bilanzen machen (Moral hazard). 2. Sie mussten sich auch keine Sorgen machen, dass schlechte Bonität die Verkaufspreise für die verbrieften Kredite drücken würde, weil die abnehmenden Investmentbanken auf adäquate Risikoabschläge verzichteten. Das lag wiederum daran, dass die Abnehmer davon ausgingen, die Hauspreise würden weiter mit zweistelligen jährlichen Raten wachsen, so dass sie sich im Falle von Zahlungsverzug ihr Geld mittels Zwangsvollstreckung zurückholen können würden. Sie registrierten nicht, dass sich der US-Häusermarkt in der Spätphase einer gigantischen Bubble befand, die bald platzen würde (s. Kasten IX.8). 3. Dass die Banken sich selbst zu Fall bringen und die Weltwirtschaft in die tiefste Rezession seit der Weltwirtschaftskrise 1929–33 stürzen konnten, lag an der extremen Leverage, mit der sie arbeiteten (s. Kasten VIII.7). Ohne diese Leverage hätten sie gar nicht in dem Umfang MBS kaufen können, dass aus den Abschreibungen darauf ein systemisches Problem hätte werden können. 4. Verschärft wurden die Probleme durch zu kurzfristige Refinanzierung und Fair value reporting. Durch die vorgenommene Fristentransformation hatten sich Zweckgesellschaften, Investmentbanken und Hedge-Fonds gegen eine Liquiditätskrise anfällig gemacht. Einmal in Gang geraten, führten Preisverfall durch Notverkäufe zur Wahrung der Liquidität und Wertberichtigungen auf Marktwerte zu einer Abwärtsspirale.

ursacht) eine Rezession. D. h. Bubbles sind prozyklisch (vgl. Abschnitt V.1). Daher bedingen Bubbles, dass sich Anleger in Aufschwüngen vermögender und in Rezessionen ärmer fühlen. Die Ausweitungen bzw. Einschränkungen beim Konsum, zu denen dies bei Vorliegen des Vermögenseffekts führt, verstärken den Aufschwung ebenso wie den Abschwung.

3. Das gravierendste Problem mit Bubbles sind die Schäden, die sie in den Bilanzen insbes. von Banken, aber auch von Unternehmen und Haushalten anrichten, wenn sie platzen. Teils könnten oder würden Bankenkrisen – mit den hohen Kosten, die sie nach sich ziehen (s. Kasten VII.13) – nicht ohne vorherige Bubbles passieren: Ohne die Euphorie an der Börse würden Investitionen unterbleiben, die von überoptimistischen Erwartungen ausgehen und in faule Kredite münden; auch würden später faul werdende Kredite nicht erst vergeben, wenn nicht durch Bubbles aufgeblähte Werte als Kreditsicherheiten dienten. Ein Standardbeispiel ist Japans „Lost decade" (s. Kasten VII.12). Die Finanzkrise 2007–09 wäre ohne die US-Hauspreis-Bubble (s. Kasten IX.8) nicht passiert (s. Kasten IX.14). Hyman Minsky – ein unorthodoxer, aber in der Finanzkrise 2007–09 auf einmal viel zitierter US-Ökonom – vertrat ab den 1960er-Jahren den Standpunkt, dieses Muster von Bubbles und Überinvestition im Aufschwung, die in Finanzkrisen münden, sei nicht nur ein episodenhaft wiederkehrendes Phänomen, sondern Teil der grundlegenden Funktionsweise von

Kasten IX.15: Geldpolitik und Vermögenspreise

In ihrem Monatsbericht April 2005 stellte die EZB (2005, 60) klar, dass sie im Rahmen der zweiten Säule ihrer geldpolitischen Strategie (s. Kasten IV.8) Entwicklungen bei den Vermögenspreisen nicht ignoriert:

„The ECB does not target asset prices. However, it needs to pay close attention to asset price movements with a view to preserving the stability of consumer prices over longer horizons."

Demgegenüber war es stets die Linie der Fed, Vermögenspreise zu ignorieren und nach dem Platzen der Bubble „aufzuräumen". So argumentierte Fed-Chairman Greenspan im August 2002 beim jährlichen Zentralbanker-Symposium in Jackson Hole:

„It is by no means evident to us that we currently have – or will be able to find – a measure of equity premiums or related indicators that convincingly presage an emerging bubble. Short of such a measure, I find it difficult to conceive of an adequate degree of central bank certainty to justify the scale of preemptive tightening that would likely be necessary to neutralize a bubble."

Und folgerte:

„Instead, we noted in the previously cited mid-1999 congressional testimony the need to focus on policies 'to mitigate the fallout when it occurs and, hopefully, ease the transition to the next expansion.'"

Angesichts der immensen Kosten der „Abmilderung des Fallouts" der Finanzkrise 2007–09 wird es mittlerweile allgemein als Fehler angesehen, dass der US-Leitzins nach der kurzen 2001er-Rezession trotz anziehender Konjunktur und insbes. trotz des Anwachsens der Hauspreis-Bubble (s. Kasten IX.8) bis Juni 2004 auf seinem damaligen historischen Tiefstand von 1,00% gehalten und dann nur langsam in 0,25%-Punkte-Schritten (bis auf 5,25% erst im Juni 2006) erhöht wurde.

Marktwirtschaften. Er unterscheidet drei Typen von Finanzgeschäften: „Hedge finance" sind Geschäfte, die aus den laufenden Cash flows abgewickelt werden können; „Speculative finance" sind Geschäfte, die zu Schulden führen, die überwälzt werden müssen und nur allmählich abbezahlt werden können; „Ponzi finance" sind Geschäfte, zu deren Bedienung die Cash flows auch bei Streckung der Rückzahlungen nicht ausreichen (vgl. Abschnitt IX.6). Nach Minsky findet in wirtschaftlichen Aufschwungphasen ein zunächst langsamer, dann aber sich beschleunigender Übergang von Hedge finance zu spekulativen Geschäften sowie von spekulativen zu Ponzi-Geschäften statt, der schließlich das System destabilisiert und so in die Krise führt (s. MINSKY [1994, 156–157]). Darüber, wie stark diese Entwicklungen dem kapitalistischen Wirtschaftssystem inhärent sind, lässt sich diskutieren; in jedem Fall bestätigt die Erfahrung der Finanz- und Wirtschaftskrise 2007–09 Minskys Standpunkt, dass spekulative Strömungen im Finanzmarkt eine starke Eigendynamik gewinnen und schließlich die Realwirtschaft signifikant in Mitleidenschaft ziehen können.

4. Die verstärkte Prozyklizität des Konsums aufgrund des Vermögenseffekts und insbes. die Gefahr von Finanzkrisen nach dem Platzen von Bubbles betreffen auch die Geldpolitik. Zusätzliche Prozyklizität macht die BIP-Stabilisierung schwieriger. Mit Blick auf Bubbles stellt sich Zentralbanken die Frage, ob sie versuchen sollten, diese Bubbles möglichst frühzeitig platzen zu lassen, bevor sie sich so weit aufblähen, dass der Kollaps gravierende realwirtschaftliche Folgen nach sich zöge. Das würde

bedeuten, dass sie in Aufschwüngen eine kontraktivere Geldpolitik machen müssten als ohne die Bubbles, möglicherweise sogar Aufschwünge aufgrund von Vermögenspreisentwicklungen „abwürgen". Nach dem Platzen der IT-Bubble wurde diese Frage recht intensiv diskutiert (s. Kasten IX.15). Nachdem die 2001er-Rezession kurz war und die Weltwirtschaft in den folgenden sieben Jahren kräftig wuchs, verebbte diese Debatte wieder. Nach der Finanzkrise 2007–09 werden die Zentralbanken aber Bubbles nicht mehr passiv gegenüber stehen können.

Weiterführende Literatur

Eine gute Einführung ins Thema Kapitalmarkteffizienz und die Kritik daran bietet SHLEIFER (2000, Kap. 1). DIBA und GROSSMAN (1988) sind ein guter Einstieg in die Bubble-Literatur. Hierfür braucht man gewisse Vorkenntnisse in dynamischer Optimierung. BLANCHARD und FISCHER (1989, Kap. 5) und WOODFORD (2003, Abschnitt 2.2 und Appendix A.4) enthalten allgemeine Abhandlungen und weitere wichtige Anwendungen der Erwartungsdifferenzengleichung aus Abschnitt IX.2 in der Makroökonomik. BARBERIS und THALER (2003) geben einen hervorragenden Überblick über Theorie und Empirie der Behavioral Finance. KINDLEBERGER und ALIBER (2005) sind eine Fundgrube interessanter historischer Beispiele von Bubbles und Ponzi-Spielen.

Zusammenfassung der Grundüberlegung dieses Kapitels

1. In einem Finanzmarkt mit risikoneutralen Anlegern und keinen unausgeschöpften Profitmöglichkeiten folgen die Preise auf kurze Sicht einem Random walk. Die Tatsache, dass Investoren mit abwegigen Anlagestrategien nicht schlechter abschneiden als professionelle Anleger, ist also kein Anzeichen von Irrationalität.

2. Bei vollständiger Rationalität der Anleger und unbegrenzten Handelspositionen kann es keine Bubbles geben.

3. Die Behavioral Finance hat viele irrationale Verhaltensweisen von Finanzmarktakteuren aufgedeckt. Noise trading kann zu Bubbles führen, wenn Grenzen der Arbitrage verhindern, dass rationale Arbitrageure die Long- oder Short-Positionen einnehmen, die zur Beseitigung notwendig wären.

4. Ponzi-Spiele sind eine verbreitete Form von Betrug in Finanzmärkten. Sie ähneln Bubbles.

5. Bubbles beeinträchtigen die Nützlichkeit von Assets als Vermögensanlage, verstärken über den Vermögenseffekt Konjunkturschwankungen, gehen oft Bankenkrisen voraus und stellen die Geldpolitik damit vor das Problem, ob sie sie ignorieren oder bekämpfen soll.

Schlüsselbegriffe

Derivate
Verbriefung
Random walk (Zufallspfad)
Kapitalmarkteffizienz
Fundamentalwert
Bubble
Excess volatility
Tulpenmanie (Tulipmania)
Behavioral Finance
Noise trader
Arbitrageure
Leerverkauf
Grenzen der Arbitrage (Limits of arbitrage)
Ponzi-Spiel
Vermögenseffekt (Wealth effect)

Kapitel X

Schlussbemerkungen

„The role of economic theory is to make business journalism better."
SAMUELSON

Wir sind am Schluss unserer makroökonomischen Analyse angelangt. Wir sind damit nicht am Schluss der Makroökonomik als Wissenschaft angelangt (an den Kapitelenden wurde ja auf weiterführende Literatur verwiesen), aber wir haben jetzt ein solides und umfassendes Grundwissen, das es uns erlaubt, die wichtigen makroökonomischen Entwicklungen und die in Verbindung damit vorgeschlagenen wirtschaftspolitischen Maßnahmen einzuordnen, zu verstehen und eigenständig zu beurteilen. In der Einleitung (Abschnitt I.5) wurde behauptet, dass eine modellgestützte Analyse uns interessante „nicht offensichtliche" Einsichten in makroökonomische Zusammenhänge liefern würde, von denen viele ohne ein kleines Modell nur schwer zu erfassen wären. Die Richtigkeit dieser Behauptung wird hier in den Schlussbemerkungen auf den Prüfstand gestellt. Wir fassen noch einmal die wichtigsten Erkenntnisse unserer Analyse zusammen (für eine vollständigere Subsumtion sei auf die Zusammenfassungen an den Kapitelenden verwiesen) und stellen die methodologische Frage, inwieweit uns die Modelle, die wir in der Zwischenzeit kennen (und schätzen?) gelernt haben, dabei geholfen haben, diese Erkenntnisse zu gewinnen.

In der Wachstumstheorie (Kapitel II) haben wir gesehen, dass die Wachstumsrate der Arbeitsproduktivität der zentrale Indikator für die Zunahme der materiellen Lebensstandards ist und langfristig allein durch das Tempo des technischen Fortschritts bestimmt wird. Das hat zwei wichtige Implikationen. Erstens: Wachstumspolitik kann auf lange Sicht nur erfolgreich sein, wenn sie den technischen Fortschritt beschleunigt. Zweitens: Weil das eine schwierige Aufgabe ist, sollte man nicht zu optimistisch sein, was die Machbarkeit einer dauerhaften Erhöhung der Wachstumsrate angeht.

Unsere Theorien der Arbeitslosigkeit (Kapitel III) haben gezeigt, dass strukturelle Arbeitslosigkeit eine Folge zu hoher Löhne – Mindestlöhne, Gewerkschaftslöhne oder Effizienzlöhne – ist. Konjunkturelle Arbeitslosigkeit kann man mit mehr Nachfrage auf dem Gütermarkt bekämpfen, strukturelle Arbeitslosigkeit nicht.

Das schlägt sich auch in der Inflationstheorie (Kapitel IV) nieder. Gemäß der Friedmanschen Phillips-Kurve ist Arbeitslosigkeit unter dem auf dem Arbeitsmarkt bestimmten strukturellen Niveau nur bei sich beschleunigender Inflation zu erreichen, auf Dauer also gar nicht. Die Inflationstheorie zeigt auch, dass Inflation im Kern ein monetäres Phänomen ist, das gelöst werden kann, indem die Geldpolitik an eine unabhängige Zentralbank delegiert wird, die für die Erreichung von Preisstabilität verantwortlich ist. Die Zentralbank sollte dabei möglichst regelgebunden agieren, weil diskretionäre Geldpolitik zeitinkonsistent und damit gegen inflationäre Tendenzen anfällig ist.

Da Wachstum durch technischen Fortschritt bestimmt wird, die strukturelle Arbeitslosigkeit durch die Lohnsetzungsmechanismen auf dem heimischen Arbeitsmarkt und Inflation durch die heimische Geldmenge, spielen internationale Wirtschaftsbeziehungen hier keine vorrangige Rolle (s. Abschnitt VI.3).

Die zentrale Einsicht der keynesianischen Konjunkturtheorie (Kapitel V) ist, dass die aggregierte Nachfrage (und nicht die Angebotsseite) das BIP bestimmt, wenn die Investitionen sich nicht ständig so anpassen, dass ein angebotsseitig bestimmtes BIP auch vollständig nachgefragt würde. Nachfrageschwankungen sind für die konjunkturellen Schwankungen des BIPs um den Trend verantwortlich. Fiskalpolitik erhöht als zusätzliche Nachfrage das BIP. Expansive Geldpolitik erhöht das BIP, indem sie die Investitionen ankurbelt.

Hier machen internationaler Handel und internationaler Kapitalverkehr (Kapitel VI) einen wesentlichen Unterschied. Bei flexiblem Wechselkurs wird die Fiskalpolitik durch internationale Wirtschaftsbeziehungen weniger wirksam, weil sie über eine Zinserhöhung und Kapitalzuflüsse zu einer Aufwertung führt. Geldpolitik ist dagegen effektiver, weil die herbeigeführte Zinssenkung zu einer Abwertung und damit zu einer Verbesserung der Leistungsbilanz führt. Bei einer Fixierung des Wechselkurses und freiem Kapitalverkehr muss die Geldpolitik allerdings in den Dienst der Verteidigung des fixierten Wechselkurses gestellt werden, autonome Geldpolitik ist also nicht möglich.

Asymmetrische Information auf dem Kapitalmarkt (Kapitel VII) führt zu adverser Selektion und Moral hazard. Der Kapitalmarkt funktioniert dann nicht effizient: Im Kapitalmarktgleichgewicht wird möglicherweise nur eine Negativauswahl zu riskanter Projekte durchgeführt, es kann finanzielle Fragilität vorliegen, Kapital kann an verschiedene objektiv ununterscheidbare Unternehmen zu unterschiedlichen Zinssätzen vergeben werden, und es kann zu Kreditrationierung kommen. Banken helfen dabei, die Informationsprobleme im nichtfinanziellen Sektor in den Griff zu bekommen. Scheitern sie dabei, dann folgen Disintermediation und Rezession.

Aufgrund der durchgeführten Fristentransformation gibt es im Bankensektor ein erhebliches Liquiditätsrisiko (Kapitel VIII). Ökonomisch eigentlich irrelevante Ereignisse wie z. B. Sonnenfleckenaktivität können ohne vorbeugende Regulierung Bankpaniken auslösen. Ein LLR kann dieses Problem beheben. Andere Institutionen, in denen ebenfalls eine Fristentransformation durchgeführt, haben ähnliche Probleme, die ähnlicher Lösungen bedürfen.

Das beobachtete Zufallspfadverhalten und die damit einhergehende Unmöglichkeit, Kursänderungen zu prognostizieren, sind kein Anzeichen für Irrationalität auf den Finanzmärkten, sondern – im Gegenteil – Ausdruck von Kapitalmarkteffizienz: Alle vorhandenen fundamentalen Informationen sind in den Kursen bereits verarbeitet. In vollständig rationalen Märkten kann es keine Bubbles geben. Grenzen der Arbitrage eröffnen die Möglichkeit von Bubbles (Kapitel IX).

Diese Resultate sind nützlich. Sie liefern die Antworten auf zentrale makroökonomische Fragen: Warum scheiterten die Wachstumsoffensive des Ostblocks und viele andere Versuche, Wachstumsraten zu steigern (Kapitel II)? Warum sinkt die durchschnittliche Arbeitslosigkeit nicht, wenn die Arbeitsmarktpolitik im Abwarten des nächsten Aufschwungs besteht (Kapitel III)? Wie ist es den Industrieländern gelungen, ihr Inflationsproblem unter Kontrolle zu bringen (Kapitel IV)? Welche Rolle spielt die Nachfrage im Konjunkturverlauf (Kapitel V)? Warum brachen BWS und EWS zusammen (Kapitel VI)? Warum ist der Bankensektor so stark reguliert? Was würde passieren, wenn er es nicht wäre (Kapitel VII und VIII)? Welche Rolle spielen Asset-Bubbles für die Realwirtschaft (Kapitel IX)?

Wir verfügen jetzt, nach unserer makroökonomischen Modellanalyse, über stichhaltige Erklärungen für all diese nicht offensichtlichen Sachverhalte. Hätte es eine Alternative zur gewählten Darstellung anhand von mathematischen Modellen gegeben? Die Antwort ist: prinzipiell ja, praktisch nein. In Abschnitt I.5 haben wir bereits gesehen, dass man alles, was man mit der Produktionsfunktion $F(K, L)$ und ihren mathematischen Eigenschaften aussagt, auch in Worten ausdrücken kann. Das ist aber viel schwieriger. Und da fangen die Probleme erst an. Ein ganzes Modell – nicht nur eine einzige Gleichung – verbal zu analysieren, wäre ein ungemein viel schwierigeres Unterfangen. Stellen wir uns folgende Situation vor: Wir sind an den Folgen eines Anstiegs des Geldmengenwachstums interessiert. Als Vorgaben erhalten wir die folgenden Informationen: Das BIP hängt kurzfristig nur vom Arbeitseinsatz ab; die BIP-Zuwächse durch mehr Arbeit sind positiv, fallen aber mit zunehmendem Arbeitseinsatz; die Firmen maximieren preis- und lohnnehmend ihre Gewinne durch Wahl eines geeigneten Beschäftigungsniveaus; die Lohnsetzung erfolgt, bevor die Inflationsrate bekannt ist; die Lohnsetzer setzen in den Tarifverhandlungen den zur Erreichung eines gegebenen Zielreallohns notwendigen Inflationsausgleich durch; dabei extrapolieren sie die letzte beobachtete Inflationsrate in die Zukunft; das nominale BIP ist proportional zur umlaufenden Geldmenge. Wie wirkt sich nun ein Anstieg des Geldmengenwachstums aus? Ohne Mathematik hätte man kaum eine Chance, eine triftige Antwort zu finden. Was haben wir also gemacht? Die verbalen Annahmen in Gleichungen übersetzt: $Y_t = F(L_t)$, $F'(L_t) > 0 > F''(L_t)$, $L_t = (F')^{-1}(W_t/P_t)$, $W_t/P_t^e = 1$, $L^* \equiv (F')^{-1}(1)$, $P_t^e = (1 + g_{P_{t-1}})P_{t-1}$ und $M_t = P_t Y_t / v$. Nach ein paar mathematischen Umformungen konnten wir an den Achsen eines Bilds (des linken Bilds in Abbildung IV.7) die Antwort ganz einfach ablesen: Ausgehend von L^* und Inflation in Höhe der Geldmengenwachstumsrate in der Vorperiode, erhöht ein Anstieg des Geldmengenwachstums BIP und Beschäftigung auf Kosten eines Anstiegs der Inflationsrate. Dieses Vorgehen haben wir jedesmal verfolgt, wenn wir eine schwierige ökonomische Frage beantworten wollten. Darin spiegelt sich der allgemeinere Sachverhalt wider: Man kann prinzipiell immer auf mathematische Modelle verzichten, weil man jede einzelne Aussage, die man in mathematischen Symbolen und Operationen ausdrückt, auch verbal umschreiben kann. Alles, was man dazu tun muss, ist, die mathematischen Symbole und Operationen durch die verbalen Umschreibungen der mathematischen Symbole und Operationen zu ersetzen. „Mathematik ist Sprache" (s. das dem Mathematischen Anhang vorangestellte Samuelson-Zitat), und man kann die Sprache Mathematik in andere Sprachen übersetzen. Praktisch gibt es aber zur mathematischen Darstellungsweise keine Alternative. Das logische Schlussfolgern anhand der Umformung mathematischer Gleichungen ist verglichen mit den Alternativen konkurrenzlos einfach. Es gibt keine bessere Sprache, um über Makroökonomik zu reden, als Mathematik.

Wenn nun die Verwendung von Mathematik in der makroökonomischen Analyse nur eine Möglichkeit unter mehreren ist – was ist es dann, das die Makroökonomik als Wissenschaft im Kern charakterisiert? Die Antwort ist: die Verwendung von Modellen, d. h. das Abstrahieren. Dass die Modelle mathematisch (nicht „prosaisch") formuliert werden, geschieht, wie gerade gesagt, aus Gründen der sprachlichen Bequemlichkeit. Das Wesentliche ist vielmehr, dass die Mathematik eingesetzt wird, *um Modelle zu formulieren*. Wir vereinfachen komplexe Probleme, indem wir viele nicht so bedeutende Dinge ausklammern und uns auf das Wesentliche konzentrieren. Der für die Makroökonomik charakteristische Schritt ist bereits getan, wenn man eine Menge von Annahmen aufzählt, die das Modell bilden, und damit vieles Andere ausschließt, so wie wir das gerade getan haben: „Das BIP hängt kurzfristig nur vom Arbeitseinsatz ab; ... das nominale BIP ist proportional zur umlaufenden Geldmenge." Solange beim Abstrahieren nicht die makroökonomischen Zusammenhänge ausgeblendet werden, um die es geht, kann man ein mathematisches makroökonomisches Modell also eigentlich nicht aus dem Grund kritisieren, dass es zu schwierig wäre: Es abstrahiert ja schon von Dingen, um die es nicht geht, und verwendet mit Gleichungen die am bequemsten zu handhabende Ausdrucksform. Wenn die Modellanalyse dennoch schwierig ist, dann spiegelt das nur wider, dass das behandelte Problem so komplex ist, dass es keine einfache Lösung hat.

Das Aufstellen von Modellen, die von Teilen der Realität abstrahieren, um andere um so deutlicher herausstellen zu können, ist das in diesem Buch stets wiederholte Vorgehen. Um das ganz klar zu machen, wurden die Annahmen immer transparent offen gelegt (A1, A2, ...). Da die so hergestellten Modelle etwas Anderes sind als die ökonomische Realität, produzieren wir so zunächst einmal nur Aussagen über unsere Modelle und nicht über die ökonomische Realität. Das bedeutet aber keinesfalls, dass wir mit unseren theoretischen Resultaten praktisch nichts anfangen könnten. Im Gegenteil: Ausgerüstet mit unserem auf dem Wege der modellhaften Abstraktion erarbeiteten Verständnis für wichtige ökonomische Zusammenhänge, sahen wir uns plötzlich in der Lage, komplexe ökonomische Sachverhalte – wie die in den Kästen in den Text eingeflochtenen – einzuordnen, zu verstehen und zu beurteilen. Vor dem Hintergrund unseres Modellwissens enthüllten sich die wesentlichen Strukturen der ökonomischen Realität.

Um selbst zu beurteilen, ob das eine erfolgreiche Strategie ist, können wir uns fragen, wie gut wir die oben aufgelisteten zentralen ökonomischen Fragen ohne die in diesem Buch behandelten makroökonomischen Modelle beantworten konnten bzw. könnten. Wie wollten wir ohne das Solow-Modell (Kapitel II) erklären, dass die Wachstumsrate der Arbeitsproduktivität langfristig nicht von der Investitionsquote, sondern nur vom Tempo des technischen Fortschritts abhängt? Wie könnten wir ohne das Effizienzlohnmodell verstehen, warum es im Interesse von Unternehmen liegen kann, höhere als die markträumenden Löhne zu zahlen (Kapitel III)? Wie wollte man sich ohne die Friedmansche Phillips-Kurve (Kapitel IV) klar machen, dass es auf Dauer keinen Tradeoff zwischen hoher Beschäftigung und niedriger Inflation gibt? Wie könnte man leichter als mit dem Einkommen-Ausgaben-Modell nachvollziehen, dass die aggregierte Nachfrage eine wichtige Rolle bei der BIP-Bestimmung spielt (Kapitel V)? Wie wollten wir ohne das IS-TR-EG-Modell für die offene Volkswirtschaft (Kapitel VI) das magische Dreieck der offenen Volkswirtschaft begreifen? Für wie harmlos würde man ohne das Stiglitz-Weiss-Modell den unscheinbaren Sachverhalt einer asymmetrischen Informationsverteilung auf dem Kapitalmarkt halten (Kapitel VII)? Was würden wir ohne das Diamond-Dybvig-Modell von der Aussage halten, dass Sonnenfleckenaktivität über das Zustandekommen von Bank runs entscheiden kann (Kapitel VIII)? Würde das Random-walk-Verhalten von Aktienkursen ohne das Kapitalmarkteffizienz-Modell nicht als Ausdruck von Informationsineffizienz verkannt (Kapitel IX)? Zum Glück brauchen wir – ausgerüstet mit den in diesem Buch behandelten Theorien – keine Antworten mehr auf diese Fragen zu finden.

Zusammenfassung der Grundüberlegung dieses Kapitels

1. Die makroökonomische Theorie bedient sich mathematischer Modelle. Der Gebrauch von Mathematik ist bequem, weil logische Umformungen sehr einfach durchzuführen sind.

2. Was charakteristisch für die Makroökonomik ist, ist aber vielmehr der Gebrauch von Modellen, d. h. das Abstrahieren mit dem Ziel, wichtige Zusammenhänge isoliert betrachten und so verstehen zu können.

Anhang A

Mathematischer Anhang

„Mathematics is *language. Now I mean this entirely literally. In principle, mathematics cannot be worse than prose in economic theory; in principle, it cannot be better than prose. For in deepest logic – and leaving out all tactical and pedagogical questions – the two media are strictly identical."*
SAMUELSON (1952, 56)

A.1 Einleitung

In diesem Anhang werden alle im Text verwendeten mathematischen Methoden erklärt. Wir geben dabei für alle verwendeten Resultate kurze (meistens heuristische) Beweise. Darüber hinaus werden in diesem Anhang einige Eigenschaften von Funktionen – beispielsweise Stetigkeit und Differenzierbarkeit – erklärt, die bei allen im laufenden Text verwendeten Funktionen als erfüllt angenommen werden, oft ohne einen ausdrücklichen Hinweis darauf. Es ist bemerkenswert, wie wenig mathematische Kenntnisse notwendig sind, um eine umfassende und tief gehende makroökonomische Analyse durchführen zu können. Insbesondere ist kein Vorwissen über dynamische Systeme notwendig, und hinsichtlich Optimierung braucht man nur die Maximierung einer Funktion von einer einzigen Variablen zu beherrschen (keine Maximierung unter Nebenbedingungen). Allerdings braucht man eine gewisses Verständnis für Funktionen von mehreren Variablen und deren Ableitungen. Wir behandeln nun in dieser Reihenfolge Funktionen von einer und mehreren Variablen (Abschnitt A.2), die Unterscheidung zwischen lokalen und globalen Eigenschaften (A.3), Stetigkeit (A.4), Ableitungen von Funktionen einer und mehrerer Variablen (A.5), Differentiale (A.6), Elastizitäten (A.7), einige Regeln zum Ableiten (A.8), Krümmungseigenschaften (A.9), Maximierung von Funktionen einer Variablen (A.10), inverse Funktionen (A.11), einige spezielle Funktionen (A.12), geometrische Reihen (A.13), Unsicherheit (A.14), Zufallsvariablen (A.15), das Gesetz der großen Zahlen (A.16) und das Gesetz iterierter Erwartungen (A.17).

A.2 Funktionen

In diesem Buch wird Makroökonomik anhand von mathematischen Modellen betrieben. Die grundlegende Idee, die dahinter steht, ist, dass makroökonomische Zusammenhänge durch mathematische Funktionen ausgedrückt werden können (vgl. Abschnitt I.5). Im einfachsten Fall ordnet eine ***Funktion*** f jeder Zahl x aus einem bestimmten Definitionsbereich eine Zahl y aus einem bestimmten Wertebereich zu, so dass für die Zahlen x im Definitionsbereich

$$y = f(x)$$

gilt.

Beispiel
Beispielsweise kann man x als Arbeitseinsatz und y als BIP interpretieren. Dann ist die Funktion f die Produktionsfunktion, die angibt, wie das BIP mit dem Arbeitseinsatz variiert.

Will man ganz präzise sein, so muss man Definitionsbereich und Wertebereich noch angeben. In unseren Anwendungen ist der Definitionsbereich immer die Menge der nichtnegativen reellen Zahlen und muss daher nicht immer wieder ausdrücklich angegeben werden. Auch auf die ausdrückliche Angabe des Wertebereichs verzichten wir durchgängig. Überall, wo das möglich ist, versuchen wir, eine grafische Intuition für rechnerische Ergebnisse aufzubauen. Eine Funktion $y = f(x)$ kann man grafisch veranschaulichen, indem man ein Diagramm mit den Variablen x und y an den Achsen malt und in diesem Diagramm gegen die x-Werte die gemäß $y = f(x)$ zugehörigen y-Werte abträgt. Die Funktion in Abbildung A.1 beispielsweise ordnet x_1 einen höheren Funktionswert $f(x_1)$ zu als x_0.

Manchmal sind die Variablen y und x Ausprägungen der gleichen makroökonomischen Größe in zwei aufeinanderfolgenden Zeitpunkten t. Das macht man durch die Notation $y_t = f(y_{t-1})$ deutlich. Man spricht in diesem Fall von einer ***Differenzengleichung*** (erster Ordnung). Eine Differenzengleichung (erster Ordnung) gibt den aktuellen Wert einer Variablen rekursiv in Abhängigkeit vom Vorperiodenwert an. Eine Lösung der Differenzengleichung ist eine Folge $y_0, y_1, \ldots$ von Werten, die, ausgehend von einem Startwert y_0, diesen rekursiven Zusammenhang in jeder Periode t erfüllt. Wir stoßen in diesem Buch mehrfach auf Differenzengleichungen. Zum Lösen werden wir keine Verfahren benötigen, die hier erklärt werden müssten. Z. B. betrachten wir in Abschnitt II.5 eine grafische Lösung, und in Abschnitt IX.3 lösen wir eine Differenzengleichung „per Versuch“.

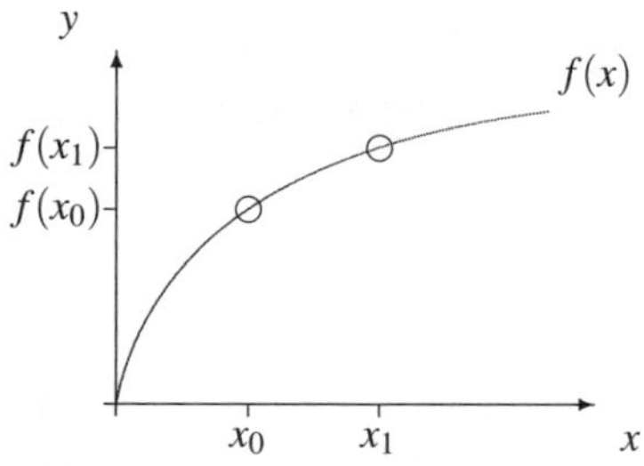

Abbildung A.1: Funktion $y = f(x)$

Oft ist der makroökonomische Zusammenhang, den man mit einer Funktion beschreiben will, dahingehend komplexer, dass mehrere Variablen $x_1, \ldots, x_n$ $(n \geq 2)$ simultan eine andere Variable y beeinflussen. Man hat dann eine ***Funktion von mehreren Variablen***

$$y = f(x_1, \ldots, x_n),$$

die jeder Wertekombination $(x_1, \ldots, x_n)$ einen Funktionswert y zuordnet.

Beispiel
Hängt das BIP nicht nur vom Arbeitseinsatz ab, sondern auch vom Kapitaleinsatz, so kann man die Produktionsfunktion als eine Funktion von zwei Variablen schreiben: $y = f(x_1, x_2)$ mit x_1 als Arbeitseinsatz und x_2 als Kapitaleinsatz. Diese Funktion sagt dann aus, wie hoch das BIP bei gegebenen Arbeits-Kapital-Kombinationen (x_1, x_2) ist.

Funktionen mit mehreren Veränderlichen machen bei der grafischen Darstellung Probleme: Bei zwei Veränderlichen könnte man noch versuchen, ein dreidimensionales Bild aufs Papier zu bekommen, aber spätestens bei drei Veränderlichen versagt die grafische Intuition endgültig. Oft kann man mit einem Trick Abhilfe schaffen: Indem man nicht alle Variablen simultan ändert, sondern stattdessen alle bis auf eine konstant hält, und überlegt, was passiert, wenn die eine verbleibende Variable sich ändert. Mit diesem Vorgehen betrachtet man eine Funktion von mehreren Variablen genau so wie eine Funktion von nur einer Variablen. Man kann beispielsweise die Änderung von $y = f(x_1, x_2)$ bei konstantem x_2 und sich änderndem x_1 anhand einer Grafik wie Abbildung A.1 illustrieren. Die Auswirkungen von Änderungen von x_2 kann man dann durch Verschiebungen der Kurve im (x_1, y)-Diagramm veranschaulichen. Wenn man so vorgeht, ist es wichtig, diese beiden Typen von Änderungen sorgfältig auseinander zu halten: Änderungen der unabhängigen Variable, die entlang der einen Achse abgetragen ist, verursachen Bewegungen *auf* der Kurve; Änderungen einer anderen unabhängigen Variable, die nicht auf einer Achse abgetragen ist, bedingen Verschiebungen *der* Kurve.

A.3 Lokal versus global

Wenn man etwas über die Eigenschaften einer Funktion aussagt, muss man unterscheiden, ob die betreffende Eigenschaft an einer bestimmten Stelle (***lokal***) vorliegt, d. h. für ein bestimmtes x bei einer Funktion von einer Unabhängigen bzw. für ein bestimmtes $(x_1, \ldots, x_n)$ bei einer Funktion von mehreren Veränderlichen, oder aber ***global***, d. h. für jeden Wert im Definitionsbereich der Funktion (s. Abschnitt A.2). Beispielsweise hat die Funktion in Abbildung A.1 die Eigenschaft, dass sie den Funktionswert $y = f(x_0)$ hat, an der Stelle $x = x_0$, aber nirgends sonst. Die konstante Funktion $y = f(x) = a$ (mit a als einer Konstanten) hat die Eigenschaft dagegen global.

A.4 Stetigkeit

Bezeichne $\lim_{\Delta x \to +0} f(x + \Delta x)$ den Wert, an den sich $f(x + \Delta x)$ annähert, wenn $\Delta x > 0$ ist und immer kleiner wird. Analog bezeichne $\lim_{\Delta x \to -0} f(x + \Delta x)$ den Wert, an den sich $f(x + \Delta x)$ annähert, wenn $\Delta x < 0$ ist und in Richtung null steigt. f ist ***stetig bei*** x, wenn

$$\lim_{\Delta x \to +0} f(x + \Delta x) = \lim_{\Delta x \to -0} f(x + \Delta x) = f(x)$$

gilt. Grafisch bedeutet das, dass sich die Funktion ihrem Funktionswert $f(x)$ annähert, wenn sich die unabhängige Variable von oben oder von unten auf x zu bewegt – die Funktion „macht keine Sprünge". Die Funktion wird (global) ***stetig*** genannt, wenn sie in jedem Punkt stetig ist. Die in Abbildung A.1 skizzierte Funktion ist stetig.

Stetigkeit ist auch bei Funktionen von mehreren Veränderlichen eine wichtige Eigenschaft. $f(x_1, \ldots, x_n)$ ist stetig bei $(x_1, \ldots, x_n)$, falls $f(x_1 + \Delta x_1, \ldots, x_n + \Delta x_n)$ gegen $f(x_1, \ldots, x_n)$ konvergiert, wenn $(\Delta x_1, \ldots, \Delta x_n)$ gegen $(0, \ldots, 0)$ geht. Und $f(x_1, \ldots, x_n)$ ist stetig, wenn das für alle $(x_1, \ldots, x_n)$ gilt. Das impliziert insbes., dass die Funktion stetig in jeder einzelnen Variable x_i ist, wenn man die anderen Variablen $(x_1, \ldots, x_{i-1}, x_{i+1}, \ldots, x_n)$ konstant hält. Wir nehmen in diesem Buch ohne ausdrücklichen Hinweis durchgehend an, dass die betrachteten Funktionen stetig sind, wenn nicht ausdrücklich das Gegenteil vermerkt wird.

Beispiel
Mit $y = f(x_1, x_2)$ als Produktionsfunktion besagt die Stetigkeitsannahme, dass das BIP „sanft" mit den Faktoreinsätzen variiert und sich nicht bei einer kleinen Inputänderung sprunghaft verändert.

A.5 Steigung

Oft kommt es nicht so sehr auf das Niveau einer Funktion $f(x)$ bei einem bestimmten x-Wert an, sondern vielmehr darauf, wie sich der Funktionswert $f(x)$ ändert, wenn sich x ändert. Sei $f(x)$ stetig bei x. Der ***Differenzenquotient***

$$\frac{f(x + \Delta x) - f(x)}{\Delta x}$$

ist ein Maß für die Änderung $f(x + \Delta x) - f(x)$ relativ zu einer Veränderung Δx von x. Schauen wir uns zwei Spezialfälle an.

1. $\Delta x = 1$. In diesem Fall gibt der Differenzenquotient $f(x + 1) - f(x)$ an, um wie viel $f(x)$ steigt, wenn x um eine Einheit steigt.
2. $\Delta x \to 0$. In diesem Fall erhält man die ***Ableitung*** $f'(x)$ der Funktion $f(x)$ bei x:

$$f'(x) \equiv \lim_{\Delta x \to 0} \frac{f(x + \Delta x) - f(x)}{\Delta x}.$$

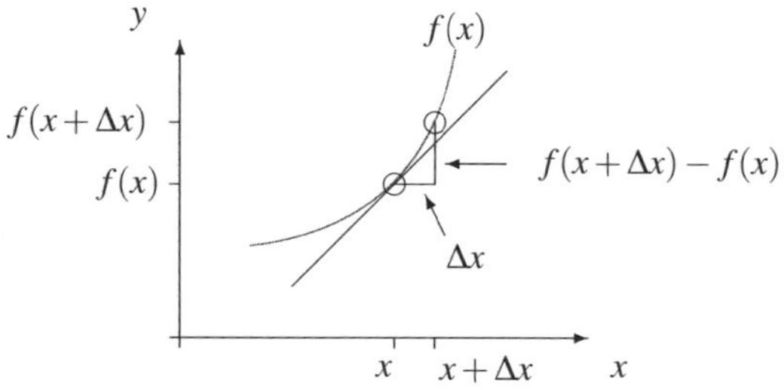

Abbildung A.2: Steigung von $f(x)$

Die Ableitung hat eine gute grafische Intuition (s. Abbildung A.2). Mit $\Delta x \to 0$ nähert sich der Differenzenqotient $[f(x + \Delta x) - f(x)]/\Delta x$ der Steigung der Tangente an $f(x)$ an. $f'(x)$ gibt also die Steigung der Tangente an $f(x)$ bei x an. Man definiert die Steigung einer Funktion in einem Punkt als die Steigung der Tangente an die Funktion in dem betreffenden Punkt. Also gibt $f'(x)$ auch die Steigung der Funktion $f(x)$ an. Bei $f'(x) > 0$ sagt man, die Funktion ***steigt bei*** x; bei $f'(x) < 0$ sagt man, die Funktion ***fällt bei*** x. Die grafische Intuition hierfür ist klar. Fällt $f(x)$ für alle x, dann sagt man einfach $f(x)$ ***fällt***; steigt $f(x)$ für alle x, dann sagt man $f(x)$ ***steigt***.

Zwei Bemerkungen zur Verwendung von Ableitungen in diesem Buch. Erstens: Nicht jede stetige Funktion ist differenzierbar. Hat eine Funktion einen Knick, dann gibt es in dem Knickpunkt keine eindeutige Tangente an die Funktion, und die Funktion ist dort nicht differenzierbar. Wenn wir in diesem Buch aber funktionale Zusammenhänge unterstellen, nehmen wir durchgehend neben Stetigkeit (Abschnitt A.5) auch Differenzierbarkeit an. D. h. wir nehmen – analog zu Stetigkeit an – dass der Differenzenquotient gegen den gleichen Wert konvergiert, wenn Δx „von rechts“ bzw. „von links“ gegen null konvergiert. Zweitens: Wir sagen oft, dass $f'(x)$ die Änderung von $f(x)$ bei einer Änderung von x um eine Einheit angibt. Das ist nicht ganz exakt, weil auf diese Art und Weise die beiden Fälle $\Delta x = 1$ und $\Delta x \to 0$ vermengt werden. Exakt müsste man formulieren: $f'(x)$ gibt für sehr kleine Änderungen von x die resultierende Änderung von $f(x)$ pro Einheit Änderung von x an.

Ist eine Funktion von mehreren Variablen $f(x_1, \ldots, x_n)$ bei $(x_1, \ldots, x_n)$ stetig in x_i, dann ist die ***partielle Ableitung*** von $f(x_1, \ldots, x_n)$ nach x_i:

$$\frac{\partial f(x_1, \ldots, x_n)}{\partial x_i} \equiv \lim_{\Delta x_i \to 0} \frac{f(x_1, \ldots, x_i + \Delta x_i, \ldots, x_n) - f(x_1, \ldots, x_i, \ldots, x_n)}{\Delta x_i} .$$

Die partielle Ableitung von $f(x_1, \ldots, x_n)$ nach x_i gibt an, wie sich $f(x_1, \ldots, x_n)$ ändert, wenn x_i sich ändert, während alle anderen Variablen gleich bleiben. Die Begriffe steigend und fallend werden analog zum Fall von Funktionen mit nur einer Unabhängigen verwendet.

Beispiel
Im Prodktionsfunktionsbeispiel $y = f(x)$ gibt $f'(x)$ – etwas ungenau – an, um wie viel sich das BIP ändert, wenn der Arbeitseinsatz um eine Einheit zunimmt. Mit Arbeit x_1 und Kapital x_2 und $y = f(x_1, x_2)$ gibt $\partial f(x_1, x_2)/\partial x_1$ an, um wie viel sich das BIP ändert, wenn der Arbeitseinsatz um eine Einheit zunimmt und der Kapitaleinsatz gleich bleibt.

A.6 Differentiale

Man bezeichnet kleine Änderungen Δx auch mit

$$dx \equiv \lim_{\Delta x \to 0} \Delta x$$

und die resultierenden kleinen Änderungen von $y = f(x)$ als

$$dy \equiv \lim_{\Delta x \to 0} [f(x + \Delta x) - f(x)].$$

Damit erhält man eine alternative Schreibweise für die Ableitung einer Funktion:

$$\frac{dy}{dx} \equiv f'(x).$$

Erweitern mit dx liefert das ***Differential*** der Funktion $f(x)$ bei x:

$$dy \equiv f'(x)dx.$$

Das Differential gibt an, um wie viel sich y ändert, wenn sich x um einen kleinen Betrag dx ändert (und zwar nicht relativ zur Änderung dx).

Im Falle mehrerer Veränderlicher ist das ***totale Differential*** der Funktion $f(x_1, \ldots, x_n)$ definiert als:

$$dy \equiv \frac{\partial f(x_1, \ldots, x_n)}{\partial x_1} dx_1 + \cdots + \frac{\partial f(x_1, \ldots, x_n)}{\partial x_n} dx_n.$$

Es gibt an, um wie viel sich y ändert, wenn sich die unabhängigen Variablen $(x_1, \ldots, x_n)$ um vorgegebene kleine Beträge $(dx_1, \ldots, dx_n)$ ändern.

A.7 Elastizitäten

Kleine absolute Änderungen von x haben wir mit dx bezeichnet, kleine absolute Änderungen von y mit dy. Manchmal interessiert man sich nicht für diese absoluten Änderungen, sondern für prozentuale Änderungen. Wie erhält man aus den absoluten Änderungen prozentuale? Die Antwort ist: Indem man durch den Ausgangswert teilt. Die prozentuale Änderung von x bei einer absoluten Änderung dx ist dx/x. Die resultierende prozentuale Änderung von y ist analog dy/y. Man kann diese Änderungen als Anteile angeben (bei $dx = 0{,}06$ und $x = 0{,}3$ z. B. ist $dx/x = 0{,}2$) oder in Prozenten ($dx/x = 20\%$). Prozent heißt einfach „geteilt durch 100". Also rechnet man Anteile in Prozente um, indem man mit 100 malnimmt. Dann kürzen sich die Faktoren 100 und Prozent heraus. Das Verhältnis der prozentualen Änderungen von y und x,

$$\frac{\frac{dy}{y}}{\frac{dx}{x}},$$

nennt man die ***Elastizität*** der Funktion $y = f(x)$ bei x. Sie gibt an, um wie viel Prozent sich y bei einer einprozentigen Änderung von x ändert. Aufpassen muss man, wenn x und/oder y selbst schon in Prozenten angegeben werden. Ist y beispielsweise die Wachstumsrate des BIPs in Prozent (z. B. $y = 2\%$), dann ist dy die Änderung der Wachstumsrate in Prozentpunkten (z. B. $dy = 0{,}5\%$), und dy/y ist die prozentuale Änderung der Wachstumsrate (im Beispiel: $dy/y = 0{,}5\%/2\% = 25\%$).

A.8 Einige Regeln zum Ableiten

Die drei wichtigsten Regeln zum Ableiten sind 1. die Kettenregel, 2. die Produktregel und 3. die Quotientenregel.

1. ***Kettenregel:*** Sei $y = f(x)$ und $z = g(y)$. Dann ist die Ableitung der zusammengesetzten Funktion $z = g[f(x)]$:

$$\frac{dz}{dx} = g'(y)f'(x).$$

Beweis: Die Differentiale von $y = f(x)$ und $z = g(y)$ sind

$$dy = f'(x)dx, \quad dz = g'(y)dy.$$

Einsetzen von dy aus der ersten in die zweite Gleichung und Teilen durch dx liefert die Kettenregel.

2. ***Produktregel:*** Die Ableitung der Funktion $h(x) \equiv f(x)g(x)$ ist

$$h'(x) = f'(x)g(x) + f(x)g'(x).$$

Beweis: Fasst man $h = fg$ als eine Funktion von f und g auf und bildet das totale Differential, so erhält man:

$$dh = \frac{\partial(fg)}{\partial f}df + \frac{\partial(fg)}{\partial g}dg = g\,df + f\,dg.$$

Teilen durch dx liefert

$$\frac{dh}{dx} = g\frac{df}{dx} + f\frac{dg}{dx}.$$

Das ist die Produktregel.

3. ***Quotientenregel:*** Die Ableitung von $h(x) \equiv f(x)/g(x)$ ist

$$h'(x) = \frac{f'(x)g(x) - f(x)g'(x)}{g(x)^2}.$$

Beweis: Wir greifen hier einem Ergebnis vor, das wir erst weiter unten beweisen: Für $f(x) = 1/x$ gilt $f'(x) = -1/x^2$. Mit diesem Ergebnis und der Kettenregel ergibt sich

$$\frac{d[g(x)]^{-1}}{dx} = \frac{-1}{g(x)^2}g'(x).$$

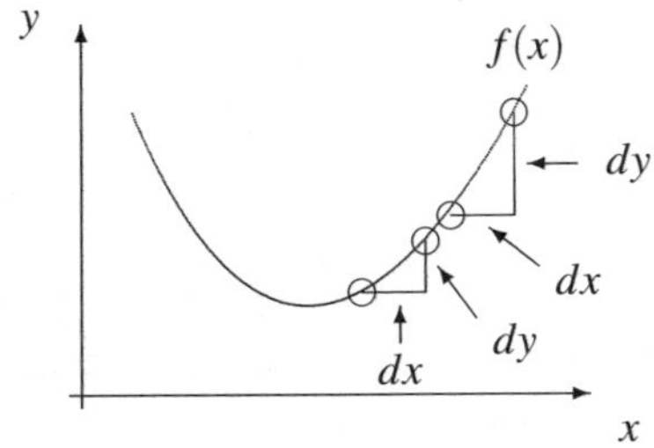

Abbildung A.3: $f(x)$ konvex

Schreiben wir $h(x)$ als $f(x)[g(x)]^{-1}$, dann können wir damit die Produktregel anwenden:

$$h'(x) = f'(x)[g(x)]^{-1} + f(x)\frac{-1}{g(x)^2}g'(x).$$

Umstellen liefert die Quotientenregel.

Leitet man eine Funktion von mehreren Variablen partiell nach einer Variablen ab, dann kann man diese Regeln in Bezug auf Änderungen der Variable, nach der man ableitet, anwenden.

A.9 Krümmung

Natürlich kann man auch mehrfach ableiten, so erhält man $f''(x)$, $f'''(x)$ usw. Man schreibt auch

$$\frac{d^2y}{dx^2} = f''(x).$$

Als erste Ableitung von $f'(x)$ gibt $f''(x)$ an, wie sich $f'(x)$ verändert, wenn sich x verändert. Als zweite Ableitung von $f(x)$ gibt $f''(x)$ an, wie sich die Änderungen von $f(x)$ verändern, wenn x sich verändert. Ist $f''(x) > 0$, so nennt man $f(x)$ ***konvex*** bei x. Ist $f''(x) < 0$, so heißt $f(x)$ ***konkav*** bei x. Daraus erschließt sich die grafische Interpretation von Konvexität und Konkavität. Ist $f(x)$ konvex, dann werden die dy-Änderungen durch dx-Änderungen mit zunehmendem x größer. Wo $f(x)$ steigt, bedeutet das, dass $f(x)$ steiler wird (Abbildung A.3); wo $f(x)$ fällt, wird dy im Absolutbetrag kleiner, d. h. $f(x)$ wird flacher. Umgekehrt bedeutet Konkavität, dass $f(x)$ flacher wird, wo es steigt, und steiler, wo es fällt. Man spricht bei Konvexität und Konkavität auch von Links- bzw. Rechtskrümmung. Das erschließt sich aus der Vorstellung, man bewege sich in Richtung steigender x-Werte entlang der Kurve.

A.10 Maximierung

Während manche makroökonomische Zusammenhänge per Annahme in unsere Modelle eingeführt werden, werden andere aus dem Verhalten der Marktteilnehmer hergeleitet. Dabei spielt die ***Maximierung*** von Funktionen eine wichtige Rolle. Es stellt sich in diesem Buch nirgends das Problem der Maximierung von Funktionen mehrerer Variablen, aber eine Funktion von einer Veränderlichen müssen wir hier und da maximieren. Eine Funktion $f(x)$ von nur einer unabhängigen Variablen nimmt bei x^* ein ***lokales Maximum*** $f(x^*)$ an, wenn für x-Werte nahe bei x^* gilt: $f(x^*) > f(x)$. Wie findet man ein lokales Maximum $f(x^*)$ einer Funktion $f(x)$? In zwei Schritten. Man schreibt zunächst die Bedingung dafür auf, dass $f(x)$ nicht steigen darf, wenn x sich von x^* weg bewegt, und dann die Bedingung dafür, dass $f(x)$ steigt, wenn x sich auf x^* zu bewegt.

Die Bedingung dafür, dass $f(x)$ nicht steigt, wenn x sich von x^* weg bewegt, nennt man ***Bedingung erster Ordnung***. Sie lautet:

$$f'(x^*) = 0.$$

Um zu sehen, warum in einem Maximum die Ableitung null sein muss, rufen wir uns das Differential der Funktion aus Abschnitt A.6 in Erinnerung. An der Stelle $x = x^*$ ist das Differential:

$$dy = f'(x^*)dx$$

Wäre $f'(x^*) > 0$, dann könnte mit einem Anstieg von x $(dx > 0)$ ein Anstieg von y $(dy > 0)$ erreicht werden. Also könnte $f(x^*)$ nicht ein Maximum sein. Wäre $f'(x^*) < 0$, dann könnte mit einer Senkung von x $(dx < 0)$ ein Anstieg von y $(dy > 0)$ erreicht werden. Wieder könnte $f(x^*)$ nicht ein Maximum sein. Damit bei x^* ein Maximum erreicht wird, darf weder eine Erhöhung noch eine Senkung von x zu einem y-Anstieg führen. Daher die Bedingung erster Ordnung.

Die Bedingung dafür, dass $f(x)$ steigt, wenn x sich auf x^* zu bewegt, nennt man ***Bedingung zweiter Ordnung***. Sie verlangt, dass $f(x)$ bei x^* konkav ist:

$$f''(x^*) < 0.$$

Das lässt sich wie folgt begründen. y muss steigen $(dy > 0)$, wenn sich x von unten auf x^* zubewegt (d. h. für $x < x^*$, $dx > 0$). Also muss

$$\frac{dy}{dx} > 0 \text{ für } x < x^*$$

gelten. y muss auch steigen $(dy > 0)$, wenn sich x von oben auf x^* zubewegt (d. h. für $x > x^*$, $dx < 0$). Also muss

$$\frac{dy}{dx} < 0 \text{ für } x > x^*$$

gelten. dy/dx muss also bei x^* das Vorzeichen von plus nach minus wechseln. Dazu muss $d^2y/dx^2 = f''(x^*) < 0$ gelten.

$f(x^*)$ ist das ***globale Maximum*** von $f(x)$, wenn es im gesamten Definitionsbereich der Funktion (s. Abschnitt A.2) kein x mit einem höheren Funktionswert $f(x)$ gibt. Gilt $f''(x) < 0$ nicht nur bei $x = x^*$, sondern über den gesamten Verlauf der Funktion, dann gelten die beiden obigen Ungleichungen nicht nur in einer lokalen Umgebung von x^*, sondern für alle x, so dass die Bedingung erster Ordnung $f'(x^*) = 0$ sicher stellt, dass bei x^* ein globales Maximum vorliegt. Wir nennen in diesem Fall die Eigenschaft $f''(x) < 0$ die Bedingung zweiter Ordnung. All dies ist anhand von Abbildung A.4 auch grafisch leicht ersichtlich.

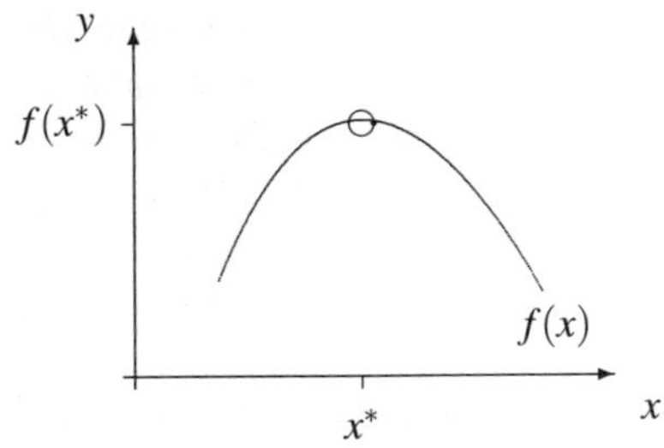

Abbildung A.4: Maximum von $y = f(x)$

Beispiel
Mit $y = f(x)$ als Produktionsfunktion ($f'(x) > 0 > f''(x)$), p als Absatzpreis und w als Faktorpreis betragen die Gewinne $\pi = pf(x) - wx$. Das Gewinnmaximum ist durch die Bedingung erster Ordnung charakterisiert:

$$\frac{d\pi}{dx} = pf'(x) - w = 0.$$

Die Bedingung zweiter Ordnung ist erfüllt:

$$\frac{d^2\pi}{dx^2} = pf''(x) < 0.$$

x^* minimiert $f(x)$ lokal, wenn $f(x^*) < f(x)$ für alle x nahe x^* gilt. x^* minimiert $f(x)$ global, wenn diese Ungleichung für alle x im Definitionsbereich gilt. Aus diesen Definitionen folgt: $f(x^*)$ ist ein lokales Minimum von $f(x)$, genau wenn $-f(x^*)$ ein lokales Maximum von $-f(x)$ ist, und analog für ein globales Minimum. Die Bedingungen erster und zweiter Ordnung für ein lokales Minimum von $f(x)$ sind also die Bedingungen erster und zweiter Ordnung für ein lokales Maximum von $-f(x)$: $-f'(x^*) = 0$ und $-f''(x^*) < 0$ bzw. $f'(x^*) = 0$ und $f''(x^*) > 0$. Die Bedingung zweiter Ordnung für ein globales Minimum ist $f''(x) > 0$ für alle x.

A.11 Inverse Funktionen

Die Funktion $y = f(x)$ sagt uns für jedes x, wie groß das zugehörige y ist. Wir können aber auch die umgekehrte Frage stellen. Wie groß muss x sein, damit ein gegebenes y resultiert? Angenommen, für jedes y gibt es genau ein x, so dass $y = f(x)$ gilt. Dann nennen wir die Funktion, die jedem y „sein" eindeutiges x zuordnet die ***Umkehrfunktion (Inverse)*** der Funktion $f(x)$ und schreiben sie als

$$x = f^{-1}(y).$$

Ist die Voraussetzung, dass zu jedem y genau ein x gehört, immer erfüllt? Offensichtlich nicht. Für y-Werte kurz unterhalb eines Maximums beispielsweise gibt es mindestens zwei zugehörige x-Werte (s. Abbildung A.4). Eine Funktion ist nur dann umkehrbar, wenn sie entweder global steigt oder global fällt ($f'(x) > 0$ für alle x oder $f'(x) < 0$ für alle x).

Beispiel
Die Bedingung erster Ordnung für Gewinnmaximierung lässt sich schreiben als

$$f'(x) = \frac{w}{p}.$$

Sie besagt, dass die Firmen ihre Beschäftigung x so wählen, dass das Grenzprodukt der Arbeit $f'(x)$ dem Reallohn w/p entspricht. Die Arbeitsnachfragefunktion ist definiert als die Funktion, die die Beschäftigung x als Funktion des Reallohns w/p ausdrückt. Man erhält sie aus obiger Bedingung erster Ordnung als Inverse der Grenzproduktivitätsfunktion:

$$x = (f')^{-1}\left(\frac{w}{p}\right).$$

Wegen $f''(x) < 0$ fällt $f'(x)$ global, so dass die Inverse existiert.

Die Ableitung dx/dy der Inversen $g(y)$ erhält man als Kehrwert der Ableitung $dy/dx = f'(x)$:

$$g'(y) = \frac{dx}{dy} = \frac{1}{\frac{dy}{dx}} = \frac{1}{f'(x)} = \frac{1}{f'[g(y)]}.$$

Hieraus folgt: Die Inverse einer steigenden Funktion ($f'(x) > 0$) steigt ($g'(y) > 0$), und die Inverse einer fallenden Funktion ($f'(x) < 0$) fällt ($g'(y) < 0$) – Ableitung und Ableitung der Inversen haben das gleiche Vorzeichen.

Beispiel
Weil die Grenzproduktivitätsfunktion $f'(x)$ fällt ($f''(x) < 0$), fällt auch die Arbeitsnachfragefunktion: $[(f')^{-1}]'(w/p) < 0$.

A.12 Einige spezielle Funktionen

Aus der Schule kennt man Rechenregeln wie: $f(x) = x^n$ ergibt abgeleitet $f'(x) = nx^{n-1}$, $f(x) = e^x$ ergibt abgeleitet $f'(x) = e^x$, $f(x) = \ln x$ ergibt abgeleitet $f'(x) = 1/x$, $\ln(x^n) = n \ln x$ etc. In diesem Abschnitt werden diese und andere geläufige Regeln bewiesen.

1. Die *konstante Funktion* $f(x) = a$ hat eine Steigung von null:

$$f'(x) = \lim_{\Delta x \to 0} \frac{a - a}{\Delta x} = 0.$$

2. Die *lineare Funktion* $f(x) = ax + b$ hat eine Steigung von a:

$$f'(x) = \lim_{\Delta x \to 0} \frac{[a(x + \Delta x) + b] - (ax + b)}{\Delta x} = \lim_{\Delta x \to 0} \frac{a\Delta x}{\Delta x} = a.$$

3. Die *quadratische Funktion* $f(x) = x^2$ erfüllt:

$$f'(x) = \lim_{\Delta x \to 0} \frac{(x + \Delta x)^2 - x^2}{\Delta x} = \lim_{\Delta x \to 0} \frac{2x\Delta x + (\Delta x)^2}{\Delta x} = \lim_{\Delta x \to 0} (2x + \Delta x) = 2x.$$

4. Die Funktion $f(x) = x^n$ erfüllt $f'(x) = nx^{n-1}$ für jedes ganzzahlige n (zu nicht-ganzzahligen n's kommen wir später).
Hieraus folgt (als Spezialfall mit $n = -1$) insbes. das bei der Herleitung der Quotientenregel verwendete Ergebnis, dass $f(x) = 1/x$ für $f'(x) = -1/x^2$ gilt.
Beweis: Der Beweis erfolgt per Induktion. Für $n = 2$, d. h. $f(x) = x^2$, gilt $f'(x) = nx^{n-1} = 2x^{2-1} = 2x$. Also ist der Beweis erbracht, wenn gezeigt werden kann, dass

$$\frac{d(x^{n-1})}{dx} = (n-1)x^{n-2}$$

die Gültigkeit von $d(x^n)/dx = nx^{n-1}$ impliziert. Das folgt mit Hilfe der Produktregel:

$$\frac{d(x^n)}{dx} = \frac{d(x\,x^{n-1})}{dx} = x^{n-1} + x(n-1)x^{n-2} = x^{n-1} + (n-1)x^{n-1} = nx^{n-1}.$$

5. Die Ableitung der *Summe* $f(x) = \sum_{i=1}^{n} f_i(x)$ von einzelnen Funktionen $f_i(x)$ ist die Summe der Ableitungen:

$$\begin{aligned} f'(x) &= \lim_{\Delta x \to 0} \frac{\sum_{i=1}^{n} f_i(x + \Delta x) - \sum_{i=1}^{n} f_i(x)}{\Delta x} \\ &= \sum_{i=1}^{n} \lim_{\Delta x \to 0} \frac{f_i(x + \Delta x) - f_i(x)}{\Delta x} = \sum_{i=1}^{n} f_i'(x). \end{aligned}$$

6. Die *Exponentialfunktion* $f(x) = e^x$ ist definiert durch:

$$e^x = 1 + \frac{x}{1} + \frac{x^2}{1 \cdot 2} + \frac{x^3}{1 \cdot 2 \cdot 3} + \frac{x^4}{1 \cdot 2 \cdot 3 \cdot 4} + \cdots + \frac{x^n}{1 \cdot 2 \cdot 3 \cdot \cdots \cdot n} + \ldots$$

Leiten wir diese Formel ab. Gemäß Regel 5 kann man summandenweise ableiten. Gemäß Regel 4 bei wird bei jedem Summanden im Zähler der Exponent um eins herabgesetzt und im Nenner der letzte Faktor gestrichen:

$$\frac{d(e^x)}{dx} = 0 + 1 + \frac{x}{1} + \frac{x^2}{1 \cdot 2} + \frac{x^3}{1 \cdot 2 \cdot 3} + \frac{x^4}{1 \cdot 2 \cdot 3 \cdot 4} + \ldots + \frac{x^{n-1}}{1 \cdot 2 \cdot 3 \cdot \ldots \cdot (n-1)} + \ldots$$

Ein Vergleich von e^x und $d(e^x)/dx$ zeigt, dass die Exponentialfunktion abgeleitet gerade wieder sich selbst ergibt: $f(x) = f'(x)$. $x = 0$ liefert ferner $f(0) = 1$, d. h. $e^0 = 1$. Aus $f(x) = f'(x)$ und $f(0) = 1$ lässt sich eine wichtige Rechenregel herleiten. Sei zunächst $g(x) = f(x + y)$ für gegebenes y. Dann gilt:

$$g'(x) = f'(x + y) = f(x + y) = g(x).$$

Daraus folgt gemäß Quotientenregel:

$$\frac{d\left[\frac{g(x)}{f(x)}\right]}{dx} = \frac{g'(x)f(x) - g(x)f'(x)}{f(x)^2} = \frac{g(x)f(x) - g(x)f(x)}{f(x)^2} = 0.$$

Also muss

$$f(x+y) = g(x) = af(x)$$

für eine Konstante a gelten. Für $x = 0$ folgt mit $f(0) = 1$:

$$f(y) = g(0) = af(0) = a.$$

Einsetzen in die vorangegangene Gleichung zeigt:

$$f(x+y) = f(x)f(y).$$

Mit $f(x) = e^x$ erhält man die Rechenregel:

$$e^{x+y} = e^x e^y.$$

Zwei Exponentialfunktionen werden multipliziert, indem man die Exponenten addiert. Schließlich erhält man aus der Definition der Exponentialfunktion die *Eulersche Zahl* $f(1) = e^1 = e$:

$$e = 1 + \frac{1}{1} + \frac{1}{1\cdot 2} + \frac{1}{1\cdot 2\cdot 3} + \frac{1}{1\cdot 2\cdot 3\cdot 4} + \cdots + \frac{1}{1\cdot 2\cdot 3\cdot\ldots\cdot n} + \cdots = 2{,}7172\ldots$$

7. Die *Logarithmus-Funktion* $x = g(y) = \ln y = f^{-1}(y)$ ist definiert als die Inverse der Exponentialfunktion $f(x) = e^x$. Wegen $f(0) = 1$ ist $\ln 1 = g(1) = 0$. Gemäß der Formel für das Ableiten von inversen Funktionen, $f'(x) = f(x)$ und $f[f^{-1}(y)] = y$ gilt:

$$g'(y) = \frac{1}{f'(x)} = \frac{1}{f(x)} = \frac{1}{f[f^{-1}(y)]} = \frac{1}{y}.$$

Für eine beliebige Konstante y folgt mit der Kettenregel

$$\frac{d[\ln(xy) - \ln x]}{dx} = \frac{y}{xy} - \frac{1}{x} = 0,$$

so dass

$$\ln(xy) - \ln x = a$$

für eine andere Konstante a gelten muss. Setzt man $x = 1$, so ergibt sich mit $\ln 1 = 0$, dass $\ln y = a$ gilt, und somit die Rechenregel

$$\ln(xy) = \ln x + \ln y.$$

Der Logarithmus des Produkts zweier Faktoren ist die Summe der Logarithmen der beiden Faktoren. Hieraus folgt eine weitere wichtige Rechenregel für Logarithmen. Für ganze Zahlen n gilt (zu nicht-ganzzahligen n kommen wir später):

$$\ln(x^n) = \ln x + \ln(x^{n-1}) = \ln x + \ln x + \ln(x^{n-2}) = \cdots = n\ln x.$$

Beweis: Die Formel gilt gemäß obiger Rechenregel für $n = 2$:

$$\ln(x^2) = \ln(xx) = \ln x + \ln x = 2\ln x.$$

Per Induktion ist die Gültigkeit der Regel bewiesen, wenn aus der Gültigkeit für $n-1$, d. h.

$$\ln(x^{n-1}) = (n-1)\ln x,$$

die Gültigkeit für n folgt. Das klappt:

$$\ln(x^n) = \ln(xx^{n-1}) = \ln x + \ln(x^{n-1}) = \ln x + (n-1)\ln x = n \ln x.$$

Eine wichtige Eigenschaft der Logarithmus-Funktion ist, dass $x-1$ und $\ln x$ für $x \approx 1$ nur wenig voneinander verschieden sind:

$$\Delta(x) \equiv (x-1) - \ln x \approx 0 \;\text{ für }\; x \approx 1.$$

Beweis: Für $x = 1$ ist die Formel exakt erfüllt: $\Delta(1) = 0$. Die Ableitung

$$\Delta'(x) = 1 - \frac{1}{x}$$

ist für $x < 1$ negativ und für $x > 1$ positiv. Zusammen mit $\Delta(1) = 0$ folgt $\Delta(x) > 0$ für alle x. Betrachten wir nun Abweichungen von $x = 1$ im Bereich $\pm 5\%$, d. h. x-Werte zwischen 0,95 und 1,05. Für $x < 1$ wird $\Delta(x)$ wegen $\Delta'(x) < 0$ mit fallendem x größer, wächst aber nur auf

$$\Delta(0{,}95) \equiv (0{,}95 - 1) - \ln 0{,}95 = 0{,}13\%.$$

Für $x > 1$ wächst $\Delta(x)$ wegen $\Delta'(x) > 0$ mit steigendem x, aber nur bis auf

$$\Delta(1{,}05) \equiv (1{,}05 - 1) - \ln 1{,}05 = 0{,}12\%.$$

Das beweist, dass $\Delta(x) \equiv (x-1) - \ln x \approx 0$ für x-Werte im Bereich $\pm 5\%$ um eins eine gute Näherung ist.
Hieraus ergibt sich u. a. die „$70/x$-Regel" aus Abschnitt II.2: Bei $x\%$ Wachstum beträgt die Dauer bis zur Verdoppelung ungefähr $70/x$. Die exakte Zeit t bis zur Verdoppelung ergibt sich aus

$$(1 + x\%)^t = 2.$$

Logarithmieren und Auflösen nach x liefert mit $\ln 2 \approx 70\%$ und $\ln(1 + x\%) \approx (1 + x\%) - 1 = x\%$

$$t = \frac{\ln 2}{\ln(1 + x\%)} \approx \frac{70\%}{x\%} = \frac{70}{x}.$$

8. Zuletzt betrachten wir die Funktion $y = f(x) = ax^n$ mit nicht-ganzzahligem n und $x \geq 0$. Diese Funktion ist für uns besonders wichtig, weil z. B. die oft verwendete Cobb-Douglas-Produktionsfunktion so aussieht. Wir definieren

$$x^n = e^{n \ln x}$$

mit n als einer beliebigen reellen Zahl (wir zeigen unten, dass das für ganzzahlige n zur üblichen Definition des Ausdrucks x^n führt). Gemäß $e^0 = 1$ ist $x^0 = e^0 = 1$. Aus den Rechenregeln für die Exponentialfunktion folgt weiter für beliebige n und m:

$$x^{n+m} = e^{(n+m)\ln x} = e^{n \ln x + m \ln x} = e^{n \ln x} e^{m \ln x} = x^n x^m$$

und

$$(x^n)^m = e^{m \ln(x^n)} = e^{mnx} = x^{m+n}.$$

Aus der ersten dieser beiden Rechenregeln zeigt sich, dass die Definition $x^n = e^{n \ln x}$ für ganzzahlige n zum üblichen Ergebnis führt:

$$x^n = e^{n \ln x} = e^{\ln x} \cdot \ldots \cdot e^{\ln x} = x \cdot \ldots \cdot x,$$

wobei die beiden Produkte ganz rechts jeweils aus n Faktoren bestehen. Ableiten liefert mit Hilfe der Kettenregel und $d(\ln x)/dx = 1/x$ die Verallgemeinerung der Rechenregel 4 für ganze Zahlen:

$$\frac{d(x^n)}{dx} = \frac{d(e^{n \ln x})}{dx} = e^{n \ln x}\frac{n}{x} = x^n \frac{n}{x} = nx^{n-1}.$$

Insbes. sieht diese Funktion für $0 < n < 1$ und $a > 0$ wie folgt aus: Sie beginnt im Ursprung ($f(0) = 0$). Die Steigung $f'(x) = anx^{n-1}$ ist im Ursprung unendlich groß ($f'(0) = \infty$), ist immer positiv ($f'(x) > 0$) und geht mit $x \to \infty$ gegen null ($f'(\infty) = 0$). Wegen $f''(x) = an(n-1)x^{n-2} < 0$ wird die Funktion dabei monoton flacher. Eine nützliche Eigenschaft der Funktion $y = x^n$ ist, dass sie eine konstante Elastizität (s. Abschnitt A.7) in Höhe von n hat:

$$\frac{\frac{dy}{y}}{\frac{dx}{x}} = n.$$

Das folgt aus der Tatsache, dass $dy/dx = nx^{n-1} = ny/x$ ist. Schließlich können wir die Rechenregel $\ln(x^n) = n \ln x$ auf nicht-ganzzahlige n verallgemeinern:

$$\ln(x^n) = \ln\left(e^{n \ln x}\right) = n \ln x.$$

A.13 Geometrische Reihe

Die Summe

$$\sum_{t=0}^{\infty} a^t, \quad 0 < a < 1,$$

ist als ***geometrische Reihe*** definiert. Es gilt:

$$\sum_{t=0}^{\infty} a^t = \frac{1}{1-a}.$$

Beweis: Schreiben wir zwei Summen aus, zum einen die geometrische Reihe selbst, zum anderen die geometrische Reihe mit a multipliziert:

$$\sum_{t=0}^{\infty} a^t = 1 + a + a^2 + \ldots$$

$$a\sum_{t=0}^{\infty} a^t = a + a^2 + \ldots$$

Subtrahieren der zweiten von der ersten Gleichung liefert

$$(1-a)\sum_{t=0}^{\infty} a^t = 1.$$

Teilen durch $1-a$ ergibt die Formel für die geometrische Reihe.

A.14 Unsicherheit

Unsicherheit liegt vor, wenn verschiedene mögliche Zustände mit gegebenen ***Wahrscheinlichkeiten*** eintreten. Für unsere Zwecke reicht es aus, Situationen mit *abzählbar vielen* möglichen Zuständen $j = 1, \ldots, J$ zu betrachten. Die zugehörigen Wahrscheinlichkeiten bezeichnen wir mit p_j. Mit A als einer Teilmenge der J möglichen Zustände bezeichnet weiter $P(A)$ die Wahrscheinlichkeit, dass ein Zustand $j \in A$ eintritt. Diese Wahrscheinlichkeiten müssen drei Konsistenzforderungen erfüllen.

1. Alle Wahrscheinlichkeiten sind nicht-negativ:

$$p_j \geq 0, \quad j = 1, \ldots, J.$$

2. Die Wahrscheinlichkeit $P(A)$ für das Eintreten irgendeines Zustands $j \in A$ entspricht der Summe der Eintrittswahrscheinlichkeiten der Zustände j in A:

$$P(A) = \sum_{j \in A} p_j.$$

3. Die Wahrscheinlichkeiten addieren sich zu eins auf:

$$\sum_{j=1}^{J} p_j = 1.$$

> **Beispiel**
> Stehe beim Würfeln $j = 1, \ldots, 6$ für die gewürfelte Augenzahl. Der Zustand A ist definiert als „Augenzahl 4 oder 5“, der Zustand B als „Augenzahl kleiner gleich 4“. Dann ist $p_j = 1/6$ ($j = 1, \ldots, 6$), $P(A) = 1/3$ und $P(B) = 2/3$.

A.15 Zufallsvariablen

Eine ***Zufallsvariable*** x ordnet jedem Zustand j einen Wert Werte x_j zu. Der ***Erwartungswert*** von x ist definiert als

$$E(x) = \sum_{j=1}^{J} p_j x_j.$$

Die ***Varianz*** von x ist definiert als erwartete quadratische Abweichung vom Erwartungswert:

$$\sigma_x^2 = E[x - E(x)]^2.$$

Die ***Standardabweichung*** σ_x ist definiert als Quadratwurzel der Varianz:

$$\sigma_x \equiv \sqrt{\sigma_x^2}.$$

Als Wurzel der mittleren quadrierten Abweichungen ist die Standardabweichung ein Maß für die durchschnittliche Abweichung von x vom Erwartungswert $E(x)$.

Beispiel
Beim Würfeln ist der Erwartungswert der Zufallsvariablen „gewürfelte Augenzahl" x:

$$E(x) = \frac{1}{6}1 + \cdots + \frac{1}{6}6 = 3{,}5.$$

Die Varianz beträgt:

$$\sigma_x^2 = \frac{1}{6}(-2{,}5)^2 + \frac{1}{6}(-1{,}5)^2 + \cdots + \frac{1}{6}2{,}5^2 = 2{,}92,$$

die Standardabweichung mithin $\sigma_x = \sqrt{2{,}92} = 1{,}71$.

Oft hat man es mit mehreren Zufallsvariablen $x^1, \ldots, x^K$ zugleich zu tun. In Zustand j nehmen die K Zufallsvariablen die Werte $x_j^1, \ldots, x_j^K$ an. Betrachten wir eine gewichtete Summe dieser Zufallsvariablen:

$$\sum_{k=1}^{K} a^k x^k$$

mit a^k als exogenen Konstanten. Dann darf man beim Erwartungswertbilden den Erwartungswertoperator E in die Summe ziehen:

$$E\left(\sum_{k=1}^{K} a^k x^k\right) = \sum_{k=1}^{K} a^k E(x^k).$$

Beweis:

$$E\left(\sum_{k=1}^{K} a^k x^k\right) = \sum_{j=1}^{J} p_j \left(\sum_{k=1}^{K} a^k x_j^k\right) = \sum_{k=1}^{K} a^k \sum_{j=1}^{J} p_j x_j^k = \sum_{k=1}^{K} a^k E(x^k).$$

Den linearen Gleichlauf von zwei Zufallsvariablen x^1 und x^2 misst man anhand der ***Kovarianz***

$$Cov_{1,2} = E\{[x^1 - E(x^1)][x^2 - E(x^2)]\}.$$

Die Kovarianz ist der Erwartungswert des Produkts der Abweichungen von ihren jeweiligen Erwartungswerten. Haben die Abweichungen von den Erwartungswerten tendenziell das gleiche Vorzeichen, dann ist die Kovarianz positiv. Bei einer gegenläufigen Bewegung der beiden Variablen ist die Kovarianz dagegen negativ. Sind die beiden Zufallsvariablen ***unabhängig***, dann ist $Cov_{1,2} = 0$. (Das ist nicht die übliche Definition von Unabhängigkeit, sondern eine aus der üblichen Definition abgeleitete

Eigenschaft. Für unsere Zwecke lässt sich $Cov_{1,2} = 0$ auch als Definition von Unabhängigkeit verwenden.) Ein Problem mit der Kovarianz ist, dass sie um so größer ist, je weiter x^1 und x^2 im Absolutbetrag von ihren Erwartungswerten abweichen. Dieses Problem behebt man, indem man durch das Produkt der Standardabweichungen teilt. So erhält man den ***Korrelationskoeffizienten***

$$\rho_{1,2} = \frac{Cov_{1,2}}{\sigma_{x^1}\sigma_{x^2}},$$

der Werte zwischen -1 (x^1 und x^2 sind vollkommen gegenläufig) und 1 (x^1 und x^2 sind vollkommen gleichläufig) annimmt.

Seien x^k $(k = 1, \ldots, n)$ unabhängige Zufallsvariablen mit Varianzen $\sigma^2_{x^k} < \infty$. Dann ist die Varianz der Summe $x = \sum_{k=1}^n x^k$ die Summe der Varianzen:

$$\sigma_x^2 = \sum_{k=1}^n \sigma^2_{x^k}.$$

Beweis: Gemäß der Definition von x gilt

$$x - E(x) = \sum_{k=1}^n x^k - E\left(\sum_{k=1}^n x^k\right) = \sum_{k=1}^n [x^k - E(x^k)].$$

Mit der Definition der Varianz folgt

$$\sigma_x^2 = E\{[x - E(x)]^2\} = E\left\{\sum_{k=1}^n [x^k - E(x^k)]\right\}^2.$$

Ausmultiplizieren ergibt

$$\sigma_x^2 = E\left\{\sum_{k=1}^n [x^k - E(x^k)]^2 + \text{weitere Terme}\right\},$$

wobei jeder der weiteren Terme das Produkt von zwei verschiedenen $[x^k - E(x^k)]$'s ist. Gemäß der oben hergeleiteten Rechenregel kann man den Erwartungswertoperator in die Summe ziehen. Mit den Definitionen von Varianz und Kovarianz erhält man so:

$$\sigma_x^2 = \sum_{k=1}^n \sigma^2_{x^k} + \text{Kovarianzen}.$$

Wegen Unabhängigkeit sind die Kovarianzen null. Das beweist die Behauptung.

Betrachten wir den Durchschnittswert der n Zufallsvariablen $x^1, \ldots, x^n$:

$$\bar{x} = \frac{x}{n}.$$

Mit $n \to \infty$ geht die Varianz dieses Durchschnitts gegen null:

$$\sigma_{\bar{x}}^2 \to 0 \;\text{ für }\; n \to \infty.$$

Beweis: Gemäß der Definition der Varianz gilt

$$\sigma_{\bar{x}}^2 = E\{[\bar{x} - E(\bar{x})]^2\} = E\left\{\left[\frac{x - E(x)}{n}\right]^2\right\} = \frac{E\{[x - E(x)]^2\}}{n^2} = \frac{\sigma_x^2}{n^2}.$$

Sei M eine endliche obere Schranke für die Varianzen: $\sigma_{x^k}^2 \leq M < \infty$. Dann folgt aus dem vorangegangenen Ergebnis

$$\sigma_x^2 = \sum_{k=1}^{n} \sigma_{x^k}^2 \leq nM$$

und somit

$$\sigma_{\bar{x}}^2 = \frac{\sigma_x^2}{n^2} \leq \frac{M}{n}.$$

Die Behauptung folgt aus der Tatsache, dass mit $n \to \infty$ der Ausdruck ganz rechts gegen null geht.

A.16 Gesetz der großen Zahlen

In diesem Abschnitt zeigen wir: Mit zunehmender Anzahl von Wiederholungen konvergiert die Wahrscheinlichkeit, dass der Durchschnittswert einer Zufallsvariablen positiv von ihrem Erwartungswert abweicht, gegen null.

Betrachten wir eine Zufallsvariable x mit $E(x^2) < \infty$ (nicht notwendigerweise die Summe von einzelnen Zufallsvariablen wie in Abschnitt A.15). Das folgende Ergebnis nennt man Tschebyscheffs Ungleichung:

$$P(|x| \geq \epsilon) \leq \frac{E(x^2)}{\epsilon^2}$$

für jedes $\epsilon > 0$.

Beweis: Sei A die Menge der Zustände j, in denen $|x_j| \geq \epsilon$ ist. Es gilt

$$E(x^2) \geq \sum_{j \in A} p_j x_j^2 \geq \sum_{j \in A} p_j \epsilon^2 = \epsilon^2 \sum_{j \in A} p_j = \epsilon^2 P(|x| \geq \epsilon).$$

Die Gültigkeit der ersten Ungleichung folgt aus der Tatsache, dass beim Erwartungswert $E(x^2)$ weitere positive Terme $p_j x_j^2$ für die Zustände $j \notin A$ (falls es welche gibt) hinzu kommen. Die zweite Ungleichung folgt aus $x_j^2 \geq \epsilon^2$ für $j \in A$, was durch $|x_j| \geq \epsilon$ sicher gestellt ist. Teilen durch ϵ^2 beweist die Tschebyscheff-Ungleichung.

Betrachten wir nun wieder eine Folge von unabhängigen Zufallsvariablen x^k ($k = 1, \ldots, n$) mit beschränkten Varianzen $\sigma_{x^k}^2 \leq M < \infty$ und deren Durchschnittswert $\bar{x} = (\sum_{k=1}^{n} x^k)/n$. Das ***Gesetz der großen Zahlen*** besagt, dass die Wahrscheinlichkeit dafür, dass $\bar{x}$ weniger als ein beliebig kleines „epsilon" von seinem Erwartungswert $E(\bar{x})$ entfernt ist, mit großem n gegen eins geht:

$$P\left(|\bar{x} - E(\bar{x})| < \epsilon\right) = 1 \text{ für } n \to \infty$$

für jedes $\epsilon > 0$.

Beweis: Anwenden der Tschebyscheff-Ungleichung auf $x = \bar{x} - E(\bar{x})$ ergibt

$$P\left(|\bar{x} - E(\bar{x})| \geq \epsilon\right) \leq \frac{E\{[\bar{x} - E(\bar{x})]^2\}}{\epsilon^2}.$$

Nach den Ergebnissen aus dem vorangegangenen Abschnitt gilt

$$E\{[\bar{x} - E(\bar{x})]^2\} = \sigma_{\bar{x}}^2 \leq \frac{M}{n}$$

und damit

$$P\left(|\bar{x} - E(\bar{x})| \geq \epsilon\right) \leq \frac{M}{n\epsilon^2}.$$

Mit $n \to \infty$ geht die Wahrscheinlichkeit für $|\bar{x} - E(\bar{x})| \geq \epsilon$ gegen null, d. h. die Wahrscheinlichkeit für $|\bar{x} - E(\bar{x})| < \epsilon$ gegen eins. Das beweist das Gesetz.

A.17 Gesetz iterierter Erwartungen

Das Gesetz iterierter Erwartungen beschreibt, wie Erwartungen über zukünftige Erwartungen gebildet werden: Was man heute erwartet, morgen für übermorgen zu erwarten, entspricht dem, was man heute für übermorgen erwartet. Erweitern wir die Terminologie aus Abschnitt A.15. Elemente der Menge von Zuständen in Zeitpunkt t werden mit j_t bezeichnet. Für jeden Zustand j_t gibt es eine eindeutige Folge von Zuständen in den Vorperioden $j_0, j_1, \ldots, j_{t-1}$, die in den Zustand j_t führt. D. h. die Unsicherheit entfaltet sich im Zeitablauf in Form eines sich verästelnden Baums. Sei $p_{j_{t+T} \mid j_t}$ die Wahrscheinlichkeit von Zustand j_{t+T} in $t + T$, gegeben dass j_t in t eintritt. Diese Wahrscheinlichkeit ergibt sich aus den Ein-Perioden-Übergangswahrscheinlichkeiten $p_{j_{t+\tau+1} \mid j_{t+\tau}}$ als

$$p_{j_{t+T} \mid j_t} = p_{j_{t+1} \mid j_t}\, p_{j_{t+2} \mid j_{t+1}} \cdots p_{j_{t+T} \mid j_{t+T-1}},$$

wobei die $j_{t+\tau}$'s die Folge von Zuständen sind, die von j_t in j_{t+T} führen. Man beachte, dass

$$p_{j_{t+T} \mid j_t} = p_{j_{t+1} \mid j_t}\, p_{j_{t+T} \mid j_{t+1}}$$

ist. Der Erwartungswert einer Zufallsvariablen x_t mit Realisierung x_{j_t} in Zustand j_t ist

$$E_t(x_{t+T}) = \sum_{j_{t+T} \mid j_t} p_{j_{t+T} \mid j_t}\, x_{j_{t+T}},$$

wobei die Summation über alle Zustände j_{t+T} erfolgt, die Nachfolger des Zustands j_t sind. Das ***Gesetz iterierter Erwartungen*** besagt:

$$E_t[E_{t+1}(x_{t+T})] = E_t(x_{t+T})$$

für alle $T > 1$.

Beweis: Aus der Definition des Erwartungswerts folgt

$$E_t[E_{t+1}(x_{t+T})] = \sum_{j_{t+1}|j_t} p_{j_{t+1}|j_t} \left(\sum_{j_{t+T}|j_{t+1}} p_{j_{t+T}|j_{t+1}} x_{j_{t+T}} \right)$$

oder

$$E_t[E_{t+1}(x_{t+T})] = \sum_{j_{t+1}|j_t} \sum_{j_{t+T}|j_{t+1}} p_{j_{t+1}|j_t} p_{j_{t+T}|j_{t+1}} x_{j_{t+T}}.$$

Gemäß $p_{j_{t+T}|j_t} = p_{j_{t+1}|j_t} p_{j_{t+T}|j_{t+1}}$ entsprechen die Produkte von Wahrscheinlichkeiten auf der rechten Seite den Eintrittswahrscheinlichkeiten von j_{t+T} aus Sicht von t. Die Summation erfolgt über alle Nachfolger j_{t+T} von j_t in $t+T$. Also ist die rechte Seite der Gleichung $E_t(x_{t+T})$. Das beweist das Gesetz iterierter Erwartungen.

Weiterführende Literatur

Das Material in diesem Kapitel ist ein knapper Ausschnitt aus dem Stoff in typischen Mathematik-für-Ökonomen-Lehrbüchern. Zur Ergänzung und Vertiefung bietet sich insbes. SIMON und BLUME (1994) an. Was hier nicht behandelt wird und implizit zugrunde liegt, sind ein Konzept für die Vollständigkeit der reellen Zahlen und eine formale Behandlung von Konvergenz über Metriken und Folgen. Um hier Sicherheit zu gewinnen, bietet es sich an, ein einführendes Mathematikbuch zu studieren, z. B. LANG (1983, Teil 1). Eine systematische Untersuchung von Differenzengleichungen mit ökonomischen Anwendungen findet sich z. B. in GANDOLFO (1996, Teil I). Zu Maximierung in VWL-Modellen s. DIXIT (1990). Einen zugänglichen Einstieg in die Wahrscheinlichkeitstheorie inklusive des Gesetzes der großen Zahlen bietet CHUNG (1974).

Zusammenfassung der Grundüberlegung dieses Kapitels

1. Funktionen setzen eine abhängige Variable in Abhängigkeit zu einer oder mehreren unabhängigen Variablen. Wir betrachten durchwegs stetige und differenzierbare Funktionen.

2. Die Änderung des Funktionswerts bei einer Änderung der unabhängigen Variablen lässt sich durch die Ableitung der Funktion, Differentiale und Elastizitäten charakterisieren.

3. Eine Funktion von einer unabhängigen Variablen erreicht ein lokales Maximum, wenn die erste Ableitung null ist und die zweite Ableitung negativ.

4. Die Inverse einer Funktion von einer unabhängigen Variablen kehrt die Abhängigkeit um und gibt an, welchen Wert die unabhängige Variable annehmen muss, damit ein vorgegebener Wert für die abhängige Variable resultiert.

5. Unsicherheit liegt vor, wenn verschiedene mögliche Umweltzustände mit gegebenen Wahrscheinlichkeiten eintreten. Zufallsvariablen nehmen in verschiedenen Umweltzuständen verschiedene Werte an. Man kann sie durch Erwartungswert, Varianz und Kovarianz beschreiben.

6. Die Wahrscheinlichkeit dafür, dass der Durchschnitt mehrerer Realisierungen einer Zufallsvariablen um nicht mehr als ein beliebig kleines „epsilon“ vom Erwartungswert der Zufallsvariablen abweicht, konvergiert mit wachsender Anzahl von Wiederholungen gegen eins.

Schlüsselbegriffe

Funktion
Differenzengleichung
Funktion von mehreren Variablen
lokal und global
Stetigkeit
Differenzenquotient
Ableitung
partielle Ableitung
Differential
totales Differential
Elastizität
Kettenregel
Produktregel
Quotientenregel
Konvexität und Konkavität
Maximierung
lokales Maximum
Bedingungen erster und zweiter Ordnung
globales Maximum
Umkehrfunktion (Inverse)
geometrische Reihe
Unsicherheit
Wahrscheinlichkeit
Zufallsvariablen
Erwartungswert
Varianz
Standardabweichung
Kovarianz
Unabhängigkeit
Korrelationskoeffizient
Gesetz der großen Zahlen
Gesetz iterierter Erwartungen

Literaturverzeichnis

ACEMOGLU, D. (2002), „Technical Change, Inequality, and the Labor Market“, *Journal of Economic Literature*, 40, 7–72.

AKERLOF, G. (1970), „The Market for Lemons: Quality Uncertainty and the Market Mechanism“, *Quarterly Journal of Economics*, 84, 488–500.

ALESINA, A. und SUMMERS, L. H. (1993), „Central Bank Independence and Macroeconomic Performance: Some Comparative Evidence“, *Journal of Money, Credit and Banking*, 25, 147–162.

ARNOLD, L. (1997), *Wachstumstheorie*, München: Vahlen.

ARNOLD, L. G. (2002), *Business Cycle Theory*, Oxford: Oxford University Press.

ARNOLD, L. G. (2009), „Anything is Possible: on the Existence and Uniqueness of Equilibria in the Shleifer-Vishny Model of Limits of Arbitrage“, *Review of Finance*, 13, 521–553.

ARNOLD, L. G. und RILEY, J. G. (2009), „On the Possibility of Credit Rationing in the Stiglitz-Weiss Model“, *American Economic Review*, 99, 2012–2021.

AUGUST, G., SCHIERECK, D. und WEBER, M. (2000), „Momentumstrategien am deutschen Aktienmarkt: Neue empirische Evidenz zur Erklärung des Erfolgs“, *Kredit und Kapital*, 33, 198–234.

BACHELIER, L. (1900), *Théorie de la Speculation*, Paris: Gauthier-Villars.

BAGEHOT, W. (1873), *Lombard Street: A Description of the Money Market*, London: Henry S. King, Download unter: http://www.econlib.org/library/Bagehot/bagLomCover.html

BANH, M., BUDY, K., CLUSE, M. und CREMER, A. (2011) „Basel III: Modifizierte Kapitalanforderungen im Spiegel der Finanzmarktkrise“, *Deloitte White Paper*, 39, Download unter: http://www.deloitte.com/assets/Dcom-Germany/Local%20Assets/Documents/15_ERS/2010/de_ERS_FRS_Whitepaper39_BaselIII_Jan_2011.pdf

BARBERIS, N. und THALER, R. (2003), „A Survey of Behavioral Finance“, in: Constantinides, G. M., Harris, M. und Stulz, R. M., Hrsg., *Handbook of the Economics of Finance, Vol. 1B*, Amsterdam: North-Holland, 1053–1123.

BARRO, R. J. (1977), „Unanticipated Money Growth and Unemployment in the United States“, *American Economic Review*, 67, 101–115.

BARRO, R. J. (1996), „Inflation and Growth“, *Federal Reserve Bank of St. Louis Review*, 78, Download unter: http://research.stlouisfed.org/publications/review/96/05/9605rb2.pdf

BARRO, R. J. und GORDON, D. B. (1983), „A Positive Theory of Monetary Policy in a Natural Rate Model“, *Journal of Political Economy*, 91, 589–610.

BARRO, R. J. und SALA-I-MARTIN, X. (2003), *Economic Growth*, 2nd Edition, New York: McGraw-Hill.

BELKE, A. und POLLEIT, T. (2007), „How the ECB and the US Fed set interest rates“, *Applied Economics*, 39, 2197–2209.

BERNANKE, B. S. und GERTLER, M. (1995), „Inside the Black Box: The Credit Channel of Monetary Transmission“, *Journal of Economic Perspectives*, 9, 27–48.

BERNHARD, S., HOHMEYER, K., JOZWIAK, E., KOCH, S., KRUPPE, T., STEPHAN, G. und WOLFF, J. (2008), „Aktive Arbeitsmarktpolitik in Deutschland und ihre Wirkungen“, *IAB*

Forschungsbericht, Download unter: http://doku.iab.de/forschungsbericht/2008/fb0208.pdf

BLANCHARD, O. J. (2009), „The Crisis: Basic Mechanisms, and Appropriate Policies", *IMF Working Paper*, 04/221, Download unter: http://www.imf.org/external/pubs/ft/wp/2009/wp0980.pdf

BLANCHARD, O. J. und FISCHER, S. (1989), *Lectures on Macroeconomics*, Cambridge: MIT Press.

BLINDER, A. S. (1994), „On Sticky Prices: Academic Theories Meet the Real World", in: Mankiw, N. G., Hrsg., *Monetary Policy*, Chicago: Chicago University Press, 117–154.

BONIN, H. (2004), „Lockerung des Kündigungsschutzes: Ein Weg zu mehr Beschäftigung?", *IZA Discussion Paper* 1106, Forschungsinstitut zur Zukunft der Arbeit (IZA) Bonn, Download unter: http://ftp.iza.org/dp1106.pdf

BREALEY, R. A. und MYERS, S. C. (1996), *Principles of Corporate Finance*, New York: McGraw-Hill.

BRENKE, K., RINNE, U. und ZIMMERMANN, K. F. (2011), „Short-Time Work: The German Answer to the Great Recession", *IZA Discussion Paper* 5780, Forschungsinstitut zur Zukunft der Arbeit (IZA) Bonn, Download unter: http://ftp.iza.org/dp5780.pdf

BRIAULT, C. (1995), „The costs of inflation", *Bank of England Quarterly Bulletin*, 33–45, Download unter: http://www.bankofengland.co.uk/publications/quarterlybulletin/qb950102.pdf

BRUNO, M. und EASTERLY, W. (1996), „Inflation and Growth: In Search of a Stable Relationship", *Federal Reserve Bank of St. Louis Review*, 78, Download unter: http://research.stlouisfed.org/publications/review/96/05/9605mb.pdf

BRYANT, R. C., HENDERSON, D. W., HOLTHAM, G., HOOPER, P. und SYMANSKY, S. A., Hrsg. (1988), *Empirical Macroeconomics for Interdependent Economies*, Washington: The Brookings Institution.

BULOW, J. und ROGOFF, K. (1989), „Sovereign Debt: Is to Forgive to Forget?", *American Economic Review*, 79, 43–50.

CHUNG, K.-L. (1974), *Elementary Probability Theory with Stochastic Processes*, New York: Springer.

COCHRANE, J. H. (2009), „Fiscal Stimulus, Fiscal Inflation, or Fiscal Fallacies?", Download unter: http://faculty.chicagobooth.edu/john.cochrane/research/papers/fiscal2.htm

CORSETTI, G., PESENTI, P. und ROUBINI, N. (1998a), „What Caused the Asian Currency and Financial Crisis? Part I: A Macroeconomic Overview", *NBER Working Paper*, 6833, Cambridge: National Bureau of Economic Research.

CORSETTI, G., PESENTI, P. und ROUBINI, N. (1998b), „What Caused the Asian Currency and Financial Crisis? Part I: The Policy Debate", *NBER Working Paper*, 6834, Cambridge: National Bureau of Economic Research.

CUKIERMAN, A. (1992), *Central Bank Strategy, Credibility, and Independence: Theory and Evidence*, Cambridge: MIT Press.

DE BONDT, W. F. M. und THALER, R. (1985), „Does the Stock Market Overreact?", *Journal of Finance*, 40, 793–805.

DANTHINE, J.-P. und DONALDSON, J. B. (2005), *Intermediate Financial Theory*, 2nd Edition, Amsterdam: Elsevier.

DE GRAUWE, P. und CAMERMAN, F. (2002) „How Big Are the Big Multinational Companies?", Download unter: http://www.econ.kuleuven.be/ew/academic/intecon/Degrauwe/PDG-papers/Recently_published_articles/How%20big%20are%20the%20big%20multinational%20companies.pdf

DE LONG, J. B. (2000), „The Triumph of Monetarism?“, *Journal of Economic Perspectives*, 14, 83–94.

DE MEZA, D. und WEBB, D. C. (1987), „Too Much Investment: A Problem of Asymmetric Information“, *Quarterly Journal of Economics*, 102, 281–292.

DE PAOLI, B., HOGGARTH, G. und SAPORTA, V. (2006), „Costs of sovereign default“, *Financial Stability Paper*, 1, Bank of England, Download unter: http://www.bankofengland.co.uk/publications/fsr/fs_paper01.pdf

DEWALD, W . G. (2003), „Bond Market Inflation Expectations and Longer-Term Trends in Broad Monetary Growth and Inflation in Industrial Countries, 1880–2001“, *ECB Working Paper*, No. 253, September 2003, Download unter: http://www.ecb.int/pub/pdf/scpwps/ecbwp253.pdf

DIAMOND, D. W. und DYBVIG, P. H. (1983), „Bank Runs, Deposit Insurance, and Liquidity“, *Journal of Political Economy*, 91, 401–419.

DIBA, B. T. und GROSSMAN, H. I. (1988), „The Theory of Rational Bubbles in Stock Prices“, *Economic Journal*, 98, 746–754.

DI TELLA, R., MACCULLOCH, R. J. und OSWALD, A. J. (2001), „Preferences over Inflation and Unemployment: Evidence from Surveys of Happiness“, *American Economic Review*, 91, 335–341.

DIXIT, A. K. (1990), *Optimization in Economic Theory*, Oxford: Oxford University Press.

DOLLAR, D. und KRAAY, A. (2001), „Trade, Growth, and Poverty“, *World Bank, Development Research Group*, Download unter: http://www.worldbank.org/reserach/growth/pdfiles/Trade5.pdf

DOMINGUEZ, K. M., FAIR, R. C. und SHAPIRO, M. D. (1988), „Forecasting the Great Depression: Harvard versus Yale“, *American Economic Review*, 78, 595–612.

DORNBUSCH, R. (1996), „Containing high inflation“, *World Economic Trends*, October-November, 10–18.

DORNBUSCH, R. (2001), „A Primer on Emerging Market Crises“, *NBER Working Paper*, 8326, Cambridge: National Bureau of Economic Research.

EASTERLIN, R. A. (1995), „Will raising the incomes of all increase the happiness of all?“, *Journal of Economic Behavior and Organization*, 27, 35–47.

EICHENGREEN, B. S. und O'ROURKE, K. H. (2009), „A Tale of Two Depressions“, *VoxEU*, 6. April 2009, Download unter: http://www.voxeu.org/index.php?q=node/3421

ELIAS, D. (1999), *DOW 40,000. Strategies for Profiting from the Greatest Bull Market in History*, New York: McGraw-Hill.

EUROPÄISCHE KOMMISSION (1994), „Eine Politik der Industriellen Wettbewerbsfähigkeit für die Europäische Union“, Brüssel: Europäische Kommission.

FAMA, E. F. (2009), „Bailouts and Stimulus Plans“, Fama/French Forum, Download unter: http://www.dimensional.com/famafrench/2009/01/bailouts-and-stimulus-plans.html

FAZZARI, S. M., HUBBARD, R. G. und PETERSEN, B. C. (1988), „Financing Constraints and Corporate Investment“, *Brookings Papers on Economic Activity*, 141–195.

FEHR, E. und GÄCHTER, S. (2008) „Wage Differentials in Experimental Efficiency Wage Markets“, in: Plott, C. R. und Smith, V. L., Hrsg.: *Handbook of Experimental Economics Results, Volume 1*, Amsterdam: North-Holland, 120–126.

FISHER, I. (1933), „The Debt-Deflation Theory of Great Depressions“, *Econometrica*, 1, 337–357.

FLANAGAN, R. J. (1999), „Macroeconomic Performance and Collective Bargaining: An International Perspective“, *Journal of Economic Literature*, 37, 1150–1175.

FLEMING, J. M. (1962), „Domestic Financial Policies under Fixed and under Floating Exchange Rates“, *IMF Staff Papers*, 9, 369–379.

FRANKEL, J. A., SCHMUKLER, S. und SERVEN, S. (2002), „Verifiability and the Vanishing Intermediate Exchange Rate Regime", in: Collins, S. M. und Rodrik, D., Hrsg., *Brookings Trade Forum*, The Brookings Institution. Download unter: http://muse.jhu.edu/demo/btf/v2000/2000.1frankel01.pdf

FRANZ, W. (2006), *Arbeitsmarktökonomik*, 6. Auflage, Berlin: Springer.

FREEMAN, R. B. (1995), „Are Your Wages Set in Beijing?", *Journal of Economic Perspectives*, 9, 15–32.

FREIXAS, X. und ROCHET, C. (1997), *Microeconomics of Banking*, Cambridge: MIT Press.

FRENKEL, M. und JOHN, K. D. (2011), *Volkswirtschaftliche Gesamtrechnung*, 7. Auflage, München: Vahlen.

FRIEDMAN, M. (1968), „The Role of Monetary Policy", *American Economic Review*, 58, 1–17.

FRIEDMAN, M. (1992), *Money Mischief: Episodes in Monetary History*, New York: Harcourt, Brace Jovanovich.

FRYER, D. (1995), „Unemployment – A Mental Health Issue", *The Jobs Letter*, 24, 9.9.1995, Download unter: http://www.jobsletter.org.nz/jbl02410.htm

GANDOLFO, G. (1996), *Economic Dynamics*, 3rd Edition, Berlin: Springer.

GANS, J. S. und SHEPHERD, G. B. (1994), „How Are the Mighty Fallen: Rejected Classic Articles by Leading Economists", *Journal of Economic Perspectives*, 8, 165–179.

GARBER, P. M. (1990), „Famous First Bubbles", *Journal of Economic Perspectives*, 4, 35–54.

GELOS, R. G., SAHAY, R. und SANDLERIS, G. (2004), „Sovereign borrowing by developing countries: What determines market access?", *IMF Working Paper*, 04/221, Download unter: http://imf.org/external/pubs/ft/wp/2004/wp04221.pdf

GOETZMANN, W. N. (2005), „Paying in Paper. A Government Voucher from the Southern Song", in: Goetzmann, W. N. und Rouwenhorst, K. G., Hrsg., *The Origins of Value. The Financial Innovations that Created Modern Capital Markets*, Oxford: Oxford University Press, 91–103.

GOGOL, N. (1842/2003), *Die toten Seelen*, Frankfurt: Insel Verlag.

GOOLSBEE, A. (1998), „Does Government R&D Policy Mainly Benefit Scientists and Engineers?", *American Economic Review*, 88, 298–302.

GÖRGENS, E., RUCKRIEGEL, K. und SEITZ, F. (2008), *Europäische Geldpolitik: Theorie, Empirie, Praxis*, 5. Auflage, Düsseldorf: Werner Verlag.

GROSSMAN, S. und STIGLITZ, J. E. (1980), „On the Impossibility of Informationally Efficient. Markets", *American Economic Review*, 70, 393–408.

HARMS, P. (2008), *Internationale Makroökonomik*, Tübingen: Mohr-Siebeck.

HESSE, H. (1943/1996), *Das Glasperlenspiel*, Frankfurt: suhrkamp.

HICKS, J. R. (1937), „Mr. Keynes and the Classics: A Suggested Interpretation", *Econometrica*, 5, 147–159.

HILLIER, B. (1997), *The Economics of Asymmetric Information*, London: Macmillan.

HOLTEMÖLLER, O. (2008), *Geldtheorie und Geldpolitik*, Tübingen: Mohr-Siebeck.

HOMER (8. Jhdt. v. Chr./2006), *Odyssee*, Download unter: http://www.digbib.org/Homer_8JHvChr/De_Odyssee_.pdf

HORGAN, J. (1997), *The End of Science: Facing the Limits of Knowledge in the Twilight of the Scientific Age*, New York: Broadway Books.

HSEE, C. K., YANG, S. Y., LI, N. und SHEN, L. (2009), „Wealth, Warmth and Well-Being: Whether Happiness is Relative or Absolute Depends on Whether It Is About Money, Acquisition or Consumption", *Journal of Marketing Research*, 46, 396–409.

HÜFNER, F. P. und SCHRÖDER, M. (2002) „Prognosegehalt von ifo-Geschäftserwartungen und ZEW-Konjunkturerwartungen: Ein ökonometrischer Vergleich“, *Jahrbücher für Nationalökonomie und Statistik*, 222, 316–336.

ILLING, G. (1997), *Theorie der Geldpolitik – Eine spieltheoretische Einführung*, Berlin: Springer.

JEGADEESH, N. und TITMAN, S. (1993), „Returns to Buying Winners and Selling Losers: Implications for Stock Market Efficiency“, *Journal of Finance*, 48, 65–91.

JENSEN, M. C. (1978), „Some Anomalous Evidence Regarding Market Efficiency“, *Journal of Financial Economics*, 6, 95–102.

JENSEN, M. C. (1986), „Agency Costs of Free Cash Flow, Corporate Finance and Takeovers“, *American Economic Review*, 76, 323–329.

JERGER, J. und LANDMANN, O. (2002), „Lohnpolitik und Beschäftigung – Debatte ohne Ende?“, *Perspektiven der Wirtschaftpolitik*, 3, 207–224.

JEVONS, W. S. (1884), *Investigations in Currency and Finance*, London: Macmillan.

JONES, C. I. (1995), „Time Series Tests of Endogenous Growth Models“, *Quarterly Journal of Economics*, 110, 495–525.

JONES, C. I. (1998), *Introduction to Economic Growth*, New York: W. W. Norton.

KADLEC, C. W. (1999), *DOW 100,000. Fact or Fiction*, New Jersey: Prentice-Hall.

KASHYAP, A. K., STEIN, J. C. und WILCOX, D. W. (1993), „Monetary Policy and Credit Conditions: Evidence from the Composition of External Finance“, *American Economic Review*, 83, 78–98.

KENEN, P. B. (1995), *Economic and Monetary Union in Europe: Moving Beyond Maastricht*, Cambridge: Cambridge University Press.

KEYNES, J. M. (1933), „National Self-Sufficiency“, *The Yale Review*, 22, 755–769, Download unter: http://www.mtholyoke.edu/acad/intrel/interwar/keynes.htm

KEYNES, J. M. (1936), *The General Theory of Employment, Interest and Money*, London: Macmillan.

KHAN, M. S. und SENHADJI, A. S. (2001), „Threshold Effects in the Relationship Between Inflation and Growth“, *IMF Staff Papers*, 48, 1–21, Download unter: http://www.imf.org/External/Pubs/FT/staffp/2001/01a/pdf/khan.pdf

KINDLEBERGER, C. P. und ALIBER, R. (2005), *Manias, Panics, and Crashes. A History of Financial Crises*, 5th Edition, Hoboken: John Wiley & Sons.

KLEIN, N. (2002), *No Logo*, 6. Auflage, München: Goldmann.

KRUGMAN, P. R. (1990), *The Age of Diminished Expectations*, Cambridge: MIT Press.

KRUGMAN, P. R. (1994), „The Myth of East Asia's Miracle“, Download unter: http://www.pkarchive.org/trade/myth.html

KRUGMAN, P., OBSTFELD, M. und MELITZ, M. (2011), *Internationale Wirtschaft: Theorie und Politik der Außenwirtschaft*, 9. Auflage, München: Pearson Studium.

KYDLAND, F. und PRESCOTT, E. C. (1977), „Rules rather than discretion: The inconsistency of optimal plans“, *Journal of Political Economy*, 85, 473–490.

LANG, S. (1983), *Undergraduate Analysis*, Berlin: Springer.

LAEVEN, L. und VALENCIA, F. (2008), „Resolution of Banking Crises: The Good, the Bad, and the Ugly“, *IMF Working Paper*, 10/146, Download unter: http://www.imf.org/external/pubs/ft/wp/2010/wp10146.pdf

LAYARD, R., NICKELL, S. und JACKMAN, R. (1991), *Unemployment: Macroeconomic Performance and the Labour Market*, Oxford: Oxford University Press.

LEONARD, G. und STOCKMAN, A. C. (2001), „Current Accounts and Exchange Rates: A New Look at the Evidence“, *NBER Working Paper*, 8361, Cambridge: National Bureau of Economic Research.

LEVINE, R. und RENELT, D. (1992), „ A Sensitivity Analysis of Cross-Country Growth Regressions", *American Economic Review*, 82, 942–963.

LEVY, D., BERGEN, M., DUTTA, S. und VENABLE, R. (1997), „The Magnitude of Menu Costs: Direct Evidence From Large U.S. Supermarket Chains", *Quarterly Journal of Economics*, 112, 791–825.

LIANG, Y., RAMCHANDER, S. und SHARMA, J. L. (1995), „The Performance of Stocks: Professional versus Dartboard Picks", *Journal of Financial and Strategic Decisions*, 8, 55–63.

LINDBECK, A. (1993), *Unemployment and Macroeconomics*, Cambridge: MIT Press.

LUCAS, R. E., JR. (1972), „Expectations and the Neutrality of Money", *Journal of Economic Theory*, 4, 103–124.

LUCAS, R. E., JR. (1977), „Understanding Business Cycles", in Brunner, K. und Meltzer, A., Hrsg., *Stabilization of the Domestic and International Economy*, Amsterdam: North-Holland, 7–29.

MADDISON, A. (2001), *The World Economy: A Millenial Perspective*, OECD Development Center Studies, Paris: OECD.

MALKIEL, B. G. (1973), *A Random Walk Down Wall Street*, New York: W. W. Norton.

MANKIW, N. G. (2006), *Macroeconomics*, 6th Edition, New York: Worth Publishers.

MANSFIELD, E. (1985), „How Rapidly Does New Technology Leak Out?", *Journal of Industrial Economics*, 34, 217–223.

MAS-COLELL, A., WHINSTON, M. D. und GREEN, J. R. (1995), *Microeconomic Theory*, Oxford: Oxford University Press.

MCDONALD, I. M. und SOLOW, R. M. (1981), „Wage Bargaining and Employment", *American Economic Review*, 71, 896–908.

MEADOWS, D. H. et al. (1972), *The Limits to Growth: A Report for the Club of Rome's Project on the Predicament of Mankind*, New York: Universe Books.

MEESE, R. A. und ROGOFF, K. (1983), „Empirical Exchange Rate Models of the Seventies: Do They Fit Out of Sample?", *Journal of International Economics*, 14, 3–24.

MILESI-FERRETTI, G. M. und LANE, P. R. (2006), „The External Wealth of Nations Mark II: Revised and Extended Estimates of Foreign Assets and Liabilities, 1970–2004", *IMF Working Paper*, 06/69, Download unter: http://www.imf.org/external/pubs/cat/longres.cfm?sk=18942.0

MILL, J. S. (1848/1965), *Principles of Political Economy, Vol. IV*, Toronto: University of Toronto Press.

MINSKY, H.P. (1994) „The Financial Instability Hypothesis", in: Arestis, P. und Sawyer, M., Hrsg., *The Elgar Companion to Radical Political Economy*, Aldershot: Edward Elgar, 153–158, Download unter: http://www.levy.org/pubs/wp74.pdf

MISHKIN, F. S. (1982), „Does Anticipated Money Matter? An Econometric Investigation", *Journal of Political Economy*, 90, 22–51.

MODIGLIANI, F. und MILLER, M. H. (1958), „The Cost of Capital, Corporation Finance, and the Theory of Investment", *American Economic Review*, 48, 261–297.

MUNDELL, R. (1961), „The International Disequilibrium System", *Kyklos*, 14, 154–227.

MUNDELL, R. (1963), „Capital Mobility and Stabilization Policy under Fixed and Flexible Exchange Rates", *Canadian Journal of Economics and Political Science*, 29, 475–485.

MUSSA, M. (1998), „The Effects of International Policy", in: Fuhrer, J. C. und Schuh, S., Hrsg., *Beyond Shocks: What Causes Business Cycles? Federal Reserve Bank of Boston Conference Series No. 42*, Download unter: http://www.bos.frb.org/economic/conf/conf42/con42_22.pdf

MUSSA, M., MASSON, P., SWOBODA, A., JADRESIC, E., MAURO, P. und BERG, A. (2002), „Exchange Rate Regimes in an Increasingly Integrated World Economy", *IMF Occasional Paper*, 193. Download unter: http://www.imf.org/external/pubs/ft/op/193/

MYERS, S. C. (1977), „Determinants of Corporate Borrowing", *Journal of Financial Economics*, 5, 147–175.

MYERS, S. C. und MAJLUF, N. S. (1984), „Corporate Financing and Investment Decisions when Firms have Information that Investors Do Not Have", *Journal of Financial Economics* 13, 187–221.

NEUMARK, D. und WASCHER, W. (2004), „Minimum Wages, Labor Market Institutions, and Youth Employment: A Cross-National Analysis", *Industrial and Labor Relations Review*, 57, 223–248.

NEUMARK, D. und WASCHER, W. L. (2008), *Minimum Wages*, Cambridge: MIT Press.

NICKELL, S., NUNZIATA, L. und OCHEL, W. (2005), „Unemployment in the OECD Since the 1960s. What Do We Know?", *Economic Journal*, 115, 1–27.

NIERHAUS, W. (2004), „Wirtschaftswachstum in den VGR: Zur Einführung der Vorjahrespreisbasis in der deutschen Statistik", *ifo Schnelldienst* 57, 28–34, Download unter: http://www.cesifo-group.de/pls/portal/docs/PAGE/IFOCONTENT/NEUESEITEN/PUBL/ZEITSCHRIFTEN/ZS-SD/ZS-SD-ABSTRACTS-CONTAINER/IFO_SCHNELLDIENST_2004_ENGLISH/IFOSD_2004_5_4.PDF

NORTH, D. (1990), *Institutions, Institutional Change, and Economic Performance*, Cambridge: Cambridge University Press.

OBSTFELD, M. und ROGOFF, K. (1995), „The mirage of fixed exchange rates", *Journal of Economic Perspectives*, 9, 73–96.

OBSTFELD, M. und ROGOFF, K. (1996), *Foundations of International Macroeconomics*, Cambridge: MIT Press.

OECD (2005), „OECD Code of Liberalisation of Capital Movements", Paris: OECD, Download unter: http://www.oecd.org/dataoecd/10/62/4844455.pdf

OKUN, A. (1971), „The Mirage of Steady Inflation", *Brookings Papers on Economic Activity*, 435–498.

OLINER, S. D. und RUDEBUSCH, G. D. (1996), „Monetary Policy and Credit Conditions: Evidence from the Composition of External Finance: Comment", *American Economic Review*, 86, 300–309.

PENCAVEL, J. (1986), „Labour Supply of Men: A Survey", in: Ashenfelter, O. und Layard, R., Hrsg., *Handbook of Labour Economics, Vol. 1*, Amsterdam: North-Holland, 3–102.

PHILLIPS, A. W. (1958), „The Relation between Unemployment and the Rate of Change of Money Wages in the United Kingdom, 1886–1957", *Economica*, 25, 283–299.

PHELPS, E. S. (1970), *Microeconomic Foundations of Employment and Inflation Theory*, New York: W.W. Norton.

PITCHFORD, J. D. (2002), „Trevor Swan's 1956 Economic Growth 'Seminar' and Notes on Growth", *Economic Record*, 78, 381–387.

PETERSEN, M. A. und RAJAN, R. G. (1994), „The Benefits of Lending Relationships: Evidence from Small Business Data", *Journal of Finance*, 49, 3-37.

REINHART, C. M. (2000), „The Mirage of Floating Exchange Rates", *American Economic Review (Papers and Proceedings)*, 90, 65–70.

REINHART, C. M. und ROGOFF, K. (2008), „This Time is Different: A Panoramic View of Eight Centuries of Financial Crises", *NBER Working Paper*, 13882, Cambridge: National Bureau of Economic Research.

ROCHET, J.-C. (2008), *Why Are There So Many Banking Crises? The Politics and Policy of Bank Regulation*, Princeton: Princeton University Press.

ROGOFF, K. (1996) „The Purchasing Power Parity Puzzle“, *Journal of Economic Literature*, 34, 647–668.

ROMER, D. (2000), „Keynesian Macroeconomics without the LM Curve“, *Journal of Economic Perspectives*, 14, 149–169.

ROMER, P. M. (1990), „Endogenous Technological Change“, *Journal of Political Economy*, 98, S71-S102.

SALA-I-MARTIN, X. (1997), „I Just Ran Two Million Regressions“, *American Economic Review (Papers and Proceeedings)*, 87, 178–183.

SAMUELSON, P. A. (1952), „Economic Theory and Mathematics – An Appraisal“, *American Economic Review (Papers and Proceedings)*, 42, 56–66, Download unter: http://cowles.econ.yale.edu/P/cp/p00b/p0061.pdf

SAMUELSON, P. A. und SOLOW, R. M. (1960), „Analytical Aspects of Anti-Inflation Policy“, *American Economic Review*, 50, 177–194.

SARGENT, T. J. und WALLACE, N. (1975), „‘Rational’ Expectations, the Optimal Monetary Instrument and the Optimal Money Supply Rule“, *Journal of Political Economy*, 83, 241–254.

SAY, J. B. (1803), *Traité d’economie politique*, Download unter: http://www.uqac.uquebec.ca/zone30/Classiques_des_sciences_sociales/livres/say_jean_baptiste/traite_eco_pol/traite_eco_pol.html

SCHETTKAT, R. (2003), „Differences in US-German Time-Allocation: Why Do Americans Work Longer Hours Than Germans?“, *IZA Discussion Paper* 697, Forschungsinstitut zur Zukunft der Arbeit (IZA) Bonn, Download unter: www.iza.org

SCHNEIDER, F. (2002), „The Size and Development of the Shadow Economies and Shadow Economy Labor Force of 22 Transition and 21 OECD Countries: What Do We Really Know?“, Beitrag zur Konferenz *Unofficial Activities in Transition Countries: Ten Years of Experience, Institute of Public Finance*, Zagreb, 18.-19. Oktober 2002, Download unter: http://www.ijf.hr/eng/UE%202002/schneider.pdf

SCHUMPETER, J. A. (1942/1946), *Kapitalismus, Sozialismus und Demokratie*, 3. Auflage, München: Franke.

SCHWEIZER, U. (1999), *Vertragstheorie*, Tübingen: Mohr-Siebeck.

SHILLER, R. J. (1981), „Do Stock Prices Move Too Much to be Justified by Subsequent Changes in Dividends?“, *American Economic Review*, 71, 421–436.

SHLEIFER, A. (2000), *Inefficient Markets*, Oxford: Oxford University Press.

SHLEIFER, A. und VISHNY, R. W. (2000), „The Limits of Arbitrage“, *Journal of Finance*, 52, 35–55.

SIMON, C. P. und BLUME, L. E. (1994), *Mathematics for Economists*, New York: W. W. Norton.

SINN, H.-W. (2005), „Basar-Ökonomie Deutschland – Exportweltmeister oder Schusslicht?“, *ifo Schnelldienst*, 58, 3–42, Download unter: http://www.cesifo-group.de/portal/page/portal/ifoHome/B-politik/90spezial/Exportboom

SINN, H.-W. und WOLLMERSHÄUSER, T. (2011), „Target-Kredite, Leistungsbilanzsalden und Kapitalverkehr: Der Rettungsschirm der EZB“, *ifo Working Paper*, 105, Download unter: http://www.cesifo-group.de/portal/page/portal/ifoHome/B-politik/90spezial/Target

SOLNICK, S. J. und HEMENWAY, D. (1998), „Is more always better? A survey on positional concerns“, *Journal of Economic Behavior and Organization*, 37, 373–383.

SOLOW, R. M. (1956), „A Contribution to the Theory of Economic Growth“, *Quarterly Journal of Economics*, 70, 65–94.

SOLOW, R. M. (1979), „Another Possible Source of Wage Stickiness“, *Journal of Macroeconomics*, 1, 79–82.

SOLOW, R. M. (1997), „Is There a Core of Usable Macroeconomics We Should All Believe In?“, *American Economic Review (Papers and Proceedings)*, 87, 230–232.

STIGLITZ, J. E. (1969), „A Re-Examination of the Modigliani-Miller Theorem“, *American Economic Review*, 59, 784–793.

STIGLITZ, J. E. und WEISS, A. (1981), „Credit Rationing in Markets with Imperfect Information“, *American Economic Review*, 71, 393–410.

SWAN, T. W. (1956), „Economic Growth and Capital Accumulation“, *Economic Record*, 32, 334–361.

TAYLOR, J. B. (1993), „Discretion versus Policy in Practice“, *Carnegie-Rochester Series on Public Policy*, 39, 195–214.

TAYLOR, J. B., Hrsg. (1999), *Monetary Policy Rules. A NBER Conference Report*, Chicago: Chicago University Press.

THOMAS, L. B., JR. (1999), „Survey Measures of U.S. Inflation“, *Journal of Economic Perspectives*, 13, 125–144.

UHLIG, H. (1996), „A law of large numbers for large economies“, *Economic Theory* 8, 41-50.

VAN DE MIEROOP, M. (2005), „The Invention of Interest. Sumerian Loans“, in: Goetzmann, W. N. und Rouwenhorst, K. G., Hrsg., *The Origins of Value. The Financial Innovations that Created Modern Capital Markets*, Oxford: Oxford University Press, 17–30.

VON GLAHN, R. (2005), „The Origins of Paper Money in China“, in: Goetzmann, W. N. und Rouwenhorst, K. G., Hrsg., *The Origins of Value. The Financial Innovations that Created Modern Capital Markets*, Oxford: Oxford University Press, 65–89.

VON KALCKREUTH, U. (2001), „Monetary Transmission in Germany: New Perspectives on Financial Constraints and Investment Spending“, *European Central Bank Working Paper*, 109, Download unter: http://www.ecb.int/pub/wp/ecbwp109.pdf

WALSH, C. E. (2003), *Monetary Theory and Policy*, 2nd Edition, Cambridge: MIT Press.

WINKELMANN, L. und WINKELMANN, R. (1998), „Why Are the Unemployed So Unhappy? Evidence from Panel Data“, *Economica*, 65, 1–15.

WOLFE, T. (1987), *Bonfire of Vanities*, New York: Farrar, Straus & Giroux.

WOODFORD, M. (2003), *Interest and Prices. Foundations of a Theory of Monetary Policy*, Princeton: Princeton University Press.

YELLEN, J. L. (1984), „Efficiency Wage Models of Unemployment“, *American Economic Review (Papers and Proceedings)*, 74, 200–205.

Übungsaufgaben

Kapitel I

Wiederholungsfragen

1. Wie ist das nominale BIP definiert?
2. Wie sind das reale BIP zu Vorjahrespreisen und das reale BIP-Wachstum definiert?
3. Wie teilt man das BIP von der Verwendungsseite her auf?
4. Wie geht die Verteilungsrechnung vor?
5. Warum betreibt man Makroökonomik anhand mathematischer Modelle?
6. Was ist der Unterschied zwischen Makroökonomik und Mikroökonomik?

Aufgabe I.1 Berechnung des BIPs

Produkt	1	2	3	4
Menge	1 Mrd.	100 Mio.	20 Mio.	5 Mio.
VL	100	1.000		
P 1	300	6.000	5.000	50.000
P 2	550		10.000	120.000
P 3	750		25.000	
P 4	900		30.000	

Betrachten Sie eine Ökonomie, die vier Produkte herstellt. Die oben stehende Tabelle macht Angaben über die hergestellten Mengen, die pro Stück importierten Vorleistungen in Euro (VL) und den Preis nach Fertigungsstufe i in Euro (P i). Der Wert nach der letzten Fertigungsstufe ist der Marktpreis.
(a) Berechnen Sie das BIP als Wert aller hergestellten Güter und Dienstleistungen abzüglich importierter Vorleistungen. (Hinweis: Rechnen Sie nicht mit vielen Nullen, sondern benutzen Sie die Tatsache, dass 1 Mio. $\cdot$1.000 = 1 Mrd. ist.)
(b) Fertigen Sie eine Tabelle an, in der Sie für jedes der vier Produkte und für jede Fertigungsstufe die Wertschöpfung pro Stück eintragen. Fertigen Sie eine weitere Tabelle an, in der Sie für jedes der vier Produkte und für jede Fertigungsstufe die gesamte Wertschöpfung eintragen. Ermitteln Sie das BIP als Summe der gesamten Wertschöpfung in der Ökonomie. Vergleichen Sie das Ergebnis mit dem aus Aufgabenteil (a).

Aufgabe I.2 BIP-Wachstum und Inflation

Betrachten Sie eine Zwei-Güter-Ökonomie, deren Produktion in den Jahren 2011 und 2012 durch die unten stehende Tabelle beschrieben wird.

Jahr	p_1	y_1	p_2	y_2
2011	1	100	2	50
2012	1,05	94	2,02	56,09

(a) Wie hoch sind die nominalen BIPs Y^n in 2011 und 2012? Wie hoch ist das Wachstum des nominalen BIPs 2012?
(b) Wie hoch ist das reale BIP auf Vorjahrespreisbasis Y in 2012? Wie hoch ist das reale BIP-Wachstum?
(c) Nehmen Sie nun an, die Produktionsmengen des Jahres 2011 werden zum repräsentativen Warenkorb erklärt. Wie hoch sind die Preise dieses Warenkorbes 2011 und 2012? Welche Inflationsrate ergibt sich folglich aus dem Verbraucherpreisindex?
(d) Bei der Ermittlung des Verbraucherpreisindex in Aufgabenteil (c) hält man die Mengen (den Warenkorb) des Basisjahres konstant. So ermittelte Indizes nennt man Laspeyres-Indizes. Bei so genannten Paasche-Indizes vergleicht man dagegen den Wert des aktuellen Warenkorbs zu aktuellen und zu Vorjahrespreisen. Was kostet das Konsumbündel 2012 zu 2011er- und zu 2012er-Preisen?
(e) Das betrachtete Beispiel illustriert, warum Laspeyres-Indizes tendenziell höhere Inflationsraten ausweisen als Paasche-Indizes. Warum?

Aufgabe I.3

Betrachten Sie weiter die Ökonomie aus Übungsaufgabe I.2.

Jahr	p_1	y_1	p_2	y_2	nom. BIP	reales BIP	nom. BIP-Wachstum	reales BIP-Wachstum	Preisanstieg	Kettenindex	BIP-Deflator
2011	1	100	2	50		/	/	/	/	100	100
2012	1,05	94	2,02	56,09							
2013	1,1	100	2,1	57							
2014	1,15	110	2,25	58							
2015	1,2	120	2,4	60	288	273	12,06%	6,23%	5,83%	120,20	120,87

Komplettieren Sie die Tabelle (Hinweis: gehen Sie spaltenweise, nicht zeilenweise vor). Runden Sie Prozentzahlen dabei auf zwei Nachkommastellen.

Aufgabe I.4 BIP 2010

(a) Im Jahr 2010 betrugen das nominale BIP € 2.476,80 Mrd., der private Konsum € 1.423,02 Mrd., der Staatskonsum € 488,77 Mrd., die Investitionen € 429,56 Mrd., die Exporte € 1.159,80 Mrd. und die Importe € 1.024,35 Mrd. (s. www.destatis.de). Reproduzieren Sie die Tabelle zur Verwendungsrechnung in Kasten I.4 für 2010.
(b) Weiter betrugen 2010 der Saldo der Primäreinkommen aus dem Ausland € 45,95 Mrd., die Abschreibungen € 376,69 Mrd., die Produktionsabgaben abzüglich Subventionen € 248,22 Mrd. und die Arbeitnehmerentgelte € 1.262,87 Mrd. (s. www.destatis.de). Reproduzieren Sie die Tabelle zur Verteilungsrechnung in Kasten I.5 für 2010.

Aufgabe I.5

Gehen Sie auf der Website des Statistischen Bundesamts (www.destatis.de) über „Volkswirtschaftliche Gesamtrechnungen" und „Inlandsprodukt" zu „Wichtige gesamtwirtschaftliche Größen". Reproduzieren Sie für ein anderes Jahr als 2010 oder 2011 die Tabellen in den Kästen I.4 und I.5. (Hinweis 1: Die Größe „Investitionen" der Tabelle in Kasten I.4 ist die Summe von „Bruttoanlageinvestitionen" und „Vorratsveränderungen und Nettozugang an Wertsachen". Hinweis 2: Mit den Angaben aus der hier angesprochenen Tabelle lassen sich Abschreibungen und Produktions- und Importabgaben abzüglich Subventionen nicht voneinander trennen. Sie finden die Abschreibungen, indem Sie auf www.destatis.de erst „Volkswirtschaftliche Gesamtrechnungen", dann „Inlandsprodukt" und dann „Tabellen" klicken in der Tabelle „Nationaleinkommen, Verfügbares Einkommen und Finanzierungssaldo".)

Aufgabe I.6 Statistischer Überhang

(a) Die folgende Tabelle gibt das reale BIP für zwei aufeinander folgende Jahre quartalsweise für die Quartale I-IV an. Berechnen Sie die jährlichen realen BIPs und die Wachstumsrate 2012.

Jahr	I	II	III	IV	Summe
2011	100	101	102	103	
2012	103	103	103	103	

(b) Verfahren Sie analog wie in Aufgabenteil (a) für die Angaben in der unten stehenden Tabelle.

Jahr	I	II	III	IV	Summe
2011	106	105	104	103	
2012	103	103	103	103	

(c) Das Quartals-BIP ist jeweils über das Jahr 2012 konstant im Vergleich zum letzten Quartal 2011. Interpretieren Sie vor diesem Hintergrund die berechneten Wachstumsraten.

Aufgabe I.7

(a) Nennen Sie zehn Länder. Schätzen Sie, wie hoch gerade die jeweiligen nationalen BIPs pro Kopf kaufkraftbereinigt sind.
(b) Gehen Sie auf der WEO-Website www.imf.org über „Data and Statistics" zur aktuellen „World Economic Outlook Database". Überprüfen Sie Ihre Schätzung (klicken Sie die genannten Länder an, und laden Sie für das aktuelle Jahr das „Gross domestic product based on purchasing-power-parity (PPP) per capita" herunter.

Aufgabe I.8

Informieren Sie sich über die Entwicklung der Verbraucherpreise im Euro-Raum in den vergangenen drei Jahren, indem Sie auf der EZB-Website www.ecb.int über „Statistics" und „Prices, output, demand and labour" die Informationen zum harmonisierten Verbraucherpreisindex (HICP) aufrufen.

Kapitel II

Wiederholungsfragen

1. Das Wachstum welcher makroökonomischen Größe ist ausschlaggebend für steigende materielle Lebensstandards? Warum?
2. Wie hoch ist die Wachstumsrate der Arbeitsproduktivität ungefähr in langjährigen Mitteln? Nach welcher Faustregel kann man die Zeit berechnen, die eine Verdoppelung einer Variablen dauert, die mit einer Rate von $x\%$ wächst?
3. Listen Sie die Annahmen des Solow-Modells auf. Leiten Sie daraus eine Differenzengleichung in $Y_t/(A_t L_t)$ her. Beantworten Sie mit Hilfe dieser Differenzengleichung die Fragen: Wie schnell wächst auf lange Sicht die Arbeitsproduktivität? Wachstum welcher Größe ist auf lange Sicht allein entscheidend für das Tempo des Wachstumsprozesses?
4. Wie kommt technischer Fortschritt im Solow-Modell zustande? Wie kommt er in Wirklichkeit zustande?
5. Wie gehen Wachstumsregressionen vor? Wie sind die erzielten Ergebnisse zu interpretieren?
6. Wo sollte Wachstumspolitik ansetzen? Warum ist die Beschleunigung des Produktivitätswachstum eine schwierige und allenfalls langfristig realisierbare Aufgabe?
7. Ist mehr Wachstum auf jeden Fall besser als weniger Wachstum? Was spricht dagegen?
8. Wovon hängt es ab, ob der Wachstumsprozess fortdauert? Kann ein Wachstumsmodell die Frage beantworten, ob der Wachstumsprozess andauern wird?

Aufgabe II.1 Arbeitsproduktivität

In Deutschland lebten im Jahr 2010 81,7 Millionen Menschen. Es wurden rund 57,43 Mrd. Stunden Arbeit geleistet. Ein vollzeitbeschäftigter Arbeitnehmer arbeitete durchschnittlich 1.668 Stunden. Berechnen Sie mit Hilfe der Angabe aus Aufgabe I.4 (a) das BIP pro Kopf der Bevölkerung, (b) das BIP pro Vollzeitstelle und (c) das BIP pro Arbeitsstunde (d. h. die Arbeitsproduktivität).

Aufgabe II.2 Prozent versus Prozentpunkte

(a) Angenommen, das Wachstum des BIPs verlangsamt sich von 3% jährlich auf 2% jährlich. Um wie viel Prozentpunkte ist es gesunken? Um wie viel Prozent ist es gesunken?
(b) Angenommen, die Inflationsrate steigt von 2% auf 4%. Wie viel Prozentpunkte und wie viel Prozent sind das?

Aufgabe II.3 Rechnen mit Wachstumsraten

Wächst eine Variable y_t (z. B. die Arbeitsproduktivität) beginnend in $t = 0$ im Zeitablauf mit der gleich bleibenden Rate g_y, dann gilt:

$$y_t = y_0(1 + g_y)^t.$$

(a) Eine Variable (z. B. die Arbeitsproduktivität) hat im Zeitpunkt $t = 0$ den Wert $y_0 = 14$ und wächst pro Periode mit 3,2%. Welchen Wert y_{27} hat sie nach 27 Perioden?
(b) Nach welcher Zeit t nimmt die Variable den Wert $y_t = 46{,}34$ an?
(c) Wie hoch müsste g_y sein, damit der Wert $y_t = 46{,}34$ bereits nach der Hälfte der in Aufgabenteil (b) ermittelten Zeit erreicht wird?
(d) Wenn y_t bis $t = 105$ von $y_0 = 14$ auf $y_{105} = 112$ steigt, wie hoch ist dann die Wachstumsrate g_y?

Aufgabe II.4

Geben Sie ausgehend von

$$y_t = y_0(1 + g_y)^t$$

allgemein an:
(a) Nach welcher Zeit t ein gegebener Wert y_t erreicht ist.
(b) Nach welcher Zeit sich y_t um den Faktor X erhöht hat.
(c) Wie hoch die Wachstumsrate g_y sein muss, damit ein gegebener Wert y_t nach gegebener Zeit t erreicht wird.
(d) Wie hoch die Wachstumsrate g_y sein muss, damit y_t bis t um den Faktor X wächst.

Aufgabe II.5

In Abschnitt II.2 wurde die Näherung „Eine Verdoppelung dauert bei x% Wachstum $70/x$ Jahre" genannt. Berechnen Sie (auf drei Nachkommastellen), um diese Näherung zu überprüfen:
(a) Wie viel Wachstum bedeutet 1% jährlich für 70 Jahre? 2% jährlich für 35 Jahre (hier auf vier Nachkommastellen)? 5% für 14 Jahre? 7% für 10 Jahre? 10% für 7 Jahre?
(b) Geben Sie jeweils an, um wie viel Prozent das Ergebnis aus Aufgabenteil (a) von der Näherung 2 abweicht.
(c) Nach welcher Formel kann die genaue Zeit t, die eine Verdoppelung bei Wachstumsrate x% in Anspruch nimmt, berechnet werden? Lösen Sie diese Formel nach t auf.
(d) Berechnen Sie mit der Formel aus Aufgabenteil (c) die genauen Verdoppelungszeiten bei jährlichen Wachstumsraten von 1%, 2%, 5%, 7% und 10%.

Aufgabe II.6

(a) Angenommen, das BIP fällt drei Jahre lang um 10% und steigt anschließend für drei Jahre um 10%. Um wie viel hat es sich nach diesen sechs Jahren verändert?
(b) Wie hoch müsste das Wachstum in den zweiten drei Jahren durchschnittlich sein, damit nach sechs Jahren das BIP wieder genauso hoch ist wie anfangs?

Aufgabe II.7

In Abschnitt II.2 wurde die Gleichung

$$y = Y/\text{ Bevölkerung / Erwerbsquote / Stunden pro Beschäftigter.}$$

hergeleitet.
(a) Lösen Sie die Gleichung nach Y auf.
(b) Versehen Sie dann alle Variablen mit dem Zeitindex t. Schreiben Sie die Gleichung auch für den Zeitpunkt $t-1$ auf, und formulieren Sie die Gleichung in Wachstumsraten, in dem sie die Gleichung für t durch die für $t-1$ teilen.
(c) Zeigen Sie, dass näherungsweise

$$g_y \approx g_Y - g_{\text{Bevölkerung}} - g_{\text{Erwerbsquote}} - g_{\text{Stunden pro Beschäftigter}}$$

gilt, wenn Sie die Produkte von zwei Wachstumsraten vernachlässigen.
(d) Zeigen Sie mit Hilfe der Näherung $(x-1)-\ln x \approx 0$ für $x \approx 1$ aus Anhang A.12, dass für die Wachstumsrate g_x einer Variablen x näherungsweise $g_x \approx \ln(1+g_x)$ gilt. Leiten Sie mit Hilfe dieser Approximation die Formel in Aufgabenteil (c) aus der Antwort zu Aufgabenteil (b) her.

Aufgabe II.8 Cobb-Douglas-Produktionsfunktion

Betrachten Sie die Cobb-Douglas-Produktionsfunktion

$$Y = F(K,L) = K^{\alpha}L^{\beta}, \quad 0 < \alpha, \beta < 1.$$

(a) Zeigen Sie: Ein positiver Einsatz von jedem der beiden Faktoren ist notwendig für positive Produktion:

$$F(0,L) = 0, \; F(K,0) = 0.$$

(b) Zeigen Sie: Die Grenzproduktivitäten sind positiv:

$$\frac{\partial F(K,L)}{\partial K} > 0, \; \frac{\partial F(K,L)}{\partial L} > 0$$

für $K > 0$ und $L > 0$.
(c) Zeigen Sie: Die Grenzproduktivitäten fallen:

$$\frac{\partial^2 F(K,L)}{\partial K^2} < 0, \; \frac{\partial^2 F(K,L)}{\partial L^2} < 0$$

für $K > 0$ und $L > 0$.
(d) Zeigen Sie: Nur für $\beta = 1-\alpha$ liegen konstante Skalenerträge vor:

$$F[(1+x\%)K, (1+x\%)L] = (1+x\%)F(K,L).$$

Aufgabe II.9

Betrachten Sie die Cobb-Douglas-Produktionsfunktion

$$Y = F(K,L) = K^{\frac{1}{3}}L^{\frac{2}{3}}.$$

(a) Beweisen Sie, dass konstante Skalenerträge vorliegen.
(b) Berechnen Sie die Grenzproduktivitäten.

Nehmen Sie im Folgenden an, dass die Faktoreinsätze $K = 2$ und $L = 16$ sind.
(c) Berechnen Sie (ohne Taschenrechner) Y.
(d) Berechnen Sie die Grenzproduktivitäten.
(e) Zeigen Sie, dass

$$Y = \frac{\partial F}{\partial K} K + \frac{\partial F}{\partial L} L$$

gilt.

Aufgabe II.10 Cobb-Douglas-Produktionsfunktion für Deutschland

(a) Berechnen Sie aus $K_{1981} = 2.468{,}67$ und $L_{1981} = 58{,}95$ den Output, den die Produktionsfunktion aus Kasten II.2 liefert. Um wie viel Prozent liegt dieser Schätzwert neben dem tatsächlichen Wert $Y_{1981} = 1.400{,}52$?
(b) Verfahren Sie analog mit $K_{2009} = 4.885{,}58$, $L_{2009} = 55{,}74$ und $Y_{2009} = 2.284{,}46$.
(c) Warum überschätzt die Produktionsfunktion in Rezessionen tendenziell das BIP?

Aufgabe II.11 Euler-Theorem

Das Euler-Theorem besagt, dass der Zusammenhang

$$Y = \frac{\partial F}{\partial K} K + \frac{\partial F}{\partial L} L$$

aus Aufgabenteil II.9(e) für jede differenzierbare Produktionsfunktion mit konstanten Skalenerträgen gilt. Beweisen Sie das Euler-Theorem, indem sie zuerst die Definition für konstante Skalenerträge

$$F[(1 + x\%)K, (1 + x\%)L] = (1 + x\%)F(K, L)$$

mit Hilfe der Kettenregel nach $x\%$ ableiten und dann $x\% = 0$ setzen.

Aufgabe II.12

Die Produktionsfunktion $Y_t = F(K_t, A_t L_t)$ beschreibt die *maximal mögliche* Produktion für gegebene Faktoreinsätze K_t, A_t und L_t. Liegen Ineffizienzen in der Produktion vor, so kann das BIP niedriger sein. Die *Produktionsmöglichkeiten* lassen sich also durch die Ungleichung

$$Y_t \leq F(K_t, A_t L_t)$$

beschreiben.
(a) Skizzieren Sie die Produktionsmöglichkeiten in einem (K_t, Y_t)-Diagramm wie in Abbildung II.1.
(b) Zeichnen Sie in das Diagramm (qualitativ) die Kurve ein, die die Produktion $Y_t = F[K_t, A_t(1 - u_t)L_t]$ in Abhängigkeit vom Kapitalstock K_t angibt, wenn ein Anteil u_t (> 0) der L_t Erwerbspersonen arbeitslos ist.
(c) Skizzieren Sie in Ihrer Abbildung die Änderung der Produktionsmöglichkeiten, die aus technischem Fortschritt (einem Anstieg von A_t) resultiert.
(d) Illustrieren Sie durch Pfeile in Ihrer Abbildung der Reihe nach folgende Sachverhalte: Bei gegebenen Produktionsmöglichkeiten und gegebenem Kapitalstock wird die Arbeitslosigkeit von einem positiven Wert auf null zurückgeführt – dann steigt

bei gegebenen Produktionsmöglichkeiten und bei einer Arbeitslosenquote von null der Kapitalstock – schließlich wird technischer Fortschritt ohne Entstehen von Arbeitslosigkeit und bei konstantem Kapitalstock in ein steigendes BIP umgesetzt.

Aufgabe II.13 Konsumfunktion

Betrachten Sie die Konsumfunktion

$$C = \bar{C} + cY, \quad \bar{C} > 0,\ 0 < c < 1.$$

Beweisen Sie: Die durchschnittliche Konsumquote C/Y ist stets größer als die marginale Konsumquote $\partial C/\partial Y$.

Aufgabe II.14

Betrachten Sie die Konsumfunktion mit $c = 3/5$ und $\bar{C} = 10$ (und $T = 0$).
(a) Wie hoch ist der Konsum bei einem Einkommen von $Y = 40$?
(b) Wie hoch muss das Einkommen Y sein, damit der Konsum $C = 37$ ist?

Aufgabe II.15

Bei welchem einheitlichen Einkommen Y konsumieren zwei Volkswirtschaften mit den Konsumfunktionen

$$C_1 = \bar{C}_1 + c_1 Y_1, \quad \bar{C}_1 > 0,\ 0 < c_1 < 1,$$

und

$$C_2 = \bar{C}_2 + c_2 Y_2, \quad \bar{C}_2 > \bar{C}_1,\ 0 < c_2 < c_1,$$

gleich viel?

Aufgabe II.16 Nichtlineare Konsumfunktion

Dass die Konsumfunktion linear ist, wird nur der Bequemlichkeit halber angenommen. Auch nichtlineare Konsumfunktionen sind denkbar, z. B.:

$$C = \ln(2 + Y).$$

(a) Wie hoch ist der Konsum C für $Y = 2$?
(b) Berechnen Sie die marginale Konsumquote $\partial C/\partial Y$.
(c) Wie hoch ist die marginale Konsumquote für $Y = 1$?
(d) Geben Sie die Gleichung an, die besagt, wie hoch Y für ein gegebenes Konsumniveau C sein muss.
(e) Wie hoch muss Y für $C = 1{,}61$ sein?

Aufgabe II.17 Solow-Modell

Betrachten Sie das Solow Modell mit der Produktionsfunktion

$$Y_t = K_t^{\frac{1}{2}}(A_t L_t)^{\frac{1}{2}},$$

der Konsumfunktion

$$C_t = 0{,}795 Y_t,$$

mit $K_t = Y_{t-1} - C_{t-1}$ sowie mit $g_L = 1\%$ Beschäftigungswachstum und $g_A = 1{,}485\%$ Wachstum des technischen Wissens.
(a) Errechnen Sie die Formel, die $Y_t/(A_t L_t)$ in Abhängigkeit von $Y_{t-1}/(A_{t-1}L_{t-1})$ angibt.
(b) Zeigen Sie anhand einer Skizze, dass $Y_t/(A_t L_t)$ gegen einen konstanten Wert $[Y/(AL)]^*$ konvergiert.
(c) Wie schnell wächst das BIP pro Arbeiter, wenn $Y_t/(A_t L_t)$ konstant ist?

Aufgabe II.18

Bleiben wir bei dem Solow-Modell aus der Aufgabe II.17.
(a) Berechnen Sie $[Y/(AL)]^*$.
(b) Sei $K_0 = 0{,}01$, $A_0 = 1$ und $L_0 = 1$. Wie hoch sind Y_0 und K_1?
(c) Fertigen Sie mit Excel eine Tabelle an, in der Sie für die Zeitpunkte $t = 1, 2, \ldots, 10$ folgende Variablen angeben: A_t und L_t, dann mit Hilfe der Formel aus Aufgabenteil II.17(a) $Y_t/(A_t L_t)$, dann (indem Sie die drei Spalten miteinander multiplizieren) das BIP Y_t, dann die Arbeitsproduktivität $y_t \equiv Y_t/L_t$ und schließlich die Wachstumsrate der Arbeitsproduktivität $g_{y_t} = (y_t - y_{t-1})/y_{t-1}$.
(d) Interpretieren Sie die Ergebnisse der Tabelle vor dem Hintergrund der theoretischen Aussagen des Solow-Modells.
(e) Wenn Sie die Aufgabe mit Excel gelöst haben, können Sie leicht die Auswirkungen von Änderungen der Startwerte überprüfen. Setzen Sie z. B. K_0 (statt auf 0,01) auf 0,02 und 0,04.

Aufgabe II.19

Betrachten Sie das Solow-Modell mit der Produktionsfunktion

$$Y_t = F(K_t, A_t L_t) = [K_t^\gamma + (A_t L_t)^\gamma]^{\frac{1}{\gamma}}, \quad \gamma > 0$$

statt der Cobb-Douglas-Produktionsfunktion.
(a) Geben Sie eine Gleichung für Y_t^γ in Abhängigkeit von Y_{t-1} und $A_{t-1}L_{t-1}$ an. (Hinweis: Benutzen Sie dazu $K_t = (1-c)Y_{t-1}$.)
(b) Teilen Sie diese Gleichung durch

$$(A_t L_t)^\gamma = [(1+g_A)(1+g_L)A_{t-1}L_{t-1}]^\gamma,$$

um eine Differenzengleichung für $[Y_t/(A_t L_t)]^\gamma$ zu erhalten.

(c) Zeigen Sie, dass $[Y_t/(A_t L_t)]^\gamma$ gegen den Wert

$$\left[\left(\frac{Y_t}{A_t L_t}\right)^\gamma\right]^* = \frac{1}{1 - \left[\frac{1-c}{(1+g_A)(1+g_L)}\right]^\gamma}$$

konvergiert.

(d) Wie schnell wächst die Arbeitsproduktivität $y_t \equiv Y_t/L_t$ langfristig?

Aufgabe II.20

Bleiben wir bei dem Solow-Modell aus Aufgabe II.19. Nun sei $\gamma = 1/3$, $g_A = 2\%$, $g_L = 1{,}2\%$ und $c = 0{,}777$.

(a) Wie lautet nun die Differenzengleichung für $[Y_t/(A_t L_t)]^\gamma$ aus Aufgabenteil II.19(b)?

(b) Wie hoch ist $\{[Y_t/(A_t L_t)]^{1/3}\}^*$?

Die Startwerte seien $A_0 = 1$, $L_0 = 1$ und $K_0 = 1$.

(c) Wie hoch sind Y_0, $Y_0/(A_0 L_0)$ und $[Y_0/(A_0 L_0)]^{1/3}$?

(d) Berechnen Sie mit Hilfe der Differenzengleichung aus Aufgabenteil (a) zuerst $[Y_t/(A_t L_t)]^{1/3}$ und dann $Y_t/(A_t L_t)$ für $t = 1, \ldots, 5$.

(e) Berechnen Sie Y_5. Wie hoch ist die durchschnittliche Wachstumsrate des BIPs zwischen $t = 0$ und $t = 5$?

Aufgabe II.21 Kein Produktivitätswachstum ohne technischen Fortschritt

Betrachten Sie das Solow-Modell, wie es in Abschnitt II.5 vorgestellt wurde. Es gebe nun keinen technischen Fortschritt: $g_A = 0$ und $A_t = 1$ für alle t.

(a) Berechnen Sie aus der Produktionsfunktion eine Gleichung, die die Kapitalausstattung pro Arbeiter K_t/L_t in Abhängigkeit von der Arbeitsproduktivität $y_t \equiv Y_t/L_t$ angibt. Interpretieren Sie diese Gleichung.

(b) Berechnen Sie aus $K_t = (1-c)Y_{t-1}$ eine zweite Gleichung, die die Kapitalausstattung pro Arbeiter K_t/L_t in Abhängigkeit von der Arbeitsproduktivität y_{t-1} angibt. Interpretieren Sie diese Gleichung.

(c) Fertigen Sie ein Diagramm an, in dem Sie an der senkrechten Achse K_t/L_t abtragen und an der waagerechten Achse y_t bzw. y_{t-1}. Zeichnen Sie hierein die beiden Kurven aus den Aufgabenteilen (a) und (b). Nehmen Sie nun an, dass y_t mit einer konstanten positiven Rate wächst. Welcher Widerspruch ergibt sich aus dem Diagramm?

Aufgabe II.22 Produktivitätswachstum ohne technischen Fortschritt im AK-Modell

Gehen Sie abweichend von A1 in Abschnitt II.5 von der Produktionsfunktion

$$Y_t = AK_t$$

mit A ($> 1/(1-c)$) als einer Konstanten aus. Ignorieren Sie Bevölkerungswachstum und exogenen technischen Fortschritt. Berechnen Sie aus der obigen Produktionsfunktion sowie aus A2 und A3 die Wachstumsrate des BIPs. Wie hoch ist die Wachstumsrate der Arbeitsproduktivität?

Kapitel III

Wiederholungsfragen

1. Warum ist es inhaltlich gerechtfertigt und für die Theorie bequem, ein lohnunelastisches Arbeitsangebot zu unterstellen?
2. Wie wählen Unternehmen ihre Arbeitsnachfrage?
3. Welche Annahmen liegen einem vollkommenen Arbeitsmarkt zugrunde? Wie sieht das Gleichgewicht auf einem vollkommenen Arbeitsmarkt aus?
4. Wie wirken Mindestlöhne auf dem Arbeitsmarkt? Welche Arten von Mindestlöhnen sind dabei relevant?
5. Wie unterscheidet man Insider und Outsider auf dem Arbeitsmarkt? Wie kann die Lohnverhandlungsmacht von Insidern Vollbeschäftigung verhindern?
6. Kann es im Interesse von Unternehmen liegen, einen höheren als den markträumenden Lohnsatz zu zahlen?
7. Welche arbeitsmarktpolitischen Maßnahmen versprechen Erfolg, welche nicht?
8. Kann einer Volkswirtschaft mit wachsender Arbeitsproduktivität „die Arbeit ausgehen"? Ist das wahrscheinlich? Warum?
9. Inwieweit ist die Vorteilhaftigkeit von technischem Fortschritt zu relativieren, wenn er hoch Qualifizierte stärker begünstigt als gering Qualifizierte?

Aufgabe III.1 Friktionelle Arbeitslosigkeit

Bezeichne $\bar{L}$ das konstante Arbeitangebot, L_t die Beschäftigung in t und $U_t = \bar{L} - L_t$ die Arbeitslosigkeit in t. Die Abgänge aus der Arbeitslosigkeit A_t sind proportional zum Niveau der Arbeitslosigkeit: $A_t = aU_t$ $(a > 0)$. Die Zugänge zur Arbeitslosigkeit Z_t sind proportional zur Beschäftigung: $Z_t = zL_t$ $(z > 0, a + z < 1)$. Die Arbeitslosigkeit in t ergibt sich aus

$$U_t = U_{t-1} - A_{t-1} + Z_{t-1}.$$

(a) Formen Sie diese Gleichung in einen Zusammenhang zwischen U_t und U_{t-1} um.
(b) Welcher konstante Wert U^* für die Arbeitslosigkeit erfüllt die Gleichung aus Aufgabenteil (a)? Interpretieren Sie diesen Ausdruck. Wie hoch ist die zugehörige Arbeitslosenquote?
(c) Illustrieren Sie anhand einer Grafik mit U_{t-1} und U_t an den Achsen (analog zu Abbildung II.3), dass U_t, ausgehend von einem beliebigen Wert für U_0, gegen U^* konvergiert.

Aufgabe III.2 Arbeitsangebot

Das Arbeitsangebot ermittele sich aus einer Konsum-Freizeit-Wahl. Die Nutzenfunktion eines repräsentativen Haushalts laute

$$U = C^{\frac{5}{24}} F^{\frac{19}{24}}$$

mit C als Konsum und F als wöchentliche Freizeit gemessen in Stunden. Die Arbeitszeit ist entsprechend $168 - F$. Der Haushalt habe kein Einkommen außer seinem Arbeitseinkommen. Er spart nicht, sondern gibt sein ganzes Einkommen für Konsum aus.

(a) Wie hoch ist der Konsum C, den sich der Haushalt leisten kann?
(b) Setzen Sie das Ergebnis aus Aufgabenteil (a) in die Nutzenfunktion ein, so dass U nur von W/P und F abhängt.
(c) Ermitteln Sie durch Ableiten nach F und Nullsetzen die Bedingung erster Ordnung für ein Nutzenmaximum.
(d) Berechnen Sie aus der Bedingung erster Ordnung, wie viel Freizeit F der Haushalt pro Woche „nachfragt". (Hinweis: Nehmen Sie in der notwendigen Bedingung beide Gleichungsseiten mit $(W/P)^{-5/24}24(168-F)^{19/24}F^{5/24}$ mal.) Wie viele Stunden Arbeit bietet der Haushalt pro Woche an?

Aufgabe III.3

Ein Beispiel für eine reallohnabhängige Arbeitsangebotsfunktion ist:

$$L = 30{,}13\left(\frac{W}{P}\right)^{0{,}05}.$$

(a) Wie hoch ist das Arbeitsangebot beim Reallohn $W/P = 20$?
(b) Wie hoch ist die Reallohnelastizität des Arbeitsangebots

$$\frac{dL}{d\left(\frac{W}{P}\right)}\frac{\frac{W}{P}}{L}?$$

Aufgabe III.4 Arbeitsnachfrage

Die Produktionsfunktion laute

$$Y = 600L^{\frac{2}{3}}.$$

(a) Stellen Sie die Gewinnfunktion auf, und ermitteln Sie die Bedingungen erster und zweiter Ordnung für ein Gewinnmaximum.
(b) Berechnen Sie aus der Bedingung erster Ordnung die Arbeitsnachfragefunktion.
(c) Wie hoch ist die Arbeitsnachfrage bei $W/P = 1{,}26$?
(d) Auf welches Niveau muss der Reallohn fallen, damit die Arbeitsnachfrage auf $L = 34 \cdot 10^6$ steigt?

Aufgabe III.5

(a) Berechnen Sie die Grenzproduktivität $F'(L)$ für die Produktionsfunktion

$$Y = F(L) = \left(1 + 2L^{\frac{1}{2}}\right)^2.$$

(b) Berechnen Sie die Grenzwerte von $F'(L)$ für $L \to 0$ und $L \to \infty$. Illustrieren Sie den Verlauf von $F'(L)$ in einer Grafik.
(c) Wie viel Arbeit fragen die Firmen für $W/P \leq 4$ nach? Wie lautet die Arbeitsnachfragefunktion für $W/P > 4$?

Aufgabe III.6

Die Produktionsfunktion laute

$$Y = F(L) = AL - BL^2, \quad A > 0, B > 0.$$

(a) Für welche Werte von L weist die Produktionsfunktion eine positive Grenzproduktivität der Arbeit auf? (Wir nehmen an, dass L in diesem Bereich liegt.)
(b) Zeigen Sie, dass die Grenzproduktivität der Arbeit fallend ist.
(c) Berechnen Sie die Arbeitsnachfragefunktion, und veranschaulichen Sie sie grafisch.

Aufgabe III.7 Vollkommener Arbeitsmarkt

(a) Das lohnunelastische Arbeitsangebot auf einem vollkommenen Arbeitsmarkt betrage $\overline{L} = 40 \cdot 10^6$, und die Arbeitsnachfrage ergebe sich aus Aufgabe III.4. Wie hoch ist dann der markträumende Reallohn?
(b) Das lohnunelastische Arbeitsangebot auf einem vollkommenen Arbeitsmarkt betrage $\overline{L} = 1/4$, und die Arbeitsnachfrage ergebe sich aus Aufgabe III.5. Wie hoch ist dann der markträumende Reallohn?

Aufgabe III.8 Arbeitsmarkt im Solow-Modell

Betrachten wir den Arbeitsmarkt im Solow-Modell aus Abschnitt II.5. Das Arbeitsangebot L_t ist exogen. Die Arbeitsnachfrage ergibt sich aus Maximierung der Gewinne:

$$\pi_t \equiv P_t K_t^\alpha (A_t L_t)^{1-\alpha} - W_t L_t.$$

(a) Berechnen Sie die Bedingung erster Ordnung für Gewinnmaximierung. Schreiben Sie diese Bedingung in der Form Grenzprodukt = Reallohn.
(b) Zeigen Sie, dass die zugehörige Bedingung zweiter Ordnung erfüllt ist.
(c) Zeigen Sie, dass man die Bedingung erster Ordnung aus Aufgabenteil (a) schreiben kann als:

$$(1-\alpha)\frac{Y_t}{L_t} = \frac{W_t}{P_t}.$$

Mit welcher Rate wächst der Reallohn im Steady state des Solow-Modells?

Aufgabe III.9 Fall der Profitrate

Die klassischen Ökonomen des 19. Jahrhunderts vermuteten ein baldiges Ende des Wachstumsprozesses aufgrund einer fallenden Profitrate. So schrieb MILL (1848/1965, 736):

> „When a country has long possessed a large production and a large net income to make savings from, and when, therefore, the means have long existed of making a great annual addition to capital ...; it is one of the characteristics of such a country, that the rate of profit is habitually within, as it were, a hand's breadth of the minimum, and the country therefore on the very verge of the stationary state.“

In Aufgabe III.8 wurde das Ergebnis $(1-\alpha)Y_t/L_t = W_t/P_t$ hergeleitet. Definieren wir die Profitrate i_t als Realgewinn vor Kapitalkosten im Verhältnis zum eingesetzten Kapital:

$$i_t \equiv \frac{Y_t - \frac{W_t}{P_t}L_t}{K_t}.$$

(a) Stellen Sie i_t als Funktion von K_t, A_t und L_t dar, indem Sie zunächst den Reallohn eliminieren und dann für Y_t die Cobb-Douglas-Produktionsfunktion einsetzen.
(b) Was passiert bei gleich bleibendem technischen Wissen ($A_t = A$ konstant) mit der Profitrate, wenn die Kapitalausstattung pro Arbeiter K_t/L_t wächst?

Aufgabe III.10 Mindestlöhne

Betrachten Sie noch einmal die in Aufgabenteil III.7(a) beschriebene Ökonomie. Es gelte ein Mindestlohn in Höhe von $(W/P)^* = 1{,}20$. Wie hoch sind Beschäftigung, Arbeitslosigkeit und Arbeitslosenquote?

Aufgabe III.11

Es gebe fünf Gruppen $i = 1, \ldots, 5$ von Arbeitern, die sich in ihren Produktivitäten unterscheiden. Jeder Beschäftigte aus Gruppe i erbringt in den Unternehmungen einen Output von $10i$. (Das ist die „Produktionsfunktion" der Unternehmen.) Der Preis des Guts sei $P = 1$, so dass $10i$ auch der Umsatz pro Beschäftigter aus Gruppe i ist. Die unten stehende Tabelle gibt die Anzahl von Arbeitern aus Gruppe i an. Die verschiedenen Gruppen erhalten verschiedene Löhne W_i. Die Unternehmen stellen die Arbeiter aus Gruppe i ein, wenn die Kosten pro Arbeiter (W_i) nicht höher sind als der Umsatz pro Arbeiter ($10i$).

Gruppe	1	2	3	4	5
Grenzprodukt	10	20	30	40	50
Anzahl	20	40	80	40	20

(a) Wie hoch sind die Löhne W_i in einem Marktgleichgewicht ohne Mindestlöhne, in dem die Unternehmen Nullgewinne machen?
(b) Wie hoch ist dann das reale BIP (d. h. hier, weil wir nicht verschiedene Güter unterscheiden, die aggregierte Produktionsmenge)? Wie hoch ist das durchschnittliche BIP pro Beschäftigter?
(c) Nun werde ein Mindest(real)lohn in Höhe von 11 eingeführt. Wer bleibt beschäftigt, wer wird arbeitslos? Wie hoch ist die Arbeitslosenquote? Ist die Arbeitslosigkeit gleichmäßig über alle Gruppen verteilt?
(d) Wie hoch sind die BIP-Einbußen, die aus der Arbeitslosigkeit resultieren? Wie verändert sich das durchschnittliche BIP pro Beschäftigter?

Aufgabe III.12 Gewerkschaftslöhne

Die Produktionsfunktion lautet $Y = F(L) = 1.000L^{1/5}$. Das Arbeitsangebot ist $\overline{L} = 100/3$, die Anzahl von Insidern ist $L_I = 32$.
(a) Wie lautet die Gewinnmaximierungsbedingung für die Firmen?
(b) Wie hoch ist der Insiderlohn $(W/P)_I$? Wie hoch ist die Arbeitslosenquote?
(c) Auf welches Niveau müsste der Reallohn fallen, damit auch die Outsider einen Job finden können?

Aufgabe III.13

Im Modell aus Aufgabe III.12 sei nun die Produktionsfunktion „im Durchschnitt" $Y = F(L) = 1.000L^{1/5}$, manchmal aber auch $Y = F(L) = 900L^{1/5}$ oder $Y = F(L) = 1.100L^{1/5}$. Wenn die Insider die Löhne setzen, wissen sie noch nicht, welcher Wert eintritt. Sie setzen die Löhne so, dass sie gerade beschäftigt bleiben, wenn die Produktionsfunktion wie erwartet $Y = F(L) = 1.000L^{1/5}$ ist. Anfangs gebe es wieder 32 Insider.
(a) Wie hoch setzen die Insider den Lohn $(W/P)_I$?
(b) Wie lautet die Gewinnmaximierungsbedingung, wenn die ungünstigen Produktionsbedingungen $Y = F(L) = 900L^{1/5}$ eintreten? Wie hoch ist die Beschäftigung beim unter (a) ermittelten Insider-Lohn? Wie hoch ist die Arbeitslosenquote?
(c) In der Folge gelten wieder „normale" Produktionsbedingungen: $Y = F(L) = 1.000L^{1/5}$. Wie hoch sind Beschäftigung, Löhne und Arbeitslosenquote? Interpretieren Sie dieses Ergebnis.

Aufgabe III.14

Der Effizienzlohn $(W/P)^*$ maximiert die Leistung pro Lohnsatz $e(W/P)/(W/P)$.
(a) Argumentieren Sie anhand der Grafik in Abbildung III.5, dass der Effizienzlohn die Gleichung

$$e'\left[\left(\frac{W}{P}\right)^*\right] = \frac{e\left[\left(\frac{W}{P}\right)^*\right]}{\left(\frac{W}{P}\right)^*}$$

erfüllt.
(b) Zeigen Sie rechnerisch, dass man diese Formel auch als Bedingung erster Ordnung für die Maximierung von $e(W/P)/(W/P)$ erhält.
(c) Überprüfen Sie, dass auch die Bedingung zweiter Ordnung erfüllt ist.

Aufgabe III.15 Effizienzlöhne

Betrachten Sie das Solow-Effizienzlohnmodell mit Lohn-Leistungs-Funktion

$$e\left(\frac{W}{P}\right) = B\left(\frac{W}{P} - A\right)^{\gamma}, \quad A, B > 0,\ 0 < \gamma < 1,$$

für $W/P \geq A$ (und $e(W/P) = 0$ für $W/P < A$) und Produktionsfunktion

$$Y = F(eL) = k(eL)^{\beta}.$$

(a) Berechnen Sie den Effizienzlohn $(W/P)^*$. Unterstellen Sie im Folgenden, dass B den Wert annimmt, bei dem $e[(W/P)^*] = 1$ gilt. Welcher Wert ist das?
(b) Leiten Sie aus Gewinnmaximierung die Arbeitsnachfrage beim Effizienzlohn $(W/P)^*$ her.
(c) Sei nun $A = 0{,}07, \gamma = 3/10, k = 400, \beta = 1/4$ und $\overline{L} = 10.526$. Wie hoch sind der Effizienzlohn $(W/P)^*$, die gleichgewichtige Arbeitsnachfrage L^*, die Arbeitslosigkeit und die Arbeitslosenquote?

Aufgabe III.16

Betrachten Sie das Solow-Effizienzlohnmodell mit Lohn-Leistungs-Funktion

$$e\left(\frac{W}{P}\right) = \ln\left(\frac{W}{P}\right)$$

für $W/P \geq 1$, Produktionsfunktion

$$Y = F(eL) = 167{,}57\left[e\left(\frac{W}{P}\right)L\right]^{\frac{1}{2}}$$

und Arbeitsangebot $\overline{L} = 1.000$.
(a) Berechnen Sie den Effizienzlohn $(W/P)^*$. Zeigen Sie, dass $e[(W/P)^*] = 1$ gilt.
(b) Wie viel Arbeit fragen die Unternehmen beim Effizienzlohn $(W/P)^*$ nach?
(c) Wie hoch sind Arbeitslosigkeit und Arbeitslosenquote?

Aufgabe III.17

Betrachten wir ein Effizienzlohnmodell, in dem die in Abschnitt III.8 angesprochene Wahl zwischen hoher Leistung und niedrigem Entlassungsrisiko einerseits und niedriger Leistung und hohem Entlassungsrisiko andererseits explizit abgebildet wird. Es gibt $\overline{L}$ Erwerbspersonen, die sich am Arbeitsplatz entweder anstrengen ($e = 1$) oder nicht ($e = 0$). Wenn sie sich nicht anstrengen, werden sie mit Wahrscheinlichkeit p ($0 < p < 1$) erwischt und ohne Auszahlung des Lohns W entlassen. Mit der Gegenwahrscheinlichkeit $1 - p$ werden sie nicht erwischt und erhalten wie die, die Leistung erbringen, den Lohn W. Ihr Nutzen sei

$$U = \frac{W}{P} - ae, \qquad a > 0,$$

wobei a ein Maß dafür ist, wie schwer den Arbeitern die Arbeit fällt. Sie strengen sich an, wenn der resultierende Nutzen mindestens so hoch ist wie der Erwartungsnutzen bei „Drückebergerei“. Die Produktionsfunktion lautet wie gehabt:

$$Y = F(eL).$$

(a) Wie hoch ist der Nutzen U für jemanden, der Leistung erbringt? Wie hoch ist der erwartete Nutzen für jemanden, der sich drückt? (Hinweis: Addieren Sie die beiden mit den zugehörigen Wahrscheinlichkeiten gewichteten möglichen Nutzenwerte.) Erklären Sie Ihre Ergebnisse.

(b) Stellen Sie eine Ungleichung auf, die angibt, wie hoch der Reallohn sein muss, damit die Beschäftigten sich anstrengen. Zeichnen Sie analog zu Abbildung III.5 die Lohn-Leistungs-Funktion in ein $((W/P), e)$-Diagramm. Interpretieren Sie Ihr Resultat.
(c) Wie viel produzieren die Firmen, wenn Sie einen niedrigeren Reallohn zahlen als den in Aufgabenteil (b) ermittelten? Welchen Reallohn zahlen die Unternehmen daher mindestens?
(d) Nehmen Sie an, dass

$$F'(\overline{L}) < \frac{a}{p}$$

gilt. Charakterisieren Sie das Arbeitsmarktgleichgewicht.

Aufgabe III.18 Kombilohn

Nehmen Sie an, der Mindestlohn in Höhe von 11 in Aufgabe III.11 wird durch Lohnersatzleistungen in eben dieser Höhe verursacht.
(a) Wie teuer ist die Finanzierung der Lohnersatzleistungen im Gleichgewicht?
(b) Nehmen Sie nun an, der Staat zahlt eine Lohnsubvention in Höhe von 2 an die Beschäftigten aus Gruppe 1. Werden sie nun wieder beschäftigt? Zu welchen Teilen setzt sich ihr Lohn aus Zahlungen ihrer Arbeitgeber einerseits und Lohnsubventionen andererseits zusammen? Wie teuer ist die Finanzierung der Lohnsubventionen? Vergleichen Sie Ihr Ergebnis mit dem zu Aufgabenteil (a).

Aufgabe III.19 Lohnsteuern im Insider-Outsider-Modell

Interpretieren Sie im Insider-Outsider-Modell aus Abschnitt III.7 W als Bruttolohn. Nehmen Sie nun an, dass die Löhne einer proportionalen Einkommensteuer mit Satz t unterliegen.
(a) Wie lautet dann der Nettolohn?
(b) Betrachten Sie das $(L, W/P)$-Diagramm in Abbildung III.4. Was ändert sich durch die Besteuerung an der Arbeitsnachfrage? Was ändert sich an L_I? Wie ändert sich der Bruttolohn? Wie ändert sich der Nettolohn? Wie hoch ist die gleichgewichtige Beschäftigung?
(c) Wie ändert sich die gleichgewichtige Beschäftigung, wenn der Einkommensteuersatz t sinkt?

Aufgabe III.20 Lohnsteuern und Effizienzlöhne

Betrachten Sie noch einmal das Effizienzlohnmodell aus Aufgabe III.17. Interpretieren Sie wie in Aufgabe III.19 W als Bruttolohn, und nehmen Sie an, dass die Löhne proportional mit Satz t besteuert werden. Charakterisieren Sie das Arbeitsmarktgleichgewicht. Zeigen Sie, dass die Beschäftigung mit sinkendem Steuersatz t zunimmt.

Kapitel IV

Wiederholungsfragen

1. Warum schadet Inflation?
2. Was besagt die Friedmansche Phillips-Kurve über den langfristigen Tradeoff zwischen niedriger Arbeitslosigkeit und niedriger Inflation? Leiten Sie sie her.
3. Was ist Geld? Wie bringt die EZB Geld in Umlauf? Wie kann die EZB die Geldmenge steuern?
4. Was besagt die Quantitätsgleichung?
5. Was folgt aus der Friedmanschen Phillips-Kurve und der Quantitätsgleichung gemeinsam für Inflation auf lange Sicht?
6. Wie bestimmen sich Beschäftigung und Inflation auf kurze Sicht? Wie kann man Stagflation erklären?
7. Was bedeuten rationale Erwartungen? Sind rationale Erwartungen immer korrekt?
8. Was bedeuten rationale Erwartungen für den Tradeoff zwischen niedriger Inflation und hoher Beschäftigung?
9. Worin besteht das Zeitkonsistenzproblem der Geldpolitik bei rationalen Erwartungen? Wie kann man Abhilfe schaffen?

Aufgabe IV.1 Inflationsraten

(a) Wie lange dauert bei 2% Inflation jährlich eine Verdoppelung des Preisniveaus? Wie lange dauert bei 2% Inflation monatlich eine Verdoppelung des Preisniveaus?
(b) Sei $P_0 = 100$. Anfangs ist $g_{P_1} = 1\%$, dann steigt jedes Jahr die Inflationsrate um einen Prozentpunkt: $g_{P_t} = t\%$. Berechnen Sie das Preisniveau für $t = 1, 2, \ldots, 10$. Welche konstante Inflationsrate hätte zum gleichen Preisniveau in $t = 10$ geführt?

Aufgabe IV.2

Wie hoch wäre ein Stapel von 500-Mark-Scheinen, der 100 Billionen Mark (d. h. den Wert des größten 1923 in Deutschland umlaufenden Scheins) ergibt? Gehen Sie bei der Berechnung davon aus, dass ein Geldschein ungefähr so dick ist wie eine dünne Buchseite und dass ein Buch mit 1.000 dünnen Seiten vier Zentimeter dick ist.

Aufgabe IV.3 Friedmansche Phillips-Kurve

(a) Die Produktionsfunktion sei $Y_t = F(L_t) = 2L_t^{1/2}$. Zeigen Sie, dass die Arbeitsnachfragefunktion $L_t = (W_t/P_t)^{-2}$ ist.
(b) Betrachten Sie das Modell:

$$L_t = \left(\frac{W_t}{P_t}\right)^{-2}$$

$$\frac{W_t}{P_t^e} = 1$$

$$P_t^e = (1 + g_{P_{t-1}})P_{t-1}.$$

Wie hoch ist die inflationsstabile Beschäftigung L^*? Errechnen Sie die Friedmansche Phillips-Kurve, und veranschaulichen Sie sie grafisch.

(c) Nehmen Sie an, die Zentralbank will die Beschäftigung bei $L_t = 1{,}1$ stabilisieren. Errechnen Sie die Differenzengleichung, die die Entwicklung der Inflationsrate g_{P_t} angibt. Sei $g_{P_0} = 2\%$. Berechnen Sie g_{P_t} für $t = 1, 2, \ldots, 5$.

Aufgabe IV.4

Die Produktionsfunktion sei

$$F(L_t) = \frac{80}{3} L_t^{\frac{3}{4}}.$$

(a) Wie lautet die Friedmansche Phillips-Kurve?
(b) Die Inflationsrate in $t = 0$ sei $g_{P_0} = 6\%$. Die Zentralbank plant, die Inflationsrate innerhalb von vier Jahren auf 2% zu senken, indem sie sie jedes Jahr um 1%-Punkt senkt. Formulieren Sie, wie sich demzufolge die Inflationsrate g_{P_t} als eine Funktion von $g_{P_{t-1}}$ ergibt. Eliminieren Sie mit Hilfe der Formel, die Sie erhalten, $g_{P_{t-1}}$ aus der Phillips-Kurve, so dass sie einen Zusammenhang zwischen L_t und g_{P_t} erhalten.
(c) Komplettieren Sie die unten stehende Tabelle, indem sie für $t = 1, \ldots, 5$ die Beschäftigung L_t und $L^* - L_t$ (d. h. die Arbeitslosigkeit über das natürliche Niveau hinaus) berechnen. Wie viele Arbeitsplätze („Mannjahre") gehen addiert über die vier Jahre durch das Disinflationsprogramm verloren?

t	1	2	3	4	5
g_{P_t}	5%	4%	3%	2%	2%

(d) Gehen in der Summe mehr oder weniger jährliche Arbeitsplätze verloren, wenn statt der allmählichen Disinflation die Inflationsrate in $t = 1$ sofort von $g_{P_0} = 6\%$ auf $g_{P_1} = 2\%$ gesenkt wird und dann konstant bleibt?

Aufgabe IV.5

(a) Wie lautet die Friedmansche Phillips-Kurve bei einer quadratischen Produktionsfunktion

$$Y_t = F(L_t) = AL_t - BL_t^2$$

(mit $L_t < A/(2B)$)?
(b) Wie groß ist L^*? Beweisen Sie:

$$L_t - L^* = \frac{1}{2B} \frac{g_{P_t} - g_{P_{t-1}}}{1 + g_{P_t}}.$$

(c) Setzen Sie $B = 1/2$, und berechnen Sie die jährlichen Beschäftigungsverluste $L^* - L_t$ sowie die über die vier Jahre kumulierten Beschäftigungsverluste, die die beiden Disinflationsprogramme aus Aufgabe IV.4 nach sich ziehen (rechnen Sie mit vier Nachkommastellen). Welche Art der Disinflation ist hier die bessere?

Aufgabe IV.6

Wie lauten die Arbeitsnachfragefunktion und die Friedmansche Phillips-Kurve bei einer logarithmischen Produktionsfunktion

$$Y_t = F(L_t) = A\ln(1 + L_t)?$$

Wie hoch sind L^* und $L_t - L^*$?

Aufgabe IV.7

(a) Wie lautet die Friedman-Phillips-Kurve für

$$Y_t = F(L_t) = \frac{3}{2}L_t^{\frac{2}{3}},$$

und wie hoch ist L^*?
(b) Berechnen Sie (auf zwei Nachkommastellen): Um wie viel Prozent steigt die Beschäftigung L_t über den Trend L^*, wenn die Inflationsrate von 2% auf 3% steigt? Um wie viel Prozent fällt sie unter den Trend, wenn die Inflation dann wieder auf 2% fällt?
(c) Um wie viel Prozent steigt L_t über L^*, wenn die Inflationsrate von 5% auf 7,5% steigt? Um wie viel Prozent fällt sie unter L^*, wenn die Inflation wieder auf 5% fällt?
(d) Was bedeutet das für die Vorteilhaftigkeit niedriger Inflationsraten?

Aufgabe IV.8 Geldschöpfung

Der Barhaltungskoeffizient der Haushalte sei $m = 0{,}3266$. Die Zentralbank setzt den Mindestreservesatz $\tau = 0{,}01$ fest und vergibt € 100 Mrd. Zentralbankkredite ($ZKr = 100 \cdot 10^9$). Es gibt keine Überschussreserven.
(a) Wie lautet die Gleichung für die (Mindest-) Reservehaltung?
(b) Wie ist die umlaufende Geldmenge definiert?
(c) Wie lassen sich die Zentralbankkredite ZKr in einen aufgelösten und einen nicht aufgelösten Teil unterteilen?
(d) Stellen Sie die beiden Gleichungen auf, die die Bargeldhaltung und die Depositen in Beziehung zur Geldmenge setzen.
(e) Berechnen Sie aus den Gleichungen aus den Aufgabenteilen (a)-(d) den Zusammenhang zwischen M und ZKr.

Aufgabe IV.9

Die Zentralbank verlangt keine Mindestreserven und vergibt € 150 Mrd. ($150 \cdot 10^9$) Zentralbankkredite. Die Haushalte halten ein Viertel ihres Geldes als Bargeld.
(a) „Übersetzen" Sie die Angaben aus der Aufgabenstellung in Annahmen über die Parameter des Geldschöpfungsmodells.
(b) Leiten Sie die Beziehung zwischen BG und D her, die aus der Aufteilung des Gelds auf Bargeld und Bankdepositen resultiert.
(c) Für welchen Zweck werden Zentralbankkredite verwendet? Leiten Sie hieraus einen Zusammenhang zwischen Zentralbankkrediten und Bankdepositen her. Leiten Sie ferner aus der Gelddefinition einen Zusammenhang zwischen Geld und Bankdepositen her.

(d) Berechnen Sie aus Ihren Ergebnissen aus den Aufgabenteilen (b) und (c) den Geldschöpfungsmultiplikator.
(e) Wie hoch sind die Geldmenge, die Reserven, die Bankeinlagen und der Bargeldumlauf?

Aufgabe IV.10 Quantitätsgleichung

(a) Mit € 1 Geld können im Betrachtungszeitraum Transaktionen im Umfang von € 16 abgewickelt werden. Formulieren Sie eine Gleichung für das mit einer gegebenen Geldmenge abwickelbare Transaktionsvolumen.
(b) Das Transaktionsvolumen betrage das Doppelte des nominalen BIPs. Drücken Sie auch das in Form einer Gleichung aus.
(c) Formulieren Sie die Quantitätsgleichung. Wie hoch ist die Geldumlaufgeschwindigkeit?
(d) Wie hoch ist bei einer Geldmenge von € 250 Mrd. das nominale BIP?

Aufgabe IV.11

Mit € 1 können Transaktionen im Umfang von € 1,22 abgewickelt werden. Das abzuwickelnde Transaktionsvolumen beträgt $(PY)^{0{,}94}$ mit PY als nominalem BIP. Die umlaufende Geldmenge beträgt € $300 \cdot 10^9$. Wie hoch ist das nominale BIP?

Aufgabe IV.12 Inflation auf kurze Sicht

(a) Wie lautet allgemein die Gleichung für die Phillips-Kurve? Nehmen Sie an, dass $g_{P_{t-1}} = g_{M_{t-1}}$ ist, und setzen Sie das in die Phillips-Kurve ein.
(b) Wie lautet die Quantitätsgleichung (v sei konstant)? Setzen Sie die Produktionsfunktion ein, schreiben Sie die Quantitätsgleichung in Wachstumsraten. Nehmen Sie $L_{t-1} = L^*$ an, setzen Sie das in die Quantitätsgleichung in Wachstumsraten ein.
(c) Illustrieren Sie die Bestimmung von Beschäftigung und Inflation grafisch.

Aufgabe IV.13

Sei wie in Aufgabe IV.3 $F(L_t) = 2L_t^{1/2}$. Die Inflationsrate der Vorperiode sei nun $g_{P_{t-1}} = g_{M_{t-1}} = 2\%$. Die Quantitätsgleichung laute $4M_t = P_t F(L_t)$. Die Beschäftigung der Vorperiode L_{t-1} entspricht der natürlichen Beschäftigung L^*.
(a) Berechnen Sie (noch einmal) die Arbeitsnachfragefunktion, und leiten Sie mit $W_t = P_t^e = P_{t-1}(1 + g_{P_{t-1}})$ die Phillips-Kurve her. Wie hoch ist L^*?
(b) Errechnen Sie die Gleichung für die QG-Kurve, indem Sie die Quantitätsgleichungen für die Zeitpunkte t und $t-1$ durcheinander teilen und L^* eliminieren.
(c) Berechnen Sie L_t in Abhängigkeit von g_{M_t}, indem Sie die Gleichungen für Phillips-Kurve und QG-Kurve miteinander multiplizieren und nach L_t auflösen.
(d) Berechnen Sie mit Hilfe der Ergebnisse aus den Aufgabenteilen (b) und (c) die Inflationsrate in Abhängigkeit vom Geldmengenwachstum.
(e) Wie hoch sind Beschäftigung L_t und Inflation g_{P_t} bei $g_{M_t} = 6\%$ Geldmengenwachstum?

Aufgabe IV.14

Die Produktionsfunktion sei wie in Aufgabe IV.4:

$$F(L_t) = \frac{80}{3} L_t^{\frac{3}{4}}.$$

Geldmengenwachstum und Inflation der Vorperiode sind $g_{M_{t-1}} = g_{P_{t-1}} = 5\%$, die Beschäftigung der Vorperiode ist $L_{t-1} = 160.000$.

(a) Errechnen Sie die Phillips-Kurve.

(b) Errechnen Sie die QG-Gleichung.

(c) Berechnen Sie L_t in Abhängigkeit von g_{M_t}.

(d) Berechnen Sie g_{P_t} in Abhängigkeit von g_{M_t}.

(e) Wie hoch muss das Geldmengenwachstum g_{M_t} sein, damit die Inflationsrate auf $g_{P_t} = 4\%$ sinkt? Wie hoch ist dann die Beschäftigung?

Aufgabe IV.15 Rationale Erwartungen

Es gelte die quadratische Produktionsfunktion

$$Y_t = F(L_t) = 9L_t - 2L_t^2.$$

Die Lohnsetzer haben einen Zielreallohn von $W_t/P_t^e = 1$ und rationale Erwartungen ($P_t = P_t^e$). Die Geldumlaufgeschwindigkeit ist konstant $v = 4$.

(a) Wie hoch sind die Beschäftigung und das BIP im Gleichgewicht?

(b) Formulieren Sie die Quantitätsgleichung, und berechnen Sie einen Zusammenhang zwischen dem Preisniveau P_t und der Geldmenge M_t.

(c) Angenommen, im Ausgangszeitpunkt 1 ist das Preisniveau der Vorperiode $P_0 = 16$. Die von der Zentralbank präferierte Inflationsrate ist $g_{P_t} = 0$. Welche Geldmengenentwicklung $M_1, M_2, \ldots$ sollte sie dann wählen?

Aufgabe IV.16

Die Produktionsfunktion ist $Y_t = F(L_t) = 3\ln(1 + L_t)$, die Erwartungen sind rational, das Reallohnziel ist eins, die Geldumlaufgeschwindigkeit 6 und die Geldmenge 12,08. Wie hoch sind L_t, Y_t und P_t?

Aufgabe IV.17 Zeitinkonsistenz der Geldpolitik

Die Produktionsfunktion laute $F(L_t) = L_t^{1/2}$, und die Verlustfunktion der Zentralbank sei

$$V_t = \frac{0{,}816}{2}(0{,}3 - L_t)^2 + \frac{1}{2} g_{P_t}^2$$

(d. h. das Beschäftigungsziel ist 0,3).

(a) Wie lautet die Arbeitsnachfragefunktion? Wie hoch ist L^*? Geben Sie die Beschäftigung L_t in Abhängigkeit von P_{t-1}, W_t und g_{P_t} an.

(b) Setzen Sie die Formel für L_t aus Aufgabenteil (a) in die Verlustfunktion ein. Ermitteln Sie durch Ableiten und Nullsetzen die Bedingung erster Ordnung für ein Minimum.

(c) Zeigen Sie, dass bei erwarteter Nullinflation (d. h. $W_t = P_{t-1}$) die Bedingung erster Ordnung für $g_{P_t} = 0$ verletzt ist. Was bedeutet das?

(d) Berechnen Sie die gleichgewichtige Inflationsrate bei rationalen Erwartungen.

Aufgabe IV.18 Konservativer Zentralbanker

Nehmen Sie an, die Regierung kann einen „konservativen Zentralbanker“ mit besonders ausgeprägter Inflationsaversion benennen, die sich darin widerspiegelt, dass in seiner Verlustfunktion

$$V_t = \frac{0{,}404}{2}(0{,}3 - L_t)^2 + \frac{1}{2}g_{P_t}^2$$

Beschäftigung ein geringeres Gewicht hat.
(a) Wiederholen Sie die Schritte in den Aufgabenteilen (b) und (d) von Übungsaufgabe IV.17 mit dieser Verlustfunktion. Wie hoch ist mit dieser Verlustfunktion die gleichgewichtige Inflationsrate?
(b) Interpretieren Sie Ihr Ergebnis.

Aufgabe IV.19

Die Lohnsetzer setzen Lohnwachstum in Höhe der erwarteten Inflationsrate durch. Sind die Inflationserwartungen korrekt, so ist die Arbeitslosenquote 8%. Die Arbeitslosenquote sinkt auf 6%, wenn die Inflation um 1%-Punkt höher liegt als erwartet. Die Regierung akkommodiert entweder das Lohnwachstum mit Inflation in gleicher Höhe, oder sie überbietet das Lohnwachstum um 1%-Punkt, um so die Arbeitslosenquote auf 6% zu senken. Dazu ist sie bereit, solange die Inflation unter 4% bleibt. Die Zentralbank kündigt an, 2% Inflation zu realisieren.
(a) Wenn die Zentralbank ein Commitment eingehen kann, sich an eine Regel zu halten, welche Regel würde sie sich vorgeben? Wie hoch sind Lohnwachstum, Inflation und Arbeitslosenquote dann?
(b) Wenn die Zentralbank kein Commitment eingehen kann und die Lohnsetzer der Ankündigung von 2% Inflation dennoch Glauben schenken, wie hoch sind dann Lohnwachstum, Inflation und Arbeitslosenquote? Sind die Erwartungen rational? Ist das ein Gleichgewicht?
(c) Die Erwartungen seien nun rational. Wie hoch müssen die Löhne gesetzt werden, damit es sich für die Zentralbank nicht lohnt, mit einem Prozentpunkt Überraschungsinflation die Arbeitslosenquote auf 6% zu senken? Wie hoch sind im Gleichgewicht also Lohnwachstum, Inflation und Arbeitslosenquote?
(d) Vergleichen Sie die Lösungen mit und ohne Regel.
(e) Die Regierung benenne einen konservativen Zentralbanker als Zentralbankchef, dessen Toleranzgrenze für die Inflationsrate nicht 4%, sondern nur 2,5% ist. Ist seine Ankündigung, das 2%-Inflationsziel (das noch unterhalb seiner Inflationstoleranz liegt) einzuhalten, glaubwürdig?

Kapitel V

Wiederholungsfragen

1. Was versteht man unter dem Begriff Konjunkturzyklen?
2. Welche Rolle spielen Angebotsseite und aggregierte Nachfrage bei der Bestimmung von Trend und Konjunktur?
3. Erklären Sie anhand des Einkommen-Ausgaben-Modells, warum bei exogenen Investitionen die aggregierte Nachfrage so gering sein kann, dass das BIP bei rein struktureller Arbeitslosigkeit nicht in voller Höhe nachgefragt wird. Welche Rolle kann der Staat bei der Erhöhung des BIPs spielen?
4. Was besagt die Taylor-Regel? Wie sehen Taylor-Regeln in der Praxis in etwa aus?
5. Was ist die IS-Kurve? Was ist die TR-Kurve? Erklären Sie, wie IS- und TR-Kurve gemeinsam das gleichgewichtige BIP bestimmen. Kann das gleichgewichtige BIP wegen mangelnder aggregierter Nachfrage kleiner sein als bei rein struktureller Arbeitslosigkeit?
6. Wie wirken Fiskalpolitik und aktive Geldpolitik im IS-TR-Modell? Argumentieren Sie grafisch und rechnerisch. Welche Probleme ergeben sich in der Praxis?
7. Erhöhen steigende Löhne das BIP?
8. Warum ist Deflation gefährlich?
9. Wie führen konjunkturelle Impulse sowie selbstverstärkende und stabilisierende Kräfte zu zyklischen BIP-Bewegungen?

Aufgabe V.1

Während eines kompletten Konjunkturzyklus hat man folgende BIP-Wachstumsraten g_{Y_t} beobachtet.

t	1	2	3	4	5	6	7
g_{Y_t}	2%	4%	5%	3%	0%	−1%	1%

Berechnen Sie die durchschnittliche (Trend-) Wachstumsrate und die Abweichungen vom Trend. Veranschaulichen Sie das anhand eines (t, g_{Y_t})-Diagramms.

Aufgabe V.2 Real business cycles

Betrachten Sie die Produktionsfunktion $Y = (AL)^{1-\alpha}$, in der das Kapital einfachheitshalber vernachlässigt wird.

(a) Nehmen Sie zunächst weiter an, dass das Arbeitsangebot $L = \overline{L}$ lohnunelastisch ist. Zeigen Sie, dass bei einem einprozentigen Anstieg von A das BIP um $1-\alpha$ Prozent steigt:

$$\frac{\frac{dY}{Y}}{\frac{dA}{A}} = 1 - \alpha.$$

(b) Nehmen Sie dann stattdessen an, dass das Arbeitsangebot lohnelastisch ist:

$$L = \left(\frac{W}{P}\right)^{\varepsilon}, \quad \varepsilon > 0.$$

Zeigen Sie, dass man die Gewinnmaximierungsbedingung der Firmen als

$$\frac{W}{P} = (1 - \alpha)\frac{Y}{L}$$

schreiben kann. Eliminieren Sie dann W/P mit Hilfe der Arbeitsangebotsfunktion, und lösen Sie nach L auf. Setzen Sie schließlich das Resultat in die Produktionsfunktion ein, und lösen Sie nach Y auf. Zeigen Sie, dass ein einprozentiger Anstieg von A das BIP nun um

$$\frac{\frac{dY}{Y}}{\frac{dA}{A}} = (1 - \alpha)\frac{1 + \varepsilon}{1 + \alpha\varepsilon}$$

ändert, d. h. stärker als bei lohnunelastischem Arbeitsangebot.

Aufgabe V.3 Einkommen-Ausgaben-Modell

(a) Erklären Sie die keynesianische Konsumfunktion.
(b) Aus welchen Komponenten setzt sich die Güternachfrage Y^d zusammen?
(c) Welche Annahmen werden im Einkommen-Ausgaben-Modell über die anderen Komponenten der Güternachfrage neben dem Konsum gemacht?
(d) Wie lautet die Gütermarktgleichgewichtsbedingung? Wie hoch ist das Gleichgewichts-BIP?
(e) Wie bestimmt sich die gleichgewichtige Beschäftigung?

Aufgabe V.4

(a) Im Einkommen-Ausgaben-Modell gelte $\bar{C} = 1$, $c = 3/4$, $I = 2$, $G = 5$ und $T = 4$. Stellen Sie die Gleichgewichtsbedingung für den Gütermarkt auf, und berechnen Sie daraus das gleichgewichtige BIP. Wie hoch ist das staatliche Budgetdefizit?
(b) Die Produktionsfunktion laute $Y = 5L^{1/3}$, die Beschäftigung bei nur struktureller Arbeitslosigkeit sei $L^* = 80$. Wie viel Prozent konjunkturelle Arbeitslosigkeit liegen vor?
(c) Wie hoch ist das BIP bei rein struktureller Arbeitslosigkeit Y^*? Wie hoch müssten die Investitionen sein, damit dieses BIP voll nachgefragt wird?

Aufgabe V.5

Sei $c = 4/5$, $\bar{C} = 120 \cdot 10^9$ (120 Mrd.), $I = 100 \cdot 10^9$, $G = 500 \cdot 10^9$, $T = 400 \cdot 10^9$, $F(L) = 4 \cdot 10^8 L^{1/2}$ und $L^* = 26{,}88 \cdot 10^6$ (= 26,88 Mio.).
(a) Stellen Sie die Gleichgewichtsbedingung für den Gütermarkt auf. Errechnen Sie hieraus das gleichgewichtige BIP.
(b) Wie hoch sind im Gleichgewicht die Anteile der einzelnen Nachfragekomponenten am BIP?
(c) Wie hoch sind die gleichgewichtige Beschäftigung und die konjunkturelle Arbeitslosigkeit $(L^* - L)/L^*$?

Aufgabe V.6

Betrachten Sie das Einkommen-Ausgaben-Modell mit nichtlinearer Konsumfunktion $C(Y) = Y - Y^2/18$ $(T = 0)$, $I = 4/3$ und $G = 2/3$. Berechnen Sie das gleichgewichtige BIP.

Aufgabe V.7 Einkommen-Ausgaben-Modell mit proportionaler Einkommensteuer

Nehmen Sie an, dass das Bruttoeinkommen Y proportional mit Satz t versteuert wird, so dass die Konsumfunktion

$$C(Y) = \bar{C} + c(1-t)Y$$

ist.
(a) Berechnen Sie das gleichgewichtige BIP.
(b) Berechnen Sie den Staatsausgabenmultiplikator für einen konstanten Steuersatz t (d. h. bei Schuldenfinanzierung). Wie hoch ist der Multiplikator für $c = 4/5$ und $t = 1/6$?
(c) Nehmen Sie an, der Steuersatz t wird bei gegebenen Staatsausgaben G gesenkt. Wie verändern sich Y und das Steueraufkommen $T \equiv tY$? Berechnen Sie die Elastizität $(dT/T)/(dt/t)$, und interpretieren Sie Ihr Ergebnis (Stichwort: Selbstfinanzierungseffekte).
(d) Nehmen Sie nun an, dass der Staatshaushalt ausgeglichen sein muss: $G = tY$. Eliminieren Sie hiermit t aus der Gütermarktgleichgewichtsbedingung. Wie hoch sind das gleichgewichtige BIP und der Staatsausgabenmultiplikator?

Aufgabe V.8 Fiskalpolitik

Zurück zum Einkommen-Ausgaben-Modell aus Aufgabe V.4.
(a) Berechnen Sie das gleichgewichtige BIP für beliebige Staatsausgaben G und Steuern T (statt für die konkreten Vorgaben $G = 5$ und $T = 4$.
(b) Berechnen Sie, indem Sie das Ergebnis aus Aufgabenteil (a) total differenzieren, die Änderung des gleichgewichtigen BIPs dY, die aus Staatsausgaben- und Steueränderungen dG und dT resultiert. Wie hoch sind die Staatsausgabenmultiplikatoren für schulden- und für steuerfinanzierte Fiskalpolitik?
(c) Angenommen, das BIP ist $Y = 18$. Um wie viel müssen die Staatsausgaben schulden- bzw. steuerfinanziert erhöht werden, um die konjunkturelle Arbeitslosigkeit zu beseitigen (d. h. $Y^* = 21{,}54$ zu erreichen)?
(d) Wie hoch müssen die Staatsausgaben sein, damit bei $T = 5$ das BIP Y^* erreicht wird? Wie hoch ist dabei das staatliche Budgetdefizit? Wie hoch müssen die Staatsausgaben sein, damit sich bei $T = 4$ das BIP Y^* ergibt? Wie hoch ist dann das Budgetdefizit?

Aufgabe V.9 Investitionen

Betrachten Sie zwei Investitionsprojekte I und II mit den folgenden Zahlungsreihen:

t	0	1	2	3	4
I	−9	3	3	3	3
II	−10	3	3	3	3

(a) Wie hoch ist der Kapitalwert der Einzahlungen aus den Zeitpunkten $t = 1, \ldots, 4$ bei einem Zinssatz von 5% und bei einem Zinssatz von 10%?

(b) Welche Projekte werden bei diesen beiden Zinssätzen realisiert (beide Projekte sind gleichzeitig durchführbar)?
(c) Erläutern Sie vor diesem Hintergrund, warum mit steigendem Zins weniger investiert wird.

Aufgabe V.10 Says Theorem

Betrachten Sie folgendes Modell: A1, A3 und A4 werden aus Abschnitt V.3 übernommen.

A2: *Die Investitionen sind zinsabhängig:*

$$I = I(i)$$

mit $I'(i) < 0$.

A5: *Das BIP* $Y = Y^*$ *wird angebotsseitig auf dem Arbeitsmarkt bestimmt.*

Man kann dieses Modell als Einkommen-Ausgaben-Modell mit zinsabhängigen Investitionen (A2) und angebotsseitig bestimmtem BIP (A5) interpretieren.
(a) Leiten Sie die IS-Kurve her, und zeichnen Sie sie in ein (Y, i)-Diagramm.
(b) Wie bestimmen sich das gleichgewichtige BIP und der gleichgewichtige Zinssatz grafisch?
(c) Gilt Says Theorem – schafft sich Y^*, egal wie hoch das ist, seine eigene Nachfrage? Erläutern Sie Ihre Antwort anhand eines Vergleichs mit dem Einkommen-Ausgaben-Modell aus Abschnitt V.3.

Aufgabe V.11 IS-TR-Modell

Betrachten Sie das IS-TR-Modell aus Abschnitt V.6 mit Konsumfunktion

$$C(Y) = 1{,}6 + 0{,}8(Y - T),$$

Investitionsfunktion

$$I(i) = 1{,}8 - 20i$$

und Taylor-Regel

$$i = i_{TR} + \frac{1}{5}\frac{Y - 20}{20}$$

sowie mit $G = 2{,}2$, $T = 2$ und $i_{TR} = 0{,}04$. Wie hoch sind das gleichgewichtige BIP und die gleichgewichtigen Zinsen? (Hinweis: Setzen Sie zuerst die Taylor-Regel in die Investitionsfunktion ein und dann den resultierenden Ausdruck in die Gleichgewichtsbedingung für den Gütermarkt.) Die Produktionsfunktion sei $Y = 10L^{1/2}$. Wie hoch ist dann die gleichgewichtige Beschäftigung?

Aufgabe V.12

Betrachten Sie das IS-TR-Modell mit $\bar{C} = 0, c = 3/4, G = 0, T = 0$ sowie mit Investitionsfunktion

$$I(i) = \frac{2{,}52\%}{i}$$

und Taylor-Regel

$$i = 6\% + 0{,}02(Y - 2).$$

Berechnen Sie das gleichgewichtige BIP und die gleichgewichtigen Zinsen.

Aufgabe V.13 Fiskalpolitik

Sei nun die Konsumfunktion

$$C(Y) = \bar{C} + c(Y - T),$$

die Investitionsfunktion

$$I(i) = \bar{I} - \delta i$$

und die Taylor-Regel

$$i = i_{TR} + \omega \frac{Y - Y*}{Y*}.$$

Investitionsfunktion und Taylor-Regel sind linear. δ („delta") ist ein Maß dafür, wie stark die Investitionen mit steigendem Zins sinken, ω („omega") gibt an, wie stark die Zentralbank den Zins bei zunehmendem BIP erhöht. Die Modellparameter werden nicht konkret spezifiziert.

(a) Stellen Sie die Bedingung für ein Gütermarktgleichgewicht auf. Setzen Sie für die Investitionsnachfrage die Investitionsfunktion und dann für den Zins die Taylor-Regel ein. Lösen Sie die Gleichung nach dem gleichgewichtigen BIP auf.

(b) Differenzieren Sie den Ausdruck für das gleichgewichtige BIP total (alle Variablen außer Y, G und T werden konstant gehalten). Zeigen Sie: Der Staatsausgabenmultiplikator für schuldenfinanzierte ($dT = 0$) zusätzliche Staatsausgaben ist kleiner als $1/(1 - c)$, und der für steuerfinanzierte ($dT = dG$) ist kleiner als eins.

(c) Erklären Sie, warum die Multiplikatoren kleiner sind als im Einkommen-Ausgaben-Modell.

Aufgabe V.14 Geldpolitik

Betrachten wir weiter das lineare Modell aus Aufgabe V.13. Nun ändere die Zentralbank vorübergehend das i_{TR} aus der Taylor-Regel. Berechnen Sie dY/di_{TR}. Diskutieren Sie inhaltlich, warum dY/di_{TR} betragsmäßig groß ist, wenn δ groß ist und $1 - c$ und ω klein sind.

Aufgabe V.15

Zurück zum Modell aus Aufgabe V.12. Sei die Taylor-Regel darin allgemeiner

$$i = i_{TR} + 0{,}02(Y - 2).$$

(a) Berechnen Sie aus der Gütermarktgleichgewichtsbedingung, der Investitionsfunktion und der Taylor-Regel eine quadratische Gleichung, die das gleichgewichtige BIP in Abhängigkeit von i_{TR} angibt. (Kontrollieren Sie, dass Sie mit $i_{TR} = 6\%$ das Ergebnis aus Aufgabe V.12 erhalten.)
(b) Differenzieren Sie diese quadratische Gleichung total, und lösen Sie den resultierenden Ausdruck nach dY/di_{TR} auf. (Hinweis: Y und i_{TR} bleiben in der Formel enthalten.)
(c) Setzen Sie $i_{TR} = 6\%$ und das zugehörige BIP aus Aufgabe V.12 ($Y = 1{,}8$) in die Formel für dY/di_{TR} ein. Was gibt die resultierende Zahl an? Um wie viel sinkt das BIP Y, wenn die Zentralbank i_{TR}, ausgehend von $i_{TR} = 6\%$, um einen Prozentpunkt erhöht ($di_{TR} = 1\%$)?

Aufgabe V.16

Betrachten Sie noch einmal das Modell aus Aufgabe V.11, wobei G, T und i_{TR} nun nicht festgelegt werden.
(a) Berechnen Sie das gleichgewichtige BIP in Abhängigkeit von G, T und i_{TR}.
(b) Wie hoch ist dY/di_{TR}? Um wie viel steigt das BIP Y, wenn die Zentralbank i_{TR} um einen Prozentpunkt senkt ($di_{TR} = -1\% = -0{,}01$)?
(c) Differenzieren Sie den Ausdruck für das gleichgewichtige BIP (für ein gegebenes i_{TR}) total. Berechnen Sie die Staatsausgabenmultiplikatoren für schulden- und steuerfinanzierte Staatsausgabenerhöhungen.

Aufgabe V.17 Deflation

Betrachten Sie eine Firma, die, um eine Investition finanzieren zu können, einen Kredit über € 1.000 aufnimmt, den Sie drei Jahre später inklusive 5% jährlicher (dann erst fälliger) Zinsen und Zinseszinsen mit einem Mal zurückzahlen muss. Die Firma stellt nur ein Produkt her. Die Investition liefert 100 Stück des Produkts, aber erst in drei Jahren. Heute macht sie an dem Produkt einen Gewinn von € 11,60 pro Stück. Der Preis des Produkts und der Gewinn pro Stück steigen mit der gleichen Rate wie das aggregierte Preisniveau.
(a) Wie hoch ist die Zins- und Tilgungszahlung in drei Jahren?
(b) Wie hoch ist der Gewinn vor Schuldendienst in drei Jahren bei 2% Inflation pro Jahr? Wie hoch ist der Gewinn vor Schuldendienst in drei Jahren bei 1% Deflation pro Jahr?
(c) Wie viel Stück muss die Firma in drei Jahren bei 2% Inflation bzw. bei 1% Deflation pro Jahr in drei Jahren verkaufen, um die in Aufgabenteil (a) berechnete Zahlung leisten zu können.
(d) Rufen Sie sich vor dem Hintergrund der Ergebnisse dieser Aufgabe die schädlichen Wirkungen von Schuldendeflation in Erinnerung.

Aufgabe V.18 Konjunkturzyklen

Nehmen Sie an, dass BIP-Änderungen $Y_t - Y_{t-1}$ sich aus selbstverstärkenden Kräften $0{,}9(Y_{t-1} - Y_{t-2})$ vorheriger BIP-Änderungen und aus stabilisierenden Kräften $-0{,}5Y_{t-1}$ des vorangehenden BIPs zusammensetzen:

$$(Y_t - Y_{t-1}) = 0{,}9(Y_{t-1} - Y_{t-2}) - 0{,}5Y_{t-1}.$$

(a) Berechnen Sie Y_t als Funktion von Y_{t-1} und Y_{t-2}.
(b) Nehmen Sie an, dass im Zeitpunkt $t = 0$ das BIP $Y_0 = 0$ betrug. Im Zeitpunkt $t = 1$ erhöht ein konjunktureller Impuls das BIP auf $Y_1 = 1$. Von da an wird das BIP durch die Gleichung aus (a) bestimmt. Zeigen Sie, dass Konjunkturzyklen vorliegen, indem Sie (mit Excel) Y_t für $t = 2, 3, \ldots, 20$ berechnen.
(c) Veranschaulichen Sie das Ergebnis aus (b) anhand einer Grafik, in der Sie Y_t über t abtragen.

Kapitel VI

Wiederholungsfragen

1. Was sind die aus ökonomischer Sicht wichtigsten Entwicklungen im Globalisierungsprozess?
2. Inwieweit betreffen diese Entwicklungen unsere Theorien zu Wachstum, Arbeitslosigkeit und Inflation?
3. Was ist kennzeichnend für eine kleine offene Volkswirtschaft? Warum ist die Modellanalyse für eine kleine offene Volkswirtschaft einfacher als die für eine große offene Volkswirtschaft?
4. Welcher Zusammenhang besteht zwischen dem Saldo der Leistungsbilanz und dem Saldo der Kapitalbilanz? Warum?
5. Erklären Sie das IS-TR-EG-Modell für die kleine offene Volkswirtschaft mit flexiblem Wechselkurs. Welche drei Zusammenhänge bestimmen die Gleichgewichtswerte für BIP, Zins und Wechselkurs? Welche Rolle spielen Wechselkursanpassungen für die Stabilisierung der Konjunktur?
6. Wie effektiv sind Fiskal- und Geldpolitik verglichen mit der geschlossenen Volkswirtschaft? Begründen Sie Ihre Antwort.
7. Welcher Sachverhalt verbirgt sich hinter der Bezeichnung „magisches Dreieck der offenen Volkswirtschaft“? Leiten Sie diesen Sachverhalt aus dem IS-TR-EG-Modell her.
8. Welchen Beitrag leistet das magische Dreieck bei der Erklärung von Währungskrisen? Was ist für Währungskrisen darüber hinaus kennzeichnend?
9. Bei Vorliegen welcher Rahmenbedingungen ist einem Land eine Wechselkursfixierung anzuraten?

Aufgabe VI.1

Zeigen Sie aus den Angaben aus Kasten VI.1, dass die Exporte 1998–2010 weltweit um ca. 2% pro Jahr schneller wuchsen als das BIP.

Aufgabe VI.2 Wechselkurse

(a) Der Wechselkurs S gibt an, wie viele Dollar ein Euro kostet. Wie viele Euro kostet ein Dollar?
(b) Wenn der Wechselkurs von \$ 1,1800/€ auf \$ 0,8260/€ fällt und anschließend auf \$ 1,0738/€ steigt, um wie viel Prozent ist er dann zunächst gefallen und danach gestiegen? Warum ist er trotz der gegenläufigen prozentualen Änderungen nicht wieder gleich hoch?
(c) Wenn das Inlandspreisniveau $P =$ €100 ist und das Auslandspreisniveau $P^* =$ \$ 80, wie hoch ist dann der Wechselkurs, der zu Kaufkraftparität führt? Um wie viel Prozent ist der Euro gegenüber diesem Kaufkraftparitätskurs bei einem Kurs von \$ 0,88/€ überbewertet bzw. bei einem Kurs von \$ 0,7760/€ unterbewertet?
(d) Wie ist der reale Wechselkurs definiert, und wie ist er zu interpretieren? Wie hoch ist der reale Wechselkurs bei den beiden in Aufgabenteil (c) genannten Fällen nominalen Wechselkursen?

Aufgabe VI.3 Zahlungsbilanz

Reproduzieren Sie die Tabelle in Kasten VI.4 für das Jahr 2011. Die Daten finden Sie, indem Sie auf www.bundesbank.de über „Statistik" nach „Außenwirtschaft" gehen und dann unter „Tabellen" die Tabelle „Wichtige Posten der Zahlungsbilanz" anklicken. Beachten Sie dabei: Beim Kapitalverkehr bezeichnen bei uns positive Zahlen Nettokapital*exporte*, in der Bundesbank-Statistik dagegen Kapital*importe*. Hier müssen Sie also die Vorzeichen umdrehen.

Aufgabe VI.4 Güternachfrage

Sei $C = 1.200{\cdot}10^7$, $I = 300{\cdot}10^7$, $G = 300{\cdot}10^7$, $Ex = 1.000{\cdot}10^7$ und $Im = 727{,}27\cdot 10^7$. Das inländische Preisniveau ist $P = 100$, das ausländische $P^* = 99$ und der Wechselkurs $S = 0{,}9$.
(a) Wie hoch ist der reale Wechselkurs? Ist die heimische Währung gemessen an Kaufkraftparität über- oder unterbewertet?
(b) Wie hoch sind $[P^*/(PS)]Im$ und die reale Güternachfrage Y^d?
(c) Wie hoch ist die nominale Güternachfrage PY^d?

Aufgabe VI.5

Berechnen Sie mit den Angaben aus Aufgabe VI.4 sowie $Y = Y^d = 2.000 \cdot 10^7$ und $T = 200{\cdot}10^7$ die Leistungsbilanz ($LB = P\ Ex - (P^*/S)Im$) und die Kapitalbilanz ($KB = P\{[(Y - T) - C] - [I + (G - T)]\}$).

Aufgabe VI.6

Machen Sie sich klar, dass aus einem Warenimport und aus einem Kapitalexport unabhängig davon, in welcher Währung das Geschäft abgewickelt wird, eine Nachfrage nach Devisen entsteht.

Aufgabe VI.7 Leistungsbilanz

Sei $P = P^* = 1$, so dass nominaler und realer Wechselkurs übereinstimmen. Die

Exporte und Importe genügen

$$Ex(S) = S^{-\varepsilon}, \quad Im(S, Y) = S^{\eta} f(Y), \qquad \varepsilon, \eta, f' > 0.$$

(a) Berechnen Sie die Leistungsbilanz $LB = Ex - (1/S)Im$.
(b) Zeigen Sie: $\partial LB/\partial Y < 0$.
(c) Berechnen Sie $\partial LB/\partial S$.
(d) Zeigen Sie: $\eta > 1$ ist hinreichend für $\partial LB/\partial S < 0$.
(e) Zeigen Sie: Wenn in der Ausgangssituation die Leistungsbilanz ausgeglichen ist $(Ex = (1/S)Im)$, dann ist die notwendige und hinreichende Bedingung für $\partial LB/\partial S < 0$, dass $\varepsilon + \eta > 1$ ist (Marshall-Lerner-Bedingung). Interpretieren Sie diese Bedingung.

Aufgabe VI.8 IS-TR-EG-Modell

Betrachten Sie die Zwei-Gleichungen-Darstellung des IS-TR-EG-Modells aus Abschnitt VI.9 (mit $KB(i)$ in der IS-Gleichung):

$$Y = \frac{\bar{C} - cT + I(i) + G + KB(i)}{1 - c}, \; i = i_{TR} + \Omega(Y).$$

(a) Zeigen Sie: Die modifizierte IS-Kurve ist flacher als die IS-Kurve in der geschlossenen Volkswirtschaft. Erklären Sie inhaltlich, warum Zinsänderungen größere BIP-Änderungen in einem Gütermarktgleichgewicht hervorrufen.
(b) Zeigen Sie grafisch in einem (Y, i)-Diagramm, dass Geldpolitik wirksamer ist als in der geschlossenen Volkswirtschaft.

Aufgabe VI.9

Betrachten wir eine lineare Version des IS-TR-EG-Modells mit Investitionsfunktion

$$I(i) = \bar{I} - \delta i,$$

Kapitalbilanz

$$KB = \overline{KB} - \theta i$$

und Taylor-Regel

$$i = i_{TR} + \omega \frac{Y - Y^*}{Y^*}.$$

θ („theta“) gibt an, wie stark die Kapitalbilanz auf Zinsänderungen reagiert.
(a) Leiten Sie analog zu Aufgabenteil VI.8(a) aus der Gleichgewichtsbedingung für den Gütermarkt und $LB = KB$ eine Gleichung her, die Y als eine Funktion von i allein angibt.
(b) Setzen Sie für i die Taylor-Regel ein, und berechnen Sie das gleichgewichtige BIP.

Aufgabe VI.10

Sei nun $\bar{C} = 100$, $c = 3/4$, $\bar{I} = 600$, $\delta = 10.000$, $\overline{KB} = 400$, $\theta = 10.000$, $Y^* = 2.500$ und $\omega = 1/4$.

(a) Wie lauten die Konsumfunktion $C(Y)$, die Investitionsfunktion $I(i)$, die Kapitalbilanz $KB(i)$ und die Taylor-Regel?

(b) Stellen Sie die Gleichgewichtsbedingung für den Gütermarkt auf, setzen Sie $LB = KB$ und dann die vier Funktionen aus Aufgabenteil (a) ein, und errechnen Sie das gleichgewichtige BIP in Abhängigkeit von T, G und i_{TR}.

(c) Wie hoch ist das BIP, wenn ferner $T = 400$, $G = 400$ und $i_{TR} = 4\%$ gilt? Wie hoch ist der Zins?

(d) Wie verteilt sich das BIP auf seine Komponenten C, I, G und LB?

(e) Sei schließlich

$$LB(Y, S) = 500 - \frac{1}{12}Y - 100S.$$

Wie hoch ist der gleichgewichtige Wechselkurs?

Aufgabe VI.11

Betrachten Sie das IS-TR-EG-Modell mit Konsumfunktion

$$C(Y) = \frac{2}{3}Y,$$

$T = 0$, Investitionsfunktion

$$I(i) = \frac{11{,}3\%}{i},$$

$G = 0$, Kapitalbilanz

$$KB(i) = \frac{3{,}4\%}{i}$$

und Taylor-Regel

$$i = 5\% + \frac{1}{100}\frac{Y - 10}{10}.$$

Berechnen Sie das gleichgewichtige BIP und den gleichgewichtigen Zins.

Aufgabe VI.12

(a) Berechnen Sie allgemeiner eine quadratische Gleichung für das BIP mit Konsumfunktion

$$C(Y) = cY,$$

Investitionsfunktion

$$I(i) = \frac{\bar{I}}{i},$$

$G = 0$, Kapitalbilanz

$$KB(i) = \frac{\overline{KB}}{i}$$

und Taylor-Regel

$$i = i_{TR} + \omega \frac{Y - Y^*}{Y^*}.$$

(b) Testen Sie Ihr Ergebnis, indem Sie überprüfen, ob Sie mit $c = 2/3$, $\bar{I} = 11{,}3\%$, $\overline{KB} = 3{,}4\%$, $i_{TR} = 5\%$, $\omega = 1/100$ und $Y^* = 10$ Ihr Ergebnis aus Aufgabe VI.11 erhalten.
(c) Beweisen Sie: $dY/di_{TR} < 0$ (für $Y > 0$ und $i > 0$).

Aufgabe VI.13

Kehren wir zum linearen Modell aus Aufgabe VI.9 zurück. Beachten Sie, dass man mit $\overline{KB} = \theta = 0$ eine geschlossene Volkswirtschaft erhält, denn dann ist $LB = KB = 0$.
(a) Zeigen Sie: Geldpolitik ist effektiv ($dY/di_{TR} < 0$), und zwar effektiver als in der geschlossenen Volkswirtschaft (d. h. als im Fall $\overline{KB} = \theta = 0$).
(b) Wie hoch ist der Multiplikator für schuldenfinanzierte Staatsausgabenanstiege? Wie erkennt man, dass er kleiner ist als in der geschlossenen Volkswirtschaft?
(c) Wie hoch ist der Multiplikator für steuerfinanzierte Staatsausgabenerhöhungen? Wie erkennt man, dass er kleiner ist als in der geschlossenen Volkswirtschaft?

Aufgabe VI.14

Berechnen Sie die Auswirkungen von aktiver Geldpolitik (Änderungen von i_{TR}) sowie schulden- und steuerfinanzierter Fiskalpolitik im Modell aus Aufgabe VI.10.

Aufgabe VI.15 Vollkommene internationale Kapitalmobilität

In Abschnitt VI.9 haben wir argumentiert, dass die EG-Kurve um so flacher verläuft, je höher die Kapitalmobilität ist. Bei *vollkommener Kapitalmobilität* gibt es keine Zinsdifferenzen zwischen In- und Ausland, der Inlandszins passt sich dem Weltmarktzins an, und die EG-Kurve verläuft horizontal auf Höhe des Weltmarktzinses.
(a) Erklären Sie anhand der zu Abbildung VI.4 analogen Grafik, wie expansive Fiskalpolitik bei vollkommener Kapitalmobilität wirkt.
(b) Wie erkennt man an den Rechnungen in Abschnitt VI.10, dass Fiskalpolitik unwirksam ist, wenn vollkommene Kapitalmobilität vorliegt?

Aufgabe VI.16 IS-TR-EG-Modell mit festem Wechselkurs

Betrachten Sie das folgende IS-TR-EG-Modell mit festem Wechselkurs S (vgl. Abschnitt VI.11). Konsum- und Investitionsfunktion lauten:

$$C(Y) = \frac{3}{4}Y, \quad I(i) = 5 - 50i.$$

Leistungsbilanz und Kapitalbilanz genügen:

$$LB(Y, S) = 4 - \frac{Y}{4} - S$$

$$KB(i) = 3 - 100i.$$

Die Staatsausgaben betragen $G = 1$, die Steuern $T = 0$. Der Wechselkurs $S = 2$ ist fix.
(a) Wie lauten die Gleichungen für die IS-Kurve und für die EG-Kurve? Wie hoch sind Y und i im Gleichgewicht?
In der Taylor-Regel

$$i = i_{TR} + \omega \frac{Y - Y^*}{Y^*}$$

sei $i_{TR} = 3{,}5\%$ und $Y^* = 10$.
(b) Wie muss die Zentralbank ω wählen, damit ein internes und externes Gleichgewicht vorliegt?
(c) Welcher allgemeinere Sachverhalt über Geldpolitik bei einem festen Wechselkurs spiegelt sich darin wider?

Aufgabe VI.17

Nun gelte im IS-TR-EG-Modell mit festem Wechselkurs:

$$C(Y) = \frac{3}{4}Y,\ I(i) = \frac{6}{i},\ G = T = 0,$$

$$LB(Y, S) = 60 - 10S - \frac{Y}{8},\ KB(i) = \frac{3}{i}$$

sowie $S = 2$.
(a) Berechnen Sie die Gleichgewichtswerte von Y und i.
(b) Wie hoch muss ω in der Taylor-Regel

$$i = \frac{1}{8} + \omega \frac{Y - 186{,}18}{186{,}18}$$

sein, damit ein internes und externes Gleichgewicht vorliegt?

Aufgabe VI.18 Fiskalpolitik bei festem Wechselkurs

Betrachten Sie das IS-TR-EG-Modell mit festem Wechselkurs aus Abschnitt VI.11. Nehmen Sie an, dass in der Ausgangssituation ein (internes und externes) Gleichgewicht vorliegt. Dann werden die Staatsausgaben schuldenfinanziert erhöht ($dG > 0$, $dT = 0$).
(a) Was bedeutet das für die Lage der IS-Kurve?
(b) Beschreiben Sie das neue interne Gleichgewicht.
(c) Wie muss die Geldpolitik reagieren, um wieder ein (internes und externes) Gleichgewicht herzustellen?
(d) Was bedeutet das für die Wirksamkeit von Fiskalpolitik bei festem Wechselkurs verglichen mit der geschlossenen Volkswirtschaft?

Aufgabe VI.19 Währungsspekulation

Der Peso sei 1:1 an den Dollar gekoppelt, stehe aber unter Abwertungsdruck. In einem Vierteljahr wird der Kurs entweder weiterhin \$ 1/Peso oder aber \$ 0,60/Peso sein. Ein ausländischer Anleger nimmt einen Peso-Kredit in Höhe von 100.000 Peso auf, der in drei Monaten mit 10% verzinst zurückgezahlt werden muss. Die 100.000 Peso tauscht er sofort in Dollar um und legt sie zu einem Zins von 1% für das Vierteljahr an. Wie hoch ist der Verlust, wenn der Peso seinen Kurs hält? Wie hoch ist der Gewinn, wenn der Peso abwertet?

Kapitel VII

Wiederholungsfragen

1. Worin besteht der fundamentale Interessenkonflikt zwischen Kapitalgeber und Kapitalnehmer bei festverzinslichen Schuldkontrakten? Erläutern Sie Ihre Antwort anhand einer Skizze.
2. Welche Investitionsprojekte werden auf einem vollkommenen Kapitalmarkt finanziert? Begründen Sie Ihre Antwort mit Hilfe des Modells für den vollkommenen Kapitalmarkt.
3. Definieren Sie die Begriffe asymmetrische Information, versteckte Eigenschaften, versteckte Handlungen, adverse Selektion und Moral hazard. Welche Allokationsprobleme ergeben sich auf dem Kapitalmarkt bei Vorliegen versteckter Eigenschaften von Kapitalnachfragern? Begründen Sie Ihre Antwort anhand unseres Modells hierzu.
4. Was besagt das Modigliani-Miller-Theorem?
5. Erklären Sie, warum Aktienfinanzierung die Probleme adverser Selektion in dem betrachteten Modell löst, warum das aber in einem allgemeineren Modell nicht notwendigerweise gelingt.
6. Argumentieren Sie, dass sich bei versteckten Handlungen der Kapitalnehmer ganz ähnliche Probleme ergeben wie bei versteckten Eigenschaften.
7. Welchen Beitrag können langfristige Bank-Kunde-Beziehungen zur Lösung der Probleme asymmetrischer Information leisten?
8. Welche Regulierungen für den Bankensektor ohne Äquivalent außerhalb des finanziellen Sektors gibt es? Warum gibt es die?
9. Warum haben Bankenkrisen realwirtschaftliche Folgen?
10. Welche zusätzlichen geldpolitischen Transmissionskanäle resultieren aus asymmetrischer Information auf dem Kreditmarkt?
11. Was versteht man unter einem Sovereign default? Warum passieren Sovereign defaults so oft, bzw. warum kann man sich fragen, warum sie so selten passieren?

Aufgabe VII.1 Diversifikation

Beim Werfen einer € 1-Münze zähle Adler einen Punkt und Zahl null Punkte.
(a) Wie hoch ist die Standardabweichung, wenn Sie die Münze einmal werfen?
(b) Welche Realisierungen für die *durchschnittliche* Punktezahl sind bei zweimaligem Werfen der Münze möglich? Wie hoch ist die Standardabweichung der durchschnittlichen Punktezahl?
(c) Wie lauten die entsprechenden Werte bei dreimaligem Werfen?

Aufgabe VII.2

(a) Angenommen, der Zins ist 4%. Jemand will Ihnen € 1.000 dieses Jahr schenken oder € 1.050,40 in einem Jahr. (Es gebe kein Adressenausfallrisiko oder Counterparty risk, d. h. Sie können sicher sein, das Geld nächstes Jahr zu erhalten.) Welches der beiden Angebote bevorzugen Sie? Warum?
(b) Bei welcher Geschenksumme im kommenden Jahr ist es Ihnen gerade egal, wann Sie das Geld bekommen? Warum?
(c) Erklären Sie allgemeiner, warum bei einem positiven Zinssatz ein Euro heute und ein Euro in der Zukunft nicht das gleiche sind.
(d) Wie macht man bei einem Zins i eine Zahlung in einem Jahr und eine Zahlung jetzt vergleichbar? Wie macht man eine Zahlung in t Jahren mit Geld heute vergleichbar?

Aufgabe VII.3 Ewige Rente

Wie hoch ist gemäß der Formel für die geometrische Reihe beim Zins i die Summe der Barwerte (die ewige Rente) von x Euro in jedem Jahr vom nächsten bis in alle Ewigkeit? Wie hoch ist die Summe von Barwerten bei $x = 100$ und $i = 5\%$?

Aufgabe VII.4

Stellen Sie π^{KN} statt mit dem max-Operator mit einer Fallunterscheidung dar (die unterscheidet, welches der beiden Elemente in der geschwungenen Klammer größer ist). Verfahren Sie analog mit π^{KG}. Verdeutlichen Sie sich vor dem Hintergrund dieser Darstellung nochmals die Kurvenverläufe in Abbildung VII.1.

Aufgabe VII.5 Fundamentaler Interessenkonflikt

Betrachten Sie ein Unternehmen, das mit Kapital in Höhe von $B = 1.000$ ein Investitionsprojekt mit unsicherem Ertrag R durchführen kann. Der Kreditzins sei $r = 8\%$, und das Unternehmen verfüge über Sicherheiten im Umfang von $S = 200$.
(a) Wie hoch sind die Gewinne des Kapitalnehmers π^{KN} und die Rückzahlung des Kapitalgebers π^{KG} in Abhängigkeit vom Ertrag R des Investitionsprojekts? Zeichnen Sie die Kurven in einer Grafik. Wie hoch ist die Summe von π^{KN} und π^{KG}?
(b) Das Projekt 1 gelinge mit Wahrscheinlichkeit $p_1 = 96\%$ und erbringe dann den Ertrag $R_1 = 1.187{,}5$. Im Misserfolgsfall liefert es keinen Payoff. Wie hoch ist $E(R)$? Wie hoch sind $E(\pi^{KN})$ und $E(\pi^{KG})$? Wie groß ist die Summe von $E(\pi^{KN})$ und $E(\pi^{KG})$?
(c) Betrachten Sie nun ein anderes Projekt 2 mit Erfolgswahrscheinlichkeit 95% und mit Payoffs $R_2 = 1.200$ im Erfolgsfall und null im Misserfolgsfall. Wie hoch ist der erwartete Ertrag dieses Projekts? Wie hoch sind $E(\pi^{KN})$ und $E(\pi^{KG})$?
(d) Wie hoch ist in den Aufgabenteilen (b) und (c) die erwartete Rendite i, die die Bank auf ihre Ausleihungen in Höhe von $B = 1.000$ realisiert?
(e) Welches Projekt präferieren die Kapitalnehmer? Welches die Kapitalgeber?

Aufgabe VII.6

Nun sei $B = 100$, $r = 6\%$ und $S = 15$.
(a) Wie lauten π^{KN} und π^{KG}?
(b) Für ein Projekt 1 seien die Werte $R = 100$, $R = 120$ und $R = 140$ gleich wahrscheinlich. Berechnen Sie $E(R)$, $E(\pi_1^{KN})$ und $E(\pi_1^{KG})$.
(c) Für ein anderes Projekt 2 seien die Werte 80, 100, 120, 140 und 160 gleich wahrscheinlich. Berechnen Sie wieder $E(R)$, $E(\pi_2^{KN})$ und $E(\pi_2^{KG})$.
(d) Wer präferiert welches Projekt?

Aufgabe VII.7 Eigenkapital als Option

Kasten VII.2 schlägt eine Interpretation von Eigenkapital als Option vor. MYERS (1977) weist auf eine verwandte Interpretation von Eigenkapital als Option hin. Angenommen, nachdem der Payoff R eines Projekts (für den Fall, dass keine weiteren Aktionen realisiert werden, die den Payoff beeinflussen) bekannt ist, kann ein Unterehmen den Payoff durch Nachschießen von Eigenkapital μR auf λR erhöhen, wobei $\lambda - \mu > 1$ ist, so dass diese Aktion einen positiven Kapitalwert hat. Sicherheiten werden der Einfachheit halber vernachlässigt ($S = 0$).
(a) Wie lauten die Gewinne π^{KN} mit bzw. ohne Nachschießen von Kapital (berücksichtigen Sie, dass man ohne Nachschießen von Kapital wegen beschränkter Haftung nur das bereits eingesetzte Kapital verlieren kann, während nachgeschossenes Kapital zusätzlich zu dem bereits eingesetzten verloren gehen kann)? Illustrieren Sie die Gewinne als Funktionen von R analog zu π^{KN} in Abbildung VII.1 in einer Grafik.
(b) Für welche Realisierungen R schießen die Firmeneigner Kapital nach? Warum liegt hier eine Ineffizienz vor? Woran liegt das?
(c) Erläutern Sie die Analogie zu einer Option.

Aufgabe VII.8 Vollkommener Kapitalmarkt

Sei wie in Aufgabe VII.5 $B = 1.000$ und $S = 200$. Es gebe die zwei dort beschriebenen Investitionsprojekte: Projekt 1 liefert $R_1 = 1.187{,}5$ mit Wahrscheinlichkeit $p_1 = 96\%$, Projekt 2 liefert $R_2 = 1.200$ mit Wahrscheinlichkeit $p_2 = 95\%$, im Misserfolgsfall liefern beide Projekte nichts. Der Zins r ist jetzt eine Variable. Es herrscht vollständige Information, so dass für die Inhaber der zwei verschiedenen Projekte 1 und 2 verschiedene Kreditzinssätze r verlangt werden können.
(a) Berechnen Sie $E(\pi_1^{KG})$. Lösen Sie die Nullgewinnbedingung $E(\pi_1^{KG}) = (1+i)\cdot B$ nach $960r$ auf.
(b) Berechnen Sie die erwarteten Gewinne von Klasse-1-Firmen $E(\pi_1^{KN})$. Wie lautet die Bedingung dafür, dass die Klasse-1-Firmen Kapital nachfragen. Setzen Sie in dieser Bedingung für $960r$ den Wert aus Aufgabenteil (a) ein. Interpretieren Sie die Ungleichung, die Sie so erhalten.
(c) Berechnen Sie $E(\pi_2^{KG})$. Lösen Sie die Nullgewinnbedingung der Banken nach $950r$ auf.
(d) Verfahren Sie analog wie in Aufgabenteil (b) für Projekt 1 nun für Projekt 2.

Aufgabe VII.9

(a) Im Modell aus Aufgabe VII.8 gebe es $N_1 = 300$ Unternehmen mit Projekt 1 und $N_2 = 400$ Unternehmen mit Projekt 2. Wie lautet die Investitionsfunktion $I(i)$?
(b) Die Kapitalangebotsfunktion sei:

$$S(i) = 7 \cdot 10^6 i.$$

Zeigen Sie, dass die Ungleichung in A7 erfüllt ist. Wie hoch sind der Zins i, den Kapitalgeber für ihre Anlagen erhalten, und das Investitionsvolumen im Kapitalmarktgleichgewicht? Veranschaulichen Sie das Gleichgewicht anhand einer Grafik. Wie hoch sind die Zinsen r, die die beiden Gruppen von Unternehmen im Gleichgewicht zahlen müssen?
(c) Nun falle das Kapitalangebot „ein wenig" auf

$$S(i) = \frac{20}{3} \cdot 10^6 i.$$

Veranschaulichen Sie den Kapitalmarkt wieder anhand einer Grafik. Wie ändern sich i, das Investitionsvolumen und die Zinssätze r für die beiden Klassen?

Aufgabe VII.10 Lemons-Markt

Bewertungen für gute und schlechte Autos durch Inhaber und potenzielle Käufer sowie die Anteile an der Anzahl von Autos in einem Gebrauchtwagenmarkt sind in der folgenden Tabelle zusammengefasst.

Bewertungen	Inhaber	Käufer	Anteile
gute	€ 23.000	€ 25.000	80%
schlechte	€ 10.000	€ 12.000	20%

Die Verhandlungsmacht liegt bei den Verkäufern. D. h. der Marktpreis entspricht immer der Zahlungsbereitschaft der Käufer (nicht der niedriegeren Bewertung der Inhaber).
(a) Wie hoch ist die durchschnittliche Bewertung der Autos durch die potenziellen Käufer, wenn alle Inhaber ihre Autos anbieten?
(b) Beschreiben Sie das Marktgleichgewicht.
(c) Wie ändert sich das Ergebnis in Aufgabenteil (a), wenn 90% der Autos gut sind? Bewerten Sie das Marktergebnis aus Sicht der Inhaber guter und schlechter Autos.

Aufgabe VII.11 Quersubventionierung

Betrachten Sie wieder den in den Aufgaben VII.8 und VII.9 beschriebenen Markt (mit der Kapitalangebotsfunktion aus Aufgabe VII.9 (b)). Nun sei allerdings die Information asymmetrisch verteilt: Die Kapitalnehmer kennen ihre Risikoklasse, die Kapitalgeber nicht. (Runden sie Zahlen und Prozentzahlen stets auf zwei Nachkommastellen.)
(a) Wie lauten die erwarteten Gewinne für die Kapitalnehmer aus den beiden Risikoklassen? Berechnen Sie die Zinssätze r_1 und r_2, bei denen sie aufhören, Kapital nachzufragen.

(b) Wie lautet die durchschnittliche Erfolgswahrscheinlichkeit der Kapitalnachfrager $E(p_j|r \leq r_j)$ in Abhängigkeit vom Zinssatz?
(c) Wie lautet die Rendite-Funktion der Kapitalgeber $i(r)$?
(d) Wie lautet die zusammengesetzte Kapitalangebotsfunktion $S[i(r)]$? Zeigen Sie, dass $S[i(r_1)] > (N_1 + N_2)B$ ist.
(e) Wie lautet die Kapitalnachfragefunktion $I(r)$?
(f) Wie hoch ist der gleichgewichtige Zins r? Begründen Sie, warum andere Zinssätze kein Gleichgewicht darstellen. Welche Quersubventionierung zwischen den Risikoklassen erfolgt hier verglichen mit dem vollkommenen Kapitalmarkt aus Aufgabe VII.9?

Aufgabe VII.12 Adverse Selektion

$N_1 = 500$ Unternehmen können das Investitionsprojekt 1 durchführen, das $R_1 = 110$ mit Wahrscheinlichkeit $p_1 = 90\%$ liefert. $N_2 = 500$ andere Firmen können das Projekt 2 durchführen, das $R_2 = 198$ mit Wahrscheinlichkeit $p_2 = 50\%$ liefert. Im Misserfolgsfall liefern beide Projekte nichts. Beide Projekte setzen einen Kapitaleinsatz $B = 82{,}5$ voraus. Kapitalnehmer stellen Sicherheiten $S = 61{,}875$. Das Kapitalangebot ist $S(i) = 2{,}64 \cdot 10^6 i^2$.
(a) Berechnen Sie die Zinssätze r_1 und r_2, bei denen die beiden Gruppen aufhören, Kapital nachzufragen.
(b) Wie lautet die Rendite-Funktion $i(r)$? Berechnen Sie $i(r_1)$ und $i(r_2)$ sowie $S[i(r_1)]$ und $S[i(r_2)]$.
(c) Wie lautet die Kapitalnachfragefunktion?
(d) Illustrieren Sie den Kapitalmarkt mit der Grafik, in der Sie Kapitalangebot und -nachfrage über r abtragen. Welches Gleichgewicht stellt sich ein? Wie hoch ist der gleichgewichtige Kreditzins?

Aufgabe VII.13 Adverse Selektion mit drei Risikoklassen

Die Beispiele im laufenden Text konzentrieren sich immer auf den Zwei-Klassen-Fall. Hier ist ein Drei-Klassen-Beispiel: Zusätzlich zu den in Aufgabe VII.12 beschriebenen Unternehmen gebe es $N_3 = 250$ Firmen mit einem Projekt mit $p_3 = 10\%$ und $R_3 = 990$.
(a) Für welche Zinsen fragt Klasse 3 Kapital nach?
(b) Wie lautet die Kapitalnachfragefunktion $I(r)$?
(c) Wie lauten $i(r)$ und $S[i(r)]$? Berechnen Sie $i(r_1)$ und $S[i(r_1)]$, $i(r_2)$ und $S[i(r_2)]$ sowie $i(r_3)$ und $S[i(r_3)]$.
(d) Illustrieren Sie den Kreditmarkt grafisch. Welche Projekte werden finanziert? Berechnen Sie den Gleichgewichtszins.

Aufgabe VII.14 Finanzielle Fragilität

$N_1 = 100$ Unternehmen können das Investitionsprojekt 1 durchführen, das $R_1 = 150$ mit Wahrscheinlichkeit $p_1 = 90\%$ liefert. $N_2 = 100$ andere Firmen können das Projekt 2 durchführen, das $R_2 = 270$ mit Wahrscheinlichkeit $p_2 = 50\%$ liefert. Im Misserfolgsfall liefern beide Projekte nichts. Beide Projekte setzen einen

Kapitaleinsatz $B = 100$ voraus. Kapitalnehmer stellen Sicherheiten $S = 90$. Das Kapitalangebot ist – von A7 leicht abweichend – bis zu einem Einlagenzins von unter 24,98% null; bei 24,98% wird eine beliebige Menge Kapital zwischen null und 25.000 angeboten; für Einlagenzinsen über 24,98% bleibt das Kapitalangebot bei 25.000:

$$S(i) = \begin{cases} 0; & \text{für } i < 24{,}98\% \\ \in [0,\ 25.000]; & \text{für } i = 24{,}98\% \\ 25.000; & \text{für } i > 24{,}98\% \end{cases}.$$

(Das ist ein etwas anderes Modell als das in Abschnitt VII.5, weil dort die Kapitalangebotsfunktion $S' > 0$ erfüllt.)

(a) Leiten Sie die Zinssätze her, bis zu denen die Unternehmen aus den beiden Klassen Kapital nachfragen.

(b) Ermitteln Sie die Renditefunktion $i(r)$, und berechnen Sie $i(r_1)$ und $i(r_2)$. Bei welchen Kreditzinsen $r < r_1$ und $r > r_1$ ist das Kapitalangebot $S[i(r)]$ positiv?

(c) Illustrieren Sie das Kreditmarktgleichgewicht in der üblichen Grafik. Welche Projekte werden finanziert? Zu welchem Zins?

(d) Nun steigt der Zins, ab dem Kapital angeboten wird „ein wenig“: Die 24,98% in der Aufgabenstellung werden durch 25,02% ersetzt. Beschreiben Sie das neue Gleichgewicht. Erklären Sie, inwiefern in der Ausgangslage finanzielle Fragilität vorlag.

Aufgabe VII.15

Das unterstellte Kapitalangebotsverhalten bei finanzieller Fragilität klingt möglicherweise seltsam. Es ergibt sich aber bei Maximierung einer linearen Konsumfunktion. Betrachten Sie einen Haushalt mit Einkommen $y = 250$ in Periode 1 und ohne Einkommen in Periode 2. Mit c_1 und c_2 also Konsum in Periode 1 bzw. Periode 2 sowie s als Ersparnis in Periode 1 lauten seine Budgetbeschränkungen

$$c_1 = 250 - s,\ c_2 = (1 + i)s.$$

Seine Nutzenfunktion ist

$$u = c_1 + 0{,}8001 c_2.$$

(a) Setzen Sie die Budgetrestriktionen in die Nutzenfunktion ein.

(b) Zeigen Sie: Nur bei $i = 24{,}98\%$ ist $du/ds = 0$. Wie lautet die Kapitalangebotsfunktion eines einzelnen Anlegers? Wie lautet das Marktangebot, wenn es 100 solche Anleger gibt?

(c) Wie ändert sich das Kapitalangebot, wenn die Nutzenfunktion sich „ein wenig“ ändert, nämlich zu

$$u = c_1 + 0{,}7999 c_2?$$

Aufgabe VII.16 Zwei-Preis-Gleichgewicht

Betrachten wir noch einmal die Unternehmen aus Aufgabe VII.12. Anders als dort sei die Kapitalangebotsfunktion

$$S(i) = 500.000i.$$

(a) Berechnen Sie aus der Renditefunktion aus Aufgabe VII.12 $S[i(r_1)]$ und $S[i(r_2)]$.

(b) Zeichnen Sie die übliche Grafik für den Kapitalmarkt. Argumentieren Sie, warum es kein Gleichgewicht mit einem einheitlichen Zinssatz gibt.
(c) Berechnen Sie $\tilde{r}_1$, den nächsthöheren Zins, der die gleiche Rendite liefert wie r_1.
(d) Wie hoch sind Restangebot und Restnachfrage bei $\tilde{r}_1$, wenn bei r_1 Kapital im Umfang $\tilde{S}$ vergeben wird? Für welches $\tilde{S}$ sind Restangebot und Restnachfrage bei $\tilde{r}_1$ gleich? Begründen Sie, dass die Vergabe von Kapital $\tilde{S}$ bei r_1 und dem Rest bei $\tilde{r}_1$ ein (Zwei-Preis-) Gleichgewicht darstellt.

Aufgabe VII.17 Kreditrationierung

Ersetzen wir nun in Aufgabe VII.12 $R_2 = 198$ durch $R_2 = 177{,}375$ und die Kapitalangebotsfunktion durch

$$S(i) = 725.000i.$$

(a) Berechnen Sie r_2.
(b) Zeigen Sie, dass die Renditefunktion – abgesehen davon, dass sie nun bei dem kleineren r_2-Wert endet – identisch zu Aufgabe VII.12 ist.
(c) Berechnen Sie $i(r_1)$ und $i(r_2)$. Ist $i(r_2) < i(r_1)$ erfüllt?
(d) Zeigen Sie, dass ein Kreditrationierungsgleichgewicht existiert. In welchem Umfang liegt Kreditrationierung vor?

Aufgabe VII.18 Lieferantenkredit

Wie hoch ist die jährliche Verzinsung eines Lieferantenkredits, der bei einem Zahlungsziel von 60 Tagen 3% Skonto bei Zahlung innerhalb von 14 Tagen einräumt?

Aufgabe VII.19 Aktienfinanzierung

$N_1 = 100$ Unternehmen können das Investitionsprojekt 1 durchführen, das $R_1 = 150$ mit Wahrscheinlichkeit $p_1 = 80\%$ liefert. $N_2 = 200$ andere Firmen können das Projekt 2 durchführen, das $R_2 = 240$ mit Wahrscheinlichkeit $p_2 = 50\%$ liefert. Im Misserfolgsfall liefern beide Projekte nichts. Beide Projekte setzen einen Kapitaleinsatz $B = 100$ voraus. Kapitalnehmer stellen Sicherheiten $S = 60$. Das Kapitalangebot ist

$$S(i) = 200.000i.$$

(a) Ermitteln Sie das Gleichgewicht mit Standardkreditverträgen.
(b) Nun werden Aktien gehandelt, die im Gegenzug für die Bereitstellung von $B = 100$ einen Anteil s an den Unternehmenserträgen verbriefen. Wie lauten $E(\pi_j^{KN})$, $E(\pi_j^{KG})$ und $i(s)$?
(c) Illustrieren Sie den Kapitalmarkt, indem Sie das zusammengesetzte Kapitalangebot $S[i(s)]$ und die Kapitalnachfrage über s abtragen. Beschreiben Sie das Gleichgewicht.

Aufgabe VII.20 Modigliani-Miller-Theorem

Im Modell des vollkommenen Kapitalmarkts (ohne Firmenwerte in Abwesenheit von Investitionen) sei nun die Verschuldung nicht notwendigerweise B (wie in Abschnitt VII.4) oder null (wie in Abschnitt VII.6), sondern allgemein (für alle Firmen einheitlich) b ($0 \leq b \leq B$). Die Differenz $B - b$ wird durch die Emission von Aktien finanziert. Die Sicherheiten werden einfachheitshalber auf null gesetzt: $S = 0$. Es werden Projekte betrachtet, die mit Wahrscheinlichkeit p_j gelingen und sonst schiefgehen.

(a) Wie lauten nun die erwarteten Gewinne der Kapitalnehmer $E(\pi_j^{KN})$.

(b) Wie lauten die erwarteten Rückzahlungen an die Kreditgeber $E(\pi_j^{KGK})$ und an die Bereitsteller von Aktienfinanzierung $E(\pi_j^{KGA})$? Wie lauten die Renditen i^{KGK} auf Kreditvergabe und i^{KGA} auf Aktienkapital?

(c) Die Renditen auf die beiden Finanzierungsformen müssen gleich sein: $i^{KGK} = i^{KGA} = i$. Zeigen Sie, dass mit Hilfe der Formeln aus den Aufgabenteilen (a) und (b) wieder $E(\pi_j^{KN}) = E(R) - (1 + i)B$ folgt.

(d) Wie bestimmt sich der Einlagenzins i im Kapitalmarktgleichgewicht?

(e) Zeigen Sie, dass die Inhaber riskanterer Projekte einen höheren Kreditzins bezahlen.

(f) Zeigen Sie, dass s für alle j gleich ist und mit steigendem b fällt (warum?).

Aufgabe VII.21

Im Modell aus Aufgabe VII.18 haben jetzt die Unternehmen aus Klasse 1 einen Wert $V_1 = 60$, der unabhängig von der Realisierung des Projekts besteht. Analog ist $V_2 = 30$. Die Kapitalgeber können die V_j's nicht beobachten.

(a) Berechnen Sie die erwarteten Gewinne der Unternehmer $E(\pi_j^{KN})$ in Abhängigkeit von s. Wie hoch sind die s_j's, bei denen sie aufhören, Kapital nachzufragen?

(b) Berechnen Sie die Rendite $i(s)$ für die Intervalle $0 \leq s \leq s_1$ und $s_1 < s \leq s_2$. Wie hoch sind $i(s_1)$ und $i(s_2)$?

(c) Beschreiben Sie das Gleichgewicht des Aktienmarkts, und illustrieren Sie es mit einer Grafik.

Aufgabe VII.22 Moral hazard

100 Unternehmen ohne Sicherheiten haben die versteckte Wahl zwischen zwei Projekten mit Kapitaleinsatz $B = 10$. Projekt 1 liefert $R_1 = 12$ mit 95% Wahrscheinlichkeit und sonst nichts. Projekt 2 liefert $R_2 = 13$ mit 50% Wahrscheinlichkeit und sonst nichts. Das Kapitalangebot ist

$$S(i) = 27.000i.$$

(a) Wie hoch ist die erwartete Rendite von Projekt 1? Reicht diese Rendite aus, um genügend Kapital zu mobilisieren, so dass alle 100 Unternehmen finanziert werden können? Berechnen Sie den maximalen Zinssatz r_2.

(b) Berechnen Sie die erwarteten Gewinne $E(\pi_j^{KN})$ der Unternehmen mit den beiden Projekten. Für welche Zinssätze wird Projekt 1 vorgezogen?

(c) Geben Sie die Renditefunktion $i(r)$ an. Wie hoch sind $i(r_1)$ und $i(r_2)$?

(d) Beschreiben Sie das Kreditmarktgleichgewicht. Fertigen Sie eine Grafik an. In welchem Umfang liegt Kreditrationierung vor?

Aufgabe VII.23

1.000 Unternehmen ohne Sicherheiten haben die versteckte Wahl zwischen zwei Projekten mit Kapitaleinsatz $B = 15$. Projekt 1 liefert $R_1 = 30$ mit 90% Wahrscheinlichkeit und sonst nichts. Projekt 2 liefert $R_2 = 40$ mit 50% Wahrscheinlichkeit. Das Kapitalangebot ist

$$S(i) = 150.000i.$$

(a) Wie hoch ist die erwartete Rendite von Projekt 1? Reicht diese Rendite aus, um genügend Kapital zu mobilisieren, so dass alle Unternehmen finanziert werden können? Berechnen Sie r_2.
(b) Berechnen Sie die erwarteten Gewinne $E(\pi_j^{KN})$ der Unternehmen mit den beiden Projekten. Für welche Zinssätze wird Projekt 1 vorgezogen?
(c) Geben Sie die Renditefunktion $i(r)$ an. Wie hoch sind $i(r_1)$ und $i(r_2)$?
(d) Beschreiben Sie das Kreditmarktgleichgewicht. Fertigen Sie eine Grafik an.

Aufgabe VII.24 „Gambling for resurrection"

Angenommen, im Moral-hazard-Modell haben die Unternehmen unabhängig von der Realisierung von Projekt 1 oder 2 einen negativen Wert V (< 0). (D. h. ohne eine Investition realisieren die Eigentümer des Unternehmens – wegen beschränkter Haftung – Nullgewinne und die Fremdkapitalgeber Verluste.)
(a) Wie lauten die erwarteten Gewinne des Unternehmens, wenn es Projekt j realisiert?
(b) Bis zu welchem Zins wird Projekt 1 gewählt? Wie ändern sich die Investitionsanreize folglich im Vergleich zum Fall $V = 0$?

Aufgabe VII.25 Langfristige Beziehungen

100 Unternehmen haben die Wahl zwischen zwei Projekten, die jeweils einen Kapitaleinsatz von 900 erfordern. Projekt 1 liefert mit 99%-iger Wahrscheinlichkeit einen Payoff von 1.010,101. Bei Misserfolg liefert es keinen Payoff. Projekt 2 bringt dem Management private Vorteile im Wert von 110, aber keine für den Schuldendienst einsetzbaren Erträge. Die Projekte werden ohne Sicherheiten vollständig fremdfinanziert, wobei die Kapitalgeber erst im Nachhinein die Mittelverwendung (in Projekt 1 oder 2) feststellen können. Die Diskontrate der Unternehmen für zukünftige Gewinne ist 1%. Das Kapitalangebot ist $2 \cdot 10^6 i$.
(a) Zeigen Sie, dass es sich bei einmaligem Investieren für die Unternehmen für keinen positiven Zinssatz lohnt, den Kredit zu bedienen. Was folgt daraus für das Kreditmarktgleichgewicht?
(b) Wie hoch ist die Summe der erwarteten Gewinne aus (unbegrenzt häufigem) wiederholtem Investieren? Für welche Zinssätze wird Projekt 1 realisiert?
(c) Wie lautet die Renditefunktion der Kapitalgeber? Wie hoch ist $i(r_1)$?
(d) Wie hoch ist $S[i(r_1)]$? Beschreiben Sie das Kreditmarktgleichgewicht.

Aufgabe VII.26 Staatsbankrott

Sei im Modell aus Abschnitt VII.10 $I_t = 1.000$ und $r_t = 10\%$ für alle t.
(a) Wieviel Geld fließt pro Periode bei Bedienung der Auslandsschulden ins Ausland?
(b) Nehmen Sie an, das Land defaultet in T und legt die damit eingesparten Mittel am Weltfinanzmarkt an. Berechnen Sie das resultierende Auslandsvermögen A_{T+t} nach für $t = 0, \ldots, 4$. Wieviel kann das Land für zusätzlichen Konsum in $T + 4$ ausgeben, wenn es in diesem Zeitpunkt sein Auslandsvermögen auf null herunter fährt und anschließend immer das gemäß Aufgabenteil (a) eingesparte Geld für zusätzlichen Konsum verwendet (so dass $A_{T+t} = 0$ für $t = 5, 6, \ldots$ ist)?

Aufgabe VII.27

Abweichend von Aufgabe VII.26, sei nun $I_5 = 2.000$.
(a) Wie hoch sind die Netto-Zahlungen ans Ausland in den einzelnen Perioden?
(b) Argumentieren Sie, dass ab $t = 7$ ein strategischer Default mit stets positivem Auslandsvermögen möglich ist. Lohnt sich strategischer Default auch in $t = 6$?
(c) Zeigen Sie, dass (wenn, wie gehabt, die einzige Änderung der Zahlungsströme bei Default darin besteht, dass eingespartes Geld im Weltfinanzmarkt angelegt wird) strategischer Default in $t = 5$ nicht zu in der Folge stets positivem Auslandsvermögen führt.

Kapitel VIII

Wiederholungsfragen

1. Was versteht man unter den Begriffen Fristentransformation, Sichteinlagekontrakt, Bank run und Sonnenfleckengleichgewicht?
2. Erklären Sie die zwei Gleichgewichtstypen im Diamond-Dybvig-Modell und die Rolle von Sonnenflecken in diesem Modell.
3. Welche Maßnahmen gegen Bank runs legt das Diamond-Dybvig-Modell nahe? Setzen Sie diese Maßnahmen in Beziehung zu tatsächlichen Regulierungen.
4. Was versteht man unter internationalen Bankenkrisen und Twin crises? Vor welchem Dilemma steht die Wirtschaftspolitik in einer Zwillingskrise?

Aufgabe VIII.1 Diamond-Dybvig-Modell

Betrachten Sie eine Bank mit $N = 1.000$ Kunden, von denen jeder über eine Einheit Kapital verfügt. Die Bank kann kurzfristig mit einer Rendite von null investieren und langfristig mit einer Rendite von $R - 1 = 20\%$. Die Rendite bei frühzeitiger Liquidation der langfristigen Anlage ist $L - 1 = -25\%$. Die Kunden sind mit Wahrscheinlichkeit $1/2$ ungeduldig und wollen früh an ihr Geld. Mit der Gegenwahrscheinlichkeit $1/2$ sind sie geduldig und brauchen ihr Geld erst spät. Ihr unsicherer Liquiditätsbedarf ist von der Bank nicht beobachtbar. Die Bank bietet Sichteinlagekontrakte mit Verzinsung null bei frühem Abheben und Verzinsung $R - 1 = 20\%$ bei spätem Abheben an. Geht sie Pleite, gilt First come, first served.
(a) Stellen Sie die vertraglich vorgesehenen Abhebemöglichkeiten anhand einer Tabelle dar.

(b) Wie viel investiert die Bank langfristig, wie viel kurzfristig? Über wie viele Mittel verfügt sie dann in den Zeitpunkten 2 und 3 ohne Liquidation?
(c) Wie hoch sind die Ansprüche an die Bank, wenn die Ungeduldigen früh und die Geduldigen spät abheben? Kann die Bank diese Ansprüche bedienen?
(d) Wie verhalten sich die ungeduldigen Anleger?
(e) Wie verhält sich ein geduldiger Anleger, wenn er erwartet, dass alle anderen Geduldigen erst spät abheben? Wie lassen sich seine Abhebemöglichkeiten anhand einer Tabelle darstellen? Wie viel muss die Bank liquidieren, um die Ansprüche der Abheber zu befriedigen? Welche Konstellation von Abhebungen ist damit ein Gleichgewicht?
(f) Wie verhält sich ein geduldiger Anleger, wenn er erwartet, dass alle anderen Geduldigen schon früh abheben? Stellen Sie seine Abhebemöglichkeiten anhand einer Tabelle dar. Welches zweite Gleichgewicht erhalten wir somit?

Aufgabe VIII.2 Einlagenversicherung

Weiter im Diamond-Dybvig-Modell aus Aufgabe VIII.1. Jetzt nehmen wir an, dass die Bank in einen Einlagensicherungsfonds eingezahlt hat, der ihre Einlagen zu 100% versichert (oder diese Aufgabe wird von einem LLR wahrgenommen).
(a) Wie verhalten sich die ungeduldigen Anleger?
(b) Hängen die Abhebemöglichkeiten eines geduldigen Anlegers von den Handlungen der anderen Anleger ab? Wie lassen sich seine Abhebemöglichkeiten tabellarisch veranschaulichen?
(c) Wie verhält er sich? Welche Gleichgewichte gibt es?

Aufgabe VIII.3 Aussetzung der Zahlungsverpflichtung

Nun habe die Bank das Recht, in Zeitpunkt 2 bei Ansprüchen, die über 500 hinausgehen, die Zahlungen auszusetzen, und mache davon Gebrauch.
(a) Wie verhalten sich die ungeduldigen Anleger?
(b) Welche Abhebemöglichkeiten hat ein geduldiger Anleger, wenn die anderen Geduldigen spät abheben (Tabelle)? Ist „Alle Geduldigen heben spät ab" ein Gleichgewicht?
(c) Welche Abhebemöglichkeiten hat ein geduldiger Anleger, wenn die anderen Geduldigen früh abheben (Tabelle)? Ist ein Bank run ein Gleichgewicht?

Aufgabe VIII.4

Betrachten Sie eine Bank mit $N = 2.400$ Kunden, von denen jeder über € 1.000 verfügt. Die Bank kann kurzfristig mit einer Rendite von null investieren und langfristig mit einer Rendite von $R - 1 = 10\%$. Die Rendite bei frühzeitiger Liquidation der langfristigen Anlage ist $L - 1 = -20\%$. Die Kunden sind – anders als in Abschnitt VIII.3 – mit Wahrscheinlichkeit $1/3$ ungeduldig und mit Wahrscheinlichkeit $2/3$ geduldig. Die Bank bietet Sichteinlagekontrakte mit Verzinsung null früh und 10% spät an und investiert so, dass sie die Ansprüche ohne Liquidation bedienen kann, wenn die Ungeduldigen früh und die Geduldigen spät abheben. Schildern Sie, wie die zwei Gleichgewichte des Modells aussehen.

Aufgabe VIII.5 Proportionale Rationierung

Streichen Sie in Annahme A5 des Diamond-Dybvig-Modells die First-come-first-served-Annahme. Unterstellen Sie stattdessen, dass gegen die Bank erhobene Ansprüche proportional bedient werden, wenn die Mittel der Bank nicht zur Bedienung aller Ansprüche ausreichen (proportionale Rationierung). Gehen Sie mit dieser Änderung die Analyse in Abschnitt VIII.3 noch einmal Schritt für Schritt durch. Können Bank runs passieren?

Aufgabe VIII.6 Leverage

Die Refinanzierungskosten einer Bank seien $i = 4\%$.
(a) Geben Sie die Formel an, die die Eigenkapitalrendite EKR in Beziehung zur Gesamtkapitalrendite x und zur Leverage l setzt.
(b) Im Erfolgsfall sei $x = 5\%$. Wie hoch muss die Leverage für eine Eigenkapitalrendite von 25% gewählt werden?
(c) Bei welcher Gesamtkapitalrendite x geht bei der Leverage aus Aufgabenteil (b) das gesamte Eigenkapital verloren?
(d) Sei $x = 5\%$ mit 90% Wahrscheinlichkeit und $x = 0\%$ mit 10% Wahrscheinlichkeit. Zeigen Sie, dass die erwartete Eigenkapitalrendite $E(EKR)$ monoton in l steigt.

Aufgabe VIII.7 Auslandsschulden in Auslandswährung

Betrachten Sie ein Land, dessen gesamte Auslandsschulden B in in Auslandswährung denominiert sind. Nehmen Sie an, dass das BIP

$$Y = \bar{Y} - AS, \quad A > 0,$$

genügt. D. h.: Eine Abwertung um eine Einheit erhöht das BIP um A Einheiten (weil die Exportindustrie wettbewerbsfähiger wird, vgl. Abschnitte VI.6 und VI.8). Das Ziel der Regierung sei die Minimierung einer Verlustfunktion (vgl. Abschnitt IV.11), die die Summe von zwei Termen ist: $\delta(\bar{Y} - Y)$ und den Auslandsschulden in Inlandswährung.
(a) Wie hoch sind die Auslandsschulden umgerechnet in Inlandswährung?
(b) Wie lautet die Verlustfunktion? Benutzen Sie die oben stehende Gleichung, um den Verlust in Abhängigkeit nur von S auszudrücken.
(c) Minimieren Sie die Verlustfunktion.
(d) Wir wirken sich Änderungen der Outputgewinne pro Einheit Abwertung (A), der Auslandsschulden (B) und des Gewichts δ für Outputverluste in der Verlustfunktion auf den optimalen Wechselkurs aus?

Kapitel IX

Wiederholungsfragen

1. Was versteht man unter einem Random walk? Welche Eigenschaften hat eine Zufallsvariable, die einem Random walk folgt?
2. Wie lautet der Zusammenhang zwischen Zinsen, Dividenden und Kursen, der die Gleichgewichtsbedingung für einen Finanzmarkt mit risikoneutralen Anlegern darstellt?
3. Was folgt bei kurzen Horizonten (d. h. ohne Zinsen und Dividenden) aus der Gleichgewichtsbedingung? Was kann man daraus für die „Rationalität" von Aktienpreisen schließen?
4. Nennen Sie einige praktische Beispiele für Bubbles. Erklären Sie die theoretische Unmöglichkeit von ratinalen Bubbles.
5. Nennen Sie einige Beispiele für „irrationales" Verhalten auf Finanzmärkten.
6. Erläutern Sie, wie bei Vorliegen von Grenzen der Arbitrage Noise trading einen Einfluss auf die Preise nimmt.
7. Was ist ein Ponzi-Spiel, und was hat ein Ponzi-Spiel mit einer Bubble gemeinsam?
8. Welche makroökonomischen Implikationen haben Bubbles auf Asset-Märkten?

Aufgabe IX.1 Random walk

Sei x_t die erzielte Augenzahl beim t-ten Werfen eines Würfels.
(a) Berechnen Sie $E_t(x_{t+1})$.
(b) Welchen Wert muss die Konstante A annehmen, damit die Zufallsvariable

$$\tilde{x}_t = x_t - A$$

den Erwartungswert null hat? Unterstellen Sie im Folgenden, dass A diesen Wert annimmt. Drücken Sie in Worten aus, was diese Zufallsvariable angibt.
(c) Ist $\tilde{x}_t$ ein Random walk?
(d) Betrachten Sie nun die Zufallsvariable

$$X_{t+1} = X_t + \tilde{x}_{t+1}.$$

Beschreiben Sie diese Zufallsvariable in Worten. Ist X_{t+1} ein Random walk?

Aufgabe IX.2 Insider-Lohnsetzung

In Abschnitt III.7 haben wir gesehen, wie Lohnsetzung durch Insider bei einer Reihe negativer Schocks zu einer ansteigenden Sockelarbeitslosigkeit führt. Betrachten wir dieses Problem noch einmal mit Hilfe der Terminologie aus Kapitel IX. Die Produktionsfunktion laute

$$F(L_t) = e^{\varepsilon_t} L_t^{\alpha}, \quad 0 < \alpha < 1,$$

mit $E_t(\varepsilon_{t+1}) = 0$. Der Reallohn W_{t+1}/P_{t+1} wird eine Periode im Voraus (d. h. bevor ε_{t+1} bekannt ist) so gesetzt, dass bei $\varepsilon_{t+1} = 0$ gerade die L_t aktuell Beschäftigten (die Insider) beschäftigt bleiben.
(a) Leiten Sie die Arbeitsnachfragefunktion für Periode $t + 1$ her, und logarithmieren Sie sie.

(b) Drücken Sie mit Hilfe Ihrer Antwort aus Aufgabenteil (a) die Annahme an das Lohnsetzungsverhalten als eine Gleichung aus.
(c) Zeigen Sie, dass die logarithmierte Beschäftigung einem Random walk folgt.

Aufgabe IX.3

(a) Gemäß der Random-walk-Formel gilt

$$Q_1 = Q_0 + \varepsilon_1.$$

Berechnen Sie $Q_2, \ldots, Q_5$, indem Sie rekursiv jeweils den Vorperiodenwert in die Random-walk-Formel einsetzen.
(b) Nach welcher Formel lässt sich augenscheinlich Q_t in Abhängigkeit von Q_0 und den White-noise-Termen ausdrücken?
(c) Was folgt aus $E_0(\varepsilon_i) = 0$ für alle $i = 1, 2, \ldots$ für $E_0(Q_t)$? Was bedeutet das in Worten?

Aufgabe IX.4

Sei D_t ein Random walk. Beweisen Sie, dass

$$Q_t = \frac{D_t}{i}$$

A1 erfüllt.

Aufgabe IX.5

Eine Aktie zahlt eine konstante Dividende $D = 10$. Der sichere Zins ist $i = 5\%$. Wie lautet die Gleichgewichtsbedingung für den Aktienmarkt mit risikoneutralen Anlegern hier? Welcher konstante Kurs Q $(= Q_t = Q_{t+1})$ erfüllt diese Bedingung?

Aufgabe IX.6

Sei $D_t = 10$ für $t = 1, 2, \ldots, 100$ und $D_t = 0$ danach sowie $i = 5\%$. Wie hoch ist der Fundamentalwert F_0? (Hinweis: Wie hoch wäre der Fundamentalwert, wenn $D_t = 10$ für alle $t = 1, 2, \ldots$ wäre? Wieviel muss man hiervon abziehen?)

Aufgabe IX.7

Sei $D_t = 4$ für alle t und $i = 4\%$.
(a) Wie lautet der konstante Fundamentalkurs F?
(b) Nehmen Sie an, dass $F + B_t$ mit F aus Aufgabenteil (a) und B_t als einer Bubble auch die Gleichgewichtsbedingung erfüllt. Leiten Sie die resultierende Beziehung zwischen $E_t(B_{t+1})$ und B_t her.

Aufgabe IX.8

(a) Wie lautet die Bubble aus Abschnitt IX.4 mit $i = 4\%$, $p = 2/15$ und $\eta_{t+1} = -1$ oder $+1$ mit gleicher Wahrscheinlichkeit?
(b) Zeigen Sie, dass $E_t(B_{t+1}) = 1{,}04\, B_t$ ist.
(c) Sei $B_0 = -1{,}0587$. Wieviele Perioden muss die negative Bubble sich aufblähen, damit beim Fundamentalkurs aus Aufgabe IX.7 der Aktienkurs negativ wird? Mit welcher Wahrscheinlichkeit passiert das?
(d) Zeigen Sie mit Hilfe des Ergebnisses aus Aufgabenteil IX.7(b), dass auch andere negative Bubbles mit positiver Wahrscheinlichkeit im Betrag größer als der Fundamentalwert werden.
(e) Argumentieren Sie, warum es folglich keine negativen Bubbles geben kann und warum deshalb auch keine positiven Bubbles entstehen können.

Aufgabe IX.9 Nutzenmaximierung

Die Gleichgewichtsbedingung A1 in unserem Modell zu Kapitalmarkteffizienz und Bubbles kann explizit aus Nutzenmaximierung hergeleitet werden. Der erwartete Nutzen eines repräsentativen risikoneutralen Anlegers ab Periode t sei

$$U_t = \sum_{\tau=0}^{\infty} E_t\left[\frac{c_{t+\tau}}{(1+\rho)^{\tau}}\right]$$

mit $c_{t+\tau}$ als Konsum in $t+\tau$ („tau") und ρ als Diskontrate (die für alle Individuen gleich ist). Seine Budgetrestriktion in Periode $t+\tau$ ist:

$$c_{t+\tau} = y_{t+\tau} + (1+i)b_{t+\tau-1} + \sum_{j=1}^{n} D_{j,t+\tau} s_{j,t+\tau-1} - b_{t+\tau} - \sum_{j=1}^{n} Q_{j,t+\tau}(s_{j,t+\tau} - s_{j,t+\tau-1})$$

mit $y_{t+\tau}$ als Einkommen in $t+\tau$, i als sicherem Zins, $b_{t+\tau}$ als festverzinslicher Anlage in $t+\tau$, $D_{j,t+\tau}$ als Dividende von Firma j in $t+\tau$, $s_{j,t+\tau}$ als Anzahl gehaltener Aktien von Firma j nach Handel in Periode $t+\tau$ (die Dividenden werden vor dem Handel ausgezahlt) und $Q_{j,t+\tau}$ als Kurs der Aktien von Firma j in $t+\tau$.
(a) Wie lauten die Budgetrestriktionen für die Perioden t und $t+1$?
(b) Nehmen Sie an, der Anleger ändert b_t um db_t und nimmt die daraus resultierenden Konsumänderungen in den Perioden t und $t+1$ hin (ohne sein Portfolio in irgendwelchen anderen Perioden zu ändern). Berechnen Sie die Konsumänderungen dc_t und dc_{t+1} und die Änderung des Erwartungsnutzens dU_t.
(c) Argumentieren Sie, dass $i \neq \rho$ ein Gleichgewicht von Angebot und Nachfrage auf dem Anleihenmarkt ausschließt.

(d) Betrachten Sie nun Änderungen $ds_{j,t}$. Leiten Sie die zu $i = \rho$ analoge Bedingung dafür her, dass $dU_t/ds_{j,t} = 0$ ist.
(e) Leiten Sie die Gleichgewichtsbedingung

$$E_t(D_{j,t+1} + Q_{j,t+1}) = (1+i)Q_{j,t}$$

aus den Ergebnissen zu den Aufgabenteilen (c) und (d) her.

Aufgabe IX.10 Das Taylor-Prinzip der Geldpolitik

Die Erwartungsdifferenzengleichung aus Annahme A1 in Abschnitt IX.2 hat weitere wichtige Anwendungen in der Ökonomie. Die wichtigste stammt aus der Geldtheorie und besagt, dass die Taylor-Regel der Zentralbank (vgl. Abschnitt V.5) eine wichtige Eigenschaft haben (das Taylor-Prinzip erfüllen) muss, damit es keine „Inflations-Bubbles" geben kann, d. h. die Inflationsrate g_{P_t} durch die Geldpolitik der Zentralbank eindeutig festgezurrt ist. Betrachten wir dazu folgendes Modell:

A1: *Es liegt ein fallender (IS-Kurven-) Zusammenhang zwischen BIP und erwartetem Realzins vor:*

$$Y_t = \frac{\sigma}{i_t - E_t g_{P_{t+1}}}, \quad \sigma > 0.$$

A2: *Die Zentralbank befolgt die Taylor-Regel*

$$i_t = \bar{i} + \phi g_{P_t}, \quad 0 < \bar{i} \leq \sigma, \phi > 0.$$

A3: *Das BIP ist angebotsseitig bestimmt:*

$$Y_t = 1.$$

A1 ist eine konkrete IS-Kurve (vgl. Abschnitt V.6). σ („sigma") ist ein Parameter. Gemäß der Taylor-Regel in A2 reagiert die Zentralbank auf Inflationsänderungen. Der Parameter ϕ („phi") gibt an, wie stark. Nach A3 ist das BIP exogen, d. h. angebotsseitig bestimmt.
(a) Leiten Sie aus A1–A3 eine Erwartungsdifferenzengleichung in der Inflationsrate g_{P_t} her. Vergleichen Sie sie mit der aus A1 in Abschnitt IX.2.
(b) Zeigen Sie, dass für $\phi \neq 1$

$$g_{P_t} = \frac{\sigma - \bar{i}}{\phi - 1} \equiv F$$

eine Lösung der Gleichung aus Aufgabenteil (a) ist.
(c) Welche Bedingung muss eine Inflations-Bubble $B_t = g_{P_t} - F$ erfüllen?
(d) Das Taylor-Prinzip besagt, dass $\phi > 1$ ist. Argumentieren Sie, dass es keine Bubbles gibt, wenn es Ober- und Untergrenzen für g_{P_t} gibt.
(e) Sei stattdessen $\phi < 1$. Betrachten Sie eine Bubble der Form

$$B_{t+1} = \phi B_t + \varepsilon_{t+1},$$

wobei ε_t ein beliebiger Zufallsprozess mit $E_t \varepsilon_{t+1} = 0$ ist. Argumentieren Sie, dass $g_{P_t} = F + B_t$ eine gleichgewichtige Inflationsrate ist. Was bedeutet das?

Aufgabe IX.11 Leerverkauf

Eine Aktie mit einem aktuellen Kurs von € 100 steigt mit Wahrscheinlichkeit 50% auf € 110 und fällt mit der Gegenwahrscheinlichkeit auf € 80. Ein Anleger kann die Aktie für eine (sofort zahlbare) Gebühr von € 1,98 leihen) und Geld während der Leihfrist mit einer Verzinsung von 1% anlegen.
(a) Wie geht der Anleger vor, wenn er die Aktie shorten möchte?
(b) Wie hoch ist der erwartete Gewinn aus dem Shorten einer Aktie?
(c) Wie hoch ist der erwartete Gewinn, wenn der Kursanstieg mit 10% auf € 200 geht (bei 40% Wahrscheinlichkeit für € 110 und 50% für € 80)?

Aufgabe IX.12 Grenzen der Arbitrage

Eine Aktie, von der $N = 1.000$ Stück in Umlauf sind, zahlt ab $t = 1$ eine konstante Dividende $D_t = 1$. Der sichere Zins ist $i = 10\%$. Noise trader investieren unabhängig vom Kurs $x = 9.000$ in die Aktie. Die Arbitrageure haben Kapital $\bar{y} = 2.000$ zur Verfügung.
(a) Wie hoch ist der fundamentale Kurs F der Aktie in $t = 0$?
(b) Wie hoch ist der gleichgewichtige Kurs, wenn die Arbitrageure inaktiv sind?
(c) Wie hoch ist der gleichgewichtige Kurs, wenn die Arbitrageure y investieren?
(d) Welcher Preis stellt sich im Gleichgewicht ein?
(e) Warum liegt bei $y < 1.000$ kein Gleichgewicht vor?
(f) Warum liegt bei $y > 1.000$ kein Gleichgewicht vor?
(g) Welcher Kurs stellt sich bei $\bar{y} = 500$ ein? Warum?

Aufgabe IX.13

Nun sei im Modell aus Aufgabe IX.12 $x = 10.500$ und $\bar{s} = 100$.
(a) Wie hoch ist der Kurs in Abhängigkeit von der Anzahl leer verkaufter Aktien s? Wie hoch ist der Kurs ohne Arbitrageure?
(b) Wie hoch ist der Gleichgewichtskurs? Wieviele Leerverkäufe führen die Arbitrageure durch?
(c) Warum liegt bei anderen s-Werten kein Gleichgewicht vor?
(d) Welches Gleichgewicht stellt sich ein, wenn die Arbitrageure maximal $\bar{s} = 39{,}6$ Aktien leer verkaufen können.

Aufgabe IX.14

Sei nun $i = 4\%$, $D_t = 4$ für $t = 1, 2, \ldots$ und $N = 5.000$.
(a) Berechnen Sie den Fundamentalkurs.
(b) Sei $x = 400.000$. Welches Gleichgewicht stellt sich bei $\bar{y} = 150.000$ ein, welches bei $\bar{y} = 80.000$? Begründen Sie Ihre Antwort.
(c) Sei $x = 1.000.000$. Welches Gleichgewicht stellt sich bei $\bar{s} = 6.000$ ein, welches bei $\bar{s} = 3.333$? Begründen Sie Ihre Antwort.

Aufgabe IX.15

Betrachten wir nun eine Aktie, die in $t = 2$ die Dividende $D_2 = 100$ abwirft und davor und danach nichts. Es sind $N = 5.000$ Aktien in Umlauf, und der Zins ist $i = 0$. Die Noise-Trader-Nachfrage ist $x_0 = 400.000$ in $t = 0$ und $x_1 = 371.540$ in $t = 1$. In $t = -1$ betrug der Kurs $Q_{-1} = 97{,}96$. In $t = 0$ verfügen die Arbitrageure über Spekulationskapital $\bar{y}_0 = 80.000$. Ihr Kapital in $t = 1$ ergibt sich gemäß

$$\bar{y}_1 = \bar{y}_0 \left(1 + \frac{Q_0 - Q_{-1}}{Q_{-1}}\right).$$

D. h. für Kursgewinne zwischen $t = -1$ und $t = 0$ werden sie mit Mittelzuflüssen belohnt und für Kursverluste bestraft.

t	-1	0	1
x_t	/	400.000	371.540
$\bar{y}_t$	/	80.000	
Q_t	97,96		

(a) Wie hoch ist Q_0?
(b) Wie hoch ist $\bar{y}_1$?
(c) Wie hoch ist Q_1? Komplettieren Sie die obige Tabelle.
(d) Interpretieren Sie Ihr Ergebnis.

Aufgabe IX.16

Weiter zu der Aktie, die in $t = 2$ die Dividende $D_2 = 100$ abwirft und davor und danach nichts ($N = 5.000$, $i = 0$). Nun sei die Noise-Trader-Nachfrage $x_0 = 1.000.000$ und $x_1 = 1.200.000$. Q_{-1} und die maximale Anzahl von Periode-0-Leerverkäufen $\bar{s}_0$ sind in der Tabelle unten angegeben. Die möglichen Leerverkäufe in $t = 1$ ergeben sich gemäß

$$\bar{s}_1 = \bar{s}_0 \left(1 - \frac{Q_0 - Q_{-1}}{Q_{-1}}\right).$$

t	-1	0	1
x_t	/	1.000.000	1.200.000
$\bar{s}_t$	/	3.333	
Q_t	109,11		

Komplettieren Sie die Tabelle.

Aufgabe IX.17 Ponzi-Spiel

In ein Ponzi-Spiel sind € 200 einzuzahlen. Das Spiel beginnt in Stufe 0 mit einem Anleger. Der Manager wirbt pro Anleger je vier weitere Anleger in der nächsten Stufe an, solange das gut geht. Er verspricht Zahlungen von € 80 und € 320, insgesamt also eine Rendite von 100%. Solange das Spiel gut geht, kommt er seinen Zahlungsverpflichtungen nach, indem er aus den € 200 der neu hinzu gekommenen Anleger je € 20 an den Vorgänger und den Vorvorgänger überweist. Das Ponzi-Spiel endet nach Stufe 5 (beachten Sie, dass es mit Stufe 0, nicht mit Stufe 1, beginnt). Analysieren Sie dieses Ponzi-Spiel mit Hilfe einer Tabelle wie der in Abschnitt IX.6.

(a) Tragen Sie in die Tabelle zunächst die Teilnehmerzahlen in den Stufen 0 bis 5 ein.
(b) Wie viel gewinnt der Manager am ersten Teilnehmer, an jedem Teilnehmer von Stufe 1 und an jedem weiteren Teilnehmer? Welche Gesamtgewinne pro Stufe des Ponzi-Spiels macht er? Wie viel gewinnt er alles in allem an dem Spiel?
(c) Welche Payoffs erhalten die Teilnehmer, wenn nach ihnen noch zwei Stufen neuer Teilnehmer folgen, wenn nur noch eine Stufe folgt und wenn niemand mehr folgt? Welche Gewinne resultieren daraus? Wie viel verlieren alle Mitspieler zusammen netto?

Aufgabe IX.18

In ein Ponzi-Spiel sind € 300 einzuzahlen. Das Spiel beginnt in Stufe 0 mit einem Anleger. Der Manager wirbt pro Anleger je drei weitere Anleger in der nächsten Stufe an, solange das gut geht. Er verspricht Zahlungen von € 30, € 90 und € 270, insgesamt also eine Rendite von 30%. Solange das Spiel gut geht, kommt er seinen Zahlungsverpflichtungen nach, indem er aus den € 300 der neu hinzu gekommenen Anleger je € 10 an den Vorgänger, den Vorvorgänger und den Vorvorvorgänger überweist. Das Ponzi-Spiel endet nach Stufe 5. Analysieren Sie dieses Ponzi-Spiel analog zu Aufgabe IX.17.

Aufgabe IX.19

(a) Wie hoch ist in dem Ponzi-Spiel in Aufgabe IX.17 die Zahl neuer Teilnehmer in Stufe t?
(b) Wie hoch sind nach Stufe t die noch offenen Ansprüche B_t der Anleger?
(c) Formulieren Sie eine Gleichung, die B_{t+1} so zu B_t in Beziehung setzt, dass die Ähnlichkeit zu einer Bubble deutlich wird.

Aufgabe IX.20

Der Anteil von Teilnehmern, die erst in der letzten Stufe bei einem Ponzi-Spiel zutreten, ist

$$x \equiv \frac{K^T}{\sum_{t=0}^T K^t}.$$

(a) Zeigen Sie:

$$x = \frac{1}{\sum_{t=0}^T \left(\frac{1}{K}\right)^t}.$$

(b) Benutzen Sie $\sum_{t=0}^T (1/K)^t < \sum_{t=0}^\infty (1/K)^t$ und die Formel für die geometrische Reihe, um zu beweisen, dass

$$x > 1 - \frac{1}{K}$$

gilt.
(c) Berechnen Sie diese Untergrenze für x für die Ponzi-Spiele in den Aufgaben IX.17 und IX.18 sowie in Abschnitt IX.6, und vergleichen Sie sie mit der exakten Anzahl.

Lösungshinweise zu Übungsaufgaben

Aufgabe I.1

(a) 2.500 Mrd.
(b) Gesamte Wertschöpfung in Fertigungssufe i (WS i):

Produkt	1	2	3	4	Summe
WS 1	200 Mrd.	500 Mrd.	100 Mrd.	250 Mrd.	1.050 Mrd.
WS 2	250 Mrd.		100 Mrd.	350 Mrd.	700 Mrd.
WS 3	200 Mrd.		300 Mrd.		500 Mrd.
WS 4	150 Mrd.		100 Mrd.		250 Mrd.
Summe	800 Mrd.	500 Mrd.	600 Mrd.	600 Mrd.	2.500 Mrd.

Aufgabe I.2

(a) $Y^n = 200$ in 2011, $Y^n = 212$ in 2012, Wachstum: 6%.
(b) $Y = 206{,}18$, Wachstum: 3,09%.
(c) 2011: 200, 2012: 206. Inflationsrate gemessen am Verbraucherpreisindex: 3%.
(d) 2011: 206,18 (analog zur Berechnung des realen BIPs), 2012: 212, Inflationsrate gemessen am Paasche-Verbraucherpreisindex: 2,82%.
(e) Die Konsumenten substituieren Güter mit hohem Preisanstieg durch solche mit geringeren Preissteigerungen, in der Aufgabenstellung das um 5% teurer werdende Gut 1 (dessen Konsum um 6% fällt) durch das um 1% teurer werdende Gut 2 (dessen Konsum um 12,18% steigt). Im Laspeyres-Index (mit den konstant gehaltenen Mengen des Vorjahres) sind die stark teurer werdenden Produkte mithin überrepräsentiert, weshalb der Laspeyres-Preisanstieg (3%) höher ausfällt als der Paasche-Preisanstieg (2,82%).

Aufgabe I.6

(a) 1,5%
(b) −1,4%.
(c) Der BIP-Anstieg über das Jahr 2011 hinweg in (a) führt zu einem „statistischen Überhang“: Das BIP ist 2012 höher als 2011, weil das vierte Quartal 2011 (gegenüber dem das Quartals-BIP stagniert) das beste Quartal in 2011 war. Trotz Stagnation bleibt das jährliche BIP-Wachstum noch positiv. Umgekehrt führt das über 2011 sich verschlechternde BIP-Wachstum in (b) zu einem „statistischen Unterhang“: Trotz des Endes der Schrumpfung ab dem ersten Quartal 2012 bleibt das jährliche BIP-Wachstum 2012 negativ.

Aufgabe II.1

(a) € 30.316.
(b) € 71.937.
(c) € 43.

Aufgabe II.2

(a) Um 1%-Punkt, d. h. um (1%/3% =) 33%.
(b) Um 2%-Punkte, d. h. um (2%/2% =) 100%.

Aufgabe II.3

(a) $y_{27} = 14 \cdot 1{,}032^{27} = 32{,}77$.
(b) Aus $46{,}34 = 14 \cdot 1{,}032^t$ ergibt sich:

$$t = \frac{\ln\left(\frac{46{,}34}{14}\right)}{\ln 1{,}032} = 38.$$

(c) Aus $46{,}34 = 14(1 + g_y)^{19}$ ergibt sich:

$$g_y = \left(\frac{46{,}34}{14}\right)^{\frac{1}{19}} - 1 = 6{,}5\%.$$

(d) Aus $112 = 14(1 + g_y)^{105}$ ergibt sich analog zu Aufgabenteil (c):

$$g_y = \left(\frac{112}{14}\right)^{\frac{1}{105}} - 1 = 2\%.$$

Aufgabe II.4

(a)

$$t = \frac{\ln\left(\frac{y_t}{y_0}\right)}{\ln(1 + g_y)}.$$

(b) Mit $y_t/y_0 = X$ folgt:

$$t = \frac{\ln X}{\ln(1 + g_y)}.$$

(c)

$$g_y = \left(\frac{y_t}{y_0}\right)^{\frac{1}{t}} - 1.$$

(d) Mit $y_t/y_0 = X$ folgt:

$$g_y = X^{\frac{1}{t}} - 1.$$

Aufgabe II.5

(a) 2,006, 1,9999, 1,980, 1,967, 1,949.
(b) 0,34%, –0,0055%, –1,00%, –1,64%, –2,56%
(c) $(1 + x\%)^t = 2$, $t = \ln 2/\ln(1 + x\%)$.
(d) 69,66, 35,00, 14,21, 10,24, 7,27.

Aufgabe II.6

(a) $-2{,}97\%$.
(b) $11{,}11\%$.

Aufgabe II.7

(d)

$$\ln(1+g_y) = \ln(1+g_Y) - \ln(1+g_{\text{Bevölkerung}}) - \ln(1+g_{\text{Erwerbsquote}}) - \ln(1+g_{\text{Stunden pro Beschäftigter}})$$

$$g_y \approx g_Y - g_{\text{Bevölkerung}} - g_{\text{Erwerbsquote}} - g_{\text{Stunden pro Beschäftigter}}.$$

Aufgabe II.9

(c) $Y = 2^{1/3}16^{2/3} = 2^{1/3}(2 \cdot 8)^{2/3} = 2 \cdot 8^{2/3} = 2 \cdot 4 = 8$.
(d) $\partial Y/\partial K = 4/3$, $\partial Y/\partial L = 1/3$.

Aufgabe II.10

(a) $Y_{1981} = 1.410{,}28$, Abweichung 0,7%.
(b) $Y_{2009} = 2.358{,}86$, Abweichung 3,3%.
(c) Wegen geringerer Auslastung der Angestellten ist die „offizielle" Stundenzahl höher als die tatsächliche, d. h. man setzt in die Produktionsfunktion einen eigentlich zu hohen L_t-Wert ein.

Aufgabe II.11

$$\frac{\partial F[(1+x\%)K,(1+x\%)L]}{\partial[(1+x\%)K]}K + \frac{\partial F[(1+x\%)K,(1+x\%)L]}{\partial[(1+x\%)L]}L = F(K,L).$$

$x\% = 0$ liefert:

$$\frac{\partial F(K,L)}{\partial K}K + \frac{\partial F(K,L)}{\partial L}L = F(K,L).$$

Aufgabe II.15

$$Y = \frac{\bar{C}_2 - \bar{C}_1}{c_1 - c_2}.$$

Aufgabe II.16

(c) $1/3$.
(e) 3.

Aufgabe II.17

(a) Dividieren von

$$Y_t = (0{,}205Y_{t-1})^{\frac{1}{2}}(1{,}01485A_{t-1} \cdot 1{,}01L_{t-1})^{\frac{1}{2}}$$

durch

$$A_t L_t = 1{,}01485A_{t-1} \cdot 1{,}01L_{t-1}$$

liefert:

$$\frac{Y_t}{A_t L_t} = 0{,}2^{\frac{1}{2}}\left(\frac{Y_{t-1}}{A_{t-1}L_{t-1}}\right)^{\frac{1}{2}}.$$

(c) 1,485%.

Aufgabe II.19

(b)

$$\left(\frac{Y_t}{A_t L_t}\right)^{\gamma} = \left[\frac{1-c}{(1+g_A)(1+g_L)}\right]^{\gamma}\left(\frac{Y_{t-1}}{A_{t-1}L_{t-1}}\right)^{\gamma} + 1.$$

(d) $g_y = g_A$.

Aufgabe II.20

(a)

$$\left(\frac{Y_t}{A_t L_t}\right)^{\frac{1}{3}} = 0{,}6\left(\frac{Y_{t-1}}{A_{t-1}L_{t-1}}\right)^{\frac{1}{3}} + 1.$$

(b) $[Y_t/(A_t L_t)]^{1/3}]^* = 2{,}5$.
(c) $Y_0 = 8$, $Y_0/(A_0 L_0) = 8$ und $[Y_0/(A_0 L_0)]^{1/3} = 2$.
(d) $[Y_5/(A_5 L_5)]^{1/3} = 2{,}461$.
(e) $Y_5 = 2{,}461^3 \cdot 1{,}02^5 \cdot 1{,}012^5 = 17{,}470$. Durchschnittliche Wachstumsrate von Y: 16,9%.

Aufgabe II.21

(a) Kapitalausstattung pro Arbeiter K_t/L_t, die für eine bestimmte Arbeitsproduktivität y_t benötigt wird:

$$\frac{K_t}{L_t} = y_t^{\frac{1}{\alpha}}.$$

(b) Kapitalausstattung pro Arbeiter K_t/L_t, die bei Arbeitsproduktivität y_{t-1} in der Vorperiode resultiert:

$$\frac{K_t}{L_t} = \frac{1-c}{1+g_L}y_{t-1}.$$

(c) Wenn y_t mit einer konstanten positven Rate wächst, dann gelangt man in den Bereich, in dem die Kurve aus (a) immer weiter über der Geraden aus (b) liegt. Die für das wachsende y_t benötigte Kapitalausstattung pro Beschäftigter ist höher als die aus y_{t-1} erwirtschaftete. Dieser Widerspruch beweist, dass ohne technischen Fortschritt kein Wachstum der Arbeitsproduktivität möglich ist.

Aufgabe II.22

$$Y_t = AK_t = A(Y_{t-1} - C_{t-1}) = A(1-c)Y_{t-1}$$

$$g_{Y_t} = \frac{Y_t}{Y_{t-1}} - 1 = A(1-c) = g_{y_t}.$$

Aufgabe III.1

(a) $U_t = (1-a-z)U_{t-1} + z\bar{L}$.
(b) $U^* = z\bar{L}/(a+z)$. Arbeitslosenquote: $u_t = z/(a+z)$.

Aufgabe III.2

(a) $C = (W/P)(168-F)$.
(b)

$$U = \left(\frac{W}{P}\right)^{\frac{5}{24}} (168-F)^{\frac{5}{24}} F^{\frac{19}{24}}.$$

(c)

$$\frac{dU}{dF} = \left(\frac{W}{P}\right)^{\frac{5}{24}} \left[-\frac{5}{24}(168-F)^{-\frac{19}{24}} F^{\frac{19}{24}} + \frac{19}{24} F^{-\frac{5}{24}} (168-F)^{\frac{5}{24}}\right] = 0.$$

(d) $F = 133$. Arbeitsangebot: $168 - F = 35$.

Aufgabe III.3

(a) $L = 35$.
(b) 0,05.

Aufgabe III.4

(b)

$$L = \left(\frac{400}{W/P}\right)^3.$$

(c) $L = 32 \cdot 10^6$.
(d) $W/P = 1{,}23$.

Aufgabe III.5

(a)

$$F'(L) = 2\left(L^{-\frac{1}{2}} + 2\right) > 4.$$

(c) Wegen $F'(L) > 4$ liefert bei $W/P \leq 4$ jede zusätzliche Einheit Arbeitseinsatz einen zusätzlichen Gewinn. Die Unternehmen würden also „unbegrenzt viel" Arbeit nachfragen. Für $W/P > 4$ gilt

$$L = \left(\frac{1}{2}\frac{W}{P} - 2\right)^{-2}.$$

Aufgabe III.6

(a)

$$F'(L) = A - 2BL$$

ist positiv für

$$L < \frac{A}{2B}.$$

(b)

$$F''(L) = -2B < 0.$$

(c)

$$L = \frac{A - \frac{W}{P}}{2B}.$$

Aufgabe III.7

(a) $\overline{(W/P)} = 1{,}17.$
(b) $\overline{(W/P)} = 8.$

Aufgabe III.8

(a)

$$\frac{d\pi_t}{dL_t} \equiv P_t(1-\alpha)K_t^{\alpha}A_t^{1-\alpha}L_t^{-\alpha} - W_t = 0$$

$$(1-\alpha)K_t^{\alpha}A_t^{1-\alpha}L_t^{-\alpha} = \frac{W_t}{P_t}.$$

(b)

$$\frac{d^2\pi_t}{dL_t^2} \equiv -P_t\alpha(1-\alpha)K_t^{\alpha}A_t^{1-\alpha}L_t^{-\alpha-1} < 0.$$

Aufgabe III.9

(a)

$$i_t = \alpha\frac{Y_t}{K_t} = \alpha\frac{K_t^{\alpha}(A_tL_t)^{1-\alpha}}{K_t} = \alpha\left(\frac{A_t}{\frac{K_t}{L_t}}\right)^{1-\alpha}.$$

(b) Wächst K_t/L_t bei konstantem A_t, dann fällt die Profitrate gegen null. Das illustriert noch einmal das Ergebnis aus Aufgabe II.21: kein anhaltendes Produktivitätswachstum ohne anhaltenden technischen Fortschritt.

Aufgabe III.10

$L = 37{,}04 \cdot 10^6$, Arbeitslosigkeit: $2{,}96 \cdot 10^6$,
Arbeitslosenquote: $u = 2{,}96 \cdot 10^6/(40 \cdot 10^6) = 7{,}4\%$.

Aufgabe III.11

(a)

Gruppe	1	2	3	4	5	Summe
Grenzprodukt	10	20	30	40	50	
Anzahl	20	40	80	40	20	200
W_i	10	20	30	40	50	
Produktion	200	800	2.400	1.600	1.000	6.000
Anzahl		40	80	40	20	180
Produktion		800	2.400	1.600	1.000	5.800

(b) 6.000.

(c) Gruppe 1 wird arbeitslos, weil die Beschäftigung von 1-Arbeitern Verluste erbringen würde. Die Arbeitslosenquote ist $u = 20/200 = 10\%$. Die Arbeitslosigkeit konzentriert sich unter den Arbeitern mit der geringsten Produktivität.

(d) BIP-Einbußen: 200. Output pro Beschäftigter: 32,22. Anstieg um 2,22, d. h. 7,4%.

Aufgabe III.12

(a)

$$200L^{-\frac{4}{5}} = \frac{W}{P}.$$

(b) $(W/P)_I = 12{,}5$. Arbeitslosenquote: $u = 4\%$.

(c) $\overline{(W/P)} = 12{,}1$.

Aufgabe III.13

(a) Wie in Aufgabenteil III.12(b): $(W/P)_I = 12{,}5$.

(b)

$$180L^{-\frac{4}{5}} = \frac{W}{P}.$$

$L = 28{,}05$, $u = 15{,}85\%$.

(c) $L = 28{,}05$, $(W/P)_I = 13{,}89$, $u = 15{,}85\%$. Die verbliebenen Insider heben die Löhne, so dass die neuen Outsider nicht wieder in den Markt kommen. Die Arbeitslosenquote bleibt auf dem erhöhten Niveau, auch nachdem die Verschlechterung der Produktionsbedingungen vorüber ist. Die *vorübergehende* Verschlechterung der Angebotsbedingungen führt zu *permanent* höherer Arbeitslosigkeit.

Aufgabe III.14

(c) Ableiten der Bedingung erster Ordnung ergibt:

$$\frac{\left(e''\frac{W}{P} + e' - e'\right)\left(\frac{W}{P}\right)^2 - 2\frac{W}{P}\left(e'\frac{W}{P} - e\right)}{\left(\frac{W}{P}\right)^4}.$$

Der hintere Klammerausdruck im Zähler ist gemäß der Bedingung erster Ordnung gleich null. Also vereinfacht sich der Ausdruck zu $e''/(W/P) < 0$.

Aufgabe III.15

(a)

$$\left(\frac{W}{P}\right)^* = \frac{A}{1-\gamma}.$$

Für $e[(W/P)^*] = 1$ muss

$$B = \left(\frac{1-\gamma}{\gamma A}\right)^\gamma$$

gelten

(b)

$$L = \left(\beta k \frac{1-\gamma}{A}\right)^{\frac{1}{1-\beta}}.$$

(c) $(W/P)^* = 0{,}1$, $L = 10.000$, Arbeitslosigkeit: 526, Arbeitslosenquote: $u = 5\%$.

Aufgabe III.16

(a) Der Effizienzlohn $(W/P)^*$ ergibt sich aus

$$e'\left(\frac{W}{P}\right) = \frac{1}{\frac{W}{P}} = \frac{\ln\left(\frac{W}{P}\right)}{\frac{W}{P}} = \frac{e\left(\frac{W}{P}\right)}{\frac{W}{P}}.$$

$(W/P)^*$ entspricht der Eulerschen Zahl $e = 2{,}718$ (s. Abschnitt A.12). Aus $\ln e = 1$ folgt $e[(W/P)^*] = 1$.

(b) $L^* = 950$.

(c) Arbeitslosigkeit: $\overline{L} - L^* = 50$, Arbeitslosenquote: $u = 5\%$.

Aufgabe III.17

(a) Nutzen bei Leistung: $U = W/P - a$. Erwarteter Nutzen bei „Drückbergerei": $U^e = (1-p)W/P$.

(b)

$$\frac{W}{P} \geq \frac{a}{p}.$$

Je schwerer es fällt, sich anzustrengen, und je geringer die Wahrscheinlichkeit ist, bei Nichtanstrengung erwischt zu werden, desto höher ist der Reallohn, ab dem Anstrengung geleistet wird.

(c) Für $W/P < a/p$ ist $e = 0$ und damit $Y = F(eL) = F(0) = 0$. Die Unternehmen zahlen daher mindestens den Reallohn a/p.

(d) Die gleichgewichtige Arbeitsnachfrage L^* ergibt sich aus

$$F'(L^*) = \frac{a}{p}.$$

Gilt $F'(\overline{L}) < a/p$, dann ist $L^* < \overline{L}$, und es herrscht Arbeitslosigkeit.

Aufgabe III.18

(a) $20 \cdot 11 = 220$.
(b) Gruppe 1 wird wieder beschäftigt und erhält ihr Grenzprodukt 10 von den Firmen plus die Subvention 2 vom Staat, insgesamt also 12. Damit liegt ihr Einkommen über den Lohnersatzleistungen von 11. Die Finanzierung der Lohnsubventionen kostet nur $(20 \cdot 2 =)$ 40 bzw. 18,2% von den Kosten der Lohnersatzleistungen aus (a) .

Aufgabe III.19

(a) $(1-t)W$.
(b) $(F')^{-1}(W/P)$ und L_I ändern sich nicht. Also bleiben die Beschäftigung $L = L_I$ und der Bruttolohn $(W/P)_I = F'(L_I)$ gleich. Der Nettolohn sinkt durch die Besteuerung um $t \cdot 100$ Prozent.
(c) Gar nicht.

Aufgabe III.20

Nutzen: $U = (1-t)W/P - a$ bei Leistung und $U^e = (1-p)(1-t)W/P$ bei „Drückebergerei". Anstrengung erfolgt, wenn

$$\frac{W}{P} \geq \frac{a}{p(1-t)}$$

gilt. Je höher der Einkommensteuersatz t, desto höher muss der Bruttoreallohn W/P sein. Die Unternehmen müssen mindestens diesen Lohn zahlen, weil sonst $Y = 0$ ist. Somit ergibt sich die gleichgewichtige Beschäftigung:

$$L^* = (F')^{-1}\left[\frac{a}{p(1-t)}\right].$$

Weil der Bruch in der eckigen Klammer mit t steigt und weil $(F')^{-1}$ fallend verläuft, steigt die Beschäftigung mit sinkendem Steuersatz.

Aufgabe IV.1

(a) Bei 2% jährlich 35 Jahre, bei 2% monatlich 35 Monate, also knapp 3 Jahre.
(b) $P_{10} = 170$. Die konstante Inflationsrate g_P, die zum gleichen Preisniveau geführt hätte, ergibt sich aus $100(1+g_P)^{10} = 170$ als $g_P = 1{,}7^{1/10} - 1 = 5{,}45\%$.

Aufgabe IV.2

$0{,}04\,\text{m} \cdot 200\,\text{Mrd.}/500 = 16.000.000\,\text{m} = 16.000\,\text{km}$. Das ist das Eineinviertelfache des Erddurchmessers.

Aufgabe IV.3

(b) $L^* = 1$.

$$L_t = \left(\frac{1+g_{P_t}}{1+g_{P_{t-1}}}\right)^2.$$

(c)

$$g_{P_t} = 1{,}1^{\frac{1}{2}}(1 + g_{P_{t-1}}) - 1.$$

t	1	2	3	4	5
g_{P_t}	6,98%	12,20%	17,68%	23,42%	29,44%

Aufgabe IV.4

(a)

$$L_t = 160.000 \left(\frac{1 + g_{P_t}}{1 + g_{P_{t-1}}} \right)^4.$$

(b)

$$L_t = 160.000 \left(\frac{1 + g_{P_t}}{1{,}01 + g_{P_t}} \right)^4, \quad t = 1, 2, 3, 4.$$

(c)

t	1	2	3	4	5
g_{P_t}	5%	4%	3%	2%	2%
L_t	154.047	153.991	153.934	153.876	160.000
$L^* - L_t$	5.953	6.009	6.066	6.124	0

Insgesamt gehen 24.152 jährliche Arbeitsplätze verloren.
(d) Mit $g_{P_0} = 6\%$ und $g_{P_1} = 2\%$ folgt

$$L_1 = 160.000 \left(\frac{1 + g_{P_1}}{1 + g_{P_0}} \right)^4 = 160.000 \left(\frac{1{,}02}{1{,}06} \right)^4 = 137.182.$$

Es gehen für ein Jahr 22.818 Arbeitsplätze verloren. Das sind 1.334 jährliche Arbeitsplätze weniger als mit der langsamen Disinflation aus Aufgabenteil (c).

Aufgabe IV.5

(a)

$$L_t = \frac{1}{2B} \left(A - \frac{1 + g_{P_{t-1}}}{1 + g_{P_t}} \right).$$

(b)

$$L^* = \frac{1}{2B}(A - 1).$$

(c) Es gilt $g_{P_t} = g_{P_{t-1}} - 1\%$, also:

$$L^* - L_t = \frac{1\%}{1 + g_{P_t}}, \quad t = 1, 2, 3, 4.$$

t	1	2	3	4	5
g_{P_t}	5%	4%	3%	2%	2%
$L^* - L_t$	$\frac{1\%}{1{,}05}$	$\frac{1\%}{1{,}04}$	$\frac{1\%}{1{,}03}$	$\frac{1\%}{1{,}02}$	0

Gesamter Verlust jährlicher Beschäftigungsverhältnisse $L^* - L_t$:

$$1\% \left(\frac{1}{1{,}05} + \frac{1}{1{,}04} + \frac{1}{1{,}03} + \frac{1}{1{,}02} \right) = 0{,}0387.$$

Beschäftigungsverlust bei sofortiger Disinflation ($g_{P_1} = 2\%$):

$$L^* - L_1 = \frac{g_{P_0} - g_{P_1}}{1 + g_{P_1}} = \frac{4\%}{1{,}02} = 0{,}0392.$$

Hier ist – anders als in Aufgabe IV.4 – die langsame Disinflation mit niedrigeren Beschäftigungsverlusten verbunden.

Aufgabe IV.6

$$L_t = \frac{A}{\frac{W_t}{P_t}} - 1 = A \frac{1 + g_{P_t}}{1 + g_{P_{t-1}}} - 1.$$

$L^* = A - 1$ und

$$L_t - L^* = A \frac{g_{P_t} - g_{P_{t-1}}}{1 + g_{P_{t-1}}}.$$

Aufgabe IV.7

(a)

$$L_t = \left(\frac{1 + g_{P_t}}{1 + g_{P_{t-1}}} \right)^3, \quad L^* = 1.$$

(b) 2,97%, –2,88%.
(c) 7,31%, –6,82%.
(d) Der vorübergehende Anstieg der Inflationsrate um 50% (nicht Punkte!) bedeutet geringere Schwankungen in Prozentpunkten und damit kleinere Beschäftigungsschwankungen, je kleiner die Inflationsrate ist.

Aufgabe IV.8

(a) $R = 0{,}01D$.
(b) $M = BG + D$.
(c) $ZKr = BG + R$.
(d) $BG = 0{,}3266M$, $D = 0{,}6734M$.
(e) $M/ZKr = 3$, $M = 300 \cdot 10^9$.

Aufgabe IV.9

(a) $\tau = 0$, $ZKr = 150 \cdot 10^9$, $m = 1/4$.
(b) $BG = D/3$.
(c) $ZKr = BG = D/3$, $M = BG + D = 4D/3$.
(d) $M/ZKr = 4$.
(e) $M = 600 \cdot 10^9$, $R = 0$, $D = 450 \cdot 10^9$, $BG = 150 \cdot 10^9$.

Aufgabe IV.10

(a) Transaktionsvolumen $= 16M$.
(b) Transaktionsvolumen $= 2PY$.
(c) $8M = PY$, $v = 8$.
(d) € 2.000 Mrd.

Aufgabe IV.11

€ $2.003 \cdot 10^9$.

Aufgabe IV.13

(a)

$$L_t = \left(\frac{W_t}{P_t}\right)^{-2} = \left(\frac{1+g_{P_{t-1}}}{1+g_{P_t}}\right)^{-2} = \left(\frac{1+g_{P_t}}{1{,}02}\right)^2.$$

(b)

$$1 + g_{M_t} = (1 + g_{P_t})L_t^{\frac{1}{2}}.$$

(c)

$$L_t = \frac{1+g_{M_t}}{1{,}02}.$$

(d) Mit der Formel aus Aufgabenteil (a) folgt:

$$g_{P_t} = [1{,}02(1+g_{M_t})]^{\frac{1}{2}} - 1.$$

(e) $L_t = 1{,}04$, $g_{P_t} = 3{,}98\%$.

Aufgabe IV.14

(a)

$$L_t = 160.000\left(\frac{1+g_{P_t}}{1{,}05}\right)^4.$$

(b)

$$1 + g_{M_t} = (1 + g_{P_t})\left(\frac{L_t}{160.000}\right)^{\frac{3}{4}}.$$

(c)

$$L_t = 160.000\frac{1+g_{M_t}}{1{,}05}.$$

(d)

$$g_{P_t} = (1+g_{M_t})^{\frac{1}{4}}1{,}05^{\frac{3}{4}} - 1.$$

(e)

$$g_{M_t} = \left(\frac{1+g_{P_t}}{1{,}05^{\frac{3}{4}}}\right)^4 - 1 = \left(\frac{1{,}04}{1{,}05^{\frac{3}{4}}}\right)^4 - 1 = 1{,}06\%.$$

$L_t = 153.991$.

Aufgabe IV.15

(a) $L_t = 2, Y_t = 10.$
(b) $P_t = 0{,}4M_t$
(c) P_t soll 16 bleiben, dazu muss die Geldmenge für immer $M_t = 40$ betragen.

Aufgabe IV.16

$L_t = 2, Y_t = 3\ln 3, P_t = 22.$

Aufgabe IV.17

(a) $L^* = 0{,}25.$

$$L_t = 0{,}25\left[\frac{(1+g_{P_t})P_{t-1}}{W_t}\right]^2.$$

(b)

$$V_t = \frac{0{,}816}{2}\left\{0{,}3 - 0{,}25\left[\frac{(1+g_{P_t})P_{t-1}}{W_t}\right]^2\right\}^2 + \frac{1}{2}g_{P_t}^2$$

$$\frac{\partial V_t}{\partial g_{P_t}} = -0{,}816\left\{0{,}3 - 0{,}25\left[\frac{(1+g_{P_t})P_{t-1}}{W_t}\right]^2\right\}$$

$$0{,}5\left[\frac{(1+g_{P_t})P_{t-1}}{W_t}\right]^2\frac{1}{1+g_{P_t}} + g_{P_t} = 0.$$

(c) Für $g_{P_t} = 0$ ist $\partial V_t/\partial g_{P_t} = -0{,}0204 \neq 0$. Nullinflation ist also kein Gleichgewicht mit rationalen Erwartungen.
(d) Mit $W_t = (1+g_{P_t})P_{t-1}$ vereinfacht sich die Bedingung erster Ordnung für ein Minimum zu:

$$\frac{0{,}0204}{1+g_{P_t}} = g_{P_t}.$$

Die gleichgewichtige Inflationsrate ist $g_{P_t} = 2\%$.

Aufgabe IV.18

(a) $g_{P_t} = 1\%$.
(b) Durch die Benennung eines Entscheiders mit höherer Inflationsaversion als man selbst (ohne Möglichkeit der Abberufung) kann man den Inflationsbias der Geldpolitik reduzieren. Die Benennung ist ein Commitment, härter gegen Inflation vorzugehen, als man das selbst tun würde.

Aufgabe IV.19

(a) Die Zentralbank gibt sich die Regel vor, sich an ihre Ankündigung von 2% Inflation zu halten. Die Lohnsetzer setzen 2% Lohnwachstum durch. Die Zentralbank bevorzugt jetzt Überraschungsinflation, aber die Regel bindet ihr die Hände und zwingt sie, 2% Inflation herbeizuführen. Die Inflationserwartungen erweisen sich als korrekt, und die Arbeitslosenquote ist 8%.

(b) Wenn die Lohnsetzer der Ankündigung glauben schenken, lassen sie die Löhne um 2% steigen. Dann lohnt es sich aber für die Zentralbank, mit einem Prozentpunkt Überraschungsinflation die Arbeitslosenquote auf 6% zu drücken. Denn mit 3% bleibt die Inflation unterhalb ihrer Toleranzgrenze von 4%. Das ist kein Gleichgewicht, weil sich die Erwartungen als nicht rational erweisen.
(c) Damit es sich für die Zentralbank nicht lohnt, mit einem Prozentpunkt Überraschungsinflation die Arbeitslosenquote auf 6% zu senken, muss die Inflation mindestens 3% betragen, denn 4% Inflation sind der Zentralbank ja zu viel. Also beträgt im Gleichgewicht das Lohnwachstum 3%, die Zentralbank akkommodiert mit 3% Inflation, und die Arbeitslosenquote ist 8%.
(d) Die Regel-Lösung führt zu niedrigerer Inflation ohne Outputkosten.
(e) Wenn die Lohnsetzer die Ankündigung von 2% Inflation glauben, lassen sie die Löhne um 2% steigen. Der konservative Zentralbankchef hat jetzt die Wahl zwischen Akkommodieren (2% Inflation bei 8% Arbeitslosigkeit) und Überraschungsinflation (3% Inflation, um die Arbeitslosigkeit auf 6% zu drücken). Da er 3% Inflation nicht toleriert (sondern höchstens 2,5%), akkommodiert er. Damit stellt sich die Ankündigung als glaubwürdig heraus.

Aufgabe V.1

Durchschnittliche Wachstumsrate: $\bar{g}_Y = 2\%$.

t	1	2	3	4	5	6	7	$\bar{g}_Y$
g_{Y_t}	2%	4%	5%	3%	0%	−1%	1%	2%
$g_{Y_t} - \bar{g}_Y$	0%	2%	3%	1%	−2%	−3%	−1%	

Aufgabe V.2

(a)

$$\frac{dY}{dA} = (1-\alpha)A^{-\alpha}L^{1-\alpha} = (1-\alpha)\frac{Y}{A}, \quad \frac{\frac{dY}{Y}}{\frac{dA}{A}} = 1-\alpha.$$

(b)

$$\frac{W}{P} = \frac{dY}{dL} = (1-\alpha)A^{1-\alpha}L^{-\alpha} = (1-\alpha)\frac{Y}{L}$$

$$L = \left[(1-\alpha)\frac{Y}{L}\right]^{\varepsilon}, \quad L = [(1-\alpha)Y]^{\frac{\varepsilon}{1+\varepsilon}}$$

$$Y = A^{1-\alpha}[(1-\alpha)Y]^{(1-\alpha)\frac{\varepsilon}{1+\varepsilon}}, \quad Y = A^{\frac{1-\alpha}{1-(1-\alpha)\frac{\varepsilon}{1+\varepsilon}}}(1-\alpha)^{\frac{(1-\alpha)\frac{\varepsilon}{1+\varepsilon}}{1-(1-\alpha)\frac{\varepsilon}{1+\varepsilon}}}$$

$$\frac{dY}{dA} = \left[\frac{1-\alpha}{1-(1-\alpha)\frac{\varepsilon}{1+\varepsilon}}\right]\frac{Y}{A}, \quad \frac{\frac{dY}{Y}}{\frac{dA}{A}} = (1-\alpha)\frac{1+\varepsilon}{1+\alpha\varepsilon} > 1-\alpha.$$

Aufgabe V.4

(a) $Y = 20$, Defizit: 1.
(b) $L = 64$. Die konjunkturelle Arbeitslosigkeit ist 16, d. h. $16/80 = 20\%$.
(c) $Y^* = 21{,}54$, $I = 2{,}385$.

Aufgabe V.5

(a)

$$Y = 120 \cdot 10^9 + \frac{4}{5}(Y - 400 \cdot 10^9) + 100 \cdot 10^9 + 500 \cdot 10^9, \quad Y = 2.000 \cdot 10^9.$$

(b) $C/Y = 70\%$, $I/Y = 5\%$, $G/Y = 25\%$.
(c) $L = 25 \cdot 10^6 = 25$ Mio. Konjunkturelle Arbeitslosigkeit: $(26{,}88 \cdot 10^6 - 25 \cdot 10^6)/(26{,}88 \cdot 10^6) = 7\%$.

Aufgabe V.6

$Y = 6$.

Aufgabe V.7

(a)

$$Y = \frac{\bar{C} + I + G}{1 - c(1-t)}.$$

(b)

$$\frac{dY}{dG} = \frac{1}{1 - c(1-t)}.$$

$dY/dG = 3$ für $c = 4/5$ und $t = 1/6$.
(c)

$$\frac{dY}{dt} = \frac{-c(\bar{C} + I + G)}{[1 - c(1-t)]^2} = \frac{-cY}{1 - c(1-t)}$$

$$\frac{dT}{dt} = Y + t\frac{dY}{dt} = Y\left[1 - \frac{ct}{1 - c(1-t)}\right] = \frac{T}{t}\left[1 - \frac{ct}{1 - c(1-t)}\right].$$

$$\frac{\frac{dT}{T}}{\frac{dt}{t}} = 1 - \frac{ct}{1 - c(1-t)} < 1.$$

D. h.: Wird der Steuersatz um 1% erhöht, dann steigen die Steuereinnahmen um weniger als 1%, weil Y (die Bemessungsgrundlage) kleiner wird. Umgekehrt: Wird der Steuersatz um 1% gesenkt, so sinkt das Steueraufkommen um weniger als 1%, weil das BIP steigt (Selbstfinanzierungseffekt).
(d)

$$Y = \frac{\bar{C} + I}{1 - c} + G, \quad \frac{dY}{dG} = 1.$$

Aufgabe V.8

(a) $Y = 12 + 4G - 3T$.
(b) $dY = 4dG - 3dT$. Schuldenfinanzierte Fiskalpolitik ($dT = 0$): $dY/dG = 4$. Steuerfinanzierte Fiskalpolitik ($dT = dG$): $dY/dG = 1$.
(c) Schuldenfinanziert: $3{,}54 = dY = 4dG$, $dG = 0{,}885$. Steuerfinanziert: $3{,}54 = dY = dG$.
(d) $T = 5$: $G = 6{,}14$, $G - T = 1{,}14$. $T = 4$: $G = 5{,}39$, $G - T = 1{,}39$.

Aufgabe V.9

(a) Bei Zinssatz 5%: 10,64. Bei Zinssatz 10%: 9,51.
(b) Bei Zinssatz 5%: I und II. Bei Zinssatz 10%: nur I.
(c) Für gegebene Einzahlungen ist der Kapitalwert eine strikt fallende Funktion des zur Diskontierung verwendeten Zinssatzes.

Aufgabe V.10

(b) A5 legt das gleichgewichtige BIP Y^* fest. Der gleichgewichtige Zinssatz ist der zugehörige Wert auf der IS-Kurve.
(c) Says Theorem gilt. Anders als im Einkommen-Ausgaben-Modell aus Abschnitt V.3 wird die zusätzliche Ersparnis bei einem steigenden BIP hier in Investitionen umgesetzt. Zinssenkungen führen dazu, dass sich die benötigte Investitionsnachfrage einstellt.

Aufgabe V.11

$$i = \frac{Y}{100} - 0{,}16$$
$$I(i) = 5 - 0{,}2Y$$
$$Y = 1{,}6 + 0{,}8(Y - 2) + 2{,}2 + 5 - 0{,}2Y$$

$Y = 18$, $i = 2\%$, $L = 3{,}24$.

Aufgabe V.12

$$Y = \frac{4 \cdot 2{,}52\%}{6\% + 0{,}02(Y - 2)}$$
$$Y^2 + Y - 5{,}04 = 0$$
$$Y = -0{,}5 + (0{,}25 + 5{,}04)^{\frac{1}{2}} = 1{,}8$$
$$i = 5{,}6\%.$$

Aufgabe V.13

(a)

$$Y = \frac{\bar{C} - cT + \bar{I} - \delta(i_{TR} - \omega) + G}{1 - c + \frac{\delta\omega}{Y^*}}.$$

(b)

$$dY = \frac{dG - c\,dT}{1 - c + \frac{\delta\omega}{Y^*}}.$$

Schuldenfinanzierte ($dT = 0$) zusätzliche Staatsausgaben:

$$\frac{dY}{dG} = \frac{1}{1 - c + \frac{\delta\omega}{Y^*}} < \frac{1}{1 - c}.$$

Steuerfinanzierte ($dT = dG$) zusätzliche Staatsausgaben:

$$\frac{dY}{dG} = \frac{1 - c}{1 - c + \frac{\delta\omega}{Y^*}} < 1.$$

(c) Weil die Zentralbank auf das expandierende BIP gemäß der Taylor-Regel mit Zinsanstiegen reagiert, die die Investitionstätigkeit und damit den BIP-Anstieg dämpfen. Im Einkommen-Ausgaben-Modell sind dagegen die Investitionen annahmegemäß konstant.

Aufgabe V.14

$$\frac{dY}{di_{TR}} = -\frac{1}{\frac{1-c}{\delta} + \frac{\omega}{Y^*}}.$$

Betrachten wir eine Zinssenkung. Wenn δ groß ist, reagieren die Investitionen stark auf die sinkenden Zinsen. Wenn $1 - c$ klein ist, hat der Investitionsanstieg eine starke Multiplikatorwirkung auf das BIP. Wenn ω klein ist, erzwingt die Taylor-Regel nur geringe regelinduzierte Korrekturen des Zinses nach oben.

Aufgabe V.15

(a)

$$Y = \frac{I(i)}{1 - c} = \frac{10{,}08\%}{i} = \frac{10{,}08\%}{i_{TR} + 0{,}02(Y - 2)}$$

$$Y^2 + (50 i_{TR} - 2)Y - 5{,}04 = 0.$$

(b)

$$2Y\,dY + (50 i_{TR} - 2)dY + 50Y\,di_{TR} = 0$$

$$\frac{dY}{di_{TR}} = -\frac{50Y}{2Y + 50 i_{TR} - 2}.$$

(c)

$$\frac{dY}{di_{TR}} = -\frac{50 \cdot 1{,}8}{2 \cdot 1{,}8 + 50 \cdot 6\% - 2} = -19{,}57$$

$$dY = -19{,}57\,di_{TR} = -19{,}57 \cdot 0{,}01 = -0{,}1957.$$

Aufgabe V.16

(a)

$$Y = 18{,}5 - 2T - 50i_{TR} + 2{,}5G.$$

(b)

$$\frac{dY}{di_{TR}} = -50$$

$$dY = -50di_{TR} = -50 \cdot (-0{,}01) = 0{,}5.$$

(c)

$$dY = -2dT + 2{,}5dG.$$

Schuldenfinanzierte ($dT = 0$) zusätzliche Staatsausgaben: $dY/dG = 2{,}5$. Steuerfinanzierte ($dT = dG$): $dY/dG = 0{,}5$.

Aufgabe V.17

(a) € 1157,63.
(b) Bei 2% Inflation: € 1.231,00. Bei 1% Deflation: € 1.125,55.
(c) Bei 2% Inflation: 94 Stück. Bei 1% Deflation: 103 Stück.
(d) Deflation bedeutet, dass die Schuldenlast aus festverzinslichen Schuldtiteln größer wird, weil der fixierte nominale Schuldendienst aus geringeren nominalen Einnahmen geleistet werden muss.

Aufgabe V.18

(a) $Y_t = 1{,}4Y_{t-1} - 0{,}9Y_{t-2}$.
(b)

t	1	2	3	4	5	6	7	8	9	10	11	12	...
Y_t	1	1,4	1,06	0,22	−0,64	−1,10	−0,96	- 0,36	0,37	0,83	0,84	0,42	...

Aufgabe VI.1

Mit g_{Ex} und g_{Y^n} als Wachstumsraten von Exporten und Welt-BIP gilt:

$$0{,}227\left(\frac{1 + g_{Ex}}{1 + g_{Y^n}}\right)^{12} = 0{,}285.$$

Daraus folgt

$$g_{Ex} - g_{Y^n} = 0{,}019(1 + g_{Y^n}) \approx 2\%.$$

Aufgabe VI.2

(a) $\$S = €\,1$, also $\$\,1 = €\,(1/S)$.
(b) Jeweils 30%.
(c) Kaufkraftparität: $S = P^*/P = 80/100 = 0{,}8$. $S = 0{,}88$ bedeutet $0{,}08/0{,}8 =$ 10% Überbewertung. $S = 0{,}7760$ bedeutet $0{,}024/0{,}8 = 3\%$ Unterbewertung.
(d) Der reale Wechselkurs PS/P^* gibt den relativen Preis von Inlandsgütern im Vergleich zu Auslandsgütern, jeweils in Dollar, an. $S = 0{,}88$ liefert $PS/P^* = 1{,}1$ und $S = 0{,}7760$ ergibt $PS/P^* = 0{,}97$.

Aufgabe VI.4

(a) Realer Wechselkurs: $PS/P^* = 0{,}9091$. Die heimische Währung ist unterbewertet.
(b) $[P^*/(PS)]Im = 727{,}27 \cdot 10^7/0{,}9091 = 800 \cdot 10^7$. $Y^d = 2.000 \cdot 10^7$.
(c) $PY^d = 100 \cdot 2.000 \cdot 10^7 = 2.000 \cdot 10^9 = 2.000$ Mrd.

Aufgabe VI.5

$$LB = P\,Ex - \frac{P^*}{S} Im = 1.000 \cdot 10^9 - 800 \cdot 10^9 = 200 \cdot 10^9$$

$$\begin{aligned}
[(Y - T) - C] - [I + (G - T)] &= [(2.000 \cdot 10^7 - 200 \cdot 10^7) - 1.200 \cdot 10^7] \\
&\quad -[300 \cdot 10^7 + (300 \cdot 10^7 - 200 \cdot 10^7)] \\
&= 200 \cdot 10^7 \\
KB &= P\{[(Y - T) - C] - [I + (G - T)]\} \\
&= 200 \cdot 10^9.
\end{aligned}$$

Aufgabe VI.7

(a)

$$LB = P\,Ex - \frac{P^*}{PS} Im = Ex - \frac{1}{S} Im = S^{-\varepsilon} - S^{\eta-1} f(Y).$$

(b)

$$\frac{\partial LB}{\partial Y} = -S^{\eta-1} f'(Y) < 0.$$

(c)

$$\frac{\partial LB}{\partial S} = -\varepsilon S^{-\varepsilon-1} - (\eta - 1) S^{\eta-2} f(Y).$$

(e) Nach Aufgabenteil (c) ist $\partial LB/\partial S < 0$, wenn, und nur wenn,

$$-\varepsilon S^{-\varepsilon-1} < (\eta - 1) S^{\eta-2} f(Y).$$

Eine ausgeglichene Leistungsbilanz in der Ausgangssituation liegt vor, wenn $S^{-\varepsilon} = S^{\eta-1} f(Y)$ bzw.

$$S^{-\varepsilon-1} = S^{\eta-2} f(Y).$$

gilt. Teilen der vorangegangenen Ungleichung durch diese Gleichung ergibt:

$$-\varepsilon < \eta - 1.$$

Umformen liefert die Marshall-Lerner-Bedingung. Diese Bedingung bedeutet, dass die Preiseffekte stark genug sind, um den gegenläufigen Mengeneffekt aufzuwiegen und so die normale Reaktion der Leistungsbilanz sicherzustellen.

Aufgabe VI.8

(a)

$$\frac{dY}{di} = \frac{I' + KB'}{1-c}.$$

Weil neben I' auch KB' negativ ist, ist dieser Ausdruck negativ und im Absolutbetrag größer als $I'/(1-c)$. D. h. dY/di ist im Absolutbetrag größer, di/dY ist im Absolutbetrag kleiner, die IS-Kurve fällt flacher. Inhaltlich: Steigende Zinsen reduzieren die Kapitalbilanz und damit auch die Leistungsbilanz (hierfür sorgt die Aufwertung infolge gestiegener Euro-Nachfrage). Neben Investitionen werden also zusätzlich Nettoexporte verdrängt, was die kontraktiven Wirkungen verstärkt.

(b) Eine gegebene Verschiebung der TR-Kurve hat um so stärkere Auswirkungen auf das gleichgewichtige BIP, je flacher die IS-Kurve ist. Weil die IS-Kurve in der offenen Volkswirtschaft flacher ist als in der geschlossenen, ist Geldpolitik effektiver.

Aufgabe VI.9

(a)

$$Y = \frac{\bar{C} - cT + \bar{I} + G + \overline{KB} - (\delta + \theta)i}{1-c}.$$

(b)

$$Y = \frac{\bar{C} - cT + \bar{I} + G + \overline{KB} - (\delta + \theta)(i_{TR} - \omega)}{1 - c + (\delta + \theta)\frac{\omega}{Y^*}}.$$

Aufgabe VI.10

(a)

$$C(Y) = 100 + \frac{3}{4}(Y - T)$$

$$I(i) = 600 - 10.000i$$

$$KB(i) = 400 - 10.000i$$

$$i = i_{TR} + \frac{1}{4}\frac{Y - 2.500}{2.500}.$$

(b)

$$Y = 2.711{,}11 - \frac{1}{3}T + \frac{4}{9}G - 8.888{,}89 i_{TR}.$$

(c) $Y = 2.400$, $i = 3\%$.

(d) $C = 1.600$, $I = 300$, $G = 400$, $LB = 100$.

(e) $S = 2$.

Aufgabe VI.11

$$Y = \frac{2}{3}Y + \frac{11{,}3\%}{i} + \frac{3{,}4\%}{i}$$

$$44{,}1\% = Yi = Y\left(5\% + \frac{Y-10}{1.000}\right)$$

$$Y^2 + 40Y - 441 = 0.$$

$Y = 9, i = 4{,}9\%$.

Aufgabe VI.12

(a)

$$Y^2 + \frac{Y^*}{\omega}(i_{TR} - \omega)Y - \frac{Y^*}{\omega}\frac{\bar{I} + \overline{KB}}{1-c} = 0.$$

(c) Totales Ableiten der Formel aus Aufgabenteil (a) und Umformen ergibt:

$$\frac{dY}{di_{TR}} = -\frac{Y}{i_{TR} - \omega + \frac{\omega}{Y^*}2Y} = -\frac{Y}{i + \frac{\omega}{Y^*}Y} < 0.$$

Aufgabe VI.13

(a) Ableiten der Formel aus Aufgabenteil VI.9(b) ergibt:

$$\frac{dY}{di_{TR}} = -\frac{\delta + \theta}{1 - c + (\delta + \theta)\frac{\omega}{Y^*}} = -\frac{1}{\frac{1-c}{\delta+\theta} + \frac{\omega}{Y^*}} < 0.$$

dY/di_{TR} ist für die offene Volkswirtschaft ($\theta > 0$) im Betrag größer als für die geschlossene ($\theta = 0$).

(b) $dT = 0$:

$$\frac{dY}{dG} = \frac{1}{1 - c + (\delta + \theta)\frac{\omega}{Y^*}}.$$

dY/dG ist für $\theta > 0$ kleiner als für $\theta = 0$.

(c) $dT = dG$:

$$\frac{dY}{dG} = \frac{1-c}{1 - c + (\delta + \theta)\frac{\omega}{Y^*}} = \frac{1}{1 + \frac{\delta+\theta}{1-c}\frac{\omega}{Y^*}}.$$

dY/dG ist für $\theta > 0$ kleiner als für $\theta = 0$.

Aufgabe VI.14

Aus der Formel für das gleichgewichtige BIP aus Aufgabenteil VI.10(b) folgt:

$$\frac{dY}{di_{TR}} = -8.888{,}89$$

für aktive Geldpolitik,

$$\frac{dY}{dG} = \frac{4}{9}$$

für schuldenfinanzierte Fiskalpolitik und

$$\frac{dY}{dG} = \frac{1}{9}$$

für steuerfinanzierte Fiskalpolitik.

Aufgabe VI.15

(a) Expansive Fiskalpolitik führt zu einem neuen internen Gleichgewicht mit höherem BIP und höheren Zinsen. Wegen der gestiegenen Zinsen gilt $LB > KB$. Es herrscht eine Übernachfrage nach heimischer Währung, die zu einer Aufwertung führt. Infolge der Aufwertung verschiebt sich die IS-Kurve nach links. Die EG-Kurve bewegt sich nicht, sie ist ja eine Horizontale, die in Höhe des Weltmarktzinsniveaus verläuft. Die heimische Währung muss aufwerten, bis die IS-Kurve wieder durch den Schnittpunkt von TR- und EG-Kurve verläuft. Die Lage dieses Schnittpunkts hat sich aber nicht geändert. Daher sind Y und i trotz expansiver Fiskalpolitik genauso hoch wie zuvor. Fiskalpolitik ist also bei vollkommener Kapitalmobilität völlig wirkungslos.
(b) Formal bedeutet vollkommene Kapitalmobilität $KB'(i) \to -\infty$. Damit folgt $dY/dG = 0$ aus der in Abschnitt VI.10 hergeleiteten Formel:

$$\frac{dY}{dG} = \frac{1}{(1-c) - (I' + KB')\Omega'}.$$

Aufgabe VI.16

(a) IS-Kurve:

$$Y = 16 - 100i.$$

EG-Kurve:

$$100i = 1 + \frac{Y}{4}.$$

$Y = 12, i = 4\%$.
(b) $\omega = 2{,}5\%$.

Aufgabe VI.17

(a) $Y = 192, i = 3/16$.
(b) $\omega = 2$.

Aufgabe VI.18

(a) Die IS-Kurve ordnet jedem Zinssatz ein höheres BIP zu, sie verschiebt sich nach rechts.
(b) Das neue interne Gleichgewicht liegt über der EG-Kurve, der Zins ist zu hoch, die Nettokapitalexporte zu niedrig ($LB > KB$), es herrscht ein Devisenüberangebot.
(c) Die Taylor-Regel muss so geändert werden, dass die TR-Kurve durch den IS-EG-Schnittpunkt verläuft. Dazu muss der Zins bei gegebenem BIP kleiner sein. D. h. die expansive Fiskalpolitik muss von einer expansiven Geldpolitik flankiert werden.
(d) Das neue Gleichgewicht liegt weiter rechts oben auf der EG-Kurve. Weil zusätzlich zur expansiven Fiskalpolitik expansive Geldpolitik gemacht werden muss, ist die Fiskalpolitik effektiver als in der geschlossenen Volkswirtschaft.

Aufgabe VI.19

Der Anleger erhält nach drei Monaten verzinst \$ 101.000 und muss 110.000 Peso Schuldendienst leisten. Ohne Abwertung kosten die 110.000 Peso den Anleger \$ 110.000, und er macht einen Verlust von \$ 9.000. Das entspricht der Zinsdifferenz von 9% multipliziert mit dem Einsatz von \$ 100.000. Mit Abwertung kosten ihn die 110.000 Peso nur (\$ 0,60/Peso · 110.000 Peso =) \$ 66.000, und er macht einen Gewinn von (\$ 101.000 – \$ 66.000 =) \$ 35.000, d. h. 35%.

Aufgabe VII.1

(a) $\sigma = 0{,}5$.
(b) Die möglichen durchschnittlichen Punktezahlen sind 0 (Wahrscheinlichkeit 25%), 0,5 (Wahrscheinlichkeit 50%) und 1 (Wahrscheinlichkeit 25%). $\sigma = 0{,}354$.
(c) $\sigma = 0{,}289$.

Aufgabe VII.2

(c) Weil man bei einem positiven Zins aus € 1 heute mehr als € 1 morgen machen kann.
(d) Zahlungen im nächsten Jahr muss man abzinsen, indem man sie durch $1 + i$ teilt. Zahlungen, die t Perioden in der Zukunft liegen, muss man t-mal auf diese Art und Weise abzinsen, d. h. durch $(1 + i)^t$ teilen. Der abgezinste Wert ist der Barwert der zukünftigen Zahlung.

Aufgabe VII.3

$$\sum_{t=1}^{\infty} \frac{x}{(1+i)^t} = x \sum_{t=1}^{\infty} \left(\frac{1}{1+i}\right)^t = \frac{x}{1+i} \sum_{t=0}^{\infty} \left(\frac{1}{1+i}\right)^t = \frac{x}{1+i} \frac{1}{1-\frac{1}{1+i}} = \frac{x}{i}.$$

Aufgabe VII.4

$$\pi^{KN} = \begin{cases} R-(1+r)B; & \text{für } R \geq (1+r)B - S \\ -S; & \text{für } R < (1+r)B - S \end{cases}.$$

Aufgabe VII.5

(a)

$$\pi_1^{KN} = \max\{R - 1.080, -200\}$$

$$\pi_1^{KG} = \min\{1.080, R + 200\}.$$

(b)

$$E(R) = p_j R_j = 0{,}96 \cdot 1.187{,}5 = 1.140.$$

$$\begin{aligned} E(\pi_1^{KN}) &= p_j[R_j - (1+r)B] + (1-p_j)(-S) \\ &= 0{,}96 \cdot (1.187{,}5 - 1.080) - 0{,}04 \cdot 200 \\ &= 95{,}2 \end{aligned}$$

$$\begin{aligned} E(\pi_1^{KG}) &= p_j(1+r)B + (1-p_j)S \\ &= 0{,}96 \cdot 1.080 + 0{,}04 \cdot 200 \\ &= 1.044{,}8\,. \end{aligned}$$

(c)

$$E(R) = p_j R_j = 0{,}95 \cdot 1.200 = 1.140$$

$$E(\pi_2^{KN}) = 0{,}95 \cdot (1.200 - 1.080) - 0{,}05 \cdot 200 = 104$$

$$E(\pi_2^{KG}) = 0{,}95 \cdot 1.080 + 0{,}05 \cdot 200 = 1.036.$$

(d) $i = 4{,}48\%$ bzw. $i = 3{,}6\%$.

Aufgabe VII.6

(a)

$$\pi^{KN} = \max\{R - 106, -15\}$$

$$\pi^{KG} = \min\{106, R + 15\}.$$

(b) $E(R) = 120$.

$$E(\pi_1^{KN}) = \frac{1}{3}(-6 + 14 + 34) = 14$$

$$E(\pi_1^{KG}) = \frac{1}{3}3 \cdot 106 = 106.$$

(c) $E(R) = 120$.

$$E(\pi_2^{KN}) = \frac{1}{5}(-15 - 6 + 14 + 34 + 54) = 16{,}2$$

$$E(\pi_2^{KG}) = \frac{1}{5}(95 + 4 \cdot 106 = 106) = 103{,}8.$$

Aufgabe VII.7

(a) $\max\{(\lambda - \mu)R - (1+r)B, -\mu R\}$ bzw. $\max\{R - (1+r)B, 0\}$.
(b) Für $R \geq (1+r)B/(\lambda - \mu)$. D. h. für kleine Projekterträge wird nicht „nachgebessert“, obwohl das einen positiven Kapitalwert hat. Das liegt daran, dass die geschaffenen Werte an die Fremdkapitalgeber gehen würden.
(c) Wie in Abschnitt VII.3 (s. Kasten VII.2) hat man hier für die Gewinne der Unternehmenseigner den geknickten Verlauf wie bei einer Option. Hier kommt hinzu, dass es einen Wert R (nämlich $(1+r)B/(\lambda - \mu)$) gibt, ab dem „die Option gezogen wird“.

Aufgabe VII.8

(a)

$$E(\pi_1^{KG}) = 968 + 960r$$
$$960r = 32 + 1.000i.$$

(b)

$$E(\pi_1^{KN}) = 172 - 960r = 140 - 1.000i \geq 0.$$

1-Firmen fragen für $i \leq 14\%$ Kapital nach. Das ist die erwartete Rendite der Projekte.

(c)

$$E(\pi_2^{KG}) = 960 + 950r$$
$$950r = 40 + 1.000i.$$

(d)

$$E(\pi_2^{KN}) = 180 - 950r = 140 - 1.000i \geq 0.$$

Aufgabe VII.9

(a)

$$I(i) = \begin{cases} 700.000; & \text{für } i \leq 14\% \\ 0 & \text{für } i > 14\% \end{cases}.$$

(b) Die Bedingung dafür, dass bei $i = E(R)/B - 1$ alle Projekte finanziert werden können, ist erfüllt:

$$S\left[\frac{E(R)}{B} - 1\right] = 7 \cdot 10^6 \cdot 14\% = 980.000 > 700.000 = \sum_{j=1}^{2} N_j B.$$

Im Gleichgewicht werden bei $i = 10\%$ alle Investitionsprojekte realisiert. Der Zins für 1-Unternehmen ist $r = 13{,}75\%$, der Zins für 2-Unternehmen 14,74%.
(c) Der geringfügige Rückgang des Kapitalangebots führt zu geringfügig steigenden Zinsen: $i = 10{,}5\%$, $r = 14{,}27\%$ für Klasse 1 und $r = 15{,}26\%$ für Klasse 2.

Aufgabe VII.10

(a) € 22.400.
(b) Nur schlechte Autos werden gehandelt, die guten werden aus dem Markt gedrängt (adverse Selektion). Der Preis ist € 12.000.
(c) Die durchschnittliche Bewertung von € 23.700 reicht nun aus, um die Inhaber guter Autos in den Markt zu ziehen. Bei einem Marktpreis von € 23.700 profitieren vor allem die Anbieter schlechter Autos, die weit mehr als den wahren Wert ihres Autos erhalten. Sie werden von den Inhabern guter Autos quersubventioniert.

Aufgabe VII.11

(a) $r_1 = 17{,}92\%$, $r_2 = 18{,}95\%$.
(b)

$$E(p_j | r \leq r_j) = \begin{cases} 95{,}43\%; & \text{für } r \leq 17{,}92\% \\ 95\%; & \text{für } 17{,}92\% < r \leq 18{,}95\% \end{cases}.$$

(c)

$$i(r) = \begin{cases} -3{,}66\% + 95{,}43\% r; & \text{für } r \leq 17{,}92\% \\ -4\% + 95\% r; & \text{für } 17{,}92\% < r \leq 18{,}95\% \end{cases}.$$

(d)

$$S[i(r)] = \begin{cases} -256.000 + 6{,}68 \cdot 10^6 r; & \text{für } r \leq 17{,}92\% \\ -280.000 + 6{,}65 \cdot 10^6 r; & \text{für } 17{,}92\% < r \leq 18{,}95\% \end{cases}.$$

$S[i(r_1)] = 941.056$.

(e)

$$I(r) = \begin{cases} 700.000; & \text{für } r \leq 17{,}92\% \\ 400.000; & \text{für } 17{,}92\% < r \leq 18{,}95\% \end{cases}.$$

(f) $r = 14{,}31\%$. Damit zahlen die guten Risiken einen höheren Zins als im vollkommenen Kapitalmarkt und subventionieren so die riskanten Unternehmen quer, die einen niedrigeren Zins zahlen.

Aufgabe VII.12

(a) $r_1 = 25\%$, $r_2 = 65\%$.

(b)

$$i(r) = \begin{cases} -7{,}5\% + 70\% r; & \text{für } r \leq 25\% \\ -12{,}5\% + 50\% r; & \text{für } 25\% < r \leq 65\% \end{cases}.$$

$i(r_1) = 10\%$, $i(r_2) = 20\%$, $S[i(r_1)] = 26.400 < 41.250$, $S[i(r_2)] = 105.600$.

(c)

$$I(r) = \begin{cases} 82.500; & \text{für } r \leq 25\% \\ 41.250; & \text{für } 25\% < r \leq 65\% \end{cases}.$$

(d) Gleichgewicht mit Markträumung bei $r = 50\%$, in dem nur Klasse 2 Kredit erhält.

Aufgabe VII.13

(a) Für $r \leq 425\% \equiv r_3$.

(b)

$$I(r) = \begin{cases} 103.125; & \text{für } r \leq 25\% \\ 61.875; & \text{für } 25\% < r \leq 65\% \\ 20.625; & \text{für } 65\% < r \leq 425\% \end{cases}.$$

(c)

$$i(r) = \begin{cases} -10{,}5\% + 58\% r; & \text{für } r \leq 25\% \\ -15{,}83\% + 36{,}67\% r; & \text{für } 25\% < r \leq 65\% \\ -22{,}5\% + 10\% r; & \text{für } 65\% < r \leq 425\% \end{cases}.$$

$i(r_1) = 4\%$, $S[i(r_1)] = 4.224$, $i(r_2) = 8\%$, $S[i(r_2)] = 16.896 < 20.625$, $i(r_3) = 20\%$ und $S[i(r_3)] = 105.600$.

(d) Wieder werden nur die schlechtesten Projekte finanziert. $r = 313{,}39\%$.

Aufgabe VII.14

(a) $r_1 = 40\%$, $r_2 = 80\%$.
(b)

$$i(r) = \begin{cases} -3\% + 70\% r; & \text{für } r \leq 40\% \\ -5\% + 50\% r; & \text{für } 40\% < r \leq 80\% \end{cases}.$$

$i(r_1) = 25\%$, $i(r_2) = 35\%$. Das Kapitalangebot ist positiv für $r \in [39{,}97\%, 40\%]$ und für $r \in [59{,}96\%, 80\%]$.
(c) Bei $r = 39{,}97\%$ werden alle Projekte finanziert.
(d) Nun ist das Kapitalangebot nur für $r \in [60{,}04\%, 80\%]$ positiv. Der Gleichgewichtszins ist $r = 60{,}04\%$, und es werden nur die riskanten Projekte finanziert.

Aufgabe VII.15

(a)

$$u = 250 + [0{,}8001(1 + i) - 1]s.$$

(b)

$$s = \begin{cases} 0; & \text{für } i < 24{,}98\% \\ \in [0, 250]; & \text{für } i = 24{,}98\% \\ 250; & \text{für } i > 24{,}98\% \end{cases}.$$

Mit 100 solchen Anlegern erhält man das Marktangebot aus Aufgabe VII.16.
(c) Nun ist $du/ds = 0$ für $i = 25{,}02\%$.

Aufgabe VII.16

(a) $S[i(r_1)] = 50.000$, $S[i(r_2)] = 100.000 > 82.500$.
(c) $\tilde{r}_1 = 45\%$.
(d)

$$50.000 - \tilde{S} = \left(1 - \frac{\tilde{S}}{82.500}\right) 41.250.$$

$\tilde{S} = 17.500$.

Aufgabe VII.17

(a) $r_2 = 40\%$.
(c) $i(r_2) = 7{,}5\% < 10\% = i(r_1)$.
(d) Der Umfang der Kreditrationierung ist 10.000.

Aufgabe VII.18

$((1 + 3/97)^{365/46} - 1 =)$ 27,3% p.a.

Aufgabe VII.19

(a) Der Zins ist $r = 60\%$, und es werden nur die riskanten Projekte finanziert.
(b) $E(\pi_j^{KN}) = (1-s)120$, $E(\pi_j^{KG}) = s120$,

$$i(s) = 1{,}2s - 1.$$

(c) Im Gleichgewicht treten die Unternehmen $s = 95{,}83\%$ ihrer Erträge ab. So werden alle Projekte finanziert.

Aufgabe VII.20:

(a)

$$E(\pi_j^{KN}) = p_j(1-s)[R_j - (1+r)b].$$

(b)

$$i^{KGK} = p_j(1+r-1$$

$$i^{KGA} = \frac{p_j s[R_j - (1+r)b]}{B-b} - 1.$$

(d) Wie in Abschnitt VII.4.
(e) Mit i als (für alle j einheitlicher) gleichgewichtiger Einlagenzins gilt

$$r = \frac{1+i}{p_j} - 1.$$

(f)

$$s = \frac{(1+i)(B-b)}{E(R)-(1+i)b}.$$

Aufgabe VII.21

(a)

$$E(\pi_1^{KN}) = 180(1-s)$$
$$E(\pi_2^{KN}) = 150(1-s).$$

$s_1 = 66{,}67\%$, $s_2 = 80\%$.
(b)

$$i(s) = \begin{cases} 1{,}6s - 1; & \text{für } 0 \leq s \leq 66{,}67\% \\ 1{,}5s - 1; & \text{für } 66{,}67\% < s \leq 80\% \end{cases}.$$

$i(66{,}67\%) = 6{,}67\%$, $i(80\%) = 20\%$.
(c) Wegen $S[i(s_1)] = 13.333{,}33 < 20.000$ gibt es ein Gleichgewicht mit Markträumung, in dem nur die 2-Projekte finanziert werden. Im Gleichgewicht ist $s = 73{,}33\%$.

Aufgabe VII.22

(a) $S(14\%) = 3.780 > 1.000 = NB$, $r_2 = 30\%$.
(b)

$$E(\pi_1^{KN}) = 1{,}9 - 9{,}5r$$
$$E(\pi_2^{KN}) = 1{,}5 - 5r.$$

$E(\pi_1^{KN}) \geq E(\pi_2^{KN})$ für $r \leq 8{,}89\% \equiv r_1$.

(c)

$$i(r) = \begin{cases} 95\%r - 5\%; & \text{für } r \leq 8{,}89\% \\ 50\%r - 50\%; & \text{für } 8{,}89\% < r \leq 30\% \end{cases}.$$

$i(r_1) = 3{,}44\%, i(r_2) = -35\%$.

(d) Die Kapitalangebotsfunktion erreicht ihr globales Maximum $S[i(r_1)] = 930$ bei $r_1 = 8{,}89\%$. Es liegt Kreditrationierung im Umfang 70 vor, d. h. sieben Kapitalnehmer erhalten keinen Kredit. Würde das Projekt 2 (mit seiner stark negativen erwarteten Rendite von -35%, aber der Aussicht auf $R_2 = 13$) nicht existieren, dann würden alle Kapital erhalten.

Aufgabe VII.23

(a) $p_1 R_1/B - 1 = 80\%$, $S(80\%) = 120.000 > 15.000 = NB$, $r_2 = 166{,}67\%$.

(b) $E(\pi_1^{KN}) \geq E(\pi_2^{KN})$ für $r \leq 16{,}67\% \equiv r_1$.

(c)

$$i(r_1) = 90\% \cdot 1{,}1667 - 1 = 5\%$$
$$i(r_2) = 50\% \cdot 2{,}6667 - 1 = 33{,}33\%.$$

(d) Es gilt

$$S[i(r_1)] = 7.500 < NB = 15.000 < S[i(r_2)] = 50.000.$$

Also gibt es ein Gleichgewicht mit Markträumung und „Lemons"-Problem: Der Zins ist $r = 120\%$, und es werden die riskanten Projekte durchgeführt (obwohl ihre erwartete Rendite von 33,33% wesentlich kleiner ist als die 80%, die Projekt 1 liefert).

Aufgabe VII.24

(a) $E(\pi_j^{KN}) = p_j[V + R_j - (1+r)B]$.

(b) Projekt 1 wird für $r \leq r_1 + V/B$ ($< r_1$) gewählt. Unternehmen, die ohne ein neues Projekt insolvent sind, wählen also eher ein riskanteres Projekt, das sie im (unwahrscheinlichen) Erfolgsfall wieder solvent macht.

Aufgabe VII.25

(a)

$$\frac{E(\pi_1^{KN})}{1+\rho} = 107{,}92 - 882{,}18r < 110 = R^f.$$

Bei nur einmaliger Möglichkeit zum Investieren gelingt die Finanzierung nicht.

(b)

$$\frac{E(\pi_1^{KN})}{\rho} = 10.900 - 89.100r.$$

Für $r \leq 12{,}11\% \equiv r_1$ ist diese Summe nicht kleiner als R^f.

(c)

$$i(r) = \begin{cases} 99\%r - 1\%; & \text{für } r \leq 12{,}11\% \\ \text{-}\,100\%; & \text{für } r > 12{,}11\% \end{cases}.$$

$i(r_1) = 10{,}99\%$

(d) $S[i(r_1)] = 219.778 > 90.000 = NB$? Im Kreditmarktgleichgewicht werden bei $r = 5{,}56\%$ Periode für Periode Kredite vergeben, die zur Finanzierung von Projekt 1 genutzt werden.

Aufgabe VII.26

(a) 100.
(b) Zusätzlicher Konsum in $T + 4$: 610,51.

Aufgabe VII.27

(a) Bis $t = 4$: $(1+r_{\tau-1})I_{\tau-1} - I_\tau = 1.100 - 1.000 = 100$. In $t = 5$: $1.100 - 2.000 = -900$. D. h. es fließen netto 900 Euro *ins* Land. $t = 6$: $2.200 - 1.000 = 1.200$. Ab $t = 7$ dann wieder 100.
(b) Dass Default in $t = 7$ und später möglich ist, folgt aus Aufgabe VII.26. In $t = 6$ (d. h. nach der Periode mit der maximalen Investition) ist Default noch lohnender, weil man hier die maximale Netto-Rückzahlung von 1.200 spart.
(c) Mit Default in $t = 5$ wird $(1 + r_4)I_4 = 1.100$ eingespart, aber es ist $I_5 = 2.000$ zu finanzieren. Ohne Änderung von Zahlungsströmen außer am Weltfinanzmarkt würde das Auslandsvermögen $A_5 = (1 + r_4)I_4 - I_5 = -900$ negativ. Das widerspricht der Annahme, dass nach einem Default nur noch positive Auslandsvermögenspositionen möglich sind.

Aufgabe VIII.1

(a)

1	2	3
		1,2
−1		
	1	

(b) Jeweils $(N/2 =)$ 500. In 2 verfügt sie dann über $(N/2 =)$ 500, in 3 über $(RN/2 =)$ 600.
(c) Die Ungeduldigen haben in 2 einen Anspruch auf ihre unverzinste Einlage von 500. Die Geduldigen haben in 3 einen Anspruch auf ihre mit 20% verzinste Einlage von 500, d. h. auf 600. Das sind genau die Summen, über die die Bank verfügen kann.
(d) Die Ungeduldigen heben in jedem Fall früh ab, weil Konsum in 3 für sie wertlos ist.
(e) Wenn alle anderen Geduldigen spät abheben, kann die Bank die vertraglichen Ansprüche des Anlegers in jedem Fall erfüllen. Wenn er früh abhebt, muss sie dazu 4/3 von der langfristigen Anlage liquidieren (was offensichtlich möglich ist: $1/L \leq N/2$ ist erfüllt). Wenn er spät abhebt, muss die Bank nichts liquidieren. Die möglichen Ansprüche sind also durch die in der Tabelle aus Aufgabenteil (a) angegebenen Zahlungen gegeben. Wegen $1{,}2 > 1$ hebt der Anleger erst in 3 ab. Weil das symmetrisch für jeden einzelnen geduldigen Anleger gilt, liegt ein Gleichgewicht vor, wenn alle Geduldigen spät abheben.

(f) Wenn alle anderen Geduldigen früh abheben, und der betrachtete Anleger auch, dann werden Ansprüche in Höhe von ($2N =$) 1.000 gegen die Bank gerichtet. Die Bank verfügt über ($N/2 =$) 500 aus der kurzfristigen Anlage und kann zusätzlich ($LN/2 =$) 375 durch die Liquidation der langfristigen Anlage beschaffen. Insgesamt verfügt sie dann über 875. Es können also nur 875 der 1.000 Bankkunden bedient werden. Entscheidet sich der Anleger für eine frühe Abhebung, so bekommt er also mit einer Wahrscheinlichkeit von 87,5% seine Einlage von 1 unverzinst zurück. Auch wenn er nicht früh abheben will, muss die Bank die gesamte langfristige Anlage liquidieren, weil sie damit über 875 verfügt, aber 999 braucht (die Bedingung $N(L+1)/2 < N-1$ ist erfüllt). In diesem Fall kriegt der betrachtete Anleger mit Sicherheit nichts.

1	2	3
		0
−1		
	1 mit W'keit 87,5%	

Wenn er erwartet, dass alle anderen Geduldigen abheben, hebt er deshalb auch ab. Weil das symmetrisch für alle geduldigen Anleger gilt, ist ein Bank run ein Gleichgewicht.

Aufgabe VIII.2

(b) Weil die Einlagenversicherung die vertraglichen Ansprüche garantiert, hängen die Abhebemöglichkeiten nicht von den Handlungen der anderen Anleger ab. Sie sind durch die Tabelle in Aufgabenteil VIII.2(a) gegeben.
(c) Wegen $1{,}2 > 1$ heben alle Geduldigen spät ab. Das Bank-run-Gleichgewicht entfällt.

Aufgabe VIII.3

(b) Abhebemöglichkeiten:

1	2	3
		R
−1		
	1 mit W'keit $\frac{500}{501}$	

„Alle Geduldigen heben spät ab" ist ein Gleichgewicht.
(c) Abhebemöglichkeiten:

1	2	3
		R
−1		
	1 mit W'keit $\frac{500}{1.000}$	

Ein Bank run ist kein Gleichgewicht.

Aufgabe VIII.4

Die Bank legt € 800.000 kurzfristig und € 1.600.000 langfristig an. Die vereinbarten Zahlungen sind:

1	2	3
		1.100
−1.000		
	1.000	

Die Ungeduldigen heben in jedem Fall früh ab. Erwartet ein geduldiger Anleger, dass alle anderen Geduldigen spät abheben, dann kann die Bank seine vertraglichen Ansprüche unabhängig davon, ob er früh oder spät abhebt, erfüllen (zur Bedienung eines frühen Anspruchs muss sie 1.250 von den 1.600.000 langfristig angelegten Mitteln liquidieren). Also wählt er aus den Zahlungen in der oben stehenden Tabelle. „Alle Geduldigen heben spät ab" ist ein Gleichgewicht. In 2 kann sich die Bank aus der kurzfristigen Anlage und durch Liquidation der langfristigen Anlage höchstens € 800.000 + 0,8 · € 1.600.000 = € 2.080.000 beschaffen. Das reicht nicht aus, um alle kurzfristigen Ansprüche (2.400 · € 1.000 = € 2.400.000) zu bedienen (und auch nicht die Ansprüche von allen bis auf einen). Erwartet also ein geduldiger Anleger, dass alle anderen Geduldigen früh abheben, dann ergeben sich seine Abhebemöglichkeiten aus der nächsten Tabelle.

1	2	3
		0
−1.000		
	1.000 mit W'keit $\frac{2.080.000}{2.400.000}$	

Ein Bank run ist auch ein Gleichgewicht.

Aufgabe VIII.5

Die Ungeduldigen heben früh ab.

Angenommen, ein geduldiger Anleger erwartet, dass alle anderen Geduldigen spät abheben. Hebt er auch spät ab, so erhält er die 10%-Verzinsung, also hebt er auch spät ab. „Alle Geduldigen heben spät ab" ist ein Gleichgewicht.

Angenommen, ein geduldiger Anleger erwartet, dass alle anderen Geduldigen früh abheben. Gemäß der Ungleichung in A2 kann die Bank die frühen Ansprüche der Anleger dann auch bei kompletter Liquidation der langfristigen Anlage nicht erfüllen. Versucht er, spät abzuheben, erhält er also mit Sicherheit nichts. Hebt er früh ab, dann werden Ansprüche in Höhe von insgesamt N gegen die Bank erhoben. Bei kompletter Liquidierung verfügt sie über $N(L+1)/2$. Also erhält er gemäß proportionaler Rationierung einen Bruchteil $(L + 1)/2$ (< 1) seiner Einlage zurück.

1	2	3
		0
−1		
	$\frac{L+1}{2}$	

Er hebt auch früh ab. Das gilt für jeden geduldigen Anleger, also ist ein Bank run auch bei proportionaler Rationierung ein Gleichgewicht.

Aufgabe VIII.6

(a)

$$EKR = x + (x - 4\%)l.$$

(b) $l = 20$.
(c) $EKR = -100\%$ gilt für $x = -0{,}95\%$.
(d)

$$E(EKR) = 4{,}5\% + 0{,}5\% l.$$

Aufgabe VIII.7

(a) B/S.
(b)

$$V = \delta(\bar{Y} - Y) + \frac{B}{S} = \delta AS + \frac{B}{S}.$$

(c)

$$S = \sqrt{\frac{B}{\delta A}}.$$

(d) Der Wechselkurs S ist um so niedriger (die heimische Währung um so billiger), je höher die Outputgewinne pro Einheit Abwertung (A), je niedriger die Auslandsschulden (B) und schwerer Outputverluste in der Verlustfunktion wiegen (je größer δ).

Aufgabe IX.1

(a)

$$E_t(x_{t+1}) = \frac{1}{6}1 + \cdots + \frac{1}{6}6 = 3{,}5.$$

(b) $A = 3{,}5$, denn

$$E_t(\tilde{x}_{t+1}) = E_t(x_{t+1} - 3{,}5) = E_t(x_{t+1}) - 3{,}5 = 3{,}5 - 3{,}5 = 0.$$

$\tilde{x}_t$ gibt die Abweichung der erzielten Augenzahl von 3,5 an.
(c) Nein, denn

$$E_t(\tilde{x}_{t+1}) = 0 \neq \tilde{x}_t \quad \text{für } \tilde{x}_t \neq 0.$$

(d) X_{t+1} ergibt sich, indem man zum aktuellen Wert von X_t die Differenz zwischen der beim Würfeln erzielten Augenzahl und 3,5 addiert.

$$E_t(X_{t+1}) = E_t(X_t + \tilde{x}_{t+1}) = E_t(X_t) + E_t(\tilde{x}_{t+1}) = X_t + 0 = X_t,$$

also ist X_{t+1} ein Random walk.

Aufgabe IX.2

(a)

$$L_{t+1} = \left(\frac{\alpha e^{\varepsilon_{t+1}}}{\frac{W_{t+1}}{P_{t+1}}}\right)^{\frac{1}{1-\alpha}}$$

$$\ln L_{t+1} = \frac{\ln\alpha + \varepsilon_{t+1} - \ln\left(\frac{W_{t+1}}{P_{t+1}}\right)}{1-\alpha}.$$

(b)

$$\ln L_t = \frac{\ln \alpha - \ln \left(\frac{W_{t+1}}{P_{t+1}}\right)}{1-\alpha}.$$

(c) Subtrahieren der Gleichung aus (b) von der letzten aus (a) ergibt:

$$\ln L_{t+1} - \ln L_t = \frac{\varepsilon_{t+1}}{1-\alpha}.$$

Die rechte Seite ist White noise, also ist $\ln L_t$ ein Random walk.

Aufgabe IX.3

(b)

$$Q_t = Q_0 + \sum_{i=1}^{t} \varepsilon_i.$$

(c)

$$E_0(Q_t) = E_0\left(Q_0 + \sum_{i=1}^{t} \varepsilon_i\right) = E_0(Q_0) + \sum_{i=1}^{t} E_0(\varepsilon_i) = Q_0.$$

Die beste Prognose für einen beliebigen zukünftigen Wert von Q_t ist der aktuelle Wert Q_0.

Aufgabe IX.4

Weil D_t ein Random walk ist, ist auch $Q_t = D_t/i$ ein Random walk, so dass $E_t(Q_{t+1}) = Q_t$. Damit folgt:

$$E_t(Q_{t+1} + D_{t+1}) = E_t[(1+i)Q_{t+1}] = (1+i)E_t(Q_{t+1}) = (1+i)Q_t.$$

Aufgabe IX.5

$Q = 200.$

Aufgabe IX.6

$$\begin{aligned}
\sum_{t=1}^{100} \frac{10}{1{,}05^t} &= \sum_{t=1}^{\infty} \frac{10}{1{,}05^t} - \sum_{t=101}^{\infty} \frac{10}{1{,}05^t} \\
&= \sum_{t=1}^{\infty} \frac{10}{1{,}05^t} - \frac{1}{1{,}05^{100}} \sum_{t=1}^{\infty} \frac{10}{1{,}05^t} \\
&= \left(1 - \frac{1}{1{,}05^{100}}\right) \frac{10}{0{,}05} \\
&= 198{,}48.
\end{aligned}$$

Aufgabe IX.7

(a) $F = 100$.

(b)

$$E_t[(100 + B_{t+1}) + 4] = 1{,}04(100 + B_t)$$
$$E_t(B_{t+1}) = 1{,}04 B_t.$$

Aufgabe IX.8

(a)

$$B_{t+1} = \begin{cases} 1{,}2\,B_t; \text{ W'keit } \frac{13}{15} \\ \eta_{t+1}; \text{ W'keit } \frac{2}{15} \end{cases}$$

mit

$$\eta_{t+1} = \begin{cases} 1; \text{ W'keit } \frac{1}{2} \\ -1; \text{ W'keit } \frac{1}{2} \end{cases}.$$

(b)

$$E_t(B_{t+1}) = \frac{13}{15} 1{,}2 B_t + \frac{2}{15}\left[\frac{1}{2}1 + \frac{1}{2}(-1)\right] = 1{,}04 B_t.$$

(c) Die Bubble muss sich 25 Perioden lang aufblähen, das passiert mit Wahrscheinlichkeit 2,79%.

(d) Aus $B_t < 0$ und $E_t(B_{t+1}) = 1{,}04 B_t$ folgt $E_t(B_{t+1}) < 1{,}02 B_t$. Die Annahme, dass die negative Bubble sich höchstens um den Faktor 1,02 aufblähen kann, führt zu einem Widerspruch: $E_t(B_{t+1}) \geq 1{,}02 B_t$. Also durchbricht die negative Bubble jede untere Schranke.

Aufgabe IX.9

(a)

$$c_t = y_t + (1 + i)b_{t-1} + \sum_{j=1}^{n} D_{j,t} s_{j,t-1}$$
$$-b_t - \sum_{j=1}^{n} Q_{j,t}(s_{j,t} - s_{j,t-1})$$
$$c_{t+1} = y_{t+1} + (1 + i)b_t + \sum_{j=1}^{n} D_{j,t+1} s_{j,t}$$
$$-b_{t+1} - \sum_{j=1}^{n} Q_{j,t+1}(s_{j,t+1} - s_{j,t}).$$

(b)

$$dc_t = -db_t$$
$$dc_{t+1} = (1 + i)db_t$$
$$dU_t = \left(-1 + \frac{1 + i}{1 + \rho}\right) db_t.$$

(c) Bei $i > \rho$ ist $dU_t/db_t > 0$. Der Nutzen steigt monoton in der Nachfrage nach Anleihen. Die Nachfrage ist also unbegrenzt hoch, es herrscht Übernachfrage im Anleihenmarkt. Umgekehrt wird bei $i < \rho$ eine unbegrenzte Short-Position im Anleihenmarkt eingenommen.
(d)

$$dU_t = \left[-Q_{j,t} + E_t\left(\frac{D_{j,t+1} + Q_{j,t+1}}{1+\rho}\right)\right] ds_{j,t} = 0.$$

Aufgabe IX.10

(a)

$$E_t(g_{P_{t+1}} - g_{P_t}) = (\phi - 1)g_{P_t} - (\sigma - \bar{i}).$$

(c)

$$E_t(B_{t+1} - B_t) = (\phi - 1)B_t.$$

(e) Die Bubble-Bedingung aus Aufgabenteil (c) ist erfüllt. Das bedeutet, dass die Zufallsvariable ε_t, die in den Annahmen des Modells gar nicht auftaucht, einen Einfluss auf die gleichgewichtige Inflationsrate hat.

Aufgabe IX.11

(a) Er leiht sich Aktien für eine Gebühr von € 1,98 pro Stück, verkauft sie zu € 100, legt den Erlös zu 1% Zinsen an, kauft am Ende der Leihfrist die Aktie zum dann herrschenden Kurs und gibt sie zurück.
(b)

$$50\%(99 - 110) + 50\%(99 - 80) = 4.$$

(c)

$$10\%(99 - 200) + 40\%(99 - 110) + 50\%(99 - 80) = -5.$$

Aufgabe IX.12

(a) $F = 1/10\% = 10$.
(b) $NQ = x$ liefert $Q = 9$.
(c) $Q = 9 + y/1.000$.
(d) Mit $y = 1.000$ ($< 2.000 = \bar{y}$) wird der Fundamentalkurs $Q = 10$ erreicht.
(e) Bei $y < 1.000$ ist $Q < 10$. Es lohnt sich daher für die Arbitrageure, mehr zu investieren.
(f) Hier ist $Q > 10$, so dass Verluste entstehen. Das widerspricht der Annahme, dass die Arbitrageure Geld in die Aktie investieren.
(g) Bei $\bar{y} = 500$ ist $Q \leq 9{,}5$. Die Arbitrageure investieren ihr gesamtes Kapital, und es liegt trotzdem noch Unterbewertung vor: $Q = 9{,}5$.

Aufgabe IX.13

(a)

$$Q = \frac{10.500}{1.000 + s}.$$

Mit $s = 0$ folgt Q = 10,5.

(b) $Q = 10$, $s = 50$.
(c) Für $s < 50$ ist $Q > 10$, und es lohnt sich, mehr Leerverkäufe durchzuführen. Für $s > 50$ ist $Q < 10$, und die durchgeführten Leerverkäufe lohnen sich nicht.
(d) Hier ist $Q \geq 10.500/1.039{,}6 = 10{,}10$. Die Arbitrageure realisieren alle möglichen Leerverkäufe, und $Q = 10{,}10$.

Aufgabe IX.14

(a) $F = 100$.
(b) $Q = 100$ bei $\bar{y} = 150.000$, $Q = 96$ bei $\bar{y} = 80.000$.
(c) $Q = 100$ bei $\bar{s} = 5.000$, $Q = 120$ bei $\bar{s} = 3333$.

Aufgabe IX.15

(a)-(c)

t	-1	0	1
x_t	/	400.000	371.540
$\bar{y}_t$	/	80.000	78.399
Q_t	97,96	96	90

(d) Die Arbitrageure entdecken die Fehlbepreisung und versuchen, sie auszunutzen. Sie verfügen aber nicht über genügend Kapital, um zu verhindern, dass die Unterbewertung sich kurzfristig (in $t = 0$) vergrößert. Dadurch fehlt ihnen gerade dann (in $t = 1$) das Kapital, wenn die Fehlbepreisung am größten ist.

Aufgabe IX.16

t	-1	0	1
x_t	/	1.000.000	1.200.000
$\bar{s}_t$	/	3.333	3.000
Q_t	109,11	120	150

Aufgabe IX.17

(a)–(c)

Stufe	Teil-nehmer	Gewinn für Veranstalter pro Spieler	Gewinn für Veranstalter gesamt	Gewinn für Spieler pro Spieler	Gewinn für Spieler gesamt
0	1	200	200	200	200
1	4	180	720	200	800
2	16	160	2.560	200	3.200
3	64	160	10.240	200	12.800
4	256	160	40.960	−120	−30.720
5	1.024	160	163.840	−200	−204.800
Summe	1.365		218.520		−218.520

Aufgabe IX.18

Gesamtgewinn: €98.460.

Aufgabe IX.19

(a) 4^t.

(b)

$$B_t = 20(4+4^2)4^t + 20 \cdot 4^2 \cdot 4^{t-1} = 480 \cdot 4^t.$$

(c)

$$B_{t+1} = \begin{cases} 4B_t; & \text{Spiel läuft noch} \\ 0; & \text{Spiel ist beendet} \end{cases}.$$

Aufgabe IX.20:

(a)

$$\frac{1}{\sum_{t=0}^{T} K^{t-T}} = \frac{1}{\sum_{t=0}^{T} \left(\frac{1}{K}\right)^{T-t}} = \frac{1}{\left(\frac{1}{K}\right)^{T} + \cdots + \left(\frac{1}{K}\right)^{0}} = \frac{1}{\sum_{t=0}^{T} \left(\frac{1}{K}\right)^{t}}.$$

(b)

$$x > \frac{1}{\sum_{t=0}^{\infty} \left(\frac{1}{K}\right)^{t}} = \frac{1}{\frac{1}{1-\frac{1}{K}}} = 1 - \frac{1}{K}.$$

(c) In Aufgabe IX.17 ist $K = 4$. Die Formel besagt $x > 75\%$. Die exakte Zahl ist 75,02%. In Aufgabe IX.18 besagt das die Formel aus Aufgabenteil (b) $x > 66{,}67\%$, exakt gilt $x = 66{,}75\%$. Für das Ponzi-Spiel in Abschnitt IX.6 gilt $x > 80\%$ bzw. $x = 80{,}03\%$.

Index

Neue ökonomische Grundrisse

Eine neue Generation von Ökonomik-Lehrbüchern

Begründet von Rudolf Richter
Herausgegeben von Jürgen Eichberger

Die moderne ökonomische Analyse sieht wirtschaftliches Handeln eingebettet in historisch gewachsene und politisch geformte institutionelle Rahmenbedingungen. Die neoklassische Lehre der vollständigen Konkurrenz bildet dabei einen Kontrapunkt zu den verschiedenen Ausprägungen der modernen Institutionenökonomik. Informationsökonomik und Spieltheorie bieten neue Analysemethoden, die bei der Ökonomischen Analyse des Rechts, in Public Choice und in der Verfassungsökonomik Anwendungen finden. Die Neue Institutionenökonomik bezieht beschränkt rationale Verhaltensweisen der wirtschaftlichen Akteure explizit in die Analyse mit ein. Die Bedeutung der institutionellen Rahmenbedingungen für die Ergebnisse wirtschaftlichen Handelns wird dadurch erkennbar.

Die Reihe Neue ökonomische Grundrisse umfaßt Lehrbücher, die die Sichtweise der modernen Institutionenökonomik berücksichtigen. Sie eröffnet den Studenten der Wirtschaftswissenschaften, Volks- wie Betriebswirten, einen neuen Zugang zum ökonomischen Wissen in allen Bereichen der Lehre.

Alle Bände der Reihe haben eine anonyme Begutachtung auf inhaltliche und didaktische Eignung erfahren. Die Grundlagentexte und einige der weiterführenden Texte enthalten in jedem Kapitel Lektürevorschläge, Merkpunkte und Schlüsselbegriffe und am Ende des Bandes ein Glossar wichtiger Begriffe. Alle Bände haben ein Literaturverzeichnis und Register. Neue ökonomische Grundrisse sind fadengeheftete Broschuren: flexibel, gut aufklappend und lange haltbar.

Grundlagentexte der Neuen ökonomischen Grundrisse:

Makroökonomik
Eine Einführung in die Theorie der Güter-, Arbeits- und Finanzmärkte
von Lutz **Arnold** (Regensburg), 4. Auflage 2012

Grundzüge der Mikroökonomik
von Jürgen **Eichberger** (Heidelberg), 1. Auflage 2004

Ökonomik
Eine Einführung
von Karl **Homann** (München) und Andreas **Suchanek** (Ingolstadt), 2. Auflage 2005

Einführung in die Betriebswirtschaftslehre
aus institutionenökonomischer Sicht
von Werner **Neus** (Tübingen), 7. Auflage 2011

Weiterführende Texte der *Neuen ökonomischen Grundrisse:*

Grundlagen der Wirtschaftspolitik
von Friedrich **Breyer** (Konstanz) und Martin **Kolmar** (Mainz), 3. Auflage 2010

Öffentliche Finanzen: Ausgabenpolitik
von Giacomo **Corneo** (Berlin), 3. Auflage 2009

Internationale Makroökonomik
von Philipp **Harms** (Aachen), 1. Auflage 2008

Geldtheorie und Geldpolitik
von Oliver **Holtemöller** (Aachen), 1. Auflage 2008

Öffentliche Finanzen: Einnahmenpolitik
von Christian **Keuschnigg** (St. Gallen), 1. Auflage 2005

Organisation und Management
von Matthias **Kräkel** (Bonn), 4. Auflage 2010

Neue Institutionenökonomik
Eine Einführung und kritische Würdigung
von Rudolf **Richter** (Saarbrücken) und Eirik G. **Furubotn** (Texas A&M University), 4. Auflage 2010

Unternehmensfinanzierung und Kapitalmarkt
von Bernd **Rudolph** (München), 1. Auflage 2006

Gesundheitsökonomik
von Matthias Graf von der **Schulenburg** und Wolfgang **Greiner** (beide Hannover), 2. Auflage 2007

Wettbewerbspolitik
von Norbert **Schulz** (Würzburg), 1. Auflage 2003

Vertragstheorie
von Urs **Schweizer** (Bonn), 1. Auflage 1999

Die Reihe wird laufend ausgebaut.
Neuestes unter ***www.mohr.de***